国家社会科学基金重大项目

化解过剩产能
就业政策研究

刘燕斌　孟续铎　黄湘闽 等　著

社会科学文献出版社
SOCIAL SCIENCES ACADEMIC PRESS (CHINA)

国家社会科学基金重大项目"化解产能过剩矛盾中职工就业和安置政策研究"（项目批准号：14ZDA067）

首席专家： 刘燕斌

项目成员： 孟续铎　黄湘闽　袁良栋　韩永江　俞贺楠
　　　　　　邱　妍　王永奎　战梦霞　刘庚华　俞　恺
　　　　　　童　天　崔　艳　姜　维　臧若愚　黄　涛
　　　　　　孙春升　郭建利　杨　涛　侯爱志　邢明强
　　　　　　时金芝　石晓飞　王　峰　杨卫东　梁晶晶
　　　　　　权　威　李晓曼　王晓霞　詹　婧　李　宏
　　　　　　刘　畅

序 言

2015年4月8日《人民日报》（理论版）"大家谈"栏目发表了我的文章《把增加就业作为宏观调控主要目标》。有人看到这篇文章与我商榷，说中国已经从劳动力总量供大于求转变为新增劳动力逐年递减，农民工增速也近乎停滞，就业压力比过去要小多了，在这一背景下提出把就业提升为"十三五"及今后一个时期宏观调控的首要目标是否恰当？我说就业不仅有总量问题，还有质量问题，更有结构问题。从来料加工转到创新发展，从侧重高速度转到追求高质量，就业的质量应有大幅度提高，就业的结构应有大幅度调整，这"一提高""一调整"所涉及的经济社会问题就相当广泛，当前最突出的，是去产能过程中不可回避的就业问题。

2016年，中国经济体制改革研究会组织了"去产能研究"课题，从政府财政金融去产能政策、企业去产能对策、去产能中的就业与职工权益保障等三个方面进行研究。其中去产能中的就业与职工权益保障分课题就是刘燕斌同志承担的。刘燕斌同志同时还担任国家社会科学基金重大项目"化解产能过剩矛盾中职工就业和安置政策研究"的首席专家，这几年坚持不懈围绕这一涉及国计民生的重大问题组织研究，取得了丰硕的学术成果，《化解过剩产能就业政策研究》一书是刘燕斌同志近年来主持这方面研究的结晶。我认真阅读之后，很有收获。

第一，正确处理去产能中的就业问题，对当前中国经济社会发展具有重大现实意义。"三去一降一补"是新时期以习近平同志为核心的党中央确定的经济工作重大任务，其中去产能是重中之重。中国改革开放取得了举世瞩目的经济高速发展，同时在高速发展过程中积累的问题也到了必须下决心解决的时候，而产能过剩就是多年来积累问题的典型表现。

经过近 5 年的努力，去产能工作取得了一些积极进展，已退出钢铁产能 1.7 亿吨以上，煤炭产能 8 亿吨，但工业产能利用率仍然偏低，去产能的任务依然十分艰巨。2018 年《政府工作报告》提出，继续破除无效供给，2018 年再压减钢铁产能 3000 万吨左右，退出煤炭产能 1.5 亿吨左右，淘汰关停不达标的 30 万千瓦以下煤电机组，加大"僵尸企业"破产清算和重整力度。考虑到钢铁、煤炭产业链较长，除直接影响本行业职工就业外，还会间接影响上下游行业企业的生产经营，进而影响职工就业岗位，钢铁行业数据显示，钢铁主业每减少 1 个就业岗位，就会影响 4~5 个上下游相关产业的就业岗位。据课题组的研究，今后几年，我国还有 100 多万名钢铁煤炭去产能需分流安置的职工，职工安置仍然是化解过剩产能的首要工作，且去产能职工就业安置难度不断增加。一是去产能企业内部安置能力明显下降，有的企业出现工作任务不饱满、生产效率下降的情况。二是钢铁煤炭价格明显回升，企业去产能意愿走低，职工的抵触情绪和各方面诉求增加。三是产业转型升级加快对劳动者的职业技能素质要求更高，而待安置职工就业能力往往较低，难以满足新岗位的需要。

针对我国去产能面临的实际问题，课题组广泛收集梳理了国外处理产能过剩的经验教训，并总结了我国这几年去产能的典型经验，提出了一系列理论分析与政策建议，彰显了这一课题的重大经济社会意义。

第二，密切结合去产能的实际提出对策，对下一步做好去产能中的就业工作具有指导作用。化解过剩产能中职工就业安置工作所遇到的问题，涉及经济运行、产业结构、财政状况、职工技能素质、社会保障以及劳动关系等多个方面。课题组没有停留在对去产能影响就业的单纯理论分析上，把更多的精力用在去产能任务繁重的地区以及企业面临的实际问题上，深入调研，总结经验，提出对策。

例如，课题报告分析了去产能重点地区经济下行压力与产业结构调整交织、财政收入降低、职工安置能力不足的问题，指出："职工就业安置受所在地区经济和产业发展影响较大。一是辽宁、山西、黑龙江、河北等去产能重点地区经济下行压力较大，GDP 增速低于全国平均水平，就业岗位相对短缺；同时，产业结构比较单一，钢铁、煤炭、水泥等行业占比较大，就业承载能力不足，职工分流安置压力较大。二是资源型城市特别是资源枯竭城市和独立工矿区，钢铁、煤炭产业占比过大，其他产业大多是为钢煤产业配套产业，去产能造成这些地区钢煤及其配套企业效益和利税普遍下降，地方财政收入大幅减少，职工安置资金严重不足。"

又如，课题报告分析了重点地区需安置职工集中，钢城煤城、资源枯竭城市、独立工矿区就业渠道相对狭窄的问题，指出："重点地区去产能任务重，需要安置的职工较多，安置难度大。一是资源枯竭城市和独立工矿区等去产能重点地区，交通运输、配套机械、服务业等产业普遍萧条，分流职工缺乏就业渠道，难以依靠自身能力安置职工，一些职工在企业内处于隐性失业状态。2016 年底，未分流安置职工的近 9 成集中在河北、吉林、黑龙江、湖南、陕西等钢煤大省。二是国有企业等主要依靠内部转岗和退养等方式安置职工，带来一定人员负担，企业后续安置能力逐步下降，安置难度增加。山西省 87.5% 的去产能职工被安置在大型国有煤炭和钢铁企业内部，外部安置渠道明显不足。"

再如，课题报告分析了部分去产能职工群体就业安置难度较大的问题，指出："钢铁煤炭等去产能行业中不少职工面临就业安置难题。一是去产能企业职工年龄偏大，有的企业职工平均年龄接近 50 岁，待安置职工中'4050'人员占比接近 60%。二是待安置职工文化程度和技能水平较低，长期从事单一工种，学习能力较低，难以满足新岗位要求。三是对国企有较高依赖心理，跨区域就业意愿不强，接受培训意愿较低。四是不少职工患职业病，且家庭负担重，转岗转业、就业创业极为困难。"

课题报告还对"部分去产能企业欠缴社保费、欠薪等问题突出"；"劳动争议增加，沟通调解有待加强，局部地区存在群体性冲突风险"；"资金严重短缺不利于职工安置"等问题进行了深入分析。这些分析都以行业协会、地区劳动部门和去产能企业的调研报告或典型经验为基础，使人感到课题组的研究密切贴近实际，十分接地气。

针对去产能涉及就业的这些问题，课题报告提出了"重点支持欠发达资源型地区去产能企业职工就业安置"；"制定和实施'去产能企业职工大规模职业技能培训规划'"；"加快失业保险制度改革进程，充分发挥其保生活、防失业、促就业三位一体功能";"为去产能企业职工提供全方位公共就业服务";"完善政府、工会、企业共同参与的协商协调机制"等政策建议。

我看过不少研究去产能的文章和报告,能像刘燕斌课题组这样细致分析去产能所涉及就业具体问题的,真是凤毛麟角。据我所知,这项研究的4篇阶段性成果已获得人社部领导重要批示,课题提出的政策建议得到人社部就业促进司、失业保险司在制定有关政策中采纳。

我认为,《化解过剩产能就业政策研究》一书弥补了目前去产能职工就业安置理论研究的不足,可作为政府有关部门制定促进就业和职工安置政策的重要参考,对我国劳动力结构调整过程中促进就业,保持社会稳定具有指导意义,对构建高质量就业的新理论也具有积极的学术意义。

刘燕斌同志是我30多年来从事劳动经济研究方面的老同事、老朋友。我为他主持的"化解产能过剩矛盾中职工就业和安置政策研究"成果点赞,这项成果体现了他一贯的严谨、务实的学风。借写序言的机会,祝愿并相信他将为我国劳动经济研究做出更大贡献。

宋晓梧

2018 年 8 月 29 日

目 录
contents

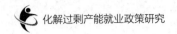

总论　化解产能过剩矛盾中职工就业和
安置政策研究

钢铁、煤炭等行业产能过剩是我国经济运行中的突出矛盾,是转变发展方式、优化经济结构、转换增长动力亟待解决的关键问题之一。在坚定不移推动供给侧结构性改革过程中,化解产能过剩中职工就业安置问题是就业工作中的重点和难点,化解过剩产能重点地区存在着规模性失业和集体劳动争议的潜在风险。如何妥善安置职工,促进就业,是化解产能过剩的关键环节和首要任务。

第一节　解决化解产能过剩矛盾中职工就业和
安置问题的意义

产能过剩也称"能力过剩",其概念最早是由张伯伦(Chamberlin)于20世纪30年代提出的,用以描述产业衰退现象。能力过剩首先出现在张伯伦的《垄断竞争理论》(1933)一书中,他认为生产能力过剩表现为开工严重不足,产品普遍性地供过于求,产品积压。与经济周期引起的短期性过剩不同,产业衰退造成的生产能力过剩在本质上是没有增长潜力的,产业的收入弹性很低,在整个国民经济总产出中所占比重大幅下降。

一　研究背景

我国在20世纪90年代开始出现"产能过剩"的提法,进入21世纪以来,特别是2008年国际金融危机之后,在经历了前期经济高速扩张以及经济刺激政策所导致的产能大规模扩张后,国家在一段时期内面临大量产能无法消化的局面,产能过剩问题严重阻碍了国内产业结构调整和经济良性发展,产能严重过剩越来越成为我国经济运行中的突出矛盾和诸多问题的根源,成为转变发展方式、优化经济结构、转换增长动力最亟待解决的关键问题之一。

过去一段时期,我国产能过剩行业多集中于基础工业,包括钢铁、煤炭、水泥、平板玻璃、电解铝、船舶、化工等重工业领域。产能利用率是判断产能过剩的直接指标。欧美国家一般认为,产能利用率在79%～83%比较合理,产能利用率低于75%即为严重过剩。从我国产能过剩的实际程度上看,2012年底,我国钢铁、水泥、电解铝、平板玻璃、船舶产能利用率分别仅为72.0%、73.7%、71.9%、73.1%和75.0%[1],2013年时分别为74.9%、75.7%、73.5%、73.5%和75.0%[2],明显低于国际通常水平,行业利润大幅下滑,企业普遍经营困难。在那段时期,我国工业制造业产能严重过剩已经成为不争的事实,金融危机以来周期性产能过剩与体制性产能过剩叠加使得诸多行业产能过剩问题充分暴露出来,产能过剩也呈现出全行业化、绝对化演变趋势,产能利用率更是在较长时期持续在较低水平。产能过剩矛盾突出,企业生产经营困难加剧,成为影响经济和就业稳定的一个突出问题。

化解过剩产能,是转变发展方式、优化产业结构、建设现代化经济体系、保障经济社会健康与可持续发展的必要之举。将化解产能过剩问题上升为国家宏观政策调整目标,始于2013年10月国务院出台的《关于化解产能严重过剩矛盾的指导意见》(国发〔2013〕41号),该文件将化解产能严重过剩矛盾作为"当前和今后一个时期推进产业结构调整的工作重点",将钢铁、水泥、电解铝、平板玻璃、船舶等行业作为产能严重过剩行业来分业施策,"消化一批、转移一批、整合一批、淘汰一批"过剩产能,通过5年努力达到"产能规模基本合理、发展质量明显改善、长效机

---

[1] 数据来自《关于化解产能严重过剩矛盾的指导意见》(国发〔2013〕41号)。

[2] 数据来自工业和信息化部产业政策司开展化解产能过剩矛盾的工作成果《化解产能过剩途径和措施》,执笔人苗长兴系工业和信息化部产业政策司副司长,主要工作成员包括冯飞、舒朝晖、唐军、张志分、冯欣等。

制初步建立"。2015 年 12 月，中央经济工作会议明确提出供给侧结构性改革的五大任务，即去产能、去杠杆、去库存、降成本、补短板，其中去产能被列为供给侧结构性改革的五大任务之首。

国务院总理李克强 2016 年 1 月 4 日在太原主持召开的钢铁煤炭行业化解过剩产能、实现脱困发展工作座谈会上指出，要更多运用市场办法，坚决淘汰落后产能，分类有序化解过剩产能，统筹解决所需资金、人员安置和债务处理问题，帮助企业在调整结构中实现扭亏脱困增盈、走上发展新路，促进经济平稳运行。要求在过去三年国内已化解钢铁 9 千多万吨、煤炭 2 亿多吨产能基础上，未来三年还将进一步加大力度继续化解钢铁、煤炭等行业过剩产能。① 此后，国务院先后于 2016 年 2 月分别发布了《关于钢铁行业化解过剩产能实现脱困发展的意见》（国发〔2016〕6 号）、《关于煤炭行业化解过剩产能实现脱困发展的意见》（国发〔2016〕7 号）两份行业化解过剩产能的指导文件，要求从 2016 年开始用 5 年时间再压减粗钢产能 1 亿 ~ 1.5 亿吨，再退出煤炭产能 5 亿吨左右、减量重组 5 亿吨左右。到 2020 年的 5 年内，钢铁、煤炭行业的去产能力度和压力仍然比较大。自 2016 年起，国家扎实推进供给侧结构性改革，去产能工作不断深入，转型升级步伐加快，化解过剩产能取得明显成效。国家统计局相关数据显示，去产能进展顺利，2016 年，钢铁、煤炭产能分别退出 6500 万吨以上和 2.9 亿吨以上，超额完成年度目标任务；2017 年煤炭、钢铁和煤电行业去产能工作继续取得新的进展和成效，《政府工作报告》确定的煤炭行业去产能 1.5 亿吨以上、钢铁行业去产能 5000 万吨左右、煤电行业压减 5000 万千瓦的年度目标任务，均超额完成。②

近 5 年来，经过扎实推进"三去一降一补"，已退出钢铁产能 1.7 亿吨以上，煤炭产能 8 亿吨，工业产能利用率有了较大幅度提升达到 77%。2018 年《政府工作报告》提出，继续破除无效供给，2018 年再压减钢铁产能 3000 万吨左右，退出煤炭产能 1.5 亿吨左右，淘汰关停不达标的 30 万

---

① 数据来自李克强在钢铁煤炭行业化解过剩产能实现脱困发展工作座谈会上的讲话。
② 数据来自新华网《文兼武：工业生产稳定增长质量效益明显提高》，转引自国家统计局网站，发布时间为 2017 年 10 月 20 日。

千瓦以下煤电机组，加大"僵尸企业"破产清算和重整力度。由于产能过剩问题已经成为我国经济运行中的主要突出矛盾和诸多问题的根源之一，其牵涉面广，矛盾问题根深蒂固，与企业生产、社会消费、财政金融等系统关系错综复杂，因此化解产能过剩矛盾必然带来经济社会的阵痛，某些局部领域甚至会伤筋动骨。在经济新常态下，化解产能过剩的任务和压力依然较大，特别是希望靠过去大规模政府投资或"大起"的政策来刺激经济增长，从而带动产能消化的老路已经行不通，产能过剩的化解任务必须下决心在"阵痛"中全面解决。同时，前一段时期较为容易化解的产业和企业已经取得了一定的成效，而靠"吃老本"一直扛着的行业企业接下来的路将越来越难走，"难啃的骨头"将凸显出来，化解工作的压力和风险仍然较大。

党的十九大报告中明确提出，"以供给侧结构性改革为主线，推动经济发展质量变革、效率变革、动力变革"，"坚持去产能、去库存、去杠杆、降成本、补短板，优化存量资源配置，扩大优质增量供给，实现供需动态平衡"。坚定不移推动供给侧结构性改革，深入推进去产能工作仍将是今后一段时期国内转变发展方式、优化经济结构、转换增长动力的主要任务，必将继续深刻影响经济社会发展形势。

二 重要意义

党中央、国务院历来对就业工作保持高度重视，深入实施就业优先战略和积极的就业政策。习近平总书记强调，就业是最大的民生，就业是永恒的课题，牵动着千家万户的生活；李克强总理强调发展经济的根本目的就是保就业，要把保就业作为经济运行合理区间的"下限"。从当前状况和今后一个时期的走势来看，就业形势依然严峻。一方面，就业总量压力仍将长期存在，就业结构性矛盾愈发凸显；另一方面，经济增长的不确定性和下行压力也会继续影响就业走势。

在这样的大背景下，化解产能过剩中的职工就业和安置问题显得更加突出和紧迫。第一，化解产能过剩涉及一些主要工业行业，有的甚至是国民经济基础性行业（如钢铁、煤炭），劳动力相对密集，从业人员众多。据测算，全国钢铁和煤炭行业去产能共涉及180万名职工分流安置，其中钢铁行业 50 万人，煤炭行业 130 万人。第二，去产能受影响职工往往年龄较大，职业技能相对单一，再就业和创业意愿不强，转岗转业安置的难度较大。第三，产能过剩问题已经严重影响这些行业中企业的盈利能力，不少企业债务沉重，亏损严重，化解产能过剩工作导致部分企业面临"关停并转"，这些因素都给职工就业和劳动权益实现带来冲击。有的降薪欠薪，有的停保断保，有的下岗待安置，还有的因劳动纠纷发生群体性事件，各地将直接面临大量职工转岗、安置、再就业等诸多问题。第四，在独立工矿区、资源枯竭型城市等特殊地区，存在"一钢独大""一煤独大"的情况，淘汰落后产能、关闭"僵尸企业"、化解过剩产能将会导致大量人员下岗失业，这些地区社会就业承载能力不足，存在较大的失业风险，将直接关系到社会稳定与和谐发展的大局。

总体而言，化解过剩产能这一过程中产生的职工就业和安置的诸多问题，特别是部分地区存在的规模性失业和劳动争议的潜在风险需要高度重视和认真治理。去产能，不仅仅是经济问题，也是社会问题，更是政治问题，如何妥善安置职工，促进职工就业，成为化解产能过剩的关键环节和重中之重。做好化解产能过剩涉及人员的就业与安置工作，不仅关系职工的切身利益，也关系化解产能过剩工作的顺利推进。

对此，国家一直高度重视化解产能过剩中职工就业和安置工作，不仅在《关于化解产能严重过剩矛盾的指导意见》（国发〔2013〕41 号）、《关于钢铁行业化解过剩产能实现脱困发展的意见》（国发〔2016〕6 号）、《关于煤炭行业化解过剩产能实现脱困发展的意见》（国发〔2016〕7 号）中专门提出了有关职工就业安置的相关政策部署，并且还自 2014 年至 2017 年先后出台了失业保险支持企业稳定岗位、钢铁煤炭行业做好职工安置工作、实施化解过剩产能企业职工特别职业培训计划等政策措施①，明

---

① 包括 2014 年 11 月人社部、财政部等四部门联合发布的《关于失业保险支持企业稳定岗位有关问题的通知》（人社部发〔2014〕76 号），2016 年 4 月人社部、国家发改委等七部门联合发布的《关于在化解钢铁煤炭行业过剩产能实现脱困发展过程中做好职工安置工作的意见》（人社部发〔2016〕32 号），2016 年 6 月人社部发布的《关于实施化解过剩产能企业职工特别职业培训计划的通知》（人社部发〔2016〕52 号），2017 年 3 月人社部、国家发改委等五部门联合发布的《关于做好 2017 年化解钢铁煤炭行业过剩产能中职工安置工作的通知》（人社部发〔2017〕24 号）等。

确了化解产能过剩过程中做好职工就业安置工作的原则和政策，提出了四种基本安置渠道，并安排了 1000 亿元中央专项奖补资金，重点用于职工分流安置。在中央政府和各地方政府的共同努力下，化解产能过剩中职工就业安置工作平稳有序推动，2016 年化解钢铁煤炭过剩产能共安置职工 72.6 万人；2017 年，去产能企业新安置职工超过 40 万人。近 5 年来，去产能共安置职工超过 110 万人，约占应安置职工的 60% 以上，主要安置渠道有转岗安置、内部退养、再就业、创业、返乡等。总的来看，职工就业安置工作平稳有序。

与政策安排和实践经验不断深入发展不同，我国理论界、学术界对化解产能过剩中职工就业和安置有关问题的研究还比较薄弱，许多理论和实践上的问题亟待解决。这主要表现在：首先，学术研究成果相对较少，对我国化解产能过剩中职工就业安置的丰富实践经验缺少全面深入的理论总结，尚未形成成熟的可供今后研究参考借鉴的理论成果；其次，对过去一段时间化解产能过剩中产生的突出矛盾分析不够深入，对今后几年去产能带来的职工就业安置形势和潜在问题也缺乏有力判断，无法给政府和社会提供充分的理论支撑；最后，也比较缺少从学术研究的视角，为政府未来长远、有效、针对性强的职工安置政策的完善提供咨询建议，理论与实践结合程度不够充分。

鉴于化解产能过剩中职工就业安置的重大现实需求意义和当前学术理论研究不充分不深入之间的巨大差距，本课题的研究成果将弥补目前化解产能过剩中职工安置与就业问题的理论和实证研究的不足。本课题将分析化解产能过剩中受影响职工就业安置的现实形势，探讨化解产能过剩职工安置就业中存在的突出矛盾问题，揭示矛盾问题背后的根源性原因，并提出解决化解产能过剩中职工就业、社会保障和劳动关系等问题的总体思路和政策建议，可作为今后政府发展改革部门、产业主管部门、人力资源社会保障部门和地方有关部门制定产业发展政策、化解产能过剩政策、促进就业政策和职工安置政策的有益参考。因此，本课题不仅具有较强的理论意义，更具有指导当前和今后一个时期化解产能过剩和职工就业安置的实践意义。

而从长远来看，党的十九大报告明确提出要继续坚定不移推动供给侧结构性改革，深入推进去产能工作。在全面建成小康社会决胜阶段中，加快转变发展方式、优化经济结构、转换增长动力仍然是经济社会发展的关键问题，在这一背景下，化解产能过剩中的职工就业和安置问题也必然是供给侧结构性改革、去产能的关键问题，还将是未来就业工作中的重点和难点问题。党的十九大报告指出就业是最大的民生，提出要坚持就业优先战略和积极就业政策，实现更高质量和更充分就业。今后几年，我国还有100多万名钢铁、煤炭去产能需分流安置的职工，职工安置仍然是化解过剩产能的首要工作，并且越到后期安置工作难度可能越大，"4050"等就业比较困难的人员安置任务将更加凸显，需要不断加强和完善促进就业创业的政策措施。同时，去产能的核心问题是重点地区的问题，一些钢城、煤城的分流安置和促进就业工作形势尤为严峻，这就牵扯到资源型城市转型升级的问题，也是当前和今后一段时期就业工作规划的一个重点和难点。

化解产能过剩中职工安置就业的必要性、重要性、紧迫性都对本课题的研究提出了更高要求。本课题的研究成果不仅对当前和今后一个时期平稳、有序、妥善做好去产能职工就业安置工作具有重大现实意义，而且对未来较长时期内我国整体结构调整、转型升级、产生新动力、促就业防失业、保持社会稳定等诸多领域具有重大指导意义，还对今后亟须转变发展方式、优化经济结构的老工业基地、资源型城市等重点地区的转型升级具有极强参考意义，并对构建起解决中国产业转型升级发展与促进劳动力充分和高质量就业的新理论、新观点具有重要学术意义。

第二节　相关理论和文献综述

由于化解产能过剩矛盾中的职工就业和安置涉及市场与政府关系、产业结构调整与转型升级对就业的影响等理论问题，因此在对国内外研究现状进行述评时将涉及政治经济学、劳动经济学、产业经济学、公共管理、社会政策等多学科领域。

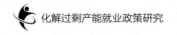

一 西方产业发展与就业结构调整理论

化解产能过剩从根本上说是一个国家或地区进行产业结构调整、转型升级和推动产业发展的手段之一，在理论根源上仍符合产业经济发展的一般规律；同时，在产业发展过程中，一国或一地区的就业结构也将随之产生变化。西方经济学对产业发展与就业结构调整的理论研究较为丰富，形成了不少流派和理论。

1. 发展经济学理论

西方发展经济学和劳动经济学中已经形成了一些比较著名的产业发展与就业理论，先后产生出不同的理论流派，对世界产业发展与就业研究产生了较大的影响。从大的方面来看，有一些学者将研究视角聚焦在产业结构与劳动力人口结构变化方面。配第－克拉克定律指出，随着社会经济发展，劳动力先由一次产业向二次产业转移，当国民收入水平进一步提高时，劳动力又会由二次产业向三次产业转移。库兹涅茨法则理论认为，随着时间的推移，农业部门国民收入和农业劳动力的比重处于不断下降之中；工业部门国民收入比重大体是上升的，但工业部门劳动力比重则大体不变或略有上升；服务部门的劳动力比重基本是上升的。"钱纳里－塞尔奎因"就业结构转换滞后理论则认为，准工业化国家或相对落后国家，就业结构转换滞后于产业结构，其就业结构指标的变动更能真实反映产业结构的实际变动情况。

另有一些学者主要分析了劳动力在城乡之间的流动和转移就业。刘易斯二元经济理论提出，发展中国家经济的典型特征是二元结构，即城市中新兴的资本主义工业部门与农村中庞大的传统农业部门并存。在经济发展过程中，来自农村的剩余劳动力会无限地向城市转移，从而推动工业化和城市化的进程；当经济发展到一定程度时，差异悬殊的二元经济结构就转化为一体化，进入现代经济增长过程。德国发展经济学家拉尼斯与美籍华人费景汉一起把刘易斯二元经济模型的劳动力转移部分分为三个阶段，提出了"拉尼斯－费景汉"经济增长模型，他们认为，第三个阶段是当工业部门能以农业生产资料装备农业时，农工两部门就会得到共同成长，从而获得经济的整体增长。托达罗城乡劳动力转移模型则解释了农业人口向城市流动与城市失业并存的现象，指出农业部门不一定有剩余劳动力，工业部门却可能存在失业，并且工业部门的工资率不是固定不变的，哪怕在劳动力供给充足的情况下也会产生工资不断上升的现象。

2. 产业生命周期理论

产业生命周期理论源于市场营销学中的产品生命周期理论，是 20 世纪 80 年代后才逐步兴起的。该理论流派认为，产业也如同生命体一样，具有生命周期，也要经历形成期、成长期、成熟期和衰退期。产业生命周期是产业发展内外部因素综合作用的结果，对一个国家或地区产业发展具有重要影响。在现实中，化解过剩产能、淘汰落后产能等产业政策也往往是针对衰退期的产业所进行的，因此产业生命周期理论也是化解产能过剩的理论渊源之一。

产业衰退期是产业生命周期的最后一个阶段。产业发展在经过成熟阶段以后进入衰退阶段，此时产业的市场需求逐渐萎缩，生产能力过剩，丧失了增长潜力，并在整个产业结构中的地位和作用不断下降。对此，国外学者提出了能力过剩和过度竞争的概念。

"能力过剩"（也称产能过剩）的概念最早是由张伯伦（Chamberlin）于 20 世纪 30 年代提出的，用以描述产业衰退现象。能力过剩首先出现在张伯伦的《垄断竞争理论》（1933）一书中，他提出垄断竞争导致平均成本线高于边际成本线，从而出现持续的产能过剩。很显然，这是从微观经济学角度出发给出的定义。张伯伦认为，生产能力过剩表现为开工严重不足，产品普遍性地供过于求，产品积压。与经济周期引起的短期性过剩不同，产业衰退造成的生产能力过剩在本质上是没有增长潜力的，产业的收入弹性很低，在整个国民经济总产出中所占比重大幅下降。

"过度竞争"的概念是 20 世纪 60 年代贝思提出的，后经日本经济学家小宫隆太郎进一步发展完善。所谓过度竞争，是指某个产业进入的企业过多，使许多企业甚至全行业处于低利润率甚至负利润率的状态，但生产要素和企业仍不从这个行业中退出，使全行业的低利润率或负利润率的状态持续下去。由于生产能力过剩，为了争夺市场份额，厂商采取降低价格

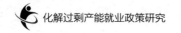

和多种非价格竞争手段进行竞争，结果使整个产业出现持续性和普遍性的低效益或负效益。而究其原因，这主要与"退出障碍"相关，这里面就包含劳动者安置费用的巨大退出成本。

3. 衰退产业的政策调整理论

衰退产业往往与产能过剩、销量下降、企业破产、雇员失业现象联系在一起，容易引起经济和社会的不稳定。从政府态度上看，衰退产业调整政策可以分为"消极"的调整政策和"积极"的调整政策。消极的调整政策主要是指因为进口增加导致国内同类产业部门发生衰退的，政府采取紧急进口限制，或者为了防止衰退部门的失业，采取向该部门订货以增加生产或者进行资金援助等政策措施。积极的调整政策主要是指促进衰退产业生产要素转移，以培养新的竞争优势，或是将资源转移到具有增长潜力的产业部门的政策措施。其立足点是帮助衰退产业实行有序的收缩、撤让，并引导其资本存量向高增长率产业部门有效转移。

在各国实践经验中，衰退产业调整的主要路径有结构升级、资源重组、区位调整、雇员再就业培训和失业救济政策等。从发达国家经验来看，解决产能过剩并不是通过限制生产和投资的方法来控制经济规模，而是主张通过企业并购，借助发达的资本市场，使资源从低效企业和衰退产业流向高效企业和新兴产业中去，从而实现资源的有效转移。而在职工再就业培训和失业救济政策方面，国外在实践中一般采取：由政府设立或资助职业介绍机构和职业培训机构；录用调整行业失业职工的企业可以享受政府补贴；雇用特定待业失业职工达到一定比例的企业还可以享受贷款、税收方面的优惠；增加失业补助金额；采用提前退休制；政府出资和支持的公共工程雇用衰退行业的企业雇员，等等。

二 国内产能过剩和产业调整对就业影响的理论

国内对产能过剩的研究有一定成果基础，特别是进入 21 世纪以来，因社会现实存在产能严重过剩情况，学界比较重视对产能过剩内涵、测度、标准、成因、治理等的系统研究，形成了一批成果。同时，国内学者比较集中地研究了产业结构调整升级对就业的影响，总体来讲比较认可产业升级有利于整体就业形势，但同时也会带来对局部和不同群体的不利影响。

1. 产能过剩的相关理论研究

中国在 20 世纪 90 年代开始出现"产能过剩"的提法，学者们从不同方面尝试给出产能过剩的定义。付保宗（2011）在考察了中西方关于产能过剩研究的文献后指出，西方和中国学者对产能过剩的定义既有区别，也存在着密切联系，西方学者主要从微观角度出发，而我国学者则更多地将其放在宏观和中观的领域中阐释。以何种标准评判出现了真正的产能过剩并无定论（李江涛，2006；王岳平，2006；周劲，2007；曹建海、江飞涛，2010）。

（1）产能过剩的测度和标准

在化解产能过剩研究中首先要解决的是如何判断产能过剩，用哪些指标和数据来衡量产能过剩，但学术界对此还没有一个统一的衡量方法和衡量标准。主要包括：生产函数法（韩国高等，2011），数据包络分析方法，峰值分析法，通过构建指标体系来对产能过剩进行综合判断（王兴艳，2007；冯梅、陈鹏，2013）。当前我国对产能过剩的判定主要依据产能利用率这一指标。

（2）产能过剩的形成原因

关于产能过剩的成因，学术界一直试图从多个不同的方面进行解释。一是从体制和政策方面阐述产能过剩的原因，包括：国有企业的所有权缺陷，寻租行为导致重复建设，对资本的行政性配置，政府主导和以投资方式拉动经济增长。二是从市场组织结构方面进行解释，认为低进入壁垒和高退出壁垒的结构性特征导致了产能过剩。三是从信息不对称角度进行阐释，企业可能因为预期偏差或后续形势变动发生误判，增加产能过剩发生概率。

（3）产能过剩的对策建议

面对我国当前"去产能"这一主要供给侧结构性改革工作，学术界对如何更加有效实现化解产能过剩提出了对策建议。一是强化市场力量，突出市场对资源配置的决定性作用。建议消除现有市场退出障碍，并建立起有效的市场退出机制，恢复正常的价格信号。二是利用全球化和"一带一路"倡议推动产业输出。积极推动产能"走出去"，逐步转移过剩产能，强化供给侧管理，通过产业升级转型激活闲置产能。三是更好发挥政府作用，促进去产能工作顺利完成。要明确政府和市场的边界，以经济增长极限、市场容量限制、资源与环境约束等条件为标准约束企业生产行为，弱化政府短期行为，强化国有企业分类管理以及市场约束。

2. 产业转型升级对就业的正向影响

一些学者通过计量方法验证了我国产业转型升级对就业的促进效应和程度。他们普遍认为，产业结构升级可以增加经济增长的就业效应，尤其是第三产业的发展可以带动更多的就业机会（穆怀中、闫琳琳，2009；段敏芳等，2011）。赵建军（2005）将其解释为劳动力人均资本量（K/L）不断增加的过程，认为投资乘数效应和收入分配效应带动的消费倾向的提高，导致产业升级提高了有效需求，最终有利于扩大就业。

葛雨飞（2011）则认为，产业结构和就业结构之间还存在一定的偏离，影响了就业的增加，主要体现在第二产业比重过高，第三产业发展滞后，吸纳就业的能力没有发挥出来。目前服务业劳动生产力的提高还未对产业结构升级表现出很积极的影响，但从长期来看，劳动力转移对服务业发展具有很大的促进潜力，将会促进产业结构与就业结构的协调发展。

3. 产业转型升级对就业的负向影响

产业的转型升级依赖于新的技术的引进和采用，亦即技术的进步，但技术进步对就业的影响一直备受争议。大部分学者认为，技术进步对就业的影响既有正向，也有负向。龚玉泉、袁志刚（2002）认为，技术进步对就业的冲击分短期影响和长期影响。从短期影响来看，企业减少对员工的需求，从长期影响来看，会大量提供就业机会。有一些学者利用实证数据验证了技术进步对就业的影响，认为负向影响只是局部的，不会影响总体水平，或者总体上来看还是有利于就业的（姜作陪、管怀夔，1999；王治虎，2012）。

另外还有一些学者认为，技术进步对就业的整体水平产生了负向影响。张军等（2004）认为，随着企业资本深化和技术进步的提高，我国国有制工业企业不但没有提供新的就业岗位，反而排斥由于技术进步引起的富余劳动力，从而使得国民经济增长的就业弹性系数不断下降，社会就业压力不断提升，国内就业形势日趋严峻。姚战琪等（2005）、黄安余（2005）也分别验证了产业升级对就业的负向效应。

三　对国内外现有研究的评价

通过国内、国外有关文献综述，可以为化解产能过剩中职工就业和安置奠定一定研究基础，提供参考借鉴；但同时也应认识到，现有研究与现实发展情况还有一定差距，对解释当前去产能形势和职工就业安置问题还缺乏一定力度，亟待课题进一步深入挖掘、研究分析。

1. 对国外研究的评价

通过对国外相关文献的梳理可以发现，西方关于产业发展与结构调整、产业生命周期、政府对衰退产业政策等的研究已较为丰富、扎实，理论流派多样，研究成果丰硕，已经形成了良好的研究基础，这些都是本课题研究的重要借鉴。当前中国开展的化解过剩产能工作在西方国家中应属产业衰退和产业规制范畴，因此并不陌生；但西方国家对过剩产能行业所进行的政策调整及其对就业的影响，有其自身国情的特点，由此形成的理论也有其局限性。就中国而言，今后一段时期，中国经济增长将维持中高速，处于新常态阶段，下行压力、结构调整将影响经济稳定增长对就业的拉动能力。而与此同时，为了更好地调结构、促改革，解决环境破坏和资源过度消耗的困境，必然要化解产能过剩矛盾，特别是淘汰高消耗高污染的落后产能。这一两相矛盾的复杂局面是西方国家在发展进程中较少遇到的，同时国内化解过剩产能与国外产业生命周期中的产业衰退也不完全一样，是我国政府主动根据经济发展形势进行调控的举措。因此，无论是从理论上还是实践中都需要贴近中国实际，并非照搬西方理论和政策就可以解决的。从这一角度而言，就需要我们在西方现有理论的基础上进一步拓展，弥补现有研究的不足。

2. 对国内研究的评价

国内现有研究主要从两个方面对化解产能过剩中职工就业和安置进行了探讨。一是化解产能过剩的有关研究，主要包括产能过剩的概念内涵、产能过剩的测度、产能过剩的形成原因和去产能的对策建议等，这些研究更多地将关注点放在了产业发展和产能过剩本身。二是产业结构调整和转型升级对就业的一般影响。在这部分，国内学者比较重视三次产业结构的变化对就业的影响，且比较重视运用实证研究进行检验。此外，关于产业结构升级对就业的影响，不同学术成果之间还存在一定的争议，从总量上来看普遍认为在长期内有利于就业，但在短期和结构上是如何具体影响就业的，不同学者有不同观点。而对于化解产能过剩中的职工安置与再就业问题，这部分研究成果相对而言比较少，许多研究成果还是本课题组成员在研究过程中发表的阶段性成果，而学界其他研究成果明显不足，研究程度也不够深入，仍有不少涉及化解过剩产能中的职工安置与就业的问题分析不深刻，造成目前学界研究成果对现实政策的指导力度有所欠缺，亟待进一步深入研究。

第三节　化解过剩产能职工就业和安置的现状

当前及今后一个时期，解决好化解过剩产能矛盾中受影响职工的就业和安置问题，对于保障去产能任务的顺利完成，探索在经济转型升级中稳定和扩大就业的方式方法，进一步推动完善我国现有的积极的就业政策，保持经济社会的持续健康稳定发展具有重要意义。

一　产能过剩的现状趋势

产能过剩是在一定时期内，企业参与生产的全部固定资产，在既定的组织技术条件下，所能生产的产品数量或能处理的原材料数量超出市场消费能力。在市场经济条件下，供给适度大于需求是市场竞争机制发挥作用的前提，有利于调节供需，促进技术进步与管理创新。但产品生产能力严重超过有效需求时，将会降低资源配置效率，阻碍产业结构升级，造成社会资源巨大浪费。

1. 产能过剩参考标准

产能利用率是判断产能过剩的直接指标。目前我国还没有建立对产能过剩定性、定量的科学评价标准。西方国家一般认为，产能利用率的正常值在79%～83%，利用率低于79%，被认为存在产能过剩现象，低于75%则被认为产能严重过剩。目前世界上尚未有统一的衡量标准，不同国家、地区的判断标准也有所不同。在美国，产能利用率在81%～95%，被认为"正常"；低于80%时，被认为"较严重的过剩"。日本则以78%作为产能是否过剩的分界线。我国有专家学者提出，判定行业产能严重过剩的参考指标是：①产品库存持续急剧上升，销售呈现停滞状态；②产销率大幅下降，供求关系严重失衡；③产品价格大幅度回落，长期处于成本线以下；④行业出现大面积的企业亏损，企业被迫举债经营；⑤一批企业相继倒闭或破产；⑥进口严重受阻，出口不计成本，国际贸易摩擦频繁发生。[①] 当然，产能利用率过高同样带来诸多问题，比如当产能利用率达到90%以上的时候，会出现市场供应短缺、价格大幅上涨等诸多问题。综合国内外行业参考值，产能利用率在79%～83%是比较适中的，更有利于行业的平稳、有序、持续发展。

2. 产能过剩的主要行业地区分布

（1）行业分布

近年来，我国部分产业供过于求的矛盾日益凸显，传统制造业产能普遍过剩，特别是钢铁、煤炭、水泥、电解铝等高消耗、高排放行业尤为突出。与此同时，铜冶炼、铅冶炼、造纸、制革、印染、铅蓄电池等行业也呈产能过剩状态，企业效益下降，生产经营困难。如图1所示，2015年我国主要行业产能利用率一般在65%～71%，明显低于国际通常水平79%，其中钢铁66.9%、煤炭78.8%、水泥70.0%、电解铝70.0%、平板玻璃69.0%、

---

① 中国钢铁协会副秘书长戚向东认为，如果以上六项指标在相对较长时间同时存在，就说明产能已经出现严重过剩。

炼油 71.0%；部分行业的产能利用率甚至更低，如电石 60.9%，而船舶仅为 55.0%。产能严重过剩，行业亏损面持续扩大，资产负债率居高不下。

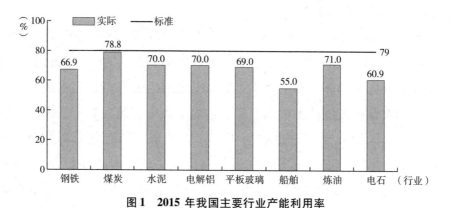

图 1　2015 年我国主要行业产能利用率

钢铁、煤炭行业均属产业链较长的基础产业，钢铁、煤炭行业去产能，直接影响上下游行业企业的生存发展，因此，这两大行业的产能过剩问题尤其需要关注。2015 年，我国粗钢产能达到 12 亿吨，为历史最高水平。受到国内经济下行、结构调整、国际经济疲软以及产业环保政策等多方面压力，产能利用率持续下滑，2015 年下降到 66.9%，明显低于合理水平，产能严重过剩，导致企业普遍亏损，经营环境恶化。① 另据国家能源局统计，截至 2015 年底，全国煤矿总规模为 57 亿吨，其中正常生产及改造的煤矿 39 亿吨、停产煤矿 3.08 亿吨、新建改扩建煤矿 14.96 亿吨，约 8 亿吨属于未经核准的违规项目。如果按照煤炭行业有效产能 47 亿吨、2015 年原煤产量 37 亿吨计算，煤炭产能利用率远远低于正常水平，亦属于产能过剩行业。

（2）地区分布

我国是全球最大的煤炭生产国，2015 年全球原煤产量为 78 亿吨，我国为 37 亿吨，占全球的 47%。2016 年我国原煤产量 33.63 亿吨，同比下降 8.71%。如图 2 所示，内蒙古、山西、陕西三省份的产量排名前三位，合计 21.65 亿吨，占全国的近 65%；贵州、新疆、山东、安徽、河南五省份列第四至八位，产量合计 7.12 亿吨。

---

① 《2016 年中国钢铁行业现状分析》，中钢网、中商情报网，2016 年 8 月 11 日。

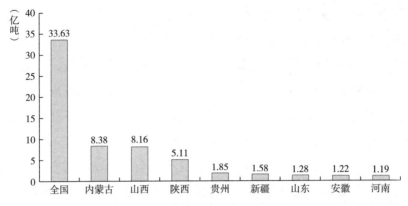

图 2　2016 年我国原煤产量分布情况

2016 年全球粗钢产量为 16.03 亿吨，而我国粗钢产量为 8.08 亿吨，占全球的 50% 以上。其中河北、江苏、山东、辽宁、山西当年粗钢产量排名全国前 5 位，分别为 1.93 亿吨、1.11 亿吨、0.72 亿吨、0.60 亿吨和 0.39 亿吨（如图 3 所示）。

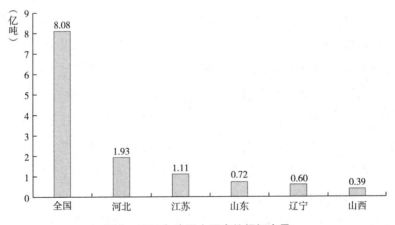

图 3　2016 年我国主要省份粗钢产量

3. 产能过剩的基本原因

当前，我国出现产能严重过剩主要受发展阶段、发展理念和体制机制等多种因素的影响。主要因素有：①在加快推进工业化、城镇化的发展阶段，市场需求快速增长，这是产能快速增长直至出现过剩甚至严重过剩的基本环境；②一些企业对市场预期过于乐观，盲目大量投资，直接加剧了产能快速扩张；③部分行业发展方式粗放，创新能力不强，产业集中度低，没有形成由优强企业主导的产业发展格局，导致行业无序竞争、重复建设严重；④一些地方过于追求发展速度，过分倚重投资拉动，通过廉价供地、税收减免、低价配置资源等方式招商引资，助推了重复投资和产能扩张；⑤资源要素市场化改革滞后，政策、规划、标准、环保等引导和约束不强，投资体制和管理方式不完善，监督检查和责任追究不到位，导致生产要素价格扭曲，公平竞争的市场环境不健全，市场机制作用未能有效发挥，落后产能退出渠道不畅，产能过剩矛盾不断加剧。上述导致产能严重过剩的诸原因中，体制机制改革滞后是其根本原因。鉴于此，加大改革力度，破除妨碍市场在配置资源中发挥决定性作用的体制机制障碍，是解决产能过剩问题的根本途径。

4. 去产能的主要目标与未来趋势

2016 年初，国务院发布《关于钢铁行业化解过剩产能实现脱困发展的意见》（国发〔2016〕6 号），提出了未来 5 年化解钢铁过剩产能的工作目标，即：在近年来淘汰落后钢铁产能的基础上，从 2016 年开始，用 5 年时间再压减粗钢产能 1 亿 ~ 1.5 亿吨，行业兼并重组取得实质性进展，产业结构得到优化，资源利用效率明显提高，产能利用率趋于合理，产品质量和高端产品供给能力显著提升，企业经济效益好转，市场预期明显向好。与此同时，国务院发布《关于煤炭行业化解过剩产能实现脱困发展的意见》（国发〔2016〕7 号），提出了未来 5 年化解煤炭过剩产能的工作目标，即：在近年来淘汰落后煤炭产能的基础上，从 2016 年开始，用 3 ~ 5 年的时间，再退出产能 5 亿吨左右、减量重组 5 亿吨左右，较大幅度压缩煤炭产能，适度减少煤矿数量，煤炭行业过剩产能得到有效化解，市场供需基本平衡，产业结构得到优化，转型升级取得实质性进展。2016 年，全年退出钢铁产能超过 6500 万吨、煤炭产能超过 2.9 亿吨，超额完成年度目标任务，分流职工得到较好安置①，为改革发展营造了和谐稳定的社会环境。

---

① 2017 年 3 月 5 日李克强总理的《政府工作报告》。

尽管 2016 年下半年以来，钢铁、煤炭等大宗商品价格回升，但长期看产能严重过剩行业效益难有根本改观。按照国务院的部署，2017 年继续深入推进"三去一降一补"①，计划化解钢铁产能 5000 万吨、煤炭产能 1.5 亿吨以上，同时淘汰、停建、缓建煤电产能 5000 万千瓦以上。另外，平板玻璃、电石、电解铝、铜冶炼、铅冶炼、造纸、制革、印染、铅蓄电池、船舶等行业也将淘汰大量落后和过剩产能，预计关闭企业超过 2000 家。

二　化解过剩产能职工就业安置的形势、现状与任务

党中央、国务院高度重视化解过剩产能中职工就业和安置工作，做出了一系列重大部署和决定，各有关部门、地方党委、政府制定和实施了多项政策措施，广大去产能企业克服重重困难，千方百计做好受影响职工的就业安置工作，取得了良好成效。总体来看，化解过剩产能中职工就业安置的形势稳定。但从我国转变发展方式、优化经济结构、转换增长动力的要求以及仍有大量过剩产能需要化解的情况看，职工的就业安置任务依然繁重并且难度不断加大，继续做好职工就业安置工作任重而道远。

1. 职工就业安置工作总体平稳推进

自 2013 年国家部署化解产能过剩工作以来，中央和地方政府均高度重视化解产能职工安置进展情况，积极出台促进职工就业安置的各项政策，指导和帮助企业做好职工分流安置工作。自 2013 年以来，化解产能过剩职工安置工作总体平稳有序推进，大部分职工得到妥善安置，双方之间没有爆发严重冲突，重点地区社会形势总体稳定。

按照国务院以及人社部、国家发改委等部门发布的有关去产能的政策文件②，各地积极制定具体政策，采取多种措施，多渠道安置受影响职工：一是鼓励企业内部分流，包括通过内部挖潜来多渠道分流安置富余人员，

---

① 供给侧结构性改革五大重点任务：去产能、去库存、去杠杆、降成本、补短板，简称"三去一降一补"。

② 即《关于在化解钢铁煤炭行业过剩产能实现脱困发展过程中做好职工安置工作的意见》（人社部发〔2016〕32 号）和《关于做好 2017 年化解钢铁煤炭行业过剩产能中职工安置工作的通知》（人社部发〔2017〕24 号）。

兼并重组后的新企业更多吸纳原企业职工，在开展"双创"中创造新的就业空间，支持职工与企业保留一定期限劳动关系离岗创业等；二是促进转岗就业创业，包括对达到一定规模的拟分流安置人员举办专场招聘活动，对分流职工免费提供职业指导、就业服务和职业培训，将失业人员纳入当地就业创业政策扶持体系，对有创业意愿的化解过剩产能企业职工和失业人员，按规定提供创业培训；三是符合条件人员可实行内部退养，由企业发放生活费并缴纳相关社保，达到退休年龄时正式办理退休手续；四是运用公益性岗位托底帮扶，加大对就业困难人员和零就业家庭人员的帮扶力度。

在各地党委政府及有关部门指导和政策支持下，化解过剩产能企业专门制定职工安置方案，经过充分听取职工意见、专家论证、风险评估、合法性审查等程序由职代会或职工大会民主决定，结合实际、想方设法，多形式、多渠道内部分流安置职工。

2013~2015年，受各省份正在开展分解化解过剩产能任务，明确企业量化压减目标影响，各地化解产能职工就业安置工作也处于起步阶段，对受影响职工的总体规模和人员情况并没有完整精准的统计，也就难以获取全国化解产能过剩受影响职工规模的准确数据。从实地调研的情况看，化解产能过剩各地区任务目标差异很大，受影响职工人数差别很大。从课题组调研部分省份反馈的数据看，河北、山西、山东、河南等地区受影响职工规模较大，如河北省受影响职工约54.7万人，河南省约20万人，山东省近6万人。在此期间，部分职工已经得到分流安置，但仍有不小规模的人员处于待岗待安置的情况。

2016年以来，国家进一步明确了钢铁、煤炭行业化解过剩产能任务，并随着具体去产能方案和人员安置政策的不断深化和落实，全国去产能受影响职工规模和安置渠道有了比较准确的统计。据国务院2016年制定的去产能方案，未来3~5年预计将直接影响180万名职工就业，其中钢铁行业涉及50万人，煤炭行业涉及130万人。2016年的去产能及职工安置目标是：煤炭行业将去产能2.8亿吨，占去产能总目标的一半以上，需要安置70万名职工；钢铁行业将去产能4500万吨，约占去产能总任务的三分之一，需要安置 18 万名职工。截至 2016 年末，全国钢铁煤炭行业去产能共涉及企业 1905 家，计划分流职工 83.1 万人，实际已分流职工 72.6 万人，占年度计划的 87.4%，职工安置工作取得重要进展，其中钢铁行业完成 93%，煤炭行业完成 85.1%。中央企业分流安置职工 6.8 万人，各地（不含中央企业）分流安置职工 65.8 万人。从各地分流渠道看，转岗安置占 36.7%，内部退养占 19.1%，解除终止劳动关系占 44.2%（如图 4 所示）。

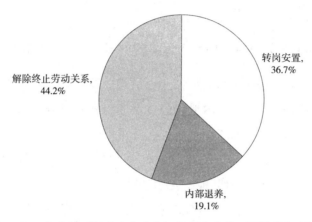

图 4 2016 年各地（不含中央企业）钢煤去产能不同渠道分流情况

从解除终止劳动关系人员去向看，单位就业占 13.6%，灵活就业占 24.1%，自主创业占 3.9%，公益性岗位占 1.3%，返乡占 18.8%，退休、伤亡等占 8.4%，失业占 17.6%，其他占 12.3%（如图 5 所示）。2017 年，去产能职工就业安置工作继续推进，新安置职工约 40 万人。到 2017 年底，累计安置职工达到 110 万人。

2. 开拓多种渠道安置职工取得积极效果

经过各级政府、企业和职工的共同努力，化解过剩产能中职工就业与安置取得了较大进展。在化解过剩产能中通过开拓多种渠道，促进职工就业与安置，其政策积极效果主要体现在以下几个方面：一是将就业扶持政策惠及去产能企业的在职职工和失业人员，有利于其尽快找到新的工作岗位；二是鼓励企业吸纳就业和企业内部安置，实施失业保险按规定支持企业稳定岗位政策，积极发挥失业保险预防失业、促进就业的功能；三是对

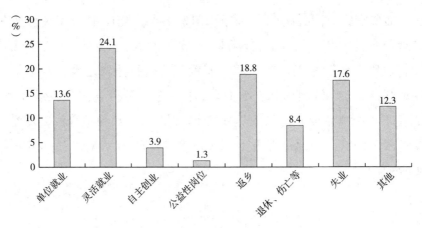

图5 2016 年各地（不含中央企业）钢煤去产能解除终止劳动关系人员去向情况

有意愿创业的去产能企业职工和失业人员均可享受创业扶持政策，成功促进创业带动就业；四是实施内退和公益性岗位托底帮扶政策，使许多年龄大、体弱多病、就业困难的职工得到兜底帮助。

企业多渠道、多形式安置职工方面，河北开滦煤炭集团借助资金及政策，大力发展煤化工、现代物流、文化旅游等"非煤"产业，使其总收入占比由 20% 上升至 80%，大大提高企业安置分流职工的能力。唐山钢铁集团早在 2013 年就根据市场情况，转变企业经营战略，进行人力资源优化，2014 年 6 月底全面清理外部用工，腾退岗位用于安置分流职工；同时加快非钢产业的发展，使其总收入占比在 2014 年就达到 60% 以上，较好实现职工的内部转岗安置。陕煤化集团的安置工作主要采用"退养一批、辞退一批、分流一批、协议保留一批"的方式。武钢集团为分流职工开辟了十余条安置渠道，主要有企业内部转岗安置、自愿离岗待退休、鼓励离岗歇工另谋出路和协调解除劳动关系等四种措施，取得了积极效果。

3. 去产能职工安置面临的形势

（1）去产能职工就业安置任务依然繁重

根据国务院 2016 年制定的去产能方案，钢铁煤炭行业未来 5 年计划压减约 15% ~20% 的产能，预计将直接影响 180 万名职工就业，其中钢铁行业涉及 50 万人，煤炭行业涉及 130 万人。2016 年计划分流职工 83.1 万人，实际已分流职工 72.6 万人，还有 10.5 万人待分流。由于钢铁煤炭行业均属产业链较长的基础性产业，因此钢铁煤炭行业去产能，除了直接影响本行业的职工就业，还会间接影响上下游行业企业的生存发展，进而影响这些企业职工的就业。以钢铁行业为例，行业数据表明，钢铁主业与相关产业的就业比为 1∶4～1∶5，即钢铁主业每减少 1 个就业岗位就会影响 4～5 个上下游相关产业的就业岗位。

按照国务院部署，2017 年将继续深入推进"三去一降一补"，计划化解 5000 万吨钢铁产能和 1.5 亿吨煤炭产能，预计影响钢铁、煤炭行业 40 万名职工，加上 2016 年结转的 10 万人，如果将钢铁行业上下游产业受影响职工考虑在内，2017 年及今后的职工安置任务更加繁重。另外，水泥、电解铝、平板玻璃、船舶、石化等多个行业产能利用率普遍约为 70%，也将淘汰大量落后和过剩产能，煤电等其他行业也将面临去产能问题，进而影响大量职工的就业岗位，因此，未来去产能职工就业安置任务依然繁重而艰巨。

（2）去产能安置职工难度明显增加

2017 年去产能职工安置任务是钢铁、煤炭行业需要直接分流安置职工 50 万人。尽管计划分流人数略有减少，但职工分流安置的难度却明显增加。一是去产能企业经过前期内部分流转岗，内部安置能力明显下降，有的企业出现工作任务不饱满、生产效率下降的情况。同时，未能安置的职工往往就业更加困难。二是由于钢铁煤炭价格明显回升，企业去产能意愿走低，职工的抵触情绪和对岗位、工资、社保等方面的诉求增加。三是产业转型升级加快对劳动者的职业技能素质要求更高，而待安置职工能力素质相对偏低，难以满足新岗位的需要。不少企业反映，2017 年是去产能职工就业安置的攻坚年。

（3）产能严重过剩行业职工就业安置任重而道远

综合考虑我国未来能源结构调整、产业转型升级、劳动力素质提升等一系列因素，产能严重过剩行业职工就业安置任重而道远。一是我国未来能源结构将面临重大调整，煤炭、油气、非化石能源消费比例 2020 年将达到 6∶2.5∶1.5，2030 年将达到 5∶3∶2，2050 年将达到 4∶3∶3，对煤炭的能源需求将逐步下降，煤炭行业面临大幅缩减产能的压力。二是经济转型升级、结构调整深化、劳动生产率提高的全过程都会使钢铁、煤炭、水泥、电解铝、平板玻璃、船舶、石化等产能严重过剩行业释放出大量劳动力，带来职工转岗转业下岗失业问题。三是尽管近期钢铁煤炭价格有明显回升，但从长期看，产能严重过剩行业效益不容乐观。产能过剩是结构性问题，但产品价格依然受经济运行周期性影响。四是化解过剩产能难以在短期内完成，职工就业安置也难一蹴而就，因此，应深入研究去产能促就业的中长期规划和政策储备。

第四节　化解产能过剩矛盾中现行劳动保障政策措施和做法经验

党中央、国务院高度重视淘汰落后产能和化解过剩产能工作。2010年，国务院出台淘汰落后产能工作通知，加大了淘汰落后产能的力度。2013年，国务院制定和实施《关于化解产能严重过剩矛盾的指导意见》，使化解过剩产能工作进入了新阶段。此后国家及地方密集出台了一系列重大政策措施，下大气力治理产能过剩问题。[①]

一　国家层面主要政策措施

近些年，国家制定和实施了一系列化解过剩产能的重大政策措施，其中，涉及职工就业和安置的政策措施主要包括三个方面：一是促进就业安置，二是发挥社会保障作用，三是稳定劳动关系。

1. 促进职工安置和就业的政策措施

2011年4月，人社部会同国家发改委、财政部、工信部等七部门联合

[①] 国家出台的有关化解产能过剩的政策方针包括：2010年2月国务院《关于进一步加强淘汰落后产能工作的通知》（国发〔2010〕7号），2010年8月国务院《关于促进企业兼并重组的意见》（国发〔2010〕27号），2013年10月国务院《关于化解产能严重过剩矛盾的指导意见》（国发〔2013〕41号），2014年3月国务院《关于进一步优化企业兼并重组市场环境的意见》（国发〔2014〕14号），2016年2月国务院《关于钢铁行业化解过剩产能实现脱困发展的意见》（国发〔2016〕6号），2016年2月国务院《关于煤炭行业化解过剩产能实现脱困发展的意见》（国发〔2016〕7号）。

下发了《关于做好淘汰落后产能和兼并重组企业职工安置工作的意见》（人社部发〔2011〕50号），对促进职工再就业等政策进行了规定。虽然当时的政策是针对淘汰落后产能和兼并重组企业范围的，但是为日后化解过剩产能职工就业安置奠定了重要基础。此后，国家陆续出台了一系列促进去产能职工就业安置的政策规定。

一是促进下岗失业人员安置和再就业。国务院〔2013〕41号文明确规定，将化解产能严重过剩矛盾中企业下岗失业人员纳入就业扶持政策体系，通过多种方式促进下岗失业人员的安置和再就业。人社部会同有关部门认真落实国务院文件精神，制定了一系列具体政策措施，主要包括：①促进转岗就业创业，摸清拟分流职工底数，对拟分流安置人员在100人以上的，要求举办专场招聘活动，开展跨地区就业信息对接和有组织的劳务输出，对其中的就业困难人员可按规定给予一次性交通补贴；②对依法与企业解除、终止劳动合同的失业人员，免费提供就业指导、职业介绍、政策咨询等服务，纳入当地就业创业政策扶持体系；③支持企业开展"双创"，对有创业意愿的化解过剩产能企业职工和失业人员，按规定提供创业培训，有针对性地提供创业指导、项目咨询和跟踪服务；④对通过市场渠道确实难以就业的大龄困难人员和零就业家庭人员，加大公益性岗位开发力度提供托底帮扶等。同时，中央财政特别安排了1000亿元专项奖补资金，主要用于职工分流安置。

二是通过稳岗补贴政策鼓励企业安置富余人员。国家进一步发挥失业保险预防失业、促进就业作用，对去产能企业采取有效措施不裁员、少裁员，稳定就业岗位的，可按不超过该企业及其职工上年度实际缴纳失业保险费总额的50%，由失业保险基金给予稳岗补贴，主要用于职工生活补助、缴纳社会保险费、转岗培训、技能提升培训等相关支出。目前，失业保险基金支持企业稳定岗位的实施范围已经扩大到所有符合条件的企业。

三是做好受影响职工职业技能培训工作。根据培训对象需求有针对性地组织三类培训，即：①对失业人员重点开展就业技能培训；②对企业转岗职工重点开展岗位技能提升培训；③对有创业意愿的失业人员和转岗职工重点开展创业培训。对上述人员开展培训按规定给予培训费补贴，对其中零就业家庭人员和就业困难人员，在培训期间可按规定给予一定的生活费补贴。

2. 发挥社会保障功能的政策措施

社会保障是社会的稳定器。在化解产能过剩过程中，国家为发挥社会保障的功能制定和实施了一系列政策措施。

一是国家制定并完善失业保险援企稳岗政策。2014 年，人社部发〔2014〕76 号文进一步细化了国发〔2014〕14 号文对失业保险基金使用范围的规定，明确规定："对符合条件的企业，在兼并重组、化解产能过剩以及淘汰落后产能期间，可按不超过该企业及其职工上年度实际缴纳失业保险费总额的 50% 给予稳岗补贴，所需资金从失业保险基金中列支"。国发〔2016〕6 号文和国发〔2016〕7 号文规定："对就业困难人员，要加大就业援助力度，对符合条件的失业人员按规定发放失业保险金"，"稳定现有工作岗位，对采取措施不裁员或少裁员的生产经营困难企业，通过失业保险基金发放稳岗补贴"，等等。在去产能工作中，失业保险援企稳岗政策不断得到落实，不裁员或少裁员的企业及时得到稳岗补贴。2016 年，全国使用失业保险基金发放稳岗补贴 259 亿元，比上年同期增长 104%；惠及企业 46 万户，比上年同期增长 411%；涉及职工 4832 万人，比上年同期增长 179%。

二是制定并实施降低社会保险费率政策。为降低企业成本，减轻企业负担，2015 年，人社部、财政部连续发布《关于调整失业保险费率有关问题的通知》（人社部发〔2015〕24 号）、《关于适当降低生育保险费率的通知》（人社部发〔2015〕70 号）、《关于调整工伤保险费率政策的通知》（人社部发〔2015〕71 号），下调失业、生育、工伤三险费率。2016 年 4 月，人社部、财政部再次发布《关于阶段性降低社会保险费率的通知》（人社部发〔2016〕36 号），又一次针对降低社会保险费率做出调整。调整后各险种费率为：养老保险费率为 27%（单位缴费率 19%、个人缴费率 8%），医疗保险费率仍为 8%（单位缴费率 6%、个人缴费率 2%），失业保险费率下调为 1%～1.5%（其中个人缴费率不超过 0.5%），工伤保险平均费率下调为 0.75%（单位缴费、个人不缴），生育保险平均费率下调为不超过 0.5%（单位缴费、个人不缴）。2017 年 2 月，人社部、财政部又发布了《关于阶段性降低失业保险费率有关问题的通知》（人社部发〔2017〕14 号），从 2017 年 1 月 1 日起，失业保险总费率为 1.5% 的省（区、市），可以将总费率降至 1%。至此，"五险"的总费率由 41% 降至36.75%，其中，企业负担为 26.25%，个人负担为 10.5%。

三是落实并完善社会保险转移接续政策。2011 年人社部发〔2011〕50号文、2013 年国发〔2013〕41 号文先后明确了切实做好下岗失业人员社会保险关系转移和接续工作，按规定落实好其社会保障待遇。2016 年，国发〔2016〕6 号文和国发〔2016〕7 号文进一步明确提出"偿还拖欠的职工在岗期间工资和补缴社会保险费用，并做好社会保险关系转移接续手续等工作"。2016 年 4 月，人社部发〔2016〕32 号文也明确提出"加强社会保障衔接"工作，同时明确各地要按照《工伤保险条例》和人社部、财政部等四部门《关于做好国有企业老工伤人员等纳入工伤保险统筹管理有关工作的通知》（人社部发〔2011〕10 号）的规定，妥善解决工伤人员的待遇问题。

四是进一步贯彻落实最低生活保障政策。2016 年，国发〔2016〕6 号文和国发〔2016〕7 号文两个文件都明确规定"对符合条件的失业人员按规定发放失业保险金，符合救助条件的应及时纳入社会救助范围，保障其基本生活"。2016 年，人社部发〔2016〕32 号文进一步明确规定"对符合最低生活保障条件的家庭，应按规定纳入最低生活保障范围"。各地也相继出台政策对符合最低生活保障条件的去产能企业职工家庭，按规定及时纳入最低生活保障范围；同时规定，由于各种原因历史上没有建立社保账户的去产能失业人员，如果生活十分困难，亦应通过最低生活保障体系保障其最低生活，将符合救助条件的分流人员及时纳入社会救助范围；对所有救助政策用完之后仍有困难的分流人员进行急难救助。

3. 依法依规妥善处理劳动关系举措

劳动关系问题是化解产能过剩职工就业安置的核心问题之一，涉及受影响职工的切身利益，也是各级政府做好去产能工作的重点领域，并且出台了多项相关政策，调整劳动关系，保持劳动关系的和谐稳定。

一是要求依法依规妥善处理劳动关系。在淘汰落后产能和化解过剩产能的各项政策文件中，均要求做好劳动关系处理工作，提出了"依法、妥善"处理劳动关系的原则，强调"依照相关法律法规和规定妥善安置职工"①，"积极稳妥解决职工劳动关系、社会保险关系接续、拖欠职工工资等问题"②，"依法妥善处理职工劳动关系"③，"要按照《中华人民共和国劳动合同法》及国家有关政策规定，依法妥善处理企业和职工的劳动关系"④，"保障职工合法权益"⑤。为保障职工权益，政策还要求"安置计划不完善、资金保障不到位以及未经职工代表大会或全体职工讨论通过的职工安置方案，不得实施"⑥。

二是提出了多种妥善处理劳动关系的方式。比如："采取协商薪酬、灵活工时、培训转岗等方式，稳定现有工作岗位，缓解职工分流压力"⑦；允许对符合条件的职工实行内部退养，同时规定"对距离法定退休年龄5年以内的职工经自愿选择、企业同意并签订协议后，依法变更劳动合同，企业为其发放生活费并缴纳基本养老保险费和基本医疗保险费。职工在达到法定退休年龄前，不得领取基本养老金"⑧。对于在去产能中兼并重组的企业，文件规定："企业实施兼并重组吸纳原企业职工的，继续履行原劳动合同。企业发生合并或分立等情形的，由承继其权利和义务的企业继续履行原劳动合同，经与职工协商一致可以变更劳动合同约定的内容，职工在企业合并、分立前的工作年限合并计算为在现企业的工作年限；职工在企业内部转岗安置或内部退养的，双方协商一致后依法变更劳动合同，不

---

① 《关于进一步加强淘汰落后产能工作的通知》（国发〔2010〕7号）。
② 《关于促进企业兼并重组的意见》（国发〔2010〕27号）。
③ 《关于化解产能严重过剩矛盾的指导意见》（国发〔2013〕41号）。
④ 《关于做好淘汰落后产能和兼并重组企业职工安置工作的意见》（人社部发〔2011〕50号）。
⑤ 《关于进一步优化企业兼并重组市场环境的意见》（国发〔2014〕14号）。
⑥ 《关于钢铁行业化解过剩产能实现脱困发展的意见》（国发〔2016〕6号）、《关于煤炭行业化解过剩产能实现脱困发展的意见》（国发〔2016〕7号）。
⑦ 《关于钢铁行业化解过剩产能实现脱困发展的意见》（国发〔2016〕6号）、《关于煤炭行业化解过剩产能实现脱困发展的意见》（国发〔2016〕7号）。
⑧ 《关于钢铁行业化解过剩产能实现脱困发展的意见》（国发〔2016〕6号）、《关于煤炭行业化解过剩产能实现脱困发展的意见》（国发〔2016〕7号）。

支付经济补偿金。"①

三是对解除劳动关系问题做出了详细规定。在去产能中不少职工与企业解除或终止了劳动关系，对此，国家政策规定了依法妥善处置的具体意见。主要是："企业确需与职工解除劳动关系的，应依法支付经济补偿，偿还拖欠的职工在岗期间工资和补缴社会保险费用，并做好社会保险关系转移接续手续等工作。企业主体消亡时，依法与职工终止劳动合同，对于距离法定退休年龄 5 年以内的职工，可以由职工自愿选择领取经济补偿金，或由单位一次性预留为其缴纳至法定退休年龄的社会保险费和基本生活费，由政府指定的机构代发基本生活费、代缴基本养老保险费和基本医疗保险费。"② 对于企业使用劳务派遣工的，国家政策规定："要按照《劳务派遣暂行规定》妥善处理好用工单位、劳务派遣单位、被派遣劳动者三方的权利义务。"③

二　地方层面具体政策措施和实施情况

按照国务院及其有关部门文件精神，各地区结合本地化解过剩产能职工安置工作实际，制定并实施了具体的政策措施，并取得了积极成效。

1. 制定和实施去产能职工就业安置的具体政策措施

各地区对于去产能职工就业安置工作普遍高度重视，结合本地实际，制定和实施职工就业安置的具体政策和方案。各地的做法主要体现在三个方面。

一是加强组织领导，完善职工安置工作机制。各地区普遍建立了由政府统一领导，人社部门牵头，发改、工信、财政、环保、国资、工会等部门联合参加的职工安置工作机制，研究分析去产能企业生产经营和职工安

---

① 《关于阶段性降低社会保险费率的通知》（人社部发〔2016〕36 号）。
② 《关于钢铁行业化解过剩产能实现脱困发展的意见》（国发〔2016〕6 号）、《关于煤炭行业化解过剩产能实现脱困发展的意见》（国发〔2016〕7 号）。
③ 《关于在化解钢铁煤炭行业过剩产能实现脱困发展过程中做好职工安置工作的意见》（人社部发〔2016〕32 号）。

置现状及问题，制订有关政策措施，通报工作进展情况。人社部门的失业保险、就业促进、社会保障、劳动关系、劳动监察等主管机构密切配合，省市县三级联动，层层抓安置工作落实。比如，河北省从"三个机制"入手，即建立领导机制、完善推进机制、健全研判机制，加强组织领导，有序推进职工稳岗和再就业工作。

二是构建覆盖职工安置全过程的政策体系。地方政府按照市场倒逼、企业主体，地方组织、中央支持，突出重点、依法依规的原则，制定和实施职工安置政策，从失业调控、援企稳岗、就业创业、社保补贴、权益维护等方面构建起覆盖职工安置全过程的政策体系。许多地方政府出台具体政策，对于采取积极措施安置受影响职工的企业，由失业保险基金给予转岗培训补助、岗位补助和社保补助，支持企业妥善安置职工。河北省先行先试，早在 2014 年就出台了"三补一降"[①]的援企稳岗政策，2015 年又陆续出台了一系列政策文件，形成了以化解过剩产能涉及企业为重点，惠及所有参保企业的稳岗补贴政策体系。2015 年全省为 298 户企业发放稳岗补贴 5.87 亿元，惠及职工 28.75 万人；2016 年为 180 户去产能企业发放稳岗补贴 10.69 亿元，惠及职工 38.94 万人；自实施援企稳岗政策以来，河北省共发放稳岗补贴 18.4 亿元，惠及职工 186.8 万人，从源头上防止出现大规模失业。

三是积极开展各类促进就业和托底帮扶等公共就业服务。各地人社部门普遍对去产能受影响人员实施了多项就业帮扶措施，包括：对于分流安置人员举办专场招聘会；为失业人员免费提供就业指导、职业介绍、政策咨询服务，并纳入就业创业政策扶持体系；积极组织开展转岗转业技能培训；对有意愿且适合创业的去产能企业职工和失业人员提供创业培训、创业指导、咨询服务等；对去产能失业职工提供"一对一"就业援助；对确实无法通过生产就业的人员，通过开发公益性岗位兜底帮扶；开展劳动监察，督促去产能企业完善安置职工方案，依法变更劳动合同，依法支付经

---

① "三补一降"，即：由失业保险金给予符合条件的企业转岗培训补助、岗位补助、社会保险补助，鼓励企业积极安置职工，不裁员或少裁员；对单位缴费基数低于社会平均工资 60% 的，按实际工资核定单位和个人缴费基数，努力减轻企业负担。

济补偿金，偿还拖欠的工资，补缴欠缴的社保费，切实做好转岗再就业人员社保关系接续、档案托管等工作。如黑龙江省政府及有关部门将资金重点支持鸡西、鹤岗、双鸭山、七台河"四煤城"加快发展劳动密集型产业，以此为就业载体，尽可能吸纳龙煤集团富余人员。陕西省铜川、渭南、韩城等地人社部门积极与省内外用工企业搭建供需平台，多次组织开展"送岗位、送政策、送信息、送服务"职工转岗就业专场招聘活动。

2. 积极落实社保降费和援企稳岗政策

在国家出台了一系列降低社会保险费率、发挥失业保险援企稳岗等举措后，地方政府积极落实中央政策，进一步发挥社会保险"稳定器"功能作用，帮助去产能受影响企业渡过难关。

一是降低社会保险费率在一定程度上减轻了企业负担。各地积极按照中央部署，不断下降社保缴费率，为去产能企业减轻负担。湖北省人民政府办公厅出台《关于降低企业成本激发市场活力的意见》（鄂政办发〔2016〕27号），从2016年5月1日起，将企业职工基本养老保险单位缴费率由20%降至19%；将失业保险费率由2%降至1%，其中，单位费率由1.5%降至0.7%，个人费率由0.5%降至0.3%，降低费率的期限暂按两年执行。根据测算，每月可为当地某大型企业节省资金约670万元。湖南省于2015年将失业保险总体费率由3%调整至2%，年内为全省5.27万户参保企业减负7亿元。江西省萍乡市于2016年将失业保险费率统一下调至1%，其中单位费率为0.5%，职工个人费率为0.5%，预计惠及参保单位2700多家，减轻参保单位失业保险费负担达1400余万元，其中，当地主要钢煤去产能企业再减负达308万元（2015年降低费率已经为去产能企业减负达472万元）。

二是不断增强失业保险援企稳岗作用。在去产能工作中，失业保险援企稳岗政策得到进一步落实，各省份围绕化解产能过剩中的职工就业安置问题，在国家政策指导下，普遍制定了本地区具体政策措施，不裁员或少裁员的企业及时得到稳岗补贴。河北省制定实施了《关于使用失业保险金援企稳岗的意见》（冀政办函〔2014〕18号）、《关于进一步做好援企稳岗工作的通知》（冀人社发〔2015〕21号）、《关于做好失业保险支持企业稳定岗位工作的通知》（冀人社发〔2015〕57 号），辽宁、吉林等省份制定实施了《关于进一步做好新形势下就业创业工作的实施意见》等。各地区制定的关于失业保险援企稳岗政策进一步明确了具体实施办法，出台了实施细则，明确了岗位补贴、转岗培训补贴、社会保险缴费补贴及降低失业保险缴费的标准和期限，编制了企业申请扶持政策的流程图，增强了政策的可操作性。同时，进一步提高援企稳岗资金的补贴比例，如陕西省将比例从 50% 提高至 80%，并允许欠费 5 年的企业在签订缓缴协议后申请失业保险稳岗补贴。湖北省对当地某大型企业申请的稳定就业岗位补贴采取特事特办的原则，开辟绿色通道，提前对申报的 2014 年度稳岗补贴进行专场审核认定，补贴资金 5983 余万元；同时，提前启动 2015 年度稳岗补贴工作，补贴资金 6450 余万元；2016 年共拨付该企业两个年度稳岗补贴资金达 1.24 亿元。2015 年陕西省失业保险对 27 户去产能煤炭困难企业开展了重点帮扶，给予稳岗补贴 1.2 亿元，使 6.54 万名职工受益。陕西省铜川市于 2015 年 5 月出台并实施失业保险支持企业稳定岗位政策，截至 2015 年 11 月，全市完成 196 户企业稳岗补贴 4400 多万元，使 4.9 万名职工受益。

三是各地积极探索实施缓缴社会保险费政策。近年来，针对去产能等困难企业，各地人社部门出台了缓缴社会保险费的政策。如湖北省对部分去产能安置职工困难企业实行为期 3 年的社会保险费缓缴政策，期限为半年，到期仍有困难的再续缓半年。江苏省无锡市人社局于 2016 年出台了《关于印发困难企业缓缴社会保险费有关问题的通知》（锡人社发〔2016〕103 号），对于困难企业认定后，可缓缴社会保险费最长期限为 6 个月。

3. 采取有效措施稳定企业劳动关系

在去产能过程中，受影响企业劳动关系潜藏一定风险，地方政府注重把握职工安置进展情况，把劳动关系和谐稳定放在突出位置。

一是依法依规积极协助企业处理劳动关系。一方面，政府相关部门加强对化解产能过剩企业职工安置过程中劳动关系处理的指导，切实维护好职工的合法权益；另一方面，也积极做好有关政策规定的宣传工作，使企业管理方知法懂法守法，避免因违法违规导致的劳动争议。地方政府在做好去产能企业职工分流安置指导工作中，强调安置工作平稳有序，强调职工劳动关系处理依法依规。对需要解除劳动合同的，要求企业按照有关法律规定给予经济补偿，补偿职工工资、补缴社会保险费。如东北某省政府出台的《某集团第一批组织化分流人员安置政策意见》中明确提出了职工劳动关系处理意见：其一是职工转移劳动关系前，原企业要偿还拖欠职工债务、补缴社会保险费；其二是按照规定程序，某集团、接收单位和职工签订三方协议，职工与某集团彻底脱钩，接收单位依法与职工签订并履行劳动合同。大多数分流人员已经在接收单位上岗工作，按月领取工资报酬，劳动关系转移接续也比较平稳。

二是劳动监察和争议仲裁部门加强了相关工作。各地劳动监察部门积极对去产能企业开展巡回排查，开展宣传教育，做好劳动争议风险的预防工作。在劳动争议处理时，贯彻以调解为主的方针，在维护职工合法权益的前提下，力争把劳动争议和冲突解决在萌芽状态。同时，地方人社部门加强与有关部门协调，提前介入，要求去产能企业将职工安置方案报当地人社部门审核审批作为前置条件，从源头上预防引发劳动争议。不少地方人社部门还细化分解职工安置工作，对于任务重、人员多、安置矛盾突出的企业，采取定点包企等方式帮助企业制定可行安置方案，使安置措施内容程序符合规定。比如，河南等地建立了重点企业用工监测制度，对企业出现岗位流失、生产困难、破产倒闭等情况进行监测，及时掌握企业用工和劳动关系状况。

三是地方工会努力做好职工权益维护工作。地方工会重点做好源头参与工作，与政府各相关部门沟通联系，参与去产能实施方案及职工就业安置政策措施的制定，提出意见建议。发挥各级工会宣传教育阵地作用，运用各种媒介教育引导职工正确理解和面对产能过剩形势，转变观念、凝聚共识，帮助企业共渡难关。许多工会组织积极建立健全厂务公开、民主管理、集体协商等制度，确保去产能中职工安置方案公开、合理、透明，保证职工知情权、参与权、监督权不受侵犯。比如，四川省总工会提出，对未经职代会审议的改革改制方案和未经职代会审议通过的职工分流安置方案不予批复实施。还有的地方工会积极维护职工合理诉求，畅通职工申诉渠道，利用 12351 职工服务热线，接听、受理职工诉求，解答疑问，积极化解劳动纠纷。部分地方工会缓征工会经费，同时给予企业困难职工帮扶资金，积极开展帮扶活动，帮助困难职工渡过难关。

三 企业层面典型做法经验

去产能企业结合实际、想方设法，多形式、多渠道内部分流安置职工，积极发挥企业主体作用。其中有很多钢铁煤炭企业形成了良好的工作经验，为全国去产能职工就业安置工作做出了示范。

1. 强化领导、周密部署，结合实际制定分流安置措施

据调研，职工就业安置工作成效好的企业，其在整个安置过程中往往非常重视职工的切身利益，对安置工作也会精心安排，并科学制定相关分流安置措施。

一是企业高度重视职工安置工作。去产能职工安置涉及众多职工切身利益，需要企业首先从认识上给予高度关注。如武钢集团公开承诺让每一位有工作意愿的职工有岗位，并联手武汉市提出"六个一批"扶持措施，即：①摸清情况适时建档帮扶一批困难职工；②搭建平台介绍上岗一批离岗人员；③小额贷款创业扶持一批职工；④技能培训帮扶上岗一批职工；⑤支持"双创"孵化创业一批职工；⑥协调政策支持一批职工等。武钢还制定了供富余职工选择的九条分流安置渠道，包括实现业务回归、协调内部转岗、离岗待退休、加快多元产业发展、融入地方经济建设、支持大众创业、办理提前退休、实施女工长假和解除劳动关系。杭钢公司提出了"思想领先，分级负责，分别对待，分类处理"的安置方法，把思想领先作为首要原则，取得了良好效果。

二是企业强化对职工安置工作的组织领导。只有公司领导层高度重视并强化领导职工安置工作，才能从上到下形成有利于稳定职工情绪、有效开展安置的组织力量，实现职工平稳有序就业安置。杭钢公司集团领导层强化工作统筹，在职工分流安置期间，集团总部搬到生产厂区的供应处设立指挥部，统一指挥、集中办公。

三是企业上下周密做好安置工作的部署。职工安置工作牵涉面广、涉及人员众多，很多问题极具个性化，需要"一人一策"，因此，企业分流安置工作必须精细化、精准化。杭钢公司在职工安置中强调"精"字经，在分流安置的每个时间节点都设有专项动员和部署，每项工作切块落实到各分管领导和二级单位，确保各项工作有条不紊地推进。在各二级单位工作过的集团机关部门领导和职工成立相应应急工作组，果断处置各类重大安全隐患、突发性事件和苗头性问题，及时有效控制各类事态的蔓延。设立二级单位信访办，变职工上访为领导下访。建立宣传队伍，利用内部报刊、微信公众号、座谈会等方式，发布统一权威信息，引导职工依法理性反映诉求。针对一些微信群发表的负面信息，予以正确引导。

四是对职工分流安置的政策要科学合理。必须尊重职工基本诉求，对安置中存在的问题科学分析，抓重点、抓难点、抓苗头，制定合理的安置政策。如河南能源集团在人员分流过程中，不搞"一刀切"，鼓励各煤业公司根据关闭退出矿井实际，因地制宜，一矿一策，分别制定相应的职工分流安置方案和风险处置预案，经矿职工代表大会通过并付诸实施，确保分流安置工作可控、可行、可操作。杭钢公司灵活运用领导示范法、典型引路法、案例释疑法、算账对比法、正面引导法、耐心开导法、真诚关心法、一对一交友法、问题化解法、重点突破法等 10 种方法，化解矛盾和问题。

2. 多渠道、多形式开展内部分流安置

很多钢铁煤炭企业将去产能职工安置和人力资源优化工作结合在一起，发挥主动性、积极性，开展多种渠道安置富余职工，不仅基本保持了企业稳定运行，而且在效益上也有所提升。

一是利用现有设备、技术和生产经营管理人员，通过多种经营、主辅分离等方式积极发展"非钢""非煤"产业，转移安置职工。如河北开滦煤炭集团借助资金及政策，大力发展煤化工、现代物流、文化旅游等"非煤"产业，使其总收入占比由 20% 上升至 80%，大大提高企业安置分流职工的能力。武钢公司通过内部新项目新增业务使用调剂人员、拓展社会业务融入地方经济建设、加大业务回归力度等方式，拓宽富余人员安置渠道。攀成钢积极拓展电商等新业态，成立的电商平台于 2015 年 7 月 1 日上线运营，发展钢铁、钒、钛、化工、冷链、物流、金融等业务，打造全产业链共生、共赢、共享的生态圈，现已成为西南最大的钢铁电商平台。

二是适应市场需求、调整产品结构，将受去产能影响的职工安置到本企业其他正常运行的生产和经营岗位上工作，增加适销对路产品生产和销售。武钢要求各单位根据所属行业特点，寻找先进标杆企业，组织开展对标，全面梳理本单位工作任务和职责范围，优化业务流程，合理设置岗位，加强人员培训，配好岗位人员，力争用3年时间逐步达到人岗匹配。攀成钢启动了以架构重建、流程再造为重点的体制机制改革，二级机构和处、科级干部职数均大幅压减，将各项业务分立整合为钢管业务、非钢业务、存续业务三大板块，加快推动企业转型。河南能源依托集团公司、二级单位、基层矿（厂）三级人力资源市场平台，建立了关闭退出矿井与内部缺员单位之间的人员输送对接机制，坚持"多转岗少解除"，加强内部调剂，推动关闭退出矿井的人员向有需求的板块和产业调剂。

三是在集团公司内部跨地区安置富余职工，针对生产经营变化情况和企业转型升级、多种经营的需要，积极组织员工开展业务技能培训。安化公司、中原大化集团组建了专业的维保队伍，积极开拓外部市场，在新疆、内蒙古、贵州，乃至韩国、越南、印尼等地设立维保项目部，积极吸纳煤业公司富余人员，有效实现了员工分流和企业增收增效。同时，大力拓展省外市场，由河南能源集团下属的国龙人力资源公司牵头，组织各煤业公司有关人员，到北京、广州、苏州、上海等地考察，与当地电子厂、服装厂等进行了对接，进一步创新用工合作形式，拓展合作范围，稳固和扩大对外劳务输出量。为此，有关公司结合各单位用工需求和待分流职工特点，引导各单位编制好转岗培训计划，做足培训"功课"，组织符合条件的人员专门办班、专题培训，提高培训针对性，为实现转岗分流创造条件。

四是积极联系本地区其他企业安置富余人员，实现职工平稳转移就业。攀成钢积极联系宝冶技术、青岛钢铁、成都建工等知名企业，为部分离职人员提供就业岗位；协同地方政府搭建职工再就业平台，成都市总工会、市人社局和青白江区政府先后两次组织大型现场招聘会，为职工提供应聘岗位。河南能源集团积极拓展外部劳动力市场，为富余人员找出路，与郑州富士康、格力集团进行对接，签订了合作用工协议。截至 2016 年底，已累计向富士康输出 6 批共计 2520 人，向格力集团输出 204 人，人均增收 3000 多元。

五是清退临时性的劳务派遣工，腾出岗位用于安置去产能受影响的职工。如唐山钢铁集团早在 2013 年就根据市场情况，转变企业经营战略，进行人力资源优化，2014 年 6 月底全面清理外部用工，腾退岗位用于安置分流职工。武钢公司则要求各单位充分发挥现有人力资源优势，组织业务回归工作，逐步清退劳务人员，真正做到"自己的活自己干"，最大限度地减少劳务用工数量。

六是对接近退休年龄、安排工作有困难的老职工实行内部退养，由企业发生活费并缴纳基本养老保险费和基本医疗保险费，达到退休年龄时正式办理退休手续等。马钢（合肥）钢铁公司比照提前 5 年退休政策，对符合条件的职工实行内部退养；比照协议保留社会保险关系（代缴社会保险，发放生活费）政策，对符合条件的职工予以保障；符合特殊工种提前退休条件的职工，按规定办理退休手续；符合重病歇岗条件的职工，移交合肥市产投集团保障中心托管保障。

七是确实需要裁减人员的，企业依法解除劳动关系，给予职工相应经济补偿，同时利用失业保险金保障失业人员生活、促进其再就业。如江西省萍乡市对受去产能影响有创业意愿的失业人员加大失业保险政策支持力度，2016 年上半年，已对涉及分流人员中 104 名与企业解除劳动关系的失业人员一次性发放失业保险金 151.19 万元，人均可一次性领取 1.45 万元，支持这些职工自主创业。

八是充分利用新兴的互联网平台经济，搭建起去产能职工接触新就业形态的平台，帮助其更好、更快、更灵活地实现再就业。滴滴出行平台公司充分发挥新就业形态的作用，支持去产能重点地区就业。据该公司数据统计，17 个去产能重点省份的 30 个城市共有 388.6 万名司机，其中13.6% 的司机（约 52.8 万人）来自钢铁煤炭行业，52.8 万人中有 85% 为兼职司机，多数日均工时不到 4 小时。

3. 妥善处理劳动争议

防范劳动关系风险是去产能职工就业安置中的关键内容之一。很多企业能够依法依规、以人为本，妥善处理劳动关系，保障了职工安置平稳有序。

一是严格依法依规处理劳动关系问题。依法依规是前提，只有在工作中始终坚持依法依规，工作才能站得住脚，才能经受得住群众的监督、检验和质疑。对于一些安置职工数量大、安置工作任务重的企业，在当地党委政府及有关部门指导和政策支持下，专门制定职工安置方案，经过充分听取职工意见、专家论证、风险评估、合法性审查等程序由职代会或职工大会民主决定，得到职工认可，并取得较好安置效果。

二是坚持以人为本柔性处理劳动争议。化解产能过剩必然会触及职工现实利益，以人为本、尊重职工是妥善处理劳动争议的基础。不少企业不但制定科学合理、切合实际的职工分流安置方案，最大限度维护职工的切身利益，而且在具体操作上体现人文关怀。例如马钢公司在挖掘国有企业和公益性岗位时，充分考虑职工的年龄、技能等实际，提升岗位与职工的匹配度和适岗性，并根据职工家庭住址，就近予以安置；对劳模、特困、单亲、双职工家庭及工伤符合上岗条件的职工，在安置时同等条件下予以优先考虑和照顾。

三是充分发挥企业工会作用。工会作为劳动关系三方主体之一，在去产能职工安置中扮演着重要角色，特别是对积极协调劳动争议有着独特作用。武钢工会全过程参与人力资源优化工作，各基层工会与职工一对一、面对面征求意见，帮助分析每名富余职工具体情况，确保每名职工都有合适的安置方式，特别兼顾弱势群体和困难职工实际困难。工会认真落实以职工代表大会为基本形式的民主管理制度，确保职工的知情权、参与权、决定权和监督权，落实好职工的劳动经济权。

四是积极化解安置中的矛盾问题。不少企业去产能受影响职工群体较为复杂，矛盾和问题较多，特别是在职工分流安置的敏感时期，除了分流安置带来的一系列问题外，一些历史遗留问题也纷纷浮出水面。合肥市和马钢（合肥）钢铁公司采取了分类处理的办法：职工分流安置政策问题由市现场工作组负责解答、解决；企业历史遗留问题由马钢集团、马钢（合肥）钢铁公司牵头解答、解决；其他一些个案问题由市信访局牵头解答、解决。通过分类处理，对职工合理的诉求及时予以解决，对不合理的诉求进行说服教育，确保做到"件件有着落，事事有回音"。

第五节　化解过剩产能职工就业与安置的主要问题

化解过剩产能职工就业安置是一个复杂的系统性工作，涉及政府、企业、职工、社会组织等各个方面和各种关系，因此也容易产生各种各样的问题。总体来看，职工安置问题中有一些是化解过剩产能中出现的新矛盾，也有一些是历史遗留的矛盾在此次化解过剩产能中突显出来的，还有一些是现行劳动和社会保障制度中普遍存在的矛盾在化解过剩产能职工安置中集中爆发的。当前化解过剩产能职工就业安置的主要特征是：产能过剩区域分布差异很大，产业单一的资源枯竭城市和独立工矿区困难最为突出。

一　重点地区经济下行与产业结构调整交织，财力下降，职工安置能力不足

当前我国经济社会正处于转变发展方式、优化经济结构、转换增长动力的关键节点，经济进入新常态以来，在经济增速放缓与产业结构调整的共同影响下，全国就业形势在总体平稳的情况下，仍将面临较大调整压力，去产能重点地区的情况则更为严重。

1. 经济形势严峻，产业结构单一，就业承载能力不足

根据 2015～2017 年的分省份季度数据①，辽宁、山西、黑龙江、河北等去产能重点省份的 GDP 增速均低于全国平均水平或基本持平，其中辽宁

---

① 资料来源：国家统计局地区数据中的年度数据和分省份季度数据查询。

和山西两省的情况比较突出。2015 年前三季度，辽宁和山西两省的 GDP 增速均低于 3%，第四季度有所好转，分别为 3.0% 和 3.1%。进入 2016 年，辽宁省全年四个季度经济均呈现负增长，且有一定的加剧趋势，规模以上工业、地方公共财政收入等指标普遍出现不同程度的下降。2017 年第一季度数据显示，辽宁省经济实现由负到正的转折，增长 2.4%，山西省 GDP 增速提高至 6.1%。河北、辽宁、山西等去产能重点省份，尽管当前经济增速有所回升，但经济仍处于低位运行的状况依然不容忽视。

从就业形势上看，去产能重点地区一方面经济形势严峻造成就业岗位的大量减少，另一方面本地区的钢铁、煤炭去产能任务繁重，职工分流安置压力巨大。因此，这些地区的就业总量矛盾和结构性矛盾十分突出，职工分流安置与本地就业承载能力之间的矛盾加剧。多年来，产能严重过剩地区和企业没有随着市场供求变化及时调整产业或产品结构，转型升级滞后，尚未形成经济的多点支撑，而是在经济发展扩张期，满足于钢、煤、水泥等产品需求旺盛时带来的收益。还有些地区不按照经济规律办事，用行政命令的手段，急功近利，盲目投资扩张"时间短、见效快"的产业，造成市场供过于求。当市场达到饱和甚至过剩时，带来企业亏损，职工大量富余，转岗转业困难。

2. 财政收入增速偏低或下降，政府对企业职工安置的帮扶能力降低

去产能重点地区，特别是在资源枯竭城市和独立工矿区，钢铁、煤炭等过剩产能行业在本地经济中占比很大，大量其他产业也与钢铁、煤炭产业链高度相关。而钢铁、煤炭等行业近年来持续低迷，造成本地区主要企业效益严重下降，企业利税和地方财政收入都大幅减少。国家统计局数据显示①，近年来，山西、黑龙江、辽宁等省份的一般公共预算收入增速均低于全国平均水平。2013～2015 年，山西省一般公共预算收入小幅增加后大幅减少，分别为 1701.6 亿元、1820.6 亿元、1642.4 亿元；黑龙江省一般公共预算收入也呈小幅增加后大幅减少，分别为 1277.4 亿元、1301.3

---

① 资料来源：国家统计局地区数据中的分省份季度数据查询和财政部披露的 2016 年各省份财政收入情况。

亿元、1165.9 亿元；辽宁省一般公共预算收入逐年下降，分别为 3343.8
亿元、3192.8 亿元、2127.4 亿元。2016 年，全国地方一般公共预算收入
159552 亿元，比上年增长 4.5%；而山西省仅完成 1556.96 亿元，同比下
降 5.2%；黑龙江省实现 1148.4 亿元，同比下降 1.5%；辽宁省全年完成
2199.3 亿元，同比增长 3.4%。2016 年，安徽省资源型城市淮南市、淮北
市 GDP 增速分别为 6.5% 和 5.0%，明显低于全省 8.7% 的平均增速。地方
财政收入减少或增速下降，直接影响地方政府的一般公共预算支出，造成
政府安置职工能力下降，难以安排足够的去产能职工安置配套资金，去支
持企业转型发展、职工安置、组织开展技能培训等工作。

二　重点地区需要安置的职工集中，就业渠道相对狭窄

据统计，截至 2016 年末，全国钢铁煤炭行业去产能实际共分流职工
72.6 万人，占年度计划的 87.4%。未分流安置职工的近 9 成集中在河北、
吉林、黑龙江、湖南、陕西 5 省，特别是这 5 省中的一些钢城、煤城和资
源枯竭型城市。由于职工就业安置任务重，本地区经济和就业形势严峻，
钢城、煤城、资源枯竭城市、独立工矿区的职工安置压力大。

1. 产业结构单一的资源枯竭城市和独立工矿区，职工就业安置压力较大

在我国，产能过剩的地区分布差异很大，去产能重点地区，特别是产
业结构单一的资源枯竭城市和独立工矿区，职工安置压力较大，需要安置
的职工多，职工安置难度大。从全国各地区情况看，河北、山西、东北以
及西南等去产能重点地区受影响职工规模较大。其中，河北省到 2017 年
底受影响职工约为 54.7 万人，山东、山西两省到 2020 年受影响职工分别
约为 19.3 万人和 13.8 万人，东北三省到 2020 年受影响职工合计约为 18.5
万人。① 在部分资源型城市和产业相对单一的地区，特别是钢城、煤城，
由于产业单一、就业渠道狭窄，职工安置难度更大。2016 年，未分流安置
职工的近 9 成集中在河北、吉林、黑龙江、湖南、陕西 5 省，特别是一些

---

① 资料来源：各省（区、市）人力资源和社会保障厅（局）有关部门向调研组提供的受影响职
工数据。

钢城、煤城和资源枯竭型城市，如河北唐山、黑龙江"四煤城"、陕西铜川等。在去产能的影响下，这些地区其他产业也普遍萧条，如交通运输、配套机械、服务业等，地方和企业普遍感到依靠自身能力安置职工压力很大。分流职工缺乏就业渠道，一些职工在企业内处于隐性失业状态，补助水平低，家庭生活困难。有的独立工矿区职工子女就业难。地方和企业普遍感到依靠自身能力安置职工压力很大。

2. 去产能重点企业经营困难，难以继续成为职工安置的主要渠道

当前，在去产能职工安置过程中，充分发挥企业特别是国有企业的主体作用，是我国去产能职工安置工作的主导思想。2016 年全国去产能涉及职工 83.1 万人，实际已分流职工 72.6 万人，其中转岗安置和内部退养合计占 65.8%。以山西省为例，2016 年去产能需要分流安置职工 3.17 万人，主要分布在大型国有煤炭和钢铁企业，实际安置率高达 99.97%，其中转岗安置和内部退养两大渠道合计占 87.5%。再比如河北省，2016 年妥善安置职工 5.8 万人，安置率为 99.5%，其中企业转岗分流、内部退养和企业转型分别安置 3.25 万人、0.48 万人、0.24 万人，合计占比 68.4%。近两年去产能职工安置工作的实际效果表明，职工安置顺利完成的前提保证是去产能企业（特别是国有企业）在职工安置中发挥主体作用，充分履行社会责任，尽可能内部安置分流人员，但企业内部安置能力持续下降。

三 部分去产能职工群体就业安置难度较大

去产能企业职工往往年龄偏大，待安置职工中"4050"人员占比接近60%，普遍技能水平低、家庭负担重、对企业高度依赖、接受培训意愿较低，难以适应产业转型升级的需要，因此就业安置难度比较大。

1. 职工普遍存在年龄大、技能低、伤病多、家庭责任重等问题

去产能企业职工一般年龄偏大、文化水平低且技能单一，以男性和本地户籍职工居多，再就业难度较大。去产能企业职工年龄大多在 40 岁以上，有的企业职工平均年龄接近 50 岁。以山西同煤集团为例，2015 年底企业有在岗职工 16.4 万人，其中 41～45 岁的有 3.3 万人，46～50 岁的有 2.8 万人，51～55 岁的有 1.9 万人，56 岁及以上的有 0.5 万人，"4050"

人员占全部职工的51.8%。分流安置难度较大的职工中有7成以上年龄在40岁以上，特别是那些尚未达到内退政策条件（距法定退休年龄不足5年）的职工，生活处境更为艰难。

去产能企业职工文化程度多为中学及以下水平，学习能力较差；长期从事某一项工种造成技能单一，难以满足新岗位的技能要求；多为本地户籍人员，家庭和社交圈均在本地，跨区域就业意愿较低。由于工作环境问题，很多一线职工深受职业病困扰，许多职工体弱多病、家庭负担较重，转岗转业、就业创业极为困难。不少国企职工对企业还有比较严重的心理依赖，对国有身份有较高预期，对分流安置的岗位有较强的攀比心态，积极主动意识较差。去产能职工还普遍存在跨地区转移就业意愿很低的问题，不愿意到离家太远的地方工作，甚至同城跨区都不愿意去。上述一系列基本特征都严重阻碍了去产能企业的受影响职工通过市场化方式实现再就业，从而加大了再就业的难度。

2. 部分职工通过劳动力市场实现再就业的难度较大

近年来，钢铁、煤炭行业全面启动人力资源优化计划，主要企业持续开展"减员增效"工作，以进一步提高劳动生产率，降低单位人工成本。即便没有去产能任务，钢铁、煤炭企业也有较大的人员分流安置压力，只不过这种压力可以在相对长的一段时间内释放。而去产能直接减少了现有岗位，造成企业短期内的人员安置压力陡增。单从企业自身生产经营的角度来讲，将富余人员直接推向劳动力市场，让其通过市场方式实现再就业，是更为简单高效的安置方式，后续矛盾和潜在风险较小。但实际操作过程中，分流安置人员通过劳动力市场实现就业的成功率较低，或者说其很难通过市场化的方式实现再就业。因此，去产能企业（特别是国有企业）出于维持稳定的需要，不得不更多采用内部安置方式，保证分流安置人员的基本生活。

我国劳动力市场灵活性不足制约了劳动力的合理流动。经济新常态下，调整结构、转换动力是促进经济发展、稳定就业局势的必然选择。当前，有些现行法律法规和政策规定对劳动力在地区、行业和企业间自由流动形成了一定程度的阻碍，特别是对企业用工限制过多，不利于企业根据

生产经营状况及时调节用工数量，也不利于劳动力从产能过剩地区行业企业向其他地区行业企业流动，难以实现劳动力等生产要素随市场变化而不断重新优化组合，进而无法形成新结构和新动力。

四　部分去产能企业欠缴社保费等问题突出

自 2013 年下半年以来，由于钢铁、煤炭等行业产能严重过剩，许多企业生产经营困难，效益下降，亏损日趋严重，甚至面临关闭、破产，企业拖欠工资、无力按时足额缴纳社保费、无力支付经济补偿金等成为突出问题。

1. 有的煤炭钢铁企业欠缴社保费问题突出

据调研，截至 2015 年 6 月末，东北地区某钢铁企业已有一年无力支付职工养老保险缴费，共欠缴"五险一金"费用总计近 5 亿元，其中养老保险费 2.9 亿元。截至 2016 年 9 月末，西部某省四大矿务局合计欠缴社会保险费约 12.46 亿元，其中养老保险费 10.48 亿元。截至 2017 年 4 月末，黑龙江省某大型煤炭企业欠缴养老、医疗、失业、工伤、生育保险费合计 94 亿元，欠缴住房公积金 30.4 亿元。企业欠缴社会保险费，一方面，造成当地社保基金的支出压力增大，特别是在经济结构单一的钢城、煤城和独立工矿区，当地社保基金高度依赖于某个大型钢铁或煤炭企业，当这些企业因遇到经营困境而拖欠社保费时，当地社保基金的"保发放"就面临较为严峻的局面。另一方面，也造成本企业职工无法正常享受相应的社保待遇，有的职工已经到了法定退休年龄，但因企业社保欠费而无法正常办理退休手续和领取养老金；有的在职及部分退休职工无法享受正常基本医疗保险待遇；有的解除劳动关系的职工到新单位就业，无法办理正常的社保转移接续等。

2. 有的企业一度拖欠职工工资，无力支付经济补偿金

根据调研，有的企业一度未能足额按时发放在岗职工工资，有的企业拖欠职工工资时间较长。解除劳动关系时，部分企业未能依法支付经济补偿金，特别是历史遗留问题较多、职工工龄较长的企业，由于经济补偿金额大而企业资金紧张，难以及时支付经济补偿金，影响了职工依法解除劳动关系。

五　失业保险预防失业、促进就业功能尚未充分发挥

失业保险不仅具有保障失业人员基本生活的功能，还具有预防失业和促进就业的功能。党的十八大报告指出，增强失业保险对促进就业的作用。

1. 失业保险基金结存过多，功能发挥不够充分

我国失业保险基金大量结余，特别是2013年以来，失业保险基金结余增长较快。如图6、图7所示，截至2016年底，全国失业保险基金收入1192亿元，支出961亿元，基金累积结余增至5235亿元。若按当年基金支出961亿元的规模，可持续支付5.4年，远超"支付6个月"的世界一般水平，不仅造成资金的闲置浪费，还面临较大的管理和贬值风险。截至2017年6月末，结余达到5389.7亿元。另外，失业保险未能充分发挥"预防失业、促进就业"的基本功能，从当前去产能安置职工的需求来看，失业保险预防失业、促进就业的作用亟待进一步发挥。用于支持企业稳定岗位的补贴，在政策对象和前置条件上可以更为宽松，应在调结构、去产能的关键时刻发挥其应有的重要作用。

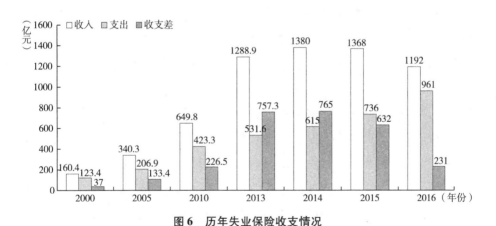

图6　历年失业保险收支情况

2. 失业保险制度存在明显不足

失业保险制度本身存在突出问题，主要表现为失业保险基金收支失衡、许多地区大量结余，使用效率低；统筹层次较低、各地负担畸轻畸

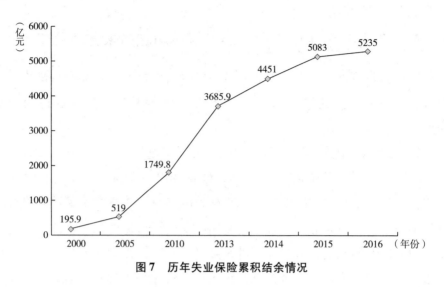

图7 历年失业保险累积结余情况

重，且调剂困难；预防失业、促进就业功能发挥不足等。一是失业保险支出范围过窄，抑制了其应有功能发挥，也是造成失业保险基金积累过多的重要原因。现行的《失业保险条例》（简称《条例》）是1999年初颁布的，《条例》中允许失业保险基金支付与促进就业相关的内容仅有"领取失业保险金期间接受职业培训、职业介绍的补贴"一项，明显缺少运用失业保险预防失业、促进就业的内容。尽管在最新出台的《关于失业保险支持参保职工提升职业技能有关问题的通知》（人社部发〔2017〕40号）中已经增设技能提升补贴科目，用于支持参加失业保险职工提升职业技能，但政策力度还不足以满足当前去产能中发挥失业保险作用的实际需要。二是失业保险基金稳岗补贴门槛过高，去产能企业和职工难以享受。人社部等四部门《关于失业保险支持企业稳定岗位有关问题的通知》规定，企业申请稳岗补贴的条件是依法参加失业保险并足额缴纳失业保险费，同时企业未裁员或裁员率低于当地登记失业率。人社部、财政部《关于失业保险支持参保职工提升职业技能有关问题的通知》规定，职工申请技能提升补贴的前提是依法参加失业保险累计36个月以上，取得职业资格证书或职业技能等级证书。然而去产能企业普遍生产经营困难、资金紧张，欠缴失业保险费问题频发，因而无法满足享受稳岗补贴政策的条件，其所在企业职工也无法满足申请职工技能提升补贴的条件。三是失业保险统筹层次较低，难以发挥更大效能。目前失业保险实行市级统筹，但市与市之间基金收支与结余状况差异很大，各地失业保险应对失业风险的压力和基金积累水平差异也很大。但由于基金统筹层次低，基金在市与市之间也不易调剂，难以发挥保险的互助共济作用，严重制约了失业保险抵御失业风险的能力。

六　劳动争议增加，沟通调解有待加强，局部地区存在发生群体性事件风险

从全国范围内看，去产能相关行业企业的劳动关系总体运行平稳，尚未出现因为化解过剩产能而产生的系统性、规模性劳动关系风险，但在去产能重点区域一定程度存在着劳动争议增加和发生群体性事件的风险。

1. 劳动争议有所增加，沟通调解有待加强

从全国范围来看，近几年劳动争议呈现上升趋势，全国各级劳动人事争议调解组织和仲裁机构受理劳动人事争议案件增多，2011 年以来的 5 年间，争议案件平均每年增长 6.96%。河北省劳动监察数据显示，2015 年该省钢铁、加工制造等行业的欠薪案件上升 19.3%，显示产能过剩行业劳动争议上升趋势比全国水平明显增多。因此，在化解过剩产能过程中更需要防范群体性劳动争议风险。据调查，去产能企业的工会组织发挥着积极维护职工权益、参与双方协调的作用。此外，企业内的劳动争议调解委员会在基层劳动争议的协商调解方面也发挥着一定作用，并有助于将劳动关系矛盾和冲突解决在基层、解决在苗头阶段，避免演化为激烈的暴力冲突事件。企业对劳动争议调解委员会的认可程度较高。有效的职工参与和诉求表达机制可以减缓劳动争议和冲突，有利于进一步协商解决劳动争议。大部分去产能企业都有各种形式的员工参与和诉求表达渠道，在处理降薪、待岗、裁员等重大事项时，企业一般也会以多种形式征询职工意见。但是，职工个人对民主参与和利益诉求渠道的认可度、满意度要低于企业，特别是职工中有一部分人认为所在企业的员工参与和利益诉求的沟通渠道还存在一定障碍，不利于劳动争议的缓解和消除。

现行职工安置政策明确规定："职工安置方案必须明确安置渠道、经

济补偿金计算办法、社会保险关系接续办法、资金保障等内容。凡安置方案不完善、资金不落实和程序不符合规定，或职工代表范围窄、代表性不强、协调沟通不够的，职工安置工作不得实施操作。"① 但在实际操作中，有的去产能企业在裁员时未经民主程序或是法定程序，没有通过合法民主形式充分听取工会、职代会和职工的意见。有些形式上通过工会或者职代会，但实质上并没有充分考虑职工意见，导致方案不合理、不公正。有的企业"职工分流安置方案"不公开、不透明，职工的知情权、参与权和监督权缺失情况较为突出。有的民营企业由于停产时间较长，许多职工已经先行离开企业，无法通过召开职代会批准职工安置方案，而是采用变通方式绕过有关规定，安置职工过程中存在违规操作。

2. 去产能职工安置中农民工权益保障有待加强

在去产能职工安置中，政府和企业往往更关注与去产能企业有直接劳动关系的职工群体，主要是通过签订劳动合同进行判定。但实际上，受影响人员中有一些弱势群体因为群体属性导致其权益无法得到充分保护。这些弱势群体主要包括去产能企业中的农民工、劳务派遣工、特定历史时期产生的农民轮换工等，其中农民工的问题最为突出，权益保障有待加强。农民工因劳动合同签订率低，而在去产能分流安置中处于不利地位。近年来，我国农民工总量呈持续增长态势，在就业群体中也占有越来越重要的位置（如图8所示）。但与就业总量持续增长形成鲜明对比的是，农民工劳动合同签订率却持续较低，2015年降至36.2%（如图9所示）。部分去产能企业，特别是一些民营的小钢企、小煤矿，仍存在未按法律规定签订劳动合同，或者虽然签订合同却未按有关合同条款执行的用工不规范情况，特别是针对农民工群体。去产能分流安置职工时往往先裁减农民工，由于企业与农民工常常不签劳动合同、不缴社会保险、几乎不向农民工支付经济补偿，加上农民工自身维权意识低，因此，农民工劳动权益保护有待加强。

---

① 《关于做好2017年化解钢铁煤炭行业过剩产能中职工安置工作的通知》（人社部发〔2017〕24号）。

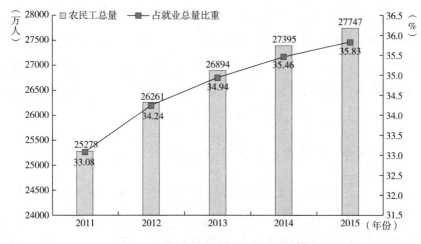

图8　近五年全国农民工总量和占比情况

资料来源：历年人力资源和社会保障事业发展统计公报，国家统计局相关统计年鉴。

图9　近五年农民工劳动合同签订率对比情况

资料来源：历年人力资源和社会保障事业发展统计公报。

3. 劳动关系运行存在局部群体性事件风险

去产能地区一定程度存在着发生群体性事件的风险，特别是在去产能任务较重的地区、产能过剩经济占比较高的地区、独立的工矿区等重点区域。从调研情况看，当发生群体性事件时，双方一般能够通过较为积极的方式解决争议，这包括企业与职工代表进行多次洽谈协商，企业人力资源部、工会、劳动争议调解委员会参与协调或请第三方出面沟通协调等。但由于去产能对部分地区和企业影响很大，处理不当将直接冲击职工的工

49

资、社保、经济补偿金等切身利益，容易发生群体性事件。有的煤炭企业一度因拖欠职工工资和欠缴社保费，发生了职工集体上访等群体性事件；有的钢铁企业一度由于资金链断裂造成整体性停产停工，发生职工聚集、围堵企业等事件。化解过剩产能受影响职工涉及面较广，人员较多，群体利益诉求较为接近，需要政府部门予以高度重视。

七　资金严重短缺不利于职工安置

企业安置大量富余职工无论是采取转岗、内退还是解聘，都需要大量资金支持。但去产能企业往往资金困难，无力支付。企业普遍反映，现有去产能专项奖补资金尚不能满足企业安置职工的需要，职工安置资金短缺问题突出。

1. 内部安置为主的职工安置方式使有的企业感到负担沉重

去产能企业在生产经营中普遍面临"三多三少"的困境，即：人多岗少、债多利少、费多钱少。具体来说，冗员众多导致劳动生产率低，企业效益下降导致岗位日渐减少；企业资产负债率过高导致财务费用高居不下，产品价格维持低位直接造成企业亏损严重；企业所承担的各项税费不会因为效益下降而减少，而金融系统却因为企业效益不好而持续抽贷，导致企业资金十分紧张，职工安置资金筹措困难。2017 年第一季度末，有的大型煤炭企业集团资产负债率达到 82.7%，远高于全国规模以上工业企业 56.2% 的平均水平。

当前去产能职工安置的主要方式之一是企业内部安置，但在企业经营困难的情况下，采取内部安置方式，企业负担沉重。以某大型钢铁企业为例，以"职工转岗不下岗、转业不失业"为工作原则，2016 年去产能妥善安置职工 2.1 万人，其中企业内部安置合计 1.6 万人、正常办理退休 2000 余人、协议解除劳动关系 2000 余人。经测算，该企业需要承担巨额的安置成本，其总额高达 69 亿元，大约包括工资类支出 40 亿元、社会保险费 22 亿元、经济补偿金 7 亿元，在 2016 年及以后各年度支付（所有保留劳动关系的职工须办理完退休手续），其中 2016 年已支付 14 亿元。另外，国有企业历史遗留问题多、负担沉重。某大型钢铁企业每年承担大集体职工人工成本、离退休职工补充养老、医疗费用、"三供一业"、教育、消防等社会职能支出合计约 28 亿元，负担沉重。有的企业还负担医院、幼儿园、市政设施等。

2. 从安置资金来源上看，职工安置资金筹措不足问题比较突出

根据现行职工安置政策，职工安置经费一般由中央财政、省级财政、市（县）级财政和企业自筹四个方面筹集。实际操作过程中，中央财政资金保障有力、拨付及时；省级配套资金一般拨付也比较及时，只是各省份由于财政实力不同，在与中央财政资金的配套比例上有所差异；市（县）级配套资金往往存在数量少和到位难的问题，有的地方甚至没有设立专项配套资金，特别是在一些钢城、煤城和资源枯竭型城市；去产能企业由于经营状况不佳，普遍存在自筹经费困难的问题。因此，企业职工实际所需的安置经费与实际筹集到的资金之间的缺口巨大。以某大型钢铁企业为例，2016 年企业安置职工 2.1 万人的成本总额高达 69 亿元，但企业获得的专项奖补资金只有一次性支付的 5.6 亿元，不足安置成本总额的 10%，后续的安置费用都需要企业来承担。

3. 在实际操作过程中，中央专项奖补资金使用困难问题突出

调研中，地方政府和企业普遍反映中央专项奖补资金使用困难，导致资金使用效率较低，使用进度缓慢。中央专项奖补资金的使用范围有严格限制，政策文件中列有五项，其中前四项是基本明确的，但使用范围集中在内退、解除劳动关系人员的安置，几乎不涉及在岗人员的内部安置，这对许多以内部转岗安置为主的企业（特别是国有企业）而言，支持力度有限。尽管第五项列为其他项，却由于没有配套文件作出相关具体规定，地方政府和企业都感到难以落实。另外，中央专项奖补资金的使用必须是严格的实名制"人头对应"，即资金只能用于化解过剩产能中的建档立卡人员，企业不得对人员进行调配。实际操作中，企业想将一部分受影响职工留用，用其替换一些未受影响但存在年纪大、技能低、伤病等问题的职工，这样可以更加优化企业的人力资源。但由于中央专项奖补资金使用的实名制限制，资金使用缺乏灵活性，使用效率低下。

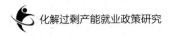

第六节　化解产能过剩中职工就业与
安置问题的原因分析

影响去产能企业职工就业安置问题的因素繁多复杂，且相互交织。总体来看，主要是我国宏观经济体制机制、地区经济产业环境、企业劳动用工管理和劳动保障政策措施等四方面共同导致的。

一　宏观经济体制机制方面

化解产能过剩以及由此带来的职工就业安置问题，是在我国进入经济新常态后，实现转变发展方式、优化经济结构、转换增长动力过程中所必然要经历的转型调整阵痛，其背后有整体经济运行和体制机制调整的重要因素。

1. 总体经济运行降速

自 2012 年进入新常态以来，我国经济运行总体处于增速放缓阶段。数据显示，近五年我国经济总量在持续增加，但经济增速明显放缓，2012～2016 年的国内生产总值从 54.04 万亿元增加到 74.4 万亿元，但 GDP 增速却持续下降，分别为 7.9%、7.8%、7.3%、6.9% 和 6.7%。2017 年，GDP 增速实现 6.9%，经济形势稳中向好，但经济运行放缓的压力依然较大。钢铁、煤炭等产能严重过剩行业既是国民经济基础性行业，也是比较容易受到经济波动影响的主要工业行业，一旦经济增速放缓、市场需求疲软，对钢铁煤炭的需求就会下降；而这些行业本身投资规模大、投资期限较长，对市场难以做出相应反应，前期投产运行的产能也会较快出现过剩情况，造成市场竞争加剧、价格持续走低、利润空间缩小，企业生产经营面临较大压力，产能过剩带来的职工就业问题也会逐步凸显。

2. 产业结构调整力度加大

在经济运行总体增速放缓的同时，我国产业结构调整的力度不断加大，正经历着由中低端向中高端升级的发展过程。数据显示，自 2010 年以来，我国第二产业对 GDP 的贡献率逐年下降，第三产业的贡献率逐年上升，2015 年第三产业贡献率为 52.9%，首次超过第二产业的 42.4%。而美国等发达国家服务业已占 GDP 的 80% 左右，未来我国产业结构仍将面临长期调整趋势。除了三次产业结构调整以外，在钢铁煤炭等工业行业内部产业升级的力度也会不断加大，一些高耗能、高污染的落后产能将不断被淘汰，"地条钢"等被彻底清除，而高品质特种钢材需求会逐渐突出；同时，未来我国还将优化能源结构，加快实现绿色低碳发展，预计煤炭在能源消费中的比例到 2020 年时占到 60%，而到 2030 年和 2050 年时将分别为 50% 和 40%[①]，煤炭需求将进一步下降。

在产业结构调整和转型升级过程中，一些行业企业必然会出现产能过剩的问题，这是经济运行和市场机制自身的规律，需要发挥企业主体作用去适应市场变化。而同时，我国经济增速放缓和产业结构调整交织，钢铁煤炭等部分行业产能过剩问题更加严重，并带来局部地区就业形势严峻，稳增长、保就业的压力较大。去产能的重点地区，也是促进就业的重点和难点。

3. 经济发展动力转换

中国经济已由高速增长阶段转向高质量发展阶段，而推动经济发展的动力机制也正由主要依靠增加物质资源消耗、依靠要素投入拉动增长的粗放型高速增长，转变为主要依靠技术进步、改善管理和提高劳动者素质实现的集约型增长。转变发展方式、优化经济结构、转换增长动力的战略部署，与我国社会主要矛盾已经转变为人民日益增长的美好生活需要和不平衡不充分的发展之间的矛盾是一致的。鉴于此，当前及今后一个时期，经济发展必将会从规模速度型粗放增长转向质量效率型集约增长，经济结构特别是产业结构的调整力度将会进一步加大。

随着经济发展方式、结构和动力的重大转变，就业结构必然也面临深刻调整，一些产能过剩行业淘汰压减产能，进行技术改造升级，都会带来

---

① 资料来源：中国工程院重大咨询项目"推动能源生产和消费革命战略研究"。

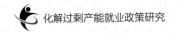

相关岗位的调整和缩减，职工需要重新安置。部分产能严重过剩和经济增长乏力的地区，在转变过程中还将产生下岗失业问题，若处置不当甚至有劳动争议和社会不稳定的风险。

二 地区经济产业环境方面

化解产能过剩及其职工安置问题，有着比较典型的地区差异，在"一钢独大""一煤独大"等资源单一型城市中去产能形势较为严峻，这与地区经济和产业发展环境有着密切联系。

1. 部分地区经济发展基础不牢

辽宁、黑龙江、山西、河北等去产能重点省份，长期以来主要依靠钢铁、煤炭等传统工业投资拉动增长，在全国整体经济快速增长时期，地区经济发展也比较迅猛，产业转型升级动力不足，一直没有形成良好的新的经济增长点。在经济下行和产能严重过剩情况下，地区经济增长支撑能力不足，经济出现较为严重的下滑，GDP 增速低于全国平均水平或基本持平，规模以上工业、地方公共财政收入等指标也普遍出现下降。虽然进入2017 年以来，部分去产能重点省份经济形势有所好转，但经济增长新动能尚未完全形成，地区经济发展的风险和压力仍然较大。

地区经济发展基础不牢，直接造成地区承载和扩大就业的能力不足，部分去产能重点地区经济增速降幅较大造成就业岗位的大量减少，钢铁、煤炭等行业职工分流安置压力巨大，就业总量矛盾和结构性矛盾都十分突出。

2. 部分地区产业结构单一落后

我国资源枯竭型城市和独立工矿区产业结构单一落后的情况比较严重，长期以来"一煤独大""一钢独大"，在转型升级过程中，产业结构不适应经济长期可持续发展，直接影响地区职工就业和安置工作。这些地区经济上对传统行业存在惯性依赖，化解产能过剩工作给地方经济和政府税收带来较大冲击，职工安置就业的难度也比较大。产业转型与结构调整需要经过一段时间才能见效，有的地方政府担心本地 GDP 受到影响，在去产能问题上有一定的"畏难情绪"，而不愿痛下决心去产能；还有一些地方政府尚未充分认识到化解过剩产能和供给侧结构性改革的必要性和必然性，尤其是近一段时间，由于钢铁、煤炭价格回升，不少未去产能的钢铁煤炭企业迅速减亏，甚至扭亏为盈，造成了一些地方持续推进去产能工作的动力不足；还有些地区希望其他地区去产能而自己留下来。这些想法和做法对进一步做好去产能职工安置工作产生了一定不利因素。

三　企业劳动用工管理方面

去产能职工就业安置的责任主体是用人单位，也就是承担去产能任务的企业。目前，不少企业在劳动用工管理方面存在着一些问题，也是职工就业安置障碍的重要原因之一。

1. 企业内部安置能力逐步下降

企业内部挖潜能力有限，分流职工实现内部岗位安置越发困难。去产能企业结合实际、想方设法，多形式、多渠道内部分流安置职工，取得了积极成效。但随着去产能职工安置工作的推进，企业内部安置职工的潜力逐步下降，有的企业正常生产岗位由于增加了大量富余职工，生产效率明显下降。有的企业主要通过内部退养安置职工，企业必须给职工发放内退工资并缴纳养老和医疗保险费，企业感到负担很重。有的企业腾退出一些工作环境差、工作强度大的艰苦工作岗位，但许多需要安置的职工年龄大、体弱多病，难以适应岗位的工作要求。

2. 国企劳动用工制度改革有待深化

在去产能安置职工最困难的企业中，许多是国有企业。这些企业面临的诸多难题，在相当程度上暴露了许多国有企业在劳动用工等方面仍有许多与市场经济不相适应的弊端，国企改革不彻底形成了一系列的人员管理和历史遗留问题，导致职工安置问题复杂、矛盾突出、难度较大。国企改革尚不到位，"人浮于事、效率低下"问题普遍存在。在去产能过程中，国企职工对企业高度依赖等问题比较突出，不愿与企业解除劳动关系进入劳动力市场，而国有企业的性质也造成了企业尽可能避免以解除劳动关系的方式进行职工安置，因此企业冗员问题长期存在。同时，"三供一业"①

---

① "三供一业"，即：供水、供电、供暖，物业管理。

等企业办社会问题仍困扰企业，企业每年承担"三供一业"、医疗、教育、消防等社会职能的费用支出非常高。另外，在享受特殊工种待遇上存在身份差异，国企职工可以享受特殊工种提前五年退休政策，而民企员工难以享受，有些有国企身份的职工因不愿丧失享受特殊工种待遇，而不愿流动到民企就业；企业内部女职工因为身份不同而带来退休年龄差异，女工人50岁就可以办理退休而女干部的退休年龄是55岁。上述这些问题造成企业冗员过多、历史包袱沉重、企业内部转岗困难，职工分流安置障碍较多。

四 就业、社会保险、劳动关系等政策措施方面

去产能职工就业安置中存在的不少问题，与我国就业、社保、劳动关系一些政策措施不健全、不完善有着密切关系，这些也关系着职工的切身利益，直接影响去产能职工就业安置工作的顺利推进。

1. 促进职工就业安置政策措施有待进一步完善

为做好去产能中职工就业安置工作，国家先后出台了一系列政策措施，对促进化解过剩产能职工安置发挥了重要作用，取得了明显效果，保障了就业形势的总体稳定。但是，在政策执行和实际操作过程中也发现，一些政策存在空白点，也有一些政策衔接存在问题，还有一些政策有待突破和继续完善，主要表现在以下几个方面。

一是政策中促进就业的长期目标有待进一步调整。当前政策更强调"稳岗"，将"企业内部安置"放在更加突出的位置，经过广大企业的努力，取得了一定成效。但从长远看，"转岗转业"和鼓励职工更多地"走出去"，做到人员能进能出，才能够更加符合市场的需要，从根本上解决劳动力资源与其他生产资源配置中的矛盾。

二是现行职工安置政策对企业内部分流的支持力度不足。当前，企业内部分流是最重要的职工安置渠道，2016年全国去产能职工安置中企业内部分流比例达到65%以上。对企业而言，职工安置中最缺乏的就是安置资金，而现行政策对企业内部分流的资金支持只有两个方面，一个是失业保险稳岗补贴，另一个是专项奖补资金。其中，稳岗补贴主要用于职工生活

补助、缴纳社会保险费、转岗培训、技能提升培训等相关支出[①]；专项奖补资金主要用于缴纳内退职工的养老和医疗保险费、内退职工的生活费、内退工伤职工的工伤保险费[②]，也可用于企业在内部转岗安置职工中开展转岗培训或创业培训的费用[③]。可见，现行政策对内退等"保生活"安置有比较大的支持力度，但对转岗等"促就业"安置的支持力度相对不足，难以更为有效地激发企业通过转岗安置职工的积极性。

三是现有职工转岗培训帮助职工成功就业的作用有限。当前非常需要推动职业技能培训的开展，鼓励、激发广大企业特别是去产能企业大力开展技能培训，使受影响职工的职业技能素质适应产业转型升级和转岗转业的需要。但实际情况却是，职工转岗培训未能发挥预期的功能。许多去产能企业只对内部安置职工中条件较好的人员进行有针对性的岗位技能提升培训或转岗培训，对其他大部分受影响职工主要开展一些低端岗位的轮训，如安全教育、厂规厂纪等。因此，大部分受影响职工难以通过企业内部培训达到转岗转业的目的。同时，目前去产能职工安置中在职业培训方面的突出问题是针对性、有效性不强。缺乏针对转岗转业职工制定的专门培训计划，培训周期相对较短，有的培训与岗位要求相脱节，有的培训与市场需求联系不紧密，还有的培训流于形式，效果不佳，企业和职工开展和参加培训的动力不足。因此，参加培训的职工难以真正掌握一技之长。

2. 社会保险制度体系存在一定不足

当前，部分去产能企业存在的社会保险欠费严重、医疗保险"移交难"，以及民营企业和农民工参保率低等诸多问题，与我国社保体系不健全有着较为密切的关系。

一是我国社会保险统筹层次较低。除养老保险是省级统筹外，其他险种都是市（县）级统筹，这就造成省区内不同地市医保基金难以实现调剂，一定程度上制约了医疗保险险种功能的发挥。而不少"以煤兴城"的

---

① 《关于失业保险支持企业稳定岗位有关问题的通知》（人社部发〔2014〕76号）。
② 《工业企业结构调整专项奖补资金管理办法》（财建〔2016〕253号）。
③ 《关于做好2017年化解钢铁煤炭行业过剩产能中职工安置工作的通知》（人社部发〔2017〕24号）。

资源型城市，建市历史上"先有企业后有城市"，国民经济上老牌国有煤炭企业一枝独大，封闭运行的国有煤企在职和退休职工的数量与所在城市的现有参保职工的数量持平或更多，现有市级医保基金的体量难以承受如此大规模的职工直接并入，这就造成了移交难的问题。

二是企业承担社保责任机制不健全。有些企业出于降低劳动成本的需要，尽可能逃避应尽的法律义务，不给职工缴纳社会保险；而在不少企业中，劳动者还相对处于弱势地位，为了获得工作机会也会被迫放弃应有的权益。而对于一些老国有企业，虽然一直进行企业内部统筹，但由于没有承担更多的社会责任，不少封闭运行的内部统筹缴费水平低于社会统筹水平，造成企业医保基金结余较低。近年来企业效益严重下降，资金十分紧张，导致企业医保基金账实不符问题比较突出。因此在移交时，当地医保基金要求企业按社会统筹标准补齐缴费，同时将企业医保基金账户坐实，而企业难以筹集到足够的资金，因而无法顺利实现并入社会统筹。

三是农民工等群体社保制度设计和经办有待完善。不少农民工由于缺乏基本的劳动法律知识、自我保护意识相对较差、工作流动性大、更看重当期收入而忽视远期收益等，主动放弃参加职工社会保险。针对农民工群体特点，在社保制度设计和经办上还有一些有待完善的地方，比如制度设计对农民工参保缺乏激励机制，导致农民工参保积极性较低；农民工"职工保"与其"居民保"之间以及不同工作地点之间的转移衔接还不够顺畅，具体业务经办较为复杂，不少人宁愿放弃转移统筹账户的权利；一些社保经办部门以及劳动监察部门的宣传力度和执法力量不足，未能及时有效开展社保政策和服务的宣传推广。

3. 劳动关系调整的法规和机制存在一定问题

去产能过程中出现的一些劳动纠纷和矛盾争议，有些是化解产能过剩带来的双方利益受损所必然面对的权益争议，这属于经济结构调整中的正常市场现象；但也应注意到一些劳动关系调整法规机制自身不健全，加剧了一些劳动纠纷问题。

一是部分劳动关系法规政策设计不足。一方面，现行的调整劳动关系的法规政策原则性比较强，在具体操作措施层面缺乏有效设计。如在经济补偿金计算中涉及工资口径的问题，也就是哪些项目可以算入职工的工资，目前并没有明确的规定，对此企业和职工之间容易产生分歧和矛盾。另一方面，劳动关系法律中的部分条款与实际状况不相符合，导致执行时产生偏差。如对经济补偿金的计算，依照劳动合同法的规定，劳动者月工资高于用人单位所在直辖市、设区的市级人民政府公布的本地区上年度职工月平均工资三倍的，向其支付经济补偿的标准按职工月平均工资三倍的数额支付，向其支付经济补偿的年限最高不超过 12 年。但在具体操作中，可能会出现收入高的劳动者由于超过三倍的封顶线，经济补偿年限最高不超过 12 年，最终获得的经济补偿金反而低于其他收入较低的劳动者，产生了不公平现象和相应的矛盾争议。再比如，去产能中，不少职工已经分流到其他企业工作并签订了新的劳动合同，但依然与原企业保留着劳动关系，由此带来双重劳动关系问题。但目前劳动立法中尚未明确双重劳动关系的处理规定，一旦发生工伤等劳动纠纷，极易产生法律风险。同时，与企业未解除劳动关系的分流职工也无法纳入现行就业扶持范围，不能享受职业介绍、职业培训补贴、公益性岗位、创业担保贷款等就业扶持政策，不利于促进其再就业。

二是有的地方政府对企业用人自主权存在不当干预。如山东省某钢铁公司产能由 1200 万吨压减到 650 万吨，受影响的职工有 1.3 万多人。地方政府部门要求不能让一个人下岗失业，不将一个人推向社会，全部在内部安置，这实际上造成了企业的劳动生产率下降，市场的竞争能力降低。为了安排这 1.3 万多人，企业每年需支付 13 亿元，加重了企业负担。部分企业反映，现有部分法律条款限制了劳动力市场灵活性，给企业进行人员调整安置造成一定障碍。如劳动合同法规定"关于岗位调整须征求职工同意"，有的职工即便保持其原工资水平不变也不服从企业对其的岗位安排，使得人员转岗安置十分困难。这些不合理条款加大了企业负担，限制了企业转型，扭曲了市场机制的作用。

三是企业内部劳动关系工作不到位，易引起和激化矛盾。据调研，部分企业在落实化解产能任务、减员分流安置工作中，未向员工主动披露或沟通分流安置渠道、安置待遇等相关信息。在沟通不畅、缺乏协商的情况

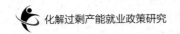

下，许多职工不了解真实消息，不清楚自己的未来去向，不少职工存在较大担忧和顾虑并得不到有效化解，这种情况有可能引致严重的劳动纠纷甚至冲突。

第七节　国外部分国家在产业转型中促进就业的
主要做法和经验借鉴

20世纪60年代以来，特别是70年代初石油危机后，随着发达国家产业结构的转型升级，煤炭、钢铁等行业部分企业逐步关闭退出，面对大量雇员失去工作岗位需要重新就业的问题，发达国家制定和实施了一系列政策措施，取得了积极成效，有些做法和经验值得借鉴。

一　典型国家的主要做法

1. 法国煤矿退出、促进雇员就业的主要做法

法国煤矿关闭的主要原因是开采成本高、亏损大。如20世纪70年代，洛林地区煤炭公司生产每吨煤成本高达858法郎，售价只有273法郎，每吨煤亏损近600法郎。法国煤矿是国有企业，煤矿企业亏损全部由国家财政负担，政府每年要给煤矿补贴60亿法郎。法国政府认为开采本国煤炭不如进口煤，因此下决心关闭国内煤矿。

法国关闭煤矿的主要政策措施包括：一是制定实施煤矿关闭的长期规划，提出从1985年开始到2005年，经过约20年时间关闭所有煤矿；二是采取逐步分流煤矿雇员的措施；三是政府对关闭煤矿给予经济支持，年平均补贴达60亿法郎，其中，约40亿法郎拨付给法国煤矿工人退休协会用于社保开支，20亿法郎拨付给煤矿企业用于安置职工的补贴。此外，欧盟也给予了较大支持，法国煤矿工人安置所需的费用有50%来自欧盟。

法国煤矿关闭中分流人员的具体措施主要如下。

（1）要求被政府列入关闭计划的煤矿，提前两年制订出人员安置计划。政府成立就业指导和再就业培训部门，配备咨询专家，为雇员再就业

提供咨询和解答问题。

（2）采取各种优惠政策，加强职业培训，鼓励年轻雇员自谋职业，对创办企业的给予一定资金支持。

（3）鼓励其他行业接收煤矿年轻雇员。特别是政府要求法国电力公司必须安置一部分煤矿雇员。其他行业的企业予以安置的，按每人3万法郎的标准给予奖励。

（4）安排提前退休。法国规定煤矿井下工人正常退休年龄为55岁，地面工人为60岁，退休后给予原工资65%的退休金。1996年后，法国先后两次调整煤矿工人退休年龄，第一次调整为井下工人50岁（工龄30年），地面工人55岁；第二次调整为井下工人45岁（工龄25年），地面工人50岁。提前退休的退休金为原工资的85%，其中的2/3由社会劳动保险机构支付，1/3由企业支付，到达规定退休年龄后转为全部由社会劳动保险机构支付。

2. 英国煤矿退出、促进雇员就业的主要做法

二战后，英国煤矿一度收归国有，20世纪80年代以来，英国煤炭需求量降低，煤炭工业亏损严重。1989年政府对煤矿的补贴高达73.94亿美元，平均每吨煤补贴75美元。因此，英国政府决定进行煤炭工业结构调整，关闭缺乏竞争能力的煤矿。

英国对煤矿关闭采取的主要政策措施如下。

（1）重视对煤矿关闭工作的领导。成立由副首相负责的国家关闭煤矿特别工作指导小组，并于1984年成立专门安置关闭煤矿雇员的机构，即煤炭企业转产有限责任公司，负责安置煤矿关闭后的富余人员。其主要任务是为煤矿富余人员提供职业介绍、转岗技能培训以及有关贷款。

（2）政府在经济上给予支持。英国政府拨出专款，按照工龄长短，以每年平均900英镑的标准，为因煤矿关闭而失去工作的雇员发放安置费。

（3）安排大龄雇员提前退休。井下工人退休年龄由55岁提前到50岁。同时，对尚未达到提前退休年龄，但又不想再就业的，煤矿成立留守处，组织这部分雇员从事一些煤矿关闭的善后工作，直至达到退休年龄。

（4）将煤矿关闭和私有化结合进行。即将有竞争能力的国有煤矿卖给

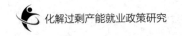
私人，到 1995 年已经全部实现了私有化。

3. 日本煤炭钢铁退出、促进雇员就业的主要做法

二战后，日本于 20 世纪 60 年代初期达到煤炭工业发展的高峰，之后逐渐衰退，大批煤矿被逐步关闭。1960～2002 年，日本煤矿由 622 处减少到 12 处，从业人数从 30.3 万人减少到 700 多人。

日本解决煤炭企业转型中雇员就业安置问题的有关政策措施如下。

（1）制定煤矿关闭专项法规。先后发布了了《煤炭产业合理化临时措施法》《煤炭离职人员临时措施法》《产煤地区振兴临时措施法》《煤炭对策大纲》等，为促进煤炭企业雇员就业和安置提供法律依据。

（2）采取安置关闭煤矿失业工人的多种措施。为煤炭工人提供免费培训、职业介绍等就业服务，帮助其实现再就业。如果失业工人在当地求职有困难，可以提出申请，政府帮助其在其他地区实现就业。日本规定，年满 55 岁的煤矿工人才可以享受养老保险，但对于煤矿失业工人，可提前至 52 岁。对于达不到享受养老保险条件的人员，在其失业后则一次性发给平均 500 万～800 万日元的离职费。对于雇用煤矿失业工人的企事业单位，则通过设立雇佣奖励金，给予奖励。

（3）成立专门机构负责产煤地区的土地和环境治理，并采取优惠政策在煤矿关闭地区招商，促进矿区经济发展。

日本的钢铁行业也经历了一个由二战后鼎盛时期到产业结构调整，逐步消减产能的过程。为保护转产钢铁企业雇员的利益，日本政府制定了《特定萧条产业离职者临时措施法》和《特定萧条地区中小企业对策临时措施法》。主要措施包括：为失业人员提供就业信息服务；对失业者进行就业指导和职业培训；对雇用特定衰退产业或地区失业者的企业提供补贴；为原企业提供劳动者停业补助和训练费用；延长特定产业或地区失业人员的雇佣保险金支付时间；安排失业人员参加公共事业；向所认定的中小企业提供紧急融资；延长设备资金贷款的还款期限；促进企业转产，并利用工业再配置补助金吸引其他企业前来投资等。

4. 德国在产业转型中促进就业的主要做法

莱茵－鲁尔区是德国的主要产煤区，在 20 世纪 60 年代面临产业结构危机，硬煤及钢产量不振，重型机械销路呆滞，工业结构老化，煤矿工人及人口外移。德国根据市场需求和经济效益情况关闭了大量煤矿。20 世纪50 年代德国硬煤产量最高时达 1.4 亿吨，到 90 年代减少到 4000 万吨，煤矿雇员也从 60 万人减少到 7 万人。

德国煤矿关闭采取的政策措施有：①制定煤矿关闭和结构调整规划，对关闭煤矿的善后处理做出安排，政府对关闭煤矿给予资金支持；②通过煤电联营、煤化联营等方式，逐渐发展以煤矿为中心的综合性工业基地，分流部分雇员；③发展其他多种经营，为受影响雇员提供就业安置渠道。

二 国外经验与启示

1. 注重解决问题的系统性

钢铁、煤炭等行业转型升级中促进雇员重新就业是一项系统工程，主要涉及政策法规、资金安排以及实施办法等多个层面。为转型行业企业专门立法是帮助失业雇员就业的法律依据，专项资金为失业雇员再就业提供了资金保障，操作规程能够确保各项具体措施落实到位。欧盟制定了《欧盟集体裁员指令》，日本出台了《煤炭离职人员临时措施法》，都从政策方针、资金支持和实际操作三个层面系统规定了可操作的政策措施，为解决转型企业雇员再就业问题提供了保障。

2. 采取失业预防和失业人员早期干预措施

发达国家注重对产业转型中的失业人员进行早期干预，对可能下岗失业的雇员进行失业咨询指导。包括失业后心理咨询以及未来职业选择倾向评估与评价，对失业人员做一对一的职业咨询与职业规划，减轻失业人员的不安全感并明确技能提升和就业方向。

3. 设立专项基金，为失业雇员安置提供资金保障

设立产业转型升级员工安置援助专项基金是美、日、欧等国家和地区的普遍做法，美国设立了"贸易调整基金"，欧盟设立了"全球化调整基金"。该类基金与一般的就业资金和失业保险基金不同，它是专门为产业转型升级过程中导致的集体性下岗失业人员而设立的用于再就业援助的专项资金。该类基金主要用于受影响雇员群体的培训补贴、求职补贴、异地

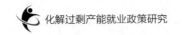

就业补贴、安置补贴、收入补助、雇佣奖励等。

4. 严格执行操作规程，实现精准安置

欧盟和美国等重视产业转型升级员工安置工作实施的系统性和精准性建设，形成了由失业预防、被裁员工早期干预、劳动关系解除与经济补偿、定制化培训以及定制化公共就业服务五个环节构成的员工安置的操作规程，确保了有关政策措施的贯彻落实。

5. 开展失业人员培训和就业服务

德、日向被裁人员提供定制性就业服务，介绍新工作，并向接受培训人员提供旅费和住宿费。日本延长特定产业或地区失业人员的失业保险金支付时间，并安排失业人员参加公共事业。英国成立煤炭企业转产公司，专门负责煤矿富余人员职业介绍、转岗培训等安置工作，取得了积极效果。

第八节　解决化解过剩产能中职工就业安置问题的总体思路和政策建议

党的十九大报告指出，坚持去产能、去库存、去杠杆、降成本、补短板，优化存量资源配置，扩大优质增量供给，实现供需动态平衡。化解过剩产能中受影响职工就业安置关乎供给侧结构性改革，关乎优化经济结构，关乎就业局势和社会的稳定，必须做到分流职工就业有出路、安置有保障、劳动关系得以妥善处理。化解过剩产能中职工就业安置是一个涉及面广、解决难度大、政策性强、涉及切身利益的综合性问题。鉴于此，应在理论分析和实践经验的基础上，针对职工就业安置中的主要问题，立足当前，着眼长远，综合治理；既要解决当前面临的突出矛盾，也要为长远解决问题探索工作思路和对策措施。

一　化解过剩产能解决职工就业安置问题的基本思路

职工的就业安置问题将贯穿化解过剩产能乃至转变发展方式、优化经济结构、转换增长动力的全过程。因此，需要从全局、战略和长远的角度提出解决好这一问题的基本思路。

1. 化解过剩产能中职工就业安置工作的战略定位

职工就业安置工作是化解过剩产能的关键环节，做好这项工作对于稳定就业局势、有效化解过剩产能、优化产业结构、实现经济转型升级具有重要作用。

一是将职工就业安置工作始终置于化解过剩产能的优先位置。安置好职工是化解过剩产能的关键。做好受影响职工的就业安置工作，才能有效推进去产能工作的顺利开展，进而推动实现产业转型升级的目标。因此，在化解过剩产能中，要始终坚持就业优先战略，坚持实施积极的就业政策，把职工就业安置工作前移，优先解决"人向何处去"的问题。在制定产业、财税、金融等宏观经济政策时，将实现促进职工就业、有序分流转移作为前置条件。将职工就业安置作为化解过剩产能的优先目标应体现在政府制定化解过剩产能的各项政策之中，体现在企业制定化解过剩产能方案之中，体现在社会提供公共就业创业和社会保障服务之中，以及体现在资金保障等各个方面。特别是要把化解过剩产能中，解决拖欠职工工资、欠缴社保费、依法支付职工经济补偿金、偿还职工其他债务等，作为资金安排的第一序列予以优先安排和切实保证。

二是将化解过剩产能职工就业安置工作作为就业工作的重点，摆在突出位置。综观整个就业形势及其发展趋势，就业的结构性矛盾是当前及今后一段时期的突出问题。产生这个问题的关键是就业结构不能适应产业结构乃至整个经济转型升级的需要。去产能是供给侧结构性改革的首要任务，是引导产业结构调整的重大举措。随着去产能工作的深入实施，产业结构必将发生进一步的重大改变，这将使得就业的结构性矛盾更加突出，因此，应将化解过剩产能中职工就业安置工作始终作为"十三五"乃至更长时期就业工作的重点。做好这项工作，对于消除去产能重点地区规模性失业的风险、改善就业结构、稳定形势具有至关重要的作用。去产能、稳就业既有紧迫性，也有长期性。做好就业安置工作，对于完成好去产能这个供给侧结构性改革的首要任务至关重要，具有现实的紧迫性。同时，去产能将伴随整个新常态的发展过程，职工就业安置也难一蹴而就，因此，需要考虑去产能、稳就业的长期规划和政策储备。

2. 化解过剩产能中职工就业安置工作的目标任务

确定化解过剩产能中职工就业安置的目标任务应立足当前，着眼长远，把解决当前及"十三五"时期的目标任务和解决长远体制机制问题结合起来，为解决经济转型升级中的就业问题奠定基础，探索途径。

一是对钢铁、煤炭、水泥等产能严重过剩行业职工就业安置目标任务做出全面部署安排。"十三五"期间，将压减粗钢产能1亿~1.5亿吨①，退出煤炭产能5亿吨左右、减量重组5亿吨左右②。需要安置180万名职工，其中，钢铁行业需要安置50万人、煤炭行业需要安置130万人。经过2016年以来去产能职工就业安置，目前，尚有约100万名直接受影响的职工有待就业安置。由于钢铁煤炭均属产业链较长的基础性产业，还会间接影响上下游产业数倍职工的就业岗位。与此同时，水泥、电解铝、平板玻璃、船舶、石化等多个行业产能利用率普遍约为70%，也将淘汰大量落后和过剩产能，影响大批职工。鉴于此，化解过剩产能职工就业安置的目标任务，不仅要包括钢铁、煤炭行业受影响职工，而且还应包括水泥、电解铝、平板玻璃、船舶、石化等产能严重过剩行业受影响职工，并将根据不同行业的特点制定相应的职工就业安置政策。

二是完善和形成化解过剩产能职工就业安置系列政策。前一阶段，国务院及有关部门、各地方制定并实施了多项化解过剩产能职工就业安置的政策措施并取得了积极成效，钢铁、煤炭行业企业在去产能安置职工过程中探索和积累了许多宝贵经验。这些政策和经验为今后做好相关工作奠定了基础。同时，也应看到，在职工就业安置过程中，仍然存在和面临诸多政策问题有待解决。如去产能企业土地变现、资金短缺、冗员过多、社保费拖欠、双重劳动关系等问题。因此，在化解过剩产能及产业结构调整中应进一步完善奖补资金、财税、金融、职工安置、国土、环保、质量、安全等政策措施，特别是形成一系列行之有效的促进就业、社会保障、劳动

---

① 《关于钢铁行业化解过剩产能实现脱困发展的意见》（国发〔2016〕6号）。
② 《关于煤炭行业化解过剩产能实现脱困发展的意见》（国发〔2016〕7号）。

关系政策，开发人力资源，兜住民生底线，稳定劳动关系，进而形成更为完整的政策体系，以便为顺利解决化解过剩产能乃至整个产业转型升级过程中的职工就业安置问题，提供政策支持和储备。

三是化解过剩产能职工就业安置应与深化国企改革、调整有关法律政策相结合，注重标本兼治，形成长效机制。去产能安置职工中的诸多难题，在相当程度上暴露了许多国有企业在劳动用工等方面仍有许多与市场经济不相适应的弊端，如许多国企承担"三供一业"等社会职能负担过重、劳动用工不灵活、人员能进不能出等。因此，解决去产能职工就业安置问题应与深化国企劳动制度改革相结合。与此同时，去产能职工就业安置过程中也显示出《劳动合同法》《失业保险条例》等法律法规中有关劳动合同期限、失业保险预防失业、促进就业功能发挥不充分等方面存在许多与当前劳动领域实际不相适应的地方，制约了劳动力市场的灵活性，不适应经济转型升级中治理失业、促进就业的需要，应该及时加以修订。因此，应在去产能安置职工过程中，通过深化国企改革、完善政策法规，逐步形成符合市场经济要求的长效机制。

3. 妥善处理市场发挥决定性作用和更好发挥政府作用的关系

在去产能职工就业安置过程中，既充分发挥市场的决定性作用，又更好发挥政府作用至关重要。市场和政府应形成合力，共同实现既减人增效又保障职工权益的目标。

一是真正发挥市场的决定性作用。随着市场经济体制的建立和完善，企业应成为市场的独立主体，根据市场供求信息自主决定配置资金、技术、劳动力等生产要素。在去产能职工就业安置过程中，应充分发挥市场的决定性作用，尊重企业经营自主权，消除对企业用人的不当干预，使企业效益和劳动报酬真正能够反映市场供求关系；使生产要素特别是劳动力要素，能够随市场供求关系的变化在产业、行业、企业、地区间顺利流动，在根本上建立劳动力要素与其他生产要素根据市场供求配置的新机制，并使得劳动力供求双方主体地位和权益得到切实的保护。

二是更好地发挥政府作用。在去产能乃至整个产业结构调整职工就业安置过程中，政府应注重完善、遵循和维护市场规则，通过立法、政策、标准、服务、监督等弥补市场失灵，通过制定政策措施，采取多种方式帮助劳动者，特别是帮助困难群体参与市场竞争，保障劳动者的合法权益，织牢社会保障网，兜住底线，更好发挥"有形的手"的作用。

政府在促进职工就业安置方面的作用应主要体现在以下五个方面。①规划引导。通过制定国民经济和社会发展规划、人力资源社会保障事业发展规划、促进就业规划等，提出化解过剩产能、调整产业结构、促进职工就业安置的基本目标、遵循原则、政策取向等。②制定政策。通过财政奖补、税收减免、贷款贴息、社保补贴、岗位补贴、培训补贴等政策，协助企业和职工转型升级和就业安置。③提供服务。通过提供就业创业、社会保障、职业培训、劳动关系等服务帮助职工就业创业。④兜底保障。通过提供公益岗位、失业保险、生活救济等保障困难职工基本生活。⑤执法监督。维护劳动力市场规则，保护劳动者权益，维护社会公平正义。

4. 去产能职工就业安置应突出重点、区别情况、分类施策

产能过剩企业职工就业安置所面临的问题，在地区、行业、企业之间差异很大，并且企业所在地区的经济社会环境对职工安置也产生着很大影响。

(1) 从地区情况看，去产能企业的地区分布大体可分为东、中、西三类，由发达地区，到次发达地区，再到欠发达地区。东部发达地区经济实力强，市场化程度高，劳动力市场活跃，就业岗位较多，人力资源服务能力较强。而由次发达地区再到欠发达地区，上述经济社会条件则逐渐减弱。特别是产业单一的资源型城市，在化解过剩产能职工就业安置中所面临的困难和问题最为突出。因此，国家及省级去产能安置职工的优惠政策都应向资源型特别是资源枯竭型城市倾斜。同时，建议制定和实施专门针对资源枯竭型城市的"化解过剩产能职工就业安置专项扶持政策"，以便增强政策的针对性、有效性。

(2) 从行业情况看，尽管钢铁、煤炭行业在化解过剩产能职工就业安置中面临的困难和问题具有许多相同或相似之处，但不同行业依然有着程度不同的差别，有的问题在某一行业相对突出。与煤炭行业相比，钢铁行业的一个突出特点是产业链更长，化解钢铁过剩产能对上下游产业以及产业链上的就业岗位的影响更加广泛。而煤炭行业的突出特点是，绝大多数煤炭企业分布在中西部地区；许多矿区远离城市，除了煤炭生产经营其他就业机会很少；许多煤炭职工一家几代人、有的亲戚朋友都在矿上工作，这些职工对企业的依赖程度更高；与钢铁行业相比，煤炭行业职工的文化程度较低；同时煤炭行业的工伤和职业病职工较多。鉴于此，建议针对钢铁、煤炭以及其他不同行业所面临的突出困难和问题，分别制定和实施更加精准的职工就业和安置帮扶政策。

（3）从企业情况看，国有企业与民营企业在化解过剩产能职工就业安置中所遇到的困难和问题具有明显差别。一方面，绝大多数民营企业员工在企业去产能或关闭时，主动离开企业，寻找新的就业岗位。总的来说，市场对去产能民营企业和员工双方的供求关系发挥了决定性作用。当企业去产能或处于不景气、难以支付市场决定的工资水平或劳动报酬时，员工会主动离开企业，中断劳动关系，寻求能够支付其应得劳动报酬的用人单位。另一方面，国有企业员工对于企业具有很强的"制度期待"。特别是地处偏远或独立工矿区或"以钢兴城""以煤兴城"资源型城市的国有企业员工，往往不愿与企业解除劳动关系，自行走向市场。鉴于此，应针对民企和国企职工在就业安置中所面临的不同问题，采取相应对策措施，方能取得预期效果。对于民营企业及其员工，重点是依法依规、切实保障劳动者在经济补偿金、工资收入、社会保险等方面的合法权益，并提供就业创业等多方面的服务。对于国有企业及其职工，则应立足当前、着眼长远，既多形式、多渠道地解决当前职工就业安置问题，又着力深化国企改革，为从体制机制上根本解决问题探索道路。

二　重点支持资源型重点地区职工就业安置的政策建议

坚守底线、突出重点是保障和改善民生总思路的重要内容[1]。化解过剩产能中的资源型特别是资源枯竭、产业单一等重点地区的就业安置问题，是当前及今后一个时期整个就业全局中的一个重点、难点问题。着力

---

[1]　习近平总书记提出的民生工作总思路：坚守底线、突出重点、完善制度、引导预期。

解决好这些重点地区的就业问题，对于化解规模性失业风险，保持就业形势的总体稳定，为做好转型升级中的就业工作探索和积累经验，具有重要作用。

1. 对重点地区实施特殊优惠政策，优化产业结构，拓展就业空间

要从根本上扭转重点地区经济发展下行压力大、就业渠道狭窄、就业岗位短缺的局面，就必须着力支持重点地区调整经济结构，实现产业转型升级，形成多点支撑就业的局面。这是解决职工就业安置问题的根本出路。建议中央及省级政府选择去产能中就业困难突出的资源型城市，特别是资源枯竭、产业单一城市开展"去产能、调结构、促就业"的试点，实行特殊的政策措施，从规划、土地、财税、金融、产业、技术、投资等方面给予优惠政策支持，帮助重点地区结合本地实际，培育和发展适合的产业，实现转型发展。同时，鼓励和支持重点地区与发达地区开展产业对接，承接发达地区产业的梯度转移，形成与发达地区先进制造业、新兴服务业（如健康、养老、家政、长期护理、人力资源等服务业）紧密衔接、共同发展的产业链，进而拓展重点地区的产业和就业空间，形成多点支撑，从根本上改变重点地区产业结构，实现转型升级，为扩大就业开辟广阔空间。

2. 引导支持帮助重点地区发展民营经济、小微企业吸纳就业

营造民营经济、小微企业发展的良好环境，是增加重点地区经济动力和就业活力的关键。建议中央和地方政府专门制定财税、信贷、工商管理等方面的优惠政策，对于在重点地区创办民营企业、小微企业的给予更加优惠的税费减免、小额担保贷款、创业孵化平台资助、经营场地、技术转让等优惠政策，同时提供更加便捷的工商管理等服务。通过优惠政策和便捷服务，引导、支持重点地区大力发展民营经济、创办小微企业，从而创造更多就业岗位，增加就业机会。与此同时，鼓励灵活就业和新就业形态发展，增加劳动力市场的灵活性，形成就业新动力和新增长点，拓展就业新领域。

3. 中央财政奖补资金进一步向欠发达地区的重点地区倾斜

处于欠发达地区的资源型城市、单一产业地区的经济发展、就业岗位受去产能的影响最为突出，职工就业安置任务最为繁重，就业渠道也更加狭窄，特别是资金短缺问题尤为突出。鉴于此，一是应进一步将奖补资金向这些地区倾斜。在分配奖补资金时，应综合考虑去产能任务完成情况、企业经营情况，特别是安置职工人数和安置难度，将奖补资金用于最困难重点地区职工身上。二是加大对重点地区就业创业专项资金支持力度。提高对职工的技能培训补贴、社保补贴的数额和补助标准；增加对重点地区的社保转移支付，及时解决重点地区企业社保欠费问题。三是帮助企业盘活土地、技术、人才资源，加大支持国有企业解决企业办社会等历史遗留问题。

4. 支持重点地区人力资源服务体系建设，加大人力资源开发力度

充分开发人力资源是去产能过程中安置职工的积极举措。一是加强职业技能培训体系建设，重点扶持技工院校、再就业培训基地和职业技能实训中心发展，吸纳符合培训条件的下岗职工参加培训；二是继续组织发达地区与重点地区开展跨地区劳务对接，注重解决职工在异地安置中的探亲、住宿、交通等费用问题；三是加强职业中介和市场就业信息服务；四是多渠道开发公益性工作岗位，优先安排困难群体再就业。

三　制定有效政策措施，开辟促进就业新途径

化解过剩产能职工就业安置应与转变方式、优化结构、转换动力相结合。通过制定有效政策措施，支持去产能企业转产转业，鼓励其他市场主体吸纳就业，组织开展大规模职业技能培训，是解决受影响企业职工就业安置问题的根本途径；提供全方位就业服务，是促进受影响职工就业创业不可或缺的重要支撑。

1. 鼓励去产能企业转产转业，带领职工从事新职业、就职新岗位

实践表明，去产能企业根据市场需求主动采取转产转业、多种经营、组织职工承接工程项目、开展劳务合作等措施，是帮助职工再就业的有效途径。采用这些方式开辟就业渠道，能够减少冗员、优化企业人力资源；充分发挥和利用企业经营管理人员的工作经验和经营能力；增强职工的归属感、安全感，有效保护职工的权益，保持劳动关系的和谐稳定。因此，

建议进一步制定优惠政策措施，支持企业转产转业、开展多种经营，开发人力资源。重点是对于企业开展多种经营为职工提供就业和安置岗位的，在财税、信贷、经营场地、工商管理等方面进一步给予优惠政策支持；对于企业组建人力资源服务公司组织异地劳务输出的，增加对企业奖补资金的支持，或是运用失业保险基金给予支持，主要用于适当补贴异地就业职工的交通费、生活费等。

2. 加大对吸纳化解过剩产能下岗失业职工各类用人单位的政策支持

支持和鼓励各类企业或用人单位积极吸纳化解过剩产能企业下岗失业人员就业，既是能够有效缓解去产能企业人员安置压力的措施，也是尽可能发挥市场机制优化人力资源配置的途径。建议进一步制定政策，支持和鼓励各类企业吸纳下岗失业人员。对于聘用下岗失业人员且签订一定期限以上劳动合同的，根据实际情况，给予一定数额的工资补贴、培训补贴、社保补贴。通过实施这些补贴政策，提高企业吸纳下岗失业人员的积极性，为去产能企业下岗失业人员开辟广阔的就业空间。不断丰富和完善支持各类企业或用人单位吸纳去产能中下岗失业人员的政策措施，应该成为整个转变发展方式、优化经济结构、转换发展动力中积极就业政策的重要组成部分，并成为新时期探索、开辟促进就业的新途径。

3. 制订经济转型升级职业技能培训政策计划，开展大规模职业技能培训

帮助劳动者提高技能、实现就业应是积极就业政策的一个核心内容，也是改善劳动力供给、促进去产能企业职工再就业的有效措施。建议按照经济转型升级和劳动力市场的需要，制定和实施"去产能企业职工大规模职业技能培训规划"。在"规划"中，明确去产能的规划任务和市场需要，确定职业技能培训的指导思想、主要目标、基本原则、政策措施、支撑条件以及实施步骤等，动员社会资源，组织对去产能企业职工开展大规模职业技能培训。在技能培训中，应注重专门建立适合去产能企业职工的培训机制、评价机制、激励机制，增强培训的针对性、实用性和有效性；对于组织职工参加技能培训的企业、参加技能培训的职工以及承担技能培训的培训机构，加大补贴支持力度；根据下岗失业职工年龄、文化程度、技能水平、学习能力、身体状况、家庭责任等的不同情况，采取灵活多样的培训方式，切实提高下岗失业人员的技能水平、创业能力和从事新岗位、新职业的能力，帮助劳动者适应经济转型升级和新就业岗位的需要，进而有效治理失业、促进就业。

4. 为去产能企业职工提供全方位的公共就业服务

公共就业服务是落实就业政策的重要载体，也是帮助去产能下岗失业人员走向新就业岗位的桥梁。因此，应进一步加强对去产能企业下岗失业人员提供全方位的就业服务。一是公共就业服务向去产能重点企业内部延伸。为企业和职工送各级政府的扶持政策，送岗位需求信息，送职业指导、培训指导、市场工资价位以及其他各项就业服务。二是继续为去产能企业职工组织专场就业岗位招聘活动，为劳动力市场供求双方搭建对接服务平台。资源型城市，特别是资源枯竭或单一产业地区的公共就业服务机构，还应积极帮助重点企业和职工与发达地区的就业岗位需求对接，牵线搭桥，组织开展劳务输出并提供跟踪服务。三是改进公共就业服务手段和方式，完善"互联网＋公共就业"服务体系。加快建立和完善全国人力资源数据库和互联网，实现市场供求信息、就业社保服务、人才用工办理、政策咨询服务等的互联互通，为劳动力供求双方提供更加充分、及时、便捷的服务；为去产能就业困难职工提供"一对一""一站式"的全方位服务。

四　解决化解过剩产能中社会保障问题的政策建议

在化解过剩产能中，加强社会保障体系建设，发挥其社会稳定器的作用是解决受影响职工基本生活，防范和化解重大风险的有效途径。应按照兜底线、织密网、建机制的要求，扩大社保覆盖面，切实解决困难企业社保欠费问题，发挥失业保险三位一体的功能，加强社保转移接续等公共服务。

1. 以民营企业和农民工为重点，扩大社保覆盖面，织密织牢民生安全网

加快扩大社保覆盖面，是织密织牢民生安全网的有效措施。在化解过剩产能中，由于许多民营企业和农民工没有参加社会保险，无法享受相关社保待遇，这是社保体系中的一个突出短板，必须尽快加以改变。因此，需要以民营企业和农民工为重点，加快扩大社会保险覆盖面，实现应保尽保，切实保障去产能受影响职工的社保权益，真正发挥社会保障"民生安全网"的功能。重点是增强执行力，深入落实相关社保法规。按照《社会保险法》《社会保险法实施细则》《实施〈中华人民共和国社会保险法〉若干规定》《社会保险费征缴暂行条例》等法律法规的规定，加强宣传动员、组织落实，加大执法力度，重点扩大民营企业和农民工的社保覆盖面。与此同时，理顺社保关系，使农民工参加城镇职工基本养老保险和基本医疗保险。目前，许多化解过剩产能企业的农民工参加了农村养老保险和医疗保险，特别是在民营企业这种现象更为普遍。许多企业和农民工以此为理由，不愿加入城镇职工养老保险和医疗保险。但从长远眼光和推进城镇化的角度看，大多数农民工将离开土地，长期在城镇和非农产业工作和居住，而农村养老保险和医疗保险的筹资水平和待遇水平都较低，难以维持未来农村转移劳动力在城镇的基本生活。鉴于此，应尽早筹划、未雨绸缪，理顺社保关系，使农民工及早加入城镇基本养老保险和基本医疗保险制度，以便及时筹集和积累基金，为未来切实保障农村转移劳动力的基本养老和医疗问题，推进城镇化奠定基础。

2. 多渠道解决社保欠费问题，保障受影响职工社保权益

许多去产能重点地区的企业社会保险欠缴问题突出，直接影响到职工享受养老、医疗待遇等切身利益问题；同时，有的企业因无力及时补缴社保欠费而影响了职工社保关系的转移接续和再就业。因此，及时解决困难企业社保欠费问题，对于保障职工基本生活和社保权益、有效帮助他们再就业和企业脱困，具有重要作用。建议根据去产能企业不同情况参考采用以下办法。一是对关闭破产的去产能企业实行职工安置特殊政策。建议按照中共中央办公厅、国务院办公厅《关于进一步做好资源枯竭矿山关闭破产工作的通知》（中办发〔2000〕11号）等文件精神，实施"政策性破产，关闭破产企业在资产处置后应优先清偿职工工资、社保费等，不再要求进行社保费预留，职工安置资金不足部分由财政兜底解决；社保欠费无法清偿的，可考虑予以挂账处理或政府代缴"。二是对于停产关闭去产能企业采取中央、地方、企业分担社保欠费办法。根据企业和社保欠费的实际情况，分别由去产能企业、地方财政、中央财政按不同比例分担社保欠费。三是根据去产能企业对国家的贡献，考虑用国有资本补偿其社保欠费补缴的数额。

3. 加快失业保险制度改革进度，充分发挥其三位一体的功能作用

运用失业保险基金帮助去产能困难企业乃至整个经济转型升级中困难企业解决职工基本生活和再就业问题，应是我国积极就业政策的重要组成部分；也是解决企业安置职工过程中资金困难，而失业保险基金作用发挥不充分、使用效率低下的重要措施。鉴于此，建议加大改革力度，加快修订《失业保险条例》，重构失业保险制度，全面发挥其保生活、防失业、促就业三位一体的功能。

（1）调整政策导向，支持转岗转业。去产能、调结构是产能过剩企业和所在地区实现脱困发展的根本途径。如何保障去产能困难企业职工的基本生活并实现转岗转业，应是失业保险政策的核心目标。应加快修订《失业保险条例》，失业保险政策的基本导向，应是着重支持和帮助产能过剩企业职工"转岗转业"，而不仅仅限于"稳定岗位"。在去产能中，失业保险政策的设计、对企业和职工的引导、保险支出项目等都应围绕帮助和支持受影响企业和职工转岗转业的思路安排，以便更加符合过剩产业调结构、脱困发展的总体目标。

（2）降低政策门槛，提高补贴标准，使更多困难企业得到失业保险基金更大支持。首先，取消或放宽"足额缴纳失业保险费"才能享受"稳岗补贴"的限制，对于长期缴纳失业保险费（如5年以上），只是近几年（如3年）欠费的，应当允许享受稳岗补贴政策。其次，放宽"按不超过该企业及其职工上年度实际缴纳失业保险费总额的50%给予稳岗补贴"的限制，根据企业实际安置职工的规模和难度，给予更大幅度的补贴。

（3）大力发挥失业保险基金支持培训、促进就业创业功能。运用失业保险基金支持培训，强化就业困难人员适应新业态、新经济的从业技能，提高受影响职工和失业者技能实现再就业，应是积极就业政策的核心内

容，也是解决好去产能中"人向何处去"的关键。因此，应当进一步加大运用失业保险基金支持去产能企业和职工开展技能培训、创业培训的力度。如降低享受失业保险基金支持"技能提升补贴"的门槛，可考虑只要去产能企业和职工参加了失业保险即可按有关规定享受技能提升补贴，而不必参加失业保险 36 个月以上。同时，专项培训要与劳务输出、劳务对接、职业指导等就业服务相衔接；支持开展创业培训，同时提供税费减免、场地补贴、技术转让、社保补贴、咨询服务等多方面的支持和帮助等。

（4）扩大失业保险覆盖范围、提高统筹层次，进一步降低费率。首先，钢煤行业农民工参保率仅约 10%，特别是民企参加失业保险的更少，按现行规定未参保不能享受失业保险"援企稳岗"政策。鉴于此，应加快失业保险扩面步伐，使受影响农民工得到政策帮助。其次，加快实现失业保险省级统筹，并建立中央调剂金，运用大数定律，增强基金抗风险能力，防范区域性、系统性、规模性失业风险。最后，进一步降低失业保险费率，减轻企业负担。对于失业保险基金积累过高的地区，如基金支付能力超过 5 年，应考虑进一步降低费率，提高基金的使用效率。

（5）突出重点、精准施策，增强运用失业保险安置职工的针对性和有效性。去产能中，资源型城市、单一产业地区以及老工业基地企业安置职工的困难最为突出。因此，失业保险政策也应突出重点，优先支持和帮助这些地区和企业安置受影响职工。建议在重点地区安排扩大失业保险基金增强防失业、促就业功能试点，增加失业保险支出项目，雪中送炭，重点支持困难地区企业职工走出困境，维护就业大局稳定。

4. 加强社保基金的调剂作用，更好发挥基金保障功能

加强社保基金调剂功能是发挥其保障作用的必要措施。一是强化中央对全国社会保障基金的调剂作用，充分发挥社会保障互助共济功能，尤其对于东北老工业基地等经济确实困难的去产能企业，建议制定和实施特殊的基金调剂政策措施，增加对这些地区企业的支付能力，切实保障职工的基本生活。二是针对去产能企业的实际困难，继续考虑适时适度降低城镇职工基本养老保险、城镇职工基本医疗保险等缴费费率，并根据企业实际困难，适当延长缓缴社保费期限，进一步减轻和缓解去产能企业的实际负担。三是加快推进基础养老金全国统筹工作，提高养老保险基金统筹层次，进一步适应参保职工就业流动性，强化职工养老基金收支全国性精算平衡。同时，做好工伤职工的劳动能力鉴定等工作，特别是做好一次性工伤医疗补助金和一次性伤残就业补助金的审核保障工作，重点解决煤炭等行业老工伤职工的权益保障问题。

5. 加强社保经办能力，推进社保关系转移接续，避免断保现象

加强社保经办能力，是做好社保关系转移接续的必要条件。一是针对实际工作中的薄弱环节，建议在国家层面制定和实施社会保险关系转移接续实施细则和指导意见，加强对各省份社保经办机构的指导，重点加强省份之间社会保险关系转移接续工作。二是督促原国有企业统筹的社保经办与地方社保经办之间转移接续工作。对于大企业集团内部统筹的医疗、生育、工伤等保险，应尽快实现社会化管理，在提高社保经办机构服务能力和水平的基础上，保障去产能受影响职工享受相应的社会保险待遇。

五　妥善处理去产能中劳动关系问题的政策建议

有效化解去产能中的劳动关系矛盾，通过完善政府、工会、企业共同参与的协商协调机制，构建和谐劳动关系，对于有效推进去产能任务的顺利完成，切实保护职工的合法权益，保持劳动关系的和谐稳定至关重要。妥善处理劳动关系需要完善协商协调机制，加强对处理劳动关系的指导，调整和完善有关法规，多方筹集资金切实解决劳动关系中的突出问题。

1. 完善三方协商协调机制，加强对去产能企业劳动关系处理的统筹协调

化解过剩产能中妥善处理劳动关系矛盾的实践表明，在本地党委的领导下，政府、工会、企业三方共同参与，就去产能中职工就业安置、生活保障、社保关系接续等涉及职工切身利益的问题开展充分协商，充分发扬民主，是妥善解决劳动关系中的突出问题、保持劳动关系稳定的有效途径。因此，应切实完善政府、工会、企业三方共同参与的协商协调机制，建立健全协商协调制度，明确规定协商协调的共同目标、三方主体、基本原则、主要内容、相关程序等重要规则。通过协商协调化解矛盾、达成共识，实现构建和谐劳动关系的目标。与此同时，建立健全劳动关系处理的具体工作规则，指导和帮助企业妥善处理劳动关系问题。由各地化解过剩产能和淘汰落后产能工作协调小组统筹协调本地区企业职工安置工作，以人社部门为牵头单位，发改、经信、财政、国资、工会等部门共同负责，明确各部门在化解产能过剩职工安置和处理劳动关系工作中的责任，尤其在补偿资金来源、安置渠道扩展、劳动争议预警预防、劳动者知情权参与权的维护等方面的具体工作中，加强信息沟通，实现政策协调联动。

2. 制定指导企业处理劳动关系的整体性和具体化方案措施

建议进一步明确劳动关系处理、社会保险关系接续等实施细则，制定职工转移劳动关系指导细则，明确规定程序和操作步骤，厘清原单位、接收单位和职工三方各自权利和责任，职工与原单位脱离。针对不同类型企业、不同诉求职工制定完善分类细化和具体性的政策措施和指导方案，做深做细劳动关系指导工作，指导企业制定职工安置方案和处理劳动关系。同时，做好相关政策和措施的衔接，把握政策措施的适度性和有效性，既保障职工合法合理权益，又防止造成新的市场改革障碍。

3. 研究完善兼顾劳动力市场灵活性和安全性的劳动关系法律制度和调整机制

建议国家尽快研究完善劳动关系法律制度体系，在保障职工合法合理适度的安全稳定基础上，进一步释放劳动力市场的灵活性和流动性，激发市场活力，使市场机制在人力资源配置中充分发挥决定性作用。研究修改不符合实际情况或是在具体操作中设计不完善的法律政策条款，让劳动关系法律制度真正有效、可行。不断深化国有企业改革，特别是加大国企劳动用工制度改革，破除不符合市场竞争规律的用工管理制度，使国有企业在去产能过程中能够进行人力资源的有效优化，进一步减轻国企负担。规范政府对企业用工的执法、监督和指导，明确政府行为的边界，防止过度干预企业用人自主权和合法的市场行为，让去产能真正发挥供给侧结构性改革的作用。

4. 进一步多渠道筹集资金用于去产能企业职工安置和劳动关系处理

建议中央、地方、行业企业等多方主体共同参与去产能企业扶持资金的筹集过程：中央政府通过加大财政倾斜力度、国有资本市场化运作、使用社会保障基金等方式加大资金投入；地方政府加强运用中央财政转移支付资金、完善各类财政性补贴措施等来帮助去产能企业开展职工安置和劳动关系处理；行业企业也可以建立应急储备基金用于职工劳动合同解除或终止的经济补偿以及各项安置工作，还可以用"良币补偿、劣币退出"的方式进行产能置换和资金补偿，由扩大产能、提高效益的企业对主动退让市场的企业进行补偿，用于后者的职工安置。

5. 完善劳动关系预警预防和矛盾调处等机制和措施

对去产能中可能发生的劳动争议尤其是集体性劳动争议应有充分的预判，充分发挥劳动行政部门预警、预防、协调、调解劳动纠纷的作用。密切关注相关企业劳动关系状况的发展变化，监控劳动纠纷，预测可能出现的群体性劳动纠纷。一旦发生争议，劳动行政部门要积极斡旋调解，积极协调，协助争议双方当事人降低分歧程度，达成协议，避免和减少重大集体劳动争议事件，维护社会稳定。

6. 加强政策落实并做好基本公共服务

一是督促指导化解过剩产能和淘汰落后产能企业关闭破产时按照国家有关规定对解除劳动合同的职工给予经济补偿，偿清拖欠职工的工资、医疗费，补足拖欠的各项社会保险费。二是严把职工安置方案审核关，对职工安置方案不完善、安置资金不到位、未通过职工代表大会讨论和审议的，指导企业依法依规进行修改完善。三是做好劳动关系接续服务，督促指导化解过剩产能企业认真做好职工的劳动关系处理，维护劳动者合法权益，为解除或终止合同职工及时办理失业登记，为再就业职工做好相关劳动关系建立和社会保险接续服务。

第一章 化解过剩产能中职工就业安置问题研究

摘　要： 2016 年 2 月，国务院下发了《关于钢铁行业化解过剩产能实现脱困发展的意见》和《关于煤炭行业化解过剩产能实现脱困发展的意见》，对钢铁和煤炭两大重点行业的化解过剩产能工作做出全面部署，"人向何处去"是其中的焦点问题。化解过剩产能中难免产生职工转岗、失业、再就业等诸多问题。实现职工的平稳分流和妥善安置是化解过剩产能工作顺利推进的关键，也关乎社会的和谐稳定。做好化解过剩产能中的职工分流安置和再就业工作，已经成为各级政府部门就业工作的重中之重。2018 年《政府工作报告》中提出，要继续抓好"三去一降一补"，继续破除无效供给，坚持用市场化法治化手段，化解过剩产能、淘汰落后产能，加大"僵尸企业"破产清算和重整力度。人力资源和社会保障部继续将"妥善推进去产能职工分流安置工作"作为今后就业工作的重点。本章从我国化解过剩产能职工就业安置面临的形势入手，阐述了职工就业安置的主要目标、进展情况、经验做法与未来影响等现状，重点论述了化解过剩产能职工就业安置的重点难点问题，并对其主要成因进行深入分析，最后提出针对性的政策建议。本章包括六个部分：第一部分为引言，主要是介绍研究背景和意义；第二部分梳理和阐述经济调整中政府促进就业的相关理论与实践；第三部分主要分析我国化解过剩产能的现状及对就业的影响；第四、五两个部分为本章的重点，全面分析我国化解过剩产能中职工就业安置的现状、问题和原因；第六部分具体包括化解过剩产能中促进就业的总体思路、主要政策方向和具体政策建议。

关键词： 化解产能　职工就业　分流安置

党中央、国务院历来高度重视就业工作。习近平总书记强调就业是永恒的课题，牵动着千家万户的生活；李克强总理强调发展经济的根本目的就是保就业，要把保就业作为经济运行合理区间的"下限"。从当前状况和今后一个时期的走势来看，我国就业形势稳中向好，但依然面临较大压力。一方面，就业总量压力仍将长期存在，就业结构性矛盾愈发凸显；另一方面，国际经济与贸易充满不确定性，对国内经济与就业走势造成一定影响。自 2015 年底党中央首次提出供给侧结构性改革以来，"三去一降一补"始终是我国深化经济领域改革的重大举措，其中去产能被列为供给侧结构性改革五大重点任务之首。去产能过程中的焦点问题是解决"人"的问题，这一过程中不可避免将产生职工转岗、失业、再就业等诸多难题，能否妥善解决这些难题关系到我国社会稳定与和谐发展的大局。解决好去产能受影响职工的就业与安置问题，对于保障去产能任务的顺利完成，探索在经济转型升级中促进就业的途径，进一步完善我国积极的就业政策，保持经济社会的持续健康稳定发展具有重要意义。

第一节　引言

2015 年 12 月，中央经济工作会议强调，推进供给侧结构性改革，是适应和引领经济发展新常态的重大创新，是适应国际金融危机发生后综合国力竞争新形势的主动选择，是适应我国经济发展新常态的必然要求。会议认为，推进结构性改革，战略上要坚持稳中求进、把握好节奏和力度，战术上要抓住关键点，主要是抓好去产能、去库存、去杠杆、降成本、补短板五大任务，其中积极稳妥化解产能过剩是首要任务。[1]

2009 年 9 月，《国务院批转发展改革委等部门关于抑制部分行业产能

---

① 《2015 年中央经济工作会议公报》（全文）。

过剩和重复建设引导产业健康发展若干意见的通知》（国发〔2009〕38号）下发以来，我国开展了持续的、大规模的淘汰落后产能、促进企业兼并重组、治理过剩产能和处置"僵尸企业"工作。其中，2009～2011年的工作重点是淘汰落后产能和促进企业兼并重组。进入2012年下半年，我国一些重点行业开始出现产能严重过剩的问题。2013年10月，国务院下发《关于化解产能严重过剩矛盾的指导意见》（国发〔2013〕41号），开始重点开展钢铁、水泥、电解铝、平板玻璃和船舶五大产能严重过剩行业的化解过剩产能工作。化解过剩产能成为我国经济调整与转型升级中的重要议题。2016年2月，国务院先后下发了《关于钢铁行业化解过剩产能实现脱困发展的意见》（国发〔2016〕6号）和《关于煤炭行业化解过剩产能实现脱困发展的意见》（国发〔2016〕7号），对化解钢铁、煤炭行业过剩产能做出了全面部署。配合国务院的两个重要文件，国土资源部、国家质检总局、中国人民银行等金融机构、国家安监总局、环保部、国家发改委、工信部、人社部、财政部、国家税务总局等相关部门在2016年先后出台13个部门配套文件①，全面做好钢铁、煤炭两大行业的化解过剩产能工作。2017年《政府工作报告》指出，用改革的办法深入推进"三去一降一补"，扎实有效去产能必须安置好职工，确保分流职工就业有出路、生活有保障。2018年《政府工作报告》指出，深入推进供给侧结构性改革，继续抓好"三去一降一补"，继续破除无效供给，加大"僵尸企业"破产清算和重整力度，做好职工安置和债务处置。

---

① 包括《关于支持钢铁煤炭行业化解过剩产能实现脱困发展的意见》（国土资规〔2016〕3号）、《关于化解钢铁行业过剩产能实现脱困发展的意见》（国质检监〔2016〕193号）、《关于支持钢铁煤炭行业化解过剩产能实现脱困发展的意见》（银发〔2016〕118号）、《关于积极发挥环境保护作用促进供给侧结构性改革的指导意见》（环大气〔2016〕45号）、《关于支持钢铁煤炭行业化解过剩产能实现脱困发展的意见》（环大气〔2016〕47号）、《关于在化解钢铁煤炭行业过剩产能实现脱困发展过程中做好职工安置工作的意见》（人社部发〔2016〕32号）、《关于阶段性降低社会保险费率的通知》（人社部发〔2016〕36号）、《关于实施化解过剩产能企业职工特别职业培训计划的通知》（人社部发〔2016〕52号）、《关于开展东北等困难地区就业援助工作的通知》（人社部发〔2016〕106号）、《关于化解钢铁煤炭行业过剩产能实现脱困发展的意见》（财建〔2016〕151号）、《工业企业结构调整专项奖补资金管理办法》（财建〔2016〕253号）、《关于加强工业企业结构调整专项奖补资金使用管理的通知》（财建〔2016〕321号）等。

　　党中央、国务院高度重视在化解过剩产能过程中解决"人"的问题，即职工就业安置，因为这一过程中不可避免产生职工转岗、失业、再就业等诸多难题，能否妥善解决这些难题关系到我国社会稳定与和谐发展的大局。实现职工的平稳分流和妥善安置是化解过剩产能工作顺利推进的基本前提，也是事关社会稳定与和谐发展的关键因素。做好化解过剩产能中的职工分流安置和再就业工作，已经成为促进就业工作的重点和难点。

　　本章研究的是化解产能过剩中职工就业安置问题，该问题是国家化解产能过剩矛盾中的一个子系统，而化解产能过剩又与经济转型、产业升级、淘汰落后产能等其他有关的子系统之间相互联系、相互制约。在化解产能过剩中职工安置与就业这个系统内，涉及就业、创业、劳动关系、社会保险、公共服务、职业能力开发等各种因素与环节，这些因素和环节之间也是密切联系和相互作用的。本章将弥补目前化解产能过剩下职工安置与就业问题的理论和实证研究的不足，揭示产业转型、化解过剩和职工就业之间的真实关系，构建解决中国产业转型升级、化解产能过剩与劳动力就业的新理论、新思路。通过理论研究明晰市场和政府的边界，明确政府应负的责任，从而研究如何将化解产能过剩矛盾中企业下岗失业人员纳入就业扶持政策体系，研究鼓励企业吸纳就业和帮扶就业困难人员就业等各项政策，研究如何落实对下岗失业人员免费职业介绍、职业指导等服务和提供职业培训问题，研究开展创业培训、自主创业税费减免、小额担保贷款等政策，研究做好下岗失业人员社会保险关系接续和转移问题，研究依法妥善处理职工劳动关系等问题。本章最终形成的政策建议可以作为今后政府发展改革部门、产业主管部门、人力资源社会保障部门和地方有关部门制定产业发展政策、化解产能过剩政策、促进就业政策和职工安置政策的有益参考。

　　因此，要用系统分析的方法，对这些因素和环节进行分解，对其本质、功能、在系统中的地位作用及发展趋势分别进行研究，然后在分解的基础上再将各种因素与环节结合起来进行综合性整体考察。

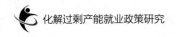

第二节　经济调整中政府促进就业的
相关理论与实践

当前化解产能过剩矛盾中职工就业和安置的研究相对薄弱，许多理论和实践上的问题亟待解决，鉴于现有研究的不足，本节将在充分吸收现有理论与研究成果的基础上，将国外有关理论和实践与中国化解产能过剩和职工安置与就业问题结合起来。一方面尝试创新符合中国实际的化解产能过剩下职工安置与就业理论，另一方面在开展实证调查和数据分析的基础上，摸清问题、找准对策，最终促使政府出台化解产能过剩与职工安置就业的"双促进"政策。

一　相关经典理论及研究

西方国家在经济运行与产业发展中极少采用政府直接干预的方式，因此少有与化解过剩产能直接相关的理论研究。但从实质上看，化解过剩产能与产业发展和结构调整理论、产业生命周期理论、产业衰退与产业规制理论等息息相关。国内学者在产业转型升级方面的研究成果，特别是产业转型升级对就业的影响，对化解过剩产能中职工就业安置问题研究有重要的借鉴意义。尽管西方市场经济国家崇尚"大市场、小政府"的经济发展模式，但对于就业市场却有着高度的"政府促进就业"的一致认识，其相关基础性理论对化解过剩产能中职工就业安置问题研究有指导意义。

1. 产业发展与结构调整理论

化解过剩产能从根本上说是一个国家或地区进行产业结构调整、转型升级和推动产业发展的手段之一，在理论根源上仍符合产业经济发展的一般规律。国外比较著名的产业发展理论包括配第－克拉克定律、库兹涅茨法则、钱纳里标准产业结构模型、刘易斯二元经济理论、拉尼斯－费景汉经济增长模型、钱纳里－塞尔奎因就业结构转换滞后理论、罗斯托主导产业理论、佩鲁增长极理论、托达罗城乡劳动力转移模型等。产业发展与结构调整理论的基本观点是产业结构与经济发展阶段相适应且随之不断变动，在产业高度方面不断由低级向较高级演进，在产业结构横向联系方面不断由简单化向复杂化演进，这两方面的演进不断推动产业结构向合理化方向发展。

2. 产业生命周期理论

产业生命周期是产业发展内外部因素综合作用的结果，对一个国家或地区产业发展具有重要影响。在现实中，化解过剩产能、淘汰落后产能等产业政策也往往是针对衰退期的产业所进行的，因此产业生命周期理论也是化解产能过剩的理论渊源之一。20世纪80年代，产业生命周期理论逐步兴起，主要包括弗农产品生命周期理论、阿伯纳西－厄特拜克产品生命周期理论、高特－克莱伯产业生命周期理论、产业衰退理论等。该理论流派认为产业也如同生命体一样具有生命周期，每个产业都要经历一个从成长到衰退的演变过程，一般分为初创阶段、成长阶段、成熟阶段和衰退阶段四个阶段。对政府决策来讲，只有懂得产业生命发展周期，才能了解产业发展规律，针对生命周期每个阶段的特征进行产业规划，制定产业政策。

3. 产业规制理论

产业规制是政府或社会为实现某些社会经济目标而对市场经济中的经济主体做出的各种直接和间接的具有法律约束力或准法律约束力的限制、约束、规范，以及采取的相应行动和措施。国外学者对西方各国实行的产业规制类型进行了研究，并总结出三种主要的产业规制模式，分别为政府主导型、民间主导型、政府民间平衡型。其中政府主导型产业规制模式突出强调发挥政府"看得见的手"的作用，宏观调控的受力点直接侧重于企业。民间主导型产业规制模式强调的是保障企业作为微观经济活动主体的权利和有效性，政府一般较少直接干预企业的经济活动，而是通过市场引导企业。政府民间平衡型产业规制模式突出强调市场按其内在规律运行的重要性，并寻求其自由与有效的保证，从而保护产业的运行环境，提高企业的微观效率。

4. 产业结构调整和转型升级对就业的影响

一般观点认为，产业转型升级对就业有正向影响。段敏芳等（2011）通过实证研究得出结论，当前我国经济增长的低就业效应应当归结于我国的产业结构不尽合理和产业内部结构水平不高，因此产业结构升级可以增加经济增长的就业效应，尤其是第三产业的发展可以带动更多的就业机会。葛雨飞（2011）认为产业结构和就业结构之间还存在一定的偏离，影响了就业的增加，主要体现在第二产业比重过高，第三产业发展滞后，吸纳就业的能力没有发挥出来。刘社建（2005）认为就业结构与产业升级相互影响相互作用。劳动力的质量、数量与结构对于产业结构转换与能级提升具有重要作用，而产业结构的顺利转换与能级提升在要求劳动力素质不断提高的情况下，也将持续扩大就业与促进就业结构优化。赵建军（2005）指出产业结构资本技术密集化的结果，是有效需求得以扩大，而有效需求的大小又决定了就业量的多少，所以产业升级最终有利于扩大就业。除了产业结构调整对整体就业的影响外，还有许多研究是针对不同的就业人群。沈琴琴、张艳华（2010）认为北京流动人口的素质与产业结构升级对人才的要求不匹配，分割的劳动力市场阻碍了流动人口就业结构和产业结构的升级。谌新民、杨永贵（2006）认为产业结构演进、升级具有排挤和吸纳劳动力的双重效应，吸纳一部分素质较高的劳动者，而文化水平和技术素质较低的劳动者可能被排挤出去。徐颖君（2008）指出"民工荒"并不是中国劳动力资源"枯竭"的信号，而是我国产业结构与劳动力就业结构存在巨大偏差造成的问题，通过产业升级可以解决我国劳动力就业难的问题。李晓曼、曾湘泉（2012）运用扎根理论的案例研究方法，分析了化工产业重组中的就业效应，发现：短期来看，重组产生了规模效益，带来了生产率的提高，从而引致岗位需求量的减少；但长期来看，这种就业负效应并不显著，案例研究和宏观数据显示，长期中重组甚至创造了新的就业岗位，带来了就业量的增加。而之所以出现这样的结果，"政府参与就业安置"的程度成为重组中就业效应的重要影响因素，政府通过对企业的减员措施施加直接或间接的控制和影响，以平衡经济与社会效益。

5. 产能过剩下的职工安置与再就业研究

曹建海（2001）将产能退出中的职工安置问题归入企业退出障碍的制度原因，认为之所以产能过剩而企业却不能退出，主要与来自企业职工的压力有关。在社会保障体系尚不完善的情况下，产能过剩企业的职工会尽力反对企业退出。张新海（2007）也持相同观点，认为职工安置等问题使得过剩产能一旦形成便很难退出市场。葛天平、王琼（2011）认为淘汰落后产能涉及的职工安置问题非常复杂，特别是那些面临遗留的经济纠纷问题、债务问题、贷款问题等的企业。在经济发展相对落后地区，原有企业资金本就薄弱，保障体系很不完善，职工后续生存问题面临困境，而淘汰企业职工则更希望政府能协助他们取得新的工作机会。尤其是一些福利企业，残疾员工的再就业道路更加艰难，且关停企业中部分员工缺乏专业知识和技能，不能直接将他们推向社会，后期所需要跟进的工作量相当繁重。安淑新（2012）分析了我国淘汰落后产能企业职工安置存在的问题，包括：被淘汰企业职工社会保险未依法缴纳（各项社会保险未参保人数占全部职工的比例均在25%以上），淘汰落后产能配套资金不到位导致拖欠职工各种补偿，职工安置方案不能做到公开公平公正，淘汰落后产能企业下岗失业人员再就业渠道不畅通。张小建（2014）提出要通过改革完善失业保险来为化解过剩产能稳定职工队伍发挥重要作用。需要把失业保险的功能再次集中发挥出来，解决好相关行业、企业职工失业、再就业与平稳转移问题，使失业保险为化解过剩产能和淘汰落后产能更好地发挥保驾护航的作用，其三位一体的功能就会被全社会更好理解，也为修改《失业保险条例》奠定了更好的基础。刘燕斌（2014）提出化解产能过剩中职工就业与安置的对策和建议，要妥善处理市场发挥决定性作用和更好发挥政府作用的关系。从充分发挥市场决定性作用的角度，尊重企业的用人自主权，帮助企业调整和配置各项生产要素资源。从政府责任角度，通过政策措施引导企业适应市场、转型升级，帮助职工再就业，维护职工合法权益。

二　政府促进就业的基本理论

政府促进就业的基本理论主要是论述政府促进就业的原因、必要性、行动原则等方面，经济、政治、社会、法律等诸多领域均有对政府促进就业问题进行研究的思想理论，结合化解过剩产能中职工就业安置问题研究的实际情况，重点对社会契约论、市场失灵论和正义论三个方面进行探讨。

1. 社会契约论及启示

社会契约论是 17～18 世纪西方社会著名的政治理论之一，主要阐释国家的形成以及统治者与被统治者的权利义务关系，其核心思想是国家基于人们之间的某种契约形成的。社会契约论的代表人物主要是霍布斯、洛克和卢梭。霍布斯在其代表作《利维坦》中提出，人们为了摆脱相互争斗的自然状态而彼此共同约定，将权力共同交由某一公认的强大组织，这样公共权力或国家就形成了。霍布斯的社会契约论描述了人类社会从自然状态到社会契约再到主权文明的逻辑主线。洛克的代表作《政府论》沿袭了霍布斯的社会契约论基本脉络，认为人们为了克服自然状态下正义与理性缺失，相互订立契约并建立政府，统治者与被统治者的行为都受制于契约的约束，即所谓的"有限政府"原则。卢梭的社会契约思想集中体现在其《论社会的不平等》和《社会契约论》等著作中，其主要观点是社会契约中的每一个缔约者既是主权者又是授权者，公民遵守自己参与制定的法律并获得自由，即主权在民和三权分立的民主政治理论。

社会契约论作为资本主义初期的重要政治理论，奠定了西方资本主义社会宪政制度的理论基石。政府的法律地位源于民众达成一致契约上的授权，是民众权利的受托人，其行为应当受到社会契约的限制。保障就业是民生之本，是现代社会契约的重要内容，人们有权要求政府保障其就业享有劳动成果。

2. 市场失灵论及启示

自由放任思想一直是西方经济学发展的主流之一，价格和市场竞争会精确反映商品的稀缺程度和价值，从而有效配置资源，反对任何类型的政府干预。但随着资本主义经济周期性波动和危机爆发，人们开始认识到市场并不能自动调节好经济，逐步形成了放弃经济放任主义立场，主张国家积极干预经济。市场失灵论认为，市场经济有一定的局限性，无法解决经济社会中的一切问题，同时诸如垄断、外部性、信息不完全和公共物品等因素的存在，市场机制无法正常发挥调节作用，造成资源配置出现低效。在应对市场失灵的问题上，存在政府干预和市场配置两大思路，其中支持政府干预的学者认为政府应对市场进行积极、有限的干预，而遵循市场配置的学者则坚持将市场的外部性内生化，试图把市场引入公共品的生产中去。劳动力市场失灵现象一直是各国政府就业政策的重要关注和着力点。

根据市场失灵理论，结合各国在应对市场失灵的实践，可以看到，政府公共部门充分发挥职能是克服市场失灵的重要途径，特别是在劳动力市场严重分割的情况下，加大就业公共服务的供给是解决劳动力市场失灵的有效途径；重视发挥劳动力市场服务机构的作用，通过制度创新和政策完善来提供资源配置的有效性；同时要避免公共政策行为过度介入劳动力市场运行，从而保证市场发挥劳动力资源配置的基础性作用。

3. 正义论及启示

现代正义理论的代表人物是罗尔斯和诺齐克。20 世纪 70 年代，罗尔斯发表其著作《正义论》，全面系统论证了自由与公平、个人与国家等各种社会政治问题。罗尔斯的核心观点是，正义即公平，任何限制、损害个人自由公平享有各项权利的政府都是违反正义的；政府应保证每个人机会均等，让每个人平等地享有接受教育、自由择业、自由经营、自由竞争的权利。与罗尔斯的分配正义论不同，诺齐克则在其《无政府、国家与乌托邦》一书中提出了持有正义论，认为正义原则不是关于分配的正义，而是关于持有的正义，即每个人持有都是正义的，那持有的总体就是正义的。

在就业问题上，由于劳动者之间存在的诸如性别、种族、体貌、健康等各种差异，就会产生各类就业机会不均、就业权利不等、就业歧视等问题，因此需要政府在保障普通就业机会平等的基础上，对最不利的困难群体加以就业援助。

三　国外相关实践及启示

1. 美国钢铁工业调整时的促进就业问题

二战后，由于国内外需求急剧下降，美国国内开始出现产能过剩问题，进入 20 世纪 70 年代后产能严重过剩问题突显。以钢铁业为例，1973

年美国钢产量达到最高历史记录，此后在生产成本大幅上升、生产设备日益落后和日欧等新兴钢铁力量迅速崛起的多重打击下，国内钢铁企业纷纷破产倒闭，美国钢铁工业迎来最严重的衰退，造成大量失业人员。据统计，1980～1990年美国钢铁工业产能利用率不足50%，并造成了33万个工作岗位的减少，而对于以钢铁业为支柱的城市，造成的打击更是致命的。以钢铁重镇匹兹堡为例，1981～1984年该市制造业的就业岗位流失了一半，净减了12万个。失业迫使大量城市人口外迁，到1990年匹兹堡市区人口仅为1950年人口高峰时的54.7%，这使得该市的经济复苏举步维艰。

面对因产业结构调整而产生的大量传统产业工人的失业问题，美国政府采取了一系列以培训促就业的就业政策，成功解决了这一时期出现的爆发性的大规模的结构性失业问题。1960～1990年，美国政府先后颁布了《人力开发训练法》（1962）、《职业教育法》（1963）、《经济机会法》（1964）、《就业培训综合法》（1973）、《职业培训合作法》（1982）、《帕金斯职业教育法》（1984）、《无家可归者援助法案》（1987）、《强化美国经济竞争力教育、培训法》（1988）。政府在大力投资失业人员和就业不足劳动力的技术培训的同时，实现"救济性福利"向"工作性福利"的转变，并不断加强企业在就业培训中的作用，从而提高了失业产业工人的技能和在劳动力市场中的竞争力，扩大了培训资金的来源和使用的有效性。以成功转型的匹兹堡为例，政府积极帮助钢铁产业转移出来的职工进行转岗培训和再就业，设立就业合作培训专项基金，用于对吸纳接受培训的失业工人的企业进行为期6个月的培训补贴，即：受训的失业工人在其新岗位上的前6个月的费用从专项基金中拨付给企业。

2. 德国煤炭、钢铁工业调整时的减少失业问题

德国鲁尔区以产煤和炼钢著名，20世纪50年代曾为战后德国经济腾飞做出突出贡献。但60年代后期，在价格低廉的国际石油和钢铁产品冲击下，鲁尔区的采煤业和炼钢业被迫进行结构调整，大量煤钢工人面临失业难题。为了解决好结构调整中的失业问题，德国联邦和州两级政府投入大量资金，采取了一系列措施，取得了良好效果。①加强职业再培训：在政府扶持下，鲁尔区建立了全国最大的职业培训学院，通过培训矿工，帮助他们学习和掌握新技能，以便能够从事其他行业的工作。其中卫生健康行业如今发展成为鲁尔区吸纳就业人口大户，从业总人数多达28万。②重点培养后备人才：北威州政府早在1968年就通过了鲁尔区相关发展纲要，建立许多新的经济中心和教育中心，目前鲁尔区有6所大学和9所高等专科学院，为适应产业结构调整培养了大量后备人才。同时，德国还鼓励学生培养创业意识，对创办中小型企业采取扶持政策。③吸引大型企业落户：目前有30家科研中心和600家以技术为主的企业落户鲁尔区，欧宝汽车公司在鲁尔区设立分厂，吸收就业4800人，这些都是解决职工就业的有效手段。④积极利用欧盟地区发展援助基金：从2000年至2006年，北威州政府获得欧盟约20亿欧元资金，其中大部分用于资助鲁尔区新建企业和企业发展。根据欧盟地区发展援助计划，北威州又得到欧盟13亿欧元资金，加上北威州政府和私人投资，总计25亿欧元。新的发展资金主要用于增强新建企业和中型企业的吸引力和竞争力，增加就业岗位。鲁尔区还特别重视发展旅游和文化产业。目前鲁尔区有旅游从业人员1.4万人，年营业额12亿欧元；文化相关企业1万多家，从业人员5.2万人，影视、书刊和艺术设计等创意产业不断发展壮大。鲁尔区经济结构成功转型，传统的煤炭和钢铁行业被高新技术、创业中心和旅游产业取代，医药、物流和文化创意产业成为地区经济新的增长点。

3. 日本经济衰退时的再就业政策

20世纪90年代以来，日本经济受"泡沫经济"及亚洲金融危机的影响持续低迷，陷入战后最严重的衰退时期，产业结构调整压力巨大，传统制造业失业人数激增。但由于日本政府及时制定了一系列配套就业政策和措施，日本失业率一直保持较低水平，其中最重要的再就业政策和措施就是1998年9月实施的"增强就业活力总体计划"，具体包括以下几个方面。①增加就业机会：扶持中小企业，为创办中小企业或开辟新的事业，提供法律政策支持，建立紧急就业开发基金，在紧急就业形势下（失业率超过5.2%）对非自愿性失业的中高龄者提供必要的就业机会，扶持劳动者向15个可能新增就业岗位的行业转移。②挖掘临时性、短期性就业机会：鼓励地方政府团体开办新事业时提供临时性和短期性工作机会，对雇用全日制工人较多的雇主给予补贴。③防止裁员和保持就业的稳定：灵活运用就业调整补助金，扶助转业培训，帮助失业严重地区的失业者转移到其他地区就业；鼓励和扶持雇主雇用中高龄失业者；鼓励65岁以上高龄者继续就业。④帮助劳动者获得工作岗位：实施帮助中高龄失业者再就业，提供多种短期培训和职业指导，面向各层次失业者提供培训。⑤促进劳动力供求匹配：与产业部门协作建立"产业就业信息网"，引导求职者自我查询岗位信息，适当延长失业救济时间。

4. 新加坡产业调整时的职工安置做法

新加坡在20世纪80~90年代经历了一项大规模的产业结构调整，其间产生了一大批富余人员，但从未引起过社会动荡，主要得益于政府制定的一套行之有效的安置政策，主要举措如下。①实施"滚动的铁饭碗"制度，对因产业结构调整而失业的人员实行有组织的再培训、再就业，以新工种置换旧工种的衔接体制保证绝大多数失业人员失业期间生活有保障，重新就业有机会。②对在职职工进行超前培训，使职工不断掌握新知识、新技术，政府为此还建立了技能发展基金，主要用于以下三个方面：一是配合经济调整计划发放企业职工新技能培训津贴；二是作为企业技术改造的贷款贴息；三是作为聘请外国专家的津贴，并资助学徒工训练计划等。③由政府、雇主和工会三方组成统一的技能培训委员会，统一进行人力资源的开发；国家要求所有在职职工必须参加企业的各类新技术的学习和训练，无能力自行组织培训的企业必须委托职业训练所等专门机构实施培训，国家给予资助。

四　国内相关职工安置经验及总结

1. 国有企业下岗职工再就业

20世纪90年代末，伴随着国有企业改革的深入，出现国有企业职工大量下岗的现象。这是计划经济条件下实行的就业体制和就业政策在经济转轨过程中的必然反映。面对艰巨的下岗职工再就业工作，我国探索了一条既不使富余职工长期滞留在企业内部，又不简单推向社会的平稳分流的新路子。主要做法是普遍建立再就业服务中心，保障国有企业下岗职工基本生活，加大政策扶持力度，拓宽分流安置和再就业渠道，加快社会保障制度改革，完善再就业培训。再就业服务中心的首要职能是"基本生活保障"，其资金来源原则上采取"三三制"的办法解决，即财政预算安排三分之一、企业负担三分之一、社会筹集（包括从失业保险基金中调剂）三分之一。不断开拓新的就业领域，把发展第三产业，特别是商业、饮食业、旅游业、家庭和社区居民服务业等，作为下岗职工再就业的主要方向。推行和深化养老、医疗、失业等社会保险制度及住房制度的改革，建立健全社会保障体系，为劳动力资源的合理配置和正常流动创造条件。在1998～2000年"三年千万"再就业培训计划的基础上，推动下岗职工基本生活保障制度向失业保险制度并轨，加快形成市场导向的就业机制。同时开始强化就业服务，对进入再就业服务中心的下岗职工进行职业指导，提供就业信息或职业介绍，免费参加技能培训等。

2. 资源枯竭型国有企业退出

我国资源枯竭型国有企业退出时的职工安置的主要途径是一次性发放经济补偿金或安置费、企业改制重组和产业转型安置以及移交给地方接收安置。以辽宁省阜新矿务局为例，退出时主要采取了以下几种途径。①把原矿务局所属的资源尚未枯竭、能够继续生产经营的部分煤矿和附属企业进行改制重组、产业转型，以安置职工。②将原矿务局所办的学校、医院、水电热气等社会职能随同职工和离退休、退养人员移交给地方政府安置。③对国家批准关闭破产的矿山实施关闭破产工作，按照"整体破产、资产变现、关门走人"的原则，采取社会职能职工移交、提前退休、发放一次性安置费、进入再就业中心、参与企业重组等多种方式，分期分批安置职工。经过产业转型、重组改制后，成立接续企业，从而能够解决部分职工重新就业问题；社会职能及职工移交给地方政府后，大多数职工能继续就业，对职工安置的冲击最小。

3. 老工业基地转型

东北老工业基地劳动力失业问题的根源在于产业结构和经济组织结构的调整，而劳动力市场长期存在的分割现象则进一步恶化了结构性矛盾。产业结构调整的实质，就是根据市场需求压缩和淘汰一些过剩的旧的产业或部门的投资和就业，同时增加和扩大一些新的供不应求的产业或部门的投资和就业。对劳动力需求的影响表现为：即将被压缩和淘汰的旧的、劳动生产率较低的产业或部门的劳动力需求下降；新兴的、劳动生产率较高的产业或部门的劳动力需求上升。缓解结构性失业，首先从劳动力供需结构匹配入手，加强失业人员的职业技能教育培训。其次改革国有经济，扶持中小企业和民营经济发展，鼓励个人创业；逐渐放松政府对市场的管制，最大限度地清理各种类型的市场分割，发挥市场机制在劳动力资源配置中的作用。此外，完善失业保障体系，使真正陷入贫困的下岗和失业人员基本生活得到一定程度的保障。

第三节　我国化解过剩产能的现状及对就业的影响

2012 年以来，在国际市场持续低迷和国内经济增速放缓的大背景下，我国不少行业开始出现产品供大于求的矛盾，特别是钢铁、煤炭、水泥等原材料制造行业已经出现产能严重过剩的问题。产能过剩问题不加以治理，势必会进一步加剧供求矛盾，危及产业健康发展和经济社会稳定。因此我国政府从 2014 年开始把化解过剩产能作为今后一个时期推进产业结构调整的工作重点，2016 年开始把去产能作为供给侧结构性改革五大任务中的首要任务。

一　我国产能过剩的现状及成因

1. 产能过剩的标准与重点行业

目前，通常用产能利用率指标作为判断产能是否过剩的标准。根据欧美等国家标准，产能利用率的正常区间是 79% ~ 83%，低于 79% 被视为存在产能过剩的现象，低于 75% 则被判断为产能严重过剩[①]。2012 年我国的钢铁、水泥、电解铝、平板玻璃、船舶产能利用率分别仅为 72%、73.7%、71.9%、

---

① 我国目前尚未建立关于产能过剩定性的、定量的科学评价标准。

73.1%和75%①，明显低于国际通常水平，行业利润大幅下滑，企业普遍经营困难，已经被国务院正式确定为产能严重过剩行业。从2016年开始，钢铁和煤炭两大行业被国务院确定为去产能重点行业，出台各种政策进行产能治理。

2. 产能过剩的主要原因

此轮产能过剩是市场经济运行过程中市场失灵的表现之一，主要由四个方面的市场因素造成。一是受经济周期性波动的影响，阶段性需求旺盛促使一些行业特别是原材料工业的产能迅速扩张，然而随着国际和国内市场需求的减少，产能过剩矛盾开始显现并日益加剧。二是信息不对称导致一些企业错误估计市场行情与发展趋势，盲目、过度投资于一些所谓的高收益行业，导致未来释放的总产能大大超过市场需求，从而造成产能过剩。三是受市场竞争与信贷偏好的影响，不少企业为了赢得竞争优势有扩大产能规模的动力，而且更容易获得金融信贷支持。四是产业结构不合理且集中度低，行业内多数企业只是在产业链的低端产品领域重复建设，而大企业也没有能力主导产业发展格局，从而导致行业产能特别是低端产能严重过剩。

除了市场失灵的原因外，有的地方片面追求经济增长速度、监管失当也是造成产能过剩的重要原因。一是有的地方出于单纯追求GDP的狭隘政绩观，竞相吸引投资额大、短期效益好的项目，通过低价供地、税收减免、信贷扶持等手段招商引资，从而扭曲了企业的投资行为，在形成此轮产能过剩中起到了助推作用。二是有关部门对相关产业发展审批管控机制不健全，使得钢铁、电解铝产业产能过度发展，出现过剩局面。三是相关法律法规不完善，且对现有的环保、能耗、安全等标准的监督执行不到位，使得环保、能耗等技术难以充分发挥调节作用，不少污染大、耗能高、不安全的企业进入市场。

二 化解过剩产能的目标与进展

1. 化解过剩产能的目标

2009年以来，我国开展了持续的、大规模的淘汰落后产能、促进企业

---

① 《关于化解产能严重过剩矛盾的指导意见》（国发〔2013〕41号）。

兼并重组、治理过剩产能和处置"僵尸企业"工作。其中，2009~2011年的工作重点是淘汰落后产能和促进企业兼并重组[①]。2013年10月，开始重点开展钢铁、水泥、电解铝、平板玻璃和船舶五大产能严重过剩行业的化解过剩产能工作。2016年以来，钢铁和煤炭行业是化解过剩产能工作的重点，国务院下发相关文件[②]，提出从2016年开始，用5年时间再压减粗钢产能1亿~1.5亿吨；用3~5年的时间，煤炭行业再退出产能5亿吨左右、减量重组5亿吨左右。按照国务院的部署，2017年继续深入推进"三去一降一补"[③]，计划化解钢铁产能5000万吨，煤炭产能1.5亿吨。另外，平板玻璃、电石、电解铝、铜冶炼、铅冶炼、造纸、制革、印染、铅蓄电池、船舶等行业也将淘汰大量落后和过剩产能，预计关闭企业超过2000家。2018年化解过剩产能目标任务包括钢铁、煤炭和煤电三个行业，其中钢铁方面2018年退出粗钢产能3000万吨左右，基本完成"十三五"期间压减粗钢产能1.5亿吨的上限目标任务；煤炭方面力争化解过剩产能1.5亿吨左右，确保8亿吨左右煤炭去产能目标实现三年"大头落地"；煤电方面淘汰关停不达标的30万千瓦以下煤电机组。

2. 化解过剩产能工作的进展

根据国家发改委等六部门有关文件[④]，2016年以来，钢铁煤炭化解过剩产能和防范化解煤电产能过剩风险各项工作取得显著成效，累计退出粗钢产能超过1.2亿吨、煤炭产能超过5亿吨，2017年淘汰停建缓建煤电产能6500万千瓦，提前超额完成了年度各项目标任务，供给质量和效率大幅提升，行业运行状况明显好转，产业结构调整和布局优化取得积极进展，市场竞争秩序得到有效规范，长效机制逐步建立完善。在去产能取得

---

① 《国务院批转发展改革委等部门关于抑制部分行业产能过剩和重复建设引导产业健康发展若干意见的通知》（国发〔2009〕38号）。

② 2016年2月，国务院先后下发了《关于钢铁行业化解过剩产能实现脱困发展的意见》（国发〔2016〕6号）和《关于煤炭行业化解过剩产能实现脱困发展的意见》（国发〔2016〕7号）。

③ 供给侧结构性改革五大重点任务：去产能、去库存、去杠杆、降成本、补短板，简称"三去一降一补"。

④ 国家发改委等六部门《关于做好2018年重点领域化解过剩产能工作的通知》（发改运行〔2018〕554号）。

阶段性成效的同时，职工就业安置工作也取得重要进展。根据国务院的去产能目标，预计到 2020 年将直接影响 180 万名职工就业，其中钢铁行业约 50 万人，煤炭行业约 130 万人。其中截至 2016 年底，已分流安置职工 72.6 万人；截至 2017 年底，中央财政已经安排 1000 亿元专项奖补资金安置分流职工 110 多万人。

三　化解过剩产能对就业的影响

1. 总体稳定的就业形势有利于去产能职工就业

党中央、国务院历来高度重视就业工作，把促进就业作为经济社会发展的优先目标，实施了就业优先战略，制定了积极的就业政策。特别是在经济下行压力加大和化解过剩产能的背景下，采取了一系列有针对性的促进就业的措施，使得我国的就业形势始终保持总体稳定。五年来，国内生产总值从 54 万亿元增加到 82.7 万亿元，年均增长 7.1%，实现城镇新增就业 6600 万人以上，实现了比较充分就业①。特别是去产能任务比较重的 2016 年，国内生产总值增长 6.7%，但就业增长仍超出预期，全国城镇新增就业 1314 万人，超额完成全年目标任务；年末全国城镇登记失业率为 4.02%，低于 4.5% 的年度调控目标②。2017 年国内生产总值增长 6.9%，全国城镇新增就业 1351 万人，年末全国城镇登记失业率为 3.9%，均超额完成全年目标任务③。2018 年上半年就业形势稳中向好，1～6 月全国累计城镇新增就业 752 万人，第二季度末全国城镇登记失业率为 3.83%，同比下降 0.12 个百分点，处于多年来的低位④。全国就业局势保持总体稳定，增强了去产能职工就业安置的信心，营造了和谐环境和良好氛围。

2. 未来去产能职工就业安置的压力依然较大

2018 年的去产能目标是再压减钢铁产能 3000 万吨左右，退出煤炭产能 1.5 亿吨左右，淘汰关停不达标的 30 万千瓦以下煤电机组。由于钢铁、

---

① 资料来源：2018 年《政府工作报告》。
② 资料来源：人力资源和社会保障部新闻发布会，2017 年 1 月 23 日。
③ 资料来源：人力资源和社会保障部新闻发布会，2018 年 1 月 26 日。
④ 资料来源：人力资源和社会保障部新闻发布会，2018 年 7 月 24 日。

煤炭属于产业链较长的基础性行业,钢铁、煤炭行业去产能势必影响上下游产业的经营与发展。如果将整个产业链的受影响职工考虑在内,2018年去产能职工安置任务依然繁重。未来,随着供给侧结构性改革的深化和市场在去产能中的作用逐步增强,去产能受影响职工就业安置形势将更加复杂,就业结构性矛盾将更加突显,去产能重点地区发生局部规模性失业的风险不容忽视。

第四节　化解产能过剩中职工就业安置的现状

近年来,国民经济稳中有进、稳中向好。2017年经济社会发展主要目标任务全面完成并好于预期。全年城镇新增就业1351万人,失业率为多年来最低。尽管全国就业形势总体稳定,发展符合预期,全年就业主要指标全面完成,但就业总量矛盾与结构性矛盾并存还将长期存在,化解过剩产能重点地区职工分流对当地的就业承载能力提出严峻挑战,职工就业安置仍是就业工作中的重点难点问题之一,需要给予高度重视。

一　产能过剩下职工就业的现状

1. 职工待岗现象增多

去产能重点地区在经济下行、市场疲软、融资困难、成本上升和政策调整等多重因素作用下,钢铁、煤炭等产能严重过剩行业企业经营困难、资产负债率高、效益不佳。在去产能过程中,许多企业不得不采取减产、停产的措施,以减少企业生产资金压力和亏损程度,这就意味着工作岗位的减少和富余人员的增加。出于生产可持续性的需要、解除劳动关系支付高额补偿的压力和维持社会的稳定的责任,企业往往较少采用大规模裁员措施,而更多采用转岗培训、安排辅助性工作和内部退养等方式对富余人员进行分流安置,直接导致员工待岗现象增多。以河北省某大型钢铁企业为例,转岗培训一般为期3个月,培训期间员工进行专职培训,公司发放基本生活费,培训结束后要对受训职工进行考核上岗。

考核合格者进入新的岗位工作，不合格者继续进行培训或进入企业内部劳动力市场，在此期间职工没有工作岗位，只能领取一定金额的生活费。企业的辅助性工作岗位随着生产需求降低也在减少，为了保证职工能有工作，企业不得不采取"两个甚至三个人共享一个岗位"的办法，这就意味着每个职工的实际工作时间减少为原来的 1/2 或 1/3，即一个月出勤半个月或十天。

2. 工资收入受到影响

在原材料及能源价格走高、融资成本增加和固定资产折旧计提不变的前提下，企业想要扭转经营效益下滑的局面，降低单位生产成本是提高市场竞争力的有效方式，其中，降低人工成本是去产能企业采取的重要措施。2014 ~ 2016 年，在调研的 100 余家大中型钢铁、煤炭等产能过剩企业中，80% 以上的企业表示由于效益差和减产后人员富余，职工的工资收入普遍下降，直接受影响的一线操作人员的工资有所下降，管理人员和生产辅助性人员的降薪比例更高，高层管理人员降薪 30% ~ 40%，中层管理人员降薪 20% ~ 30%，普通非生产性岗位降薪 10% ~ 15%，一线生产性岗位降薪 5% 左右。待岗人员一般只能领取基本生活费，内退人员领取内退工资，不同企业的标准有所差异，多则达到当地最低工资标准，这给职工维持正常家庭生活开支造成困难。

3. 职工权益受到不同程度影响

由于一些企业长期严重亏损，一些职工权益在不同程度上受到损害，主要表现在几个方面。一是解除劳动关系时，部分企业未能依法足额及时发放经济补偿金，特别是历史遗留问题较多、职工工龄较长的企业，由于经济补偿金额较大且企业资金紧张，难以依法足额及时支付经济补偿金，更多的是与职工代表协商解决，而职工迫于生活压力和避免法律程序，往往在支付金额、方式和时间上会做出一定让步。二是部分企业未能足额按时发放在岗职工的工资，工资拖欠问题时有发生，根据岗位性质和层级的不同，欠薪时间短则 1 ~ 2 个月，长则可达 1 ~ 2 年。以西南地区某钢铁企业为例，一线生产性岗位基本不发生欠薪，普通非生产性岗位欠薪 1 个月，基层管理人员欠薪 2 个月，中层管理人员欠薪 1 年，高层管理人员欠薪达 2 年。三是因为资金困难，部分企业存在不同程度欠缴社会保险费的问题，造成职工不能正常及时享受相关社保待遇。"五险"统一征缴的地区出现五项社保费均欠缴的情况，"五险"未绑定的地区则出现某一项或几项社保费欠缴的情况。例如，东北地区某煤炭企业，截至2017 年底共拖欠"五险一金"合计 132.1 亿元，同比增加 7.13%；其中拖欠社保费 101.7 亿元，同比增加 11.15%；拖欠公积金 30.4 亿元，同比减少 4.4%。

二 化解过剩产能过程中职工就业安置基本情况

1. 受影响企业职工的再就业难度较大

去产能企业职工普遍存在"四偏一单一高"问题，即年龄偏大、文化程度偏低、学习能力偏差、跨区域就业意愿偏低、技能单一、就业安置期望高，就业安置难度较大。去产能企业职工的平均年龄在 45 岁左右，有的煤炭企业甚至接近 50 岁；去产能企业职工文化程度多为中学及以下水平，学习能力较差；长期从事某一项工种造成技能单一，难以满足新岗位的技能要求；多为本地户籍人员，家庭和社交圈均在本地，跨区域就业意愿较低。以东北某国有煤企为例，2016～2017 年关闭退出四个煤矿，共安置职工近 8000 人，其中 40 岁以上 74.5%、45 岁以上 49.9%、50 岁以上 20%，初中及以下学历占比 73.7%。由于工作环境问题，很多一线职工深受职业病困扰，许多职工体弱多病、家庭负担较重，转岗转业、就业创业极为困难。不少国企职工对企业还有比较严重的心理依赖，对国有身份有较高预期，对分流安置的岗位有较强的攀比心态、积极主动意识较差。这一系列基本特征，都严重阻碍了去产能企业职工通过市场化方式实现再就业，加大了就业安置的难度。

2. 地方政府积极解决职工就业安置问题

按照国务院及人社部、国家发改委等部门发布的有关政策文件[①]，各

[①] 即《关于做好 2017 年化解钢铁煤炭行业过剩产能中职工安置工作的通知》（人社部发〔2017〕24 号）、《关于在化解钢铁煤炭行业过剩产能实现脱困发展过程中做好职工安置工作的意见》（人社部发〔2016〕32 号）等。

地在去产能过程中对于妥善安置受影响职工普遍给予了高度重视，在其化解产能过剩实施方案中，对落实职工安置政策，切实做好职工安置工作做出了具体规定，并结合本地实际制定实施了促进受影响职工就业和安置的政策措施。归纳起来，各地的做法和经验主要体现在以下几个方面。

一是加强组织领导，完善职工安置工作机制。许多地区建立了由政府统一领导，人社部门牵头，发改、工信、财政、环保、国资、工会等部门联合参加的职工安置工作机制，研究分析去产能企业生产经营和职工安置现状及问题，制定有关政策措施，通报工作进展情况。人社部门的失业保险、就业促进、社会保障、劳动关系、劳动监察等主管机构密切配合，省市县三级联动，层层抓安置工作落实。比如，河北省从"三个机制"入手，即建立领导机制、完善推进机制、健全研判机制，加强组织领导，有序推进职工稳岗和再就业工作。

二是按照市场倒逼、企业主体，地方组织、中央支持，突出重点、依法依规的原则，制定和实施职工安置政策，从失业调控、援企稳岗、就业创业、社保补贴、权益维护等方面，构建起覆盖职工安置全过程的政策体系。许多地方政府出台具体政策，对于采取积极措施安置受影响职工的企业，由失业保险基金给予转岗培训补助、岗位补助和社保补助，支持企业妥善安置职工。河北省先行先试，早在 2014 年就出台了"三降一补"的援企稳岗政策，2015 年又陆续出台了一系列政策文件，形成了以化解过剩产能涉及企业为重点，惠及所有参保企业的稳岗补贴政策体系。2015 年河北省为 298 户企业发放稳岗补贴 5.87 亿元，惠及职工 28.75 万人；2016 年为 180 户去产能企业发放稳岗补贴 10.69 亿元，惠及职工 38.94 万人；自实施援企稳岗政策以来，河北省共发放稳岗补贴 18.4 亿元，惠及职工 186.8 万人，从源头上防止出现大规模失业。

三是各地人社部门普遍对去产能受影响人员实施了促进就业创业、托底帮扶措施。对于分流安置人员举办专场招聘会；为失业人员免费提供就业指导、职业介绍、政策咨询服务，并纳入就业创业政策扶持体系；积极组织开展转岗转业技能培训;对有意愿且适合创业的去产能企业职工和失业人员提供创业培训、创业指导、咨询服务等;对去产能失业职工提供"一对一"就业援助;对确实无法通过生产就业的人员,通过开发公益性岗位兜底帮扶;开展劳动监察,督促去产能企业完善安置职工方案,依法变更劳动合同,依法支付经济补偿金,偿还拖欠的工资,补缴欠缴的社保费,切实做好转岗再就业人员社保关系接续、档案托管等工作。如黑龙江省政府及有关部门将资金重点支持鸡西、鹤岗、双鸭山、七台河"四煤城"加快发展劳动密集型产业,以此为就业载体,尽可能吸纳龙煤集团富余人员。陕西省铜川、渭南、韩城等地人社部门,积极与省内外用工企业搭建供需平台,多次组织开展"送岗位、送政策、送信息、送服务"职工转岗就业专场招聘活动。

3. 去产能企业发挥主体作用妥善安置职工

在当地党委政府及有关部门指导和政策支持下,化解过剩产能企业专门制定职工安置方案,经过充分听取职工意见、专家论证、风险评估、合法性审查等程序由职代会或职工大会民主决定,结合实际、想方设法,多形式、多渠道内部分流安置职工。具体安置渠道主要有:一是利用现有设备、技术和生产经营管理人员,通过多种经营、主辅分离等方式积极发展"非钢""非煤"产业,转移安置职工;二是适应市场需求、调整产品结构,将去产能受影响的职工安置到本企业其他正常运行的生产和经营岗位上工作,增加适销对路产品的生产和销售;三是在集团公司内部跨地区安置富余职工,针对生产经营变化情况和企业转型升级、多种经营的需要,积极组织员工开展业务技能培训;四是清退临时性的劳务派遣工,腾出岗位用于安置去产能受影响的职工;五是对接近退休年龄、安排工作有困难的老职工实行内部退养,由企业发生活费并缴纳基本养老保险费和基本医疗保险费,达到退休年龄时正式办理退休手续等。

三 化解过剩产能过程中职工就业安置取得的效果

根据国务院化解过剩产能的方案,预计到2020年将直接影响180万名职工就业，其中钢铁行业约 50 万人，煤炭行业约 130 万人。截至 2016 年底，已分流安置职工 72.6 万人。截至 2017 年底，已经分流安置职工 110 多万人。化解过剩产能职工就业安置工作取得了重要进展，这个成绩的取得是各级政府和有关企业共同努力的结果。

各地政府在化解过剩产能中通过开拓多种政策渠道，促进职工就业与安置，其积极效果主要体现在以下几个方面：一是将就业扶持政策惠及去产能企业的在职职工和失业人员，有利于其尽快找到新的工作岗位；二是鼓励企业吸纳就业和企业内部安置，实施失业保险按规定支持企业稳定岗位政策，积极发挥失业保险预防失业、促进就业的功能；三是对有意愿创业的去产能企业职工和失业人员，均可享受创业扶持政策，成功促进创业带动就业；四是实施内退和公益性岗位托底帮扶政策，使许多年龄大、体弱多病、就业困难的职工得到兜底帮助。

各地化解过剩产能企业在职工就业安置中，依据国家和地方有关政策，大胆尝试，敢于创新，积累了重要的经验，取得了较好的安置效果。比如河北开滦煤炭集团借助资金及政策，大力发展煤化工、现代物流、文化旅游等"非煤"产业，使其总收入占比由 20% 上升至 80%，大大提高企业分流安置职工的能力。唐山钢铁集团早在 2013 年就根据市场情况，转变企业经营战略，进行人力资源优化，2014 年 6 月底全面清理外用工，腾退岗位用于分流安置职工；同时加快非钢产业的发展，使其总收入占比在 2014 年就达到 60% 以上，较好实现职工的内部转岗安置。杭州钢铁集团明确"尽可能货币化、市场化走人，尽可能让职工有岗位"的指导思想，深入职工中进行调查，定量分析与测算，形成政策草案，提出集团内分流等 12 条安置渠道，并对政策草案进行科学认证、风险评估和合法性审查，保证了安置工作的顺利进行。陕煤化集团的安置工作主要采用"退养一批、辞退一批、分流一批、协议保留一批"的方式。武钢集团为分流职工开辟了十余条安置渠道，主要有企业内部转岗安置、自愿离岗待退休、鼓励离岗歇工另谋出路和协调解除劳动关系等四种措施，取得了积极效果。

第五节 化解过剩产能职工就业中的
主要问题及原因分析

一 重点地区的职工就业安置压力较大

我国产能过剩的地区分布差异很大。去产能重点地区，特别是产业结构单一的资源枯竭型城市和独立工矿区，职工安置压力较大，需要安置的职工多、难度大。从全国各地区情况看，河北、山西、东北以及西南等去产能重点地区受影响职工规模较大。其中，河北省到 2017 年底受影响职工约为 54.7 万人，山东、山西两省到 2020 年受影响职工分别约为 19.3 万人和 13.8 万人，东北三省到 2020 年受影响职工合计约为 18.5 万人。① 在部分资源型城市和产业相对单一的地区，特别是钢城、煤城由于产业单一、就业渠道狭窄，职工安置难度更大。2016 年，未分流安置职工的近 9 成集中在河北、吉林、黑龙江、湖南、陕西 5 省，特别是一些钢城、煤城和资源枯竭型城市，如河北唐山、黑龙江"四煤城"、陕西铜川等。在去产能的影响下，这些地区其他产业也普遍萧条，分流职工缺乏就业渠道，一些职工在企业内处于隐形失业状态，补助水平低，家庭生活困难。有的独立工矿区职工子女就业难。地方和企业普遍感到依靠自身能力安置职工压力很大。造成这种局面的主要原因如下。

一是当前我国经济运行总体处于增速放缓与结构调整交织的阶段，总体就业形势仍然比较严峻。最新统计数据显示，近年我国经济运行经历了下行压力较大到稳中有进的变化，2012～2017 年的国内生产总值增速分别为 7.9%、7.8%、7.3%、6.9%、6.7% 和 6.9%；2018 年上半年国内生产总值增速为 6.8%。近五年我国经济增速明显放缓，在经济新常态下，我国产业结构正经历着由中低端向中高端提升的过程。自 2010 年以来，我

---

① 资料来源：各省（区、市）人力资源和社会保障厅（局）有关部门向调研组提供的受影响职工数据。

国第二产业对 GDP 的贡献率逐年下降，第三产业的贡献率逐年上升，2015 年第三产业贡献率为 52.9%，首次超过第二产业的 42.4%。而美国等发达国家服务业已占 GDP 的 80% 以上，未来我国产业结构仍将面临长期调整趋势。因此在经济增速放缓与产业结构调整的共同影响下，全国就业形势都将面临较大压力。

二是去产能重点地区的经济形势严峻，产业结构单一，导致这些地区就业承载能力不足。多年来，有些地区和企业没有随着市场供求变化及时调整产业或产品结构，转型升级滞后，尚未形成经济的多点支撑，而是在经济发展扩张期，满足于钢、煤、水泥等产品需求旺盛时带来的收益。还有些地区不按照经济规律办事，用行政命令的手段，急功近利，盲目投资扩张"时间短、见效快"的产业，造成市场供过于求。当市场达到饱和甚至过剩时，导致企业亏损，职工大量富余，转岗转业困难。根据 2015～2017 年的分省份季度数据①，辽宁、山西、黑龙江、河北等去产能重点省份的 GDP 增速均低于全国平均水平或基本持平，其中辽宁和山西两省的情况最为严重。以辽宁省为例，2015 年前三季度辽宁省 GDP 增速均低于 3%，第四季度有所好转，为 3.0%；2016 年全年四个季度经济均呈现负增长，规模以上工业、地方公共财政收入等指标普遍出现不同程度的下降；进入 2017 年，经济实现由负到正的转折，前三季度分别增长了 2.4%、2.1%、2.5%，第四季度出现明显增长，增长了 4.2%；2018 年第一季度，GDP 增速继续提高到 5.1%。尽管当前经济增速有所回升，但经济仍处于低位运行的状况并没有得到根本改观。从就业形势上看，去产能重点地区一方面经济形势恶化造成就业岗位的大量减少，另一方面本地区的钢铁、煤炭去产能任务繁重，职工分流安置压力巨大。因此这些地区的就业总量矛盾和结构性矛盾都十分突出，职工分流安置与本地就业承载能力之间的矛盾加剧。

三是去产能重点地区的财政收入增速偏低或下降，政府对企业职工安置的干预能力降低。去产能重点地区，特别是资源枯竭型城市和独立工矿

---

① 资料来源：国家统计局地区数据中的年度数据和分省份季度数据查询。

区，钢铁、煤炭等过剩产能行业在本地经济中占比很大，大量其他产业也与钢铁、煤炭产业链高度相关，而钢铁、煤炭等行业近年来持续低迷，造成本地区主要企业效益严重下降，企业利税和地方财政收入都大幅减少。权威数据显示[1]，近年来山西、黑龙江、辽宁等省份的一般公共预算收入增速均低于全国平均水平。2013~2015 年，山西省一般公共预算收入小幅增加后大幅减少，分别为 1701.6 亿元、1820.6 亿元、1642.4 亿元；黑龙江省一般公共预算收入也呈小幅增加后大幅减少，分别为 1277.4 亿元、1301.3 亿元、1165.9 亿元；辽宁省一般公共预算收入逐年下降，分别为 3343.8 亿元、3192.8 亿元、2127.4 亿元。2016 年，全国地方一般公共预算收入 159552 亿元，比上年增长 4.5%；而山西省仅完成 1556.96 亿元，同比下降 5.2%；黑龙江省实现 1148.4 亿元，同比下降 1.5%；辽宁省全年完成 2199.3 亿元，同比增长 3.4%。地方财政收入减少或增速下降，直接影响地方政府的一般公共预算支出，造成政府安置职工能力下降，难以安排足够的去产能职工安置配套资金，去支持企业转型发展、职工安置、组织开展技能培训等工作。这也是诸多去产能重点地区的省、市级配套工业奖补资金难以到位的重要原因。

四是一些地方经济对过剩产能行业的惯性依赖，一些地方政府对去产能及经济结构调整的认识不足，造成职工安置工作推进不利。由于一些去产能重点地区经济过于依赖产能过剩行业，产业转型与结构调整需要经过一段时间才见效，而去产能在短期内对地区经济又造成严重影响，地方财政税收增速偏低或下降，因此一些地方政府在去产能问题上有一定的"畏难情绪"。还有一些地方政府尚未认识到化解过剩产能和供给侧结构性改革的必要性和必然性，尤其是近一段时间，由于钢铁、煤炭价格回升，不少未去产能的钢铁、煤炭企业迅速减亏，甚至扭亏为盈，造成了一些地方持续推进去产能工作的动力不足。还有些地区希望其他地区去产能而自己留下来，也有的地方政府担心本地 GDP 受到影响，而不愿痛下决心去产能。这些想法和做法都阻碍了去产能职工安置工作的顺利开展。

---

① 资料来源：国家统计局地区数据中的分省份年度数据查询。

二　去产能企业继续成为职工安置主渠道的空间有限

当前，在去产能职工安置过程中，充分发挥企业特别是国有企业的主体作用，是我国去产能职工安置工作的重要途径。2016 年全国去产能涉及职工 83.1 万人，实际已分流职工 72.6 万人，其中转岗安置和内部退养合计占 55.8%。以山西省为例，2016 年去产能需要分流安置职工 3.17 万人，主要分布在大型国有煤炭和钢铁企业，实际安置率高达 99.97%，其中转岗安置和内部退养两大渠道合计占 87.5%。再比如河北省，2016 年妥善安置职工 5.8 万人，安置率为 99.5%，其中企业转岗分流、内部退养和企业转型分别安置 3.25 万人、0.48 万人、0.24 万人，合计占比 68.4%。近两年去产能职工安置工作的实际效果表明，职工安置顺利完成的前提保证是，去产能企业（特别是国有企业）在职工安置中发挥主体作用，充分履行社会责任，尽可能内部安置分流人员。但实际上，企业尽可能采取内部安置方式的负担是巨大的，未来可持续的空间是有限的。造成去产能企业难以持续发挥职工安置主体作用的原因主要如下。

一是去产能企业在生产经营中普遍面临"三多三少"的困境，即：人多岗少、债多利少、费多钱少。具体来说，冗员众多导致劳动生产率低，企业效益下降导致岗位日渐减少；企业资产负债率过高导致财务费用居高不下，产品价格维持低位直接造成企业亏损严重；企业所承担的各项税费不会因为效益下降而减少，而金融系统却因为企业效益不好而持续抽贷，导致企业资金十分紧张，职工安置资金筹措困难。在这种情况下，采取内部安置方式，短期看是平稳过渡了，但从长期看，仍然是企业的一种负担，企业为此要付出高额的安置成本。以某大型钢铁企业为例，以"职工转岗不下岗、转业不失业"为工作原则，2016 年去产能妥善安置职工 2.1 万人，其中企业内部安置合计 1.6 万人、正常办理退休 2000 余人、协议解除劳动关系 2000 余人。经测算，该企业需要承担巨额的安置成本，其总额高达 69 亿元，大约包括工资类支出 40 亿元、社会保险费 22 亿元、经济补偿金 7 亿元，在 2016 年及以后各年度支付，其中 2016 年已支付 14 亿元。

二是企业内部挖潜能力有限，分流职工实现内部岗位安置越发困难。

去产能企业结合实际、想方设法，多形式、多渠道内部分流安置职工，其中内部挖潜的渠道主要有六种：①对符合条件的年龄较大的职工实行内部退养；②安置到本企业的相近生产经营岗位上工作；③清退临时性的劳务派遣工，腾出辅助性岗位用于安置；④在集团内部跨地区安置分流职工；⑤企业通过发展新业务、新项目转岗安置职工；⑥企业通过成立劳务公司，对外承揽劳务和劳务输出。但随着去产能职工安置工作的推进，未来这些安置渠道或难以为继，或安置能力下降，或安置效果不佳。首先是内部退养，这种安置方式下企业仍需要给职工发放内退工资并缴纳养老和医疗保险费，特别是国有企业职工工资标准较高，企业仍将不堪重负。其次是同岗位或相近岗位安置，这种安置方式下企业未去产能的部门不能不接收安置分流职工，造成这些部门的冗员增加，降低其劳动生产率，未来不可持续风险加大。然后是腾退劳务用工岗位安置，主要是一些工作环境差、工作强度大、工资水平低、本企业职工不愿意干的辅助性岗位，但这种安置方式基本是一次性的且不可持续。再次是发展新业务、新项目转岗安置职工，这种安置方式比较符合产业转移升级的发展方向，但实际中这种安置方式很难成功实施，一方面是去产能企业经营困难，难以拿出资金发展新项目，另一方面新业务和新项目往往需要的是高素质的技术工人，分流安置职工普遍难以胜任。最后是集团公司内部跨地区安置分流职工和劳务输出，从实际情况看这两种方式的安置效果并不好，一方面是分流职工的能力素质难以适应新岗位的需要，另一方面是分流职工对异地安置和劳务输出的就业意愿普遍较低。

三是国企改革不彻底形成了一系列的人员管理和历史遗留问题，导致职工安置问题复杂、矛盾突出、难度较大。国企改革尚不到位，"人浮于事、效率低下"问题普遍存在。在去产能过程中，国企职工对企业高度依赖等问题比较突出，不愿与企业解除劳动关系进入劳动力市场，而国有企业的性质也造成了其尽可能避免以解除劳动关系的方式进行职工安置，因此企业冗员问题长期存在。同时，"三供一业"① 等企业办社会问题仍困扰

---

① "三供一业"，即：供水、供电、供暖，物业管理。

企业，比如钢铁行业某大型央企，每年承担"三供一业"、医疗、教育、消防等社会职能的费用支出高达 3.3 亿元。另外，在享受特殊工种待遇上存在身份差异，国企职工可以享受特殊工种提前五年退休政策，而民企员工难以享受，有些有国企身份的职工因不愿丧失享受特殊工种待遇，而不愿流动到民企就业；企业内部女职工因为身份不同而带来退休年龄差异，女工人 50 岁就可以办理退休而女干部的退休年龄是 55 岁。上述这些问题造成企业冗员过多、历史包袱沉重、企业内部转岗困难，职工分流安置障碍较多。

三　去产能职工市场化方式再就业的难度较大

近年来，随着钢铁、煤炭价格走低，钢铁、煤炭行业全面启动人力资源优化计划，主要企业持续开展"减员增效"工作，以进一步提高劳动生产率，降低单位人工成本。即便没有去产能任务，钢铁、煤炭企业也有较大的人员分流安置压力，只不过这种压力可以在相对长的一段时间内释放。而去产能直接减少了现有岗位，造成企业短期内的人员安置压力陡增。单从企业自身生产经营的角度来看，将富余人员直接推向劳动力市场，让其通过市场方式实现再就业，是更为简单高效的安置方式，后续矛盾和潜在风险较小。但实际操作过程中，分流安置人员通过劳动力市场实现再就业的成功率较低，或者说其很难通过市场化的方式实现再就业。因此，去产能企业（特别是国有企业）出于维持稳定的需要，不得不更多采用内部安置方式，保证分流安置人员的基本生活。造成上述问题的主要原因如下。

一是我国劳动力市场灵活性不足制约了劳动力的合理流动。经济新常态下，调整结构、转换动力是促进经济发展、稳定就业局势的必然选择。当前，有些现行法律法规和政策规定对劳动力在地区、行业和企业间自由流动形成了一定程度的阻碍，特别是对企业用工限制过多，不利于企业根据生产经营状况及时调节用工数量，也不利于劳动力从产能过剩地区行业企业向其他地区行业企业流动，难以实现劳动力等生产要素随市场变化而不断重新优化组合，进而无法形成新结构和新动力。

二是去产能职工普遍技能水平低，就业思想观念陈旧，接受培训意愿较低，无法适应产业转型升级的需要。去产能企业职工往往年龄偏大，待安置职工中"4050"人员占比接近60%。他们长期从事某一工种、技能单一，很难满足新岗位在年龄、身体条件、能力素质方面的要求。而且由于年纪较大，他们对新技能的学习能力和对新生事物的接受能力都较低，因此接受培训意愿较低，通过转岗培训提升其技能水平以帮助就业，相对更加困难。他们对国有企业心理依赖很重，普遍在意其国企职工身份，不愿到非国有经济单位或从事个体工作，身份观念和攀比心态较强，市场化就业的适应力和竞争力普遍较差。去产能职工还普遍存在跨地区转移就业意愿很低的问题，不愿意到离家太远的地方工作，甚至是同城跨区都不愿意去。

三是现有职工转岗培训帮助职工成功就业的作用有限。当前非常需要推动职业技能培训的鼓励、开展，激发广大企业特别是去产能企业大力开展技能培训，使受影响职工的素质、技能适应产业转型升级和转岗转业的需要。但实际情况却是职工转岗培训未能发挥预期的功能。首先，我国针对社会主要就业困难群体已经建立了分类分级的职业培训体系。就业困难人员普遍存在年龄偏大、学历偏低、技能单一和接受培训意愿不高的问题。但针对与就业困难群体存在共性问题的去产能受影响职工，却尚未建立相应的培训体系。因此对这部分群体开展转岗培训和岗位技能提升培训存在一定的挑战性。其次，从去产能企业开展的培训的角度看，企业一般只对内部安置职工中条件较好的人员进行有针对性的岗位技能提升培训或转岗培训，对其他大部分受影响职工主要开展一些低端岗位的轮训，如安全教育、厂规厂纪等，因此大部分受影响职工难以通过企业内部培训达到转岗转业的目的。最后，目前去产能职工安置中在职业培训方面的突出问题是针对性、有效性不强。缺乏针对转岗转业的职工制定的专门培训计划，培训周期较短，有的培训与岗位要求相脱节，有的培训与市场需求联系不紧密，还有的培训流于形式，效果不佳，企业和职工开展和参加培训的动力不足。因此，参加培训的职工难以真正能够掌握一技之长。

四 去产能职工就业安置政策未能充分发挥作用

化解过剩产能促进职工就业安置政策有待进一步发挥扶持企业职工就业与安置的作用。自 2013 年 10 月以来,国务院发布了三项与化解过剩产能相关的指导性意见,分别是《关于化解产能严重过剩矛盾的指导意见》(国发〔2013〕41 号)、《关于钢铁行业化解过剩产能实现脱困发展的意见》(国发〔2016〕6 号)和《关于煤炭行业化解过剩产能实现脱困发展的意见》(国发〔2016〕7 号)。人社部等部门联合发布了三项与化解过剩产能职工安置直接相关的政策文件,分别是《关于失业保险支持企业稳定岗位有关问题的通知》(人社部发〔2014〕76 号)、《关于在化解钢铁煤炭行业过剩产能实现脱困发展过程中做好职工安置工作的意见》(人社部发〔2016〕32 号)和《关于做好 2017 年化解钢铁煤炭行业过剩产能中职工安置工作的通知》(人社部发〔2017〕24 号)。人社部发布了《关于实施化解过剩产能企业职工特别职业培训计划的通知》(人社部发〔2016〕52 号)。这一系列的政策措施对促进化解过剩产能职工安置发挥了重要作用,取得了明显效果,保证了就业与社会局势的总体稳定。但在政策执行的实际操作过程中发现,仍存在一些政策空白点,也有一些政策衔接问题,还有一些政策点有待突破和继续完善,主要表现在以下几个方面。

一是从政策方向上看,促进就业的长期目标有待进一步调整。当前政策更强调"稳岗",将"企业内部安置"放在更加突出的位置。尽管政策上鼓励企业吸纳化解过剩产能的受影响职工,但企业仅仅是吸纳了受影响职工中的就业困难人员才可以享受相应的社保补贴,因此对企业的吸引力不强。而实际上,"转岗"和鼓励职工更多地"走出去"才是更符合市场规律的方向。尽管稳岗和内部安置,可以从短期内较好解决职工分流安置问题,有效预防出现大规模失业风险。但这不能从根本上解决劳动力资源与其他生产资源配置中的矛盾,从某种意义上讲,只是把短期内可能产生的大规模失业风险转嫁到未来的某一时间段。而且,这一过程让企业的冗员问题更加严重,继续背负大量的人员负担会降低企业的生产效率和竞争能力,错失一些转型升级的机遇,并不利于我国产业转型升级的整体推进。

二是从政策力度上看，现行职工安置政策对企业内部分流的支持明显不足。当前，企业内部分流是最重要的职工安置渠道，2016 年全国去产能职工安置中企业内部分流比例占到 65% 以上。对企业而言，职工安置中最缺乏的就是资金，而现行政策对企业内部分流的资金支持只有两个方面，一个是失业保险稳岗补贴，另一个是专项奖补资金。其中，稳岗补贴主要用于职工生活补助、缴纳社会保险费、转岗培训、技能提升培训等相关支出[①]；专项奖补资金主要用于缴纳内退职工的养老和医疗保险费、内退职工的生活费、内退工伤职工的工伤保险费[②]，也可用于企业在内部转岗安置职工中开展转岗培训或创业培训的费用[③]。可见，现行政策对内退等"保生活"安置有比较大的支持力度，但对转岗等"促就业"安置的支持力度很小，无法刺激企业内部转岗安置职工的动力，没有很好地激发企业对职工进行培训转岗安置的积极性。

三是从政策资金上看，职工安置资金筹措不足和专项奖补资金使用困难问题比较突出。根据现行职工安置政策，职工安置经费一般由中央财政、省级财政、市（县）级财政和企业自筹四个方面筹集。实际操作过程中，中央财政资金保障有力、拨付及时；省级配套资金的拨付差异较大，有的省份因财力困难，难以安排配套资金；重点去产能市（县）级配套资金往往存在数量少和到位难的问题，有的地方甚至没有设立专项配套资金，特别是在一些钢城、煤城和资源枯竭型城市；去产能企业由于经营状况不佳，普遍存在自筹经费困难的问题。因此企业职工安置实际所需的经费与实际筹集到的资金之间的缺口巨大。以某大型钢铁企业为例，2016 年企业安置职工 2.1 万人，经测算其安置成本总额高达 69 亿元，在 2016 年及以后各年度支付（所有保留劳动关系的职工须办理完退休手续）。但企业获得的专项奖补资金只有一次性支付的 5.6 亿元，不足安置成本总额的10%，后续的安置费用都需要企业来承担。

---

① 《关于失业保险支持企业稳定岗位有关问题的通知》（人社部发〔2014〕76 号）。
② 《工业企业结构调整专项奖补资金管理办法》（财建〔2016〕253 号）。
③ 《关于做好 2017 年化解钢铁煤炭行业过剩产能中职工安置工作的通知》（人社部发〔2017〕24 号）。

调研中，地方政府和企业都普遍反映中央专项奖补资金使用困难，导致资金使用效率较低，使用进度缓慢。中央专项奖补资金的使用范围有严格限制，政策文件中列有五项，其中前四项是基本明确的，但使用范围集中在内退、解除劳动关系人员的安置，几乎不涉及在岗人员的内部安置，这对许多以内部转岗安置为主的企业（特别是国有企业）而言，支持力度有限。尽管第五项列为其他项，却由于没有配套文件作为相关依据，迫于审计的压力，地方政府和企业都未能利用该项对政策进行突破。另外中央专项奖补资金的使用必须是严格的实名制"人头对应"，即资金只能用于化解过剩产能中的建档立卡人员，企业不得对人员进行调配。实际操作中，企业想将一部分受影响职工留用，用其替换一些未受影响但存在年纪大、技能低、伤病等问题的职工，这样可以更加优化企业的人力资源。但由于专项奖补资金使用的实名制限制，资金使用缺乏灵活性，使用效率下降。

第六节　去产能过程中促进就业的总体思路和政策建议

一　总体思路

1. 妥善处理市场与政府的关系

应厘清政府与市场的边界，处理好市场发挥决定性作用和更好发挥政府作用的关系，承认政府责任的有限性和兜底性。在"让市场发挥决定性作用"和"依法治国"的背景下，各级政府在促进职工就业的责任定位必须以明晰政府和市场的界限为前提，要充分发挥市场在配置包括劳动力在内的各种资源中的决定性作用，要做到"有所为"，"有所不为"。凡是市场能够发挥作用的时候，政府就不应出手干预；凡是市场调节比政府干预更有效的时候，政府就应该退出干预而让市场更好地发挥调节作用。然而市场作用本身是有一定局限性的，特别是在我国劳动力市场发育不充分的情况下，更需要政府积极发挥促进就业的功能。尽管市场自发调节有与生俱来的缺陷，而且已然成为政府干预的理由，但从资源配置的效率上看，市场机制仍然是最高效的资源配置方式，政府干预不会比市场更有效。而且政府干预还会出现失当，与市场失灵相比，政府的不当作为同样会造成许多不良后果，因此政府承担的责任只能也必须是"有限的"。当然，单独依靠市场的高效调节来配置劳动力资源，可能带来的后果是劳动力市场中总有一部分弱势群体难以获得就业机会和生活来源，这有违社会公正原则，此时政府必须承担"兜底性"责任，进行就业扶持和求助，维护社会稳定和实现社会公正。因此，政府在促进就业中处理好与市场的关系，最重要的是建立与运行"劳动者自主择业为主导，市场调节就业为基础，政府促进就业为动力"的就业机制，坚持市场性兼顾特殊性原则、效率优先兼顾社会稳定原则、长效机制与短期政策相结合原则。

随着市场经济体制的建立和完善，大多数企业已经成为市场的独立主体，根据市场供求信息配置资金、技术、劳动力等生产要素。在去产能职工就业安置过程中，应该充分发挥市场的决定性作用，尊重企业用人自主权，使企业能够重新调整、配置包括劳动力在内的各种生产要素，以适应市场的需求。同时，政府也要制定政策，采取多种适当方式帮助企业和劳动者，特别是帮助困难群体参与市场竞争，保障劳动者的合法权益。

2. 明确政府在促进职工再就业中的基本责任

在市场经济条件下，政府促进就业的责任更多体现在加强劳动力市场监管、提供公共就业服务、实施弱势群体就业援助、建立就业托底机制、保持社会稳定等方面。促进就业的政府责任主要是指政府部门依法在劳动力市场中实施的各种有利于劳动力市场良性、平稳运行的公权力行为。从政府促进就业的内容上看，其基本责任主要包括就业制度设计与完善、公共就业服务、就业监管与执法。就业制度设计与完善是指政府负责制定与完善一系列就业政策与管理制度，如促进就业中长期规划和年度工作计划，包括失业调查统计、失业预警、就业统计、岗位预测、职业鉴定等一系列管理制度，也包括就业专项资金建立与管理、失业保险基金支持企业稳定岗位等一系列就业扶持专项政策等。公共就业服务是政府向社会成员提供的非营利性的、非排他性的就业服务，如就业政策法规咨询、劳动力市场基本信息、职业指导、职业介绍、就业援助、就业失业登记、职业培训、公益性岗位开发等。就业监管与执法是法律赋予政府重要的职能之一，是政府能够充分发挥作用纠正市场偏差的重要手段，主要指劳动行政部门对劳动力市场实施的日常监管和劳动保障监察。各级政府要坚持依法行政，在法律规定的职权范围内，对促进就业的各项工作进行管理，在法定职权范围内行使公权力，不失职、不越权，不违法。

3. 产业调整与制度改革相结合

化解过剩产能职工就业安置政策与深化国企改革、解决体制机制问题相结合，立足当前、着眼长远、标本兼治。化解过剩产能安置职工中的诸多难题，在相当程度上暴露了许多国有企业在劳动用工等方面仍有许多与市场经济不相适应的弊端。因此，解决化解过剩产能职工就业安置问题应与深化国企劳动制度改革相结合。与此同时，化解过剩产能职工就业安置过程中也显示出《劳动合同法》《失业保险条例》等法律法规中有关劳动合同期限、失业保险功能等方面存在许多与当前劳动领域实际不相适应的地方，制约了劳动力市场的灵活性，不符合经济新常态下治理失业、促进就业的需要，应该及时加以修订。鉴于此，当前实施的化解过剩产能职工就业安置政策措施应与完善法律法规等解决体制机制性问题相结合。

二　主要政策建议

1. 建立化解过剩产能职工就业协调联动机制

解决好职工分流安置问题，需要"多部门、共治理"，各有关部门通力协作，共同解决化解过剩产能中"人"的问题。一是化解过剩产能须与深化体制机制改革相结合，行政命令下的压减产能只能是权宜之计，只有进一步深化要素市场和国有企业改革，让市场在要素配置中起决定性作用，真正建立起现代企业制度，才能更彻底解决职工分流安置问题。二是发改、工信、财政等宏观经济部门与人社、民政、工会等民生部门须通力合作，坚持就业优先战略，在制定产业、财税、金融等宏观经济政策时，将实现职工平稳分流和劳动力有序转移等作为重要的前置因素。三是适当引导、鼓励和扶持发展当地有优势、市场有前景、就业吸纳能力较好的产业，而非一味追求发展高技术、高附加值产业，增加就业岗位，提高当地就业承载能力。

2. 职工就业安置应突出重点、分类施策、综合治理

关注不同地区、行业、企业之间的情况差异，实行"差异化、有重点"的政策措施，抓住主要矛盾，突出重点问题，实施针对性的有效帮扶。产能过剩的区域分布差异很大，产业相对单一的资源枯竭型城市和独立工矿区的困难最为突出。同时，去产能企业所在地区的经济社会环境也有很大区别，因此，去产能职工就业安置的政策措施需要以资源枯竭型城市和产业单一的独立工矿区为重点，在就业专项资金、职业技能培训、社保转移支付、失业保险基金使用、跨地区劳务对接等方面制定专门政策措施。同时，根据东中西不同地区经济发展水平、劳动力市场状况等因素分类制定政策，增强政策的针对性和有效性。此外，由于去产能职工就业安置涉及面广、政策性强，需要劳企政三方乃至发改、工信、财政、金融、国资、人社等多个部门综合治理方能取得预期成效。

一是充分认识化解过剩产能过程中各地区、各行业、各重点企业，以及各重点企业与所在地区之间的关系等方面都存在着很大的差异，问题十分复杂。因此政策上不能搞"一刀切"，需要有更大的灵活性，分类施策、"一地一策"，甚至"一企一策"。

二是中央财政工业企业结构调整专项奖补资金向职工安置任务重且经济欠发达地区适度倾斜。在安排中央专项奖补资金时，更多考虑企业经营情况、安置人数和安置难度等方面，重点支持困难地区、行业和企业做好职工安置工作。

三是目前国有企业用工制度过于死板，在一些地区和企业，职工对国有身份附加值存在非理性预期，导致劳动关系处置困难。因此有必要尝试与深化国有企业改革相结合，特别是用工制度的彻底改革，从而增加国有企业用工的自主权与灵活性。

3. 统筹资源和手段共同做好职工分流

职工分流安置政策需要"多渠道、系统化"，拓展分流渠道，短期手段与长效机制相结合，政府搭建平台，各种市场力量参与其中，共同做好职工分流。

一是鉴于去产能企业普遍面临资金短缺的困境，建议中央财政适当增加去产能奖补资金额度，并适当扩大奖补资金的使用范围。给予企业更多的融资和政策方面的支持，鼓励企业发展"非煤""非钢"等新产业，实现更多的企业内部安置；鼓励社会上各类企业吸纳去产能职工，给予一定的吸纳就业补贴；鼓励各类人力资源服务机构以市场化的方式帮助去产能职工就业，给予一定的帮助就业补贴。

二是鉴于去产能职工普遍技能单一的现状，建议把帮助提高劳动技能作为重要的政策方向。切实实施化解过剩产能企业职工特别职业培训计划，特别是要分类施策，针对失业人员、内部转岗人员和有创业意愿的人员分别开展就业技能培训、岗位技能提升培训和创业培训。具体操作中要突出培训的市场性、针对性、便捷性和可选性，提高失业人员的再就业能力，提高转岗人员适应新岗位的能力，提高有创业意愿人员的创业成功率。

三是鉴于创业带动就业的有效性以及去产能职工群体中也有不少有创业能力和创业意愿的个体，建议建立去产能职工专项创业基金，从当地实际需求和去产能职工能力出发，开发合适的创业项目，并且从创业培训、融资场地、税费减免、经营指导、持续跟踪等全过程帮扶，建立相应的创业补偿机制，适当降低创业成本和风险，减轻受影响职工因创业失败造成生活贫困，提高其创业的积极性，提高去产能职工创业的成功率，通过扶持创业带动更多就业。

四是鉴于去产能职工对公益性岗位安置有不合理预期和就业观念相对落后的情况，建议各地更加明确公益性岗位托底安置渠道的适用范围、标准和退出办法，降低其对公益性岗位安置的预期，防止公益性托底安置方式被泛化为主要安置渠道的情况发生。同时要加大宣传力度以转变去产能职工的就业观念，特别是要逐渐消除部分职工对国有身份的非理性认识，摆脱"铁饭碗"的陈旧观念，综合运用各种手段和方法，鼓励职工提高技能、补齐短板、增加劳动力市场竞争力，更多地依靠市场方式重新就业。

　　五是尽快解决历史原因造成职工退休年龄差异问题。特殊工种提前退休政策只适用于国有企业，阻碍了职工向非国有企业转移分流；女干部与女工人退休年龄不同也给企业内部转岗分流造成困难和矛盾。建议尽快出台有关政策，解决特殊工种退休和女职工不同身份退休等久拖未决且容易产生群体性风险的政策问题。

第二章　化解过剩产能中社会保障
问题研究

摘　要：去产能是当前我国供给侧结构性改革的首要任务。解决好去产能中受影响职工的社会保障问题至关重要。总的来看，我国现行社会保障制度在去产能中发挥了社会稳定器作用，保障了受影响职工的基本生活，促进了去产能工作的顺利开展。国家和地方在去产能过程中及时出台了相关社会保障政策，去产能企业在实践中探索形成了许多好的做法和经验。但与此同时，也还存在一些不可忽视的问题：一是部分去产能企业社会保险欠费问题比较突出，影响了部分职工的社保待遇；二是政策制度有待完善，失业保险制度基本功能尚未充分发挥；三是企业社会保险缴费负担依然较重；四是煤炭行业受影响职工老工伤、退休问题比较突出；五是省际社会保险关系转移接续不畅，社会保险断保现象时有发生。去产能中社会保障问题产生的原因主要有：一是去产能企业效益下降，企业资金困难，致使社会保险欠费问题突出；二是社会保险强制性不足，导致去产能受影响职工未参保或享受社保险种不充分；三是失业保险有待进一步充分发挥预防失业、促进就业的基本功能；四是社会保险统筹层次较低，基金调剂使用困难；五是社保经办能力不足，省际互联互通不畅，影响了职工社保转移接续工作。鉴于此，提出以下对策和建议：一是进一步扩大社保覆盖面，加强社会保险强制性，织密织牢民生安全网；二是多渠道解决社保欠费问题，保障受影响职工享受社保待遇；三是加快失业保险制度改革进度，充分发挥失业保险保生活、防失业、促就业"三位一体"的功能；四是完善社会保障制度，增加社保基金投入，提升社会保险统筹层次，加大工伤鉴定保障力度，充分发挥社会保障功能；五是加强社保经办能力，

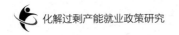

推进社保关系转移接续工作，切实避免断保现象，解决受影响职工流动就业的社保关系转移接续问题。

关键词：去产能　职工安置　社会保障

去产能是当前我国供给侧结构性改革的首要任务。十九大报告指出："坚持去产能、去库存、去杠杆、降成本、补短板，优化存量资源配置，扩大优质增量供给，实现供需动态平衡。"解决好去产能中的社会保障问题，对于保障受影响职工的基本生活，维护社会稳定，促进去产能任务的顺利完成，进一步促进经济社会的持续健康稳定发展等具有重要作用。

去产能过程中，社会保障制度在保障受影响职工基本生活方面发挥了至关重要的作用，国家和地方及时出台了相关社会保障政策，去产能企业在实践中探索形成了许多好的做法和经验。但与此同时，也还存在一些不可忽视的问题。鉴于此，认真总结实践经验，及时评估已有政策的实施效果，深入分析存在的主要问题，进而提出相应对策和建议十分必要。

第一节　化解过剩产能职工安置的基本现状

一　化解过剩产能工作取得重要进展

化解和淘汰过剩落后产能是供给侧结构性改革的重要任务，是转变经济发展方式和推动新旧动能转换的必然要求。我国经济进入新常态以来，中央做出了供给侧结构性改革的战略部署，提出实施"三去一降一补"的重大举措。2016年2月，国务院先后发布关于钢铁行业、煤炭行业化解过剩产能实现脱困发展的意见，提出用3~5年时间，煤炭产能再退出5亿吨左右、减量重组5亿吨左右，钢铁再压减产能1亿~1.5亿吨。按照中央的决策部署，钢铁、煤炭等行业去产能工作持续深化，并取得重要成效。2016年全年，煤炭、钢铁行业分别完成去产能2.9亿吨和6500万吨。2017年《政府工作报告》确定的煤炭行业去产能1.5亿吨以上、钢铁行业

5000 万吨左右、煤电行业 5000 万千瓦的年度目标任务，到 2017 年 10 月，均已超额完成。2016 年和 2017 年两年全国已退出煤炭、钢铁产能分别超过 4.4 亿吨和 1.15 亿吨，已经接近"十三五"目标上限。

2017 年前 11 个月，全国共生产生铁、粗钢和钢材分别为 6.56 亿吨、7.65 亿吨和 9.73 亿吨，同比分别增长 2.32%、5.74% 和 1.1%。随着市场环境的改善，钢铁企业盈利能力增强，行业效益明显好转。2017 年前 11 个月，中钢协会员钢铁企业累计实现销售收入 3.35 万亿元，同比增长 35.05%；实现利税 2678 亿元，比上年同期增加 1678 亿元，其中实现利润总额 1578 亿元，比上年同期增加 1232 亿元；会员企业平均销售利润率为 4.7%，比上年同期提高了 3.23 个百分点。一些长期亏损的企业也实现了扭亏为盈[①]。2017 年前三季度，煤炭采选业实现利润 2262 亿元，同比增长 7.2 倍。全国规模以上煤炭企业主营业务收入 2.01 万亿元；90 家大型煤炭企业利润总额（含非煤）1041 亿元，行业经济效益稳步回升。总的来看，随着经济形势稳中向好，特别是化解过剩产能工作的强力推进，钢铁、煤炭行业的产能利用率逐步提高，生产经营状况发生了明显改观。

二 去产能受影响职工安置形势总体平稳

"十三五"头两年，化解钢铁、煤炭过剩产能职工就业安置工作持续平稳有序地推进。钢铁、煤炭行业去产能共涉及 180 万名分流职工，截至 2016 年末，已分流职工 72.6 万人；2017 年，在上年职工安置的基础上，去产能需要安置职工 50 万人，到年底职工安置任务基本完成。为此，各有关部门和地方政府坚持按照企业主体、地方组织、依法依规的原则，重点采取了以下四个方面的措施。一是把职工安置作为化解过剩产能的首要工作，加强组织领导，落实工作责任，部门间积极协调配合，有力地推动了职工安置工作的开展。二是人力资源社会保障等有关部门和地方政府加强了对去产能企业做好职工安置的指导，要求企业去产能安置职工方案一定要听取职工意见，通过职代会审议和通过，保障职工民主权益。三是继

---

① 中国钢铁工业协会 2018 年理事（扩大）会议材料。

续深入落实职工安置的各项政策，特别是充分发挥内部分流、内部退养、转岗就业和创业、公益性岗位托底等四个安置主渠道的作用；地方和企业在职工安置过程中，创造了很多好的做法和经验。四是加大再就业帮扶力度，特别是对"4050"等就业比较困难的人员，积极采取加大职业培训和职业介绍力度，一对一地落实他们的就业岗位等举措，取得了良好成效。

在去产能职工安置过程中，现行社会保险制度发挥了至关重要的作用，主要体现在四个方面。一是在总体上保障了去产能受影响职工的基本生活。随着我国社会保险制度的不断完善，去产能企业职工在养老、医疗、失业、工伤、生育方面的社会保险权益得到了基本保障，社会保险制度发挥了社会稳定器的作用。二是失业保险在预防失业方面发挥了重要作用。兼并重组、化解产能过剩、淘汰落后产能等产业结构调整的企业依法参加失业保险，按有关规定可享受稳岗补贴政策。这项政策的实施，有效地从源头上预防和减少了失业，受到企业职工的好评。三是失业保险积极促进就业取得积极成效。为探索失业保险促进就业功能，我国在东部7省（市）① 实行扩大失业保险基金支出范围试点，支出项目包括职业培训补贴、职业介绍补贴、职业技能鉴定补贴、社会保险补贴、岗位补贴、小额贷款担保基金、小额贷款担保贴息等，到目前已累计支出1200亿元，为维护东部7省（市）和全国就业形势的稳定发挥了积极作用。为振兴实体经济和为制造业发展提供人力资源支撑，2017年，实施失业保险支持职业技能提升补贴政策，激励参保职工提升职业技能，提高就业竞争力。据统计，2016年，全国失业保险基金支出职业培训补贴14.3亿元，支出职业介绍补贴66.2亿元，有效发挥了失业保险基金促进就业的功能。四是社会保险降低费率减轻了企业负担。2015年2月和6月，国务院两次常务会议决定，对失业险、工伤险、生育险费率进行下调；从2016年5月1日起，企业职工基本养老保险单位缴费比例超过20%的省（区、市），将单位缴费比例降至20%；单位缴费比例为20%且2015年底企业职工基本养

---

① 从2006年起，我国在北京、上海、江苏、浙江、福建、山东、广东等东部7省（市）实施扩大失业保险基金支出范围试点。

老保险基金累计结余可支付月数高于 9 个月的省（区、市），可以阶段性将单位缴费比例降低至 19%；从 2017 年 1 月 1 日起，为进一步减轻企业负担，增强企业活力，促进就业稳定，失业保险总费率为 1.5% 的省（区、市），可以将总费率降至 1%。为落实中央"三去一降一补"的决策部署，从 2015 年起，失业保险连续三次降低费率，累计为企业减负超过 1000 亿元。与此同时，养老保险等降低费率措施每年亦可减轻企业负担上千亿元。

在去产能职工安置过程中也出现了诸多社会保障方面的困难和问题，主要有：部分去产能企业由于经济效益下降，资产负债率很高，资金短缺，造成社保费欠缴；有的企业由于欠缴社保费影响了职工的社保待遇；有的民营企业未参加社会保险，无法享受社保优惠政策，部分职工社保权益受到损害；失业保险援企稳岗政策由于门槛较高，部分企业难以享受；有的受影响职工异地就业社保关系难以转移接续，等等。这些问题还有待进一步解决。

三　做好去产能中的社会保障工作任重而道远

党的十九大报告指出，我国经济已由高速增长阶段转向高质量发展阶段，正处在转变发展方式、优化经济结构、转换增长方式的攻关期。供给侧结构性改革是推动经济发展质量变革、效率变革、动力变革，提高全要素生产率的主线和强大动力。去产能是供给侧结构性改革的首要任务，是实施产业结构调整的重大举措。前一阶段，去产能工作已经取得了重大阶段性成果，去产能中受影响职工的就业安置和社会保障问题得到较好解决。但总的来看，钢铁、煤炭、水泥、电解铝、平板玻璃、船舶、石化等主要行业的产能利用率仍然偏低。随着我国产业结构持续转型升级和劳动生产率的提高，产能过剩行业还将会释放出大量劳动力，去产能职工就业安置和社会保障问题难以在短期内完成。鉴于此，从长远的角度考虑，还应面对去产能的新形势、新任务进一步完善保障受影响职工基本生活的社会保障政策和制度，兜住民生底线，进而维护社会的稳定，并促进去产能、调结构工作的顺利进行。

第二节 化解过剩产能中的社会保障政策及其成效

与化解过剩产能相关的社会保障政策主要包括失业保险援企稳岗政策、降低社会保险费率政策、社会保险转移接续政策、缓缴社会保险费政策以及最低生活保障政策等五个方面。以下从国家和地方两个层面对去产能社会保障相关政策进行阐述和分析，并总结评估其典型做法和取得成效。

一 国家政策

1. 制定并完善失业保险援企稳岗政策

2014 年 11 月，人社部等四部门联合发布《关于失业保险支持企业稳定岗位有关问题的通知》（人社部发〔2014〕76 号），进一步细化了国务院《关于进一步优化企业兼并重组市场环境的意见》（国发〔2014〕14 号）对失业保险基金使用范围的规定，明确"对符合条件的企业，在兼并重组、化解产能过剩以及淘汰落后产能期间，可按不超过该企业及其职工上年度实际缴纳失业保险费总额的 50% 给予稳岗补贴，所需资金从失业保险基金中列支"。2016 年初，国务院连续发布《关于钢铁行业化解过剩产能实现脱困发展的意见》（国发〔2016〕6 号）、《关于煤炭行业化解过剩产能实现脱困发展的意见》（国发〔2016〕7 号），对钢铁、煤炭两个行业化解过剩产能实现脱困提出了指导性意见，先后提出"对就业困难人员，要加大就业援助力度，对符合条件的失业人员按规定发放失业保险金"，"稳定现有工作岗位，对采取措施不裁员或少裁员的生产经营困难企业，通过失业保险基金发放稳岗补贴"等。以上两个文件是国务院继 2013 年 10 月发布《关于化解产能严重过剩矛盾的指导意见》（国发〔2013〕41 号）后，对主要行业化解过剩产能实现脱困发展再次做出的重大部署。

2. 制定并实施降低社会保险费率政策

为降低企业成本，减轻企业负担，2015 年，人社部、财政部连续发布《关于调整失业保险费率有关问题的通知》（人社部发〔2015〕24 号）、《关于适当降低生育保险费率的通知》（人社部发〔2015〕70 号）、《关于调整工伤保险费率政策的通知》（人社部发〔2015〕71 号），下调失业、工伤、生育三险费率。2016 年 4 月，人社部、财政部再次发布《关于阶段性降低社会保险费率的通知》（人社部发〔2016〕36 号），又一次针对降低社会保险费率做出调整。调整后各险种费率为：养老保险费率为 27%（单位缴费 19%、个人缴费 8%），医疗保险费率仍为 8%（单位缴费 6%、个人缴费 2%），失业保险费率下调为 1% ~ 1.5%（其中个人缴费不超过 0.5%），工伤保险平均费率下调为 0.75%（单位缴费、个人不缴），生育保险平均费率下调为不超过 0.5%（单位缴费、个人不缴）。2017 年 2 月，人社部、财政部又发布了《关于阶段性降低失业保险费率有关问题的通知》（人社部发〔2017〕14 号），从 2017 年 1 月 1 日起，失业保险总费率为 1.5% 的省（区、市），可以将总费率降至 1%。至此，"五险"的总费率由 41% 降至 36.75%，其中，企业负担 26.25%，个人负担 10.5%。2018 年 4 月，人社部、财政部发布《关于继续阶段性降低社会保险费率的通知》（人社部发〔2018〕25 号），将实施失业保险总费率 1% 的省（区、市），延长阶段性降低费率的期限至 2019 年 4 月 30 日。

3. 制定并落实社会保险转移接续政策

2011 年 4 月，人社部会同国家发改委、财政部、工信部等七部门联合发布《关于做好淘汰落后产能和兼并重组企业职工安置工作的意见》（人社部发〔2011〕50 号），具体规定了促进职工再就业、职工社会保险关系转移接续、职工劳动关系处理和职业培训等四个方面的政策。2013 年 10 月，国务院出台《关于化解产能严重过剩矛盾的指导意见》（国发〔2013〕41 号），明确了切实做好下岗失业人员社会保险关系转移和接续，按规定落实好其社会保障待遇。2016 年初，国务院又发布《关于钢铁行业化解过剩产能实现脱困发展的意见》（国发〔2016〕6 号）、《关于煤炭行业化解过剩产能实现脱困发展的意见》（国发〔2016〕7 号），明确提出

"偿还拖欠的职工在岗期间工资和补缴社会保险费用,并做好社会保险关系转移接续手续等工作"。2016 年 4 月,人社部、国家发改委等七部门出台《关于在化解钢铁煤炭行业过剩产能实现脱困发展过程中做好职工安置工作的意见》(人社部发〔2016〕32 号),明确提出"加强社会保障衔接"工作,同时明确各地要按照《工伤保险条例》和人社部、财政部等四部门《关于做好国有企业老工伤人员等纳入工伤保险统筹管理有关工作的通知》(人社部发〔2011〕10 号)规定,妥善解决工伤人员的待遇问题。

4. 进一步强化落实最低生活保障政策

2016 年,《关于钢铁行业化解过剩产能实现脱困发展的意见》(国发〔2016〕6 号)、《关于煤炭行业化解过剩产能实现脱困发展的意见》(国发〔2016〕7 号)两个文件都明确提出"对符合条件的失业人员按规定发放失业保险金,符合救助条件的应及时纳入社会救助范围,保障其基本生活"。2016 年 4 月,人社部、国家发改委等七部门出台《关于在化解钢铁煤炭行业过剩产能实现脱困发展过程中做好职工安置工作的意见》(人社部发〔2016〕32 号),进一步明确提出"对符合最低生活保障条件的家庭,应按规定纳入最低生活保障范围"。

二 地方政策

1. 实施失业保险援企稳岗政策

各省份围绕化解产能过剩中的职工就业安置问题,在国家政策指导下,普遍制定了本地区具体政策措施。河北省制定实施了《关于使用失业保险金援企稳岗的意见》(冀政办函〔2014〕18 号)、《关于进一步做好援企稳岗工作的通知》(冀人社发〔2015〕21 号)、《关于做好失业保险支持企业稳定岗位工作的通知》(冀人社发〔2015〕57 号)。其中,2014 年 3 月以省政府名义印发的《关于使用失业保险金援企稳岗的意见》,对采取积极措施稳定岗位、不裁员或少裁员的化解过剩产能、淘汰落后产能、治理大气污染企业,由失业保险基金给予转岗培训补助、岗位补助和社会保险补助,受到企业和社会广泛认可。其他地区,如辽宁、吉林等省份制定实施了《关于进一步做好新形势下就业创业工作的实施意见》等。各地区制定的关于失业保险援企稳岗政策进一步明确了具体实施办法，出台了实施细则，明确了岗位补贴、转岗培训补贴、社会保险缴费补贴及降低失业保险缴费的标准和期限，编制了企业申请扶持政策的流程图，增强了政策的可操作性。同时，进一步提高援企稳岗资金的补贴比例，如陕西省将比例从50%提高至80%，并允许欠费5年的企业在签订缓缴协议后申请失业保险稳岗补贴。

2. 实施降低社会保险费率政策

各省（区、市）在国家降低社会保险费率政策的指导下，先后出台了多项社会保险降费的具体政策。由于情况差异，各地在降费的幅度、期限等方面也有所区别。比如，河北省人社厅、财政厅、地税局于2017年印发《关于阶段性降低失业保险费率的通知》（冀人社规〔2017〕4号）。从2017年1月1日起，降低失业保险费率为1%，其中用人单位为0.7%，职工为0.3%。从2017年5月起开始按照1%的费率征收，并核退1~4月按照1.5%费率多征收部分。此前，2015年3月至2016年4月，全省失业保险费率由3%降至2%；2016年5月至12月，失业保险费率由2%降至1.5%。至此，河北省失业保险费率实现三连降。

3. 调整社保补助及待遇时限标准政策

河北省唐山市针对当地去产能企业实际困难，且2016年前三季度生产经营遇到前所未有的困难（1~9月欠薪3.9亿元、欠缴社会保险费6.9亿元），经报省批准，将其列为"特定化解过剩产能企业"，将社会保险补助期限由最长6个月延长至12个月，2016年拨付补贴资金5.19亿元。2016年，河北省人社厅、财政厅印发《关于调整失业人员失业保险金标准的通知》（冀人社规〔2016〕4号），从2016年1月1日起提高失业保险金标准，全省平均标准达到1010元/月，并确保按新的标准落实失业保险待遇，共为10.5万名失业人员发放失业保险金4.7亿元。

4. 探索实施缓缴社会保险费政策

近年来，针对去产能等困难企业，各地人社部门出台了缓缴社会保险费的政策。如湖北省对部分去产能安置职工困难企业实行为期3年的社会保险费缓缴政策，期限为半年，到期仍有困难的再续缓半年。江苏省无锡市人社局于 2016 年出台了《关于印发困难企业缓缴社会保险费有关问题的通知》（锡人社发〔2016〕103 号），对于困难企业认定后，可缓缴社会保险费最长期限为 6 个月。

5. 贯彻落实最低生活保障政策

根据国家最低生活保障政策，各地也相继出台政策对符合最低生活保障条件的去产能企业职工家庭，按规定及时纳入最低生活保障范围；有些地区出台的政策同时规定，由于各种原因历史上没有建立社保账户的去产能失业人员，如果生活十分困难，亦应通过最低生活保障体系保障其最低生活，将符合救助条件的分流人员及时纳入社会救助范围；对所有救助政策用完之后仍有困难的分流人员进行急难救助。

三 主要成效

在化解过剩产能社会保障政策积极成效和典型做法方面，国家和地方制定和实施的一系列有关社会保障的政策措施，已经取得了积极成效。现行社会保障制度在去产能过程中切实起到了保障受影响职工基本生活的"社会保障网"的功能与作用，政策效果正在逐步显现。

1. 社会保障在保障职工生活方面作用显现

总体而言，去产能过程中，社会保障制度在保障受影响职工基本生活方面发挥了至关重要的作用，去产能企业职工在养老、医疗、失业、工伤、生育方面的社会保险权益得到了基本保障。社会保障制度是社会经济发展的"推进器"，是实现社会公平的"调节器"，是维护社会安定的"稳定器"。近年来，化解过剩产能工作总体平稳很大程度上借助社会保障制度基本功能的发挥。与 20 世纪 90 年代国有企业改革时相比，我国的社会保障制度经历了从无到有、从保障功能单一到多方面保障功能发挥的历史过程，为此，社会保障制度在保障去产能受影响职工基本生活方面的作用应给予肯定。一般而言，建立健全社会保障制度对企业深化改革起着促进和保证作用，企业富余人员在再就业过程中必须得到适当的生活保障，才能为企业参加市场竞争、自主经营、自负盈亏提供稳定的社会环境；同时，建立健全社会保障制度有助于维护劳动者的合法权益，促进社会的稳定，对缓解社会矛盾、协调社会关系、维护社会安定具有积极作用。而对于化解过剩产能企业而言，社会保障制度对于进一步深化企业改革意义更为重要。调研也发现，化解过剩产能过程中社会保障制度功能的发挥，特别是在保障职工生活方面成效显著。

2. 失业保险发挥援企稳岗作用明显增强

在去产能工作中，失业保险援企稳岗政策得到进一步落实，不裁员或少裁员的企业及时得到稳岗补贴。2015年，全国向近9万户企业发放稳岗补贴105亿元，惠及职工1729万人。2016年，全国使用失业保险基金发放稳岗补贴259亿元，增长147%，惠及企业46万户，增长411%，涉及职工4832万人，增长179%。湖北省武汉市对武钢公司申请的稳定就业岗位补贴采取特事特办的原则，开辟绿色通道，2016年3月就提前对武汉钢铁（集团）公司及所属27户企业申报2014年度稳岗补贴进行专场审核认定，补贴资金5983.46万元；同时，提前启动了对武钢2015年度的稳岗补贴工作，补贴资金6450.15万元；2016年共拨付武钢集团本部两个年度的稳岗补贴资金1.24亿元。2015年，陕西省失业保险对27户去产能煤炭困难企业开展了重点帮扶，给予稳岗补贴1.2亿元，使6.54万名职工受益。陕西省铜川市于2015年5月出台并实施失业保险支持企业稳定岗位政策，截至2015年11月，全市完成196户企业稳岗补贴4400多万元，使4.9万名职工受益。河北省制定实施落实稳岗补贴政策，拨付稳岗补贴资金7.51亿元，惠及573户企业职工32.73万人。2016年河北省共为5670户企业发放稳岗补贴18.44亿元，惠及职工186.8万人，其中为180户去产能企业发放稳岗补贴10.69亿元，占稳岗补贴支出总额的58%，惠及职工38.9万人，运用稳岗补贴政策引导企业补缴欠费、继续缴费，实现了稳岗、补交社保欠费、稳定社会的多赢功效。河北省唐山市于2014年出台《唐山市使用失业保险金援企稳岗工作实施意见》（唐政办〔2014〕20号），实施转岗培训补助、岗位补助、社会保险补助和降低失业保险缴费基数等"三补一降"政策，对保职工"饭碗"、促企业发展发挥巨大作用。此外，补缴社会保险费问题得到解决。以河北省某企业为例，通过申报特定企业援企稳岗政策享受稳岗补贴5.19亿元，补缴所欠全部社会保险费5.74亿元；河北某钢铁公司享受稳岗补贴 0.57 亿元，补缴失业保险费 1.9 亿元，解决长期欠缴问题。

3. 降低社会保险费率一定程度上减轻了企业负担

湖北省人民政府办公厅出台《关于降低企业成本激发市场活力的意见》（鄂政办发〔2016〕27 号），从 2016 年 5 月 1 日起，将企业职工基本养老保险单位缴费比例由 20% 降至 19%；将失业保险费率由 2% 降至 1%，其中，单位费率由 1.5% 降至 0.7%，个人费率由 0.5% 降至 0.3%，降低费率的期限暂按两年执行。根据测算，每月可为武钢（集团）公司节省资金约 670 万元。湖南省于 2015 年将失业保险总体费率由 3% 调整至 2%，年内为全省 5.27 万户参保企业减负 7 亿元。辽宁省充分运用失业保险支持稳定就业，具体包括下调失业保险费率 1 个百分点，对符合条件的企业可返还不超过上年度所缴失业保险费 50% 的稳岗补贴。江西省萍乡市于 2016 年将失业保险费率统一下调至 1%，其中单位缴费率为 0.5%，职工个人缴费率为 0.5%，预计惠及参保单位 2700 多户，减轻参保单位失业保险费负担达 1400 余万元，其中，萍钢、萍矿、中煤科技等去产能企业再减负达 308 万元（2015 年降低费率已经为去产能企业减负达 472 万元）。自 2016 年 5 月 1 日，河南省阶段性降低社会保险费率，一定程度上减少企业负担。河南省企业职工基本养老保险单位缴费比例由 20% 降为 19%；失业保险费率由 2% 降为 1.5%，其中，单位缴费比例降低 0.3 个百分点，由目前的 1.5% 降为 1.2%，个人缴费比例降低 0.2 个百分点，由目前的 0.5% 降为 0.3%，暂按两年执行。初步测算，两项费率降低后，可为企业减负超过 60 亿元。安徽省从 2016 年 5 月 1 日起，企业职工基本养老保险单位缴费比例从 20% 降到 19%；失业保险总费率由现行的 2% 降至 1.5%，其中单位费率由 1.5% 降至 1%，个人费率 0.5% 维持不变。自 2017 年 1 月 1 日起，失业保险费率再次由 1.5% 降至 1%，即单位按照本单位工资总额的 0.5% 缴纳失业保险费；职工按照本人工资的 0.5% 缴纳失业保险费，由单位从其工资中代扣代缴。截至目前，河北省失业保险费率实现三连降，其中，2016 年河北省制定实施《关于阶段性降低失业保险费率有关问题的通知》（冀人社发〔2016〕21 号），全年为用人单位和职工减负约 8.8 亿元。

4. 地方政府积极协调解决职工安置中的突出问题

以广西某市某矿务局为例，市人社局、社保局多次听取职工代表会议反映的社保问题，在该企业职工安置方案中，共核实欠缴社会保险费1229万元，审核931名职工档案，上报930名职工18600条相关软件信息（姓名、文化程度、参加工作时间等），经核算，577名职工养老保险欠费206万元，531名职工医疗保险欠费1023万元，通过国家和地方转移支付使得以上社保欠费问题均得到妥善解决。不仅有序推进了企业的顺利关闭，而且保障了受影响职工的社会保险权益。江西省萍乡市对受去产能影响有创业意愿的失业人员加大失业保险政策支持力度，2016年上半年，已对涉及分流人员中104名与企业解除劳动关系的失业人员一次性发放失业保险金151.19万元，人均可一次性领取1.45万元，支持这些职工自主创业。河北省唐山市对暂时未能实现再就业的人员，及时发放失业金，保障其基本生活，2017年初，累计为2778人发放失业金2480万元、代缴医疗补助金1040万元。

第三节　化解过剩产能受影响职工面临的社会保障问题

当前，化解过剩产能过程中社会保障的主要问题包括：去产能企业社会保险欠费问题比较突出；政策制度有待完善，失业保险制度未能充分发挥积极作用；企业社会保险缴费负担依然较重；煤炭行业受影响职工老工伤问题比较突出；省际社会保险关系转移接续不畅，社保断保现象有所增加。

一　去产能企业社会保险欠费问题较为突出

1. 养老保险欠缴问题最为突出，部分企业退休人员不能领取养老金

总体上，根据社保经办规程，单位拖欠社会保险费用会直接导致其企业职工无法享受社会保险待遇。以养老保险为例，拖欠养老保险费用的企业职工在达到退休年龄后无法办理退休手续，以至于无法享受养老金待遇，严重影响职工退休及其正常生活。通过近年跟踪发现，自2013年下半年以来，产能严重过剩行业面临全行业亏损或者微利等现实困境，许多企业出现了不同程度拖欠社会保险费的问题，其中一些国有大型企业的断保欠费问题尤为突出。产能过剩企业欠缴社会保险费也增加了地方社保基金的支出压力。调研发现，未实现"五险"统一征缴的地区容易出现某一项或几项社保费欠缴的情况。某些产能过剩企业由于经营困难，社会保险费不能按时缴纳，其中养老保险欠缴问题最为严重，导致企业退休人员不能领取养老金。

截至2017年2月，山西省煤炭企业整体拖欠社会保险费用总额已达134亿元，其中拖欠费用最高的企业拖欠额达39.7亿元。截至2015年6月，吉林省某钢铁企业已有一年无力支付职工养老保险缴费，共欠缴五险一金费用总计近5亿元（其中养老保险费2.9亿元）。由于社会保险费欠缴，2015年有573人达到法定退休年龄却无法按时办理退休手续，不能领取养老金，25名解除人员无法及时办理减员手续。2016年，黑龙江省煤炭行业多家大型企业已累计欠缴社会保险费达上百亿元。2014年4月至2017年12月，云南某钢铁集团共欠缴养老、医疗、工伤、失业和生育五项社会保险费15000万元（其中养老保险费10100万元、医疗保险费4040万元、工伤保险费280万元、失业保险费410万元、生育保险费170万元），造成了在职职工无法就医、到达退休年龄职工退休难、解除合同职工因无法转接社保关系再就业难等问题，职工意见较大，反映较为强烈。截至2017年5月，某国有大型煤炭集团共欠缴养老保险费用6.44亿元、医疗保险费用1.22亿元、工伤保险费用4547万元、生育保险费用841万元，合计欠缴8.27亿元，申请社保缓缴期为2016年7月至2017年6月，缓缴到期后需缴纳3.5亿元。

从2016年9月开始，钢铁、煤炭等产品价格上涨，部分产能过剩企业扭亏为盈，部分企业欠缴社会保险费的问题在一定程度上得到解决。以河北省某去产能企业为例，通过申报特定企业援企稳岗政策享受稳岗补贴5.19亿元，补缴所欠全部社会保险费5.74亿元；河北某钢铁公司享受稳岗补贴 0.57 亿元，补缴了拖欠多年的失业保险费 1.9 亿元，解决了企业长期欠缴问题。此外，山西的情况也比较相似。

2. 民营企业员工未参加社会保险现象比较普遍且欠费较多

调研发现，民营企业员工未参加社会保险现象比较普遍。煤炭行业关闭、停产的企业许多属于民营企业，这些企业大多没有为员工缴纳社会保险，导致职工无法享受社会保险待遇或者无法享受政府失业保险"稳岗补贴"等政策优惠。

同时，据调研，民营企业选择性参保问题较突出，他们更愿意为员工缴纳工伤保险，而其他社会保险项目则通过"与员工协商"的方式不缴或少缴。由于未参加失业保险，他们无法享受国家通过失业保险基金发放稳岗补贴等政策优惠。以云南省为例，该省也存在失业保险基金闲置的问题，失业保险职工参保率较低，失业职工缺少基本生活保障。2016 年，全省参加失业保险人数 251.16 万人，仅占城镇就业人数的 18.38%，很大部分煤炭行业失业职工因为没有参加失业保险而享受不到失业保险待遇，致使生活雪上加霜。

二　政策制度有待完善，失业保险制度未能充分发挥积极作用

1. 部分企业受影响职工未能获得失业保险基金支持

自 2014 年以来，随着失业保险援企稳岗政策的实施，一些去产能企业在失业保险基金支持下稳定了岗位，赢得了成功转型的时间，但是，还有相当数量的企业因为没有参加失业保险，也无力重新登记缴费并补足社会保险费用，或因经营困难欠费情况严重，无力补缴，而无法享受到失业保险援企稳岗的支持。由于现行的《失业保险条例》及有关政策对享受失业保险基金补助设定的门槛较高，许多企业连续亏损，无力缴纳失业保险费，因而不能满足"上年正常缴纳失业保险费"的享受援企稳岗条件，无法得到失业保险基金的支持。比如，内蒙古自治区 2015 年共为 511 家困难企业发放稳岗补贴 2.7 亿元，其中仅有 1 家属于化解过剩产能企业。可见，由于未能满足享受援企稳岗政策的条件，一部分去产能企业及其受影响职工无法获得失业保险基金的支持。

2. 失业保险基金使用效率低，统筹层次低、调剂困难

一方面，失业保险基金收支失衡、连年结余且结余的量很大（如图2-1、图2-2所示）。2015年失业保险基金累积结余5083亿元，比上年增加14.2%。2016年底累积结余继续增至5235亿元。若按2015年当期支出规模，可持续支付6.9年。按照各地2015年的支出水平，化解钢铁、煤炭产能任务最重的河北省和山西省分别可持续支付6.1年和10.9年。另一方面，失业保险基金统筹一般以市为统筹单位，层次较低，即使省内调剂使用也较困难。失业保险实行市级统筹，互助共济能力较弱。去产能行业和地区分布具有集中性，从而导致一些去产能重点地市失业保险基金就业压力大，征缴收入增长受阻、支出需求增加，用于援企稳岗和支持失业人员再就业的作用受到制约。

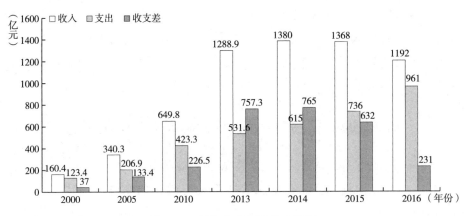

图2-1 历年失业保险收支情况

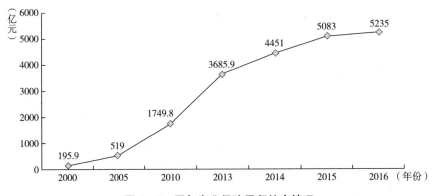

图2-2 历年失业保险累积结余情况

3. 失业保险制度基本作用和功能尚无法得到充分发挥

一方面，失业保险促进就业的作用发挥不足，很多受影响企业普遍反映，在化解产能过剩的过程中，失业保险本应发挥好促进劳动者就业的基本功能，但是很多受影响职工尤其是下岗人员职业技能偏低，再就业难度较大。另一方面，失业保险还应具有预防失业的功能，然而无论是现行的《失业保险条例》，还是失业保险在实际运行层面，都没有较好地实现失业保险制度预防失业这一基本功能。

三 企业社会保险缴费负担依然较重

1. 降低费率政策实施后企业社保缴费负担依然较重

2016 年 4 月，人社部、财政部发布《关于阶段性降低社会保险费率的通知》（人社部发〔2016〕36 号），这是继 2015 年《关于调整失业保险费率有关问题的通知》（人社部发〔2015〕24 号）、《关于适当降低生育保险费率的通知》（人社部发〔2015〕70 号）、《关于调整工伤保险费率政策的通知》（人社部发〔2015〕71 号）之后又一次对于降低社会保险费率做出的政策调整。"五险"的总费率由 41% 降至 37.25%，其中，企业负担为 26.75%，个人负担为 10.5%。据调研，企业普遍反映社会保险缴费负担依然较重。以重庆市为例，虽然从 2016 年 5 月开始重庆市两年内阶段性降低了城镇企业职工基本养老保险单位缴费比例 1 个百分点，但是降低 1 个百分点缴费比例后企业负担仍然沉重。

2. 阶段性降低费率幅度和时限无法全面缓解企业负担

一些去产能企业人力资源部门负责人反映，降费率本身是好事，但是实际运行与原有期望差距较大，他们希望国家进一步加大减负降费的力度。以湖北省为例，目前的阶段性降低费率政策是，自 2016 年 5 月 1 日起两年内阶段性降低企业职工养老保险、失业保险费率，即将企业职工基本养老保险单位缴费比例由 20% 降至 19%，将失业保险总费率由 2% 降至 1%（其中，单位费率由 1.5% 降至 0.7%，个人费率由 0.5% 降至 0.3%）。调研发现，很多企业对阶段性降低费率的期限表示不解，这次降低费率的期限暂按两年执行，他们更希望长期执行降低费率的政策，以切

实减轻企业负担。

3. 部分地区不符合国家有关阶段性降低费率政策的条件

据有关测算，河北省 2016 年末企业职工基本养老保险基金累计结存额支付离退休人员养老金的能力不足 7 个月，不符合人社部、财政部《关于阶段性降低社会保险费率的通知》（人社部发〔2016〕36 号）规定的阶段性降低基本养老保险费率的条件。可见，诸如河北省这样受去产能影响严重的地区经济可持续发展受到挑战，降低费率的迫切需求与当地经济承受能力产生矛盾。

四 煤炭行业受影响职工老工伤、退休问题比较突出

1. 煤炭行业一级至四级工伤人员安置困难

《工伤保险条例》明确规定，工伤职工鉴定为一级至四级的，保留劳动关系，退出劳动岗位，由工伤保险基金按本人工资 75%～90% 按月发放伤残津贴，用人单位和本人以伤残津贴为基数缴纳医疗保险费，直至退休。据调研，由于行业特点，煤炭行业存在大量的工伤人员，特别是一级至四级工伤人员普遍存在，在去产能过程中不容忽视。以云南省为例，云南省曲靖市某煤炭企业近年化解过剩产能过程中累计退出一级至四级工伤人员 37 人。很多其他调研地区去产能企业也反映，一级至四级工伤人员安置比较困难。

2. 部分地区一次性工伤补贴尚未落实

以广西壮族自治区某企业为例，由于工伤人员比较多，停产前未能及时安排申报做劳动能力鉴定的有 91 人，直至 2016 年 12 月还有少数人（约 40 人）未完成最后核定，影响了一次性工伤补贴的最终核定工作。据调研，化解过剩产能过程中一次性工伤补贴尚未落实的现象在其他地区也普遍存在，不仅影响到去产能人员安置的进程，而且将会影响到工伤人员的切实利益。此外，部分省份工伤保险基金收不抵支。调研发现，某西部省份工伤保险基金近年收不抵支，2015 年结余 4 亿元，仅够支付 2.7 个月，远远低于全国的平均水平；而煤炭等行业的老工伤（主要是尘肺病等）纳入工伤保险基金的支付范围，支付压力将持续加大。据调研，我国部分地

区工伤保险基金已经出现收不抵支，这将严重影响到工伤保险制度的可持续运行，甚至可能损害到去产能受影响工伤人员的权益。

3. 煤炭行业提前退休政策改革相对滞后

根据调查，其他行业普通职工平均每天工作时间为 8 小时，平均每月工作 22 天，则每月工作 176 小时，每年工作 2112 小时；而煤炭行业普通职工平均每天工作 10 小时，平均每月工作 26 天，则每月工作 260 小时，每年工作 3120 小时。煤炭行业职工一年内平均工作时长是其他行业职工平均工作时长的 1.48 倍，因此，从某种程度上来看，在煤矿工作满 10 年的职工，相当于其他行业职工工作约 15 年，按此劳动强度，很多煤炭行业部门及员工认为，应当提前 5 年退休。随着近年我国退休制度改革的不断深化，煤炭行业提前退休政策有待研究。此外，目前我国特殊工种提前退休政策只适用于国企职工，一旦失去国企职工身份将不再享受。调研中企业普遍反映，国企职工为保留其特殊工种提前退休的待遇，不愿向非公企业流动，在一定程度上影响了富余职工分流的进程。

五　省际社会保险关系转移接续不畅，社保断保现象有所增加

1. 社保关系在省际转移接续时不够顺畅

据调研，社保关系转移接续在省域内比较顺畅。但对于需要跨省份转移的，目前虽有关于城镇职工基本养老保险、城镇职工基本医疗保险等转移接续的有关办法和规定，但是实际操作中经常出现转移接续不畅的问题，尤其是各省份经办机构之间尚未实现信息的互联互通，造成社保关系跨省份转移不畅，使得去产能受影响职工社会保险的断保现象有所增加。

2. 社会保险移交地方社保经办部门管理时面临障碍

社会保险在原国有企业统筹部门与地方社保经办部门之间的转移不畅。目前，一些国有企业拖欠职工工资和"五险一金"数额较大，社会保险移交地方社保经办部门管理时面临诸多不畅。如东北某大型煤炭企业集团的医疗、生育、工伤三项社会保险险种是由企业内部统筹的，并未纳入社会统筹，在去产能职工分流时，有的社保关系无法转移接续到地方，有

的职工不能正常退休，无法享受相应的社会保险待遇。以云南省曲靖市某煤炭企业为例，该企业有 154 位退休人员因移交费用、医疗保险费未交清，未能移交地方管理。如果移交不畅，将会影响到医疗救治报销，可能造成更大隐患和矛盾。再以中部地区某省为例，按该省有关企业医疗生育保险属地管理文件规定，集团公司医疗生育保险需移交到多个地市管理，各地市缴费费率、待遇标准、门诊重症慢性病病种等均有很大差异，严重影响集团公司内部职工流动。

据调研，部分煤炭企业的职工医疗保险还处于封闭运行状态，移交地方难度较大。由于历史原因，我国目前仍有一些老国有煤炭企业的医疗保险还处于企业内部统筹状态，未纳入当地社会统筹，主要集中在东北、西北地区。随着近年来煤炭行业经济效益持续下滑，煤炭企业亏损严重，特别是资源逐渐枯竭、技术相对落后、冗员比较严重的老国有煤矿，已经无力负担医疗保险封闭运行的成本，无法保证职工正常享受基本的医疗待遇，造成职工严重不满，因此，迫切需要将企业职工医保纳入当地社会统筹。

第四节　化解过剩产能受影响职工社会保障问题原因分析

以上分析了化解过剩产能过程中的社会保障问题，究其原因，主要包括：去产能企业效益下降，致使社保欠费问题突出；社保强制性不足，使得去产能受影响员工未参保或享受社保险种不充分；失业保险有待进一步充分发挥好预防失业、促进就业等基本功能；社会保险统筹层次较低，基金调剂使用困难；社保经办能力有限与企业社保欠费，影响去产能受影响职工社保转移接续工作。

一　去产能企业效益下降，致使社保欠费问题突出

近年来，由于钢铁、煤炭等行业产能严重过剩，许多企业生产经营困

难，效益下降，亏损日趋严重，甚至面临关闭、破产，企业无力按时足额缴纳社保费，造成社保欠费问题突出。特别是在山西、东北、西南的资源枯竭型城市和独立工矿区，企业社保欠费问题尤其突出。

二　社保强制性不足，使得员工未参保或享受社保险种不充分

一些企业生产经营尚属正常，却以亏损、资金不足等为由，不缴或欠缴社会保险费。由于很多地区未实行五险统征，或者执行五险统征力度不足，进而有的企业选择性参保，特别是煤炭行业的工伤风险较大，多数民营企业愿为员工缴纳工伤保险费，而不缴纳其他社保险种保费。而有关部门由于缺乏手段或执法力量不足而难以及时改变这种现象。

三　失业保险有待进一步充分发挥好预防失业、促进就业等基本功能

失业保险不仅具有保障失业人员基本生活的功能，还具有预防失业和促进就业的功能。党的十八大报告指出，增强失业保险对促进就业的作用。但在实践中，失业保险预防失业、促进就业的功能发挥不充分。现行政策对使用失业保险基金援企稳岗补贴的规定门槛过高，致使许多去产能企业无法享受。一方面，去产能企业亟须失业保险基金的帮助而无法得到；另一方面，失业保险基金大量结余，造成基金使用效率低下，并带来基金管理和贬值的风险。

四　社会保险统筹层次较低，基金调剂使用困难

长期以来，我国社会保险的统筹层次处于较低状态，除养老保险是省级统筹外，其他险种统筹层次都在市级统筹范围，这就造成省级范围内，不同地市社会保险基金调剂使用困难，这在调研中的大多数省份普遍存在。一些省份去产能任务繁重的钢城煤城，失业、工伤等保险基金结余很少，难以应对去产能安置大量下岗失业职工的需要；而同省份内其他的地区却有大量基金结余而不能调剂使用，在很大程度上制约了失业、工伤保险等社保险种功能的发挥。

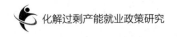

五 社保经办能力有限与企业社保欠费，影响去产能受影响职工社保转移接续工作

社保经办部门由于经费、人员等限制，无法为去产能受影响职工提供更为便捷、优质的服务。同时，各地社保经办部门信息系统不统一，甚至同一省份内不同地市的信息系统也不统一，造成转移接续中信息采集出现诸多问题，如异地转移后继续参保需要提供转移前的社会保险缴费记录和证明等，而在当前社保信息系统状态下无法提供及实现，给受影响职工带来不便，甚至有的职工停保、断保。还有在移交的过程中，由于各地市待遇差别大，且多低于原集团公司待遇标准，待遇补差涉及范围很广，且职工就医原始数据难以取得，待遇补差难度很大。此外，由于去产能受影响员工社保欠费，带来其社保转移接续不畅，如果未补缴欠费，一般都无法办理相关手续。

第五节 解决化解过剩产能过程中社会保障问题的对策

针对以上问题，在分析原因的基础上，现提出解决化解过剩产能中社会保障问题的对策：一是扩大社保覆盖面，加强社会保险强制性，织密民生安全网；二是多渠道解决社保欠费问题，保障受影响职工享受社保待遇；三是加快失业保险制度改革进度，充分发挥失业保险在经济转型升级特别是化解过剩产能安置职工中保生活、防失业、促就业的积极作用；四是完善社会保障制度，增加社保基金投入，提升社会保险统筹层次，加大工伤鉴定保障力度，充分发挥社会保障功能；五是加强社保经办能力，推进社保关系转移接续工作，最大限度避免断保现象。

一 扩大社保覆盖面，加强社会保险强制性，织密民生安全网

1. 保障去产能受影响职工的社会保障权益

总体上，建议保障去产能受影响职工的社会保障权益，发挥社会保障

"民生之安全网"的功能。当前，我国《社会保险费征缴暂行条例》《社会保险法》《社会保险法实施细则》《实施〈中华人民共和国社会保险法〉若干规定》等法律法规都明确规定了用人单位欠缴社会保险费的处罚措施，但实际执行并未全部到位。为此，建议扩大社保覆盖面，依法保障去产能受影响职工的社会保障权益。

2. 加强社会保险参保缴费的强制性

建议进一步加强社会保险的强制性，加强社保欠费清缴力度。进一步扩大社会保险的覆盖范围，特别是重点扩大对农民工、灵活就业人员的社保覆盖范围，对于临近退休年龄、技能偏低、再次就业确有困难的人群，通过织密筑牢社会保障安全网实现应保尽保。

二　多渠道解决社保欠费问题，保障受影响职工享受社保待遇

1. 对去产能企业实行职工安置、补缴欠费特殊政策

当前，去产能企业社会保险欠缴问题十分突出，直接影响到职工养老、医疗等切身利益问题，建议抓紧制定解决办法。建议对关闭破产企业实行职工安置特殊政策，可以参照 2000 年中共中央办公厅、国务院办公厅《关于进一步做好资源枯竭矿山关闭破产工作的通知》（中办发〔2000〕11 号）等文件，实施"政策性破产，关闭破产企业在资产处置后应优先清偿职工工资、社保费等，不再要求进行社保费预留，职工安置资金不足部分由财政兜底解决；社保欠费无法清偿的，可考虑予以挂账处理或政府代缴"。

针对目前化解过剩产能企业欠缴社保基金数额较大、难以一次性缴清欠缴金额的实际，建议社保管理部门应允许并指导化解过剩产能企业制定一个可行的补缴欠费计划，即企业按月缴纳当期社保基金，在一定时间内分期补缴以前欠缴的社保基金。建议补缴欠费计划一经社保部门和企业协商确认，立即开通该企业职工的社保系统，让其享受相关社会保险（特别是医疗保险）待遇，以解燃眉之急，进而化解去产能过程中的风险和矛盾。

2. 明确各级政府财政责任和分担机制，分阶段利用国有资本充实社保基金

一方面，明确中央财政、地方财政和企业的责任分担机制，坚持"企

业主体、地方组织、国家支持"。另一方面，落实国务院 2017 年出台的《划转部分国有资本充实社保基金实施方案》，加快中央企业和部分省份开展试点。划转部分国有资本充实社保基金，是基本养老保险制度改革和国有企业改革的重要组成部分，是保障和改善民生的重要举措。建议分阶段充分利用国有资本逐步补偿社会保障历史欠账。

三　加快失业保险制度改革进度，充分发挥失业保险保生活、防失业、促就业的功能

在产业转型升级特别是化解过剩产能职工就业安置中，要充分发挥失业保险保生活、防失业、促就业的积极作用。

1. 支持"转岗转业"，降低援企稳岗补贴门槛，提高补贴比例

深化失业保险制度改革，使其在去产能中充分发挥促进就业的功能。总体上，建议深化失业保险制度改革，加快修订《失业保险条例》，全面发挥其保生活、防失业、促就业三位一体的功能。一方面，建议利用失业保险基金专门制定和实施帮助职工实现"转岗转业"的政策措施；另一方面，建议降低援企稳岗补贴门槛，提高补贴比例。

2. 进一步提高失业保险统筹层次，扩大失业保险支出范围

一方面，建议国家层面研究制定提高失业保险统筹层次的政策文件，失业保险作为社会保险制度之一，应充分运用大数法则的基本原理，解决困难地区（省级间及省份内）基金短缺的问题。建议可分阶段提高统筹层次，优先实现省份内基金可调剂使用，发挥失业保险基金的更大效能。另一方面，去产能中许多职工需要技能培训、转岗转业、社保补助等方面的资金支持，但失业保险基金支出项目未能全部覆盖。特别是针对失业保险基金大量闲置、支出渠道较窄、防失业与促就业功能未得到充分发挥等问题，建议从闲置的失业保险基金中划出一部分列为再就业专项扶持资金，有效缓解去产能失业职工再就业和创业的资金需求。进一步研究出台扩大失业保险支出范围的政策，重点是使更多民企和农民工享受到失业保险的帮助。大力支持企业开展就业创业技能培训，增强员工转岗、就业、创业能力。

四　进一步完善社会保障制度，充分发挥社会保障功能

增加社保基金投入，提升社会保险统筹层次，对特殊工种、提前退休加强专门研究，加大工伤鉴定保障力度，充分发挥社会保障功能。

1. 强化中央对全国社会保障资金的调剂作用

强化中央对全国社会保障资金的调剂作用，充分发挥社会保障互助共济功能，尤其对于东北等老工业基地经济确实困难的行业企业，建议考虑制定特殊政策，帮助这些企业顺利完成去产能任务，保障其员工基本生活；必要时，也可考虑在保证国有资产不流失的前提下通过国有资产充实社会保障资金。

2. 适时适度继续降低部分险种缴费费率

建议针对去产能企业的实际困难，考虑适时适度继续降低城镇职工基本养老保险、城镇职工基本医疗保险等缴费费率，鼓励有条件的地方先行先试，进一步减轻去产能企业的实际负担，特别是对去产能行业企业在费率和缴费基数上有适当的、阶段性的倾斜。如果部分地区不具备降费率的条件，也可考虑暂缓上调社会保险的最低缴费基数，这样的做法可取得降低社会保险费率的同样功效。

3. 加快推进基础养老金全国统筹工作

建议加快推进基础养老金全国统筹工作，提高养老保险基金统筹层次，进一步适应参保职工就业流动性，强化职工养老基金收支全国性精算平衡。建议通过建立实施中央调剂金制度，一方面缓解困难地区养老保险的支付压力，另一方面可以兼顾发达地区养老保险金在调剂使用中的公平。

4. 加强对特殊工种、提前退休政策研究

针对煤炭行业等普遍反映的提前退休及特殊工种问题，建议从国家层面加强专门研究，在借鉴世界工业化国家有关特殊工种劳动保护等做法的基础上，加快完善煤炭等特殊行业的退休制度。同时，需要进一步加强对特殊工种的认定范围，保障同等条件下民营企业与国有企业职工享受到同等的待遇和保障。

5. 重视工伤职工的劳动能力鉴定等工作

建议重视去产能企业工伤职工的劳动能力鉴定等工作，做好一次性工伤医疗补助金和一次性伤残就业补助金的审核保障工作，稳步推进去产能职工安置工作，重点解决煤炭等行业老工伤员工的权益保障问题。

五 加强社保经办能力，推进社保关系转移接续工作

1. 继续推进社保关系转移接续工作，加强顶层设计和具体政策落实

一方面，建议推进社保关系转移接续工作，加强社保经办机构服务能力和水平，最大限度地避免断保现象，重点加强省份之间社会保险关系转移接续工作。另一方面，建议国家层面出台社会保险关系转移接续实施细则和指导意见，加强对各省份社保经办机构的指导，避免因转移接续不畅而带来的断保现象。

2. 督促原国企统筹社保与地方社保经办间转移接续工作

由于原国有企业统筹社保与地方社保经办之间移交时，当地医保基金要求企业按社会统筹标准补齐缴费，同时将企业医保基金账户做实，而企业难以筹集到足够的资金，进而无法顺利实现并入社会统筹。建议重视并督促原国有企业统筹社保与地方社保经办之间转移接续工作，多方面筹集资金、补齐做实相关账户，保障社保关系衔接工作。对于企业内部统筹的医疗、生育、工伤等社会保险，应尽快实现社会化管理，确保去产能受影响职工及时享受到相应的社会保险（如就医报销等）权益和有关待遇，兜住兜牢民生底线。

第三章　化解过剩产能中劳动
关系问题研究

摘　要： 化解产能过剩矛盾牵涉面广、政策性强、涉及劳动者切身利益。因此，妥善处理化解过剩产能中的劳动关系矛盾，保持劳动关系和谐稳定至关重要。当前，化解过剩产能中劳动关系总体运行尚处于平稳可控状态，劳动关系的调整和转移接续有序开展，职工权益得到基本保障，但部分地方和企业的局部性问题较为突出，导致矛盾不断积聚，具有形成群体性劳动争议的潜在风险，有可能给局部地区的社会稳定带来影响。对此，政府不断强化劳动关系协调监管职能，地方工会积极维护职工权益，企业多渠道多形式处理劳动关系，持续保持劳动关系稳定运行。但是，目前化解产能过剩中存在一系列劳动关系突出问题，值得关注，包括：劳动合同管理问题较为突出；降薪欠薪等工资收入问题影响职工利益；社会保险欠费欠缴问题严重；企业无力支付经济补偿金；职工安置过程存在一定风险；职工民主权益受到侵害等。面对化解过剩产能中劳动关系的严峻形势，政府要始终将做好去产能中劳动关系处理置于工作优先位置，完善和加强对去产能企业劳动关系处理的统筹协调，尽快完善指导企业处理劳动关系的整体性和具体化方案措施，完善劳动关系预警预防和矛盾调处等机制和措施，确保劳动关系运行始终处于可控区间，不出现系统性、严重性劳动纠纷和冲突。

关键词： 化解过剩产能　劳动争议　劳动关系

化解过剩产能职工就业安置是一个复杂的系统性工作，涉及政府、企业、职工、社会组织等各个方面和各种关系，因此也容易产生各种各样的问题。其中劳动关系问题是化解过剩产能中的关键问题和突出问题之一，需要引起足够重视。

第一节 引言

劳动关系是生产关系的重要组成部分，是最基本、最重要的社会关系之一。① 党的十八大以来，党和国家更加高度重视构建和谐劳动关系。2012 年党的十八大明确提出要构建和谐劳动关系，2015 年 3 月 21 日发布的《中共中央国务院关于构建和谐劳动关系的意见》（简称《意见》）首次从中央层面全面系统部署构建和谐劳动关系工作。《意见》中明确指出，我国正处于经济社会转型时期，劳动关系的主体及其利益诉求越来越多元化，劳动关系矛盾已进入凸显期和多发期，劳动争议案件居高不下，有的地方拖欠农民工工资等损害职工利益的现象仍较突出，集体停工和群体性事件时有发生，构建和谐劳动关系的任务艰巨繁重。

当前，我国部分行业产能过剩矛盾突出，企业生产经营困难加剧，成为影响经济和就业稳定的一个突出问题。2015 年中央经济工作会议上，"去产能"被列为 2016 年五大结构性改革的任务之首；2017 年党的十九大报告中，提出要深化供给侧结构性改革，"坚持去产能"。由于产能过剩已经是我国经济运行中的突出矛盾和诸多问题的根源之一，牵涉面广，矛盾问题根深蒂固，与企业生产、社会消费、财政金融等系统关系错综复杂，因此，化解产能过剩矛盾必然带来经济社会的阵痛，某些局部领域甚至会伤筋动骨。特别是在经济新常态下，化解产能过剩的任务和压力依然较大，且形势更加复杂多变，靠过去大规模政府投资或"大起"的政策来刺激经济增长的老路已经行不通了，产能过剩的化解任务只能在"阵痛期"内逐步解决。同时，前期较为容易化解的产业和企业已经取得了一定的成效，而靠"吃老本"一直扛着的行业企业接下来的路将越来越难走，"难啃的骨头"将凸显出来，化解产能工作的压力不容忽视。

在这一大背景下，化解产能过剩矛盾中的劳动关系问题需要引起足够

---

① 《中共中央国务院关于构建和谐劳动关系的意见》。

重视。不仅企业主体面临改制转换、兼并重组、生产调整、利润受损，劳动者还将面临劳动就业、工资分配、权益保护、社会保险、劳动争议等多方面问题。实际上，目前我国钢铁、煤炭装备大多处在世界先进水平，企业生产经营之所以困难，很重要的因素是富余人员多，那么，合理安排分流职工将是产能过剩企业面临的重大问题之一。在这一过程中，劳动关系双方将面临劳动关系调整问题，化解产能过剩中的劳动关系矛盾必然成为当前及今后构建和谐劳动关系体系中的一个突出难点和"瓶颈"。

从整个经济社会发展角度看，做好化解产能过剩企业和谐劳动关系的构建工作，不仅关系职工的切身利益，也关系化解产能过剩工作的顺利推进，给经济持续健康稳定发展带来隐患，并且会给全社会稳定和谐造成严重影响。事实上，在局部地区由于"去产能"的不断深入，曾发生过职工上街、集体上访、聚众讨薪等群体性事件，给当地社会经济带来不同程度的影响。但与此同时，也有一些地方和企业能够很好地分阶段、分步骤、多形式地解决职工安置和再就业问题，使企业劳动关系平稳运行，职工合理流动，为国家层面制定政策提供了样例。

可以说，化解产能过剩中劳动关系问题不仅仅是重要的经济问题，还是十分重大的社会问题和政治问题，一旦劳动关系问题处理不好、不及时，劳动纠纷将很可能演变为社会风险和危机，给国家造成不稳定局势。本章正是基于这样的重大现实意义，将产能过剩企业劳动关系定为研究对象，分析劳动关系运行的基本现状、主要矛盾、产生原因等，并最终提出今后处理好劳动关系问题的政策建议。

第二节　化解产能过剩中劳动关系的现状分析[①]

自《关于化解产能严重过剩矛盾的指导意见》（国发〔2013〕41 号）发布以来，国家在钢铁、水泥、电解铝、平板玻璃、船舶等行业开展化解

---

① 课题组针对化解产能过剩企业及受影响职工进行了问卷调查，具体情况请参见附件。

产能严重过剩矛盾工作，2016 年更是将"去产能"列为全年结构性改革任务之首，并突出强调了钢铁和煤炭两个行业的去产能任务。化解产能过剩牵涉面广、总量压力巨大、矛盾问题根深蒂固，企业和职工双方将面临劳动关系运行、调整和转移接续等问题，需要我们对劳动关系总体情况进行把握。课题组深入调研走访化解产能过剩重点省份以及钢铁、煤炭、水泥、电解铝等重点行业企业，通过座谈、访谈、问卷调查等多种形式，力求全面掌握化解产能过剩劳动关系整体情况及基本特征。

一　企业劳动关系运行总体平稳，局部性风险较为突出

课题组在全国典型地区的调研显示，目前化解产能过剩中劳动关系总体运行尚处于平稳可控状态，地方和企业能够分阶段、分步骤、多形式地解决职工安置和再就业问题，劳动关系的调整和转移接续有序开展，职工权益得到基本保障。但同时，去产能企业劳动关系潜藏较大不稳定因素，部分地方和企业的局部问题更加突出，群体性事件时有发生，劳动争议有进一步扩大的风险，具有形成较大规模群体性劳动争议的潜在风险，给局部地区的社会稳定带来影响。

在钢铁、煤炭、水泥、平板玻璃、电解铝、船舶等涉及产能过剩行业中，大部分企业在劳动合同签订、变更、解除、终止等程序上比较合法合规，内容上也基本符合有关规定，但是在具体执行过程中，不同劳动标准内容的权益保障存在着差异性。工时、定额、休息休假、劳动保护、女职工特殊保护等方面基本能够得到保障，但在工资福利支出、社会保险缴纳、经济补偿金支付等方面部分企业未能按照法律法规的规定和劳动合同的内容予以执行，较多出现工资拖欠、社保欠缴、无力支付经济补偿金等情况。在职工工作岗位和工作内容上，大面积出现转岗、调岗、轮岗、待岗等情况，职工工作不饱满，隐性失业现象严重，职业生涯发展也受到限制。调查显示，企业方和职工方均认为劳动关系总体较好，目前处于中等偏上状况，但职工对劳动关系较好的评价程度要低于企业，说明职工对劳动关系压力感受要更加明显。此外，还有近十分之一的职工认为劳动关系比较差，说明在总体运行平稳的情况下不排除局部风险的可能。

二 劳动争议表现为利益争议为主，协商调解为先

1. 在劳动争议方面利益争议成为主要矛盾[①]

从化解产能过剩中的劳动争议表现来看，更多面临的是利益争议的增加和激化，利益争议成为化解产能过剩劳动争议的焦点问题和潜在风险源。化解产能过剩企业中的降薪、欠保、无力支付经济补偿金等已然成为较突出的问题，涉及职工利益领域内的劳动争议时有发生，有些争议也会随着事件未有效解决而扩大，演变为群体性事件，直接危害当地社会安全稳定。东北地区一家钢铁生产企业于2014年7月全面停产，员工工资、社保、生活费等均受到严重影响，2014年6月至2016年4月，共拖欠员工工资达6189.8万元，养老保险欠缴6000多万元。此期间职工反应强烈，多次到本级和上级政府上访，反映情况，群体性事件大大小小发生了30多起。调查数据也显示，造成劳动争议和冲突的直接诱因排在前5位的依次是长期无故拖欠工资（包括加班费）、工资长期低于地方规定的最低工资水平、长期超负荷的工作强度、没有或拖欠相应的保险（养老保险、工伤保险等）、企业不合法或不合理地裁退。其中每项都直接关系职工切身利益问题。

2. 劳动争议处理方式以协商调解为先

在化解产能过剩企业发生劳动争议时，企业和职工双方一般会优先选择沟通、调解，这为实现劳动关系稳定提供了"缓震器"；但若长时间无法妥善解决争议，劳动争议则存在演化为暴力抗争的风险。调查结果显示，职工面对企业损害自身利益时的反抗方式，排在前5位的依次是通过企业人力资源部门或是劳动争议调解委员会解决、通过工会协助解决、找企业方进行面谈协商、去法院起诉、向媒体求助。这说明职工普遍会优先采取协商调解方式应对劳动争议。但同时也发现，采取相对消极

---

① 按照劳动争议的内容来分类，可分为权利争议和利益争议：权利争议主要涉及劳动关系主体在劳动合同订立、履行、变更、解除和终止过程中各自权利有关的争议；而利益争议主要是因劳动报酬、社会保险、福利、劳动保护、加班费、经济补偿或者赔偿金等发生的争议，涉及的是劳动者的各项有关利益。

和群体性事件的反抗方式（包括消极怠工、罢工、暴力冲突等）的比例合计近五分之一，这说明一旦劳动争议无法妥善解决，企业和职工之间仍有爆发极端冲突的风险。

三　部分地区群体性事件发生风险较高

1. 群体性事件在局部地区时有发生

群体性事件主要表现为多人共同发生的劳动争议，或多人共同参与的上访、停工、罢工、怠工、静坐、游行等行为[①]。化解产能过剩对部分地区和企业而言影响深刻，甚至"伤筋动骨"，关系着工资、社保、经济补偿金等"实打实"的职工切身利益，存在较大的产生群体性事件的风险。现实中不少地方都发生过一些对当地产生严重危害的职工群体性事件。个别省份的煤炭企业因长期拖欠职工工资和应上缴的社会保险费，发生了职工上街、集体上访、聚众讨薪等群体性事件；部分省份的钢铁企业由于资金链断裂造成整体性停产停工，劳动关系极不稳定，发生了职工聚集、围堵闹事等事件。课题组调查数据显示，受访企业中近三分之一发生过群体性事件，部分企业还存在多次发生的情况，劳动争议和冲突的风险较高。此外，上访是群体性事件的首要表现形式，还有不小比例的停工、游行示威、抗议、静坐等；同时百人以上的群体性事件比例较高，说明去产能受影响职工涉及面较广，人员比较多，群体利益诉求较为接近，更容易形成人数众多的群体性事件，需要政府部门予以高度重视。

2. 职工利益和企业管理问题是群体性事件的主要原因

课题组调查数据显示，引发群体性事件的主要原因是拖欠工资、企业不缴纳（或未足额缴纳）社会保险费、经常加班但不支付加班费、管理制度不公平不合理、员工集体意识权利意识增强、企业不尊重职工甚至有侵犯人权的现象等。说明与职工切身利益直接相关的因素（如工资、社保、

---

① 在本调查中，群体性事件是指涉及本企业人员 3 人以上的劳动争议，或 5 人以上参加的上访、停工、罢工、怠工、游行等行为。

加班费等）以及企业制度与管理问题（如管理制度、发展机会、人权保障等）是引发群体性冲突的主要原因。

3. 群体性冲突多数以较为积极的方式予以解决

企业方和职工方一般都会采取较为积极的方式促进冲突事件的有效解决，包括企业与职工代表进行多次洽谈协商、企业人力资源部门参与协调、工会参与协调、劳动争议调解委员会参与协调、请第三方（含政府）出面沟通协调等。而放任不管或是企业暴力打压的方式相对而言非常少，这也避免了劳动纠纷和冲突的进一步激化。

四　劳动争议增加，沟通调解有待加强

1. 去产能重点地区行业劳动争议增加

近几年，从全国范围来看，劳动争议呈现上升趋势，全国各级劳动人事争议调解组织和仲裁机构受理劳动人事争议案件不断增多，如图 3 - 1 所示。同时，在去产能重点地区，劳动争议案件也有所增长，如河北省人社厅数据显示，2015 年钢铁、加工制造等行业的欠薪案件上升 19.3%，因去产能引发的劳动争议需引起足够重视。

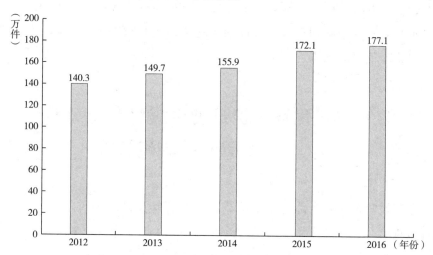

**图 3 - 1　历年各级劳动人事争议调解组织和仲裁机构
共受理劳动人事争议案件数**

资料来源：历年人力资源和社会保障事业发展统计公报。

2. 工会和劳动争议调解组织发挥一定作用

工会是劳动关系中的劳方组织，也是三方主体之一，在劳动关系协调中扮演着重要角色。在目前化解产能过剩过程中，企业工会发挥作用的大小参差不齐，但一般都会涉及劳动关系运行，特别是当企业出现劳动争议、整体裁员等矛盾事件时，工会都会出面参与协调解决。调研发现，化解产能过剩企业的工会组织在去产能中发挥了一定的维护职工权益、参与企业和职工双方协调的作用。此外，企业内成立的劳动争议调解委员会在基层劳动争议的协商调解方面也发挥了一定作用，并有助于将劳动关系矛盾和冲突解决在基层、解决在苗头阶段，避免演化为激烈的暴力冲突事件。

3. 职工诉求表达和沟通渠道存在一定局限

职工能否参与沟通并表达诉求直接影响着双方协商的氛围和环境，有效的职工参与和诉求表达机制可以减缓劳动争议，有利于进一步协商解决劳动争议。在化解产能过剩企业中，大部分企业都有各种形式的员工参与和诉求表达渠道，在处理降薪、待岗、裁员等重大事项时，企业一般也会以多种形式征询职工意见。但是，也有部分企业的职工对民主参与和利益诉求表达渠道的认可度、满意度比较低，特别是职工中有一部分人认为所在企业的员工参与和利益诉求表达的沟通渠道还是存在一定问题，这也容易造成劳动争议的加剧。

第三节　化解产能过剩中应对劳动关系矛盾的做法和经验

为有效应对化解产能过剩中可能出现的劳动关系冲突风险，国家有关部门不断出台相关政策措施，地方政府积极协调稳定去产能企业劳动关系，地方工会组织努力做好职工权益维护工作，相关企业也主动采取多种形式处理好职工劳动关系问题，形成了一些有益的做法和经验。

一 国家层面不断出台完善有关政策措施①

1. 突出强调依法妥善处理劳动关系的原则

自 2010 年淘汰落后产能工作开始，到后来的化解产能过剩任务，历次出台的政策文件中均提出要做好职工安置工作，特别是对劳动关系的处理明确提出了"依法""妥善"原则。有关政策文件强调要"依照相关法律法规和规定妥善安置职工"②，"积极稳妥解决职工劳动关系、社会保险关系接续、拖欠职工工资等问题"③，"依法妥善处理职工劳动关系"④，"要按照《中华人民共和国劳动合同法》及国家有关政策规定，依法妥善处理企业和职工的劳动关系"⑤，"保障职工合法权益"⑥。

2. 做好稳定在职职工劳动关系的各项工作

去产能受影响职工的工资、社保、工时、民主权益等受到较多影响，需要依法妥善有效处理，进一步稳定劳动关系。政策提出了"采取协商薪酬、灵活工时、培训转岗等方式，稳定现有工作岗位，缓解职工分流压力"⑦；同时对采取有效措施不裁员、少裁员，稳定就业岗位的企业，由失业保险基金给予稳定岗位补贴，为协调稳定职工队伍、妥善处理劳动关系提供了

---

① 这些政策包括 2010 年 2 月国务院出台的《关于进一步加强淘汰落后产能工作的通知》（国发〔2010〕7 号）、2010 年 8 月国务院发布的《关于促进企业兼并重组的意见》（国发〔2010〕27 号）、2011 年 4 月人力资源社会保障部等七部门联合下发的《关于做好淘汰落后产能和兼并重组企业职工安置工作的意见》（人社部发〔2011〕50 号）、2011 年 4 月财政部印发的《淘汰落后产能中央财政奖励资金管理办法》（财建〔2011〕180 号）、2013 年 10 月国务院发布的《关于化解产能严重过剩矛盾的指导意见》（国发〔2013〕41 号）、2014 年 3 月国务院发布的《关于进一步优化企业兼并重组市场环境的意见》（国发〔2014〕14 号）、2014 年 11 月人社部等四部门发布的《关于失业保险支持企业稳定岗位有关问题的通知》（人社部发〔2014〕76 号）、2016 年 2 月国务院先后发布的《关于钢铁行业化解过剩产能实现脱困发展的意见》（国发〔2016〕6 号）和《关于煤炭行业化解过剩产能实现脱困发展的意见》（国发〔2016〕7 号）。

② 《关于进一步加强淘汰落后产能工作的通知》（国发〔2010〕7 号）。

③ 《关于促进企业兼并重组的意见》（国发〔2010〕27 号）。

④ 《关于化解产能严重过剩矛盾的指导意见》（国发〔2013〕41 号）。

⑤ 《关于做好淘汰落后产能和兼并重组企业职工安置工作的意见》（人社部发〔2011〕50 号）。

⑥ 《关于进一步优化企业兼并重组市场环境的意见》（国发〔2014〕14 号）。

⑦ 《关于钢铁行业化解过剩产能实现脱困发展的意见》（国发〔2016〕6 号）、《关于煤炭行业化解过剩产能实现脱困发展的意见》（国发〔2016〕7 号）。

一定的资金和政策支持。① 同时，为保障职工权益，政策还要求"安置计划不完善、资金保障不到位以及未经职工代表大会或全体职工讨论通过的职工安置方案，不得实施"②。

3. 对内部退养职工依法做好劳动合同变更

国家政策允许对符合条件的职工实行内部退养，同时规定："对距离法定退休年龄 5 年以内的职工经自愿选择、企业同意并签订协议后，依法变更劳动合同，企业为其发放生活费并缴纳基本养老保险费和基本医疗保险费。职工在达到法定退休年龄前，不得领取基本养老金。"③

4. 做好兼并重组吸纳原企业职工的劳动关系处理

在化解产能过剩过程中，部分企业开展兼并重组，吸纳原企业职工的要做好相应劳动关系处理。政策指出："企业实施兼并重组吸纳原企业职工的，继续履行原劳动合同。企业发生合并或分立等情形的，由承继其权利和义务的企业继续履行原劳动合同，经与职工协商一致可以变更劳动合同约定的内容，职工在企业合并、分立前的工作年限合并计算为在现企业的工作年限；职工在企业内部转岗安置或内部退养的，双方协商一致后依法变更劳动合同，不支付经济补偿金。"④

5. 保障解除或终止劳动合同职工的各项权益

去产能过程中不少职工被迫下岗，有些与企业解除或终止了劳动关系，对此国家详细规定了依法妥善处置的具体意见。主要规定："企业确需与职工解除劳动关系的，应依法支付经济补偿，偿还拖欠的职工在岗期间工资和补缴社会保险费用，并做好社会保险关系转移接续手续等工作。企业主体消亡时，依法与职工终止劳动合同，对于距离法定退休年龄 5 年以内的职工，可以由职工自愿选择领取经济补偿金，或由单位一次性预留

---

① 《关于失业保险支持企业稳定岗位有关问题的通知》（人社部发〔2014〕76 号）。
② 《关于钢铁行业化解过剩产能实现脱困发展的意见》（国发〔2016〕6 号）、《关于煤炭行业化解过剩产能实现脱困发展的意见》（国发〔2016〕7 号）。
③ 《关于钢铁行业化解过剩产能实现脱困发展的意见》（国发〔2016〕6 号）、《关于煤炭行业化解过剩产能实现脱困发展的意见》（国发〔2016〕7 号）。
④ 《关于在化解钢铁煤炭行业过剩产能实现脱困发展过程中做好职工安置工作的意见》（人社部发〔2016〕32 号）。

为其缴纳至法定退休年龄的社会保险费和基本生活费，由政府指定的机构代发基本生活费、代缴基本养老保险费和基本医疗保险费。"①

6. 依法妥善处理劳务派遣相关工作

对于化解产能过剩企业使用劳务派遣员工的，国家政策也明确了处理意见："企业使用被派遣劳动者的，要按照《劳务派遣暂行规定》妥善处理好用工单位、劳务派遣单位、被派遣劳动者三方的权利义务。"②

二　地方政府积极稳定协调劳动关系

1. 贯彻落实国务院相关文件，不断完善地方政策体系

在国家出台一系列化解产能过剩工作任务及职工就业安置政策文件后，各地方政府也积极贯彻落实，不断出台适合各地实际情况的具体实施意见，构建了地方化解产能过剩和做好职工安置的政策体系。部分省份还积极先行先试，出台了一些地方政策，如河北省、山东省等在国家出台失业保险支持企业稳定岗位政策之前，就先行出台了地方上使用失业保险金援企稳岗、支持企业转岗培训和岗位技能提升培训等的办法。

2. 突出强调社会和谐稳定，切实加强对职工劳动关系调整的指导

由于化解产能过剩引发的劳动争议有可能对当地社会稳定带来一定的冲击，因此，地方政府时刻关注职工安置情况，把劳动关系和谐稳定放在突出位置。一方面政府相关部门不断加强对化解产能过剩企业职工安置过程中劳动关系处理的指导，切实维护好职工的合法权益；另一方面也积极做好有关政策规定的宣传工作，使企业管理方知法懂法守法，避免因违法违规导致的劳动争议。地方政府在做好去产能企业职工分流安置指导工作中，均突出强调安置工作要平稳有序，强调职工劳动关系处理要依法依规。对确不能安置的职工解除劳动合同要求最少按照有关法律规定给予经济补偿，对企业拖欠职工的工资、医疗费等一次性偿清，欠缴的各项社会

① 《关于钢铁行业化解过剩产能实现脱困发展的意见》（国发〔2016〕6 号）、《关于煤炭行业化解过剩产能实现脱困发展的意见》（国发〔2016〕7 号）。
② 《关于在化解钢铁煤炭行业过剩产能实现脱困发展过程中做好职工安置工作的意见》（人社部发〔2016〕32 号）。

保险费一次性向主管社会保险经办机构足额补缴。

3. 积极开发各类岗位，协助企业做好职工安置和劳动关系处理

部分地区化解过剩产能企业涉及安置人员较多，仅靠企业自身力量难以安置大量富余职工。一些地方政府积极发挥优势，一方面主动开发公益性岗位安置富余职工，另一方面还协调其他企业系统，帮助去产能企业开展职工分流安置工作。在职工分流安置过程中对职工劳动关系的处理，地方政府主要是依据《劳动法》《劳动合同法》等法律法规，要求原企业、接收单位、职工三方之间理清劳动关系、明确各方权利义务，平稳有序处理职工劳动关系调整和转移接续。如黑龙江以省政府文件出台的《龙煤集团第一批组织化分流人员安置政策意见》中明确提出职工劳动关系处理的意见：一是职工转移劳动关系前，原企业要偿还拖欠职工债务、补缴社会保险费；二是按照规定程序，龙煤集团、接收单位和职工签订三方协议，职工与龙煤集团彻底脱钩，接收单位依法与职工签订并履行劳动合同。大多数分流人员已经在接收单位上岗工作，按月领取工资报酬，劳动关系转移接续比较平稳。

4. 协调为主预防优先，积极化解劳动争议

各地劳动监察部门和劳动争议仲裁机构针对化解产能过剩企业加强了巡回排查，积极开展宣传教育，并进一步做好劳动争议的调解和仲裁。各地坚持化解矛盾、稳定大局的原则，在劳动争议仲裁的时候贯彻以调解为主的方针，在维护职工合法权益的前提下，力争把劳动争议解决在萌芽状态。同时，地方人社部门不断加强与有关部门的协调，积极提前介入，要求化解产能过剩、淘汰落后产能、企业改制重组等情况下应将职工安置方案报当地人社部门审核审批，将职工安置方案作为前置条件，从源头上预防化解产能工作引发的劳动争议。不少地方还细化分解职工就业安置工作，对于任务重、涉及人员多、安置矛盾突出的企业，各级人社部门采取定点包企等方式深入企业，参与和帮助企业制定切实可行的安置方案和社保办法，使安置措施内容程序符合规定。还有一些地方（如河南）建立了重点企业用工监测制度，对企业出现岗位流失、生产困难、破产倒闭等情况进行监测，及时掌握企业用工和劳动关系状况。

三 地方工会努力做好职工权益维护工作

1. 做好沟通联系，注重教育引导

地方工会部门突出做好源头参与工作，与政府各相关部门沟通联系，积极参与化解产能过剩实施方案及职工就业安置政策措施等的制定，从工会角度提出意见和建议。同时，还积极发挥各级工会宣传教育阵地作用，运用各种媒介教育引导职工正确理解和面对产能过剩形势，转变观念、凝聚共识，帮助企业共渡难关。

2. 完善制度建设，强化监督维权

各级工会部门积极建立健全厂务公开、民主管理、集体协商等制度，确保化解产能过剩职工安置方案公开、合理、透明，确保职工知情权、参与权、监督权不受侵犯。如四川省总工会提出，对未经职代会审议的改革改制方案和未经职代会审议通过的职工分流安置方案不予批复实施，从而保障职工民主权利的落实。此外，各地工会部门还积极维护职工合理诉求，畅通职工申诉渠道，如利用 12351 职工服务热线，接听、受理职工诉求，解答疑问，积极化解劳动纠纷。

3. 开展政策帮扶，关爱困难职工

针对产能过剩企业生产困难、资金紧缺等现实情况，部分地方工会部门采取缓征工会经费的政策，同时还给予企业各项帮扶资金，尽力缓解企业压力。面对化解产能过剩中部分职工经济利益受损严重、基本生活难以为继的情况，各级工会部门积极开展帮扶活动，缓解困难职工生活压力，帮助困难职工渡过难关。

四 企业主动采取多种形式处理职工劳动关系

1. 积极稳定职工队伍，有序调整劳动关系

在不解除和不终止劳动合同的前提下，企业对部分职工的工作岗位、工作地点等进行变更，尽最大可能稳定劳动关系。主要包括以下几种。

（1）内部转岗。内部转岗是产能过剩企业比较乐见的安置职工的途径之一。企业认为，转岗可以给职工提供一个稳定的岗位、稳定的收入，让

职工养家糊口，这是最重要的途径，也是最实际的途径。内部转岗比较成功的典型，主要是通过创造新产业来带动新的岗位，解决富余人员转岗就业的问题。例如包头钢铁公司，以新建的稀土钢板材为代表的新型大型项目大约消化了 7000 人左右的内部富余职工，确保这些职工没有一个下岗，也没有把他们推到社会上，为当地社会稳定起到了积极作用。

（2）腾退岗位。不少化解产能过剩企业采取辞退劳务派遣等用工来腾退岗位安置本企业职工。钢铁、船舶行业等一般用工量都比较大，不少企业都大量使用劳务派遣工、外包工、外协工等。就钢铁行业而言，以宝钢集团不锈钢公司为例，其在册正式员工不到 3000 人，而全口径的外协人员加在一起达到 9000 人。太原钢铁几年来不断压缩劳务工数量，把腾出来的岗位全部安排给停产的临汾钢铁的职工，很好地解决了工人下岗的问题。船舶行业方面，船舶制造具有专业化、社会化生产方式特点，除了正式员工外，参与生产的人员队伍中劳务工、外包工、外协工等占据了较高比例，船舶行业中电焊等专业技术工人基本依靠外协工。在这样的用工方式特点下，部分企业因行业产能过剩、生产任务减少等，在人员安置过程中往往会对正式员工依照有关规定给予正规解决，并且会为了安置正式员工而优先选择压缩派遣工、外协工比例，削减其他用工人员队伍，将岗位腾退出来安置正式员工。河北省的唐钢、邯钢等大型钢铁企业，冀中、金隅等大型水泥企业已经全面清理了外部用工，腾出岗位安置无固定期限劳动合同制工人。

（3）转移安置。化解产能过剩中部分企业采取有组织劳务输出的形式，将本地富余员工输送到省外企业项目上，进行跨地区劳务转移。如武汉钢铁公司将武汉青山区钢铁厂富余人员输送到武钢在广东湛江的项目上，通过劳动力转移实现转岗安置。唐山荣义钢铁公司化解过剩产能涉及 1700 多名职工，全部由企业内部跨区县转移安置。

（4）内部退养。从严格意义上来讲，内部退养并不算是企业与职工解除劳动关系，职工依然是依附于企业的劳动者，双方只是就工作安排达成了协议。实践中，不同产能过剩企业根据自己的情况，制定了不同的内部退养政策。总的来说，企业主要对那些距离法定退休年龄 5 年以内的职工，每个月给予一定的退养费，职工下岗在家，直到达到法定退休年龄后领取正式的退休金。黑龙江煤炭企业职工内部退养期间生活费标准为企业所在地最低工资标准加上年功工资，个人承担本人应缴纳的社会保险费，符合退休条件时办理退休手续。

（5）待休轮休。待休轮休也是不少产能过剩企业应对困境进行职工安置的一种方式。在企业中，待休就是一个岗位安排多个人来干，这在很多企业安置富余人员方面也是常用方式之一。但一岗多人的模式显然降低了全员劳动生产率，也相应降低了企业竞争力，造成冗员。如武安金鼎钢铁公司化解产能涉及职工 1144 人，全部并入其他生产岗位，使岗位人工成本提高了 1/3；邢台钢铁公司淘汰落后产能有 1300 余人内部消化，导致劳动生产率下降。

（6）请长假自谋出路。不少企业允许职工个人申请长假，一般为 3～5 年，长假期间企业不发放生活费，由个人承担本人应缴纳的社会保险费，长假期间职工个人可自谋职业、自主就业。长假期间成功找到工作的，企业依法解除劳动关系，职工到新的单位报到上班；长假期满仍未找到工作的，企业根据用工需求提供工作岗位，若因个人原因超过一定时间未回单位报到或不到企业提供的岗位上岗工作的，企业依法与其解除劳动关系。

（7）协议保留劳动关系。对那些距离法定退休年龄还有一段时间的（一般为 5 年以上 10 年以下），经本人申请，企业可以为其办理协议保留劳动关系，但不发放生活费，企业承担全部社会保险缴费部分（含企业和个人），符合退休条件时办理退休手续。这种情况下的职工一般都会在外面做些临时性工作，例如做点小买卖、干点临时工。

2. 依法解除或终止劳动关系，做好职工权益保障

从劳动关系的法律角度来讲，解除、终止劳动关系就是企业与职工不再有任何生产关系，职工不再依附于企业，企业也不对职工进行劳动管理。从企业具体操作形式来讲，还可以分为以下几种类型。

（1）直接解除、终止劳动合同。在解除、终止劳动合同上，企业将其分为三种方式来理解和操作：第一种是职工自己提出来的，按照法律规定，一般不涉及经济补偿；第二种是裁员或者双方协商，按照劳动合同法的规定给予相应经济补偿；第三种是在解除劳动关系时，除了按法律规定给予补偿金外，企业为了顺利解除会再额外给一笔费用。

（2）外部安置。所谓外部安置，实际上就是职工与所在企业解除劳动合同后，到新的企业去工作，建立新的劳动关系。在化解产能过剩过程中，一些大型国有企业由于需要安置的人员比较多，因此，除了内部安置富余人员以外，企业一般也会请求地方政府通过行政手段安置部分富余人员。以重庆钢铁厂为例，重庆政府部门通过组织其他单位，为重钢化解产能过剩安置下岗人员提供岗位。这种安置方式比直接解除劳动关系更有利于职工的再就业，劳动关系接续比较顺畅，阻力比较小，但对政府和接收安置职工的企业来讲有一定的负担。再比如黑龙江龙煤集团职工外部安置方式有三种：一是龙煤集团将土地、林地等资产划转给有经营优势的农垦、森工系统，人员带资产分流安置过去；二是在四煤城由政府成立国有性质的劳务公司，集中统一管理煤炭企业组织化分流人员，职工与龙煤集团解除劳动合同，与国有劳务公司签订新的劳动合同，继续履行原劳动合同的权利义务，职工国有身份不变，工龄连续计算，接续各项社会保险；三是龙煤集团通过将地面辅业单位改制为非国有控股企业，转移安置3660人，劳动关系转移到新单位。

（3）病退。病退就是因病（残）退休，是国家制定相关规定对病残职工给予提前退休的政策性安排。在实践中，产能过剩企业对于病退职工基本都按照国家相关规定给予执行，也作为职工安置的一条渠道。

第四节　化解产能过剩中劳动关系 存在的矛盾问题

虽然目前总的来讲，化解产能过剩企业劳动关系运行尚处于可控范围，但产能过剩、行业衰退等外部环境变化、企业盈利状况和发展前景的不确定性，以及职工切身利益损失都会对企业劳动关系的平稳运行带来影响。同时，在劳动关系运行、协调、管理中也有诸多问题，也有可能成为未来劳动争议的隐患。

一 劳动合同管理存在一些突出问题

1. 农民工劳动合同管理问题比较突出

在大部分企业能够合法合规履行劳动合同签订、变更、解除、终止等基本情况下，部分企业仍然存在未按法律规定签订劳动合同的用工不规范情况。从全国形势来看，近5年农民工总量呈持续增长态势，在就业群体中也占有越来越重要的位置（如图3-2所示）。

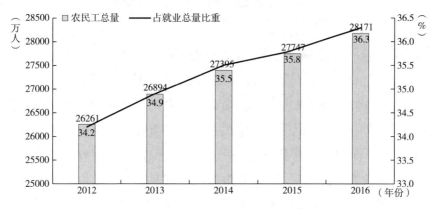

图3-2 历年全国农民工总量和占比情况

资料来源：历年人力资源和社会保障事业发展统计公报，国家统计局相关统计年鉴。

但不少企业在大量雇用农民工时，仍存在未签订劳动合同的情况，或者虽然签订合同却未按有关合同条款执行。特别是中小企业劳动合同执行不力，造成在化解产能过剩中分流安置职工时往往先对农民工进行裁减，损害了农民工的劳动权益。图3-3显示了农民工劳动合同签订率与全国劳动合同签订率比较情况：近5年来，全国劳动合同签订率不断提高，2015年以后一直保持在90.0%以上；而农民工劳动合同签订率却不断走低，2016年已降至35.1%。另外河北省提供的数据显示，截至2015年9月底，共有51.06万名职工受到化解产能过剩的影响，其中向社会排放失业人员11.41万人，农民工有7.2万人，占比63.1%，成为失业群体中最主要的一群人。

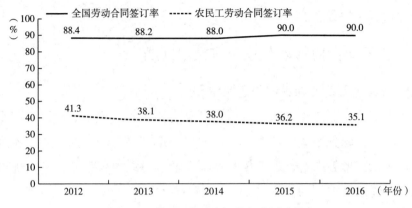

图 3 – 3　农民工劳动合同签订率对比情况
资料来源：历年人力资源和社会保障事业发展统计公报。

2. 劳动合同无法解除造成职工再就业障碍

部分企业的下岗职工未与原单位解除劳动合同，或因工资、社保、经济补偿金等拖欠问题无法与原单位解除劳动合同，造成职工无法与新就业单位签订劳动合同，不能进行劳动关系的转移接续，阻碍了职工顺利再就业。此外，下岗职工理论上还处在劳动合同存续期间，客观上导致一部分人属于"隐性失业群体"，即有工作单位、有劳动合同，但无稳定工资收入，同时不符合领取失业保险金、经济补偿金等条件，生活面临极端困难。

3. 一些转移安置职工存在双重劳动关系问题

部分分流职工出现双重劳动关系，存在争议风险。去产能中，不少职工已经分流到其他企业工作并签订了新的劳动合同，但他们依然与原企业保留着劳动关系，由此带来双重劳动关系问题。但目前劳动立法中尚未有明确的双重劳动关系的处理规定，一旦发生工伤等劳动纠纷，极易产生法律风险。

4. 劳动合同转移接续中存在管理真空

部分地方政府开展的组织化分流安置工作中，原单位、转岗接收单位与职工三方签订劳动关系转移合同后，不少职工并没有如期到位，存在"管理真空"状态，在职工日常管理、权益保障、稳定维护方面权责归属不清，不易于开展规范化的劳动关系管理。

二　降薪欠薪等工资收入问题影响职工利益

在化解产能过剩过程中，涉及产能过剩的大部分企业都存在开工不足、利润减少甚至亏损的情况，带来企业经济效益的降低，并造成裹挟在这一过程中的劳动者弱势地位的凸显，其首要表现就是职工经济利益受损较为严重，工资收入受影响较大。

1. 降薪现象时有发生

化解产能过剩企业职工待遇普遍降低，无论是在岗、待岗、轮岗的职工，也不论是管理干部还是一般人员，工资收入都受到影响。现实中，部分地区产能过剩领域的经营形势严峻，不少企业处于停产或半停产的"怠速运转"状态，工资增长很难保证，必然会面临工资水平下降的问题。特别是一些职工想上班而不能出满勤，甚至整月无班可上，收入下降幅度会比较大。从调研情况来看，大部分企业在降低工资时会先降管理人员，再降普通职工，但整体工资水平下降仍较大，部分企业职工平均工资仅有正常生产时月平均工资的50%~90%。如河北某钢铁公司的管理人员平均降薪30%，普通员工平均降薪10%；迁安市某钢铁厂对停产职工降薪20%；邯郸市某钢铁企业的一些转岗人员工资下降了50%。东北某大型煤炭企业每月工资总额从8.6亿元下降到5.6亿元，降薪幅度达三分之一多，人均年收入仅3.4万元，特困员工家庭明显增多。

2. 部分企业欠薪问题较为突出

化解产能过剩企业的工资拖欠问题时有发生，特别是资金链断裂的企业拖欠职工工资长达一两年，对职工经济利益冲击非常大，部分困难职工生活难以为继。重庆市某煤矿拖欠1481名职工工资2198万元，职工多次上访讨薪。某煤炭企业曾出现的职工聚众讨薪事件，原因就是企业拖欠了职工工资12亿元，其中拖欠6.7万名井下工人2.5个月工资8.5亿元，拖欠11.29万名地面职工1个月工资2.75亿元，拖欠特殊困难职工1个月工资7500万元，可见拖欠工资数额之大。在此之后，该企业截至2016年5月末，再次欠发职工工资13.3亿元。

3. 生活费待遇差距较大

化解产能过剩企业对放长假待岗以及内部退养等人员一般只发放基本生活费，但职工的生活费水平不一，有些企业根据当地最低工资标准执行，有些企业生活费水平比较低。山西某煤炭集团对内部退养职工生活费发放标准为不低于山西省政府规定的当月最低工资标准的80%；对距内部退养年龄三年以内，职工因病因伤不能工作，或因家庭成员需要特殊照顾的，经本人申请和组织认定后，办理提前离岗，待遇按当地最低工资标准加年功工资发放，扣除各项保险费后的月均生活费在1400元左右；对待岗等待分流安置职工，按最低工资标准发放生活费。山东某冶金公司的数据显示，内部退养职工的工资约为在岗时的50%。其他一些企业的待岗、内退职工月基本生活费普遍在400～700元。领取生活费的职工除了个人应缴纳的社会保险费用外，很多职工还面临住房还贷、子女上学、赡养老人等家庭压力，基本生活费可能远远不足，不少待岗、退养职工还需要再打工补贴家用。此外还有一些企业在生产经营十分困难的情况下，无法及时发放职工生活费，有些企业拖欠十天半个月，有的企业拖欠达到了半年之久。另外，各企业发放的生活费没有政策标准依据，各地、各企业间待遇差距较大，容易造成职工之间的攀比，影响职工安置工作。

三 部分企业欠缴社保费问题突出，影响了相关职工社保待遇

1. 有的企业欠缴社保费问题突出

由于部分企业经营遇到困难，现实中存在企业拖欠职工社会保险费的情况，有的欠缴养老保险、医疗保险，有的"五险"都欠，这给职工的社会保险权益带来了较大影响。河北某钢铁公司自2009年以来拖欠失业保险费累计达2亿多元。山西省煤炭企业2016年底累计拖欠社保费46亿元。东北某煤炭集团社保费欠费数额较大且在继续增加，截至2017年底，集团共拖欠"五险一金"合计132.1亿元，同比增加7.13%；其中拖欠社保费101.7亿元，同比增加11.15%。2018年以来，该企业只能缴纳应缴社保费的1/3，欠费问题进一步凸显。

2. 社保欠费期间职工社会保障权益受损

化解产能过剩涉及职工社会保险费的拖欠，直接影响职工社保待遇的享受。因欠缴养老保险，且员工无力补缴，不能办理退休手续，而因病死亡员工养老保险个人账户也不能及时继承，养老权益直接受到损害。欠缴医疗保险，员工患病住院治疗，职工的医疗保险报销存在一定问题，无法报销，医疗费由个人垫付，经济压力巨大。欠缴失业保险，职工一旦与企业解除劳动关系，到社会上却享受不了失业金待遇。此外，老工伤人员供养问题也影响一些企业，部分国有企业的工伤保险仍处于企业内部统筹，企业关停并转后一些一级至四级工伤人员的供养费用没有了来源，将造成不稳定因素。

3. 职工再就业因社保欠缴受到直接影响

如果职工和企业协商解除劳动关系，或是跨统筹地区就业，社会保险转移接续也存在一定的问题。员工到其他企业就业，因原单位欠缴社会保险费，员工无力补缴，不能及时办理社保转移，造成新单位无法接收员工，再就业受到阻碍。

四　经济补偿金问题直接影响企业劳动关系和谐稳定

1. 一些企业无力支付经济补偿金

解除或终止劳动合同是企业向外排放富余人员的主要做法之一，而这必然牵扯对职工进行经济补偿的问题。实际上，化解产能过剩行业企业经营状况总体不好，不少企业持续亏损，资金链断裂，欠费欠款情况严重，企业资产负债率高企，资金流严重短缺。在这样的情况下，解除职工劳动合同需支付的经济补偿金对企业而言难以解决，进一步阻碍了企业改革发展，也损害了职工的经济利益。实际调研过程中发现，不少企业在解除劳动关系时未能依法足额及时发放经济补偿金，更为严重的是，若因经济补偿金问题无法解除劳动合同，使得职工不得不"滞留"在企业内部，不能到市场中实现再就业，更容易激化双方矛盾，影响化解产能过剩工作进程。黑龙江某煤炭集团涉及化解产能过剩职工共计5.5万人，据统计，涉及职工中约2.7万人选择解除或终止劳动关系，所占比例较大（约一半），给予职工的经济补偿金总额缺口很大，靠企业和地方政府自身较难解决。鸡西市一家钢铁公司原有职工 3642 人，2013 年 11 月企业与全体职工签订解除劳动合同协议书，职工全员下岗，由于企业当时资金链断裂，无力支付经济补偿金，在政府工作组的指导下向每名职工出具了经济补偿金欠条，共欠职工经济补偿金总额 6200 多万元。此外，一些煤炭企业随着矿井关闭、人员分流，已出现一些前期失联人员返回矿井要求企业支付经济补偿金的情况，成为劳动关系矛盾的新焦点。

2. 企业无法满足职工对经济补偿金更高诉求

现实中，不少职工认为按照法律规定解除劳动合同获得的经济补偿标准比较低，因而对企业经济补偿会有更高期待和诉求。对协商解除劳动合同的职工，企业按照《劳动合同法》给职工每满一年发给相当于一个月工资的经济补偿金。以全国平均工资数据为例，工作 20 年的老职工得到的经济补偿金大约 10 万元左右。假设职工是从 20 多岁进入企业，工作 20 年后正处于"4050"人员范畴，年龄偏大、技能不足，缺乏较好的再就业能力，继续找工作的难度会比较大，这 10 万元经济补偿金对其而言显然是不足的，今后的生活难以为继。事实上，不少职工对经济补偿金存在更高诉求。不少产能过剩企业为了更好、更顺利地与职工解除劳动关系，会在法定补偿金标准之外，再额外增加一部分补偿金，鼓励职工寻求再就业。但不少企业也反映，正是这份额外的补偿带来了不稳定因素，容易造成矛盾隐患。因为对于经营效益比较好的企业而言，额外给予经济补偿金还能够负担，但对于经营不好的企业，职工就会因此发生劳动纠纷。由于身处同一个城市，即便是不同企业的职工之间也有比较畅通的消息渠道，各企业间职工容易产生攀比心态，就高不就低，造成水涨船高，对经营较差的企业更是雪上加霜。

五　职工安置过程存在一定劳动争议风险

1. 职工面临下岗安置问题

化解产能过剩领域覆盖钢铁、水泥、电解铝、平板玻璃、船舶以及煤炭等多个行业，涉及职工人数相当多。虽然目前大部分企业还能维持正常运转，在面临产能压减时可以从内部向其他生产岗位分流部分职工。但是今后随着化解产能过剩的进一步深入，经营一旦发生严重困难，企业无力安置，就会发生较大失业风险。人力资源和社会保障部数据显示，化解产能过剩仅煤炭和钢铁两个行业就涉及 180 万名职工的分流安置，其中煤炭系统是 130 万人，钢铁系统是 50 万人。河北省数据显示，到 2017 年底，全省产业结构调整（包括化解产能过剩、淘汰落后产能、治理大气污染和产业转型升级等）将影响企业职工约 106 万人。

2. 企业通过自身内部安置人员压力较大

从劳动关系平稳过渡运行的角度来看，企业通过对职工进行转岗培训，重新内部安置的这一方式是最为便捷有效的，但是这也给企业带来了较大的压力。客观地讲，目前我国钢铁、煤炭、水泥、电解铝等设施装备大多处在世界先进水平，企业生产经营之所以困难，很重要的因素是富余人员较多。因此，单纯地从企业生产经营和盈利的角度来看，向外排放富余人员又是必然选择。在现实中，企业特别是国有企业往往还会优先选择内部安置的方式来解决富余人员的问题。一些钢铁集团对经营确有困难的子公司采取内部退出机制，对需要进行安置的富余人员采取转岗安置的方式。但是企业内部的岗位数量毕竟有限，与需要安置的人员相比仍有不足，这就会造成内部安置压力比较大。现实中是无法通过内部安置解决全部富余人员问题的。河北某钢铁公司共有职工约 5000 人，化解产能中受影响职工达 1100 人，其中约有 900 人处于待岗状态，只有 200 人实现了转岗安置。

此外，部分企业内部分流安置职工空间正逐步缩小。随着 2018 年去产能持续推进，不少企业内部安置职工空间明显不足。河南省 2016 年去产能安置职工内部转岗的占 59%，解除劳动关系的占 30%；而 2017 年内部转岗的占 36%，解除劳动关系的占 59%，更多职工面临失业再就业问题。另有一些曾接受分流职工的企业又被列入 2018 年去产能计划，职工面临二次分流转岗的问题。

3. 部分下岗职工就业安置面临诸多困难

被企业解除或终止劳动合同的职工需要重新到市场上进行再就业，但由于目前全国过剩产能主要集中于钢铁、水泥、电解铝等传统行业，一些企业特别是国有企业的职工普遍年龄偏大、文化程度较低、技术单一、观念相对保守，因此，再就业面临较大的困难。同时，为更好促进下岗职工的再就业安置，各地政府部门也会组织其他单位为产能过剩企业安置富余人员提供岗位。但是，由于岗位职责、技能要求等一些客观条件的不同，承接下岗职工的岗位与原岗位差别比较大，有些岗位还设置了一定的门槛和条件限制，造成了外部安置的实际操作比较困难。例如上海宝钢公司通过与上海市政府协商，希望解决 3 万名富余职工的外部安置，但由于上海地区产业结构的因素，没办法提供足量的岗位。此外，受整体经济下行压力影响，不少地区的大部分企业经济效益都不是很好，也有不少企业不愿意接纳这部分人员，导致其实现再就业的难度加大，也间接加大了产能过剩企业与职工协商解除劳动关系的难度。

4. 外协人员安置存在潜在风险

钢铁、船舶行业等一般用工量都比较大，除了正式员工外，参与生产的人员队伍中劳务派遣工、外包工、外协工等占据了较高比例，如船舶行业中电焊等专业技术工人基本依靠外协。部分企业因行业产能过剩、生产任务减少等，在人员安置过程中往往会对正式员工依照有关规定给予正规解决，并且会为了安置正式员工而优先选择压缩外协工比例，削减外协工队伍，将岗位腾退出来给正式员工。对外协人员而言，他们或寻找其他合作企业，或转投其他行业，但无论如何都有面临失业风险的可能。加之外协人员与用工单位之间并不是一般意义上的劳动关系，企业对外协人员的安置处理相对正式员工而言经常处于一个模糊地带，但外协人员对用工企业往往又有利益诉求，因此外协人员的安置问题也是化解产能过剩企业劳动关系处理中一个容易发生矛盾的风险点。

六　职工民主权益存在受侵害情况

化解产能过剩中的企业不少需要面临关停并转，企业在这一过程中侵犯职工民主权利的情况仍然存在，特别是裁减员工未经过民主程序，造成职工权益受到侵害。有些化解产能过剩企业在关停并转过程中未严格按照法定程序执行，程序比较粗糙或是不透明，职工知情权、参与权和监督权缺失情况较为突出。有些企业"职工分流安置方案"不公开、不透明，个别企业只是在墙上贴出宣传告示，对政策宣传解释不到位。有些企业没有通过合法民主形式充分听取工会、职代会和职工的意见。有些形式上通过工会或者职代会，但实质上并没有充分考虑职工意见，导致方案不够合理公正。还有一些民营企业，不少职工在企业停产后已经异地就业，信息核实难度大，联系困难，"职工分流安置方案"因难以履行职代会等民主程序而无法实施。这些都导致改革方案在后续关停并转实施中可能存在一定隐患。

第五节　化解产能过剩中劳动关系问题的原因分析

化解产能过剩中劳动关系问题产生的原因较为复杂且深刻，有些是宏观经济和产业环境层面的原因，有些是政府政策法规和措施方面的原因，还有些是企业内部管理领域的原因。

一　宏观经济和产业环境是部分地区劳动关系不稳定的外部因素

从整个国家宏观经济情况来看，经济增速放缓，经济结构和能源结构不断优化，钢铁、煤炭等行业社会需求减少，行业产能过剩，价格低迷，导致行业经营面临较大困难。2018年上半年，全国GDP增速为6.8%，国民经济运行总体平稳、稳中有进，但未来下行压力仍然不小，特别是国际上不稳定不确定因素依然较多，国内长期积累的结构性矛盾依然突出。随着供给侧结构性改革力度不断加大，化解产能过剩工作将持续深入推进，2018年上半年，全国工业产能利用率为76.7%，比上年同期提高0.3个百分点。今后，化解产能过剩还将进一步加大力度，直接影响相关企业劳动关系运行。

化解产能过剩比较集中的地区，需安置的职工人数较多，安置压力较大，钢铁、煤炭等行业的职工年龄又比较偏大，技能相对单一，就业能力较弱。同时，产能过剩集中的地区往往是资源依赖型或老工业基地，地方就业承载力相对有限，第三产业发展不足，无法提供容纳大量待安置职工的就业岗位，劳动力市场供求紧张。例如黑龙江四煤城（鸡西、鹤岗、双鸭山、七台河）经济基本依靠煤炭，多数企业都是为煤炭生产提供配套服务的，煤炭税收占地方财政收入的60%以上。在经济下行和化解产能过剩的环境下，承载经济增长和新增就业的能力严重不足，四煤城地方生产总值、规模以上工业增加值、固定资产投资、地方财政收入等指标均出现负增长，失业和隐性失业人数不断上升。

课题组调查数据显示，在影响企业劳动关系和谐的因素方面，企业认为重要的依次为外部环境（产能过剩、行业衰退）（41.67%）、企业的盈利状况和发展前景（41.67%）、员工的劳动收入（25%）。

二 企业人力资源特征导致去产能行业企业职工安置困难

钢铁、煤炭等化解产能过剩压力较大的行业企业，不少是属于老国有企业，生产环节多、设备占用多、用工人数多，生产成本较高。其职工队伍也有着固有特征，主要是：年龄结构不合理，大龄职工较多，特别是"4050"人员；文化水平偏低，职业技能相对单一，包括不少缺乏技能的农民工群体；职工思想观念落后，市场意识、效益意识、风险意识、改革创新意识不足，依赖企业思想严重，宁愿耗怠在企业，也不愿意另谋出路；部分受影响职工对未来岗位的期望要求偏高，对跨行业和跨地区转移就业意愿低，自主就业创业的意愿很低，再就业选择性小，可就业的工作质量偏低，即便实现再就业也存在较高的再次失业的风险。黑龙江某煤炭集团第一批组织化分流安置的2.3万名职工中，距法定退休年龄5年以内的占比5.7%，40岁以下的占比35.1%，"4050"人员占比近60%，年龄偏大、技能单一、文化水平低，较难适应市场就业。

三 法规政策不完善影响职工劳动关系妥善处理

1. 指导去产能企业调整劳动关系的具体政策措施不足

虽然目前国家出台了若干化解产能过剩及职工安置的政策措施，明确了"妥善处理劳动关系"的有关要求，对平稳处理经济结构调整和保持劳动关系和谐稳定做出了制度性安排和指导，但落到微观层面却一直缺少专门针对劳动关系调整的具体措施安排和支持政策。国家未出台系统化指导企业处理劳动关系的方案和政策，企业在很多方面缺乏法规政策依据，不同企业在制定细化和具体的职工劳动关系处理方案时只能"摸着石头过河"，因此各企业之间劳动关系问题存在较大差异，某些领域容易造成职工攀比。如有的地方反映，以法人单位还是以矿井确定职工安置人数需要明确。有些煤炭企业以下属的非法人单位矿井为公示的去产能单位，但矿井职工的劳动合同均为与法人单位签订；并且一线职工经常在法人单位所属多个矿井之间调动，难以固定在一个矿井工作。企业提出将所属矿井的职工全部纳入去产能范围进行转岗安置，但这种确定安置人员范围的方式并未得到政策明确。

2. 部分劳动关系法规政策缺位

在化解产能过剩中，不少企业在与职工保留劳动关系的同时，为解决职工就业问题，将其分流到其他企业工作，签订新的劳动合同或是形成了新的事实劳动关系，由此带来双重劳动关系问题。但目前劳动立法中尚未明确双重劳动关系的处理规定，在实际中一旦发生工伤等劳动纠纷，极易产生法律风险。此外，与企业未解除劳动关系的分流职工也无法纳入现行就业扶持政策范围，现行规定并未明确对建立劳动关系却存在事实下岗失业人员的扶持政策，这些职工享受不了职业介绍、职业培训、公益性岗位、创业担保贷款等就业扶持政策，不利于促进其再就业。

3. 部分条款规定不细致、不具体，致使企业操作面临直接困难

现行政策中对经济补偿金的计算存在一定问题。依照劳动合同法的规定，劳动者月工资高于用人单位所在直辖市、设区的市级人民政府公布的本地区上年度职工月平均工资3倍的，向其支付经济补偿的标准按

职工月平均工资 3 倍的数额支付，向其支付经济补偿的年限最高不超过 12 年。但在具体操作中，可能会出现收入高的劳动者由于超过 3 倍的封顶线，经济补偿年限最高不超过 12 年，最终获得的经济补偿金反而低于其他收入较低的劳动者，产生了不公平现象和相应的矛盾争议。此外，在经济补偿金计算中还涉及工资口径的问题，也就是哪些项目可以算入职工的工资，目前并没有明确的规定，对此企业和职工之间容易产生分歧和矛盾。

四　资金不足影响了职工安置和劳动关系处理

企业安置富余职工无论是采取转岗、内退还是解聘，都需要一定量的资金支持，特别是对于钢铁、煤炭等行业企业，一旦停产，需要安置的人员数量比较大，带来了资金上的压力。目前国家拿出了 1000 亿元专项奖补资金支持化解产能过剩职工安置工作，但在实际调研中发现，企业普遍反映目前支持的资金标准偏低，与企业自身承担的损失相比只是杯水车薪，不能满足企业安置职工和转型发展的需要。此外，不同地区之间差异也比较大，新疆人均可达 20.2 万元，而黑龙江、吉林等重点地区人均分别为 3.9 万元和 2.9 万元。黑龙江某煤炭集团去产能需要安置 5 万多名职工，安置资金共需 91 亿元，人均 16.1 万元。由于省财力有限，未配套省级奖补资金，而得到的国家奖补资金为 10.33 亿元，人均 3.92 万元，安置资金总缺口约 80 亿元，人均缺口 12 万元，去产能职工安置资金缺口很大，企业负担沉重。这还不包括黑龙江省其他去产能分流安置职工，而黑龙江就业资金中用于公益性岗位补贴和社会保险补贴两项支出占到了 90% 以上，很难再有其他资金用于开发就业岗位、扩充就业渠道、培训就业技能，造成转业转岗的社会承载能力不足，反过来制约了化解产能过剩职工安置。湖北省某钢铁公司分流 2.1 万名职工的安置总成本为 69 亿元，辽宁省某钢铁集团分流安置 3.6 万名职工共需 65 亿元，企业感到压力很大，安置职工资金短缺问题十分突出。有的职工愿意拿钱走人，但企业无力支付，这不仅影响了职工分流，而且阻碍了劳动法规的落实和新机制的形成。

五 劳动关系调整机制未充分发挥应有作用

1. 国企劳动用工制度改革有待深化

与民企相比，去产能中国企安置职工普遍十分困难，在相当程度上暴露了国企仍有与市场经济不相适应的弊端。一些企业难以根据生产经营变化增减企业员工，做到能进能出。一些老国企还有大量集体工，他们身份认定复杂，也缺乏明确的政策规定，经常引发劳动争议，也是安置工作的一个难点。许多国企职工市场意识欠缺，严重依赖企业，期望要求偏高，不愿另谋出路，自主就业创业意愿很低。同时，不少国企还承担着"三供一业"、医院、学校等大量社会职能，人员队伍庞大，冗员过多，企业负担沉重。山西某煤炭集团一矿井关闭后，企业每年仍要负担水暖、供电等社会职能费用近1亿元。

近年，一些国有企业开始加大劳动用工制度改革，并且与去产能职工安置同时进行，带来职工安置形势的复杂化。2018年，许多地方启动了厂办大集体改革、"三供一业"移交改制等国企制度改革，这些工作与去产能交织在一起，受影响职工的范围进一步扩大，复杂程度升高，矛盾问题增多，加大了部分地区就业安置工作的艰巨性和复杂性。如辽宁省厂办大集体改革涉及数十万名职工。有的重组煤矿涉及原国有、集体企业职工多，时间地域集中，给安置工作带来较大压力。

2. 有的企业经营管理和用人自主权不能充分发挥

一些地方政府要求受影响人员全部由本企业内部吸纳，客观上超出企业安置能力，兼顾职工安置和生产经营压力巨大。例如山东省某钢铁公司，该公司产能最高时可以达到1200万吨，随着钢铁结构调整、化解产能过剩等措施，减产到650万吨。产能压减意味着内部职工队伍的调整，特别是人员的向外排出。但该公司作为国有企业，上级政府部门要求其在调整和压缩产能的时候不能让一个人下岗失业，不将一个人推向社会。所以在淘汰和压缩几百万吨产能的情况下受影响的13000多人全部在企业内部安置，这实际上造成了企业劳动生产率下降，产钢能力降低，市场的竞争能力降低。为了安排这13000多人，企业每年所需的人工成本高达13亿

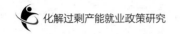

元，无疑给生产经营困难的企业"雪上加霜"。

此外，部分企业反映，现有部分法律条款限制了劳动力市场灵活性，给企业进行人员调整安置造成一定障碍。按照劳动合同法规定，企业调整岗位属变更合同内容，须征求职工同意，有的职工即便保持其原工资水平不变也不服从企业对其岗位安排，使得人员转岗安置十分困难。不仅加大了企业负担，限制了企业转型，而且抑制和妨碍了市场发挥决定性作用。

3. 行业和地区层面劳动关系三方协调机制不够健全

化解产能过剩工作的一大特征就是行业和地区差异非常明显，如钢铁、煤炭行业职工就业安置的压力明显大于水泥、平板玻璃行业等；同样，不同地区产能过剩的形势也差异极大，比较严重的如河北的钢铁、黑龙江的煤炭、贵州的电解铝等。对此，特别有必要在行业和地区层面建立和完善三方协商谈判机制。在处理和解决行业层面与地方层面的劳动关系问题时，由政府、企业代表、工会三方共同搭建的三方协商平台和机制被证明是一个有效的做法，在处理产能过剩行业中的劳动纠纷时也需要充分考虑这一办法。实际上，我国从 20 世纪 90 年代中期开始就在大力推行集体协商制度和三方协商机制，但在很多行业中却没有相应的制度安排。由于劳企政三方在劳动关系处理上的问题不尽相同，各方主体的地位不对称、不明晰，在许多劳动关系问题的处理上还是各自为政，缺乏相互的沟通与协调，也因此缺乏化解矛盾的缓冲机制。

六　有的企业内部劳动关系管理薄弱，不利于及时化解矛盾

实际上，化解过剩产能所带来的企业和劳动者利益关系的改变是一个客观现实，它会引起利益失衡，但并不总会引起矛盾激化。在这个过程中，劳动纠纷解决手段的欠缺和低效是导致矛盾积累和容易激化的结构性原因。课题组在走访中也发现，一些企业在管理和应对劳动关系变动时的一些做法存在较大的风险，特别是企业内部沟通渠道不畅通，缺乏平等协商机制问题严重。

调研发现，不少员工对于产能过剩的现实以及国家的相关改革思路都

有大致的了解，但是部分企业在落实产能化解任务、减员分流安置工作的过程中，并未向员工主动、充分地披露或传达有关改革的信息，如分流安置渠道、安置待遇等。在沟通不畅、缺乏协商的情况下，职工不知道改革的真实消息，不知道自己的未来去向，不少职工心理存在较大的担忧和顾虑，并得不到有效化解。久而久之，职工对化解产能过剩任务和职工分流安置工作抱有强烈的不满和偏见，往往心存猜测、焦急、忧虑，容易加剧不良情绪，就有可能引致更为严重的劳动纠纷甚至冲突。从课题组的调查数据也可以看出，在引发群体性事件的主要原因中，职工认为排在首位的就是管理制度不公平、不合理（30.10%），说明职工对企业内部劳动关系管理制度化、规范化的要求还是比较高的。

第六节　化解产能过剩中劳动关系问题的治理应对

政府应高度重视去产能企业劳动关系问题，并积极做好对劳动关系处理的相关工作，做到事前指导、全程监督、及时响应，确保劳动关系整体运行平稳有序，劳动纠纷始终处于合理区间，群体性事件风险实时监控。

一　坚持分类治理、精准施策的思路

就目前调研中反映出的问题来看，不同行业、企业和员工的劳动关系状况差异较大。从行业类型来看，钢铁、煤炭行业涉及职工较多，安置难度较大；电解铝和平板玻璃行业职工人数较少，且呈现区域性特点；船舶行业劳动用工形式复杂，但正式职工数量有限。从所有制类型来看，公有制企业化解产能过剩和职工安置的压力比非公有制企业要大，国有企业职工在年龄、技能上的弱势问题更加明显，"固化"的现象也比较严重；相比之下，非公有制企业很多都是中小企业，"船小好掉头"，职工就业中的市场机制起决定性作用，人员可来可走，职工也不会要求企业过多利益，用工较为灵活。而一些钢城、煤城等资源依赖型城市就业承载能力有限，去产能带来的冲击更加凸显，需要特别给予关注。

因此，要坚持以分类治理为主线，底线政策一视同仁，扶持政策要差别化、有针对性。也就是说，在税收、社保等基本政策方面，公有制企业与非公有制企业应当严格一致按照法律规定执行。具体到政策操作层面，要针对国有企业和民营企业不同特点进行，要对不同企业的"口味"，还要具体问题具体分析，尽量使政策弥补前期竞争不同步的问题。

二 完善和加强对去产能企业劳动关系处理的统筹协调

课题组在调研中发现，在处理劳动关系问题的过程中，企业经营管理方始终站在矛盾处理的"第一线"，更多劳动关系矛盾的化解手段都是企业在实践处理过程中摸索出来的。一些做法由于缺乏明确的政策依据，不少企业也反映处理信心不足，很多措施实施起来心存顾忌。针对这一情况，有必要建立健全劳动关系治理的多主体工作协调机制，指导和帮助企业积极处理劳动关系问题。实际上，化解产能过剩工作的推进本身就涉及多个部门的工作，处理这一过程中的职工安置和劳动关系治理问题，也需要不同部门相关政策的协同和相互支持。各地化解过剩产能和淘汰落后产能工作协调小组要统筹协调本地区企业职工安置工作，以人力资源社会保障部门为牵头单位，发展改革、经济、信息化、财政、国资、工会等部门共同负责，明确各部门在化解产能过剩职工安置和处理劳动关系工作中的责任，尤其是补偿资金来源、安置渠道扩展、劳动争议预警预防、劳动者知情权参与权的维护等方面的具体工作，加强相互间的信息沟通，实现政策的协调联动。

三 突出对去产能企业劳动关系的预警预防和矛盾处理

各地要进一步建立健全劳动关系治理的多主体工作协调机制，充分发挥化解过剩产能工作领导小组和劳动关系三方协调机制等工作组织和机制的作用，指导和帮助企业积极处理劳动关系问题。有关各方要加强对去产能中可能发生的劳动关系矛盾尤其是集体性劳动争议的预警预防，建立健全劳动纠纷应急预案和风险预警机制，开展纠纷风险排查，保持对职工安置形势的充分研判，有效监控劳动关系运行。突出对劳动关系重点矛盾的调处，充分发挥社会基层调解组织、劳动行政部门、法院等调解劳动纠纷和冲突的作用，减少和避免重大集体劳动争议事件，维护社会稳定。

四　完善指导企业处理劳动关系的整体性和具体化方案措施

抓紧制定、完善并系统化指导企业处理劳动关系的一系列措施，为企业提供整体性的指导方案和相关政策文本，使企业做到依法依规处理劳动关系。进一步明确劳动关系处理、工资标准、社会保险关系接续等实施细则，解决双重劳动关系等现实问题，明确职工转移劳动关系指导细则，明确规定程序和操作步骤，厘清原单位、接收单位和职工三方各自权利责任，职工与原单位脱离。针对不同类型企业、不同诉求职工制定完善分类细化和具体性的政策措施和指导方案，做深做细劳动关系指导工作，挨家挨户指导企业制定职工安置方案和处理劳动关系。做好相关政策和措施的衔接，把握政策措施的适度性和有效性，平衡劳动力市场安全性和灵活性，既保障职工合法合理权益，又防止造成新的市场改革障碍。

五　多渠道筹集资金用于去产能企业职工安置和劳动关系处理

中央、地方、行业企业等多方主体共同参与去产能企业帮扶资金的筹集过程：中央政府继续加大奖补资金投入力度，向资源枯竭型地区和独立工矿区等倾斜，突出对困难地区的重点帮扶，进一步通过国有资本市场化运作、使用社会保障基金等方式撬动资金投入；地方政府也要加大相关投入，并加强运用中央财政转移支付资金、完善地方财政性补贴措施等帮助去产能企业开展职工安置和劳动关系处理；行业企业通过用"良币补偿劣币退出"的方式进行产能置换和资金补偿，由扩大产能、提高效益的企业对主动退让市场的企业进行补偿，用于后者的职工安置。

六　加快推进国企劳动用工的市场化改革

不断深化国有企业改革，加大对"三供一业"等社会职能分离移交的力度，减轻企业负担。进一步深化国企劳动用工制度改革，破除不符合市场竞争规律的用工管理制度，使国有企业在去产能过程中能够进行人力资源的有效优化，释放改革红利。规范政府对企业用工的执法、监督和指导，明确政府行为的边界，防止过度干预企业用人自主权和合法的市场行为，让去产能真正发挥供给侧结构性改革的作用。

七　完善劳动关系预警预防和矛盾调处等机制和措施

要对化解产能过剩不断深入过程中可能发生的劳动争议尤其是集体性劳动争议有充分的预判，充分发挥劳动行政部门预警、预防、协调、调解劳动争议的作用。针对企业和职工发生的劳动争议，劳动行政部门要积极斡旋调解。当劳动争议较轻时，政府要积极协调，协助争议双方当事人降低分歧程度，达成协议。但政府的建议方案并不具有强制拘束力，是否接受仍然需要由双方自己决定，政府介入劳动争议不得过度。当劳动争议进入仲裁阶段时，要做好劳动争议的调解和仲裁工作，坚持以调解为主、预防为主的方针，坚持化解矛盾、稳定大局的原则，起到保持社会稳定的减震器的作用。在协调处置劳动争议时，要依法办事，保障维护双方合法权益。化解产能过剩涉及双方利益，法律法规不仅保障劳动者的合法权益，同样也应保障企业方的合法权益。政府作为劳动关系中的第三方，应当坚持依法办案、秉公执法，以事实为依据、以法律为准绳，理性、客观、公正、全面处理劳动争议案件，依法保障双方权益。

八　加强政策落实并做好基本公共服务

在化解过剩产能的过程中，企业经济利润遭受重创，利益受损，劳动者的利益也连带受到了较大的损失。但课题组仍然认为，一方面劳动行政部门和工会部门应动员和教育职工与企业同舟共济、共同克服困难，另一方面也要做好服务，积极维护劳动者的合法权益。一是督促指导化解过剩产能和淘汰落后产能企业关闭破产按照国家有关规定对解除劳动合同的职工给予经济补偿，偿清拖欠职工的工资、医疗费，补足拖欠的各项社会保险费。二是严把职工安置方案审核关，对职工安置方案不完善、安置资金不到位、未通过职工代表大会讨论和审议的，指导企业依法依规进行修改完善。三是做好劳动关系接续服务，督促指导化解过剩产能企业认真做好职工的劳动关系处理，维护劳动者合法权益，为解除或终止劳动合同职工及时办理失业登记，为再就业职工做好相关劳动关系建立和社会保险接续服务。

第四章 化解过剩产能中职工职业能力开发研究

摘　要：化解过剩产能是产业结构调整和优化升级的重点，也是推进供给侧结构性改革的重要任务。在化解过剩产能中，通过职业培训有效提升受影响职工的技能水平和就业能力是实现其转岗转业的关键。要做好技能培训工作就必须摸清受影响职工技能水平的基本状况和培训需求，切实解决职业培训中的突出问题，提出改善职业技能提升工作的政策措施。本章重点阐述了受影响职工的职业能力状况，分析了其职业能力开发需求，评估了政府的政策措施所取得的成效，并介绍了企业开展培训的主要做法。重点从实施培训的主体责任、培训模式、培训政策、培训投入、职工的技能状况和培训需求等方面进行了深入分析，指出了存在的主要问题及其产生的原因。本章针对新就业形态和"互联网＋"背景下职业培训的有利条件，提出了通过完善相关职业培训法规，进一步明确政府、企业在受影响职工技能培训中的责任边界，创新多元化职业培训模式和投入机制，通过职业培训供给侧改革提升职业培训针对性、政策可及性和扩大受影响职工职业培训需求等对策和建议。

关键词：化解产能　职工就业　技能开发

化解产能过剩是当前和今后一个时期产业结构调整和优化升级的重点和关键，也是推进供给侧结构性改革的重要任务。职业技能培训是从根本上提升就业能力、增强对岗位的适应性和实现转岗转业的关键。做好受影响职工就业安置中岗位技能提升工作需要实地调研和摸清受影响职工职业技能的基本状况和培训需求，了解相关企业受影响职工职业技能开发实践，构建政府主导、企业主体、社会参与的多元化职业技能培训模式和市场机制。这是当前去产能过程中提升受影响职工职业技能和就业能力的关键。

第一节　受影响职工职业能力和培训现状

2013 年 10 月，国务院发布《关于化解产能严重过剩矛盾的指导意见》（国发〔2013〕41 号），正式拉开化解过剩产能的大幕，提出通过 5 年努力，化解产能严重过剩矛盾工作取得重要进展。2016 年初，针对产能过剩突出的钢铁和煤炭行业，国务院出台了《关于钢铁行业化解过剩产能实现脱困发展的意见》（国发〔2016〕6 号）和《关于煤炭行业化解过剩产能实现脱困发展的意见》（国发〔2016〕7 号）。据估算，我国从 2016 年到 2020 年，全国钢铁行业将累计压减粗钢产能 1 亿～1.5 亿吨，需退出 50 万人，全国煤炭行业要退出煤炭产能 5 亿吨左右，涉及 130 万人；钢铁、煤炭产业作为基础性产业，产业链较长，将影响上下众多产业，受影响职工规模庞大。同时，水泥、电解铝、平板玻璃、船舶等多个行业产能同样处于过剩状态，去产能安置职工的任务艰巨而繁重。随着去产能工作的推进，越来越多的受影响职工处于下岗或隐性失业状态。为防止规模性失业风险，做好职工就业安置工作，从 2016 年开始，中央财政安排 1000 亿元专项奖补资金用于职工分流安置。数据显示，2016 年，化解钢铁、煤炭过剩产能涉及 28 个省份 1905 家企业，共安置了 72.6 万人，2017 年安置 50 多万人。[①]

随着 2016 年关于化解过剩产能的一系列配套文件的出台，化解产能进入了快车道。在化解过剩产能过程中，如何对分流职工进行安置是一项关键性工作。当前，各地按照中央文件要求，出台了相应的配套政策措施，鼓励企业结合自身发展需要和岗位技能要求，对产能过剩企业分

---

① 2017 年 3 月 1 日国务院新闻办公室举行就业和社会保障有关情况新闻发布会，http://www.scio.gov.cn/xwfbh/xwbfbh/wqfbh/35861/36325/zy36329/Document/1543765/1543765.htm。

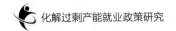
流人员、下岗失业人员和就业困难群体进行转岗技能培训，促进其顺利实现转岗就业。

为摸清钢铁、水泥、电解铝、平板玻璃、船舶等五大行业受影响职工的职业能力状况和行业特点，课题组从 2015 年开始陆续对部分省区市受影响的典型企业进行了实地调研和座谈，并对相关职工进行了问卷调查。调研数据显示，化解产能过剩企业中受影响职工具有技能单一、年龄偏大和学历偏低的特点，促进这部分劳动者稳定岗位和转岗安置的长效办法是提升其岗位技能，这是做好职工就业安置的关键。因此，课题组首先重点对受影响职工的职业能力状况、职业能力结构的行业特点、职业培训需求开展了调查研究。

一 学历和技能水平

1. 学历层次较低

钢协统计数据显示，2013 年集团口径会员企业主业在岗职工（年末）学历结构为：博士 956 人，占 0.08%；硕士 13564 人，占 1.19%；本科 154752 人，占 13.58%；专科 256338 人，占 22.49%；中专 175121 人，占 15.36%；高中及以下 539019 人，占 47.29%（见图 4 - 1）。中等教育以下的职工占比 62.65%，如果按受影响职工的口径统计，这个比例会更高。

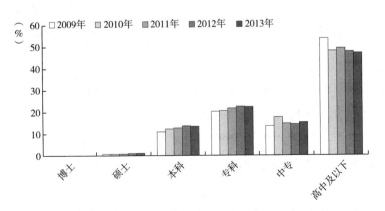

图 4 - 1　2009 年以来钢铁企业主业在岗职工学历情况分布

《中国劳动统计年鉴》（2015）统计数据显示，2014年全国采矿业就业人员高中及以下学历高达82.61%（见图4-2）。这在很大程度上表明，我国煤炭行业职工队伍的文化基础仍然薄弱，与全国能源人才队伍整体发展水平和煤炭工业发展的目标需求相比，还存在很大差距。

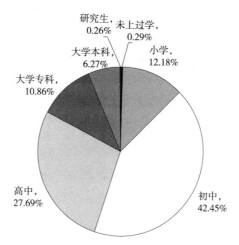

图4-2 2014年全国采矿业就业人员受教育程度分布

资料来源：《中国劳动统计年鉴》（2015）。

课题组抽样调查显示，40%以上的化解过剩产能受影响职工只接受到高中（中专）以下教育（见图4-3）。这种状况在一定程度上影响到他们接受新知识的需求和能力，加大了转岗就业创业的难度。

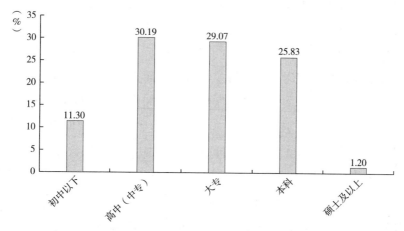

图4-3 受影响职工文化程度情况

注：图中比例为有效百分比，故合计不为100%。

2. 技能等级不高

在去产能过程中，受影响最大的是一线生产操作岗位，普工和中低技能工人是受影响职工中最大的群体。从调研情况看，受影响职工技能偏低。当问及"如果现在让您自己在招聘市场上求职，自己还存在哪些不足"时，约38.7%的受访对象认为自己理论知识不够，约30%的受访对象认为自己操作技能偏低；在对受访职工技能状况调查中发现，有手艺的职工仅占38.15%，而没有手艺的职工占比近60%（见图4-4）。

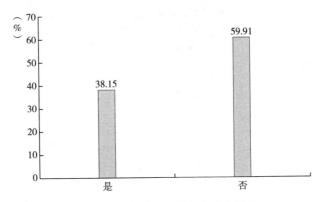

图4-4 受影响职工是否有手艺状况

注：图中比例为有效百分比，故合计不为100%。

结合座谈、走访与数据采集的综合结果，发现在去产能涉及的行业中受影响职工总体特征较为突出，以年龄较大、素质较低、技能单一、学习能力较差的男性群体为主。在化解过剩产能中，这部分群体受影响最大。调查显示，国有企业和大型民营企业在人员结构老化、人员素质偏低、人员流动性低、培训难度较大、转岗适应性较差等问题方面更为突出。特别是去产能煤炭企业职工年龄偏大、文化技能偏低的现象更加普遍。煤炭企业职工长期从事煤炭生产作业，岗位技能单一，特殊的工作生活环境使职工参加职业培训的机会少，去产能中转岗培训再就业的能力十分薄弱，脱离煤炭行业参与社会就业岗位竞争的能力差，市场就业成功率低。例如，山西某煤炭集团2015年底40岁以上、50岁以上人员占全部职工的52%和15%，高级技师和技师仅占全部职工的3%。这种状况在大部分煤炭企业普遍存在。在这些行业的小型企业中，由于人员流动较快且多为当地农民工，人员结构老化问题不太明显，但人员素质偏低和培训难度较大的问题更加突出。

二　职业能力结构和水平

为深入了解受影响职工的职业能力结构和水平状况，以便为这些职工的职业能力提升提出适合的对策，本课题主要对受影响职工的学习发展能力、职业转化能力和专业技能在行业方面的特点和差异性展开研究（见"附件 3　受影响职工职业能力结构和水平分析"）。课题组设计了"劳动者职业能力量表"，主要对平板玻璃、电解铝、钢铁、轮胎、煤炭、水泥等行业的部分企业受影响职工开展问卷调查，并从能力结构和能力水平两个方面展开分析研究。

1. 劳动者职业能力结构

对劳动者职业能力结构采取了聚类分析。通过"劳动者职业能力量表"（包含学习发展能力、职业转化能力和专业技能 3 个维度，共 13 个因子）进行样本采集，对样本进行验证性因子分析，形成企业职工职业能力三因子结构模型（见图 4 - 5）。

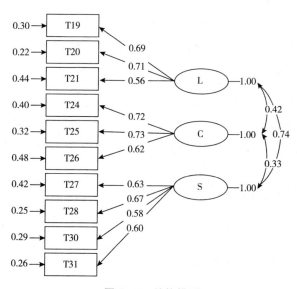

图 4 - 5　结构模型

注：Chi - square = 94.65，df = 32，P - value = 0.00000，RMSEA = 0.068。

经过对调查数据以聚类分析法和结构方程模型法分析，所构建的"三维职工职业能力模型"具有较高的结构效度，能够很好地说明当前企业职工所应重点培养的三方面职业能力：学习发展能力、职业转化能力、专业技能。其中学习发展能力，不仅仅是指专业知识学习，更重要的是职工在生产岗位工作实践中获得的知识和技能，学习的过程更多是理论和实操一体化的生产实践或实训，同时还要具备一定的职业发展意识和生涯规划能力。在调研中发现，由于长期的生产一线工作和较低的生产工艺和技术装备水平，学习发展能力是去产能行业受影响职工普遍欠缺的；职业转化能力是指劳动者在产业间、职业（工种）间和岗位间转换和适应的能力，涉及职工在不同单位或同一单位不同岗位之间工作的转变，涉及专业知识和工作技能等诸要素间的更换。职业转化能力是在现有专业、技能素质的基础上，能够根据个人及企业、行业环境的现实发展状况，实现上述各要素的转换并达成胜任。调查发现，受影响的生产一线技术技能型职工普遍面临着转岗（与原岗位不相近的专业技术岗位）困难；受影响职工的专业技能不足，是当前职工就业安置中技能提升的主要障碍。

2. 能力水平

通过对受影响男女职工职业能力要素水平进行描述分析，及基于性别变量的差异检验，分析结果发现，各能力要素在性别因素上不存在显著差异。通过对企业职工能力各维度进行基于行业分类（玻璃、电解铝、钢铁、轮胎、煤炭、水泥）的多重差异分析发现：各行业职工的各项职业能力均呈现偏低的状况，学习发展能力和专业技能在行业间差异显著。煤炭行业企业职工的学习发展能力最低（低于其他五个行业）；玻璃行业企业职工的专业技能显著低于除钢铁行业之外的另四个行业。

因此，上述职业能力素质的行业间差异在职工转岗以及相关职业能力开发时应引起足够重视。

三　职业能力开发需求

1. 转岗培训和安置培训

在化解产能过程中，一般国有企业或规模较大的民营企业在经营状况正常情况下会积极为职工提供就业安置培训，但调查显示，由于受企业经济状况不佳、培训政策可及性差、受影响职工人数较多等因素影响，仍有大量职工因意愿不高或缺乏合适机会而尚未参加转岗培训。在实地调研中，课题组选择了24家典型企业进行了问卷调查。从问卷统计结果来看，有33.33%的企业受影响职工没有参加过转岗培训，有25%的企业受影响职工接受转岗培训的比例在60%以下（见图4-6）。

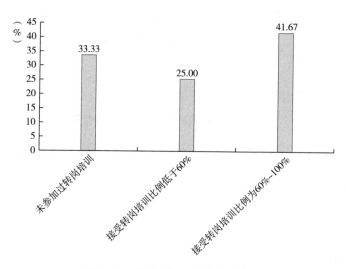

图4-6　受影响职工转岗培训情况

同时，问卷调查还显示：受调查企业中，有一半企业受影响职工没有参加过分流安置培训，有25%的企业受影响职工接受分流安置培训的比例在60%以下，有25%的企业受影响职工接受分流安置培训的比例在60%以上（见图4-7）。

2. 岗位技能提升培训

调查显示，针对受影响职工求职时职业能力的适应性，"适应能力不足"占33%，"理论知识不够"占43%，"操作技能偏低"占32%，"人际沟通能力不足"占22%。可见，被调查者在求职时，主要认为自己理论知识不够、适应能力不足、操作技能偏低。在实地调研过程中，课题组了解到，大量受影响职工最希望操作技能得到提升。其中，31.11%的职工希望操作技能得到提升，22.22%的职工希望理论知识得到提升，21.02%

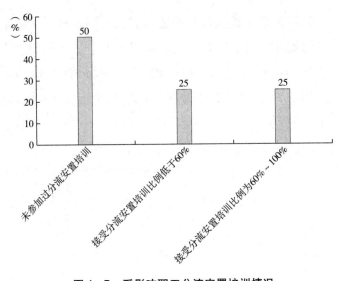

图4-7 受影响职工分流安置培训情况

的职工希望适应能力得到提升,约12.69%的职工希望人际沟通能力得到提升(见图4-8)。

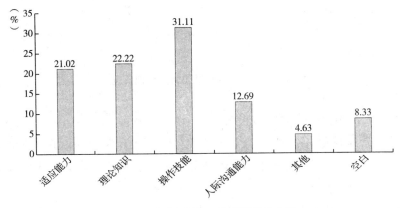

图4-8 受影响职工希望提升的方面

同期一份针对煤炭企业受影响职工的问卷调查①显示:煤炭企业职工对

---

① 山西省人力资源和社会保障科学研究所于2016年组织实施中国劳动保障科学研究院基本科研业务费项目"山西省煤炭企业去产能过程中的职工安置问题研究"。课题研究中,为掌握被安置职工个人的劳动力资源禀赋、自身文化程度、兴趣爱好特点、安置意愿和要求,以便使安置政策更加贴近职工个人实际,课题组采取了问卷调查的形式,对山西两个煤炭集团公司的400名被安置职工进行了样本采集及统计分析。

职业前景和未来发展的认知中，有 43.54% 的人认为其有发展前途并会努力进步，但同时也有 37.47% 的人认为自己未来没什么前途却安于现状，其余 19% 的人或持不乐观态度或不清楚。针对所愿意接受的职业能力提升方式，68.95% 的人希望或加强专业知识学习（26.58%），或加强岗位技能培训（42.37%），其余 31.05% 的人希望保持现状且不想参加任何培训。在针对不同年龄层次的群体对待就业转换所持态度方面，调查显示：20～30 岁年龄段的职工认为其自身职业前景和未来发展是有发展前途的并会努力进步（在该年龄段内部占比为 57.1%），50 岁以上年龄段的职工认为其自身没什么前途或可能面临失业（在该年龄段内部占比为 53.1%）。调查还显示，30～40 岁年龄段以及 40～50 岁年龄段的职工普遍认为应加强岗位技能培训（在该年龄段内部占比为 44.2% 及 48.3%），其次认为应加强专业知识学习（在该年龄段内部占比为 25.9% 及 26.3%）。从比例上看，加强专业知识学习占比较低，体现出这两个年龄段的群体对学习专业知识和岗位技能的偏好。

调查也显示出不同岗位技能的群体对待转岗（技能的适应性）的态度不同。采掘类、运输类、制造类等类型的职工群体，所从事或所擅长从事的是操作性强、复杂性低的硬实力型工作，转岗受到所在行业性（即煤炭行业）的限制更为明显。而机电类、行政人事后勤类等类型的职工群体，所从事或所擅长从事的是操作性较弱、复杂度高的软实力型工作，转岗受到所在行业性（即煤炭行业）的限制较少，从而其再就业也就更具灵活性。由此可见，不同行业、不同岗位以及不同年龄阶段的受影响群体对转岗及相关培训的需求有较大的差异，同时长期的职业活动导致他们在职业能力结构和学习方面也有一定差异，应根据具体的群体特点和个性差异分类施策、精准服务。

四　职业培训政策

目前，针对化解产能过剩中受影响职工的职业能力培训的文件主要有《关于化解产能严重过剩矛盾的指导意见》（国发〔2013〕41 号）、《关于失业保险支持企业稳定岗位有关问题的通知》（人社部发〔2014〕76 号）、

《关于在化解钢铁煤炭行业过剩产能实现脱困发展过程中做好职工安置工作的意见》（人社部发〔2016〕32 号）、《关于实施化解过剩产能企业职工特别职业培训计划的通知》（人社部发〔2016〕52 号）、《关于做好当前和今后一段时期就业创业工作的意见》（国发〔2017〕28 号）。其中，国发〔2013〕41 号文要求各级政府要切实负起责任，将化解产能严重过剩矛盾中企业下岗失业人员纳入就业扶持政策体系；落实促进自主创业、鼓励企业吸纳就业和帮扶就业困难人员就业等各项政策，加强对下岗失业人员的免费职业介绍、职业指导等服务，提供职业培训，开展创业指导和创业培训；落实自主创业税费减免、小额担保贷款等政策，扶持下岗失业人员以创业带动就业。人社部发〔2014〕76 号文规定：符合政策实施范围和适用条件的企业，在兼并重组、化解产能过剩以及淘汰落后产能期间，可按不超过该企业及其职工上年度实际缴纳失业保险费总额的 50% 给予稳岗补贴，所需资金从失业保险基金中列支；稳岗补贴主要用于职工生活补助、缴纳社会保险费、转岗培训、技能提升培训等相关支出；稳岗补贴的具体比例由省级人力资源社会保障和财政部门确定；稳岗补贴政策执行到 2020 年底。人社部发〔2016〕32 号文规定：对企业为促进职工转岗安置开展的职业培训，可按规定给予职业培训补贴；对失业人员和长期停产职工，要普遍开展转岗培训或技能提升培训，提高培训的针对性和有效性，按规定给予职业培训补贴；对其中的零就业家庭人员和就业困难人员，在培训期间可按规定给予一定的生活费补助；对有创业意愿的化解过剩产能企业职工和失业人员，按规定提供创业培训，有针对性地提供创业指导、项目咨询和跟踪服务。人社部发〔2016〕52 号文规定：从 2016 年至 2020 年，利用 5 年左右时间，组织化解过剩产能中企业失业人员和转岗职工参加培训，力争使有培训愿望和需求的企业失业人员和转岗职工都能接受一次相应的政府补贴性职业培训；对依法与企业解除、终止劳动合同的失业人员，要普遍开展就业技能培训和创业培训；对长期停产和过剩产能企业的拟分流和转岗职工，要普遍开展岗位技能提升培训和创业培训；对这些人员开展培训按规定给予培训费补贴，对其中零就业家庭人员和就业困难人员，在培训期间可按规定给予一定的生活费补助；同时，要做好困难企业职工培训经费保障工作，要合理确定补贴标准，科学确定培训时限。国发〔2017〕28号文规定：依法参加失业保险3年以上、当年取得职业资格证书或职业技能等级证书的企业职工，可申请参保职工技能提升补贴，所需资金按规定从失业保险基金中列支。人力资源社会保障部、财政部《关于失业保险支持参保职工提升职业技能有关问题的通知》（人社部发〔2017〕40号）进一步明确：依法参加失业保险，累计缴纳失业保险费36个月（含36个月）以上的职工，自2017年1月1日起取得初级（五级）、中级（四级）、高级（三级）职业资格证书或职业技能等级证书的可获得相应培训补贴。补贴标准由省级人力资源社会保障部门、财政部门根据本地失业保险基金运行情况、职业技能培训、鉴定收费标准等因素综合确定，并适时调整。各省（自治区、直辖市）可根据本地产业发展方向和人力资源市场需求，研究制定本地区紧缺急需的职业（工种）目录。技能提升补贴标准可向地区紧缺急需职业（工种）予以倾斜。

此外，地方在实践中还出台了一系列的政策措施。如企业在岗职工岗位技能提升培训和转岗培训补贴政策、校企合作培训、失业保险金调剂用于再就业培训①、河北省"三补一降"政策②。为鼓励企业利用现有教育资源对需要转岗安置分流的职工进行转岗培训和技能提升，同时通过开展校企合作，吸引更多拥有资质的职业院校和相关培训机构参与到培训中来，2016年山西省政府出台了文件，规定企业职工培训合格人员可享受培训补贴每人1200元或创业培训补贴每人1800元，这两项政策资金均直接

---

① 《河北省失业保险促进就业暂行办法》（冀劳社〔2007〕54号）规定：对履行缴费义务、裁员人数（比例）低于当地政府规定并承担安置下岗失业人员任务的大型企业，组织职工开展提高职业技能培训的，给予培训补贴资金支持。

② 2014年3月28日，河北省人民政府办公厅《关于使用失业保险金援企稳岗的意见》（冀政办函〔2014〕18号）出台。对因实施产业结构调整政策经营受到影响，依法参加失业保险并连续缴费1年以上且无欠缴，并采取多种措施稳定岗位，无裁员或少裁员（裁员20人以内且裁员人数占企业职工总人数10%以内）的企业，从失业保险基金中给予稳定岗位补贴，稳定岗位补贴包括转岗培训补助、岗位补助和社会保险补助。自2014年4月起，参加失业保险的用人单位人均工资低于上年度当地在岗职工平均工资60%的，单位和个人缴纳失业保险费的最低缴费基数可按实际工资总额核定，但最低不得低于当地最低工资标准。2015年11月3日，省人社部门同省财政厅印发了《关于做好失业保险支持企业稳定岗位工作的通知》（冀人社〔2015〕57号），将所有符合条件的企业纳入失业保险援企稳岗政策范围。

转给相关企业，由其自主安排职工培训的相关事宜。在《关于失业保险支持参保职工提升职业技能有关问题的通知》（人社部发〔2017〕40号）文件中明确规定：失业保险基金支持技能提升补贴标准应根据取得职业资格证书或职业技能等级证书有所区别。职工取得初级（五级）职业资格证书或职业技能等级证书的，补贴标准一般不超过1000元；职工取得中级（四级）职业资格证书或职业技能等级证书的，补贴标准一般不超过1500元；职工取得高级（三级）职业资格证书或职业技能等级证书的，补贴标准一般不超过2000元。此外，在资金方面，政府对于企业用于转岗培训、技能培训经费进行政策支持（企业经费不足部分政府补充）。

五 地方经验做法

1. 制订精准培训计划，开展常态化分类订单式培训

唐山市的主要钢铁、水泥企业出于企业发展和人员就业的双重需要，全面开展人员培训，花费大量培训费用。一是转岗培训计划，主要是针对分流人员，根据新上岗的岗位要求进行基础知识、操作技能、心理调适等岗前培训，帮助分流人员实现顺利上岗、尽快适应新的岗位；二是在岗轮训计划，主要针对基层在岗人员，根据企业发展对复合型岗位的需要进行多技能、复合知识结构等在岗培训，为职工提供发展空间的同时降低潜在下岗风险；三是素质提升计划，主要针对技术骨干和管理人员，与高校、社会培训机构等外部力量合作，全面提升企业核心人员的综合素质，适应企业发展需要的同时有助于保持核心团队的人员稳定。

吉林省通化市在计划经济时代，主要靠钢铁和煤炭带动经济的发展，去产能工作的开展不可避免地涉及该市企业员工失业或分流的问题。在受影响职工职业能力开发过程中，通化市全面实施"三年劳动者技能提升计划"，开展常态化的分类订单式培训。截至2016年12月，通化市免费为591名贫困劳动者有针对性地开设了家政服务、面点、厨师、按摩技师等课程和免费技工教育，并对具备创业条件的128名贫困劳动力开展了创业促就业培训。

南京市对新录用过剩产能企业中的失业职工、企业分流转岗或长期停

产职工转移到新岗位但无技能的，普遍开展上岗、初级、中级岗前技能培训；对符合掌握一定技能但不能满足新岗位需求的职工，重点进行中、高级及以上岗位技能培训。培训项目参照《南京市政府补贴项目清单》所列项目，培训合格后按文件规定标准给予培训补贴。鼓励化解产能企业转岗职工参加技工院校弹性学制教育，对取得毕业证书和中高级工职业资格证书的企业职工，按相关规定给予相应的培训费补贴。

天津市人社局依托当地"百万技能人才培训福利计划"，充分开展大规模普惠性职业技能培训。为了提高效率，天津市津南区人力社保局派工作人员驻企办公，直接在厂培训、鉴定考试，帮助分流职工尽早取得职业资格证书，尽快就业。截至 2016 年底，天津铁厂共完成培训 109 个班 2355 人，涉及炉前工、吊车工等十几个工种。

山西省出台了《关于煤炭企业职工带薪转岗教育培训的实施细则》，实施细则中规定：带薪转岗教育培训的范围为煤炭企业供给侧结构性改革过程中，需要的转产转型潜力人才。培训分为骨干人员创业创新培训、基层职工转岗就业培训和学历提升教育三种类型。骨干人员创业创新培训三年计划培训 1000 人，基层职工转岗就业培训及学历提升教育人数根据企业需要确定。转岗教育培训的领域专业主要为装备制造、节能环保、信息技术、现代服务业、文化旅游、生物制药等，以及与其他新型产业发展和承接加工贸易向中西部地区转移需求相衔接的专业。并将培训内容瞄准我国新型产业，为优化产业结构输送人才。

山东省实施加强就业培训提高就业与创业能力五年规划，将有培训愿望和就业要求的城乡劳动者全部纳入职业培训范围，对符合条件的给予职业培训补贴和职业鉴定补贴。

陕西省韩城市制定了《韩城市万名产业工人培训大纲》，从 2016 年开始，免费为去产能分流人员进行转岗培训和创业培训。据韩城市人社局局长冯选民介绍，截至 2016 年底，韩城市针对去产能分流人员开展转岗培训 27 期，培训 2443 人，共有 2200 名分流人员通过转岗培训实现就业。

2. 打造劳务品牌，发挥家庭服务业安置就业作用

吉林省通化市通过打造劳务品牌，发挥了家庭服务业安置就业作用。

重点打造了"通化日盛省级家庭服务职业培训基地"，陆续培育了"北京保安""北京朝鲜族大嫂""东安赴韩劳务""通化绿环物业""通化日盛保洁工"等劳务品牌。此举有利于将员工培训与再就业和当下互联网经济紧密结合起来，实现再就业员工精准输送。

吉林省长春市双阳区着力打造"双阳保姆"劳务品牌工程，组织开展"2017年千名家政人员技能培训专项行动"，自2017年起每年都将组织实施家庭服务从业人员技能培训专项行动，政府拨出专项培训经费，采取"政府＋培训机构＋中介"的合作机制，开展育婴、家政、护理、按摩等家政培训班20期，年培训家庭服务业从业人员1000人以上。2017年2月，第一期技能培训班正式开课，共计100余名学员走进课堂，接受育婴职业基本技能培训，助力妇女就业。

3. 政府公开招标确定培训定点机构，抓质量、促创业

山东省对列入省市节能减排、淘汰落后产能计划范围，依法参加失业保险并履行缴费义务的企业，在实施"转、调、创"过程中，组织职工依托定点职业培训机构开展转岗培训或岗位技能提升培训，不向社会输出失业人员的，根据培训合格人数，参照当地职业培训补贴标准的50％给予职业培训补贴，补贴数额不超过该单位上年度缴纳失业保险费总额的50％。山东省枣庄市通过政府采购公开招标的方式确定培训定点机构。政府招标后交给财政局，财政局委托第三方评估机构对培训机构进行鉴定，从硬件到软件，各方面都比较正规和严格，淘汰不具备资质的培训机构，保证培训机构的教学质量，使得接受培训的人能够真正学到一门技能。就业培训机构根据培训的情况获得政府财政补贴，极大促进了培训机构以及未就业或者有创业想法的人的积极性。此外，持有就业创业证的市民可以在55家职业培训机构进行免费培训。截至2017年2月，枣庄55家职业培训机构通过参与投标的方式，被确定为枣庄就业技能培训定点机构和项目，涉及汽车维修、烹饪面点、车工、钳工、月嫂育婴、美容美发等36个专业。

4. 引进"互联网＋培训"模式

天津市积极推进"互联网＋职业培训服务"融合发展，启动"职业培训包"数字学习资源项目，以创新职业培训模式，加快构建面向全体劳动者的终身职业培训体系。服务过程中，一是将"职业培训包"成果转化为数字学习资源。采取政府购买服务的形式，利用现代信息技术，用三年左右的时间，重点选择通用性强、技术技能复杂以及涉及国家财产、人民生命安全的职业，以职业知识点和技能点为单元，制作"微课""慕课""数字实训"等课程，将"职业培训包"成果转化为数字学习资源。二是依托互联网进行学习和管理。采取委托运营与市场运作相结合的模式，依托互联网和远程教育平台，运行和管理"职业培训包"数字学习资源，实现职业培训"线上自学与线下实训"相结合，实现职业培训高效率、便利化。三是广泛推行网络化培训模式。在全市职业培训中推动互联网与职业培训深度融合，广泛应用"职业培训包"数字学习资源，推广"线上线下"相结合的职业培训模式，完善面向全体劳动者的终身职业培训体系，加快高素质技能人才培养。

5. 借助外力，采取"请进来"模式共享培训资源

内蒙古自治区重点推进校企合作、产教融合，推广"产业园区＋标准厂房＋职业教育"模式，推行"引厂入校""引校进厂"等校企合作模式，打造一批示范性职业技能实训基地和知名特色职业（工种）培训品牌。2016 年，人社厅组织开展了全区就业技能特色、品牌培训项目评估工作，评选出内蒙古自治区就业技能特色培训著名品牌 24 个。其中，二连浩特市充分利用现有资源，根据人才市场需求，开展具有针对性的就业培训，采取"请进来"的模式，邀请锡盟职业学院等相关院校积极开展"订单式""定向式"培训和岗前培训，依托锡盟民族高级技工学校二连分校举办电子商务技能培训班。

天津市借助大企业培训资源优势，提高培训等级；借助城市职业学院、铁道职业学院等院校教学师资、设施等优势，提升培训质量；借助职业技能大赛，开展客房服务员、前厅服务员、服务订制工等 3 个工种的职业技能大赛，提升技能水平；借助重点项目，加大涉及楼宇经济、地铁经济等重点项目的员工参加培训的力度，服务经济发展。

六 企业职业培训投入

调查发现，在五大行业涉及的化解产能企业中，钢铁、造船、平板玻璃等技术装备较好的行业，企业的职业培训条件较好。大中型国有企业一般具备职业培训条件，培训能力较强；民营企业一般不具备职业培训条件，不注重政府培训补贴，也很少向市场购买必要的职业培训。

调研发现，管理和用工比较规范的企业一般能享受到政府培训补贴政策。如人力资源和社会保障部、国家发展和改革委员会、财政部、工业和信息化部《关于失业保险支持企业稳定岗位有关问题的通知》（人社部发〔2014〕76号）规定，对采取有效措施不裁员、少裁员，稳定就业岗位的企业（实施兼并重组企业、化解产能严重过剩企业、淘汰落后产能企业和经国务院批准的其他行业、企业），应同时具备以下条件：一是上年失业保险基金滚存结余具备一年以上支付能力，失业保险基金使用管理规范；二是生产经营活动符合国家及所在区域产业结构调整政策和环保政策，依法参加失业保险并足额缴纳失业保险费，上年度未裁员或裁员率低于统筹地区城镇登记失业率，企业财务制度健全、管理运行规范。符合上述条件的企业可以享受由失业保险基金给予稳定岗位补贴（简称"稳岗补贴"），失业保险基金用于在职职工岗位技能提升培训和转岗培训补贴政策。对产能过剩严重的国有企业和几乎所有的民营企业来说，这种政策还是具备一定的门槛，企业难以达到。即便是在管理相对规范的钢铁行业也是如此。受企业转型升级和发展新兴产业的需要，同时尽可能保证内部消化分流人员，相关企业进行大规模的人员培训，为此支付大量培训成本。在产能过剩行业普遍亏损的情况下，这无形中更加加重了企业负担，降低了企业创造新增岗位的能力。在有关培训政策可及性方面，被调查的24家企业中，有6家表示可获得，12家明确表示不可获得，另有6家企业不置可否。

调查显示，受影响职工的人均培训经费为3800元，不足1000元的企业约占35.7%；1000~5000元的企业约占42.9%，少部分技术复杂的行业企业培训投入人均超过10000元（见图4-9）。在人均培训课时方面，受影响职工参加企业组织的各类职业培训平均为 200 小时，其中约 50% 的企业组织职工参加职业培训时间在 100 小时以内，约 25% 的企业组织职工参加职业培训时间在 100~200 小时，部分知识和技术相对密集型的企业组织职工参加职业培训时间超过 500 小时（见图 4-10）。

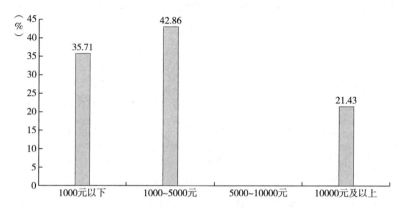

图 4-9 企业开展受影响职工职业培训人均资金投入情况

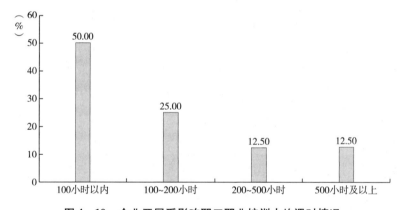

图 4-10 企业开展受影响职工职业培训人均课时情况

调研中发现，这种职业培训补贴政策由于针对性不足，资金使用效率并不高。主要原因是补贴额度小，劳动者要获得补贴需要投入更多资金（培训期间的培训费、食宿、误工费等），企业要获得相关补贴必须严格按照培训目录中规定的专业（工种）、内容和计划实施培训，与企业的实际需求存在一定偏差。问卷调查显示，参加培训的受影响职工中，有 78.9% 完成了在企业内转岗，有 12.5% 在企业外实现就业。这一结果反映出，企业主体针对岗位技能开展的企业内培训效果要好于外部机构的培训，同时实地调研也印证了企业和员工对政府补贴培训项目的认知度还存在可改善的空间。因此，在受影响职工的再就业培训中应坚持企业主体、政府主导的模式，对不具有职业培训能力的企业应通过政府补贴购买市场服务的方式或由公共职业培训机构提供服务。职业培训目录、课时和相关补贴标准应由行业企业提出，由政府审核发布实施。

在企业职业培训设施设备、师资课程方面，国有大中型企业或技术复杂的企业有内训的传统，如首钢、邯钢、青钢等有专门的企业培训中心或职业院校，专门提供上岗培训、岗位技能提升培训和转岗培训，有专门的一体化师资或兼职的理论和实操师资。有些企业还具备完善的岗位培训课程体系，有些企业与政府的职业培训补贴项目保持紧密的联系。而对大部分的企业来说，一般不具备专门的培训条件，但可以采取订单培养、冠名班的方式开展校企合作培训，建立稳定的校企合作关系。更多的民营企业由于用人更灵活，更多采取从市场雇用熟练工的方式规避了职业培训的责任。因此，总体来讲，企业的职业培训能力还难以适应企业转型升级和产业结构调整对职业能力培训的需要，企业培训主体作用的发挥更多是政府的愿望。真正发挥企业主体的作用还需要通过法规、政策和经济措施，激励企业积极开展职业培训。从培训内容看，当前对转岗职工来说，企业一般会提供有针对性的岗位技能提升培训或转岗培训，对企业内待岗的员工一般提供简单的生产安全、厂规厂纪教育培训，一般采取定期轮训方式。但长期来看，这种培训由于目的性不强，难以持续。

调研发现，在职业培训投入方面，企业普遍积极性不高，主要是由于这些产能过剩企业本身盈利水平较低，甚至处于亏损状态，有限的资金更多是维持企业运转和职工基本生活，难以拿出更多资金用于职业培训或购买服务。这是当前企业在转型升级和化解产能过程中的普遍情况。只有少数企业通过土地置换、拆迁、政策性安置等获得专项的资金用于结构调整或员工培训。因此，有必要从行业或地方层面统筹考虑职业技能提升，帮助这些企业和受影响职工平稳过渡。

七　职业能力开发模式和效果

目前，针对受影响职工开展的就业和创业培训主要有三种方式。一是组织职工开展企业内训。这种培训主要用于内部安置的部分职工，根据岗位需要进行岗位技能提升或转岗培训。二是通过校企合作开展职业培训。主要是由企业通过与社会培训机构合作开展定向委托培养，针对政府职业培训补贴政策，校企合作共同开展既定专业目录的职业定向培训，如当前正在试点推广的企业新型学徒制培训。三是政府购买公共职业培训服务。针对去产能企业解除劳动关系进入市场自主择业的职工，由政府直接提供相关的职业培训服务。

调查显示，企业组织受影响职工实施内部安置培训通常采取多种形式。其中，现场培训是企业组织实施职工培训的基本形式；其次是企业内部的校企合作培训，占被调查企业的94.7%；脱产培训占被调查企业的73.7%；有一半以上的企业同时开展了上述三种形式的职业培训（见图4-11）。

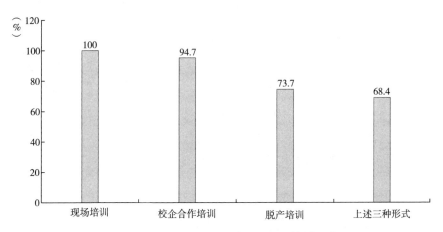

图4-11　企业开展受影响职工职业培训形式

从职业培训参与主体来看，一是政策性培训。政府、企业和劳动者三方投入，政府提供培训补贴和培训目录，对培训过程和结构进行必要的监督；企业组织实施培训，配备专门的师资场地和生活补贴；劳动者个人承担必要的学习生活费用。这种培训对于企业内部安置的职工来说，效果较好。调查显示，参加培训的受影响职工中，有 78.9% 完成了在企业内转岗，有 12.5% 在企业外实现就业。二是企业主导的校企合作培训，由企业根据生产经营需要，自主安排员工的职业培训，采取工学一体的培养方式，这是企业办学的基本模式。这种模式下目前有现代学徒制和企业新型学徒制两种具体的方式，是当前结构调整和产学融合的现代职业教育体系构建的核心和关键。三是市场培训模式，这是大多数发达市场经济国家普遍采取的职业培训模式，企业根据生产经营需要，直接面向市场购买职业教育和培训服务。从当前实施效果来看，在化解产能的行业中，对具备一定培训条件的企业来说，政府主导的职业培训模式（政策性培训）是当前企业参与意愿较强的模式。对于条件较差的化解产能企业来说，还是更愿意由政府提供一揽子的培训服务。

第二节　受影响职工职业能力培训
存在的问题及原因

针对企业去产能分流的富余人员整体素质偏低、大部分职业技能单一、对培训的意愿和接受能力较弱的问题，部分省市已经出台了相应的政策文件，但培训政策及其实施中存在着培训相关方责任边界不清、投入不足、机制不健全、培训政策门槛高、培训内容针对性不强、培训实效性和灵活性差等诸多问题。此外，企业和受影响职工的培训需求不足、积极性不高的问题也普遍存在。

一　培训实施主体的责任边界不清

政府在职业培训中的角色定位主要取决于政府社会治理方式的改革进程和职业培训对象及其目标定位。当前，除了面向就业困难群体开展的旨在提升劳动者就业能力的职业培训是作为政府公共就业服务的一部分，还有面向整个社会劳动者全员的技能提升培训也是由政府推动和倡导的。职业培训的社会化和市场化是当前我国就业促进政策体系中就业培训工作的总基调，职业培训既关注区域内劳动者整体职业技能的提升，更关注就业困难群体的就业能力提升。

对于政府主导的化解过剩产能企业中需要转岗和分流安置就业的劳动者，从去产能、去库存、处置"僵尸企业"的性质看，是政府主导下的市场行为，是对市场自我调节失灵情况下的干预和调节。这种行政干预带来的大量就业岗位的快速消失具有一定的可预见性，因此，政府应对受影响职工提供必要的预防措施，需要根据劳动者的行业属性和具体情况进行分类指导和针对性服务，积极引导并组织开展就业培训促进其顺利实现职业转换。事实上，政府、企业和社会的责任边界并不清晰，政府和企业都有义务承担就业培训的职责，受影响职工从企业分流出来后谁来组织培训的问题是不清晰的，从培训的目标制定、课程开发、组织实施、资金投入到培训的效果评价并没有形成有机结合和有效衔接。针对政府当前提供的"普惠制"培训的优惠政策，市场尚未发挥有效的补充，即使在当前社会、企业有一定的再就业培训需求的情况下，市场主体也缺乏足够的意愿提供相关服务。

二　"普惠制"培训模式存在一定的局限性

为促进城乡各类劳动者更加充分、更高质量就业，整体提升劳动者职业素质和职业技能，我国建立了完备的职业技能培训制度。同时，针对不同群体和企业需求，也建立了针对大学生、农民工等特定群体的职业技能培训政策。针对去产能企业和受影响职工，目前适用的职业技能培训政策多为"普惠"政策，对产能过剩行业企业的受影响职工的职业培训需求针对性不强。由于缺乏有针对性的"特惠"政策，化解产能过剩中受影响职工再就业培训实施效果不佳，企业和职工需求不旺，积极性不高，培训对象尚未覆盖到所有受影响职工。

根据 2016 年启动的"化解过剩产能企业职工特别职业培训计划"，从 2016 年至 2020 年，利用 5 年左右时间，组织化解过剩产能中企业失业人员和转岗职工参加培训，力争使有培训愿望和需求的企业失业人员和转岗职工都能接受一次相应的政府补贴性职业培训。《关于实施化解过剩产能企业职工特别职业培训计划的通知》（人社部发〔2016〕52 号）虽然是对现有职业培训补贴政策的整合，应用于化解产能过剩企业受影响员工的职业培训，但并没有从根本上降低政策适用条件，对一些非规范用工的企业和未签订劳动合同的员工来说，由于企业社保欠费或员工未参保，仍难以获得政策的帮助。人社部发〔2016〕52号文也没有结合培训专业（工种）目录、课程内容特点、课时和培训对象的类型制定差异化补贴标准。

三 培训政策门槛高、可及性差

目前职业培训政策虽然在援企稳岗方面发挥了重要作用，在一定程度上促进了就业困难群体的再就业技能提升，但对化解产能脱困发展的企业还存在一定的门槛，可及性较差。主要表现在以下方面。

一是政策享受条件与企业的现实情况有一定差距。政策的享受与否多与社保缴费情况、经济性裁员、企业职工培训费使用情况等相联系。如企业生产经营活动符合国家及所在区域产业结构调整政策和环保政策；企业依法参加失业保险并足额缴纳失业保险费；企业上年度未裁员或裁员率（非企业原因解除、终止劳动合同的人员除外）低于本地上年末城镇登记失业率；企业财务制度健全、管理运行规范。如年度内一次性裁员超过20人或裁员不足20人但占企业职工总数5%以上不能享受补贴。企业职工教育培训费计提部分使用不充分（出现赤字）不能享受相关补贴政策。但实际情况是，困难企业职工教育经费往往使用不足，根本达不到工资总额1.5%的计提比例。在当前企业经济状况不好的情况下，很难达到政策享受的条件。在被调查的化解产能的企业中，获得相关培训政策补贴的只有25%。

二是政府的监管效率有待完善。由于企业人力资源优化转岗培训从筹备到实施时间间隔极短，很难在培训前完成培训计划、课表和名册的备案材料的审批，同时在实施过程中，职工流动频率较高，造成最终人员名单与初始不相吻合，致使补贴资金难以完成审批并落实到位。另外，企业申请的手续比较繁琐，地方政府落实慢。

三是培训政策对补贴性职业培训的科目、内容、课时、补贴标准等管理过细，缺乏适用性和科学性，导致培训企业、培训机构组织培训和劳动者参与培训的意愿降低。从培训内容看，由于企业岗位需求特殊，普惠制就业培训针对性较差，政府的培训目录与企业的需求存在一定的脱节。从培训课时看，当前的培训项目对培训课时要求还是基于企业和职工正常发展状态下的培训需求制定，但在化解产能过剩中，受影响企业和职工面临生存和发展的双重培训需求，从培训的时间和经济成本看，需要简化内容，提高效率，尽可能减少培训课时较长带来的培训成本投入。此外，部分补贴标准的制定也缺乏合理性，只对一些工艺复杂、培训耗材较贵的科目才提供培训补贴。

四是补贴性培训政策适用范围还不适应发挥企业培训主体作用的需要。从实践看，由企业利用自身的培训资源（机构、设施设备、师资等）组织开展针对具体岗位技能需求的培训，培训效果较好，但往往这种方式难以享受到政府普惠制优惠政策。

五是目前职工转岗培训政策给予的培训时间不足。由于煤矿职工普遍受教育程度低，在政策规定的培训期内达不到新岗位上岗要求，客观上影响职工转岗安置效果。例如，煤矿皮带运转工转岗安置到变电站运转工，至少需要一年的时间才能独立上岗，远大于目前培训规定时间。

四 职业培训内容针对性不强

当前，针对社会主要就业困难群体，政府已经建立了分类分级的职业培训体系。但在化解产能过剩矛盾中，受影响职工大部分存在年龄偏大、学历偏低、技能单一和接受培训意愿不高的共性问题，对这部分群体开展转岗培训和岗位技能提升培训存在一定的挑战性。对化解产能严重过剩矛盾中实施员工内部安置条件较好的企业会主动实施有针对性的岗位技能提升培训或转岗培训，而对煤炭、水泥、平板玻璃等生产工艺简单、生产技术水平较差的行业，其受影响员工多是一些低技能的工人，受影响企业主要开展一些低端岗位的轮训，如安全教育、厂规厂纪等。有些企业虽尝试实施转型发展和多元发展，上马了一些非主业项目，但由于新项目所需人员的职业素质要求与主业完全不同，而企业原有的培训资源也难以支撑新业务所需岗位的技能培训要求，导致职业培训的针对性和有效性不强。有的地方将企业下岗失业人员纳入社会化就业扶持政策体系，对其提供职业培训和创业培训。但实际上，这部分群体由于劳动关系、社保、农民工身份以及户籍等问题而难以进入当地城镇职工失业登记和再就业促进政策体系，因此难以得到有针对性的就业培训帮扶。实践中，各地推出的职业培训目录由于考虑到普适性而与去产能企业的实际需求存在偏差，培训项目或课程针对性不够，企业积极性不高，培训效果不佳。

五　职业培训投入不足，投入机制不健全

当前，针对化解产能过剩受影响职工的就业培训和创业培训主要由企业和政府提供和组织实施。一方面，政府提供的职业培训、转岗培训需求迅速增长，培训资金缺口较大。目前，支持化解产能过剩企业的转岗培训的就业专项资金、失业保险基金和去产能职工安置专项奖补资金使用渠道还受到严格的限制，就业专项资金和失业保险基金结余较多但使用渠道较窄，失业保险基金在预防失业方面的支撑不够，尤其是中西部地区。同时，各地在使用中央专项奖补资金和地方配套资金方面还没有把人员安置放在突出的位置。另一方面，产业升级和淘汰落后产能每年都要释放相当数量的失业人员，而这部分人员年龄偏大，学历、技能偏低，就业能力较差，需要进行必要的技能开发才能适应新的工作岗位，否则将面临选择更低端的就业岗位或退出劳动力市场。在这些企业中，由于盈利水平下降或处于亏损状态，能足额缴纳各项保险费的企业很少，哪怕是一些大型国有企业也存在一定的拖欠问题，而中小型企业问题更多，这些职工从企业排出不但给社会造成很大压力，而且由于许多就业促进和帮扶政策措施享受不到，他们的再就业比较困难。与此同时，受企业转型升级和发展新兴产业的需要，若要尽可能保证内部消化分流人员，需要进行大规模的人员培训，需支付大量培训成本，在产能过剩企业亏损的情况下，这无形中更加加重企业负担，降低企业创造新增岗位的能力，受影响职工的职业技能培训资金缺口较大。

当前，我国培训投入机制尚不健全，政府组织开展化解产能过剩中受影响职工的再就业培训面临着诸多障碍。其一，投入的资金来源不明确，虽然人社部发〔2016〕32 号文和人社部发〔2016〕52 号文都指出，针对

受影响职工开展至少一次的职业培训，但各地实施中受省级文件资金支出结构不明确的影响，在市县执行时缺少了专项资金和配套的依据，针对产能过剩中受影响职工进行专项再就业培训的投入几乎没有；其二，从企业的角度，进行企业内部培训，而非社会化的培训，调研时发现，转岗培训比较普遍，不过投入力度有限；其三，员工即便有接受培训的需求，不过经费投入成为难题，而且是否有时间接受培训也是其面临的主要问题；其四，从市场的角度，如何整合政府购买服务、结合员工个人意愿、综合考虑企业发展等将是未来职业培训制度能否发挥作用及培训投入机制建设需要考虑的重要因素。

六　受影响职工职业培训需求不足

调查显示，除了职工自身的主观努力外，职工技能提升很大程度上受到企业职工现状的影响。在化解产能过剩中，煤炭、水泥等行业受影响的职工通常是那些文化水平和技能水平较低的员工，他们学习发展能力的不足直接影响了其参加再就业职业培训的意愿和效果。

由于煤炭行业职工工资较高，各项福利待遇优厚，医疗、养老、子女就业等均由企业负担，以致煤炭行业职工自身存在明显的优越感。服务业从业人员的收入与煤炭职工的收入期望值差距较大，所以许多煤炭职工在去产能的形势下仍然对从事服务业工作缺乏积极性，对转岗培训提高自身技能素质不感兴趣。另外，部分煤炭企业职工对企业发展前景存在过高的预期，导致职工转岗培训就业、离岗创业愿望较低。

调查发现，56%的被调查者接受过 1~6 次企业培训（见图 4-12）。不过，在对员工进行访谈时了解到，很多企业提供的培训通常为入职培训，即企业内部制度培训、相关法律政策培训等，而与技能提升相关的培训并不是很多。化解产能过剩中受影响职工一般也是那些技能偏低、年龄偏大的人员。在对煤炭企业调研中发现，待安置职工多为一线常年从事煤炭开采工作的人员，年龄结构偏大，知识技能更新能力不足，常规的技能型培训无法在短期内达到较好的技能提升，无法适应交通物流、餐饮服务、车辆维修等新岗位对技能人才的需求。

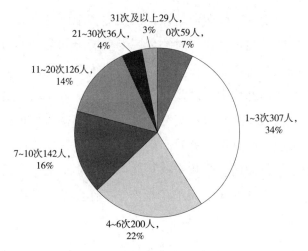

图 4 – 12　被调查对象接受过企业培训次数

第三节　受影响职工职业能力开发面临的形势

在经济新常态的背景下，我国就业形势发生了新的变化。受到去产能政策的影响，传统制造业用工需求明显下降，就业形势不容乐观。一方面，经济结构调整和产业升级使落后的生产技术和生产工艺不断被淘汰，就业岗位结构不断变化，新的先进的生产工艺和技术要求从业者提升职业能力，因职业能力不足带来的结构性失业在不断上升，职业能力不足也成为失业人员再就业困难的根本原因；另一方面，经济增长动力由原来的要素驱动和投资驱动转为创新驱动，对劳动者的素质有了新的要求，就业市场竞争加剧。这些新趋势包括了就业领域的更新、技术手段的更新、组织方式的更新以及就业观念的更新。

一　新就业形态对去产能职工的职业能力开发提出新需求

随着技术变革和互联网的广泛普及，大量小微创业企业、分享经济、社群经济、电子商务等新经济形态诞生，平台性组织层出不穷，如"Uber""Airbnb""滴滴打车""好月嫂"等，这些互联网平台组织带动了新就业形态从业者规模不断上升。目前，互联网自由职业者已经大量出现在我国服务行业中，尤其以家政服务、健康养老、教育培训、旅游休闲、美容美发等生活性服务业领域最为突出。根据国家信息中心信息化研究部发布的《中国分享经济发展报告 2016》，2015 年中国分享经济领域参与提供服务者约为 5000 万人，约占劳动人口总数的 5.5%，预计未来 5 年分享经济年均增长速度在 40% 左右。

新就业形态发展创造了大量的工作岗位，对劳动力的吸纳作用十分显著，主要体现在依托互联网平台的服务行业。2016 年 7 月 18 日，滴滴出行发布的《移动出行支持重点去产能省份下岗再就业报告》显示，截至 2016 年 5 月底，滴滴为全国 17 个重点去产能省份提供了 388.6 万个就业机会（含专快车和代驾），其中以钢铁、煤炭等传统行业为主。该报告显示，2016 年 3 月，武钢分流职工以后，7000 名钢铁工人加入了滴滴司机的队伍中。在去产能行业的全职司机中，有 77.9% 的司机原收入在 2000 ~ 6000 元。成为全职司机后，原月收入为 2000 ~ 4000 元的去产能司机，平均收入可提高 54%，最高可达 120%；原月收入为 4000 ~ 5000 元的去产能司机，平均收入可提高 10% 左右[①]。除了移动出行行业，互联网家政服务行业也处于蒸蒸日上的发展过程中，提供了大量如月嫂、安保、护工等用工门槛较低的岗位。

新的就业形态对传统的职业培训方式带来挑战，针对这种现象，人力资源和社会保障部出台的《关于实施化解过剩产能企业职工特别职业培训计划的通知》（人社部发〔2016〕52 号）中提出，去产能下岗职工职业能力开发应当围绕当地新拓展的产业领域、符合产业调整政策的行业和需要发展的职业（工种），重点开展高新产业、先进制造业、生产服务业以及旅游休闲、健康养老、家庭服务等生活服务类就业技能培训项目。

二　"互联网 + 培训"创新了职业培训模式和载体

"互联网 +"行动计划推动了职业培训模式的创新。与传统的面授式培

---

① 陈姗姗、陈益刊、高歌：《去产能暗藏"比谁慢"，看中央 10 个督查组怎么抽鞭子》，第一财经，http://www.yicai.com/news/5067356.html。

训模式相比，基于互联网技术的现代培训模式具有灵活自由、即时互动和资源跨区域共享等优势。我国当前受产能过剩影响而下岗的职工基数大，员工安置任务艰巨，如何提高转岗分流安置员工的职业能力开发效率显得十分重要。因此，需要充分把握"互联网＋培训"体系的发展现状，为提高去产能受影响职工的职业能力开发效率助力。调查发现，早在2006年，一些钢铁企业就初步实现了"互联网＋培训"，如攀钢将互联网培训运用到职员培训考试系统中，莱钢提出了针对莱钢员工的网络培训系统模型。

当前，在"去产能，保就业"背景下，一些省市也将"互联网＋培训"模式运用到过剩产能职工职业能力开发过程中，如天津市启动"职业培训包"数字学习资源项目，将"职业培训包"成果转化为数字学习资源，依托互联网进行学习和管理，实现职业培训"线上自学与线下实训"相结合，促使职业培训高效率、便利化。

三 政府购买职业培训服务的机制更加健全和完善

我国长期以来实行政府主导型公共就业培训服务模式，即培训由政府承担主要的出资、监督责任，并且由政府直接安排包括其附属培训机构在内的培训机构，即政府直接提供并安排生产。这种模式虽然可以快速大规模地实施培训，但因为更多体现政府的意愿，忽视了用人单位、培训机构和劳动者的利益诉求，容易导致培训与市场用工企业和劳动者求职创业需求的脱节。近几年，随着简政放权的行政体制改革的推进，公共就业培训越来越多地向政府购买服务转变，即政府通过认证招标等方式确认培训机构，并给予培训机构经费补贴。各级政府可在资质认定的基础上，委托社会各类职业培训机构和职业中介机构为下岗失业人员提供职业培训和就业服务，由政府给予资金补贴。

第四节　受影响职工职业能力开发对策和建议

化解产能过剩使企业隐性失业显性化，现在除钢铁、水泥、电解铝、平板玻璃和船舶五大行业外，煤炭、建筑、传统制造、传统商贸流通行业等都存在大量职工转岗问题。因此，面对减产能、降库存的艰巨任务，需要站在全局的高度审视即将到来的产业结构的深刻调整和就业结构矛盾的凸显。按照国发〔2013〕41号文提出的化解产能要尊重规律、分业施策、着力发挥市场机制作用、建立化解产能严重过剩矛盾长效机制，推进产业转型升级的改革要求，相关的职工安置和职业能力开发也应根据产业企业的特点、盈利水平、产能化解方式、涉及员工的就业创业需求、技能水平和学习能力采取不同的开发方式。同时，促进转岗就业创业，启动实施再就业帮扶行动；普遍开展转岗培训或技能提升培训，落实职业培训补贴，增强失业人员就业能力和职业转换能力；免费提供就业指导、职业介绍、政策咨询等服务，纳入就业政策扶持体系；加大创业培训、创业指导、政策扶持和跟踪服务力度。

一　明确政府、企业责任边界

发达国家历史上应对产能过剩危机中的就业问题，都是重视和加大职业培训。20世纪70年代以来，美国为应对历次产能过剩问题，经历了从"需求拉动供给"到"供给创造需求"的政策调整，通过创新驱动产业发展化解产能过剩。在应对产能过剩危机中，美国政府于1988年推出的《家庭支持法案》是再就业培训立法的重大变革。美国通过扩大职业培训和增加教育机会来减少贫困父母对社会福利的依赖程度，强制各州建立就业机会和基本技能培训项目，并以法律的形式确立了联邦政府在该项目中负担50%～72%的责任。

法国对发展困难的企业签署各种形式的培训合同，如在其老工业区实行"转业假期合同"。该合同规定，对解雇的员工可享受为期2年的适应新职的培训假期，在此期间，可领取相当于原工资70%的生活津贴；培训经费由国家、企业和失业保险机构各承担1/3；员工在培训期间可以自谋职业。此外还有"就业－培训合同"、"就业－指导合同"和"就业－适应合同"等，均由国家承担全部或部分费用。

20世纪60～70年代经济萧条时期，日本针对落后产能，引导技术创新化解产能和调整产业结构。1974年，日本颁布《雇佣保险法》，以立法形式规范了就业促进，规定为提高工人综合素质而开办的各项事业，包括由企业主兴办的以及专门机构提供的培训服务，由政府给予一定资助。

面对化解产能中可能出现的大量群体性失业问题，亟须进一步增强政府在促进受影响职工的职业技能提升中的主导地位，有必要通过立法明确政府、企业和劳动者在职业培训中的责任，明确现有政策和专项财政资金使用的范围和比例。要整合并统筹使用各类培训资金，在政策允许范围内，逐步提高职业培训支出在就业专项资金等各类资金中的比重，发挥好培训补贴政策对培训的引导作用。为提高公共资源投入效率，可尝试出台直接按人头给予企业培训补贴的政策（即"钱随人走"）。

企业作为用人主体，在化解产能过剩中应承担培训主体的责任，应通过政策引导和鼓励企业履行社会责任。应明确将受影响企业的内部转岗培训纳入普惠制就业培训范畴，给予职业培训补贴。企业为安置受影响职工利用自身资源发展辅业或开创新产业过程中开展的岗位技能培训和专业培训，政府给予培训专项资金和相关培训资源的支持，或将这类培训纳入普惠制就业培训范畴。重点支持受影响企业职工在岗、转岗培训，提高企业职工转业转岗就业适应能力。针对企业内部职业培训师资不足的问题，政府应在企业内部兼职培训师资队伍建设、培训场地设备设施专项建设和培训课程资源建设方面提供专项资金支持。

二 创新多元化职业培训模式

建立去产能受影响职工再就业职业培训服务体系，创新多元化职业培训模式。针对受影响职工内部转岗安置和分流安置再就业服务需求，发挥市场在受影响职工人力资源开发资源配置中的决定性作用，形成政府主导、企业主体、多方参与的职业培训格局。要鼓励受影响行业企业社会组织等举办职业培训，大力支持社会培训机构、企业培训中心建设发展，推进实施主体和培训载体多元化，引导各类优质资源向职业培训集聚。要完善政府购买社会培训成果机制，引导与鼓励各类培训机构提供高质量的培训服务。

创新再就业培训的工作机制。转变政府、企业和职工在再就业培训中的角色，完善再就业培训投入、考核和奖励机制，发挥企业在转岗培训中的技术优势，尊重职工在转岗培训中的培训需求，激发企业和职工的培训热情，提高共同参与的积极性，形成三方合力推进的良性循环的培训模式。

一是对失业人员重点开展就业技能培训。各地人力资源社会保障部门将围绕当地新拓展的产业领域、符合产业调整政策的行业和需要发展的职业（工种），组织失业人员普遍参加就业技能培训。其中，重点将开展高新产业、先进制造业、生产服务业以及旅游休闲、健康养老、家庭服务等生活服务类就业技能培训项目，同时引导失业人员自主选择培训项目、培训方式和培训机构，采取灵活多样的培训形式和手段，进行科学组织管理。

二是对企业转岗职工重点开展岗位技能提升培训。面向符合条件的企业转岗职工，指导企业开展转岗培训或技能提升培训。对转移到新岗位但无相关技能或技能过时的职工，普遍开展定向初、中级岗位技能提升培训，符合条件的可纳入企业新型学徒制培养计划；对技能偏低的转岗职工，重点进行中、高级岗位技能提升培训，可列入技师培训等培养计划。培训可依托企业培训中心、社会职业培训机构或技工院校（职业院校）实施。

三是对有创业意愿的失业人员和转岗职工重点开展创业培训。利用各类创业培训资源，开发针对不同企业类型、创业活动不同阶段特点的创业培训项目。对从事个体经营或注册企业的，按规定给予税费减免、创业担保贷款、场地安排等政策扶持。尤其是围绕特别职业培训，要落实好培训补贴政策。对依法与企业解除、终止劳动合同的失业人员，要普遍开展就业技能培训和创业培训；对长期停产和过剩产能企业的拟分流和转岗职工，要普遍开展岗位技能提升培训和创业培训。对这些人员开展培训按规定给予培训费补贴，对其中零就业家庭人员和就业困难人员，在培训期间可按规定给予一定的生活费补贴。同时，要做好困难企业职工培训经费保障工作，要合理确定补贴标准，科学确定培训时限。

在这种实际情况下，政府应该充分发挥市场的作用，结合受影响职工的需求，在了解受影响职工自身不足的基础上，进而提供更加有针对性的再就业培训，以提高这部分群体再就业时的适应能力和技能需求。

三　提升职业培训政策可及性

对去产能安置职工任务特别繁重且产业单一地区要实施差异化的培训政策，要适当降低培训补贴政策门槛，或设置专门的培训补贴政策。对于长期参加失业保险，认真履行缴费义务，只是近几年陷入困境未能缴费的企业，应使用失业保险基金给予大力支持，真正体现失业保险雪中送炭、防失业、促就业的功能。要着重改善政府对职业培训监管效率，简化职业培训补贴资金审批手续。建立科学的职业培训项目补贴标准确定机制，根据培训目标和特点建立灵活的培训课时"累积"制度，取消把受影响职工应享受职业培训补贴条件与所在企业社保缴费情况、经济裁员、企业职工教育培训费使用情况等绑定。同时，要做好困难企业职工培训经费保障工作，要合理确定补贴标准，科学确定培训时限。通过培训补贴政策鼓励去产能企业和吸纳分流人员企业积极组织转岗就业培训、拟分流人员特别是职业技能单一人员积极参加就业创业培训，提高去产能涉及职工转岗就业能力和创业能力，加强就业创业指导和政策帮扶。提高社会职业培训机构的积极性和参与度，以提高培训的实用性。

四　提高职业培训的针对性

针对受影响职工职业能力状况和开发需求的具体特点，有必要实施分类施策。针对化解产能过剩中受影响职工再就业培训还应该制定更多的"特惠"政策，引入市场参与的方式，根据受影响行业特点提供有针对性的再就业培训，以满足当前的需求。设立化解产能过剩专项培训基金，完善企业培训奖补政策和政府购买服务的制度。应充分结合职工的培训意愿、就业创业意愿有针对性地帮助劳动者选择适当的培训项目，在培训内容和项目方面适当增加与岗位技能密切相关的职业能力"拓展培训"。进一步发挥行业企业在职工培训中的作用，由行业企业根据产业发展需要提出培训需求、培训目录和培训规格。鼓励企业利用自身的培训资源（机构、设施设备、师资等）组织开展针对具体岗位技能需求培训，并将其纳入政府普惠制政策。

人社部门引导企业在做好安置工作的同时，应更加精准地做好去产能企业受影响职工培训工作。根据供给侧结构性改革、去产能企业转型升级和脱困发展对各类人员的现实需求，进一步结合职工转岗实际，制定精细可行的职工培训计划，扎实有效推进各类分流群体的定向岗位培训、技能提升培训和创业培训。要重点帮助受影响职工提高转岗转业的实用技能，为分流安置职工提供更多专业化实用有效的劳动技能和新型职业培训选择；做好专项培训与劳务输出、劳务对接、职业指导等就业服务工作相衔接；用足用好政府各项培训补贴政策，积极开展技能鉴定服务等工作，确保并不断提高职工培训质量，使职工在技能素质、知识转型等方面适应并满足去产能企业转型升级需要。

针对平台型就业对受影响职工吸纳的现状，职业培训也应适应这种灵活就业的特点和需求，政府应进一步健全和完善政府购买公共职业培训服务制度，加大鼓励社会培训机构发展和提供"互联网＋职业培训服务"，提高职业培训服务的针对性。进一步健全和完善职业培训补贴直补企业和个人的补贴政策和监管方式。

五 建立多元化投入机制

结合化解产能过剩中受影响职工的职业能力特点和开发需求，从培训投入机制方面进一步建立和完善政府、企业和培训机构等其他社会组织多方参与的职业能力培训多元化投入机制，保障财政投入、企业投入、社会投入在职业培训中各方利益的实现，切实保障化解产能过剩中企业转型升级和受影响职工再就业的需求。

政府对于化解产能中受影响职工的职业能力提升问题，应安排专项经费用于培训实施，同时要求各级政府进行资金配套，使政府通过职业培训和就业服务补贴增强技能培训在促就业工作中的作用。通过政策激励，鼓励企业依法提取职工教育培训经费用于转型升级、产业创新发展所需的职

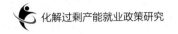

业培训，重点加强对一线职工的培训。

针对目前就业专项资金结余较多但使用渠道较窄的问题，有必要适当拓宽就业专项资金使用渠道，充分发挥就业专项资金促进就业的作用，扩大失业保险基金在预防失业方面的支出项目，尤其是重点向去产能的中西部地区倾斜，用好中央专项奖补资金和地方配套资金，加大对化解产能过剩企业的培训支持力度，鼓励企业转型升级，切实减轻企业负担，帮助企业渡过难关。

健全市场化投入机制，从需求满足角度，提升培训政策的激励性，引导更多企业和社会组织积极参与。建立健全政府统筹协调，发改、财政、人社、教育、工会等部门积极参加，行业企业、职业院校、社会团体等广泛参与的促进受影响职工再就业（创业）职业技能提升工作推进机制。加快公共职业训练基地建设，不断提高职业培训公共服务能力。在社会化投入方面，政府应通过完善立法将职业培训责任逐步向企业和个人转移，这样才能保证职业培训资金渠道不断扩展，实现职业培训服务多元化、公共服务市场化。

六 开发受影响职工职业培训需求

对化解产能过剩中受影响职工培训需求不足的问题，尤其是大龄低技能劳动者，主动接受职业培训的意愿不强，需要引起政府足够的重视。应考虑通过引导和扶持企业和市场化职业培训机构开发出有针对性和多样化的培训产品，适应受影响职工多样化就业技能提升需求。同时，结合政府公共就业服务机构和市场就业服务机构开展针对性的职业指导，引导和帮助这部分群体认清当前就业形势和所在区域人力资源市场状况，进一步提升对未来职业发展预期和职业技能培训的认知和需求。

七 完善相关职业培训法规

当前，大部分化解产能受影响职工的就业和转岗能力不足的问题，尚未引起企业、劳动者和社会的足够重视，这部分群体除了在一定程度上影响国家产业转型升级的进程（高素质劳动力不足），未来还会增加政府和社会就业托底安置的负担。因此，必须引起各方足够重视。除了通过加强各级就业服务部门的职业指导干预外，还应进一步加强职业培训法规对职业培训的促进作用。建议尽快推进国家职业培训和职业技能等级评价等相关法规的出台，以便明确职工、企业及社会机构参与职业培训的权利和义务，也便于政府依法监管。

第五章 化解过剩产能中鼓励企业吸纳受影响职工政策研究

摘 要： 化解产能过剩是供给侧改革的五大任务之首，是实现整体经济健康发展战略的一部分，也是适应市场发展规律的必然选择。多数产能过剩行业是劳动密集型行业，从业人员众多。去产能，不仅仅是经济问题，还是社会问题，更是政治问题。妥善安置这部分下岗甚至失业职工，事关整体改革的推进，也关系到这些企业职工的切身利益。受影响职工的安置不仅要在原有企业的内部寻找机会，通过企业自身转型升级和创造条件吸纳，更要鼓励受影响职工走出去，自主创业、自谋出路。但是受影响职工自身年龄、技能水平、思想观念等因素决定了实现外部安置不能完全依靠职工的自发行为，需要政府给予政策和再就业渠道的推动及支持。本章实地调查企业吸纳产能过剩受影响职工的现状，深入分析目前化解产能过剩受影响职工安置的政策成效，在对促进企业吸纳受影响职工安置的实践经验进行充分总结的基础上，提出促进企业吸纳受影响职工的五项原则和三项政策建议。五项原则为：一是坚持多渠道就业与稳定就业相结合；二是坚持政府引导与市场主导相互协同；三是坚持普惠性与扶持性政策相结合；四是坚持短期应急对策措施与长效机制相结合；五是坚持中央政策资金投入与发挥地方主动性相结合。同时，提出三项政策建议：一是完善帮扶政策，积极促进就业创业；二是完善社会保险政策与就业政策的衔接配套；三是支持企业转型升级与多元化发展，促进企业内部消化富余人员。

关键词： 去产能 职工安置 吸纳就业

第一节　绪论

一　研究背景

在经历了前期经济高速扩张以及经济刺激政策所导致的产能大规模扩张后，中国当前正面临着内外需不振、部分产能无法消化的局面，产能过剩问题已经严重阻碍了国内产业结构调整和经济良性发展，产能严重过剩越来越成为我国经济运行中的突出矛盾和诸多问题的根源，成为当下中国经济最亟待解决的关键问题之一。化解过剩产能，是优化产业结构、保障经济健康与可持续发展的必要之举。2015 年 12 月，中央经济工作会议提出供给侧结构性改革的五大任务，即去产能、去杠杆、去库存、降成本、补短板，其中去产能被列为五大任务之首。

近年来，我国产能过剩行业多集中于钢铁、煤炭、水泥、玻璃、电解铝、船舶等重工业领域。2013 年，水泥、粗钢、电解铝、平板玻璃和造船业的产能利用率分别为 75.7%、72%、71%、73.5% 和 65.7%；2015 年，水泥、粗钢、电解铝、平板玻璃和造船业的产能利用率分别为 73%、72%、72%、68% 和 50%，我国工业制造业产能严重过剩已经成为不争的事实。国际金融危机以来，结构性、周期性产能过剩与体制性产能过剩叠加，使得诸多行业产能过剩问题充分暴露出来，产能过剩也呈现出长期化、绝对化演变趋势，产能利用率更是长期持续维持在较低水平。多数产能过剩行业是劳动密集型行业，从业人员众多。淘汰落后产能，关闭"僵尸企业"，将会导致大量人员失业，社会将面临大量职工转岗和安置的问题。据不完全统计，我国钢铁和煤炭两大行业就业人员约为 900 万人。近年来，受产能严重过剩的困扰，我国钢铁和煤炭两大行业一度出现大面积亏损，逾百万人的就业岗位受到影响。[1] 2016 年初，根据人社部的初步估算，钢铁、煤炭两大行业去产能将涉及受影响职工 180 万人。去产能，不

---

[1] 《中国矿业及后端产业关停倒闭大调查》。

仅仅是经济问题，还是社会问题，更是政治问题。如何妥善安置职工，成为化解产能过剩的重中之重。

二 研究的关键问题

本课题研究的重点：一是企业吸纳产能过剩受影响职工的现状；二是目前化解产能过剩受影响职工安置的政策成效分析；三是促进企业吸纳受影响职工安置的实践经验总结；四是促进企业吸纳受影响职工的思路与建议。

三 研究方法

本课题属应用性政策研究，以规范性研究为主，主要采用文献研究法、比较研究法和典型调查法。

1. 文献研究法

通过查阅大量的相关图书和已有论文收集所需材料；充分利用互联网，查阅电子图书资料、期刊文献等进行整理分析；向人社部、国务院国资委、工信部的有关业务司局搜集相关数据资料以供研究。

2. 比较研究法

在分析化解产能过剩中下岗失业人员的社会保险问题时，将我国目前的情况包括采取的各类措施与其他国家做比较，与我国历史经验做比较。

3. 典型调查法

与地方人力资源社会保障等主管部门、典型企业和职工开展座谈、访谈，发放单位调查问卷和个人调查问卷，对化解产能过剩企业受影响职工的情况进行分析。

第二节 政策综述

一 我国治理失业政策简述

1. 国企下岗职工安置政策与措施

为了配合结构调整和国企改革的深化，从 20 世纪 80 年代开始，我国政府实施了再就业工程，动员全社会的力量，通过加强职业介绍、失业保险、技能培训和推动劳动就业服务企业发展，充分发挥市场就业服务的作用和挖掘企业内部潜力，解决国有企业富余人员分流再就业问题，努力实现国有企业富裕劳动力的平稳转移。2002年9月，中共中央国务院召开全国就业工作会议，随后制定《关于进一步做好下岗失业人员再就业工作的通知》（中发〔2002〕12号）文件，在全面总结我国就业和再就业工作实践的基础上，针对解决下岗失业人员再就业问题，研究制定了一整套促进就业和再就业的政策措施。2003年，进一步完善了相关内容。围绕贯彻落实中发〔2002〕12号文件精神，相关部门制定了25个配套政策文件，形成以促进国有企业下岗失业员工再就业为重点的政策体系。这套政策体系以扩大和促进就业为首要任务，解决了大量国有企业下岗职工的再就业问题，为国有企业的改革和结构调整奠定了基础。政策内容涵盖了就业岗位创造、再就业扶持、公共就业服务、就业培训、就业宏观调控和社会保障体系等方面，主要包括以下内容。

一是以提高经济增长对就业的拉动能力为取向的宏观经济政策。对经济发展施加政策影响，使之有利于扩大就业。主要是通过保持较高经济增长速度，调整产业结构、所有制结构、企业结构等，扩大就业总量，创造就业岗位。在产业结构上，大力发展就业容量大的第三产业和服务业。在经济形式上，鼓励发展对就业增长贡献大的民营经济。在企业类型上，支持发展具有比较优势的劳动密集型中小企业。在就业形态上，鼓励劳动者多种形式灵活就业。

二是以重点促进下岗失业人员再就业为取向的扶持政策。主要是运用税费减免、资金信贷等优惠政策杠杆，创造岗位优先吸纳下岗失业人员再就业。对企业用人给予政策引导，使之愿意更多地吸纳就业，按新招就业人数对商贸企业、服务业企业在劳动合同期限内相应定额减免税费，并给予社会保险补贴。对符合贷款条件的劳动密集型小企业，提供担保贷款和贴息。对劳动者就业予以政策支持，调动他们自主就业的能动性，鼓励劳动者自谋职业和自主创业，通过定额减免税费和提供小额担保贷款给予扶持。通过提供定额社会保险补贴，提高灵活就业的稳定性。对困难群体加大政策扶助，帮助他们摆脱失业困境。对就业困难对象进行就业援助，政府投资开发的公益性岗位优先安排困难对象，并给予社会保险补贴和岗位补贴。

三是以实现劳动力与就业需求合理匹配为取向的劳动力市场政策。主要是通过强化就业服务和职业培训帮助劳动者了解需求信息，提高就业能力，缓解结构性失业问题。对市场供求匹配施加影响，强化公共就业服务和培训，对城镇登记失业人员和进城求职农村劳动者，提供免费的就业服务。开展多层次、多形式的职业培训并给予补贴。

四是以减少失业为取向的宏观调控政策。主要通过严格规范企业减员、建立失业预警等措施，减轻社会失业压力。对失业的治理与就业相结合，并进行预防和调控，建立失业监测预警机制，对失业进行疏导和调控。在推进企业重组改制和关闭破产工作中搞好职工安置就业。

五是以既能有效地保障下岗失业人员基本生活，又能积极促进再就业为取向的社会保障政策。主要是通过完善社会保障体系，消除下岗失业人员的后顾之忧，为促进劳动力合理流动提供保障。对社会保障制度进一步完善，建立促进就业与失业保险、最低生活保障的联动机制，进一步完善就业者的养老保险和医疗保险，扩大覆盖，搞好接续，使积极就业者得到激励、不积极就业者受到约束。

2. 国际金融危机稳岗政策措施

为应对国际金融危机对我国就业的严重冲击，采取宏观经济与微观经济、应急措施和长效治理、直接调控和间接引导等多种组合性政策措施，全方位促进就业增长（人力资源和社会保障部专题组，2009）。

一是调整宏观经济政策，积极推动经济增长带动就业。调整宏观经济政策，实施积极的财政政策和适度宽松的货币政策，迅速出台促进经济平稳较快发展的一揽子计划，发挥政府投资和重大项目带动就业的作用。鼓励支持劳动密集型企业特别是中小企业和服务业的发展，以更多拉动就业。通过税收优惠、社会保险补贴等政策，鼓励企业更多吸纳就业。

二是帮扶企业克服困难，努力稳定就业。鼓励企业稳定职工队伍，不裁员或少裁员。通过五缓（缓缴养老、失业、医疗、工伤和生育五项社会保险费）、四减（降低除养老保险的其他四项社会保险费费率）、三补

（社会保险补贴、岗位补贴、职业培训补贴）、两协商（企业与工会或者职工双方平等协商）等措施，减轻企业负担，通过保企业来保岗位，通过稳定劳动关系来稳定就业。

三是加大政策扶持力度，鼓励自主创业。通过组织创业教育和创业培训提高劳动者创业能力。通过实行税费减免、场地安排、小额担保贷款及贴息等政策和提供创业咨询及开业服务，为劳动者自谋职业和自主创业创造良好环境。

四是针对重点人群特点，统筹安排就业。针对高校毕业生、农民工、城镇失业人员特别是就业困难人员等重点人群，统筹安排就业。通过制定促进农民工就业和创业促就业政策，加大税费减免、社会保险补贴、岗位补贴等各项扶持政策的落实力度，鼓励各类企业招用返乡农民工，实现农村剩余劳动力由外输式就业向内源式就业转变。制定促进大学生就业政策，落实就业服务、青年见习、技能培训、创业带动就业和基层公共岗位锻炼的具体步骤，推动学校与企业的有效对接。

五是推行特别职业培训计划，提高就业能力。开展面向全体劳动者的职业技能培训，为困难企业职工提供技能提升培训和转岗转业培训，为农民工提供职业技能培训，为失业人员提供再就业培训，为新成长劳动力提供劳动预备制培训，为退役士兵提供免费职业培训。运用培训补贴政策，扩大培训规模，延长培训时间，提高培训针对性和有效性。

六是加强公共就业服务，改善就业环境。强化公共就业服务，完善服务功能，提高服务质量和效率，及时收集、发布准确有效的岗位信息。针对城乡劳动者求职就业需要，提供免费的职业介绍、职业指导、信息服务、能力测评、政策咨询服务、就业失业登记等各项就业服务。

二　化解过剩产能导致职工失业研究综述

当前国内文献主要集中于产能过剩的概念解释、分析我国产能过剩产生的原因、产能过剩的度量、产能过剩的预警、产能过剩的治理等方面，对于化解产能过剩受影响职工的再就业问题研究比较少，现有的研究主要是对河北唐山、辽宁等地区性产能过剩职工再就业现状与特点及存在问题进行分析，提出相关政策建议。勾艳辉（2015）以河北唐山钢铁产业产能过剩所致失业人员再就业提出针对性政策建议：立足资源和地理优势、促进产业升级拉动就业；发挥失业保险等社会保障"托底"功能；利用财政杠杆加大资金及政策支持力度；搭建产能落后行业的外部再就业信息服务平台；加强失业人员的心理及全新技能的教育培训。宋帅官等（2016）对辽宁产能过剩行业面临的职工就业现状和潜在失业风险进行深入剖析和研判，研究提出了解决当前问题的途径以及完善政策、完善资金保障体系、完善公共服务体系等对策建议。张德川、宋凤轩（2015）认为，化解产能过剩应当充分运用地理优势，如河北省应当利用与北京、天津等地区的近邻优势，打造京津冀协同发展的新模式，通过河北省内部自行安置和向京津输出劳动的方式解决职工安置问题。同时，还应当建立一个多维度、完整的失业救助服务体系，从制度方面找到职工安置的突破口，针对不同特点、不同类型的职工进行不同的再就业帮助，寻找与其自身能力相适应的新就业岗位，同时建立起相应的失业救助应急机制，以更加系统全面的方式解决化解产能过剩过程中出现的职工安置问题。

现有文献针对我国产能过剩受影响职工安置政策的效果缺乏深入分析，对受影响职工再就业的薄弱环节和制约瓶颈缺乏全方位分析，因此，文献中所提政策建议过于方向化，缺少现实层面更具体可行的细致化政策建议，尤其是如何促进企业吸纳受影响职工就业方面的政策建议匮乏。在产能过剩受影响职工转岗转业这一背景下，对鼓励企业吸纳受影响职工再就业的现状及存在的问题进行全方位、多角度的路径分析，并开展促进企业吸纳就业的政策研究是十分必要的。

第三节　企业吸纳产能过剩受影响职工的现状

一　企业吸纳受影响职工安置特点

1. 去产能初期主要以内部置换劳务岗位来安置富余人员

地方政府通常不希望企业因为压减产能而与职工解除劳动合同，而是要求企业最大限度稳定岗位。在这一轮化解过剩产能之初，只要不是全面停产、倒闭的企业，往往是先取消或减少劳务外包，再减少或清退劳务派遣工，再内部调岗。对于已签订劳动合同的员工，通常是先减外来务工的农民，再减本地农民工，最后才会涉及本地城镇职工。从调研的情况看，在化解过剩产能的初期，产能过剩企业通过内部置换劳务岗位、外委外包项目转自营、与政府合作创办开发实体项目、组建劳务公司等方式，为富余人员安置就业岗位。比如，吉林通钢公司在内部置换劳务岗位中通过将外委外包的检修工作收回自营，安置富余人员1000余人，主要安置岗位为原劳务发包项目中的皮带、装卸、勤杂服务等岗位。

2. 职工内部分流转岗占比较高

压减产能的企业只要不是全面停产、倒闭的，企业对于关停部分生产线而富余出来的职工，通常先在内部进行岗位调剂，尤其是国有企业基本上是让职工转岗转产，而不是让其失业直接推向社会。比如，河北省2015年受影响职工总数达到了51.06万人，明确在企业内部转岗留用的是24.3万人，参加转岗培训的是5.75万人，带岗辅助性岗位和去向不明的人员将近10万人，向社会释放的失业人员是11.41万人，其中农民工占7.2万人。山西省在2016年煤炭行业去产能过程中，完成职工安置20937人，安置率约为99.64%，其中实现转岗安置的职工人数为19071人，占比91.1%。2017年，山西省煤炭钢铁去产能企业共29户（含钢铁企业2户），共分流安置19757人，安置率为90%，其中内部转岗安置为15764人，占比80%。

然而，随着压减产能任务的推进，一些还未淘汰的落后产能也到了必须关停的时候。企业通过内部转岗转产来安置员工的空间必然受到挤压，通过内部安置分流的方式将难以为继。同时，企业中有能力自谋职业的职工大多已主动寻找出路，需要再就业的恰恰是就业难度大、竞争力弱的职工。

3. 跨区域转移的职工较少

从调研了解的情况来看，跨地区转移的职工较少。山西省人力资源社会保障研究所对化解产能过剩的煤炭企业职工的问卷调查显示：相比异地就业，65.79%的职工更偏好在当地就业。一方面，受影响职工上有老下有小，感情上不愿意离开故土亲人。从调研中了解到，煤炭、钢铁等行业的大部分员工在厂区附近居住，年龄在30岁以上，上有老、下有小，异地就业的成本高，致使许多职工不愿离开现在的工作岗位和现在的企业，这种情结对于在国有企业且在现单位工作年限比较长的职工表现更为明显。另一方面，由于现有社会保险政策的便携性差，加之各省份社会保险政策存在一定差异，受影响职工的社会保险待遇受到一定影响。中国铝业对一些停产半停产的企业，实施了跨区域的人员转移，但是受制于现有社会保险缴费政策，这些员工希望退休的时候仍然回到原籍，各个省份在操作上存在的一些问题，造成这些人异地缴费，退休回原籍或者其他地方还存在一些障碍。

4. 经济欠发达地区企业吸纳就业相对困难

经济较为发达的地区受影响职工再就业的渠道较多，比如在江苏省等经济发达的东部沿海地区，由于私营企业发展较好，有较为充分的就业岗位，加上下岗的这些国有企业职工本身具有良好的职业和文化素质，仍然具有一定的竞争力。因此，只要政府部门善于引导，市场吸纳受影响职工能力较强。但是山西、吉林、黑龙江、河北等省经济下行压力较大，国有企业占比较高、私营经济发展滞后，加上产业单一，在支柱产业萧条和去产能背景下，就业机会较少，职工面临无岗可转、无业可就的困境。因此，对需安置人员较为集中、经济吸纳就业能力薄弱的地区，政府应给予高度重视，给予政策倾斜，采取多种方式鼓励受影响职工再就业和创业。

总体上看，国有企业以牺牲效率为代价换取员工内部安置不可持续。产能过剩行业中，国有企业占比很大。一些国企员工工资只发一半，有的甚至三个月发不出工资，即使这样，还要维持生产，确保员工拿到基本的生活费。这种情况大大影响了国企化解过剩产能和转型升级。化解过剩产能，按照市场原则，就要裁减员工，但是调研中了解到，国有企业裁减员工十分困难。这需要国家加快国企用人机制的改革，制定积极、稳妥的冗员退出机制，同时要减轻国有企业的负担，减少其不应承担的社会职能，不让它们承担过重的包袱，否则国有企业将会错失转型升级提高生产效率、环境效率和市场竞争力的最佳机会，最终后果就是关停破产，工人下岗失业。

二　受影响职工再就业和创业的主要制约因素

受影响职工再就业和创业比重偏低。调查中，受影响职工一直处于不充分就业状态的占比较高，实现稳定就业和创业的较少。

1. 技能缺乏、技能单一成为转岗转业的主要困难

去产能的煤炭、钢铁企业受影响的职工普遍年龄偏大、文化程度偏低，转岗转业主要困难为缺乏专业技能。根据山西省人力资源社会保障研究所针对煤炭行业产能过剩企业职工的专项调查，煤炭企业 72.63% 的职工认为自身的知识技术不足，其中技术能力不足的占 19.74%、人际沟通技术不足的占 23.68%、知识储备不足的占 29.21%。这充分说明，煤炭企业职工自身知识技术不足已成为阻碍职工转岗安置的核心问题。从调研中了解到，技能单一也是煤炭行业职工再就业的主要障碍之一。山西省的煤矿约九成以上为井工采矿，矿工每天实际工作时间多超过 8 小时，长时间繁重的体力劳动使这些矿工身体出现超负荷运转，多在 45 岁左右便不能够继续进行井下工作，需要进行转岗，但同样是其长期从事煤矿井下工作，造成了掌握技能单一、地面技术性工作适应能力差等问题。这些矿工及其他煤炭企业职工多存在前期受技能培训较少的问题，企业没有从长远角度出发考虑职工未来的发展，特别是井下职工未来转岗安置时的技能问题，造成职工唯一掌握的技能就是挖煤、开矿，一旦不能从事井下工作，职工的就业转岗问题便十分突出，无法适应地面上的工作岗位。

2. 缺少可靠稳定的再就业信息

山西省人力资源社会保障研究所针对煤炭行业产能过剩企业的职工调查显示，受影响职工再就业的主要障碍之一是招聘信息获取困难（占比 33.95%），反映了煤炭企业职工在外部信息获取上存在市场信息不对称的问题。从课题组调研的省、市来看，部分地区公共就业信息服务平台尚未发挥功能，受影响职工的再就业信息多来自亲戚朋友推荐或各种媒体平

台，多数人并未将政府的公共就业服务机构作为主要的信息来源渠道。未来需要进一步加强人力资源就业市场的信息网络化建设，实现人力资源供求信息的实时有效匹配。

3. 缺乏信心导致再就业和创业难度大

长期的计划经济体制使煤炭、钢铁等行业的国有企业职工对企业形成了较强的依赖性，即使下岗失业也不愿意离开本行去寻找新的就业岗位。他们对自己的社会竞争优势严重信心不足，宁愿每月等待政府发放微薄的救济金，等待单位扩岗再就业，也不愿意主动进入市场寻求新的就业机会。访谈中许多职工表示，完全靠自己到市场上再找一份工作很困难，其中有274人认为招聘市场上没有适合自己的工作，206人不知道自己该应聘什么岗位。同时，由于家庭负担重、抗风险能力差、缺乏资金保障，虽然有创业的动力，但是不具备创业能力和实力。访谈中了解到，对于政府实施的鼓励受影响职工创业的各种优惠政策，如小额无息、低息贷款，受影响职工的参与积极性并不高，主动性也不强。甚至某些受影响职工将小额贷款存入银行变成储蓄，用储蓄的利息来补贴家用。对于从事服务业，如到餐饮、副食品加工等行业岗位上任职，他们又心有不甘，觉得这类行业一是企业规模小，工作不稳定；二是员工的保险、福利待遇差，工作缺乏安全感。因此，国有企业受影响职工因循守旧的思想观念对尽快解决再就业问题形成了很大的阻碍。

4. 地方承载就业能力不足

从调研情况来看，煤炭、钢铁产业基本上都是当地的支柱产业，比如山西煤炭一业独大、河北钢铁单极发展，这将导致所在城市的劳动力流动存在困难：一方面，作为城市主导产业的煤炭、钢铁等过剩产业吸纳劳动力能力坠崖式下降；另一方面，具有吸纳劳动力潜力的第三产业尚未发展起来。因此，政府解决产能过剩行业职工的安置，如果依然还要依靠过剩产业企业自身吸纳，只能造成更多的隐形失业，这实际上是一种"头痛医头、脚痛医脚"的做法。解决过剩产业职工安置问题，政府必须拓宽视野，采取有效对策，才能逐步消除过剩产业受影响职工的就业压力。

5. 有的企业一度拖欠职工工资和欠缴社会保险费，影响了职工待遇

煤炭、钢铁等产能过剩行业企业经济效益下滑，尤其是煤炭企业亏损严重，矿区办社会等包袱负担沉重，从地方反映的情况来看，这些企业一度存在着不同程度的拖欠职工工资和欠缴社会保险费现象。煤炭企业拖欠社会保险费用，一方面，会导致社会保险基金收支情况不平衡，影响社会保险基金运行；另一方面，根据社保经办规程，单位拖欠社会保险费用会直接导致其职工无法享受社会保险待遇，以养老保险为例，拖欠养老保险费用的企业职工在达到退休年龄后无法办理退休手续，无法享受养老金待遇，严重影响职工退休及其正常生活。

三　企业吸纳受影响职工的趋势

1. 就业的结构性矛盾日趋明显

产业的结构性矛盾突出，低端产品供过于求与高端产品供给不足并存。如钢铁行业，中低端产品市场需求近于饱和，而高铁等重大装备需要的高品质、高附加值、高技术含量的产品，却呈现供不应求的局面。产业的结构性矛盾，表现在就业方面就出现了日益突出的用工荒与就业难并存现象，一方面，服务业、高新技术产业高端人才、技能人才严重短缺；而另一方面，产能严重过剩行业大量人员富余，开工不足。同时，由于产能过剩行业劳动者的专业技能难以满足服务业、高新技术产业的需要，就业的结构性矛盾越来越凸显。

2. 企业内部安置压力增大

首先，企业内部安置受限于职工的个人意愿、身体素质、年龄、工种、文化程度等，人员与岗位匹配难度较高。外包转自营的岗位条件都较为艰苦、劳动强度较大，职工也难以在短时间内适应。受限于职工的个人意愿和素质等，企业从主营业务分流冗员、向第三产业转移职工都面临重重障碍，新岗位要么对专业技能要求较高，要么劳动强度较大或者经营压力较大。内部安置的人员与新岗位难以有效匹配，职工在短期难以胜任。其次，通过转型升级吸纳受影响职工难度增大。调研中了解到，诸如钢铁、煤炭等行业，存在全行业产能过剩的问题，企业转型尤其不易。不论低端产品还是中高端产品，去库存压力都很大。最后，与经济结构转型相适应，劳动力需求多向高技术型、高素质型转变，劳动力市场存在明显的结构性矛盾，加大了富余人员在企业外获得职位的难度。

3. 行业盈利困难，存在大面积降薪裁员潜在风险

产能过剩主要表现为市场上供给远大于需求，导致产品销售价格下降，进而使得企业盈利空间被严重压缩。2015年第一季度，钢铁行业实现利润同比下降36%，水泥行业实现利润同比下降67.6%，平板玻璃行业实现利润同比下降26.6%。这些行业利润持续下滑主要归因于产能过剩，市场供需矛盾加剧，产品价格大幅下滑进而导致企业利润普遍较低。2015年，煤炭行业亏损面为95%；钢铁行业亏损面达到50.5%；水泥行业亏损面达到33%；平板玻璃行业亏损面近半数；有色金属行业亏损面达到23%（任泽平、张庆昌，2016）。受企业经营效益的影响，这些产能过剩行业存在大量闲置职工，不得不通过降薪和转岗等方式降低人力成本。未来一段时期内，如果产能过剩问题得不到转变，企业效益就难以从根本上改观。而产能过剩行业的富余人员若长期存在，就会对企业造成巨大负担，最终可能引发大面积降薪裁员。

第四节 产能过剩企业消化吸收职工的典型实践

一 地方政策措施

1. 建立协作工作机制，加强组织领导

产能过剩的重点地区普遍建立了协作工作机制，有效应对化解产能过剩职工安置问题。2014年，河北省人社、发改委、总工会等七部门印发了《关于做好结构调整涉及企业职工安置分流和再就业工作的指导意见》（冀人社发〔2014〕32号），建立协作工作机制，有针对性地制定实施方案，对可能出现的风险进行预先处置。加强对企业用工指导，实行职工安置情况月报制度，有效开展定向帮扶和政策援助，取得了较好的效果。2016年

7月，山西省人力资源社会保障厅等八部门制定出台了《关于做好化解煤炭钢铁行业过剩产能职工安置工作的实施意见》，建立政府主要负责人牵头、政府相关部门参与的工作协调机制，统筹协调本地区的职工安置工作，明确部门职责，加强工作调度，督促落实职工安置政策。

2. 实施失业保险基金稳岗政策

为做好化解产能过剩、淘汰落后产能和治理大气污染工作，帮助企业解决生产经营中遇到的暂时性困难，稳定就业岗位，部分省市先后出台并实施了援岗稳企的相关政策措施，对推动调结构压产能治污染职工分流转岗再就业工作起到了积极的作用。2014年，河北省政府下发了《关于使用失业保险金援企稳岗的意见》（冀政办函〔2014〕18号），2014年起实施了"三补一降"援企稳岗政策，帮助企业稳定就业岗位，即：由失业保险金给予符合条件的企业转岗培训补助、岗位补助、社会保险补助，鼓励企业积极安置职工，不裁员或少裁员，努力减轻企业负担。2017年4月，河北省出台了《关于进一步做好去产能职工安置工作的若干意见》，其中进一步完善失业保险援企稳岗政策，将转岗培训补助、岗位补助、社会保险补助等援企稳岗补贴统一整合为稳岗补贴，并向去产能、治理大气污染以及对当地经济和就业有重大影响的企业倾斜。山西等地相继拓宽了享受稳定岗位补贴的企业范围，放宽了实施条件，加大了优惠补贴力度，细化了稳岗补贴标准。典型地区失业保险基金稳岗政策如表5－1所示。

表5－1　典型地区失业保险基金稳岗政策

地　区	失业保险基金稳岗政策
山　西	上年度已足额缴纳失业保险费或于申请前补足欠费的煤炭、钢铁企业，未裁员或裁员率低于统筹地区城镇登记失业率的，使用失业保险基金支付稳岗补贴，补贴额度为上年度该企业及其职工失业保险缴费总额的70%。参加失业保险并累计足额缴纳失业保险费达5年以上，因生产经营发生严重困难而欠缴失业保险费不超过3年，上年度未裁员或裁员率低于统筹地区城镇登记失业率，并已签订欠费补缴协议的，使用失业保险基金支付企业稳岗补贴，补贴额度为该企业及其职工上年度实际缴纳失业保险费总额的50%
石家庄	企业连续缴纳失业保险费5年以上的，可同时享受社会保险补助和岗位补助，单独享受社会保险补助的，可将社会保险补助人数由最高不超过企业实际参加失业保险人数的50%提高到100%

3. 鼓励企业吸纳就业，促进灵活就业

化解过剩产能受影响职工中，部分年龄大、技能单一的职工再就业困难，为了鼓励企业吸纳这部分群体就业，将符合条件的受影响职工纳入就业困难人员对象范围内，引导用人单位吸纳就业，给予社保补贴，降低企业用人成本，鼓励就业困难的职工再就业。对于无法通过单位用工再就业的困难职工，鼓励其通过自谋职业的方式灵活就业，符合条件的人员给予灵活就业社保补贴，减少其生活压力。

山西对企业通过转型转产、多种经营、主辅分离、辅业改制、集团内其他企业转岗安置等方式多渠道安置分流人员的，对兼并重组后新企业吸纳分流人员达到30%以上的，以及其他企业吸纳化解过剩产能企业分流失业人员且签订1年以上劳动合同的，可从就业专项资金中按每人1000元的标准给予企业一次性吸纳就业补助。累计足额缴纳失业保险费5年以上的煤炭、钢铁企业，对化解过剩产能所涉及的职工在企业（企业集团）内部转岗安置的，可按当年安置人数从失业保险基金中给予一次性转岗安置补贴，补贴标准为每人3000元。

4. 鼓励受影响人员自主创业

基于受影响职工人数较多、创业能力薄弱、创业资金缺乏等特点，对于有意向自主创业的受影响职工，各地出台了一系列鼓励和扶持政策。一是可申领失业金作为创业资本，创业成功可享受创业奖励。舟山市出台多项创业扶持政策鼓励受影响职工多途径就业。对于可享受失业保险待遇的失业人员，在领取营业执照后可一次性申领失业金作为创业资本，也可申请创业担保贷款作为运营资本，还本付息后还可享受贷款贴息，实际经营满6个月可享受一次性创业奖励。二是享受创业者社保补贴及创业带动就业岗位补贴。为降低创业者本身的经济压力，鼓励其吸纳其他失业人员就业，舟山市出台了创业者社保补贴及创业带动就业岗位补贴，山西对有创业意愿的企业职工和失业人员实现创业的，参照就业困难人员灵活就业政策，从就业专项资金中给予不超过3年的社会保险补贴。三是创业税收扶持政策。重庆市万盛经开区对煤矿登记失业人员及其配偶自主创业的，从事个体经营或创办微型企业的，以及关闭煤矿原业主转型发展的，前3年

所缴纳的增值税、所得税的区级留存部分给予全额奖励（限制类产业项目除外）。四是扩大扶持对象范围。重庆市万盛经开区将因资源型城市转型关闭的煤矿下岗矿工，含国有煤矿及乡镇煤矿的下岗矿工（不含国有煤矿办理退休及转岗人员）及其配偶创办的鼓励类和非鼓励类微型企业纳入创业扶持范围。

5. 鼓励支持企业创业载体建设

山西省积极支持企业将掌握专业技术、有管理能力的职工组织起来创办企业实体，并给予创业担保贷款及贴息、吸纳就业补助等创业就业政策支持。鼓励企业利用现有闲置厂房、场地和楼宇设施，通过联合、协作、改造等措施，建立各种形式的创业孵化基地、创业园区、创客空间等，为企业分流职工中的创业人员提供场所便利和创业服务。对基地和园区企业分流职工创业实体户数占总户数30%以上的，对创业孵化基地根据入驻户数按每户不超过1万元的标准给予一次性管理服务补贴；对创业园区根据入驻户数按每户不超过5000元的标准给予一次性建设补助。补助资金主要用于为入驻实体提供就业创业服务及基地和园区管理运行经费。

6. 鼓励企业开展转移就业

为支持企业（企业集团）围绕去产能进行专业化人力资源服务开展跨地域、跨行业、跨企业转移就业安置，山西省一是实施转岗安置补贴和吸纳就业补助。对累计足额缴纳失业保险费5年以上的煤炭、钢铁企业，组织分流职工成建制转移就业并签订半年以上劳务协议的，可按当年成建制转移人数从失业保险基金中给予一次性转岗安置补贴，补贴标准为每人3000元。对不符合申请转岗安置补贴条件的，可从就业专项资金中按每人1000元的标准给予安置人员的企业一次性吸纳就业补助。二是给予职业介绍补贴扶持。对化解过剩产能企业分流人员较为集中、就业门路窄的地区及资源枯竭型地区、独立工矿区，要将职工分流安置工作纳入职业介绍补贴扶持范围。对人力资源服务机构组织分流人员到其他用人单位就业的，可从就业专项资金中给予职业介绍补贴。补贴标准为：在县内其他用人单位就业且签订半年以上期限劳动合同的，每人给予不超过300元的职业介绍补贴；在县外省内用人单位就业且签订1年以上期限劳动合同的，每人给予不超过 500 元的职业介绍补贴；在省外用人单位就业且签订 1 年以上期限劳动合同的，每人给予不超过 800 元的职业介绍补贴。三是对转移就业大龄人员给予一次性交通补贴。对参加跨地域有组织劳务输出的分流人员中大龄人员（指男性 50 周岁及以上、女性 40 周岁及以上），从就业专项资金中给予一次性交通补贴。交通补贴标准为省内跨县（区）的，给予不超过 500 元补贴；跨省输出的，给予不超过 800 元补贴。

二 企业吸纳受影响职工措施

1. 转型升级创造新岗位

企业通过转型升级，延伸产业链，且主要是向需要大量技术创新的高端产业链延伸，吸纳富裕职工就业。中国平煤神马集团作为职工及家属占平顶山市区人口一半的支柱企业，从 2004 年开始，平煤神马集团投入大量资源对煤化工高端产业链关键技术进行研发攻关，在多个领域取得突破性进展。正是由于转型升级及时、方向正确，企业在煤炭全行业亏损形势下闯出一条生路。从 2013 年起平煤神马集团效益随着全行业亏损逐步下滑，但是近两年一直保持盈亏平衡，员工工作岗位稳定。山西同煤集团开展煤矿探秘旅游、金融投资、房地产、物流贸易、建筑建材等产业；山西焦煤开展国际贸易、融资租赁、交通能投、公共事业、公路物流、人力资源及化工等多元产业，探索拓展新型产业，促进职工转岗就业。

2. 带薪转岗培训

山西、河南、黑龙江等部分省的产能过剩企业采取了带薪转岗教育培训，对分流安置人员实施带薪培训。山西同煤集团选拔一批优秀年轻矿工实施带薪转岗教育，完成培养计划、经考试考核合格后返回原企业工作，在企业转产转型和创业创新中发挥好带头人作用。黑龙江龙煤集团鸡西矿业有限责任公司在企业内部设立了创业培训中心，对经过竞聘后下岗的员工进入培训中心，培训期间发放培训工资，三年内提供两次就业岗位，本人不上岗的停发培训工资改发生活费。河南省支持企业建立职工安置服务中心，对不愿解除劳动关系、短期内难以集中分流安置的富余人员，通过职工安置服务中心在一定期限内托管劳动关系、开展集中培训。对企业开展的集中培训，可按规定由就业补助资金给予职业培训补贴。

3. 实行企业内部退养

为解决大龄、就业困难的受影响职工的生活问题，各地化解过剩产能企业基本上实行了内部退养政策。在亚泰水泥，目前有 69 名距离退休年龄 5 年以内的富余职工实行内部退养政策，按通化市最低工资 1200 元（含社保缴费）领取生活费。陕煤化集团制定《关于建立富余人员分流安置长效机制的意见》，根据该意见，职工办理离岗退养手续后，由所在单位按月发放退养生活费，并按规定分别由单位和职工个人缴纳基本养老保险、基本医疗保险和住房公积金。个人应缴纳的社保费用由单位在本人待岗生活费中代扣代缴。山西通煤集团实施"六个一批"，距法定退休年龄不足 5 年的职工，本人自愿、企业同意，可以享受内部退养政策，提前退出工作岗位。内部退养职工由企业发放生活费，并缴纳基本养老保险费和基本医疗保险费，个人缴费部分由职工继续缴纳。

4. 自主创业或自谋职业

为了鼓励受影响职工自主创业或自谋职业，产能过剩企业推出了一些优惠措施。陕煤化集团对有自主创业或自谋职业意向的职工，经本人申请、单位同意，可签订自谋职业协议，保留社保关系，协议期限由各单位自行确定，但原则上不超过本人劳动合同期限，对自谋职业职工由所在单位给予一次性经济支持。对在集团所属单位工龄满 3 年且距离岗退养年龄 5～10 年的，可一次性领取 3 万元经济支持；对在集团所属单位工龄满 3 年且距离岗退养年龄超过 10 年的，可一次性领取 5 万元经济支持。

5. 协议保留劳动关系

为了促进大龄职工（"4050"人员）自谋职业，解决职工社会保险缴纳的后顾之忧，企业保留劳动关系，代缴社会保险费。龙煤集团在安置受影响职工，对距法定退休年龄 10 年之内的企业员工推行协议保留劳动关系，经本人申请、单位同意，可以办理协议保留劳动关系，其间不发放生活费，按最低缴费基数缴纳基本养老保险、基本医疗保险和失业保险，企业与个人部分全部由企业承担，符合退休条件时，办理退休手续。

6. 支持员工开展创新创业

山西焦煤集团出台受影响职工安置方案鼓励员工创新创业，各子公司组建多种创业创新空间和基地，为职工创业创新搭建平台、提供服务。集团对入驻园区的创业职工出台优惠政策，如创业职工3年内与原单位保留劳动关系，与原单位职工同等享有参加职称评聘、岗位等级晋升、社会保险等方面的权利；园区每安置一名创业职工可免除10平方米建筑面积的房租和物业费。

7. 有组织劳务输出

由于本地区就业岗位有限，为了促进受影响职工跨地区再就业，产能过剩企业采取了有组织的劳务输出，并给予劳务输出人员一定数额的交通补贴和缴纳社会保险等优惠措施。比如龙煤集团规定，有组织开展跨地区集体劳务输出三个月及以上，根据劳务输出人数，按每人仅限一次给予交通补贴2000元，由关闭煤矿集中统一使用。劳务输出期间，个人承担应由个人缴纳的基本养老保险、基本医疗保险、失业保险和住房公积金，企业承担由企业缴纳的社会保险和住房公积金。

以上几种措施中，转型升级创造新岗位、带薪转岗培训等可以一劳永逸地解决受影响职工的就业问题，是比较积极的促进就业措施，而内部退养等措施只是一时之计，就业的包袱由受影响企业承担，并没有实质性地解决受影响职工的就业问题。调研中了解到，企业内部退养政策在执行中存在一定困难。一是只有存续并且能够承担退养成本的企业才能实施，像煤矿企业实施关闭退出后，企业主体不存在或母体企业也是"僵尸企业"，承担职工的生活费、基本养老保险费和基本医疗保险费的主体已不存在，这种情况无法实施内部退养政策。二是内退人员的养老保险待遇降低。内退期间只发放生活费，会造成职工养老保险缴费基数降低，影响职工今后养老保险领取待遇。三是内部退养人员的生活费确定尚无统一标准。人社部发〔2016〕32号文件规定，对符合条件人员可实行内部退养，由企业发放生活费，但是没有明确生活费的具体标准，各省份自行规定，标准不一，造成新的不平等。四是内部退养政策还需完善。现有政策没有明确内部退养人员在享受企业内部退养政策期间企业关闭破产时应如何应对。部分省区内退出活费标准如表5-2所示。

表5-2　部分省区内退生活费标准

省区	内退生活费标准
山东	选择预留社会保险费和基本生活费的人员，基本生活费的标准应在充分考虑当地经济社会发展水平、物价变动、工资增长等因素的基础上确定，但不得低于当地最低工资标准的70%；因破产等企业主体消亡的，基本生活费的标准按照企业消亡当年当地最低工资标准的70%、每年递增10%的标准预留
四川	由企业根据本单位的实际情况报上级主管部门同意后确定，无上级主管部门的由企业自行确定，但不得低于当地最低工资标准的70%
福建	由企业按照不低于内部退养职工本人月工资70%或单位月平均工资60%的标准发放生活费；困难企业经批准可按不低于当地最低月工资标准的60%发放生活费
河南	由企业根据有关法律、法规及政策规定与职工协商一致后确定，不得低于当地失业保险金标准，并根据河南省最低工资变动情况适时调整
山西	由企业根据政府有关规定和自身的经济效益确定
宁夏	由企业按照不低于当地最低工资标准的90%发放生活费

第五节　对现行鼓励企业吸纳就业政策的分析

一　化解过剩产能针对性职工安置政策

公共就业政策的制定和实施需要依据一定的制度基础和物质基础，它们决定了公共就业政策的规模、范围和效果。经过数十年的发展，我国公共就业政策已经具备了坚实的基础。自2010年以来，国家层面制定和实施了一系列与化解产能过剩相关的政策措施，其中都对职工安置工作提出明确要求，包括促进职工再就业、职工社会保险关系转移接续、职工劳动关系处理和职业培训、职工安置资金的来源、稳岗补贴发放等政策内容。

1. 指导督促企业制定职工安置方案

《关于做好淘汰落后产能和兼并重组企业职工安置工作的意见》（人社部发〔2011〕50号）规定，各地负责淘汰落后产能和兼并重组企业职工安置工作的部门和单位，要指导督促企业按照国家有关法律法规和政策规定研究制定并落实职工安置方案，确保职工安置政策到位、资金到位、服务到位。淘汰落后产能和兼并重组企业职工安置方案，应按规定经民主程序通过后报企业所在地人力资源社会保障部门，人力资源社会保障部门会同有关部门进行审核。职工安置方案主要内容应包括企业实施淘汰落后产能和兼并重组涉及人员的基本情况，职工安置渠道及经费落实情况，社会保险费用缴纳情况及欠缴社会保险费的解决办法，离退休人员医疗保障和社会化管理经费落实情况，拖欠职工工资、医疗费、债务情况及解决办法等。

2. 促进再就业

（1）纳入政策体系。《关于做好淘汰落后产能和兼并重组企业职工安置工作的意见》（人社部发〔2011〕50号）明确规定：各地要按照《就业促进法》和《关于做好促进就业工作的通知》（国发〔2008〕5号）、《关于加强职业培训促进就业的意见》（国发〔2010〕36号）的规定和要求，将淘汰落后产能和兼并重组企业下岗失业人员纳入就业再就业扶持政策体系，落实促进自主创业、鼓励企业吸纳就业和帮扶就业困难人员就业等各项政策。

（2）加强就业服务。各级人力资源社会保障部门要进一步加强对淘汰落后产能和兼并重组企业下岗失业人员的就业服务。通过加强政策宣传，向企业派驻工作组，召开就业政策指导会，提供个性化职业指导、职业培训、免费职业介绍、政策咨询等措施，帮助职工树立信心，提高就业能力，尽快实现再就业。

（3）促进创业。对有创业愿望和能力的职工，积极开展创业指导、创业培训、创业项目咨询和跟踪服务，落实鼓励劳动者自主创业的税费减免、小额担保贷款、场地安排等政策，支持淘汰落后产能企业职工自主创业带动就业。

（4）鼓励吸纳。鼓励企业吸纳安置淘汰落后产能和兼并重组企业职工，优势企业兼并、收购、重组淘汰落后产能企业的，应尽可能留用淘汰落后产能企业职工。

（5）加大职业培训力度。有关部门要指导并帮助淘汰落后产能和兼并重组企业采取多种形式对职工开展就业技能培训、岗位技能提升培训和转岗、转业培训，落实职工培训经费，切实提高培训的针对性和有效性，努力实现"培训一人、就业一人"，力争使淘汰落后产能和兼并重组企业职工实现岗位到岗位的平稳转移。

3. 出台稳岗补贴政策

《关于进一步优化企业兼并重组市场环境的意见》（国发〔2014〕14号）提出：对采取有效措施稳定职工队伍的企业给予稳定岗位补贴，所需资金从失业保险基金中列支。

2014年，人社部、国家发改委、财政部、工信部《关于失业保险支持企业稳定岗位有关问题的通知》（人社部发〔2014〕76号）明确规定：对采取有效措施不裁员、少裁员，稳定就业岗位的企业，由失业保险基金给予稳定岗位补贴（简称"稳岗补贴"）。同时，该文件对补贴政策主要适用范围、基本条件、资金使用及审核认定等方面进行了规定。

4. 做好职工社会保险关系转移接续

《关于做好淘汰落后产能和兼并重组企业职工安置工作的意见》（人社部发〔2011〕50号）对做好职工社会保险关系转移接续做出了翔实的规定。

（1）淘汰落后产能和兼并重组企业应按照国家有关规定参加各项社会保险，并缴纳各项社会保险费。已参加各项社会保险的企业，职工按规定享受相应的社会保险待遇。企业实施淘汰落后产能和兼并重组前欠缴的各项社会保险费用，应按照有关规定予以补缴。

（2）淘汰落后产能和兼并重组企业的失业人员，在领取失业保险金期间，可以按有关规定享受由失业保险基金支付的职工基本医疗保险待遇。关闭、破产的淘汰落后产能企业，要积极与地方社会保险机构协调，妥善解决企业离退休人员医疗保障费用问题，确保离退休人员享受相应的医疗待遇。

（3）淘汰落后产能和兼并重组企业要妥善处理工伤人员待遇问题。对于变更劳动关系到新企业工作的职工，新企业应到当地工伤保险机构办理变更工伤保险关系手续。各地要按照《工伤保险条例》和人力资源社会保障部、财政部等四部门联合印发的《关于做好国有企业老工伤人员等纳入工伤保险统筹管理有关工作的通知》（人社部发〔2011〕10 号）的规定，妥善解决工伤人员的待遇问题。

5. 完善资金投入机制

（1）明确职工安置资金的来源。一是就业专项资金，根据国发〔2010〕27 号文提及的"所需资金从就业专项资金中列支"，中央财政和地方财政要加大对淘汰落后产能和兼并重组企业职工安置工作支持力度。《关于做好淘汰落后产能和兼并重组企业职工安置工作的意见》（人社部发〔2011〕50 号）进一步细化了"淘汰落后产能和兼并重组企业下岗失业人员纳入就业扶持政策所需资金，从中央及地方就业专项资金中列支"。二是淘汰落后产能中央财政奖励资金。根据《淘汰落后产能中央财政奖励资金管理办法》（财建〔2011〕180 号），"奖励资金必须专项用于淘汰落后产能企业职工安置、企业转产、化解债务等淘汰落后产能相关支出"。

（2）明确资金使用的优先次序。财建〔2011〕180 号文突出强调奖励资金优先用于职工安置，"优先支持淘汰落后产能企业职工安置，妥善安置职工后，剩余资金再用于企业转产、化解债务等相关支出"，明确了地方在统筹安排使用奖励资金时的优先次序，"优先支持淘汰落后产能任务重、职工安置数量多和困难大的企业，主要是整体淘汰企业"。

《关于做好淘汰落后产能和兼并重组企业职工安置工作的意见》（人社部发〔2011〕50 号）规定："中央财政淘汰落后产能奖励资金，要首先用于淘汰落后产能企业职工安置。职工安置工作完成后，可用于企业转产、化解债务等相关支出。"

《关于进一步做好新形势下就业创业工作的意见》（国发〔2015〕23 号）提出："淘汰落后产能奖励资金、依据兼并重组政策规定支付给企业的土地补偿费要优先用于职工安置。"

6. 明确钢铁和煤炭企业受影响职工安置路径

《关于钢铁行业化解过剩产能实现脱困发展的意见》（国发〔2016〕6号）和《关于煤炭行业化解过剩产能实现脱困发展的意见》（国发〔2016〕7号）对钢铁和煤炭行业企业受影响职工的安置做出了安排，明确要把职工安置作为化解过剩产能工作的重中之重，通过企业主体作用与社会保障相结合，多措并举做好职工安置。安置计划不完善、资金保障不到位以及未经职工代表大会或全体职工讨论通过的职工安置方案，不得实施，同时提出相应职工安置的政策措施。

（1）挖掘企业内部潜力。充分发挥企业主体作用，采取协商薪酬、灵活工时、培训转岗等方式，稳定现有工作岗位，缓解职工分流压力。支持创业平台建设和职工自主创业，积极培育适应钢铁企业职工特点的创业创新载体，扩大返乡创业试点范围，提升创业服务孵化能力，培育接续产业集群，引导职工就地就近创业就业。

（2）对符合条件的职工实行内部退养。对距离法定退休年龄5年以内的职工经自愿选择、企业同意并签订协议后，依法变更劳动合同，企业为其发放生活费并缴纳基本养老保险费和基本医疗保险费。职工在达到法定退休年龄前，不得领取基本养老金。

（3）依法依规解除、终止劳动合同。企业确需与职工解除劳动关系的，应依法支付经济补偿，偿还拖欠的职工在岗期间工资和补缴社会保险费用，并做好社会保险关系转移接续手续等工作。企业主体消亡时，依法与职工终止劳动合同，对于距离法定退休年龄5年以内的职工，可以由职工自愿选择领取经济补偿金，或由单位一次性预留为其缴纳至法定退休年龄的社会保险费和基本生活费，由政府指定的机构代发基本生活费、代缴基本养老保险费和基本医疗保险费。

（4）做好再就业帮扶。通过技能培训、职业介绍等方式，促进失业人员再就业或自主创业。对就业困难人员，要加大就业援助力度，通过开发公益性岗位等多种方式予以帮扶。对符合条件的失业人员按规定发放失业保险金，符合救助条件的应及时纳入社会救助范围，保障其基本生活。

《关于在化解钢铁煤炭行业过剩产能实现脱困发展过程中做好职工安

置工作的意见》（人社部发〔2016〕32号）在国发〔2016〕6号文和国发〔2016〕7号文的基础上明确安置原则、细化安置渠道，提出社保衔接、劳动关系处理的具体措施。

7. 安排1000亿元专项奖补资金支持化解过剩产能职工安置

2016年5月，财政部印发了《工业企业结构调整专项奖补资金管理办法》（财建〔2016〕253号），明确中央财政设立工业企业结构调整专项奖补资金，对地方和中央企业化解钢铁、煤炭行业过剩产能工作给予奖补，鼓励地方政府、企业和银行及其他债权人综合运用兼并重组、债务重组和破产清算等方式，实现市场出清。专项奖补资金规模为1000亿元，实行梯级奖补。其中，基础奖补资金占资金总规模的80%，结合退出产能任务量、需安置职工人数、困难程度等按因素法分配；梯级奖补资金占资金总规模的20%，和各省份、中央企业化解过剩产能任务完成情况挂钩，对超额完成目标任务量的省份、中央企业，按基础奖补资金的一定系数实行梯级奖补。专项奖补资金由地方政府和中央企业统筹用于符合要求的职工分流安置工作，主要用于：企业为退养职工按规定需缴纳的养老和医疗保险费，以及需发放的基本生活费和内部退养工伤职工的工伤保险费；解除、终止劳动合同按规定需支付的经济补偿金和符合《工伤保险条例》等规定的工伤保险待遇；清偿拖欠职工的工资、社会保险等历史欠费；弥补行业企业自行管理社会保险收不抵支形成的基金亏空，以及欠付职工的社会保险待遇；其他符合要求的职工安置费用。

国家出台化解产能过剩相关政策如表5-3所示。

表5-3　国家出台化解产能过剩相关政策

序号	发文时间	发文单位	文件名称	文件编号
1	2010年2月6日	国务院	关于进一步加强淘汰落后产能工作的通知	国发〔2010〕7号
2	2010年8月28日	国务院	关于促进企业兼并重组的意见	国发〔2010〕27号
3	2011年4月18日	人社部等七部门	关于做好淘汰落后产能和兼并重组企业职工安置工作的意见	人社部发〔2011〕50号

续表

序号	发文时间	发文单位	文件名称	文件编号
4	2011年4月20日	财政部	淘汰落后产能中央财政奖励资金管理办法	财建〔2011〕180号
5	2013年10月6日	国务院	关于化解产能严重过剩矛盾的指导意见	国发〔2013〕41号
6	2014年3月7日	国务院	关于进一步优化企业兼并重组市场环境的意见	国发〔2014〕14号
7	2014年11月6日	人社部、国家发改委、财政部、工信部	关于失业保险支持企业稳定岗位有关问题的通知	人社部发〔2014〕76号
8	2016年2月4日	国务院	关于钢铁行业化解过剩产能实现脱困发展的意见	国发〔2016〕6号
9	2016年4月7日	人力资源社会保障部、国家发展改革委等七部门	关于在化解钢铁煤炭行业过剩产能实现脱困发展过程中做好职工安置工作的意见	人社部发〔2016〕32号
10	2016年5月10日	财政部	工业企业结构调整专项奖补资金管理办法	财建〔2016〕253号
11	2016年6月7日	财政部	关于加强工业企业结构调整专项奖补资金使用管理的通知	财建〔2016〕321号

二 现行政策的局限和不足

1. 职工安置资金政策需要进一步完善细化

虽然国家层面先后出台多个文件，对职工安置资金做出了明确的政策安排，职工安置资金主要来源是就业专项资金及淘汰落后产能中央财政奖励资金。但从调研情况来看，首先，安置资金不足，主要体现在三个方面。一是就业专项资金不足。地方就业专项资金支出主要用于公益性岗位开发和社会保险补贴支出，这两项支出已占就业专项资金预算的60%~70%，因此很难从就业专项资金来安置受影响职工。如黑龙江省2015年就业专项资金支出43.2亿元，其中公益性岗位补贴和社会保险补贴两项支出 39.8 亿元，占总支出的 92%。二是中央财政奖励资金的额度有限。淘汰落后产能中央财政奖励标准是炼铁 25 万元/万吨、平板玻璃 4.5 万元/万重量箱，而建设钢铁、水泥、浮法玻璃项目的投资分别为 500 万元/万吨、400 万元/万吨、85 万元/万重量箱，国家奖励淘汰落后产能的资金远远少于建设产能的投入资金。三是中央财政补助资金不足。据黑龙江省人社厅提供，龙煤集团计划关闭 25 个煤矿，退出产能 2054 万吨，涉及职工 5.5 万人，初步匡算成本为 111 亿元，人均约 20 万元，估计中央财政人均补助 4 万~6 万元，按上限计算人均缺口 14 万元，缺口总额 77 亿元。此外，还有符合内退政策的 2.7 万人，按照煤炭行业去产能的内退政策，由中央财政给予 50% 的内退生活费补贴，约需要 20.25 亿元。其次，安置职工资金比例不明确。在中央财政奖励资金中用于职工安置资金的比例并不明确，实践中压缩产能的企业更倾向于将奖励资金用于转产偿还债务，而落实到职工安置方面的资金较少，不利于受影响职工的再就业。最后，奖补资金政策未分类施行。国家财政主要是按照去产能任务量给予奖补资金，对龙煤集团这类人多负担过重的企业不利，应考虑企业的实际情况，给予特殊的人员安置奖补政策。

2. 鼓励企业内部吸纳政策效用有限

2014 年，人社部等四部门出台《关于失业保险支持企业稳定岗位有关问题的通知》，确定今后企业在调整优化结构中不裁员或少裁员，将获得由失业保险基金给予的稳定岗位补贴，用于职工生活补助、缴纳社会保险费、转岗培训等。稳岗补贴的发放在鼓励企业少减员方面起到了一定的积极作用，但是由于政策门槛过高，享受稳岗补贴的前提条件约束较多，从调研的情况来看，政策的实际效果并不如预期。一是企业上年度未裁员或裁员率低于统筹地区城镇登记失业率的条件对一些企业而言仍显门槛太高。化解产能企业多属劳动密集型企业，因此，要求企业上年度未裁员或裁员率低于统筹地区城镇登记失业率的条件，无论是从市场角度还是从化解过剩产能的企业角度来讲都不太现实，况且城镇登记失业率本来就远远低于真实的调查失业率。比如对唐山迁安一家钢铁企业的调查，该企业连续多年足额缴纳了社会保险费，但是，停产一条生产线要涉及 650 名职工，公司现有 5800 人，裁员率 11.2% ，显然不符合享受失业保险援企稳岗条件。二是企业依法参加失业保险并足额缴纳失业保险费条件限制较严，使得相当一部分企业难以享受到政策优惠。因为许多企业往往同时面临淘汰落后产能、化解过剩产能、治理大气污染、转型升级等多种问题，资金严重短缺，因无法补足多年欠缴的保费而无力达到政策规定的补助条件。三是企业与职工参保比例低，许多化解过剩产能企业不具备享受援助资格，其员工将享受不到补贴。化解过剩产能或淘汰落后产能的企业很多是规模较小、各项制度执行不规范的民营企业，这些企业根本没有为职工缴纳失业保险，导致无法享受援企稳岗政策援助。据邢台市统计，当地化解钢铁、水泥、平板玻璃行业产能过剩将涉及职工 8.5 万人，其中参加失业保险的职工只有 2.3 万人，参保率仅为 27.1% 。调研了解到，很多县市申请稳岗补贴的企业凤毛麟角，主要是参加失业保险的县级企业非常少，政策红利难以覆盖到它们。四是缓缴社保 1 年的政策只对临时经营困难的企业效果比较好，而化解过剩产能的企业尤其是煤炭企业面临的不是短期困难，而是 3~5 年甚至更长时间的沉重缴费负担，因此缓缴政策收效甚微。

3. 补贴政策与培训政策没能协同

就业补贴不是最终目的，通过就业补贴实现最终自主就业才是目的。很多职工之所以失业是因为缺乏工作技能、基本教育不足、缺乏市场信息、存在社会心理障碍，就业培训计划就是试图减少这些就业方面的障碍。单纯的就业补贴政策只能保证补贴期内的就业，如果没有制度上对扶持对象就业能力的提升做出安排，那么一旦补贴停止，扶持对象很可能仍然转为失业。因此，补贴政策应当与培训政策"打包"使用，引导用人单位或是扶持对象主动进行与岗位相关的技能培训，提升扶持对象对岗位的胜任力。

第六节　实践中存在的主要问题

一　促进企业吸纳职工合力不足

促进企业吸纳受影响职工是化解过剩产能工作的重点内容，各地都在探索促进企业吸纳受影响职工的方式，但还未形成系统性的鼓励机制。目前，负责化解产能过剩的部门多达十多个，包括国家发改委、工信部、财政部、国务院国资委、人社部、中华全国总工会等。各部门的职责不同导致工作重心不同。工信部等部门的工作重心在于能否按照国家既定计划完成淘汰项目，即使职工安置方案不完善，资金费用不落实，在规定的时间内也要先行关停，未按期关停的，采取停电、停贷、停水、停煤等强制措施关停。这与人社部的相关规定相冲突，人社部要求职工安置方案未经职代会审议通过，保障办法不明确，资金费用不落实的，不得进入实施阶段。

二　公共就业服务体系和人力资源市场的建设还需进一步完善

下岗失业人员往往上有老、下有小，生活负担重，仅靠低水平的基本生活保障费很难长期维持生活，只有促进其再就业才是解决问题的根本办法。但是，下岗失业人员尤其是大龄人员，市场就业能力弱，市场机制难以调节，一般性的再就业培训和就业服务无法明显提升其就业能力。当前，我国基层公共服务平台虽然已实现全覆盖，但服务功能不全、网络建设滞后、经费缺乏、就业服务机构人员不足、从业人员素质参差不齐等因素都不同程度地制约了促进化解过剩产能就业工作的推进。基层就业创业服务体系缺少提供经营、技术、信息、金融等综合服务的专职队伍和组织；人力资源市场基础薄弱，统一的劳动力市场还不够健全，功能不完善，信息滞后，没有充分发挥出就业信息交流和有效配置劳动力的功能，增加了下岗失业人员实现再就业的难度，公共就业服务功能亟待完善。

三　帮扶资金规模有限，资金使用渠道受到束缚

目前，在产能过剩行业，市场严重缺乏有效需求，产品价格持续下跌，短时间内产能过剩企业难以摆脱经营困境，帮扶资金虽为雪中送炭，但企业安置富余职工仍然普遍存在较大资金缺口。财政部等部门出台的《淘汰落后产能中央财政奖励资金管理办法》规定，以财政奖励资金的形式支持企业，但奖励资金额度较小，企业既要用于安置职工又要用于偿还

债务，难以满足实际需要。对淘汰落后产能企业职工的各种补偿是由企业、行业主管部门、地方财政和中央财政共同承担，但由于一些企业亏损严重，地方政府财政困难或重视不够，导致淘汰落后产能配套资金不到位，淘汰落后产能企业职工的岗位补贴、生活补助、社保补贴等不能兑现。虽然 2016 年国家安排 1000 亿元专项奖补资金支持化解过剩产能职工安置，但对于钢铁、煤炭过剩产能企业较为集中、就业门路窄的地区及资源枯竭地区、独立工矿区，尤其是历史包袱沉重的国有工矿区企业拖欠职工的工资、社会保险等历史欠费数额巨大，奖补资金不足以全额清偿，这不仅影响到企业内部吸纳职工，还不利于受影响职工的再就业和创业。另外，资金使用渠道对激励企业内部转岗安置不明确，对内部转岗激励不足。

四 企业内部吸纳就业有限，隐性失业严重

调查发现，目前在政府相关就业政策的支持下，虽然许多企业尤其是国有企业，为承担社会责任、维护社会稳定，采取各种措施不裁员、少裁员，苦苦支撑，但难以长期坚持。主要原因是，化解产能与员工安置有着因果关系，化解产能可以在很短时间内完成，但员工安置所涉及的问题要复杂得多。企业在化解产能的初期，可以通过不饱和就业等途径暂时将职工安置在企业内，但解决这一问题的根本出路还在于就业新渠道的开拓。然而，钢铁、煤炭、水泥、玻璃等传统产业受资金、技术、人才等因素制约，在没有国家政策倾斜支持或支持力度不足的情况下，几乎不可能迅速实现产业结构的转型升级和新市场获得。随着国家产业转型战略的实施，这些企业的隐性失业必然显性化，如果没有足够的预防机制，必然出现大量的失业者，成为加剧社会不安定因素。

五 产能过剩企业社会保险欠费影响职工再就业

由于生产经营困难，产能过剩企业亏损严重，导致社会保险费难以按时足额缴纳。其中，以遭遇全行业困境的钢铁企业最为突出。根据调研了解到，近年来，钢铁和煤炭企业在经营困难时期均存在程度不同的欠费情况。比如，西南某钢铁企业 2015 年欠缴养老保险费 1699.60 万元、医疗保

险费 14803.90 万元、工伤保险费 1218.32 万元、生育保险费 1136.49 万元、失业保险费 2793.86 万元，五险合计欠费 21652.17 万元（约 2.2 亿元）。从 2014 年 9 月至 2015 年 9 月，东北某钢铁企业欠缴各项社会保险费高达 2.3 亿元。按照现行政策，企业欠缴社会保险费导致职工无法转移社会保险关系，这也是受影响职工转移就业和跨社保统筹区就业的障碍之一。调研时了解到，部分压减产能的私营企业经营困难，支付不起经济补偿金，停产也不解除劳动合同，由于原企业不解除劳动合同，新用人单位无法办理社保接续和缴纳社会保险事宜，严重影响职工的再就业。

第七节　促进企业吸纳受影响职工
政策与措施建议

当前来看，就业形势总体稳定，用工的形式平稳可控，没有出现普遍性持续性的裁员潮风险，但是经济下行压力依然不减，结构调整不断深入，企业就业人员的数量有所减少，减幅有所扩大，被裁减人员增多，与之相伴的结构性失业呈上升趋势。未来一段时间，经济下行压力仍然很大，特别是随着结构调整和国企改革深入推进，必将加快淘汰一批过剩和落后产能，推动一批"僵尸企业"的出清，下一阶段企业减员特别是规模减员的现象还将时有发生。因此，通过完善政策措施鼓励企业吸纳受影响人员是解决产能过剩中出现的下岗问题的一项重要任务。

一　解决思路

化解产能过剩是实现经济整体健康发展战略的一部分，也是适应市场发展规律的必然选择。妥善安置这部分下岗甚至失业职工，事关整体改革的推进，也关系到这些企业职工的切身利益。受影响职工的安置不仅要在原有企业的内部寻找机会，通过企业自身转型升级和创造条件吸纳，更要鼓励受影响职工"走出去"，自主创业、自谋出路。但是受影响职工自身年龄、技能水平、思想观念等因素决定了实现职工的外部安置不能完全依靠职工的自发行为，更需要政府给予政策和再就业渠道的推动及支持。

1. 多渠道就业与稳定就业相结合

推行积极的就业创业政策，实施就业优先战略，为产业结构调整、化解产能过剩奠定良好的制度基础。积极促进受影响人员多渠道就业创业的同时，要鼓励企业通过转型发展，转岗培训稳定就业岗位。

2. 政府引导与市场主导相互协同

化解过剩产能过程中切实做好职工安置和就业工作，既是市场经济发展的要求，也是政府的民生责任。政府应制定社会托底政策，减轻企业的负担，鼓励企业稳岗，承担起政府应承担的责任。同时，要充分发挥市场在人力资源配置中的主导性作用，鼓励受影响职工自主择业，激励和帮助企业承担社会责任。

3. 坚持普惠性与扶持性政策相结合

将化解产能过剩中分流出来的职工统一纳入目前就业政策扶持范围内，享受现有的创业就业政策，既保证化解过剩产能受影响人员平等享受普惠性政策，又要根据其自身特点，针对不同行业企业职工状况制定专项政策，落实完善差别化的扶持性政策，鼓励企业吸纳，促进受影响职工再就业和创业。

4. 短期应急对策措施与长效机制相结合

阶段性运用各项补贴政策促进企业吸纳受影响职工就业，是直接、快速、有效的方式，但补贴政策不能长期化，还应推出公共就业服务能力建设、职工培训等关系长远的就业政策，形成长效机制。

5. 中央政策资金投入与发挥地方主动性相结合

由于本轮化解过剩产能对不同行业、不同地域的影响程度均不同，因此，国家在制定政策时，应允许地方在不触"红线"的基础上，制定本地区的具体政策措施，采取有针对性的办法来解决受影响职工的再就业问题，给地方留下更多政策空间，充分发挥地方的积极性与主动性。同时，中央政策资金投入应向化解过剩产能的重点地区、重点企业倾斜。

二　措施建议

当前，在贯彻落实现行关于去产能职工就业安置的一系列政策的基础上，还应根据地方的实际情况，针对受影响职工再就业的薄弱环节和制约瓶颈，进一步完善细化鼓励企业吸纳就业政策，做好就业政策与社会保险政策、产业政策的联动。

1. 完善帮扶政策，积极促进受影响职工就业创业

一是支持企业内部吸纳。鼓励化解过剩产能企业积极挖掘自身内部潜力，积极开发新的就业岗位，转岗安置富余职工，并对开展转岗培训或技能提升培训的企业，按规定给予职业培训补贴。

二是支持企业创业载体建设。支持企业将掌握专业技术、有管理能力的职工组织起来创办企业实体，并给予创业担保贷款及贴息、吸纳就业补助等创业就业政策支持。

三是鼓励社会吸纳就业。对用人单位招用受影响职工签订劳动合同并缴纳社会保险费的，在一定期限内给予社会保险补贴和岗位补贴。对通过市场渠道确实难以实现就业的，可通过公益性岗位予以托底安置，并给予社会保险补贴及适当岗位补贴。

四是将离岗创业人员纳入创业扶持。对离岗创业人员可参照城镇登记失业人员政策给予创业培训、创业担保贷款及贴息、场地安排等创业政策扶持。对有创业意愿的企业职工和失业人员实现创业的，参照就业困难人员灵活就业政策，从就业专项资金中给予不超过 3 年的社会保险补贴。

五是鼓励职业中介机构为受影响职工提供人力资源服务。人力资源服务机构（职业中介机构）、劳务经纪人向企业免费推荐受影响职工成功就业，并按规定缴纳社会保险 3 个月以上的，建议给予职业介绍补贴。

2. 完善社会保险政策与就业政策的衔接配套

形成社会保障和就业再就业相互促进的良性机制。一是充分发挥失业保险基金的作用，增强失业保险基金"保障生活、预防失业、促进就业"的功能，在不违背失业保险基金收支平衡的原则下，扩大失业保险基金支出范围，用于援企稳岗、预防失业以及促进被裁减的职工尽快实现再就业。二是借鉴江西和吉林两省的实践经验，解决化解产能过剩企业职工续保问题。对于年龄偏大、就业困难的职工考虑采取银行贷款缴纳社会保险费，财政部门贴息，到领取养老金年龄后，用养老金还贷。三是解决化解产能过剩企业欠缴社会保险费问题，允许部分困难企业先缴纳部分险种，缓缴或免缴部分险种。四是支持煤炭钢铁企业逐步分离办社会职能，实现企业退休人员的社会化管理。仍实行医疗保险封闭运行的企业，要将企业医疗保险纳入属地管理，执行统一的医疗保险政策规定；鼓励有条件的企业按规定建立完善补充医疗保险制度，妥善解决原由企业支付的高于地方、符合有关政策规定的待遇项目。企业历史欠缴的医疗保险费原则上要在纳入属地管理时一次性缴清，因经营困难无法一次性缴清的，可签订补缴协议，分期补缴。成建制分流安置人员，煤炭企业医疗保险管理部门要按本单位人均统筹基金结余标准向地方医疗保险经办机构划转医疗保险基金。封闭运行的企业医疗保险纳入属地管理后造成地方医疗保险经办机构能力不足的，当地政府可适当增加医疗保险经办人员编制，或通过购买服务的方式予以解决。

3. 支持企业转型升级与多元化发展，促进企业内部消化富余人员

加强财政扶持和税收扶持拓宽融资服务，加大对产能严重过剩行业实施结构调整和产业升级的支持力度，各地财政结合实际安排专项资金予以支持，促进企业内部消化富余人员。一是对于技术和管理基础比较扎实、受市场影响目前经营比较困难但具有较大发展潜力的国有企业，国家应给予技术改造资金补贴等鼓励政策，进行技术改造升级，扩大产业规模，促进富余人员安置。二是支持企业加快经济转型、发展替代产业。采取减量置换方式优先核准其新建项目和改扩建项目，在项目审核、土地利用、贷款融资、技术开发等方面给予支持。三是支持企业多元化发展，利用闲置资产、基础设施大力发展现代服务业，如现代物流、工程服务、物业服务、家政服务、健康养老等新业态，培育接替产业集群，分流安置富余人员。

第六章　去产能新形势下失业保险制度改革研究

摘　要： 受发展阶段变化、需求结构调整、体制机制缺陷等多种因素的综合影响，我国部分行业，特别是钢铁、煤炭等传统行业出现了严重的产能过剩。去产能成为供给侧结构性改革的首要任务。去产能涉及职工数量大、安置任务重。去产能任务繁重地区，资金普遍短缺，企业筹集职工安置资金困难，亟须资金支持与政策帮扶。与此同时，失业保险覆盖范围窄，受益对象占比小；全国失业保险基金超常规积累了大量资金，造成基金的闲置；失业保险统筹层次低，未能发挥集约使用和抗风险功效；失业保险基金使用渠道狭窄，扩大支出项目进展缓慢；失业保险费率还需进一步调整优化。失业保险制度层面的突出缺陷使失业保险未充分发挥预防失业和促进就业的功能。本章梳理了国内外相关文献，结合实地调研资料和数据，剖析了失业保险制度运行中存在的问题。在总结各地，特别是去产能典型地区保障失业者生活、预防失业、促进就业经验基础上，探讨了失业保险制度的改革完善路径，并提出具体建议，以便更好地发挥失业保险在化解过剩产能、保障受影响职工基本生活、预防失业、促进就业中的积极作用。

关键词： 去产能　失业保险　制度改革

第一节　研究背景

受发展阶段变化、需求结构调整、体制机制缺陷等多种因素的综合影响，我国部分行业，特别是钢铁、煤炭等传统行业出现了严重的产能过剩。去产能成为供给侧结构性改革的首要任务，安置好受影响职工是去产能的关键环节。鉴于此，党中央国务院高度重视，要求各级党委政府切实负起责任，将去产能企业下岗分流人员纳入就业扶持政策体系。落实促进自主创业、鼓励企业吸纳就业和帮扶就业困难人员就业等各项政策，加强对下岗失业人员的免费职业介绍、职业指导等服务，提供职业培训，开展创业指导和创业培训，落实自主创业税费减免、小额担保贷款等政策，扶持下岗失业人员以创业带动就业。

虽然国家财政以奖补资金的形式鼓励企业加快化解过剩产能和淘汰落后产能，安置好受影响职工；但由于奖补资金额度相对有限，难以满足企业安置职工的实际需要。不少企业反映，目前去产能政策中资金投入较少、保障不足，企业筹集职工安置资金困难较大。

全国失业保险基金超常规积累了大量资金，截至 2017 年底，全国失业保险基金累计结余增至 5552 亿元。若按当年基金支出规模，可持续支付 6.21 年，远超过"可支付 6 个月"的世界一般水平，不仅造成资金的闲置浪费，还面临较大的管理和贬值风险。

《失业保险条例》自 1999 年 1 月 22 日起实行后，我国的失业保险在深化国企改革、应对国际金融危机中发挥了保障受影响职工基本生活等方面的重要作用。但一些制度设计问题也逐步显现，一方面，基层财政和企业负担较重，保民生、促就业的资金十分短缺；另一方面，失业保险基金大量闲置，尚未充分发挥资金预防失业、促进就业的功能。

去产能受影响职工就业与安置需要得到扶助，而受失业保险现行制度约束，不能支付职工转岗转业培训等项目。除了支出范围狭窄外，失业保险制度设计与运行还存在诸多问题，如部分失业人员不能领取失业保险金、失业保险基金统筹层次较低、失业保险关系转移接续不畅、失业保险费率不够合理等，而失业保险的主要问题是没有充分发挥其保障生活、预防失业、促进就业的三位一体功能。

在化解产能过剩矛盾中，能否通过扩大失业保险基金支出范围促进和稳定就业，并缓解失业保险收支严重失衡的困境？怎样从失业保险基金中列支所需资金，以便对采取有效措施稳定职工队伍的企业给予稳定岗位补贴？在产业结构优化调整中，如何实现失业保险向就业保障的转变，发挥失业保险保障生活、预防失业、促进就业的功能？这正是本章集中探讨和阐述的主题。

第二节　去产能面临新形势

部分行业产能过剩是市场经济条件下时常出现的现象。但由于多种因素的综合影响，去产能已成为我国经济转型升级中的重大问题。总体来看，钢铁、煤炭、水泥、电解铝、平板玻璃、船舶等行业产能严重过剩，其他行业也存在不同程度的产能过剩问题。

一　去产能工作仍需持续推进

作为供给侧结构性改革的首要任务，2016～2017年，钢铁、煤炭行业去产能持续推进，并提前完成了任务。在去产能过程中，钢铁、煤炭价格大幅上升，企业盈利状况明显改善。

2018年，国家化解过剩产能目标任务包括钢铁、煤炭和煤电三个行业，其中钢铁方面：2018年退出粗钢产能3000万吨左右，基本完成"十三五"期间压减粗钢产能1.5亿吨的上限目标任务；煤炭方面：力争化解过剩产能1.5亿吨左右，确保8亿吨左右煤炭去产能目标，实现三年"大头落地"；煤电方面：淘汰关停不达标的30万千瓦以下煤电机组。

未来几年，我国钢铁、煤炭去产能任务仍然艰巨。虽然钢铁、煤炭去产能目标提前完成，但在这一过程中也暴露出供需失衡、价格大幅变化等问题。2016年12月和2017年12月召开的中央经济工作会议都强调，要继续推动钢铁、煤炭行业化解过剩产能。抓住处置"僵尸企业"这个牛鼻子，严格执行环保、能耗、质量、安全等相关法律法规和标准，创造条件推动企业兼并重组，妥善处置企业债务，做好人员安置工作。确保"三去一降一补"取得实质性进展。防止已化解的过剩产能死灰复燃，同时用市场、法治的办法做好其他产能严重过剩行业去产能工作。2018年3月的政府工作报告强调：减少无效供给要抓出新成效。

总体而言，尽管去产能工作取得重大进展，但地区之间去产能任务完成情况尚不平衡。地方和企业对去产能重要性、紧迫性的认识仍有不足。同时，随着钢铁、煤炭价格上升，去产能的阻力有所加大。据有关研究预测，到2020年，我国钢材消费量将下降至5.95亿吨，到2025年，下降至5.52亿吨，2030年将下降至4.92亿吨（任明杰、刘杨，2016）。需求下降趋势意味着今后一个时期产能供大于求的状况会继续存在，化解过剩产能依然任重道远。

二　去产能成为各级政府和有关企业的共识

去产能的最终目的是实现经济效益和社会效益提升，企业和各级政府逐渐认识到，只有坚定不移地继续推进去产能，才能进一步提升经济效益和社会效益水平。

在各级政府力推下，我国在不到两年时间中，煤炭化解产能过剩超过4.4亿吨，完成煤炭去产能整体任务的88%。去产能在钢铁、煤炭价格大幅回升和企业效益好转方面发挥了重要作用。钢铁方面，在去产能等多重因素推动下，2016年我国钢铁价格经历三轮上涨，价格快速上涨驱动钢企上市公司业绩大幅改善。2017年钢材供需关系有效改善，国内钢材市场出现利好，价格呈上涨态势，同时原燃料价格增长也支撑了钢材价格的上涨趋势，钢铁企业经营状况有所好转，但仍低于工业行业整体水平，企业负债率仍居高位。2018年我国钢铁行业去产能任务艰巨。由于钢价上涨，企业盈利增加，市场出现新建电炉增加、部分取缔的中频炉转为电炉产能，以及"批小建大"的现象。钢铁企业的环保、资金、物流、人工等成本将呈现上升趋势。受2017年基数较高的影响，2018年钢铁企业仍会保持盈利，但盈利水平可能会大幅回落。

几年来，钢铁内生去杠杆初见成效，且和去杠杆相关的债转股等政策措施配合出台。供给侧结构性改革扎实推进。2017年，全国工业产能利用率为77.0%，比上年提高3.7个百分点。其中，煤炭开采和洗选业产能利用率为68.2%，比上年提高8.7个百分点；黑色金属冶炼和压延加工业产能利用率为 75.8%，提高 4.1 个百分点。

2018 年，各级政府继续深入推进供给侧结构性改革，促进供给体系存量调整、增量优化。以处置"僵尸企业"为抓手，坚持用市场化法治化手段去产能，严控"地条钢"死灰复燃，严控电解铝等新增产能。推动煤炭等优质产能释放，保障市场平稳运行。

总体研判，在企业和各级政府的共同努力下，钢铁、煤炭去产能目标提前超额完成，但也暴露出很多问题，需总结经验，以更好地推进去产能工作。供给侧改革过程中，落后产能、违法违规煤矿等将继续受到淘汰清理，同时，减量重组将进一步升温。

此外，有的地方简单将压减任务目标分解，对产业实际发展考虑不周，在压减过剩产能时，没有充分考虑企业的市场竞争力、生产经营、节能环保等实际情况，强硬分解目标。这样，有可能削弱了一些合法合规、效益良好企业的竞争力。

各地虽然在去产能方面取得了显著成绩，但是仍处于结构调整和新旧动能转换的阵痛期，高质量的供给体系还没有完全建立，需要继续把提高供给体系质量作为主攻方向，从总量上去产能转向结构上优化产能，努力实现行业高质量发展。在去产能的过程中，形成一批具有国际竞争力的钢铁、煤炭企业。

三　产能过剩治理方式出现积极转变

去产能成为政府相关部门、产业界、社会公众高度关注的问题。当前化解产能过剩的困境是，有的行业不仅落后产能过剩，而且一些"达标"的产能也过剩。与淘汰落后产能相比，化解"达标"过剩产能的矛盾将更加突出，面临的问题也会更多。因此，进一步推动去产能必须要转变观念、创新思路、转变行动路径。

近年来，国家层面治理产能过剩的政策相继出台，既有专门针对特定行业的，也有规范行业市场秩序的，总体而言，我国产能过剩治理的逻辑正在发生积极改变。产能过剩治理越来越依靠市场、越来越尊重企业主体地位。这些转变有助于摆脱产能过剩"屡调不止"的困境，将为市场化、法治化方式治理产能过剩奠定基础。产能过剩治理思路的主要转变如下。

一是从"一刀切"走向分类治理。早期治理产能过剩往往采取"一刀切"的办法，行政分配化解过剩产能指标。这样的政策虽然产生了一定效果，但没有兼顾地区差异和行业特征差异，常常有悖于产业本身的运行规律，许多产业的过剩问题非但没有缓解反而愈加严重，难以从根本上得到治理。

早期产能过剩治理"一刀切"的政策主要表现在两个方面：既对控制新增产能"一刀切"，也对淘汰落后产能"一刀切"。一旦行业被定义为"过剩"或"严重过剩"后，新增的产能即使效率再高、技术再先进也没有进入市场进行博弈的机会。后期，政府通过构造一个产能指标置换交易市场，使得新增产能有了入市渠道。同时"因业施策"，不同行业的产能过剩治理政策开始有了不同的思路。传统行业（如钢铁、电解铝）、新兴行业（如光伏）和地区性较强的行业（如水泥）的产能过剩治理，其治理权限存在不同程度的下放，尤其是对于地区性较强的行业，产能审批的权限已经开始下放至省级主管部门，不再由全国统一进行审批。在产能置换的方案管理上也采取了分类治理措施，水泥、平板玻璃行业产能置换方案由地方确认，而钢铁、电解铝行业产能置换方案由工业和信息化主管部门确认。"一刀切"的政策正在逐步根据产业特性、区域特征得到优化。

二是从行政命令为主转向市场决定。市场和政府并不对立，而是功能互补。虽然市场可以通过供求关系决定和淘汰落后产能，但往往带来市场供求的大幅波动和资源严重浪费；而政府可以通过"有形的手"，弥补市场失灵，主动预测和调节市场供求，"两只手"相互配合、缺一不可。过剩是行业整体概念，过剩产能并不一定是落后产能，这个边界需要厘清。由市场优胜劣汰机制去筛选和淘汰过剩产能，必定会首先淘汰那些真正落后的产能，即便市场主体不完全了解企业的成本结构和信息，这个优势仍是市场发挥的基本功能。

三是从经济性治理走向社会性治理。早期的治理措施可以用"关停并转"四个字来描述：关闭和停办企业涉及关闭企业的标准问题；兼并是企业间共享资源、互通有无、共筑竞争优势的选择；而转产则涉及企业的资产是否转用以及转产成本等诸多难题。在近几年的产能过剩治理措施中，行政干预企业经营决策的措施越来越少，治理措施更多地转向"规范竞争"这个方向，主要治理措施则由经济性治理转向社会性治理。比如，提高过剩行业的环保标准、能耗标准、安全生产标准等。在这种标准下，产能过剩的治理更具有了法律依据。

第三节　去产能给就业安置带来较大挑战

去产能将对从业职工造成影响，结合人力资源供需情况和就业结构演进趋势，当前的影响主要体现在以下几方面。

一是前期化解产能主要依靠淘汰落后产能，受影响较大的主要是低技能职工；随着化解过剩产能的推进，先进产能的化解成为难点，中高技能和低技能职工都受影响，影响面更广，情况更复杂。

二是国家支持化解产能过剩的政策需要进一步完善，企业退出机制和职工安置资金支持方面均需要进一步完善配套政策和具体措施，如就业专项资金和失业保险基金的使用范围较窄，需要进一步充分发挥其预防失业、促进就业和保障生活的作用。

三是前一阶段化解产能的企业内部吸纳分流职工的能力相对较强。而随着化解过剩产能的推进，企业内部吸纳就业能力不足的问题凸显。对于化解产能过剩任务较重的行业和地区，稳定就业的压力较重，维护劳动关系和谐稳定的挑战较大。

一　去产能安置职工任务繁重，分流职工难度较大

去产能涉及大量职工，仅钢铁行业"十三五"期间将压减粗钢产能1亿~1.5亿吨，需退出50万人。钢铁产业链长，对上下游产业影响大，按1∶4~1∶5测算，预计影响产业链上劳动者200万~250万人。全国煤炭行业3~5年内要退出煤炭产能5亿吨左右，涉及130万人；煤炭产业作为

基础产业，也将影响下游火电、煤化工等产业，受影响职工规模庞大。同时，水泥、电解铝、平板玻璃、船舶等多个行业产能严重过剩，去产能安置职工数量大、时间紧、任务重。

实际上，淘汰落后产能、企业优胜劣汰是市场经济国家的基本法则。发达国家在淘汰过剩和落后产能过程中，一个有益的经验就是促进失业雇员的重新就业，其采取的主要措施如下。

（1）加强职业培训，为应对低迷的经济，欧盟将培训放在重要位置，表现最好的德国制定了专项培训计划，就业情况逐步好转，2016年失业率仅为4.3%。美国也将培训作为再就业的基本途径，专门出台失业法，为开展培训提供法律保障，每年拨付70亿美元。

（2）激活劳动力市场，努力促就业。一是减少工时（如德国），二是提供社会工作和临时工作岗位（如英国、俄罗斯和日本），三是为企业雇用失业人员提供补贴（如德国）。

（3）发挥失业保险的作用，促进失业保险从保障失业人员基本生活到积极促进就业的转变，比如扩大失业保险发放的范围（如日本就业补贴计划），为部分工人支付关停期间的工资。

目前，各地为加强化解产能过剩和稳定职工就业安置，依据中央精神先后出台了一系列政策，力争实现产能利用基本合理，产能结构明显优化，并积极稳妥做好职工分流安置工作。但是，随着产业结构调整、化解产能力度的逐步加大，转移升级多措并举，淘汰落后产能、节能减排等战略的实施，职工安置的工作由企业内部消化逐步转为社会安置，在化解过剩产能和分流安置职工过程中出现一些不容忽视的困难和问题。

一是职工安置渠道偏窄，质量不高，重新就业后不稳定，就业不充分，受影响职工新安排的职位普遍不高，收入与原来的岗位相比有所下降。

二是职工安置政策有待加大力度，退出机制有待进一步完善。相关企业涉及的职工人数多、年龄偏大、技能单一，企业内部消化的压力非常大，也没有能力支付经济补偿金。

三是职工安置缺乏资金支持，现行的政策文件中只规定了奖补资金优先用于职工安置，但没有规定用于化解产能过剩的资金来源，企业对于吸纳受影响职工的积极性较低。

四是了解掌握职工安置的情况有难度，有关数据不够准确。职工的就业、收入和参保情况等都很难精准掌握。

二　去产能任务重的地区资金严重短缺

全国共有 17 个省份为化解产能重点省份。去产能任务繁重的省、市、县地区，资金普遍短缺，且已成为这些地区的突出问题，主要表现在以下几方面。

（1）许多钢铁、煤炭企业亏损严重，一度生产经营困难。产能严重过剩钢铁、煤炭企业一度效益不佳，现金流缺乏，特别是 2012 年至 2016 年头三个季度，钢铁、煤炭企业资产负债率普遍偏高、亏损面大。2015 年，某大型钢铁企业亏损 70 亿元。2016 年上半年，某省钢铁、煤炭企业贷款总额达 800 亿元，其中 80% 为信用贷款，还贷压力较大。截至 2017 年底，山西企业债券融资中，煤炭企业发债余额 3025.7 亿元，比年初增加 415.3 亿元。煤炭企业发债呈现期限趋短和成本上升两个特点，企业债务负担沉重。

（2）去产能重点地区财政困难，收支矛盾突出。钢铁、煤炭往往是"钢城""煤城"的支柱产业。受去产能影响，这些城市财政收入大幅下降，有的"钢城"一度出现财政收入负增长。东北某大型煤炭企业所在的四个城市，70% ~ 80% 的财政收入依赖煤炭产业，由于煤炭行业亏损，2015 年各市财政收入均为负增长。去产能任务繁重的地区，人员增资、民生保障和经济发展等方面的刚性支出居高难下，各级财政异常困难，去产能安置职工资金筹措面临严峻挑战。

（3）部分去产能企业，一度拖欠工资和社保缴费。在煤炭、钢铁等产能过剩行业，企业经济效益下滑，加上矿区"办社会"等包袱负担沉重，不同程度存在拖欠职工工资和社会保险费现象。2015 年底，东北某钢铁企业欠缴社保费 5 亿元。截至 2017 年初，某省主要煤炭企业欠缴社保费用超百亿元，其中拖欠费用最高的企业拖欠额达 39.7 亿元。

第四节　失业保险制度运行存在问题剖析

自 1999 年国务院颁布《失业保险条例》（以下简称《条例》）至今，我国失业保险基金支出项目逐步增多，所发挥的功能逐渐拓展，在保障失业人员基本生活、援企稳岗等方面发挥了重要作用。然而，失业保险制度也存在一些突出问题，主要是：全国失业保险基金超常规积累了大量资金，造成基金的闲置；失业保险统筹层次低，未能发挥集约使用和抗风险功效；失业保险基金使用渠道狭窄，扩大支出项目进展缓慢；失业保险费率还需进一步调整优化；失业保险制度还未充分发挥其保生活、防失业、促就业三位一体的基本功能。

一　失业保险费率不够合理

《条例》规定，失业保险费由城镇企业事业单位按照本单位工资总额的 2% 缴纳，城镇企业事业单位职工按照本人工资的 1% 缴纳失业保险费。城镇企业事业单位招用的农民合同制工人本人不缴纳失业保险费。《条例》还规定，省、自治区、直辖市人民政府根据本行政区域失业人员数量和失业保险基金数额，报经国务院批准，可以适当调整本行政区域失业保险费的费率。

《条例》在 1999 年出台时，我国正处于国有企业体制转轨和结构调整时期，出现了大规模的结构性下岗失业。为对国有企业下岗职工提供失业保护，保障他们的基本生活和再就业，维护社会稳定，政府于 1998 年 6 月开始实施国有企业下岗职工基本生活保障和再就业工程，通过建立再就业服务中心，为下岗职工提供基本生活保障和促进再就业服务。适应这一要求，对失业保险的缴费机制和费率做了调整，由原来企业单方负担改为企业和职工个人共同负担，费率由 1% 提高到 3%，并按"三三制"原则（即由失业保险基金负担 1/3，企业负担 1/3，财政负担 1/3，保障下岗职工基本生活）从失业保险基金向再就业服务中心调剂资金，用于下岗职基本生活保障，建立起一种富有转型时期的、中国特色的下岗失业保障制度，为保证体制顺利转轨、维护社会稳定发挥了关键性作用。在此后九年间，失业保险累计向再就业服务中心调剂资金 269 亿元，与财政安排的资金和企业筹措的资金相结合，为保障 2800 万下岗职工的基本生活、推进国企改革和结构调整创造了有利条件。

但失业保险费率不能一成不变。评价失业保险费率是否合理，一要看失业就业状况，判断失业人员待遇支付规模；二要看社会保险基金结余状况，判断可持续支付时间；三要看企业稳定就业的实际情况，判断失业保险费率的调整能否给予企业和个人正向激励。

从理论和实务上判断，目前的失业保险费率设定及调整还存在一些不合理之处，主要表现为以下几点。

一是各地费率参差不齐，单位和个人的缴费负担长期没有可比性。目前，虽然各地失业保险费率已经统一降为 1%，但降费的过程前后延续多年，有快有慢，有的省份单位缴费费率大于个人缴费费率，有的省份单位缴费费率等于个人缴费费率。

二是费率调整没有体现出激励机制。目前各地的费率缴纳及调整未体现灵活性和激励性，对辖区所有单位和个人一刀切，按同一费率收缴。在国外，有的国家失业保险实行"行业差别费率、企业浮动费率制度"。其理由是，按统一费率的筹资方法有可能促使企业轻易做出裁员决定，因为雇主不必考虑失业保险基金的负担，进而造成企业裁员过多，失业人数增加。一刀切的失业保险费率，实际上对裁员率高的公司或行业提供了补贴，加重了裁员人数少的行业和企业的负担。欧洲一些国家实行了企业浮动费率，按企业裁员情况确定企业浮动费率。裁员多的，费率较高，反之，费率则低。

中外比较，我国许多规范管理的企事业单位失业率低，但这些单位的参保率和缴费率较高，成为各地失业保险基金的重要来源。而另一方面，还有些企业不愿参保，有的很少缴费，但这些企业裁员较多，有的企业只给高层管理人员缴纳失业保险金，而不给一线员工特别是农民工参保缴费。这就造成了权利和义务的失衡。

鉴于此，应依法依规，扩大失业保险覆盖面，应保尽保；实行差别费率，对多裁员的企业应实行较高费率，反之，则低，进而鼓励企业少裁员或不裁员。

二　相当部分失业人员不能领取失业保险金

按照人社部门数据推算，2017 年参加失业保险人数 18784 万，年末全国领取失业保险金人数 220 万，仅占登记失业人口（972 万人）的 22.63%，见表 6 - 1。

表 6 - 1　历年城镇登记失业人数和领取失业金人数

单位：万人,%

年　份	城镇登记失业人数	年末领取失业金人数	领取人数占登记人数之比
1998	571	58	10.16
1999	575	109	18.96
2000	595	190	31.93
2001	681	312	45.81
2002	770	440	57.14
2003	800	415	51.88
2004	827	419	50.67
2005	839	362	43.15
2006	847	327	38.61
2007	830	286	34.46
2008	886	261	29.46
2009	921	235	25.52
2010	908	209	23.02
2011	922	197	21.37
2012	917	204	22.25
2013	926	197	21.27
2014	952	207	21.74
2015	966	227	23.50
2016	983	238	24.21
2017	972	220	22.63

现行《条例》规定，只有进行失业保险登记且符合一定条件的失业人员才能领取失业保险金。其限定条件主要是：①按照规定参加失业保险，所在单位和本人已按照规定履行缴费义务满1年；②非因本人意愿中断就业；③已办理失业登记，并有求职要求。其中，第①项体现了失业保险权利义务对等原则，第②项"非因本人意愿中断就业"体现就业意愿，第③项体现了"失业"状态与求职行动。

国际上通常意义上的失业保险所指的失业，是指非自愿失业，是劳动者愿意接受现行工资水平与工作条件，但仍找不到工作而形成的失业。虽然各国失业保险制度不同，但享受失业保险待遇的资格条件具有共性：一是被保险人在失业前已经缴纳保险费达到特定的数额，或投保期、就业年限符合领取失业保险金的条件；二是非自愿失业，即失业保险金只能支付给那些达到就业年龄、有劳动能力、有从业意愿并在职业介绍所登记的失业者。

但我国现行《条例》限定的"非因本人意愿中断就业"在现实中产生一系列问题，造成相当部分非自愿失业者不能享受失业保险待遇，实际领取失业金人数占登记失业人数比例一直偏低。

苛求"非因本人意愿中断就业"才能领取失业保险金，造成的问题主要表现为如下方面。

一是"非因本人意愿中断就业"并不等同于非自愿失业。非自愿失业是失业的一种状态，描述的是失业者对当前失业状态的不认可，通过积极寻找工作的求职行为能够检验失业"是否自愿"。而"非因本人意愿中断就业"体现的是失业者对中断前一份工作的行为意愿，是对某一个时点的就业行为的描述，不能用于刻画失业者对非自愿失业的常态延续。

二是"非因本人意愿中断就业"是造成我国失业保险受益率低的原因之一。在具体经办过程中，失业者的辞职被定义为自愿失业，作为失业保险金的拒付条件，使一部分非自愿失业者被排除在外。辞职的原因很多，一种是劳动者自行改变当前就业的状态，彻底退出或阶段性退出劳动力市场；另一种是劳动者基于当前工作性质、工作内容、工作环境、工作前景以及自身职业发展、家庭选择等因素的综合考虑，离开当前工作单位而进入劳动力市场寻找更为适合的就业岗位；还有一种是劳动者为了应对企业粗暴管理而做出的无奈之选。从本质上看，第二、第三种情况都不属于自愿失业，都是失业保险应该覆盖的人群。

三是"非因本人意愿中断就业"不利于和谐劳动关系建设，特别是在去产能压力较大的形势下，不利于稳定劳动关系。现实中，不少企业为了改变人力资源状况想辞退员工，又不想支付经济补偿金，便采取加大工作量等手段迫使员工主动提出辞职，而职工辞职后既没有经济补偿金也没有失业保险金，企业与职工的心理契约关系被打破，引发劳动争议。另一方面，部分有离职意向重新找工作的职工为了能够享受失业保险金，故意以违反厂规厂纪等形式来"逼迫"企业将其辞退，以此获得"非因本人意愿中断就业"资格条件，同样不利于劳动关系和谐。

四是职工参保缴费后就应该享受保障，不应该从就业意愿上加以限制。各地反映，《条例》规定职工按照工资的一定额度缴纳失业保险费，履行缴费义务后，在失业时就应该不加限制地享受保障的权利。如果限制权利，就应该取消职工缴费。

五是造成法规之间实际冲突。《条例》虽然规定了苛严的领取失业金条件，但实务中，有些地区在制定失业预警预案时，都直接给予参保失业者发放失业保险金，并未将非自愿失业列为领金门槛。

除了在发放失业保险金时将部分"非自愿失业"拒之门外外，现行失业保险制度在受益对象方面的另一缺憾就是将非正规就业人员排除在外。

非正规就业人员工作稳定性差，经常在就业与歇业（不一定是失业）之间变换，由于就业与非就业的界限混淆不清，客观上难以进行有效管理。此外，非正规就业人员累计工作时间较长，收入较低。雇用他们的企业，社会保险费率的承受能力相对较低。由于工资较低，如果非正规就业人员享受失业保险待遇，就可能与工资水平比较接近，有可能不积极寻找工作，可能对失业保险福利产生依赖。

目前，发达国家针对非正规就业人员的社会保险问题主要采取两种途径。

一是逐步扩大现有社会保险制度的覆盖面，有些国家在养老和医疗方面实行了全民保险，如英国、芬兰、葡萄牙等。

二是劳动者参加了社会保险之后，其家庭成员也可享受到同样的保险待遇，如法国、奥地利、比利时等。此外，还有些国家制定了专门针对非正规就业人员的社会保险规章制度，如德国就通过对《社会保险法》的修改将更多的非正规就业人员纳入失业保险的覆盖范围（赵云，2007）。

虽然非正规就业人员有其自身特殊性，将非正规就业人员纳入失业保险存在较多困难，经办和管理面临较大挑战。但将非正规就业人员纳入失业保险具有四方面积极意义。

一是参加社会保险是非正规就业人员应该得到的权利，现代社会保险制度的价值取向就是覆盖全民，失业保险制度应覆盖所有劳动者，不应该存在社会排斥或社会歧视。

二是有利于促进非正规就业，既能鼓励原正规就业的失业者积极寻找工作，也能保障长期非正规就业人员稳定就业。

三是有利于隐性就业显性化，与国际劳工领域关于就业失业的界定吻合，有利于就业失业相关统计，有利于厘清数据。

四是有利于提升劳动力市场灵活性，打破劳动力市场中正规就业与非正规就业的人为藩篱，促进劳动力在地区、行业、企业之间自由流动。

因此，非正规就业人员应纳入失业保险的范畴，相关制度的铺垫应尽早启动，加快推进。

三　失业保险基金过量结余

国际上一般将失业保险基金的合理结余额度定为持续支付 6 个月（汪洁、王廷瑞、孙学智，2007），无论从全国水平还是各地具体情况来看，我国的失业保险基金结余已远超过世界平均水平。因此，有必要对失业保险基金的收入支出做出调整，对结余规模进行合理控制。

基金超常规大量结存主要源于两方面：一方面超收（各地因此才实施多轮降费），另一方面少支，基金面临长期巨额结余的矛盾。

尽管从 2015 年 3 月起失业保险费率已由 3% 降至 2%，经过各地近两年的陆续调整，失业保险费率已降至 1.0%。2015 年末全国基金滚存结余仍比上年增加 12.2%，达到 5083 亿元。2017 年全国失业保险基金收入1113 亿元，比上年下降 9.5%，支出 894 亿元，比上年下降 8.4%。年末失业保险基金累计结余 5552 亿元。

若按当年基金支出规模，可持续支付 6.21 年，而多数国家失业保险基金的结余额一般保持在可支付 6 个月以内。我国的失业保险基金结余已远超世界一般水平。基金大量结余，不仅造成闲置浪费，还面临管理和贬值风险。

四　失业保险基金统筹层次较低

现行《条例》规定：失业保险基金在直辖市和设区的市实行全市统筹，统筹地区的失业保险基金不敷使用时，由失业保险调剂金调剂、地方财政补贴。但失业保险基金目前的统筹情况差异较大，虽然全国所有省级行政区都有基金结余，但市级统筹仍推进不畅，省级失业保险调剂金比例的设定缺乏可比性和科学性。在现行制度下，弥补失业保险赤字的主要责任由市县级政府财政承担，未能充分发挥失业保险基金抵御风险、分摊压力的功能。在失业保险市级统筹情形下，市与市之间基金收支与结余状况差异很大，基金在市与市之间不易调剂，难以发挥保险的互济作用。

东北某省共 18 个失业保险统筹地区，统筹地区之间基金难以调剂使用，基金结余分布极不平衡。其中，4 个基金积累最多的地区统筹地区基金结余占全省总结余的 60% 以上，而其他 14 个统筹地区总结余仅占约 1/3。特别是煤炭产能集中地区失业保险基金支撑能力弱，而支出需求很大，因此，不利于应对较大规模失业风险。

目前，全国市级失业保险基金结余情况参差不齐，即使在同一省份，不同市级失业保险基金支付保障水平也差异很大。由于失业保险基金统筹层次低，调剂力度小，失业保险应对的压力畸轻畸重，严重制约了失业保险应对失业风险的能力，亟须提高统筹层次。

五　失业保险基金支出项目偏窄

失业保险制度建立以来，失业保险基金保障了失业人员的基本生活，并为职业培训、职业介绍等就业服务提供支持，促进失业人员再就业。各地完善失业保险金标准与物价上涨挂钩联动机制，失业保险金水平逐步提高，保障了失业人员在领取失业保险金期间享受基本医疗保险待遇。

但由于失业保险基金支出范围过窄，各地失业保险基金长期以来收入一直大于支出，超常规积累了大量基金，造成基金的闲置。2006 年，东部 7 省市开展扩大失业保险基金支出范围试点以来，中央和各地相继出台了多项规范失业保险基金支出的政策文件，见表 6 - 2。

表 6 - 2　关于失业保险基金扩大支出范围的政策文件

标　题	文　　号	发布时间
人力资源社会保障部办公厅关于实施失业保险支持技能提升"展翅行动"的通知	人社厅发〔2018〕36 号	2018.04.22
人力资源社会保障部办公厅关于实施失业保险援企稳岗"护航行动"的通知	人社厅发〔2017〕129 号	2017.09.21
人力资源和社会保障部、财政部关于失业保险支持参保职工提升职业技能有关问题的通知	人社部发〔2017〕40 号	2017.05.15
人力资源社会保障部失业保险司关于进一步做好失业保险支持企业稳定岗位工作有关问题的通知	人社失业司便函〔2015〕10 号	2015.07.03
人力资源和社会保障部、财政部、国家发展和改革委员会、工业和信息化部关于失业保险支持企业稳定岗位有关问题的通知	人社部发〔2014〕76 号	2014.11.06
人力资源和社会保障部、财政部关于东部 7 省（市）扩大失业保险基金支出范围试点有关问题的通知	人社部发〔2012〕32 号	2012.05.21
人力资源和社会保障部、财政部关于延长东部 7 省（市）扩大失业保险基金支出范围试点政策有关问题的通知	人社部发〔2009〕97 号	2009.07.31
人力资源和社会保障部办公厅、财政部办公厅关于开展东部地区适当扩大失业保险基金支出范围试点政策总结评估工作的通知	人社厅函〔2008〕281 号	2008.09.19
劳动和社会保障部、财政部关于适当扩大失业保险基金支出范围试点有关问题的通知	劳社部发〔2006〕5 号	2006.01.11

2013 年，人社部门组织专家组对东部 7 省市扩大失业保险基金支出范围试点进行了评估，发现试点取得满意效果。2013 年之后，河北、湖南、安徽、新乡、西安等非试点省市也相继扩大失业保险基金支出范围。

东部7省市试点12年来，失业保险基金在发挥防范失业、促进就业的功能上取得积极成效。从支出项目看，东部7省市失业保险促进就业支出项目基本符合人社部发〔2012〕32号文的规定，绝大部分用于支付社保补贴和岗位补贴，少量用于小额贷款担保基金和职业培训补贴。

但从面上情况看，由于体制机制政策等诸多障碍，失业保险基金支出范围一直偏窄，失业保险防失业、促就业的功能仍未充分发挥。主要表现为以下几点。

一是失业保险基金列支渠道受限。现行制度允许失业保险基金支付"失业保险金""医疗补助金""丧葬补助金""抚恤金"，与促进就业相关的支出仅有"领取失业保险金期间接受职业培训、职业介绍的补贴"。这样，一方面，化解过剩产能地区和企业安置职工资金缺口很大；而另一方面，受有关制度限制，失业保险支出范围过窄，基金却大量结余闲置。

当前，"双创"和扶贫工作备受重视，但新发布的《就业补助资金管理暂行办法》规定就业补助资金不得用于创业担保贷款基金和贴息等支出。新近的政策虽然提出"零就业家庭人员和就业困难人员在培训期间可给予一定的生活费补助"、"开展跨地区就业信息对接和有组织的劳务输出，对其中的就业困难人员可给予一次性交通补贴"，但并未明确经费来源和列支项目，操作性不强。

二是失业保险基金未与就业专项资金及其他渠道经费统筹使用，难以发挥综合效应。实际中，失业保险基金和就业专项资金由不同部门管理，缺少协调。现行《条例》允许失业保险基金用于失业人员培训补贴和创业补贴、稳定岗位社保补贴；2016年1月1日起施行的《就业补助资金管理暂行办法》也许可就业补助资金支持就业困难人员就业技能培训或创业培训、社会保险补贴。以上两方面政策在落实过程中经常出现不协调的问题，影响实施效果。因此，只有将中央财政就业补助、化解产能专项奖补与失业保险基金统筹考虑使用，才有利于发挥制度的最多效能。如果能与其他部委的产业扶持、创业孵化、农民扶助等资金协调推进，则更有利于化解过剩产能中受影响职工的就业安置工作。

三是失业保险基金引导和支持的培训未充分满足困难企业和失业人员

的需求。去产能受影响职工既涉及低技能职工，也涉及中高技能职工。而失业保险基金对培训的支出主要针对公益性、低技能、短学时的岗位，培训内容相对单一，这样就难以适应中高技能人员转岗培训的需要，也难以满足对新业态、新工种、新技能培训的实际需求。

四是失业保险基金稳岗补贴门槛较高，产能过剩的困难企业难享实惠。按照现行政策规定，只有足额缴纳失业保险费，且上年度未裁员或裁员率低于统筹地区城镇登记失业率的困难企业，才有资格申请稳岗补贴。但实务中，生产经营困难的企业往往欠缴失业保险费。这样就不符合"按时足额缴纳失业保险费"的条件，因此很多去产能困难企业无法享受稳岗补贴。如按人社部发〔2014〕76 号文要求，有的省符合条件的去产能企业很少甚至没有。2015 年某自治区共计为 511 家困难企业发放稳岗补贴2.7 亿元，惠及 18 万职工，其中仅有 1 家企业属于化解过剩产能企业。以钢铁、煤炭为典型的产能过剩企业，大都是长期足额缴保，对失业保险基金的积累贡献巨大的国企，或由国企转制重组而成。现行政策并未考虑这些企业对失业保险基金的历史贡献，仅因近期的欠缴而不予扶助，并不合理，有失公平。

除了通常的按时足额缴纳失业保险费的门槛外，有的地方还附加了苛严的领取补贴的操作规程，如有的省将发放稳岗补贴与职工教育经费支出挂钩，带来审核上的困难，企业感到难以配合，申报稳岗补贴的积极性不高。

六　失业保险关系转移接续不畅

《条例》规定：城镇企业事业单位成建制跨统筹地区转移，失业人员跨统筹地区流动的，失业保险关系随之转迁。至于如何办理转迁，并未明确规定。由于目前的失业保险关系转移接续政策由多个文件、规定汇总而成，部分规定相互冲突，部分政策缺乏明确规定。实务中，基层同志常反映：失业保险转移接续办法全国不统一，缺少细则，造成失业保险关系转移接续不畅。具体而言，失业保险关系转移接续存在的主要问题如下。

1. 转移的失业保险待遇标准不统一

2001 年 1 月 1 日施行的《失业保险金申领发放办法》规定：失业人员失业保险关系跨省、自治区、直辖市转迁的，失业保险费用应随失业保险关系相应划转。需划转的失业保险费用包括失业保险金、医疗补助金和职业培训、职业介绍补贴。其中，医疗补助金和职业培训、职业介绍补贴按失业人员应享受的失业保险金总额的一半计算。失业保险金加上医疗补助金和职业培训、职业介绍补贴，正好是失业保险金的 1.5 倍，这正是实务中"1.5 倍失业保险金"的政策依据。

2011 年 7 月 1 日，《关于领取失业保险金人员参加职工基本医疗保险有关问题的通知》（人社部发〔2011〕77 号）规定，失业保险领金人员享受相应的住院和门诊医疗保险待遇，享受待遇期限与领取失业保险金期限一致，不再享受原由失业保险基金支付的医疗补助金待遇。失业保险领金人员失业保险关系跨省、自治区、直辖市转入户籍所在地的，其职工医保关系随同转移，执行转入地职工医保政策。应缴纳的基本医疗保险费按转出地标准一次性划入转入地失业保险基金。转入地失业保险经办机构按照当地有关规定为领取失业保险金人员办理职工医保参保缴费手续。转出地失业保险基金划转的资金缴纳转入地职工医保费的不足部分，由转入地失业保险基金予以补足，超出部分并入转入地失业保险基金。上述 77 号文规定了失业保险关系转移时转入户籍所在地的经办细则，但对非户籍地之间跨统筹区域的转移没有明确规定。77 号文对于转移的基本医疗保险费与之前的 1/2 失业保险金总额的关系，准确地说与"医疗补助金"的关系未予明确，导致各地在 77 号文出台后对文件理解不一致，对转移资金的总额有异议。有的地区直接将"基本医疗保险费"替换成"医疗补助金"，即 1.5 倍失业保险金里就包含"基本医疗保险费"；有的地区则是将"基本医疗保险费"单列，与"1.5 倍失业保险金"合并计算，致使操作中矛盾和问题很多，难以协调。因为标准不统一，失业保险关系无法转移，影响失业人员的待遇享受。

2. 基金是否转移无严格规定

目前，只有少量省份规定成建制职工省内跨统筹地区转移时可以同时转移基金。大量的跨省转移的成建制职工、跨统筹地区转移的在职人员在转移关系时是不转基金的。由于基金不转，很多地方以此为由，或者不接收转入人员的失业保险关系，或者即便接收失业保险关系，也不接续职工在转入地之前的缴费年限，造成职工失业后应领取失业保险金的期限缩短，损害转移就业人员的失业保险权益。

基金不能转移，最直接的影响是领金失业人员关系转移后待遇发放无法保障，标准无法确定。以往，各省份的失业保险待遇基本按当地最低工资水平的70%～80%确定，目前基本按人社部要求调整为按最低工资水平的90%确定。各地区间由于经济发展水平不同，最低工资水平自然不一样，因此失业保险待遇在地区间的差异成为一种客观存在。因此，按照转出地还是转入地标准转移、发放失业保险待遇，对失业人员的待遇享受水平影响较大。目前由于政策不明确，转移后的失业保险待遇发放标准按照转出地发还是按照转入地发不统一，产生相当多的矛盾。

如果失业保险待遇标准下降，相当一部分失业人员不认可、不接受，对政策产生怀疑，经常与经办机构的工作人员发生矛盾，甚至造成上访或更严重的纠纷。如河北省产能过剩行业转移就业的劳动力很多，但河北与周边的天津、南方的广东等地失业保险转移接续规程不一致，回乡的劳动者要求按较高期限、较高标准领取失业保险金，待遇不一致成为失业保险领域引起争议的风险点，也成为处理上访问题的难点。

3. 转移关系的手续烦琐

目前，各地失业保险关系转移经办流程不同，省份之间的差异更大。失业人员在办理转移接续关系时程序烦琐，尤其失业人员户籍地与就业地不同的，各地规定不一致，导致失业人员在两地间来回奔波，给职工或失业人员办理关系转移带来极大困扰。不只拖延了很多失业人员领取失业保险金的时间，造成不必要的经济损失，同时也给转出转入地经办机构带来很大的麻烦，增加了很多重复性劳动。失业者要跑多个部门、经过初审复核等多道程序、盖3～5个公章、等待近2个月才能如愿领取失业保险金，给失业人员和转出地经办机构都带来诸多不便。可见，社保关系转移接续和失业保险补贴申领程序有待简化，经办服务质量有待提升。

七　失业保险预防失业、促进就业的功能不足

1. 在失业基金使用方面借鉴国际经验不足

发挥失业保险促进就业的作用是国际劳工领域的共识和倡导的原则。国际劳工组织《促进就业和失业保护公约》提出：各会员国应采取适当步骤对其失业保险制度和就业政策加以协调。近些年，多国注重调整失业保险基金支出结构，提高用于培训补贴、求职补贴等促进就业的比例，而我国失业保险支出范围过窄，抑制了应有功能的发挥。现行《条例》中明显缺失运用失业保险预防失业的内容，促进就业的内容也明显不足。各地难以依据《条例》开展防失业、促就业工作，《条例》关于基金支出的规定已很难满足当前产业转型升级特别是去产能中发挥失业保险作用的实际需要。

2. 失业保险的功能偏重于保生活

对失业保险应充分发挥预防失业、促进就业的功能认识不足，这是失业保险偏重于保生活的思想根源。虽然各界普遍认同失业保险的保生活、防失业、促就业功能，但在功能定位上存在偏差，最具代表性的观点认为保生活是最重要功能，防失业和促就业为辅助补充。实际上失业保险"三位一体"功能不可偏废，且三者之间相互联系，相互转化，互为基础，相互促进。首先，促就业是失业保险政策的落脚点，保生活的目的也在于更好地促进失业人员尽快实现就业；其次，保生活是促就业的基础，失业人员的基本生活得不到保障，防失业和促就业工作都是空中楼阁；再次，失业人员积极参加促就业活动是领取失业保险金的前提条件，以此形成不养懒汉的就业理念和氛围；最后，防失业是失业防线的前移，是失业保险体现促就业功能的高级表现形式，也是我国积极就业政策的一部分。因此，坚持失业保险三位一体功能，不是只保障生活，而应同时注重预防失业和促进就业。

3. 失业保险基金支持就业和再就业培训力度不足

去产能企业就业和职工安置的最佳途径其实是技能培训，但目前转岗培训和在岗培训资金缺口较大，而未解除劳动关系的待岗、离岗及在岗冗

员，由于不属于登记失业范畴，无法享受失业保险基金支持的再就业培训。

淘汰落后产能每年都要释放相当数量的失业人员，而这部分人员年龄偏大，学历、技能偏低，就业能力较差，而且大部分小型企业没有缴纳失业保险，给社会造成很大压力，职工再就业比较困难。与此同时，受企业转型升级和发展新兴产业的需要，需支付大量培训成本。在产能过剩行业普遍资金短缺的情况下，这无形中加重了企业负担，化解产能过剩专项培训基金缺口较大。

实务中，不少地方失业保险基金支持失业人员再就业培训力度不足，更未将去产能受影响的非失业人员纳入扶持范围。

失业保险基金可用于参保职工技能提升培训，这是失业保险发挥防失业功能的重要体现，也是更好发挥失业保险防失业、促就业作用的必然要求。这一做法有助于促进劳动者提升职业技能和职业转换能力，降低其失业风险，是降低企业职工培训成本，增强企业核心竞争力的重要举措。

根据《财政部人力资源社会保障部关于印发〈就业补助资金管理暂行办法〉的通知》（财社〔2015〕290号）规定，参加企业新型学徒制培训和技师培训的企业在职职工可以享受职业培训补贴，其他企业在职职工培训以及转岗职工培训不在就业补助资金支出范围之内。由失业保险基金对企业参保职工技能提升培训给予补贴，可以使失业保险基金与就业补助资金形成互补，实现企业参保职工培训补贴政策全覆盖。

2017年5月15日，人社部、财政部发布《关于失业保险支持参保职工提升职业技能有关问题的通知》（人社部发〔2017〕40号）规定，失业保险基金用于参保职工技能提升补贴，有利于引导职工提高职业技能水平和职业转换能力。2018年4月22日，人社部办公厅发布《关于实施失业保险支持技能提升"展翅行动"的通知》（人社厅发〔2018〕36号），强调通过"展翅行动"，推动各地积极主动、全面规范地落实失业保险技能提升补贴政策，力争使符合条件的参保职工都能享受到技能提升补贴。

然而，上述允许失业保险基金用于技能提升补贴的政策，门槛还是偏高，要求累计缴纳失业保险费 36 个月（含 36 个月）以上；且同一职业（工种）同一等级只能申请并享受一次技能提升补贴。

第五节 改革完善失业保险制度的思考与建议

随着我国经济转型升级持续推进，化解过剩产能将进入新阶段，做好职工就业安置工作任重道远。

从长远角度看，化解过剩产能不仅能够优化产业结构，而且有利于带动改善就业结构，促进提升劳动者素质。在化解过剩产能过程中，失业保险制度应该充分发挥其保障生活、预防失业、促进就业三位一体的功能。

从辩证角度看，化解产能过剩与失业保险制度能够形成相互促进、相互支撑的关系。一方面，化解过剩产能顺利推进，有利于产业转型升级，改善企业效益，有利于稳定有关行业企业大多数从业人员的工作岗位，也有利于失业保险基金的稳定增长；另一方面，失业保险充分发挥保生活、防失业、促就业的功能，则有利于保障受影响职工的基本生活，帮助下岗失业职工再就业，平稳推进化解过剩产能，进而有利于顺利实现产业转型升级，提高企业效益，提升产业竞争力。

在化解过剩产能过程中，妥善安置受影响职工至关重要。要安置好职工，就要解决好关键的资金问题。失业保险的根本性质就是在参保人员遇到失业风险时发挥其保生活、防失业、促就业的作用。当前，化解过剩产能企业，特别是位于欠发达地区的产能严重过剩的钢铁、煤炭企业，资金普遍缺乏，运用失业保险基金做好受影响职工就业安置工作正当其时。

应有效调整失业保险基金支出结构、适当增加支出项目。建议在《关于东部 7 省（市）扩大失业保险基金支出范围试点有关问题的通知》（人社部发〔2012〕32 号）基础上，以职业培训补贴、职业介绍补贴、职业技能鉴定补贴、社会保险补贴、岗位补贴、小额贷款担保基金、小额贷款担保贴息等七种项目为主，结合地方在实践中探索的行之有效的做法经

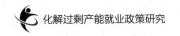

验，研究设计扩大基金支出项目，调整支出结构，重点强化防失业、促就业功能。

一 降低门槛，调整失业保险受益对象，放宽失业保险金领取条件，适当提高失业保险金待遇水平

1. 应降低享受失业保险政策支持的门槛

为使更多困难企业得到失业保险基金的支持，应取消或放宽"足额缴纳失业保险费"才能享受"稳岗补贴"的限制，对于长期缴纳失业保险费（如5年以上），只是近几年（如3年）欠费的，应当允许享受稳岗补贴政策。

2. 调整失业保险待遇受益对象

首先，要确保参加失业保险的非自愿失业人员依法享受失业保险金待遇。其次，可将技能培训、再就业培训范围扩大到参加失业保险的待岗人员和转岗职工，而非局限于失业人员。最后，从稳定和促进就业的功能考虑，对于参保但欠费甚至未参保的职工，失业保险也可在生活救助、技能培训方面给予扶持。这不仅是失业保险制度应实现的目标，也是政府应负有的兜底责任。

3. 适当放宽失业保险金领取条件

建议修订"非因本人意愿中断就业"相关条款，将无故自动辞职、不进行失业登记作为失业保险待遇拒付条件，而将书面提出辞职并进行失业登记，且积极主动寻找就业岗位的非自愿失业者纳入失业保险待遇给付对象。同时在失业保险待遇的支付过程中，加强对这部分人员就业意愿与就业状态的追踪，并根据就业意愿与就业状态的变化而改变失业保险待遇的支付。据各省失业保险的初步测算，如果取消"非因本人意愿中断就业"的限制条件，失业保险基金的当期支出将增加约1/3，支出规模基本可控。

4. 适当考虑提高失业保险金水平，发挥失业保险应有的保障功能

依照《条例》规定，失业保险金的标准应低于当地最低工资标准、高于城镇居民最低生活保障水平。目前我国的月平均失业保险金水平相当于

各省份最低工资的90%。在实践中，有的化解过剩产能失业职工的失业保险金水平与其在岗时的工资水平相比，出现大幅下降，有的不及其在岗时工资的一半，对失业者及其家庭的基本生活带来较大影响。鉴于此，可考虑借鉴多数国家失业保险金替代率以其失业前工资水平一定比例确定的办法，而不是以最低工资水平为标准确定失业保险金水平，以此适当提高失业保险金待遇水平，确保失业人员及其家庭的基本生活。

二　突出重点，调整政策导向，支持转岗转业

1. 失业保险政策应突出重点、精准施策

优先支持和帮助资源型城市、单一产业地区以及老工业基地受影响职工。应在重点地区安排扩大失业保险基金增强防失业、促就业功能试点，增加失业保险支出项目，雪中送炭，重点支持困难地区企业职工走出困境，增强运用失业保险安置职工的针对性和有效性。

2. 运用失业保险基金支持转岗转业

去产能、调结构、提技能是产能过剩企业和所在地区实现脱困发展的根本途径。如何保障去产能困难企业职工的基本生活并实现转岗转业应是失业保险政策的核心目标。应加快修订《条例》，失业保险政策的基本导向，应是着重支持和帮助产能过剩企业职工"转岗转业"而不仅是"稳定岗位"。在去产能中，失业保险政策的设计、对企业和职工的引导、保险支出项目等都应围绕帮助和支持受影响企业和职工转岗转业的思路安排，以便更加符合过剩产业调结构、脱困发展的总体目标。

三　加大对职业培训的支持力度

运用失业保险基金支持培训，强化就业困难人员适应新业态、新经济的从业技能，提高受影响职工和失业者技能实现再就业，应是积极就业政策的核心内容，也是解决好去产能中"人向何处去"的关键。应当大力提高运用失业保险基金支持去产能企业和职工开展技能培训、创业培训的力度。如重点帮助受影响职工提高转岗转业的实用技能；专项培训要与劳务输出、劳务对接、职业指导等就业服务相衔接；开展创业培训等。

加强对职业培训的支持应重点体现在增加与职业培训有关的补贴内容上，可考虑在以下方面增加补贴。

1. 在职职工培训补贴

应鼓励企业加大紧缺工种、科技骨干、技能人才的培训力度，提高岗位补贴力度，协助企业留住人才。对于因化解过剩产能而实施改制以及主辅分离、辅业改制的企业，如果组织在岗人员参加培训并拟调整出原有产业岗位的，应给予特别的培训补贴。对于处于关闭、破产过程中的企业，尚未完成失业认定的待岗人员，应给予特别的培训补贴，直至完成企业关闭破产清算。

2. 失业人员培训补贴

失业人员参加职业培训，应提高补贴标准，增强培训的针对性、有效性、实用性。

3. 职业指导培训补贴

职业指导培训针对失业人员或即将转岗安置的人员，由各级失业保险经办机构或受失业保险经办机构委托的公共职业培训机构组织开展，并由失业保险基金补贴支持。职业指导培训一般采用集中办班方式，对确需进行一对一具体指导的，也可采用一对一指导的培训方式。职业指导培训内容包括就业形势、就业和劳动保障政策、择业技巧、择业观念等。

4. 职业技能鉴定补贴

职业技能培训及鉴定应由有资质的定点职业培训机构组织开展，严格遵照职业资格鉴定考试有关规程进行。在职人员参加限定的相关职业培训鉴定，通过职业技能鉴定并取得职业资格证书或专项职业能力证书的，可以享受职业技能鉴定补贴。失业人员通过职业技能鉴定并取得职业资格证书或专项职业能力证书的，可以享受职业技能鉴定补贴，不应限定培训鉴定的职业类别，应鼓励失业人员参加多种岗位培训，允许享受多次职业技能鉴定补贴。取得职业资格证书或专项职业能力证书的补贴标准，可根据具体职业工种由省级人社部门确定。工种（职业）的遴选应结合产能化解大局，与当地产业需求有效对应。

5. 参加公共实训补贴，包括公共实训基地运行补助经费

应制定补助标准，建立促进个人、单位和公共实训基地积极参与技能实操训练的激励机制。

6. 培训期间的生活费补助

对生活困难的失业人员，在参加公共技能培训期间，可给予生活费补助。各地可根据实际经济社会发展水平按标准计发。由公共职业训练基地根据实际培训人数和实际培训天数向所属的人力资源和社会保障部门申请生活费补贴。经人力资源和社会保障部门审核、财政部门复核后，将补贴资金拨付公共职业训练基地，由公共职业训练基地打入参培人员个人银行卡中，不能采取现场发放方式。

7. 培训期间交通补贴

对失业人员参加往返路途较远的培训的，在其参加公共技能培训期间，可给予一定的交通费补助，交通费补助采取报销一定额度或比例的所乘坐交通工具票据的形式进行。

四　加大预防失业、促进就业补贴力度

1. 增加岗位补贴

为加强失业调控，预防失业，应鼓励并引导企业少裁员、不裁员，促进长期失业人员和大龄失业人员就业，应考虑通过增加岗位工资补贴等具体措施，调动企业留用或招收失业人员的积极性。岗位补贴的范围包括：政府购买公益性岗位、公益性就业组织招用人员、化解过剩产能相关行业和地区的用人单位招用人员、相关用人单位稳定就业、就业困难地区的困难企业稳定就业、员工制家政服务业稳定就业、中小微企业稳定就业。

2. 加大社会保险补贴力度

可参照金融危机期间为援企稳岗实施的社会保险补贴政策，帮助化解过剩产能困难企业及职工渡过难关。对采取有效措施不裁员、少裁员，稳定就业岗位的企业可由失业保险基金给予稳定岗位补贴，用于缴纳社会保险费。按照人社部发〔2014〕76 号文的精神，援企稳岗补贴额度可按不超过该企业及其职工上年度实际缴纳失业保险费总额的 50% 计算，所需资

金从失业保险基金中列支。由于就业的恢复会明显迟于经济的恢复，如果补贴时限规定得过短，难以充分发挥失业保险基金稳定就业的作用。因此，应适当延长补贴期限。同时，如果困难企业切实需要，可以同时享受缓缴社保费和社保补贴两项政策。

3. 强化创业扶持

创业是实现自主创新的载体，是市场经济中最本质的就业机制，也是推动经济可持续发展的内生动力。无论是发展型创业，还是生存型创业，都能够带动就业。这就是通常所说的"倍增效应"。创业带动就业主要体现在两方面。一是通过创业活动实现劳动者自主就业；二是创业拓展就业机会，吸收更多的劳动者就业。因此，失业保险基金积极支持化解过剩产能企业职工创业。运用失业保险基金建立小额贷款担保基金，提供小额贷款担保贴息；同时，为受去产能影响的职工提供创业培训、创业指导和其他创业服务。

4. 对因去产能而受到较大影响的企业给予重点援助

援企稳岗补贴除以失业保险参保人数为基准给予补贴外，还应以压减产能的数量为参考依据确定稳岗补贴人数和资金数额。享受稳岗补贴的人员范围，可考虑扩大到企业全部职工。对于由于压减产能时间紧，任务重，涉及职工人数多，再就业难度大的企业职工，建议提高稳岗补贴标准，延长稳岗补贴期限，以便帮助企业平稳度过化解产能的困难时期。

五　扩大失业保险覆盖范围，提高统筹层次，实行浮动费率

1. 扩大失业保险覆盖范围

应抓紧将失业保险覆盖范围逐步扩大至非本地户籍从业人员特别是农民工群体并探索建立适合灵活就业人员等群体的失业保险保障方式。当前，钢铁煤炭行业农民工社保参保率仅约10%，特别是参加失业保险的比例更低，按现行规定未参保不能享受失业保险"援企稳岗"政策。这样，未参保的去产能民企及其从业人员就无法享受有关优惠政策。鉴于此，应加快失业保险扩面步伐，使更多受影响民企及农民工得到政策帮助。

2. 提高失业保险统筹层次

为改变失业保险基金的积累在不同统筹区之间畸多畸少，支付负担畸轻畸重的状况，增强失业保险基金抗风险能力，防范区域性、系统性、规模性失业风险，应加快实现失业保险省级统筹，并建立中央调剂金。以此充分运用大数定律，确保基金稳健运行，也有利于降低失业保险费率，减轻企业负担。

3. 失业保险实行浮动费率

失业保险费率要有弹性、能浮动，体现公平和效率。应科学确定失业保险费率，设定灵活费率调整机制，对用人单位采用浮动费率。有两个因素应重点考量，一是应根据用人单位解雇职工的历史记录，适当调整失业保险缴费率，从而制约企业的随意解雇行为。二是实行基于风险失业率的行业差别费率制度，失业风险程度较高的行业，缴纳失业保险的费率应相应提高。

与此同时，还应加强失业预警和风险研判。优化失业预警指标体系，完善失业预警系统，准确把握失业态势。为统筹安排失业保险调剂金、调整失业保险费率、调整社保补贴额度、变更企业税费等应对失业举措提供科学依据。应全面分析失业保险制度和基金运行面临的各类风险，合理确定各类风险对基金安全的影响程度，着眼长远基金平衡，做到静态和动态相结合，定量和定性相结合，形成科学的评估指标和方法体系。

第七章 钢铁去产能中人员分流安置就业政策实施效果评估及案例研究

摘　要：总体来看，2010 年之后，钢铁市场长期供大于求，绝对性过剩，钢价大幅下降，钢铁企业大面积亏损。化解钢铁行业过剩产能是供给侧结构性改革的重要任务，做好职工就业和安置工作是其中的关键。2016 年国务院《关于钢铁行业化解过剩产能实现脱困发展的意见》及国家发展改革委、工信部《关于做好钢铁煤炭行业化解过剩产能实现脱困发展意见贯彻落实工作的通知》，有力地推动了钢铁行业化解过剩产能和职工就业安置工作的开展。"十三五"规划实施以来，钢铁行业去产能工作取得了重要进展，职工就业安置总体平稳有序，未发生重大群体性不稳定事件。去产能企业职工分流安置呈现以下特点：不同区域安置难度差异较大；需分流安置的职工年龄偏大、学历偏低、技能单一；非冶炼工序职工分流安置人数超过冶炼职工；内退、内部转岗和解除合同是最主要的分流安置方式；企业所有制不同，安置职工的难度差异较大等。企业分流安置职工的难点主要有：国企负担重，分流安置资金缺口大，再就业渠道少且空间小，内退职工奖补资金标准不一且适用范围窄，政府相关政策有待进一步落实等。在去产能职工就业安置工作中，杭钢、武钢、攀成钢、马钢等众多钢铁企业创造出许多宝贵经验，主要是明确分流安置职工总体思路；精心安排职工分流安置流程；全力开拓分流安置渠道；切实落实分流安置保障措施等。课题组对下一步职工分流安置提出以下建议：在企业层面，重点强化岗位分析，设岗定责；加强员工培训，提高员工素质；完善员工退出机制，优化人员配置。在政府层面：制定钢铁产能"严进宽出"政策；加强钢铁产业运行过程监管；构建安置分流工作的长效机制；拓宽就业渠道，大力发展中小企业和民营经济，扩大就业。

关键词：化解过剩产能　钢铁行业　职工就业安置

第一节　钢铁行业去产能及分流安置
职工总体情况

一　钢铁行业去产能情况

钢铁行业是国民经济的重要基础原材料产业，对我国经济社会发展具有重要支撑作用。近年来，随着经济下行压力增大，钢铁行业快速发展过程中积累的结构性矛盾逐渐显现，特别是产能过剩问题尤为突出。以化解过剩产能为突破口，推动钢铁行业供给侧结构性改革，实现行业结构优化、脱困升级、提质增效，对钢铁行业健康发展具有重要意义。

2016年，国务院《关于钢铁行业化解过剩产能实现脱困发展的意见》和国家发展改革委、工信部《关于做好钢铁煤炭行业化解过剩产能实现脱困发展意见贯彻落实工作的通知》，标志着钢铁行业化解过剩产能脱困发展工作正式启动。文件提出：从2016年开始，用5年时间压减粗钢产能1亿~1.5亿吨。经与国家发展改革委、工信部对接，全国27个省级产钢地区（含新疆生产建设兵团）、国务院国资委化解钢铁过剩产能实施方案上报国务院，并签订目标责任书。按照实施方案，"十三五"期间全国计划压减炼铁产能8546万吨、炼钢产能17685万吨。其中，2016年计划压减炼铁产能3247万吨、炼钢产能7716万吨。实施方案计划压减钢铁产能汇总见表7-1。为确保该工作的落实，国家相关主管部门还制定了奖补资金、财税、金融、职工安置、国土、环保、质量、安全等8个专项配套文件提供政策保障。

表 7 - 1　实施方案计划压减钢铁产能汇总

单位：万吨

时　　间	计划压减炼铁产能情况		计划压减炼钢产能情况	
	数　量	比例（%）	数　量	比例（%）
"十三五"期间	8546	100.00	17685	100.00
其中				
2016 年	3247	37.99	7716	43.63
2017 年	1497	17.52	2100	11.87
2016 年、2017 年实际完成	7708	90.19	13941	78.83
2018 年	1626	19.03	4497	25.43
2019 年	1148	13.43	1443	8.16
2020 年	1028	12.03	1929	10.91

　　从去产能数量看，截至 2016 年末，全国实际压减炼铁产能 4384 万吨、炼钢产能 9521 万吨，分别为目标责任书 2016 年计划压减炼铁产能 3247 万吨、炼钢产能 7716 万吨的 135%、123%，化解产能占"十三五"计划化解产能的 51% 和 54%。退出产能装备或彻底拆除，或去除动力系统予以封存，不具备复产条件。这为"十三五"去产能目标的实现奠定了坚实的基础。

　　2017 年，全国实际压减炼铁产能 3324 万吨、炼钢产能 4420 万吨。2016 ~ 2017 年累计实际化解产能占"十三五"计划化解产能的 90% 和 79%，分别比 2016 年提高了 39 个和 25 个百分点（2017 年数据未包含新疆、山西和甘肃的数据）。

　　2018 年是化解产能的收官之年，基于 2016 ~ 2017 年化解产能打下的基础，全国化解产能工作将顺利完成。各地区炼铁、炼钢产能压减目标及完成情况见表 7 - 2、表 7 - 3。

表 7 - 2　各地区炼铁产能压减目标及完成情况

单位：万吨，%

序号	省　份	"十三五"计划压减炼铁产能	2016 年实际压减产能	2017 年实际压减产能	2016 年、2017 年完成量占"十三五"计划的比例
1	天　津	454	159	175	74
2	河　北	4989	1761	1807	72
3	山　西	82	82		100
4	内蒙古	243	224	55	115

序号	省　份	"十三五"计划压减炼铁产能	2016 年实际压减产能	2017 年实际压减产能	2016 年、2017 年完成量占"十三五"计划的比例
5	辽　宁	0	60		—
6	吉　林	80	0		0
7	黑龙江	219	219		100
8	江　苏	0	0		
9	浙　江	110	110		100
10	安　徽	224	62	62	55
11	福　建	0	0		
12	江　西	50	50		100
13	山　东	970	270	175	46
14	河　南	100	100		100
15	湖　北	0	0		
16	湖　南	0	0		
17	广　东	0	0		
18	广　西	20	20		100
19	重　庆	11	11		100
20	四　川	217	160		74
21	贵　州	257	257		100
22	云　南	125	125	31	125
23	陕　西	160	160		100
24	甘　肃	160	160		100
25	青　海	50	50		100
26	新　疆	0	0		
27	兵　团	25	25		100
28	国资委	0	319	1019	—
合　计		8546	4384	3324	90

注：2017 年数据为地方政府公布数据，其中山西、新疆和甘肃在写作本文时还未公布相关化解情况，国资委数据为 2017 年 9 月国资委主任公布的 2017 年化解钢铁产能 1614 万吨，减去宝武集团和鞍钢公布的化解钢产能 595 万吨。

从化解炼铁产能看，内蒙古（见图 7－1）、辽宁、云南和国资委已经超额完成了"十三五"目标计划；山西、黑龙江等 12 个省份已经 100% 完成了

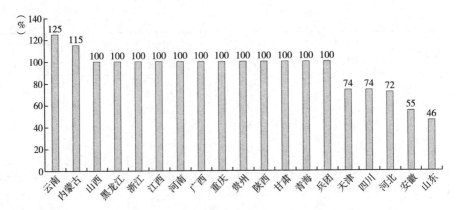

图7-1　各地区炼铁产能压减完成情况

"十三五"目标计划；而天津、河北、安徽、山东和四川还未完成"十三五"目标计划，其中完成比例较低的是山东和安徽，仅为46%和55%，完成总量差距较大的是河北、山东和天津，与"十三五"规划还差1421万吨、525万吨和120万吨，这些省份是2018年化解炼铁产能的重点省份。

表7-3　各地区炼钢产能压减目标及完成情况

单位：万吨，%

序号	省　份	"十三五"计划压减炼钢产能	2016年实际压减产能	2017年实际压减产能	2016年、2017年完成量占"十三五"计划的比例
1	天　津	690	370	180	80
2	河　北	4913	1482	2178	74
3	山　西	655	0		0
4	内蒙古	67	67		100
5	辽　宁	602	602		100
6	吉　林	108	108		100
7	黑龙江	610	610	65	111
8	江　苏	1750	580	634	69
9	浙　江	303	388		128
10	安　徽	302	110	64	58
11	福　建	230	445		193
12	江　西	433	433		100
13	山　东	1500	270	527	53

序号	省　份	"十三五"计划压减炼钢产能	2016 年实际压减产能	2017 年实际压减产能	2016 年、2017 年完成量占"十三五"计划的比例
14	河　南	240	240		100
15	湖　北	299	338		113
16	湖　南	50	50		100
17	广　东	350	307	50	102
18	广　西	185	185		100
19	重　庆	494	517		105
20	四　川	420	420	77	118
21	贵　州	220	220		100
22	云　南	453	376	50	94
23	陕　西	70	70		100
24	甘　肃	174	144		83
25	青　海	50	50		100
26	新　疆	350	90		26
27	兵　团	30	30		100
28	国资委	2137	1019	595	76
合　　计		17685	9521	4420	79

注：2017 年数据为地方政府公布数据，其中山西、新疆和甘肃在写作本文时还未公布相关化解情况，国资委化解数据为国资委计划数。

　　从化解炼钢产能看，黑龙江、浙江、福建、湖北、广东、重庆和四川等省份超额完成"十三五"目标计划（见图 7-2），内蒙古、辽宁等 11 个省份也已经 100% 完成了"十三五"目标计划，而天津、河北、山西、江苏、安徽、山东、云南、甘肃和新疆还未完成"十三五"目标计划，其中完成比例较低的是山东和新疆，仅为 53% 和 26%，完成总量差距较大的是河北、山西、山东、江苏和国资委，与"十三五"规划压减目标还差 1253 万吨、655 万吨、703 万吨、536 万吨和 523 万吨，这些省份（含国资委）是 2018 年化解钢铁产能的重点省份（国资委数据为估算数）。

　　国发〔2016〕6 号文要求：钢铁产能退出须拆除相应冶炼设备。具备拆除条件的应立即拆除；暂不具备拆除条件的，应立即断水、断电，拆除动力装置，封存冶炼设备，企业向社会公开承诺不再恢复生产，同时在省

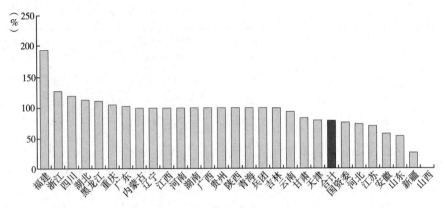

图 7-2　各地区炼钢产能压减完成情况

级人民政府或省级主管部门网站公示，接受社会监督，并限时拆除。

2016 年以来，国家派出督察组对各地化解过剩钢铁产能的退出装备进行实地督查，除部分因法院冻结等因素外，化解装备已经彻底拆除，或去除动力系统予以封存，不具备复产条件。

二　职工安置情况

2016 年全国压减钢铁产能涉及企业 186 家，其中国有企业 27 家，民营企业 159 家。上报需安置职工 209745 人，其中国有企业需安置 138649 人（见表 7-4），已安置 134434 人；民营企业需安置 71096 人，已安置 48505 人，安置比例 68.2%。职工安置总体平稳有序，未发生重大群体性社会不稳定事件。

表 7-4　2016 年分地区职工安置情况

序号	省份	年初测算需分流安置人数			实际需分流安置人数			已安置人数		
		国企	民企	合计	国企	民企	合计	国企	民企	合计
1	天津	11768	0	11768	13452	0	13452	13452	0	13452
2	河北	778	10283	11061	5429	27967	33396	4651	19622	24273
3	山西	8687	0	8687	10649	0	10649	9815	0	9815
4	内蒙古	2497	1287	3784	2497	989	3486	2497	989	3486
5	辽宁	0	0	0	0	0	0	0	0	0
6	吉林	5555	0	5555	5751	0	5751	5751	0	5751

续表

序号	省　份	年初测算需分流安置人数			实际需分流安置人数			已安置人数		
		国企	民企	合计	国企	民企	合计	国企	民企	合计
7	黑龙江	1020	7409	8429	1020	7061	8081	1020	7061	8081
8	江　苏	0	1643	1643	0	1643	1643	0	1599	1599
9	浙　江	11985	2011	13996	11602	1260	12862	11602	1260	12862
10	安　徽	12788	241	13029	12788	124	12912	11845	124	11969
11	福　建	466	1348	1814	466	1348	1814	466	1348	1814
12	江　西	0	3168	3168	0	3168	3168	0	3168	3168
13	山　东	9502	1832	11334	9502	1832	11334	9502	1042	10544
14	河　南	0	2177	2177	0	2177	2177	0	1129	1129
15	湖　北	0	2377	2377	0	1802	1802	0	1752	1752
16	湖　南	267	0	267	267	0	267	201	0	201
17	广　东	0	0	0	0	955	955	0	955	955
18	广　西	0	1165	1165	0	511	511	0	511	511
19	重　庆	0	2699	2699	0	2699	2699	0	2683	2683
20	四　川	0	9700	9700	0	9700	9700	0	0	0
21	贵　州	10696	275	10971	10696	0	10696	10696	275	10971
22	云　南	9508	3879	13387	9508	3879	13387	9508	1006	10514
23	陕　西	7564	3050	10614	7564	3050	10614	5754	3050	8804
24	甘　肃	4231	0	4231	4231	0	4231	4231	0	4231
25	青　海	650	0	650	650	0	650	866	0	866
26	新　疆	0	931	931	0	931	931	0	931	931
27	兵　团	13	0	13	11	0	11	11	0	11
28	国资委	26673	0	26673	32566	0	32566	32566	0	32566
合　计		124648	55475	180123	138649	71096	209745	134434	48505	182939

注：辽宁没有职工安置任务。四川统计显示"正在与职工签订协议"，按未安置完毕处理。

总体看，2016 年钢铁去产能职工安置总体平稳有序，没有发生重大群体性社会不稳定事件，保障了化解钢铁过剩产能工作的顺利实施。

三　奖补资金使用情况评估

2016 年全国钢铁压减产能奖补资金总额为 151.63 亿元（见表 7 - 5）。其中，中央专项奖补资金为 74.54 亿元（已全部拨付到各省），地方配套

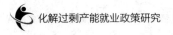

表7-5 2016年各地区奖补资金拨付和使用情况

单位：万元

序号	省份	年度奖补资金			已拨付企业资金							企业已使用资金							资金拨付率（%）	拨付资金使用率（%）
		中央奖补	地方配套	小计	国企			民企			合计	国企			民企			合计		
					中央奖补	地方配套	小计	中央奖补	地方配套	小计		中央奖补	地方配套	小计	中央奖补	地方配套	小计			
1	天津	34878	411617	446495	446495	0	446495	0	0	0	446495	422545	0	422545	0	0	0	422545	100.0	94.6
2	河北	89703	87948	177651	5150	0	5150	0	2500	28878	34028	0	0	0	0	0	0	0	19.2	0.0
3	山西	40421		40421	40421		40421	0	0	0	40421	24259		24259	0	0	0	24259	100.0	60.0
4	内蒙古	21416	9400	30816	15340	4655	19995	6076	4745	10821	30816	6000	4655	10655	1900	3600	5500	16155	100.0	52.4
5	辽宁	0	0	0	0		0	0		0	0	0		0	0		0	0		
6	吉林	10559	6000	16559	10559	6000	16559	0	0	0	16559	10559	6000	16559	0	0	0	16559	100.0	100.0
7	黑龙江	31696	0	31696	2607	0	2607	29089	0	29089	31696	1192	0	1192	13816	0	13816	15008	100.0	47.3
8	江苏	4512	2260	6772	1235	713	1948	3277	1547	4824	6772	1235	713	1948	1710	782	2492	4440	100.0	65.6
9	浙江	32683	50000	82683	23708	50000	73708	410.55	0	410.55	74118.55	23708	50000	73708	410.55	0	410.55	74118.55	89.6	100.0
10	安徽	41118.87	40623.87	81742.74																0	
11	福建	6439	3990	10429	2313	0	2313	4126	0	4126	6439	2313	0	2313	1560	0	1560	3873	61.7	60.1
12	江西	12100.52	120	12220.52	0	0	0	12100.52	120	12220.52	12220.52	0	0	0			9268.27	9268.27	100.0	75.8
13	山东	33079	10500	43579		0	30401		0	13178	43579		0	30401		0	3893	34294	100.0	78.7
14	河南	8085	0	8085	0	0	0	8085	0	8085	8085	0	0	0	3926	0	3926	3926	100.0	48.6
15	湖北	16105.3	8374.7	24480	0	0	0	6082.9	3163.1	9246	9246	0	0	0	5288.9	2750.2	8039.1	8039.1	37.8	86.9
16	湖南	3727	0	3727	3727	0	3727	0	0	0	3727	1514	0	1514	0	0	0	1514	100.0	40.6
17	广东	9284	2220	11504	0	0	0	3417	0	3417	3417	0	0	0	3417	0	3417	3417	29.7	100.0
18	广西	6970	900	7870	0	0	0	6970	900	7870	7870	0	0	0		900	900	900	100.0	11.4
19	重庆	8076	38268	46344	0	0	0			46344	46344	0	0	0			11480	11480	100.0	24.8

续表

序号	省份	年度奖补资金			已拨付企业资金							企业已使用资金							资金拨付率（%）	拨付使用率（%）
		中央奖补	地方配套	小计	国企			民企			合计	国企			民企			合计		
					中央奖补	地方配套	小计	中央奖补	地方配套	小计		中央奖补	地方配套	小计	中央奖补	地方配套	小计			
20	四川	33321	24300	57621	0	0	0	16832.26	0	16832.26	16832.26	0	0	0	0	0	0	0	29.2	0.0
21	贵州	38000	0	38000	37048	0	37048	952	0	952	38000	24164	0	24164	0	0	0	24164	100.0	63.6
22	云南	35728	35728	71456	—	—	59565	—	—	8798	68363	—	—	34012	—	—	8798	42810	95.7	62.6
23	陕西	46470	20000	66470	—	—	31112	—	—	15358	46470	—	—	0	0	0	0	0	69.9	0.0
24	甘肃	28232	0	28232	28232	0	28232	0	0	0	28232	11132	0	11132	0	0	0	11132	100.0	39.4
25	青海	4386	0	4386	4386	0	4386	0	0	0	4386	4386	0	4386	0	0	0	4386	100.0	100.0
26	新疆	18835	0	18835	0	0	0	18835	0	18835	18835	0	0	0	18835	0	18835	18835	100.0	100.0
27	兵团	120	18624	18744	120	0	120	0	0	0	120	120	120	120	0	0	0	120	0.6	100.0
28	国资委	129461	0	129461	129461	0	129461	0	0	0	129461	129461	0	129461	0	0	0	129461	100.0	100.0
	合计	745405.69	77873.57	151629.26	750802	61368	933248	112336.23	12975.10	239284.33	1172532.33	508868	61488	788369	47446.45	8032.20	92334.92	880703.92	77.3	75.1

资料来源：工信部。

289

资金 77.09 亿元。截至 2016 年底，各地方实际拨付给企业奖补资金 117.25 亿元，占全部奖补资金总额的 77.3%。按企业性质分，国有企业获得奖补资金 93.32 亿元，民营企业获得奖补资金 23.93 亿元。

截至 2016 年底，去产能相关企业已使用奖补资金 88.07 亿元，占已拨付奖补资金的 75.1%。其中国有企业使用 78.84 亿元，民营企业使用 9.23 亿元。

值得注意的是，在奖补资金使用过程中也存在一些问题，主要是地方财政配套资金未完全拨付到位，其主要原因是：有的地方财政困难，配套资金筹措不足；有些地方政府将通过验收作为发放奖补资金的前置条件，没有向未通过验收的企业拨付奖补资金；也有部分企业特别是在去产能前停产的民营企业，职工已遣散，按照奖补资金使用规定，地方政府不能向这些企业下拨奖补资金。另外，也存在已拨付资金未完全使用的情况，其主要原因是部分企业职工安置资金发放不及时。

第二节　调研企业去产能分流安置职工情况

为了深入了解钢铁企业去产能分流安置职工的具体情况，对政策实施效果进行全面科学的量化评估，挖掘典型示范案例，找出执行中存在的问题，提出钢铁去产能过程中人员分流安置、就业创业相关接续政策和措施建议，2017 年，中国钢铁工业协会对此次去产能的重点国有企业开展了实地调研，与马钢集团公司（以下简称马钢）、宝武钢铁集团公司（以下简称宝武集团）、本钢集团公司（以下简称本钢）、昆明钢铁公司（以下简称昆钢）等企业进行了多次座谈，了解情况，收集信息，并且向中国钢铁工业协会（以下简称中钢协）会员企业发出了去产能职工安置问卷调查表。

本节以太原钢铁集团公司（以下简称太钢）、西宁特殊钢公司（以下简称西宁特钢）、杭州钢铁集团公司（以下简称杭钢）、山东钢铁集团公司（以下简称山东钢铁）、鞍钢集团公司（以下简称鞍钢）、昆钢、酒钢集团公司（以下简称酒钢）、陕西钢铁集团公司（以下简称陕钢）、宝武集团等 10 家重点大中钢铁企业（以下简称调研企业）为对象，分析去产能分流安置职工的特点、难点及问题。

一　去产能分流安置职工情况

1. 非冶炼工序职工分流安置人数超过冶炼职工

调研企业合计去产能 3467 万吨（见表 7 - 6），其中炼铁产能 1283 万吨，炼钢产能 2184 万吨。

表 7 - 6　调研企业去产能职工安置情况

单位：万吨，人

项　　目	太钢	西宁特钢	杭钢	山东钢铁	鞍钢	昆钢	酒钢	陕钢	宝武集团	合计
去产能数量	82	100	260	15	22	405	240	60	2283	3467
炼铁	82	50	110	15	0	125	100	60	741	1283
炼钢	0	50	150	0	22	280	140	0	1542	2184
去产能分流安置人数	10649	1238	8933	4509	6268	9508	3506	4876	24958	74445
炼铁	0	380	1109	361	0	4525		2673	2205	11253
炼钢	0	858	1555	968	6268	4983			2169	16801
万吨钢产能安置职工	—	17	10	0	285	18	—	—	1	8
万吨钢铁产能安置职工	130	12	34	301	285	23	15	81	11	21
分流安置职工实际安置人数	10649	866	11603	4509	6268	9508	3506	4218	26650	77777
实际安置人数占比（%）	100.0	70.0	129.9	100.0	100.0	100.0	100.0	86.5	106.8	104.5

注：在调研 10 家企业中，天津天铁冶金集团公司（以下简称天铁）仅有去产能数量，没有去产能涉及的职工情况，故予以去除。

调研企业涉及分流安置人员总数为 74445 人（扣除太钢和酒钢后为 60290 人），其中炼铁职工为 11253 人，占比 15.1%；炼钢职工为 16801 人，占比为 22.6%，合计占比 37.7%；分流安置非冶炼（炼铁、炼钢）生产线职工 46391 人，占比达到 63.6%。

2. 企业压减产能需安置人员数量差异较大

在调研企业中，宝武集团化解炼钢产能 1542 万吨，涉及人员 2169 人，压减每万吨钢需安置人员 1.4 人，杭钢、西宁特钢和昆钢也均在 20 人以内；而鞍钢压减每万吨钢需安置人员高达 285 人。宝武集团压减炼铁、炼钢合计产能 2283 万吨，涉及分流安置职工 24958 人，压减每万吨钢铁产能需安置人员 11 人，酒钢、昆钢和西宁特钢分别为 15 人、23 人和 12 人，而太钢、山东钢铁、鞍钢则分别达到 130 人、301 人和 285 人。

3. 调研企业分流安置人员工作完成情况较好

在 9 家调研企业中，除西宁特钢（计划安置 1238 人，实际安置 866 人，安置率 70.0%）和陕钢（计划安置 4876 人，实际安置 4218 人，安置率 86.5%）外，其余 7 家企业均已完成人员安置工作，而杭钢和宝武集团实际安置人员超过化解产能计划安置的人员数量。从调研企业反馈情况看，多数企业已经圆满完成分流职工的安置工作（见图 7 - 3）。

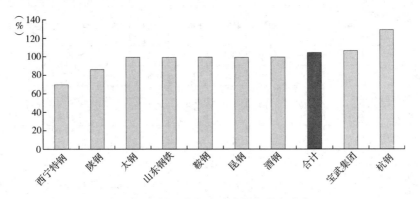

图 7 - 3 调研企业分流安置人员完成率

4. 去产能需分流安置操作人员比重最大

从需分流安置人员构成看，宝武集团需分流安置专业技术人员占比最高（见表 7 - 7、图 7 - 4），达到 28.02%，酒钢最低，仅为 1.88%；昆钢需分流安置经营管理人员占比最低，仅为 0.5%，鞍钢最高，达到 12.08%；酒钢需分流安置操作人员占比最高，达到 92.95%，宝武集团最低，仅为 63.57%。在调研企业中，需分流安置经营管理人员、专业技术人员和操作人员的平均占比为 7.51∶15.15∶77.35。

表7-7　调研企业需分流安置人员技术构成

单位:%，人

项　　目	昆　　钢		酒　　钢		陕　　钢		山东钢铁		杭　　钢	
	占比	数量	占比	数量	占比	数量	占比	数量	占比	数量
经营管理人员	0.50	48	5.16	181	6.44	314	7.12	321	7.28	650
专业技术人员	15.27	1452	1.88	66	6.03	294	10.78	486	10.83	967
操作人员	84.22	8008	92.95	3259	87.53	4268	82.10	3702	81.90	7316
合　　计	100.00	9508	100.00	3506	100.00	4876	100.00	4509	100.00	8933

项　　目	宝武集团		太　　钢		鞍　　钢		合　　计			
	占比	数量	占比	数量	占比	数量	占比	数量		
经营管理人员	8.40	2097	10.58	1127	12.08	757	7.51	5495		
专业技术人员	28.02	6994	3.19	340	7.80	489	15.15	11088		
操作人员	63.57	15867	86.22	9182	80.12	5022	77.35	56624		
合　　计	100.00	24958	100.00	10649	100.00	6268	100.00	73207		

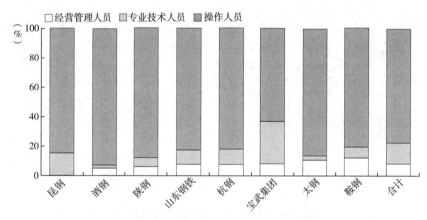

图7-4　调研企业不同类型人员构成

5. 分流安置职工以高中中专学历水平为主要群体

高中中专是分流人员的主要群体，在9家调研企业中，有6家企业分流人员高中中专学历占比超过40%（见表7-8、图7-5）。分流人员中初中以下学历占比最高的是西宁特钢。西宁地处经济欠发达的青海，分流人员中大专以上占比仅为13.25%，是所有调研企业中占比最低的，而初中以下分流人员占比达到52.83%，是占比最高的，比占比次高的陕钢高出15.0个百分点。而杭钢初中以下分流人员占比仅为13.37%。

表7-8 调研企业分流人员受教育程度

单位:%,人

项 目	西宁特钢		陕 钢		鞍 钢		酒 钢		太 钢	
	数量	比例	数量	比例	数量	比例	数量	比例	数量	比例
大专以上	164	13.25	793	16.26	1370	21.86	1041	29.69	3349	31.45
高中中专	420	33.93	2239	45.92	2882	45.98	1913	54.56	5140	48.27
初中以下	654	52.83	1844	37.82	2016	32.16	552	15.74	2160	20.28
合 计	1238	100	4876	100	6268	100	3506	100	10649	100

项 目	宝武集团		杭 钢		山东钢铁		昆 钢		合 计	
	数量	比例	数量	比例	数量	比例	数量	比例	数量	比例
大专以上	8048	32.25	2884	32.28	1580	35.04	3665	38.55	22894	30.75
高中中专	8747	35.05	4855	54.35	2255	50.01	2643	27.80	31094	41.77
初中以下	8163	32.71	1194	13.37	674	14.95	3200	33.66	20457	27.48
合 计	24958	100	8933	100	4509	100	9508	100	74445	100

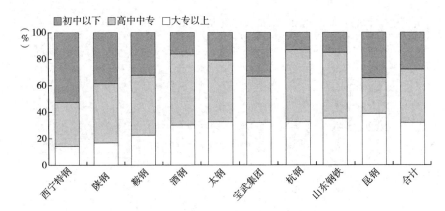

图7-5 调研企业分流人员受教育程度

6. 分流人员男女比例为2.5∶1,整体年龄偏大

调研企业中,分流人员中男性达到52621人,其中50岁以上25405人,占比48%,35～50岁19707人,占比37%,20～35岁7509人,占比14%(见表7-9、图7-6)。从企业看,昆钢、西宁特钢和宝武集团50岁以上男性分流人员占比最大,而太钢、杭钢、山东钢铁、鞍钢35～50岁占比最大;陕钢、酒钢男性分流人员中20～35岁占比最大。

分流人员中女性达到21824人,其中40岁以上11387人,占比

52%，30～40岁8876人，占比41%，20～30岁1561人，占比7%（见图7-7）。从企业看，除宝武集团外，其他企业均以40岁以上分流人员占比最大。

表7-9　调研企业分流人员年龄

单位：人

项　　目	太钢	西宁特钢	杭钢	山东钢铁	鞍钢	昆钢	酒钢	陕钢	宝武集团	合计
需分流安置人员	10649	1238	8933	4509	6268	9508	3506	4876	24958	74445
男性	7726	801	7552	3446	4592	5744	2903	3322	16534	52621
男20～35岁	422	3	1694	414	189	341	1312	1513	1621	7509
男35～50岁	4750	74	3836	1709	3122	277	494	1216	4229	19707
男50岁以上	2554	724	2022	1323	1281	5126	1097	593	10685	25405
女性	2923	437	1381	1063	1676	3764	603	1554	8423	21824
女20～30岁	11	0	218	38	5	49	178	451	611	1561
女30～40岁	504	0	289	129	474	69	20	458	6933	8876
女40岁以上	2408	437	874	896	1197	3646	405	645	879	11387

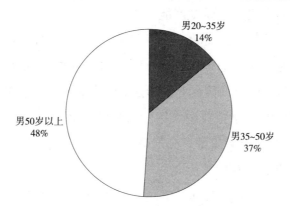

图7-6　调研企业男性分流人员年龄构成

二　去产能奖补资金使用情况

为促进化解过剩产能工作，财政部于2016年5月发布了《工业企业结构调整专项奖补资金管理办法》，明确中央财政设立工业企业结构调整专项奖补资金，对地方和中央企业化解钢铁、煤炭行业过剩产能工作给予

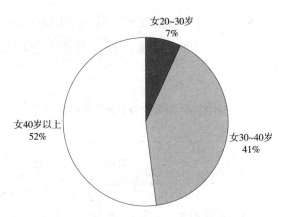

图 7 - 7　调研企业女性分流人员年龄构成

梯级奖补。其中,基础奖补资金占资金总规模的80%,结合退出产能任务量、需安置职工人数、困难程度等因素分配;梯级奖补资金占资金总规模的20%。随后,为了保证奖补资金用到政策既定的范围,完善机制设计,防止虚报冒领,6月又发布了《关于加强工业企业结构调整专项奖补资金使用管理的通知》。

1. 部分企业仅化解了炼铁产能

从国发〔2016〕6号文看,化解钢铁过剩产能的目标是"从2016年开始,用5年时间,再压减粗钢产能1亿~1.5亿吨",因此,粗钢是主要的化解目标。从实际执行情况看,部分企业化解炼铁产能也得到了国家的奖补资金,调研的8家企业中太钢和陕钢仅化解了炼铁产能,分别拿到5.4亿元和1.6亿元奖补资金;其他企业均有炼钢产能化解。

2. 不同企业获得单位奖补资金差异较大

调研企业中,化解产能最大的企业共化解钢铁产能(炼铁 + 炼钢)2283万吨(见表7 - 10),获得的奖补资金也最多,达到18.3亿元,折合钢铁产能奖补80.3元/吨(见图7 - 8);化解产能最小的企业,仅为22万吨,但获得奖补资金较多,达到3.1亿元,折合钢铁产能奖补1419元/吨,是调研企业中获得单位产能奖补资金最多的企业;而西宁特钢化解产能100万吨,获得奖补资金4386万元,单位产能奖补43.9元/吨,是调研企业中获得单位奖补资金最少的企业。

表 7 – 10　调研企业奖补资金

单位：万吨，万元，元/吨

项　　目	太钢	西宁特钢	杭钢	鞍钢	昆钢	酒钢	陕钢	宝武集团	合计
分流安置职工人数	10649	866	11603	6268	9508	3506	4218	26650	73268
去产能数量	82	100	260	22	405	240	60	2283	3452
已兑奖补总额	53943	4386	101076.61	31237	59565	22600	16460	183227.7	472495.3
其中：中央	53943	4386	51076.61	31237	29782	22600	16460	183227.7	392712.3
地方	—	—	50000*	—	29783	—	—	—	—
单位去产能奖补资金	657.84	43.86	388.76	1419.86	147.07	94.17	274.33	80.26	136.88
人均奖补资金	5.07	5.06	8.71	4.98	6.26	6.45	3.90	6.88	6.45

注：杭钢 25 亿元周转金，浙江省政府 5 年贴息；单位去产能奖补资金为压减每吨钢铁产能奖补资金。

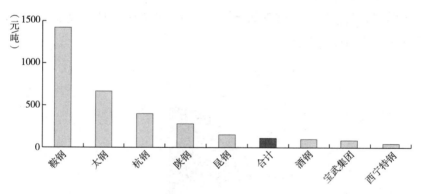

图 7 – 8　调研企业单位去产能奖补资金

3. 不同地方对化解产能奖补力度差异较大

国家提出化解产能的措施是"坚持市场倒逼、企业主体，地方组织、中央支持，突出重点、依法依规，综合运用市场机制、经济手段和法治办法，因地制宜、分类施策、标本兼治"。从经济手段看，在相关政策发布后，部分地方政府也出台了配套的奖补政策，如浙江和云南就与中央配套了 1∶1 的奖补政策支持，浙江省和杭州市还分别对杭钢化解产能给予贴息贷款，而这两个省份也是去产能效果较好的省份。有些省份因地方经济发展水平、财政支付能力等多种因素的影响并未提供去产能配套奖补资金。

调研企业去产能人均奖补资金为6.45万元。但不同地区不同企业由于所处地区经济发展水平不同、地方资金支持能力和力度不同，以及所处地理位置不同等多种因素影响，人均奖补资金给付水平差异较大。人均奖补资金给付较多的企业达到8.71万元，而较少的企业人均奖补资金为3.90万元。

三 企业分流安置职工渠道情况

职工安置是化解钢铁产能工作的重中之重，为了确保安置落到实处，国家规定，安置计划不完善、资金保障不到位以及未经职工代表大会或全体职工讨论通过的职工安置方案，不得实施。从各渠道分流情况看，内退、内部转岗和解除合同是最主要的分流方式，分别占全部分流人员的30.6%、25.3%和24.6%（见图7-9）；从其他方式看，杭钢和山东钢铁将部分职工安置到地方国企，太钢和杭钢、陕钢有部分职工自主创业，山东钢铁还有部分职工转岗到公益岗位，杭钢和陕钢有部分职工提前退休，仅山东钢铁有11人参加了社会应聘（见表7-11）。

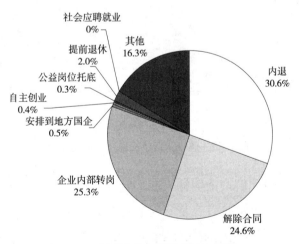

图7-9 调研企业各渠道分流安置职工

从参加再就业转岗培训情况看，28.0%的分流职工参加了再就业转岗培训，达到21772人，参加培训的职工有76.5%实现了再就业，达到16648人，其中鞍钢、昆钢和酒钢所有参加培训的分流人员均再就业。分流职工参加培训比例较高的有太钢、西宁特钢、酒钢，分别达到该区域分流人员的56.2%、51.2%和53.7%，杭钢、山东钢铁、鞍钢分流职工参加培训比例均不超过20%。

表7-11　调研企业分流安置职工渠道汇总

项　　目	太钢	西宁特钢	杭钢	山东钢铁	鞍钢	昆钢	酒钢	陕钢	宝武集团	合计
分流安置职工各渠道实际安置人数	10649	866	11603	4509	6268	9508	3506	4218	26650	77777
内退	2563	423	74	2502	425	5061	1373	395	11014	23830
解除合同	2099		2709	831	4660	1384	2133	1914	3426	19156
企业内部转岗	4622	443	1947	719	1183	3063		1788	5899	19664
安置到地方国企			144	250						394
公益岗位托底				195						195
自主创业	193		112	1				5		311
提前退休			1506	0				63		1569
社会应聘就业				11						11
其他	1172		5111					53	6311	12647
目前待安置人数	0	372	0	0	0	0	0	658	0	1030
参加再就业转岗培训人数	5987	443	1726	14	1183	3063	1881	1266	6209	21772
培训后转岗人数	4622				1183	3063	1881		5899	16648

注：宝武集团自主创业和社会应聘就业为协解人员，未纳入。

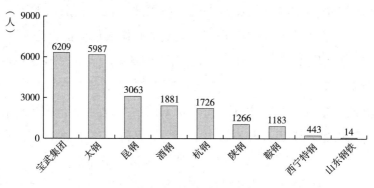

图7-10　调研企业参加再就业转岗培训人数

四 企业分流安置职工特点及问题

1. 企业分流安置职工特点

（1）去产能安置职工不同区域难度不同

此次钢铁行业去产能工作主要涉及全国所有省级地区（不含港澳台、西藏），主要集中在钢铁大省，如河北、辽宁、江苏、山西等地。由于地域差异，去产能安置职工工作的难度不同。钢铁产业是一些地方经济发展的支柱产业，特别是一些地方城市更是因钢而生、因钢而兴、因钢而衰，产业结构单一，发展回旋余地小，市场发育不充分，转岗再就业难度很大。

同时，由于我国各地经济发展不平衡，地方政府的财力差距较大，地方政府对解决职工安置的能力也有明显不同。调研企业去产能人均奖补资金6.45万元，但不同地区不同企业差异较大，支付较多的企业人均奖补资金达到8.71万元，而较少的企业人均奖补资金为3.90万元。调研企业中，有些省份的钢铁企业未获得地方政府配套的去产能奖补资金。总体而言，经济发达地区的地方政府财力雄厚，更有能力解决职工分流安置问题，创造更多的就业岗位，促进失业人员平稳转岗就业。

（2）分流安置职工学历不高、技能单一

钢铁产业专业性比较强，装备操作技能要求较高，且操作人员占比高。从行业人力资源情况看，钢铁行业工作岗位构成主要是操作人员，操作人员占比达到80%以上。其中，约有1/3以上的操作人员没有获得技术认证。即使获得技术认证的操作人员，绝大部分也是一般操作工。根据调研数据，去产能需要安置分流的人员主要是操作人员，占比为77%。在调研企业中，酒钢分流安置操作人员占比高达93%，陕钢占比为88%，太钢占比为86%。

根据调研数据对去产能分流安置职工按学历进行分析，需分流安置职工主要是高中中专学历人群。高中中专学历人群占比接近42%。另外，初中以下学历占比为27%，大专以上学历占比为31%。

基于此，我们认为，去产能分流安置人员是以操作人员为主体，其技能单一、学历水平不高，这部分人员必须经过新的专业培训才能找到适合的新岗位，再就业的难度较大。

（3）非冶炼工序职工分流安置人数超过冶炼职工

压减产能装备大都是钢铁联合企业，工序产能基本匹配，生产一体化、连续化特征明显。部分淘汰或全部淘汰炼铁、炼钢产能后，对应的烧结、球团、焦化、轧钢，以及制氧、石灰、发电等公辅系统都将受到冲击。根据调研数据，在分流安置人员中，炼铁职工占比为 15.1%，炼钢职工占比为 22.6%，合计占比为 37.7%；分流安置非冶炼（炼铁、炼钢）工序职工占比达到 62.3%。非冶炼工序职工难以享受去产能奖补资金，导致分流安置难度增加。

此外，由于企业生产效率不同，压减单位钢铁产能需安置的职工人数也存在明显差异。调研数据显示，宝武集团压减每万吨钢铁产能需安置人员 11 人，酒钢、昆钢和西宁特钢分别为 15 人、23 人和 12 人，而太钢、山东钢铁、鞍钢则分别达到 130 人、301 人和 285 人。由此也造成企业之间分流安置职工的难度差异拉大。

（4）钢铁职工多为男性

近年来，尽管钢铁企业大都进行了机械化和自动化改造，但相较其他制造业，钢铁产业一线操作人员的劳动强度较大，这也使得钢铁产业工人以男性为主。在调研企业中，分流人员中男性比例达到 71%，女性比例为 29%。通常男性都是家庭中的主要经济支柱，男性失业造成一人失业全家生活困难，这对家庭和社会的和谐稳定影响极大。

（5）需安置的钢铁职工年龄偏大

此次安置职工年龄偏大。工龄超过 20 年、40~50 岁的人员，因年龄偏大，工作技能单一，转岗再就业能力差，如果不能妥善安置，容易滋生社会问题，亟须地方政府提供大量的公益性岗位进行托底安置。在调研企业中，在分流安置男性职工中，50 岁以上占比 48%，35~50 岁占比 37%，20~35 岁占比 14%；女性职工中，40 岁以上占比 52%，30~40 岁占比 41%，20~30 岁占比 7%。

（6）内退、内部转岗和解除合同是最主要的分流安置方式

根据调研数据，内退、内部转岗和解除合同是分流安置职工最主

要的方式，分别占全部分流人员的 30.6%、25.3% 和 24.6%，三者合计占比为 82%；其他方式中，杭钢和山东钢铁将部分职工安置到地方国企，太钢和杭钢、陕钢有部分职工自主创业，山东钢铁还有部分职工转岗到公益岗位，杭钢和陕钢有部分职工提前退休。今后，钢铁企业和地方政府在促进职工转岗就业创业、运用公益性岗位托底帮扶等方面仍需要加大力度。

（7）企业所有制不同，安置职工难度不同

在钢铁行业中，既有国有及国有控股企业，也有民营企业（合资企业）。国有企业和民营企业的钢产量各占一半。不同所有制企业间就业形势分化明显。民营企业就业机制灵活性和适应性较强，就业观念开放，能进能出，分流职工转岗就业的积极性、主动性较高，容易解除劳动就业合同。反观国有企业，就业观念保守，依附观念固化，能进不能出，安置职工难度较大。

更值得关注的是，一些社会负担重的老国企，一方面去产能任务较重，另一方面近年来陷入经营困境，甚至出现连续亏损、欠薪、欠缴社保费的情况，更是让职工安置难度上升。

2. 企业分流安置职工难点

通过实地调研和问卷调查，当前钢铁企业在去产能分流安置职工中遇到的主要困难（见表 7－12）集中在以下几个方面：国企负担重、分流安置资金缺口大、再就业渠道少且空间小、内退职工奖补资金标准不一且适用范围窄、政府相关政策亟待落实。

表 7－12　当前钢铁产业分流安置职工难点

项　　目	主要内容
国企负担重	♦ "企业办社会"，社会责任和企业负担重 ♦ 企业人员多，员工结构不合理，老龄化严重 ♦ 引进人才困难，高端人才流失严重 ♦ 厂办大集体改革、"三供一业"移交、离退休人员统筹外费用、棚户区改造等历史遗留问题较多，处理难度非常大，每年都要耗费大量的精力和财力，严重制约企业的改革发展

续表

项　目	主要内容
资金缺口大	◆ 在化解过剩产能工作任务较重的企业中，涉及分流安置的职工人数多，资金缺口大，给职工安置工作带来很大难度 ◆ 在中小城市或经济欠发达地区，去产能后土地大量闲置，急需盘活利用 ◆ 下半年关停的生产线，到年底时，若分流人员未全部完成安置，会对安置任务和资金使用等指标造成影响
再就业渠道少、空间小	◆ 直接关停产能的职工需要安置，与之相配套的相关产业也有职工需要安置，总体上人员安置体量大、支持人员安置工作的内部岗位少 ◆ 在中小城市或经济欠发达地区，地区就业岗位有限，职工社会再就业的空间较小，员工自谋职业方向性不强，适应社会能力相对较差，企业分流安置疏导工作任务重 ◆ 在中小城市或经济欠发达地区，分流人员再就业渠道少，有些需要异地再就业，造成就业成本高、压力大 ◆ 有些职工夫妻双方以及三代人同在一个企业工作，分流安置可能造成社会不稳定和家庭生活困难 ◆ 去产能职工安置受地域、人员思想、生活习惯等影响，整体划拨安置不现实，给安置工作造成一定困难
内退职工奖补资金标准不一、适用范围窄	根据《国务院关于印发完善城镇社会保障体系试点方案的通知》，"距离法定退休年龄不足 5 年或工龄已满 30 年、实现再就业有困难的下岗职工，可以实行企业内部退养" ◆ 目前国家在给予去产能、"僵尸"、特困企业补助资金时，只对距法定退休年龄不足 5 年的内退职工有关费用予以政策支持；对工龄满 30 年内退职工有关费用不予政策支持 ◆ 有的企业根据企业实际情况，允许因大病重病或工伤，完全或部分丧失劳动能力的职工离岗退养；允许工龄满 30 年（女满 25 年），且距法定退休年龄 10 年以内的员工离岗退养，但这些员工均无法直接使用奖补资金
政府相关政策亟待落实	◆ 人社部发〔2016〕32 号规定：长期停产职工，开展转岗培训或技能提升培训，按规定给予职业培训补贴，但目前一些省份未出台相应的实施办法 ◆ 各地政府应制定有针对性的再就业帮扶计划，免费提供就业指导、职业介绍、政策咨询等服务；对创办个体工商户、符合相关条件的，可依法享受税费减免政策。但目前一些地方政府未出台具体政策

第三节　国家和地方政策汇总及评估

为适应国际金融危机发生后综合国力竞争的新形势，引领我国经济发展的新常态，党中央做出了着力推动供给侧结构性改革的战略决策，将去产能作为结构性改革的首要任务。钢铁行业是国民经济的重要基础原材料产业，对我国经济社会发展具有重要支撑作用。近年来，随着经济下行压力增大，市场需求回落，钢铁行业快速发展过程中积累的结构性矛盾逐渐显现，特别是产能过剩问题尤为突出。以化解过剩产能为突破口，推动钢铁行业供给侧结构性改革，实现行业结构优化、脱困升级、提质增效，对钢铁行业健康发展具有重要意义。

一　化解过剩产能总体部署

2016 年 2 月 1 日，国务院下发《关于钢铁行业化解过剩产能实现脱困发展的意见》（国发〔2016〕6 号），对化解钢铁过剩产能工作做出了总体部署，从 2016 年开始，用 5 年时间压减粗钢产能 1 亿~1.5 亿吨，见表 7 - 13。

表 7 - 13　国家关于钢铁行业化解过剩产能相关政策的梳理

时　间	会议/政策文件	主要内容
2015/12	中央经济工作会议	• 要按照企业主体、政府推动、市场引导、依法处置的办法，研究制定全面配套的政策体系，因地制宜、分类有序处置，妥善处理保持社会稳定和推进结构性改革的关系 • 要依法为实施市场化破产程序创造条件，加快破产清算案件审理。要提出和落实财税支持、不良资产处置、失业人员再就业和生活保障以及专项奖补等政策，资本市场要配合企业兼并重组 • 要尽可能多兼并重组、少破产清算，做好职工安置工作。要严格控制增量，防止新的产能过剩

时　间	会议/政策文件	主要内容
2016/1	钢铁煤炭行业化解过剩产能、实现脱困发展工作座谈会	• 化解过剩产能要继续坚持以壮士断腕的精神，与深化改革、企业重组、优化升级相结合，严控新增产能，淘汰落后产能，优化存量产能，开拓产能利用空间，创造新的就业空间 • 化解过剩产能要坚持"市场倒逼、企业主体、地方组织、中央支持、综合施策"，因地制宜运用差别化手段，打出政策"组合拳"，加大财税支持，加强金融扶持，妥善安置职工，加强监督考核
2016/1	国务院常务会议	• 坚持用法制和市场化手段，化解钢铁、煤炭行业过剩产能 • 引导企业通过兼并重组、转型转产、搬迁改造等主动退出产能，在近几年淘汰落后钢铁产能9000多万吨的基础上，再压减粗钢产能1亿~1.5亿吨；较大幅度压缩煤炭产能 • 严格控制新增产能，严格督查落实国家2013年有关停止备案新增产能钢铁项目的决定。原则上停止审批新建煤矿、新增产能的技改和产能核增项目 • 设立工业企业结构调整专项奖补资金，按规定对地方化解过剩产能中的人员分流安置给予奖补
2016/2	《关于钢铁行业化解过剩产能实现脱困发展的意见》（国发〔2016〕6号）	明确工作目标：从2016年开始，用5年时间再压减粗钢产能1亿~1.5亿吨，产业结构得到优化，产能利用率趋于合理，产品质量和高端产品供给能力显著提升。并就产能退出、职工安置、金融支持、资产重估、结构转型和推动行业升级等方面提出要求
2016/4	《关于支持钢铁煤炭行业化解过剩产能实现脱困发展的意见》（国土资规〔2016〕3号）	对钢铁、煤炭行业新建项目、新增产能的技术改造项目和产能核增项目，一律不予受理用地预审。对未按国家规定核准、备案的产能严重过剩行业新增产能项目，不得安排建设用地计划，不得通过农用地转用和土地征收审查，不得办理供地手续。同时加大对钢铁煤炭行业违法违规用地采矿行为的查处力度
2016/4	《关于化解钢铁行业过剩产能实现脱困发展的意见》（国质检监〔2016〕193号）	• 发挥标准约束和引导作用，助推结构性过剩产能化解 • 对生产许可获证企业开展全面检查 • 优化生产许可审批程序，支持减量化兼并重组 • 严格生产许可审批，严控新增产能 • 加强质量违法查处工作 • 分类施策，帮扶企业脱困 • 开展进口铁矿石中有害物质监测

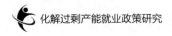
时　间	会议/政策文件	主要内容
2016/4	《关于在化解钢铁煤炭行业过剩产能实现脱困发展过程中做好职工安置工作的意见》（人社部发〔2016〕32号）	做好钢铁、煤炭行业化解过剩产能、实现脱困发展中的职工安置工作，坚持企业主体、地方组织、依法依规，更多运用市场办法，因地制宜、分类有序、积极稳妥地做好职工安置工作，维护好职工和企业双方的合法权益，促进失业人员平稳转岗就业，兜牢民生底线，为推进结构性改革营造和谐稳定的社会环境
2016/4	《关于支持钢铁煤炭行业化解过剩产能实现脱困发展的意见》（银发〔2016〕118号）	• 坚持区别对待、有扶有控原则，积极做好"去产能"信贷服务 • 加强直接融资市场建设，支持钢铁、煤炭企业去杠杆、降成本 • 支持企业债务重组和兼并重组，推动钢铁、煤炭结构调整优化 • 进一步提高就业创业金融服务水平，支持钢铁、煤炭行业去产能分流人员就业创业 • 支持钢铁、煤炭扩大出口，推动钢铁、煤炭企业加快"走出去" • 支持银行加快不良资产处置，依法处置企业信用违约事件 • 加强沟通协调配合，有效防范钢铁、煤炭行业金融风险
2016/4	《关于支持钢铁煤炭行业化解过剩产能实现脱困发展的意见》（安监管四〔2016〕38号）	• 全面排查，摸清钢铁企业安全生产状况 • 停止新增产能煤矿的安全设施设计审查和产能核增工作 • 重新确定煤矿生产能力 • 加强执法，明确钢铁企业整改要求 • 加大煤矿安全监督执法力度 • 做好煤矿节假日停产和恢复生产的安全工作
2016/4	《关于积极发挥环境保护作用促进供给侧结构性改革的指导意见》（环大气〔2016〕45号）	从强化约束、严格准入、深化治理、创新驱动等四个方面，提出环境保护促进供给侧结构性改革的总体思路，重点部署推进去除落后和过剩产能、促进提高新增产能质量、推动环保产业发展、完善政策支持等四个方面共18项具体工作任务，并提出具体落实措施和要求
2016/4	《关于支持钢铁煤炭行业化解过剩产能实现脱困发展的意见》（环大气〔2016〕47号）	严格建设项目环境准入；彻底清理违法违规建设项目；全面调查钢铁、煤炭行业环境保护情况；督促企业实现全面达标排放；严格依法征收排污费；认真做好钢铁企业场地再开发利用环境安全管理；严格环保执法；加强部门联动；加大环境信息公开力度

时 间	会议/政策文件	主要内容
2016/5	《关于化解钢铁煤炭行业过剩产能实现脱困发展的意见》（财建〔2016〕151号）	<li>安排专项奖补资金支持化解过剩产能</li><li>继续实施钢铁煤炭行业有关税收政策</li><li>落实好对钢铁煤炭企业重组、破产等的财税会计支持政策</li><li>钢铁煤炭国有企业"三供一业"分离移交和厂办大集体改革等可享受相应的政策支持</li><li>落实好钢铁煤炭企业化解过剩产能金融政策</li><li>鼓励煤层气开发利用</li>
2016/5	《工业企业结构调整专项奖补资金管理办法》（财建〔2016〕253号）	明确中央财政设立工业企业结构调整专项奖补资金，对地方和中央企业化解钢铁、煤炭行业过剩产能工作给予奖补，鼓励地方政府、企业和银行及其他债权人综合运用兼并重组、债务重组和破产清算等方式，实现市场出清。专项奖补资金由地方政府和中央企业统筹用于符合要求的职工分流安置工作
2016/6	《关于实施化解过剩产能企业职工特别职业培训计划的通知》（人社部发〔2016〕52号）	2016~2020年，利用5年左右时间，结合地方政府化解过剩产能工作的总体安排，组织化解过剩产能中企业失业人员和转岗职工参加培训，探索职工培训新模式，完善政策措施和培训服务体系，力争使有培训愿望和需求的企业失业人员和转岗职工都能接受一次相应的政府补贴性职业培训
2016/6	《关于加强工业企业结构调整专项奖补资金使用管理的通知》（财建〔2016〕321号）	中央财政设立工业企业结构调整专项奖补资金，用于支持地方化解钢铁、煤炭行业过剩产能过程中的职工分流安置。近期，国务院领导对这项资金使用管理做出了明确批示，要求必须用到政策既定的范围，完善机制设计，防止虚报冒领
2016/8	国家发改委严格执行"僵尸企业"退市制度	<li>积极化解和转移过剩产能。督促地方严格执行钢铁、煤炭等行业去产能目标政策</li><li>严格执行"僵尸企业"退市制度。坚持以市场化方式大力推动过剩产能退出</li><li>兼并重组。加快市场出清步伐，积极引导社会资本向优质企业集聚和流转</li>
2016/11	《关于开展东北等困难地区就业援助工作的通知》（人社部发〔2016〕106号）	整合社会资源，动员系统力量，缓解东北等困难地区就业压力。以去产能任务重、停产职工多、失业风险上升的就业困难城市和企业为重点，以帮扶去产能中失业人员、停产停工企业职工、高校毕业生等重点群体就业为目标，发挥部门职能优势，动员群团组织力量，搭建政企合作平台，多措并举，促进重点群体就业创业，稳定东北等困难地区就业局势

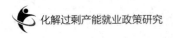

时 间	会议/政策文件	主要内容
2017/3	《关于做好2017年化解钢铁煤炭行业过剩产能中职工安置工作的通知》（人社部发〔2017〕24号）	2017年职工安置工作对象重点包括：2017年去产能任务涉及的分流职工、2016年列入计划但尚未完成分流安置的职工、分流安置后仍处于失业状态的人员。各地要结合实际，抓紧制定职工安置总体计划、进度安排和任务分工，推动相关地区和企业稳步实施，确保分流职工就业有出路、生活有保障，确保不发生因职工安置引发的规模性失业和重大群体性事件
2017/4	《关于做好2017年钢铁煤炭行业化解过剩产能实现脱困发展工作的意见》（发改运行〔2017〕691号）	深入细致做好职工安置和社会稳定工作。继续将职工安置作为重中之重，工作措施要深入细致到位，确保职工有安置、社会可承受、民生有保障。进一步摸清涉及职工底数，指导企业依法依规制定和落实职工安置方案。支持企业多渠道分流安置职工，挖掘内部转岗分流潜力，落实好稳岗补贴政策。加强对失业人员再就业帮扶，强化职业培训、就业服务和政策扶持，做好社会保障衔接。加大对困难人员援助力度，重点加强对"4050"人员帮扶，解决好零就业家庭问题，帮助特困地区和特困群众解决生活困难，发挥好社会保障和生活救助的托底作用，确保没有能力再就业人员基本生活

资料来源：政府部门网站。

2016年2月19日，国家发展改革委、工信部、国务院国资委联合召开化解钢铁过剩产能工作电视电话会议，对化解钢铁过剩产能工作进行了全面具体部署。

2016年3月2日，国家发展改革委、工信部联合下发《关于做好钢铁煤炭行业化解过剩产能实现脱困发展意见贯彻落实工作的通知》，明确按年度分解落实到各有关省级人民政府和国务院国资委。经与国家发展改革委、工信部对接，全国27个省级产钢地区（含新疆生产建设兵团）、国务院国资委化解钢铁过剩产能实施方案上报国务院，并签订目标责任书。

2016年3月25日，国务院办公厅批准建立由国家发展改革委牵头，工信部、财政部、人力资源和社会保障部、国资委以及中国钢铁工业协会等部门和单位参加的部际联席会议，综合协调和统筹推进各项工作。部际联席会议决定，由发展改革委和工信部组建钢铁去产能工作专班，负责日常工作。按照要求，各省级人民政府、国务院国资委作为本地区有关中央企业化解钢铁过剩产能工作的责任主体，成立了工作领导小组，组织实施本地区或本部门的去产能工作。

二　相关配套政策支持

2016 年 3～5 月，财政部、银监会、人民银行、国家税务总局、人力资源社会保障部、国土资源部、环境保护部、国家质检总局、国家安监总局等部门，相继制定了奖补资金、财税、金融、职工安置、国土、环保、质量、安全等 8 个专项配套文件，为去产能顺利实施提供政策保障。

地方关于钢铁行业化解过剩产能指导意见的梳理见表 7 - 14。

表 7 - 14　地方关于钢铁行业化解过剩产能指导意见的梳理

省市	"十三五"压减炼钢产能目标（万吨）	各省份去产能指导意见	2016 年完成情况
重 庆	494	运用市场机制、经济手段和法治办法，积极稳妥处置"僵尸企业"和空壳公司，严格执行能耗、环保、安全和质量技术标准，疏堵结合，严控过剩产能	超额提前完成
河 北	4913	到"十三五"末，钢铁产能控制在 2 亿吨左右。推动钢铁产业高端化。拓展钢铁行业发展空间。加快唐山国丰、冀南钢铁重组搬迁等项目进度。处置"僵尸企业"，通过兼并重组、债务重组乃至破产清算，实现市场出清。年内压减炼铁产能 1000 万吨、炼钢 800 万吨。出台宣钢整体退出方案，张家口、保定、廊坊钢铁产能全部退出，秦皇岛、承德原则上按照 50% 的比例退出	
安 徽	700	围绕"做优增量、调整存量"双重任务，按照"5 年规划、前 3 年攻坚"工作要求，通过主动压减、转型转产、搬迁改造等途径，分类指导马钢等重点企业压减过剩产能，实现产品升级、扭亏增盈。依法依规处置"僵尸企业"，加快市场出清。力争 2018 年底，全面完成压减粗钢产能 506 万吨的目标任务，确保到 2020 年，钢铁行业转型升级取得明显成效。	
江 苏	1750	到 2018 年底，煤炭、钢铁等行业实现经营性亏损额显著下降，初步确定，压减煤炭产能 700 万吨、钢铁（粗钢）产能 1225 万吨，实现"僵尸企业"基本出清，其中 2016 年压减煤炭产能 600 万吨、钢铁（粗钢）产能 400 万吨。到 2020 年底，完成"十三五"压减产能目标，产能利用率明显提升，传统行业退出一批低端低效产能	

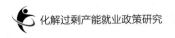

续表

省市	"十三五"压减炼钢产能目标（万吨）	各省份去产能指导意见	2016 年完成情况
山　西	655	化解钢铁行业过剩产能，促进产业优化升级。精准帮扶企业，降低企业综合成本，减轻企业负担。积极稳妥处置"僵尸企业"	
吉　林	108	针对钢铁、水泥、煤炭等行业产能过剩实际，切实做好去产能各项工作。对资不抵债、长期亏损、扭亏无望的"僵尸企业"，做好市场出清工作	提前完成
青　海	50	"僵尸企业"实现分类妥善处置。完成 50 万吨钢铁、276 万吨煤炭压减目标。淘汰各类落后产能 225 万吨	
黑龙江	610	结合省情化解有关领域产能过剩，淘汰"僵尸企业"。严格控制新增产能；加大落后产能的执法力度；引导企业主动退出过剩产能、低效产能；做好职工安置；妥善处理钢铁企业债务；加快推进产业升级；建立市场化调节产能过剩的长效机制	提前完成
浙　江	303	到 2020 年，所有燃煤电厂、钢铁、水泥、玻璃、热电等行业完成超低排放或清洁排放技术改造。对"僵尸企业"通过兼并重组、债务重组乃至破产清算实现市场出清。继续关停落后产能、整治"低小散"。制定实施企业减负三年行动计划，降低实体经济企业成本	超额提前完成
辽　宁	602	钢铁行业规模已达到饱和状态，但必须顶住压力向前冲，必须要有壮士断腕的魄力。抓好供给侧结构性改革要既做减法又做加法，减少无效和低端供给，做大有效和中高端供给，使供给和需求协同促进经济发展	超额提前完成
山　东	1500	下决心推动钢铁、煤炭、水泥、有色、船舶、玻璃、轮胎、地炼等行业去产能。对丧失自我修复能力的企业，通过兼并重组、债务重组、破产清算等方式，实现市场出清。妥善安置产能过剩行业失业人员。鼓励企业多渠道筹资，增加资本金，减少银行贷款比重，降低债务率	
河　南	240	以延链补链、降本增效、兼并重组为主攻方向推进能源原材料工业转型发展。支持钢铁、电解铝等产业延伸补强精深加工产业链，扩大高附加值产品规模。推动煤炭、化工、建材等产业加强成本管控，加大兼并重组力度，减亏扭亏，提高效益	超额提前完成

省市	"十三五"压减炼钢产能目标（万吨）	各省份去产能指导意见	2016 年完成情况
湖　北	299	化解过剩产能，要加快推进"僵尸企业"重组整合或退出市场。充分认清形势，各地钢铁企业要严格执行环保、能耗、质量、安全、技术等法律法规和产业政策，达不到标准要求的钢铁产能要依法依规退出；各地各企业要积极担当作为，争取主动，要用好工业企业结构调整专项奖补资金，按规定对地方化解过剩产能中的人员进行分流安置	超额提前完成
广　东	350	采取技术改造、兼并重组、债务重组和破产清算等方式，积极稳妥化解过剩产能。加快宝钢湛江钢铁基地建设；坚决遏制新增产能；妥善处理违规建设项目；坚决淘汰落后产能，有序推进城市钢厂环保搬迁；优化产品结构	
四　川	420	将推动钢铁、建材、化工等传统产业改造升级，淘汰 100 户以上企业落后产能。采取兼并重组、消化淘汰、对外转移、管控增量等方式，化解钢铁、煤炭、平板玻璃等行业过剩产能。积极稳妥、分类有序处置"僵尸企业"，尽可能多兼并重组、少破产清算，同步做好职工安置工作	提前完成
贵　州	220	淘汰落后产能，单位生产总值能耗下降19%	超额提前完成
云　南	453	通过兼并重组、债务重组等方式积极稳妥处置"僵尸企业"，激发传统优势企业活力。	
陕　西	70	为遏制生产和利润下滑势头，全力打好"去产能"歼灭战。重点开发陕北和彬长煤矿，逐步关停渭北老矿区。坚决淘汰"僵尸企业"、高污染企业和产能过剩领域无竞争力企业，妥善安置分流人员	提前完成
甘　肃	174	制定去产能实施方案，因企制宜推动产能过剩行业产业重组，对不符合国家能耗、环保、质量、安全等标准和长期亏损的产能过剩行业企业，支持其技改或实行并转重组；对持续亏损三年以上且不符合结构调整方向的企业，采取资产重组、产权转让、关闭破产等方式予以"出清"，清理处置"僵尸企业"	

续表

省市	"十三五"压减炼钢产能目标（万吨）	各省份去产能指导意见	2016年完成情况
内蒙古	67	内蒙古坚决有力化解过剩产能，对资不抵债、连年亏损、扭亏无望的"僵尸企业"，加快兼并重组或依法破产清算，退出市场	
广 西	185	实施企业重组、"僵尸企业"处置方案，加大力度淘汰落后产能，严格控制增量，防止新的产能过剩	超额提前完成
福 建	445	严格环保、能耗、技术标准，引导资不抵债、扭亏无望的"僵尸企业"兼并重组、破产清算	超额提前完成
新 疆	350	加快钢铁、有色、化工、建材、轻工等传统产业转型升级，发展新能源、新材料、先进装备制造生物医药等战略性新兴产业	
天 津	690	支持企业市场化、法制化债转股，加大股权融资力度。国企改革以推进混改为突破口，在清理"僵尸企业"、股权多元、转型升级、提质增效上下功夫	
湖 南	50	各地区各部门不得以任何名义、任何方式备案新增产能的钢铁项目；达不到标准要求的钢铁产能要依法依规退出、坚决关停；鼓励企业通过主动压减、兼并重组、转型转产、国际产能合作等途径，退出部分钢铁产能	提前完成
江 西	433	加强财政资金引导，重点支持解决职工安置、企业转产、债务处理等问题；对化解产能过剩工作任务较重且完成任务较好的地区和企业，在技术改造资金、节能减排资金等专项资金安排上给予倾斜	提前完成

资料来源：各地方政府网站。

三　相关政策评估

　　自2016年2月国务院下发《关于钢铁行业化解过剩产能实现脱困发展的意见》，对化解钢铁过剩产能工作做出了总体部署之后，中央各相关部门和地方政府都相继制定了目标实施方案和多项配套政策（见表7-15），有力地推进化解过剩产能工作进度。

1. 多管齐下化解过剩产能

表 7 - 15　化解过剩产能行动政策体系

发布部门	涉及领域	主要内容
国务院、国家发改委	总体部署	明确化解过剩产能目标，并按年度分解落实到各有关省级人民政府和国务院国资委
财政部、国家税务总局	财税、奖补资金	• 安排专项奖补资金支持化解过剩产能 • 钢铁企业重组、破产等可按规定享受税收优惠政策 • 钢铁企业重组、破产等可按规定享受退出土地出让收入政策
中国人民银行、银监会、证监会、保监会	金融	• 严格控制对违规新增产能的信贷投入 • 积极稳妥推进企业债务重组 • 促进银行加快不良贷款处置 • 加大创业担保贷款支持力度
人力资源和社会保障部、国家发展改革委等七部门	职工安置	• 多渠道分流安置职工，支持企业内部分流，转岗就业创业；符合条件人员可实行内部退养；运用公益性岗位托底帮扶 • 妥善处理劳动关系，企业与职工解除或终止劳动合同的，应依法支付经济补偿金，偿还拖欠职工在岗期间的工资，补缴欠缴的社会保险费 • 落实资金保障
国土资源部	国土	• 严格控制新增产能用地 • 支持盘活土地资产，退出企业土地处置；兼并重组、转产企业土地处置；关于停建项目土地处置；历史遗留建成项目用地手续；产业转移和产能置换中土地管理
环境保护部、国家发展改革委、工业和信息化部	环保	• 严格建设项目环境准入 • 彻底清理违法违规建设项目 • 严格环保执法。加速推动整改无望的钢铁、煤炭企业退出 • 强化与公安机关、检察机关和审判机关的衔接配合，加强钢铁企业严重环境违法案件移送、联合调查、信息共享和惩戒 • 做好钢铁企业场地再开发利用环境安全管理
国家安全监管总局、国家煤矿安监局	安全	加强钢铁企业安全执法

2. 以市场化和法治化手段去产能

此次去产能的方式包括"强制淘汰，即运用法治手段"，以及"引导淘汰，即运用市场手段"。前者通过《环保法》等一系列法律法规，以及安全生产、能源利用、技术方式等行业文件来限定，严格执行环保、能耗、质量、安全、技术等法律法规和产业政策，达不到标准要求的钢铁产能要依法依规退出。后者则通过完善激励政策，鼓励企业主动压减、兼并重组、转型转产、搬迁改造、国际产能合作等途径，退出部分钢铁产能。

首先，对环保、能耗、安全等不达标，生产不合格或淘汰类产品的企业和产能，坚决依法依规处置或关停；落实差别水、电价格和严控新增授信等措施，推动企业淘汰落后产能；改造和提升传统产能，提高环保、质量、安全等标准和工艺水平，对仍在使用落后设备和工艺的企业不批新增用地，不办理生产、排污等许可。

其次，支持企业加快兼并重组，提高产业集中度。

最后，对违反国务院及有关部门明令，在产能过剩领域新上项目、新增产能或淘汰产能死灰复燃的，国务院有关部门派出调查组深入了解、严肃追责，严厉打击违法违规钢铁项目建设行为；对企业偷排偷放、超标排放，要依法按日计罚、限产停产、查封扣押；对不达标和淘汰落后产能不力的企业向社会公开，实施信用约束和惩戒。

3. 去产能督查和专项行动到位

为加快推进化解产能过剩工作，落实部门责任，形成有效合力，确保完成 2016 年去产能各项目标任务，按照部际联席会议要求，由相关部门去产能督查，实地核查去产能工作进展情况。

相关部门组织开展了违法违规建设项目清理，淘汰落后，以及环保、安全、质量、用地、能耗联合执法等专项行动。对违法违规建设项目、淘汰落后产能不力，以及环保、安全、质量、用地、能耗违法或不达标等进行查处，同时，就去产能进展和专项行动向社会公示，建立举报制度，接受社会监督。坚持违法必究，发现一起，查处一起，对违法企业进行处罚，并对各级地方政府及相关主管部门负责人进行问责。化解过剩产能专项行动方案的主要内容见表 7 - 16。

表 7 - 16　化解过剩产能专项行动方案的主要内容

时间	发布单位	文件名称及文号	主要内容
违法违规建设项目清理			
2016/4	国家发展改革委、工业和信息化部、国家能源局	关于印发钢铁煤炭行业违法违规建设项目清理专项行动实施方案的通知（发改能源〔2016〕921号）	开展钢铁行业违法违规建设项目清理专项行动，严厉打击违法违规钢铁项目建设行为
淘汰落后			
2016/5	工信部、国家发展改革委、国家能源局、国家煤矿安监局	关于印发钢铁煤炭行业淘汰落后产能专项行动实施方案的通知（工信部联产业〔2016〕167号）	实施钢铁行业淘汰落后产能专项行动实施方案，立即停并拆除400立方米及以下炼铁高炉（符合《铸造用生铁企业认定规范条件》的铸造高炉除外）、30吨及以下炼钢转炉（铁合金转炉除外）、30吨及以下炼钢电炉（特钢电炉除外）等落后生产设备
联合执法			
2016/5	环境保护部	关于开展重点行业环境保护专项执法检查的通知（环办环监函〔2016〕901号）	对钢铁等重点行业开展环境保护专项执法检查，加强环境监管执法
2016/5	国家安全监管总局、国家煤矿安监局	关于推动钢铁煤炭行业化解过剩产能开展安全生产执法专项行动的通知（安监总厅煤厅〔2016〕55号）	严格安全生产准入，严格监管监察执法，倒逼钢铁煤炭行业过剩产能依法加快退出
2016/4	国家质检总局	关于加强钢铁和水泥产品生产许可获证企业监督检查推动化解过剩产能有关工作的通知（质检监函〔2016〕49号）	对钢铁生产企业开展全面检查、产品监督抽查和检验，淘汰一批产品质量不合格、不能持续保持生产许可获证条件的企业，清查一批无证生产企业，推动一批产能退出
2016/6	工业和信息化部、国家发展和改革委员会	关于开展钢铁行业能耗专项检查的通知（工信厅联节函〔2016〕386号）	开展钢铁行业能耗执法专项行动，全面调查全国钢铁企业能耗情况，对钢铁行业强制性能耗限额标准执行情况进行专项监察
2016/6	国土资源部	关于开展钢铁煤炭行业国土执法专项行动的通知（国土资厅函〔2016〕961号）	在全国范围内开展钢铁行业国土执法专项行动，督促地方对钢铁行业建设项目在土地和矿产资源勘查开发方面存在的违法违规问题依法进行查处

资料来源：政府部门网站。

4. 将职工安置作为化解过剩产能工作的重中之重

《关于钢铁行业化解过剩产能实现脱困发展的意见》明确提出要把职工安置作为化解过剩产能工作的重中之重，通过企业主体作用与社会保障相结合，多措并举做好职工安置。《工业企业结构调整专项奖补资金管理办法》明确中央出资 1000 亿元，强调"主要用于职工分流安置工作"。

《关于在化解钢铁煤炭行业过剩产能实现脱困发展过程中做好职工安置工作的意见》要求各地做好化解过剩产能、实现脱困发展中的职工安置工作。总体要求：坚持企业主体、地方组织、依法依规；运用市场办法，因地制宜、分类有序；促进失业人员平稳转岗就业。多渠道分流安置：支持企业内部分流；促进转岗就业创业；符合条件人员可实行内部退养；运用公益性岗位托底帮扶。妥善处理劳动关系：实施兼并重组吸纳原企业职工，继续履行原劳动合同；破产、关闭或解散等企业，与职工依法终止劳动合同；依法支付经济补偿金，偿还拖欠工资，补缴社保费；使用劳务派遣工的，妥善处理好三方权利义务。加强社会保障衔接：符合领取失业金条件的发放失业保险金；符合低保条件的纳入最低生活保障范围；重新就业的为其办理社保接续转移手续；未就业人员可按灵活就业人员身份参保；妥善解决工伤人员的待遇问题。

《关于实施化解过剩产能企业职工特别职业培训计划的通知》要求从2016 年至 2020 年，利用 5 年左右时间，组织化解过剩产能中企业失业人员和转岗职工参加培训，力争使有培训愿望和需求的企业失业人员和转岗职工都能接受一次相应的政府补贴性职业培训。《关于开展东北等困难地区就业援助工作的通知》决定自 2016 年第 4 季度至 2017 年底，在东北等去产能任务重、停产职工多的地区开展 11 项专项帮扶活动，通过拓宽门路、援助脱困等帮扶措施，促进重点群体就业创业。

总体上，2016～2017 年，化解钢铁煤炭行业过剩产能中的职工安置工作总体平稳有序，为改革发展营造了和谐稳定的社会环境，确保了分流职工就业有出路、生活有保障，确保不发生因职工安置引发的规模性失业和重大群体性事件。

第四节　典型钢铁企业分流安置职工
经验做法及总结

一　武钢

中央推进供给侧结构性改革，钢铁行业去产能，武钢以此为契机，推进人力资源优化。武钢实施人力资源优化的目标是：战危机、保生存、促转型，全力以赴打赢扭亏增效攻坚战。武钢工会围绕中心主动作为，切实保障企业人力资源优化中职工合法权益。武钢人力资源优化工作的鲜明特点是，让每一位有工作意愿的职工有岗位。

1. 主要做法

（1）直面问题，统筹推进

通过对标，武钢明确了人力资源优化的空间，并找到三个方面的问题：一是部分单位人员配置较为富余，工作量不饱满，劳动效率低下，现有人力资源没有得到充分利用，还大量使用劳务用工，造成人工成本居高不下；二是人员结构不尽合理，管理、技术人员比例较高，达20%以上（国内同行业先进企业一般为18%左右），个别专业现有人员配备远远超出国家规定标准，造成了大量的人力物力浪费；三是武钢市场化用工机制不够健全，存在员工技术技能单一、岗位人员流动少、岗位人员竞争意识与市场意识淡薄等现象。

面对问题，武钢制定了详细的用工改革方案，主要工作分为三项：一是要求各单位充分发挥现有人力资源优势，组织业务回归工作，逐步清退劳务人员，真正做到"自己的活自己干"，最大限度地减少劳务用工数量；二是武钢要求各单位根据所属行业特点，寻找先进标杆企业，组织开展对标，全面梳理本单位工作任务和职责范围，优化业务流程，合理设置岗位，加强人员培训，配好岗位人员，力争用3年时间逐步达到人岗匹配；三是通过内部新项目新增业务使用调剂人员、拓展社会业务融入地方经济建设、加大业务回归力度等方式，拓宽富余人员安置渠道。

（2）广开渠道，稳步实施

武钢人力资源优化指导思想是："加大业务回归力度，提高劳动生产率，加强人员交流输送，融入地方经济建设"；工作原则是：总体设计、局部试点、分步实施、阳光操作、平稳推进。武钢提出："一企一策""一人一策"。同时，绝不允许搞"一刀切"；绝不允许有工作意愿的职工没工作。

武钢集团联手武汉市提出"六个一批"扶持措施：摸清情况适时建档帮扶一批困难职工，搭建平台介绍上岗一批离岗人员，小额贷款创业扶持一批职工，技能培训帮扶上岗一批职工，支持"双创"孵化创业一批职工，协调政策支持一批职工。

武钢制定了富余职工都有合适选项的9条分流安置渠道，包括：实现业务回归、协调内部转岗、离岗待退休、加快多元产业发展、融入地方经济建设、支持大众创业、办理提前退休、实施女工长假和解除劳动关系。

（3）武钢工会全过程参与人力资源优化工作

超前调研，精细引导，共担维护职工思想稳定的责任。武钢工会充分了解职工思想状况，让职工能说话、想说话，给职工充分的话语权。同时，武钢工会组织开展以"战危机、保生存、促转型"为主题的形势任务教育，引导职工理解支持、参与改革、坚定信心、共谋发展。为了更加透明公开，武钢各基层工会与职工一对一、面对面征求意见，帮助分析每名富余职工具体情况，确保每名职工都有合适安置方式，特别兼顾弱势群体和困难职工实际困难。

源头参与，精心维权，共担保障职工合法权益的责任。武钢工会认真落实以职工代表大会为基本形式的民主管理制度，确保职工的知情权、参与权、决定权和监督权；落实好职工的劳动经济权。武钢工会主动参与成立武钢人力资源服务中心，中心的职能是搭建人力资源交流与服务平台，协调政府部门和有关机构帮助职工就业创业；收集已办理离岗手续和申请转岗创业的职工信息及工作意向；收集各类岗位信息并及时公开发布，组织协调转岗创业工作。2016年3月，武钢工会和人力资源部联合武汉市总工会、武汉市人力资源和社会保障局，为武钢职工及家属举办了专场招聘会，有330多家企业提供了96个工种，共1.2万多个招聘岗位。武钢富余职工现场求职登记5098人，意向成交2017人。

精准服务，共担做好职工安置工作的责任。武钢工会充分发挥实体、网站、微信、App"四位一体"职工服务中心平台作用，助力离岗职工就业。武钢工会将人力资源优化中的生活困难职工作为困难帮扶的重点关注对象，全面开展调查摸底，准确掌握家庭情况、致困原因和帮扶需求。在职工服务中心手机App平台上，搭建"武钢精准帮扶困难职工管理系统"，按照分层分类原则，为近千名困难职工建立电子档案，做到因人施助、一户一策，确保不遗漏、不重复，实现职工随时发生困难，随时进行救助。

2. 主要经验

（1）让每一位有工作意愿的职工有岗位

武钢集团承诺：让每一位有工作意愿的职工有岗位。武钢集团联手武汉市提出"六个一批"扶持措施：摸清情况适时建档帮扶一批困难职工，搭建平台介绍上岗一批离岗人员，小额贷款创业扶持一批职工，技能培训帮扶上岗一批职工，支持"双创"孵化创业一批职工，协调政策支持一批职工等。武钢集团还制定了富余职工都有合适选项的9条分流安置渠道。

（2）做好人力资源优化的统筹规划

武钢集团明确人力资源优化指导思想，即：加大业务回归力度，提高劳动生产率，加强人员交流输送，融入地方经济建设。制定了详细的用工改革方案，一是继续推进业务回归工作，优化劳务项目和人员；二是对标先进企业，开展劳动组织定责、定岗、定编、定员、定额、定薪"六定"工作；三是大力推进人力资源开发工作，优化配置人力资源。

（3）充分发挥工会作用

面对供给侧改革的新任务，面对钢铁行业去产能的新要求，面对国有企业采取人力资源优化等改革措施、加快转型发展的新情况，国有企业工会必须改革创新，才能找准方向，找到价值所在，成为企业和职工群众信得过、靠得住、离不开的群团组织。武钢工会全过程参与人力资源优化工作，做改革的同行者，做正能量的传播者，做职工合法权益的维护者。武钢工会充分发挥桥梁纽带作用，为改革助力，为职工服务，为武钢转型发展做出新的贡献。

二 杭钢集团

为改善城市环境，2015年3月3日，浙江省政府做出2015年底全部关停杭钢集团半山钢铁基地、压减400万吨钢铁产能的决定。经过深入细致的工作，杭钢集团于2015年12月23日顺利关停半山钢铁基地400万吨产能，职工得到妥善安置，实现了和谐关停基地的预期目标。

1. 主要做法

（1）周密安排部署

明确了企业在稳定问题上的主体责任，将解决职工分流安置问题作为关停半山钢铁基地的前提和基础，确立了"依法依规，合情合理，平稳有序"的处置原则，"思想领先，分级负责，分别对待，分类处理"的处置方法，同时提出了"四步走"的工作步骤，即2015年9月，努力使干部职工的期望值回归到理性、务实的状态；10月，化解19个历史遗留问题和清退劳务派遣工；11月，出台正式职工分流安置政策，12月下旬提交职代会审议通过；12月底前完成半山钢铁基地全部关停工作。

从2015年8月24日集团新班子调整到位并启动分流工作，到2016年1月22日安置结束的150天中，集团领导层强化工作统筹，使每个时间节点有专项动员和部署，每项工作切块落实到各分管领导和二级单位，确保各项工作有条不紊地推进。

（2）科学制定政策

着力抓重点、抓难点、抓苗头，灵活运用领导示范法、典型引路法、案例释疑法、算账对比法、正面引导法、耐心开导法、真诚关心法、一对一交友法、问题化解法、重点突破法10种方法，化解矛盾和问题。

坚持"顶层设计、系统谋划、平衡各方、有序推进"工作方针，明确"尽可能货币化、市场化走人，尽可能让职工有岗位，尽可能错开时间峰值"的指导思想，制定了平衡各方、各年龄段职工都有合适选项的十余条分流安置渠道，包括集团内安置、省市属国有企业安置、服务输出、自主创业、内部退养、退出工作岗位、有期限放假、待岗等。

（3）强化优势发力

召开构建和谐企业推进转型升级动员大会，全体干部面向党旗举起右手重温入党誓词，强化责任落实，推出正激励和负激励相结合的举措，开展创先争优活动，发挥政治优势的作用。

在职工分流安置期间，集团总部搬到生产厂区的供应处设立指挥部，统一指挥、集中办公。在各二级单位工作过的集团机关部门领导和职工成立相应应急工作组，果断处置各类重大安全隐患、突发性事件和苗头性问题，及时有效控制各类事态的蔓延。设立二级单位信访办，变职工上访为领导下访。建立宣传队伍，利用内部报刊、微信公众号、座谈会等方式，发布统一权威信息，引导职工依法理性反映诉求。针对一些微信群发表的负面信息，予以正确引导。

2. 主要经验

杭钢实现半山钢铁基地和谐关停，关键在于念好了"10字经"。

- 一是"统"字经，浙江省、杭州市党委政府及有关部门和杭钢集团构建了统一领导、统一指挥、运转顺畅、高效有序的组织指挥体系；
- 二是"精"字经，全力以赴抓分流安置工作，精心准备、精心部署；
- 三是"稳"字经，通过包干化解历史遗留问题、稳定离退休职工和特殊群体等方法，及时稳住各类职工情绪；
- 四是"优"字经，几上几下优化分流方案，职工选择渠道多，不同渠道平衡性好，方案和实施过程中规范性强；
- 五是"情"字经，无情关停，有情分流，思想政治工作贯穿全过程，千方百计为职工谋实际利益；
- 六是"快"字经，第一时间处置隐患，及时化解苗头性倾向性问题；
- 七是"早"字经，牢牢把控舆论导向，早发现、早汇报、早处置；
- 八是"安"字经，加强安全管控、安全隐患处理和安全处置资产；

- 九是"新"字经，开展思想解放大讨论，推进创业创新，观念更新、思维创新；
- 十是"网"字经，筑牢思想网、筑密组织网、筑实制度网。

三 鞍钢集团攀钢成都钢钒有限公司

为应对市场下行压力，实现企业脱困转型，鞍钢集团攀钢公司结合企业实际，于2015年3月主动关停了攀钢集团成都钢钒有限公司（以下简称攀成钢）的高炉、转炉和棒线材机组，压减炼铁产能180万吨、炼钢产能170万吨、棒线材产能125万吨。攀成钢利用产能关停后的土地、厂房等存量资源，发展现代城市服务产业，打造高端无缝管精品制造基地，实施转型发展。

通过关闭不适应市场竞争的生产线、做好人员分流安置，企业实现了轻装上阵。2015年11月，攀成钢启动了以架构重建、流程再造为重点的体制机制改革，二级机构和处、科级干部职数均大幅压减，将各项业务分立整合为钢管业务、非钢业务、存续业务三大板块，加快推动企业转型。钢管业务方面，目标是油井管、管线管、锅炉石化核电管、气瓶管、机加工结构管用无缝钢管的市场占有率进入国内前三，钛合金石油管打开市场，建设国内一流高端无缝管精品制造基地。同时，积极拓展电商等新业态，成立的电商平台于2015年7月1日上线运营，发展钢铁、钒、钛、化工、冷链、物流、金融等业务，打造全产业链共生、共赢、共享的生态圈，现已成为西南最大的钢铁电商平台。非钢业务方面，积极对接成都市、青白江区的城市发展规划，依托内陆最大铁路港口，充分利用存量资源，打造"现代城市服务业和智慧制造业"新基地。存续业务方面，加快转换经营机制，通过股权多元化、经营承包、租赁经营等方式，使其走上专业化、社会化、市场化发展道路。

1. 主要做法

（1）实行竞聘上岗

对照同行业先进企业标准，将工作岗位大幅压减；坚持公开公平公正原则，实行全员"起立"、双向选择、竞聘上岗，数千名职工通过公开竞聘重新走上工作岗位。

（2）做好分流服务

成立档案核查、政策解答、办理协商一致解除合同、转岗培训等9个专业工作组，细化服务工作；开辟"一站式服务"的绿色通道，及时为协商一致解除劳动合同人员办理相关手续，发放经济补偿金；加强工作协调，妥善解决部分职工档案不全或者遗失等历史遗留问题。

（3）全力帮助再就业

攀成钢积极联系宝冶技术、青岛钢铁、成都建工等知名企业，为部分离职人员提供就业岗位；协同地方政府搭建职工再就业平台，成都市总工会、市人社局和青白江区政府先后两次组织大型现场招聘会，为职工提供应聘岗位。

2. 主要启示

（1）解放思想转变观念是先导

在压减低效产能过程中，突出"早改早脱困、早改早受益、早改早发展"的思想基调。提早释放信息，用时间换取职工的理解空间，让职工早知道、早消化，提高心理承受力。深入开展全员大讨论，各级领导干部也分别与一线职工开展讨论，理性引导职工的消极抵触情绪。通过多种形式促进干部职工进一步解放思想、转变观念，树立正确的择业理念。

（2）维护职工合法权益是前提

在分流安置职工过程中，坚持以人为本。设计职工分流安置方案时重点考虑长期低收入群体的利益，并提供多渠道安置政策，打消职工对分流安置岗位的顾虑。通过广泛征求意见建议，累计收集关于补偿金标准、特殊群体等7个方面1600余条意见建议，充分吸纳合理诉求。由于充分保证职工的知情权、选择权，没有强制性安排职工去留，而是准确把握政策引导职工竞聘上岗、自主择业，分流安置工作得到了广大职工的理解和支持。

（3）发挥基层党组织的中坚作用是保障

基层党组织在企业改革发展中具有不可替代的优势与作用。在压减低效产能过程中，攀成钢注重发挥基层党组织作用，引导一线班组、技术骨干、先进模范等群体主动作为，正面发声，正面引导，在凝聚共识，稳定队伍，强化大局意识、责任意识和担当精神等方面发挥了重要作用，保证了各项工作顺利进行。

四　马钢（合肥）钢铁公司

2013 年底，马钢（合肥）钢铁公司就已开始了转型发展、去产能工作，历时 2 年时间。2015 年 12 月，马钢（合肥）钢铁公司实现冶炼部分平稳、安全关停；2016 年 2 月，职工分流安置方案以 97.6% 的高票获职代会通过，绝大多数职工已安置到位。

1. 主要做法

（1）总体思路

马钢（合肥）钢铁公司职工分流安置工作，以维护职工合法权益为出发点，按照"依法合规、自主选择、有序推进"的总体思路，坚持依法关停与有情分流相结合，自主选择与以人为本相结合，分类安置与多渠道分流相结合，自主选择与依规操作相结合，努力实现多渠道平稳分流安置。

一是考虑到就业是民生之本，按照"先挖渠，后放水"的思路，采取了以岗位安置为主的安置渠道。合肥市政府尽最大努力挖掘出 1561 个市属国有企业就业岗位和 1110 个政府购买服务的公益性就业岗位，再加上马钢集团所属当地企业提供的 900 个就业岗位，提供的具有保障性的岗位占安置职工总数的 73%。

二是考虑"4050"以上职工、重病歇岗等群体的历史贡献和特殊情况，有针对性地制定保障性安置政策。

三是在国家鼓励"大众创业、万众创新"的大环境下，顺应发展趋势，鼓励部分职工自主创业，解决安置问题。

（2）安置原则

第一，始终坚持转型发展原则，即：依法依规；兼顾各方利益，妥善安置职工，确保社会稳定；遵循市场经济规律，有利于安全、环保可持续发展。

第二，始终坚持"无情关停、有情操作、以人为本"的原则，在依法依规的前提下，将职工利益放在第一位，尽可能为职工争政策、谋利益。

第三，始终坚持方案与国企改革改制的法律法规政策相吻合，与已经改制企业的职工相平衡，与下一步全省国企去产能政策相适应。

（3）分流渠道

• 比照提前5年退休政策，对符合条件的职工实行内部退养；

• 比照协议保留社会保险关系（代缴社会保险，发放生活费）政策，对符合条件的职工予以保障；

• 符合特殊工种提前退休条件的职工，按规定办理退休手续；

• 符合重病歇岗条件的职工，移交合肥市产投集团保障中心托管保障；

• 合肥市梳理提供一批市属国有企业就业岗位供职工选择；

• 合肥市梳理提供一批公益性岗位供职工选择；

• 马钢集团当地企业和一些后续项目安置一批职工；

• 马钢集团及其分（子）公司根据岗位和技术需求等特殊情况，招聘一批特殊人才；

• 推荐社会就业岗位，供职工选择；

• 鼓励职工自主创业，比照"大众创业、万众创新"支持政策予以扶持。

（4）分阶段、分步骤和有效实施

细致开展方案宣传。从2015年12月开始，公司完成了3座高炉、2座转炉和棒材生产线、高线生产线等停产工作，实现了公司冶炼部全面、平稳关停。关停当日，市现场工作组立即进驻，会同企业全力做好政策宣传和方案解读工作。一方面，向职工公布了分流安置方案（草案）及配套政策宣传提纲，广泛对职工进行宣传，并专门组织召开了职工分流安置方案解读培训会，对企业中层干部和骨干人员进行培训，帮助他们了解方案，做好宣传、解读工作。另一方面，先后组织召开了70余场不同层面的座谈会，宣传解读方案，收集职工诉求，共整理各类问题和诉求84条，认真进行研判和具体研究，经梳理归类，形成了38条答复意见，及时回应职工，释疑解惑，之后，又针对职工新的疑虑和质疑，整理形成了 18 条政策解读和 11 条解答意见，只要职工有疑虑，就切实宣传解释到位。同时，积极吸纳职工提出的建议，先后两次对方案进行调整和修订，最大限度地维护职工切身利益。

精心组织召开职代会。2016 年 1 月，在精心准备之后，公司二届三次职代会正式开幕。职代会首次审议职工分流安置方案，方案未能获得通过，职代会休会。对此，有关方面成立 6 个联合工作组，分别对公司 6 个下属单位开展针对性工作，通过多种形式的座谈交流、个别走访谈话，印发宣传资料等方式，深入职工代表和广大职工中做细工作，让职工充分了解当前国家去产能的总体形势和政策措施，确保"家喻户晓、人人皆知"。采取了"突出重点、整体推进"的办法。一方面，重点针对职工代表开展工作，将职工代表的思想和认识统一到国家、省、市的决策部署上来，使他们真正认清了工作大局，了解方案的优越性，认识到实施方案的紧迫性。绝大多数的职工代表联名要求职代会尽快复会，主席团全票通过职工代表的复会请求。另一方面，通过向全体职工发放分流安置方案的意见和具体选择意向，并依据调查结果重点对持反对意见的职工开展工作。最后，在方案未做调整的情况下，职代会于 2016 年 2 月顺利复会，并以高票通过方案。

分阶段、分步骤实施方案。职工分流安置经职代会同意后，有关方面采取"统一部署、分步推进、压茬进行"的办法，稳妥、有序地开展实施工作。公司职工分流安置共分为 6 个阶段进行。

- 第一阶段，由职工根据个人意愿进行选择，填报志愿；
- 第二阶段，办理内部退养和重病歇岗手续；
- 第三阶段，马钢集团当地企业和所属公司进行招聘安置；
- 第四阶段，市属国有企业进行招聘安置；
- 第五阶段，公益性岗位进行招聘安置；
- 第六阶段，办理自主创业手续。

对每个阶段的时间节点和责任单位，合肥市和马钢集团、马钢（合肥）钢铁公司都予以了明确，确保责任到位、工作到位，安置好每一名职工。通过近 50 天的工作，马钢（合肥）钢铁公司所有职工均得到了妥善安置，真正做到了不把一名职工推向社会、推向市场。

（5）积极化解矛盾

马钢（合肥）钢铁公司职工群体较为复杂，矛盾和问题较多，特别是在职工分流安置的敏感时期，除了分流安置带来的一系列问题外，一些历史遗留问题也纷纷浮出水面。为防止新的矛盾和旧的问题叠加，合肥市和马钢（合肥）钢铁公司采取了分类处理的办法：一是职工分流安置政策问题由市现场工作组负责解答、解决；二是企业历史遗留问题由马钢集团、马钢（合肥）钢铁公司牵头解答、解决；三是其他一些个案问题由市信访局牵头解答、解决。通过分类处理，对职工合理的诉求及时予以解决，对不合理的诉求进行说服教育，确保做到"件件有着落，事事有回音"。

2. 主要经验

马钢（合肥）钢铁公司职工分流安置工作之所以能够取得成功，其经验可以用三句话概括，即"依法依规是前提，以人为本是基础，宣传引导是关键"。

（1）依法依规是前提

只有在工作中始终坚持依法依规，工作才能站得住脚，才能经受得住群众的监督、检验和质疑。在马钢（合肥）钢铁公司职工分流安置过程中，依法依规是一个贯彻始终的准则和前提。

（2）以人为本是基础

任何改革都必然会触及改革群体的现实利益，妥善处理这一矛盾，是推进改革的基础。马钢（合肥）钢铁公司在职工分流安置的过程中，始终坚持"无情关停、有情操作"，将维护职工的合法权益放在工作首位。一方面，制定科学合理、切合实际的职工分流安置方案，最大限度维护职工的切身利益。另一方面，在具体操作上体现人文关怀，在挖掘国有企业和公益性岗位时，充分考虑职工的年龄、技能等实际情况，提升岗位与职工的匹配度和适岗性，并根据职工家庭住址，就近予以安置；对劳模、特困、单亲、双职工家庭及工伤符合上岗条件的职工，在安置时同等条件下予以优先考虑和照顾。正是因为最大限度维护了职工的权益，才能真正得到大多数职工的理解和支持，改革才能真正地推行下去，达到改革目的。

（3）宣传引导是关键

再好的政策，再好的方案，没有正确的舆论导向，没有细致、深入、到位的宣传，也无法入耳、入脑、入心；职工所了解的，可能就是不对的信息和歪曲的事实，工作开展也就失去了基础。马钢（合肥）钢铁公司职工分流安置工作对此做了深刻的诠释：职工分流安置方案得以通过实施，来源于细致到位的宣传和正确的舆论引导，通过宣传，让广大职工特别是职工代表正确认识了国家去产能的形势和政策，认清了工作大局，认识到合肥市方案的优越性和实施方案的紧迫性。事实证明，只有正确到位的宣传引导，才能确保工作取得预期效果。

五　典型钢铁企业分流安置职工经验总结

1. 分流安置职工总体思路

（1）与所在地政府共同开展分流安置工作

充分利用国家和地方政府出台的相关政策，与地方政府相关部门联动共同拓展分流渠道，开展具有针对性的岗位技能培训，培养适合的技术人才，利用政府支持大众创业、万众创新的激励政策，鼓励分流人员自主创业。同时，争取地方政府提供更多的公益性岗位，扩大分流安置渠道。

（2）依法依规，循序渐进推动分流安置

依据《劳动合同法》等法律法规、国家及地方去产能职工安置相关政策，规范分流安置职工工作流程，做到依法依规，切实保障员工的合法权益；按照"去产能"的任务要求，积极稳妥循序渐进地推动富余人员的分流安置。

（3）解放思想，转变观念

深入开展全员大讨论，各级领导干部与一线职工开展讨论，理性引导职工的消极抵触情绪。通过多种形式促进干部职工进一步解放思想转变观念，树立正确的择业理念。充分保证职工的知情权、选择权，向职工宣传"去产能"人员分流的必要性和紧迫性，听取职工意见，正面引导，凝聚共识，切实从职工的角度出发，组织岗位培训提升职工的再就业能力，设立再就业服务咨询中心解除职工后顾之忧。

（4）制定透明公正公开的分流工作流程

制定公平、公正和透明的分流工作流程，保证分流安置工作能够顺利执行。及时向职工提供有关分流安置信息，在实行公开竞聘上岗和多渠道分流时，确保办法公平、机会均等，做到"找出路，有活路，留后路"，确保政策落实到位，帮助分流人员提升个人能力，实现再就业。

2. 调研企业人员分流安置流程（见图 7 - 11）

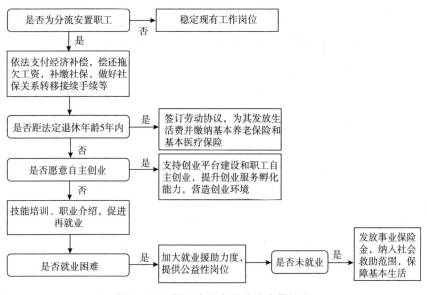

图 7 - 11　调研企业人员分流安置流程

3. 开拓分流安置渠道（见表 7 - 17）

表 7 - 17　钢铁企业分流安置职工渠道

序号	主要分流安置渠道
1	对符合条件的职工实行内部退养
2	按照协议保留社会保险关系（代缴社会保险、发放生活费）政策，对符合条件的职工予以保障
3	符合特殊工种提前退休条件的职工，按规定办理退休手续
4	符合重病歇岗条件的职工，移交地方保障中心

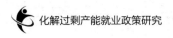

续表

序号	主要分流安置渠道
5	地方国有企业提供就业岗位
6	地方政府提供一批公益性岗位供职工选择
7	企业集团内部安置一批职工
8	企业集团及其分（子）公司根据岗位和技术需求等特殊情况，招聘一批特殊人才
9	推荐社会就业岗位，供职工选择
10	鼓励职工自主创业，比照"大众创业、万众创新"支持政策予以扶持

上述 10 个分流安置渠道各有侧重、相对平衡，整体上考虑了不同职工群体的情况和需求。对重病歇岗等特殊困难群体，充分发挥社会保障兜底作用，全面予以保障；对"4050"以上、年龄较大的职工，以内部退养、按照协议保留劳动关系等保障性安置渠道为主，辅以公益性岗位安置；对年轻职工和骨干人员，以所在地国有企业、企业集团内部岗位安置为主；对具有创业意愿和需求的职工，给予了自主创业相关政策扶持。

4. 分流安置措施保障

人员分流安置关系到职工的切身利益，为了确保人员分流的顺利进行，需要成立专门机构，本着公平、公开、透明的原则，监督各单位的分流安置进行的情况，通过做分流人员的思想政治工作，获得广大职工的理解与支持，降低了发生纠纷的可能性，保障了员工分流的有序、平稳推进，规范了安置工作的流程，起到了至关重要的及时反馈问题、及时处理问题的作用。

（1）加强组织领导

为了全面推进各项改革工作，调研企业大都成立了富余人员分流安置的专门机构，贯彻落实人员分流安置的各项举措，加强监督，明确目标，坚定不移地执行"去产能"人员分流安置。一切以员工为中心，想员工之所想，忧员工之所忧，保障每个分流员工的基本生活，帮助分流员工实现再就业。同时做好同各相关单位和各地方政府的协调工作，努力做到更好、更顺利地推进富余人员分流安置。

（2）政策宣传和解读

调研企业利用多媒体，宣传"去产能"人员分流安置的紧迫性和必要性，向员工表明集团公司的原则是以员工利益为重，坚持为分流员工广开渠道，坚持转岗不下岗、分流不失业，保障每个分流员工的基本权益。同时确保分流人员正确理解和认识相关政策，转变分流人员的抵触思想，增强分流人员再就业的信心。

（3）保障充足的经济补偿金

中央政府和地方政府为了支持企业"去产能"的稳步推行，向压减产能企业提供奖补资金。调研企业充分利用化解过剩产能和深化企业改革政策，积极争取国家奖补资金和政策支持资金，确保人员安置工作平稳有序。

（4）建立劳动纠纷调解机构

集团公司职工人数众多、组织结构复杂、层级很多，在人员分流安置过程中难免发生各种纠纷，集团公司并不能全面掌握各单位员工的特殊情况，通过建立多层级的调解机构协助集团公司的整体工作，讨论解决分流安置过程中出现的问题和矛盾，确保员工队伍人心稳定、生产经营活动运行稳定。

第五节　钢企所在地政府援助分流安置职工相关政策、典型经验做法

面对大规模员工分流安置，如何为企业减负、如何保障员工利益，已成为供给侧结构性改革的重中之重。2016 年 4 月，人社部等七部委发布《关于在化解钢铁煤炭行业过剩产能实现脱困发展过程中做好职工安置工作的意见》，明确妥善安置职工是化解过剩产能工作的关键，关系供给侧结构性改革的顺利实施，关系职工切身利益和改革发展稳定大局；各地要高度重视，把职工安置工作作为化解过剩产能和脱困升级工作纳入整体改革方案。

同时，各省份地方政府也陆续出台有关人员安置的政策（见表7-18），人员安置将成为供给侧结构性改革过程中的重要环节。

表7-18　部分省份供给侧结构性改革人员安置的相关政策汇总

出台时间	发布单位	文件名称
2016年8月	湖北省政府	《湖北省钢铁行业化解过剩产能实施方案》
2016年8月	河南省发改委、工信委等七部门	《关于做好煤炭钢铁行业化解过剩产能实现脱困发展过程中职工安置工作的实施意见》
2016年7月	黑龙江省政府	《黑龙江省钢铁行业化解过剩产能实现脱困发展实施方案》
2016年7月	山西省政府	《关于做好化解煤炭钢铁行业过剩产能职工安置工作的实施意见》
2016年7月	福建省政府	《福建省钢铁行业化解过剩产能实施方案》
2016年7月	四川省人力资源和社会保障厅等八部门	《关于在化解钢铁煤炭行业过剩产能实现脱困发展过程中做好职工安置工作的意见》
2016年7月	重庆市人力资源和社会保障局等八部门	《关于做好化解钢铁煤炭行业过剩产能中职工安置工作的通知》
2016年6月	湖南省政府	《湖南省钢铁行业化解过剩产能实现脱困发展的实施方案》
2016年6月	云南省政府	《关于钢铁行业化解过剩产能实现脱困发展的实施意见》
2016年6月	辽宁省政府	《关于进一步促进就业再就业工作的指导意见》
2016年6月	山东省政府	《山东省化解钢铁煤炭行业过剩产能企业职工分流安置实施意见》
2016年6月	安徽省政府	《关于在化解钢铁煤炭行业过剩产能实现脱困发展过程中做好职工安置工作的意见》
2016年6月	广西壮族自治区人社厅、省发改委等七部门	《广西化解钢铁煤炭行业过剩产能实现脱困发展过程中职工安置工作方案》
2016年6月	江苏省人力资源和社会保障厅	《化解过剩产能职工分流安置方案》
2016年6月	吉林省人力资源和社会保障厅等八部门	《关于做好全省化解钢铁煤炭行业过剩产能过程中职工安置工作的实施意见》
2016年6月	浙江省政府	《浙江省钢铁行业化解过剩产能实现脱困发展实施方案》

出台时间	发布单位	文件名称
2016 年 6 月	江西省人力资源和社会保障厅	《关于在化解钢铁煤炭行业过剩产能实现脱困发展过程中做好职工安置工作的实施意见》
2016 年 5 月	宁夏回族自治区人民政府	《关于做好供给侧结构性改革中化解过剩产能企业职工安置工作实施方案》
2016 年 5 月	江苏省人社厅、省发改委、省经信委等七部门	《关于在化解过剩产能实现脱困发展过程中做好职工安置工作的实施意见》
2016 年 4 月	河北省人力资源和社会保障厅	《河北省人民政府办公厅关于做好化解钢铁煤炭等行业过剩产能职工安置工作的实施意见》

资料来源：公开资料整理。

一　地方政府援助钢企分流安置职工案例

1. 宝武集团

（1）政策措施

外部联合地方政府和周边社区，搜集外部企业招聘信息，召开专场招聘会，为职工重新上岗或自主择业创造条件，提供帮助，促进职工向公司外部转型。在各地各级政府的支持下，适时召开就业创业政策解读会，经常性发布岗位供求信息，极大地帮助员工转岗就业，缓解职工心理压力。上海地区员工的转型发展得到了上海市委领导的高度重视，得到上海市总工会、人社局等相关单位的大力支持。武钢、八钢、韶钢也在当地政府支持下，实现 1200 多名员工外部就业。

（2）开展双创工作

紧紧抓住上海市加强基层党组织干部队伍建设契机，探索形成量身定制的员工外部再就业机制，推进员工有序转型发展。在上海市委办公厅、组织部、民政局以及各区相关部门的支持下，与黄埔、长宁、浦东、徐汇、普陀、虹口、杨浦、静安、宝山、闵行 10 个区建立对接机制、搭建工作平台，各区以"定向中国宝武招聘"方式提供居民区党组织书记、社区工作者岗位资源。宝武集团员工已转型发展进入社区工作的居民区党组织书记、社区工作者岗位总数为 182 人。

2. 鞍钢集团攀长特公司

（1）对于攀长特公司人力资源改革，地方政府高度重视，专门组建了工作领导小组，支持协调配合企业开展相关工作。

（2）江油、绵阳两级人社部门从政策法规解读、具体业务办理方面给予大力支持，协助完善改革方案，开通专门通道进行业务办理。

（3）江油市政府、人社部门组织大型专场招聘会，搭建协商一致解除劳动合同职工再就业平台。

（4）江油市政府为攀长特公司分流安置职工提供了政策保障，出台了《江油市支持创新创业若干政策（试行）》等系列政策文件，同时举办了"春风送岗位"专项招聘会。

3. 太钢集团临钢公司

（1）地方各级政府多次到临钢调研指导工作，市政府人社部门专门入企现场办公，给予转岗安置补贴、稳岗补贴、社保减免、税收优惠等政策扶持。

（2）帮助企业进行大病、工伤鉴定。

（3）及时接收协商解除劳动关系职工的人事档案并按政策办理失业保险金、一次性工伤医疗补助金。

（4）广泛开展政策咨询、就业创业培训等服务，起到了社会保障作用。

4. 天钢集团

天钢集团双创工作的相关政策如下。

（1）鼓励政策：经企业审核通过的离、转岗人员，前3年保留基本工资和"五险一金"待遇；3年内保留其原有身份、编制和职称，并可通过技能培训、竞争上岗。

（2）支持政策：天津市科委按规定对创业团队，根据吸纳企业内部转岗人员数量，按每人5万元、最高50万元的标准，给予一次性创业补贴，补贴资金可作为企业注册资本金、开办费用等创业经费。补贴资金从市科委掌握的科技小巨人升级版专项资金、市工业和信息化委掌握的工业技改资金、市中小企业局掌握的中小企业发展基金中归集。对参加天津市创新创业大赛并获奖的创业团队，注册成立企业后可给予不超过100万元的奖励。

天钢集团推进双创工作的做法如下。

（1）加强组织推动。天钢集团积极响应国家和天津市关于推进"大众创业、万众创新"号召，专门成立"创新创业中心"，加强对"双创"工作的组织与推进。

（2）搭建众创空间。天钢集团与华泽集团、滨海重机园共同出资成立天津融智众创空间有限公司，以此为平台成功搭建天津融智众创空间，并于2016年通过了市科委评审认定。

（3）加快种子基金建设和创业投资体系建设。设立不少于300万元的种子基金（种子基金构成为市财政提供30%，自筹70%），由空间投资发展部按照相关规定代为管理，为创业者提供启动资金支持，通过提供免息借款、收购初创成果等方式，促进创业者持续创业。

（4）出台鼓励政策集聚创新创业人群。融智众创空间制定了《天津融智众创空间孵化工作管理办法》《天津融智众创空间种子基金管理办法》等制度，极大地吸引了职工和社会创业者创新创业热情。截至2017年10月，已有钢渣透水砖、网络实验室等56个创新创业项目团队入驻"众创空间"，其中27个团队是由公司内部职工组建的，成功孵化了18家公司，带动再就业19人，实现了职工"转岗不下岗、转业不失业"的目标。

5. 天铁集团

（1）政策措施

天津市在组织实施企业化解过剩产能员工分流安置工作中，主要采取了督导协调、资金支持、分类施策、统筹兼顾等政策措施。具体包括：组织成立了化解过剩产能分流安置的督导协调小组，每小组对口支援，进驻企业开展工作，为企业积极争取国家和政府的政策措施，共同研究制定化解产能和分流安置办法，对在实施过程中企业所遇到的困难和不利因素，出谋划策，使得各项措施能够积极稳妥地推行和落实。采取了奖补资金、社会保险补贴、稳岗补贴等方式，对企业在资金方面给予了大力支持，使企业受规模缩减、人员冗余、资金短缺等不利因素的影响得到了一定的缓

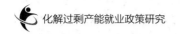

解，对稳定岗位工作人员，开展企业脱困发展、转型升级起到了非常重要的作用。

（2）开展双创工作

大力推进非钢产业发展，同时利用废弃、闲置的厂房、场地等开发新的就业岗位，带动一批员工到新的岗位上工作，如物流、仓储、贸易、旅游、餐饮、咨询服务、孵化基地、众创空间以及适应市场需求开办来料加工等。

二 地方政府企业分流安置职工经验总结

1. 分流安置职工基本原则

各地方政府出台的职工安置工作意见都明确了在化解煤炭钢铁行业过剩产能过程中，在职工安置方面应遵循的基本原则：一是坚持企业主体与地方指导相结合；二是坚持企业内部转岗与社会再就业相结合；三是坚持落实政策与分类推进相结合，根据不同企业情况，实行"一企一策、一矿一策"；四是坚持职工分流安置与保障权益相结合。

2. 采取措施多渠道分流安置职工

（1）支持企业内部分流一批

支持企业利用现有场地、设施和技术，通过转型转产、多种经营、主辅分离、辅业改制、培训转岗等方式，分流安置一批富余人员。对企业为促进职工转岗安置开展的转岗培训或技能提升培训，按规定给予职业培训补贴，所需资金从就业补助资金中列支。对企业集团内部转岗安置职工或兼并重组后的新企业吸纳原企业职工稳定就业岗位的，以及暂时经营困难通过与工会或职工依法协商，采取协商薪酬、灵活工时等方式稳定现有岗位的，按规定由失业保险基金给予稳岗补贴。

支持企业开展"双创"，利用"互联网＋"、国际产能合作和装备"走出去"，发展新产品、新业态、新产业，在优化升级和拓展国内外市场中创造新的就业空间。对企业利用闲置厂房、仓库及生产设施改造建设众创空间或对社会开放创业创新资源的，可按创业孵化基地政策予以扶持，引导企业转型发展与"双创"紧密结合，通过促进职工自主创业、企业内部再创业实现转型升级。

（2）促进职工转岗就业创业一批

精准帮扶分流职工。提前摸清拟分流职工的现状、人数、结构及其就业需求等情况，建立精准到企、具体到人的实名制台账，并制定再就业帮扶计划，提供针对性的服务。对拟分流安置人员在 100 人以上的，公共就业服务机构要举办专场招聘活动帮助推荐就业。

全面开展技能培训专项行动。对依法与企业解除或终止劳动合同的失业人员，纳入当地就业创业政策扶持体系，公共就业服务机构及时办理失业登记，免费提供就业指导、政策咨询等服务。对失业人员和长期停产职工，普遍开展转岗培训或技能提升培训，并按规定给予职业培训补贴。对其中的零就业家庭人员、低保家庭人员等就业困难人员，在培训期间给予生活费补助，所需资金从就业补助资金中列支。

大力实施创业就业扶持。对有创业意愿的失业人员和转岗职工开展创业培训，有针对性地提供创业指导、项目咨询和跟踪服务，并按规定享受创业培训补贴。支持创业平台建设，积极培育适应职工特点的创业创新载体，将返乡创业试点范围扩大到矿区，通过加大专项建设基金投入等方式，提升创业服务孵化能力。对从事个体经营或注册企业的，按规定给予税费减免、场地安排、创业担保贷款等政策扶持。对在领取失业保险金期间实现就业创业的失业人员，按规定给予一次性就业创业补助。

突出支持重点地区的再就业工作。对钢铁煤炭过剩产能企业较集中、就业渠道较窄的区县或资源枯竭地区，地方政府加强工作指导和政策支持，组织开展跨地区就业信息对接和劳务输出协作；就业补助资金在转移支付时，要对化解钢铁、煤炭产能任务重的地区予以倾斜。公共就业服务机构组织失业人员开展跨区域信息对接和劳务输出的，所需资金从就业补助资金中列支。人力资源服务机构将化解钢铁、煤炭行业过剩产能企业分流职工或失业人员劳务输出到其他企业就业或异地就业的，可按规定享受就业创业服务补助。

（3）符合条件人员内部退养一批

对存续企业中距法定退休年龄 5 年之内、再就业有困难的，在职工自愿选择、企业同意并签订协议后，可实行内部退养。由企业发放生活费，按规定继续为职工缴纳城镇企业职工基本养老保险和城镇职工医疗保险费。个人缴纳部分由职工继续缴纳，达到退休年龄时，符合退休条件的正式办理退休手续。

对因企业破产等原因无企业主体且无出资控股企业的，依法与原企业终止劳动合同，距法定退休年龄不足5年的职工，可由职工自愿选择领取经济补偿金或等待退休。选择等待退休的人员，企业主体消亡时，企业在偿还拖欠的职工在岗期间工资和补缴欠缴的社会保险费的基础上，应充分考虑当地经济社会发展水平、物价变动、工资增长等因素，经过测算，一次性预留出为其缴纳至法定退休年龄或达到规定缴费年限的城镇企业职工基本养老保险费、职工医疗保险费和生活费，由地方政府指定的机构代发生活费并按月代缴养老保险费和医疗保险费，个人缴费部分由职工继续缴纳，达到退休年龄时正式办理退休手续。在代缴养老保险费和医疗保险费过程中，如有欠费或未及时缴纳的，按照社会保险有关规定处理。

（4）实施就业援助托底帮扶一批

对就业困难人员，要建档立卡，提供"一对一"就业援助。鼓励用人单位招用化解钢铁、煤炭过剩产能企业登记失业的就业困难人员，对与其签订1年以上劳动合同并为其缴纳社会保险费的用人单位，给予用人单位一次性岗位补助，并按规定给予社会保险补贴；鼓励就业困难人员灵活就业，按规定给予社会保险补贴。对通过市场渠道确实无法就业的大龄困难人员和零就业家庭人员，加大社区养老护理、家政服务、卫生保洁、安全保卫等公益性岗位开发力度，实施托底帮扶。地方政府新增或推出的公益性岗位，优先用于安排化解过剩产能企业涉及的就业困难人员。

3. 妥善处理好劳动关系

（1）企业实施兼并重组吸纳原企业职工，继续履行原劳动合同。发生合并或分立等情形的，由承继其权利和义务的企业继续履行原劳动合同，经与职工协商一致可以变更劳动合同约定的内容，职工在企业合并、分立前的工作年限合并计算为在现企业的工作年限；职工在企业内部转岗安置或内部退养的，双方协商一致后依法变更劳动合同，不支付经济补偿金。

（2）企业在被依法宣布破产、责令关闭或决定提前解散等情形下主体消亡的，应与职工依法终止劳动合同。企业与职工解除或终止劳动合同的，应依法支付经济补偿金，偿还拖欠职工在岗期间的工资，补缴欠缴的社会保险费。

（3）企业使用被派遣劳动者的，要按照《劳务派遣暂行规定》妥善处理好用工单位、劳务派遣单位、被派遣劳动者三方的权利义务关系。

4. 切实衔接好社会保障

（1）保障好失业人员基本生活。对符合失业保险金领取条件的人员，要按规定及时发放失业保险金。领取失业保险金期间，可按规定享受由失业保险基金支付的职工医疗保险等其他失业保险待遇。

（2）实施好最低生活保障。对符合最低生活保障条件的家庭，应按规定纳入最低生活保障范围。

（3）接续好社会保险关系。对解除或终止劳动合同人员重新就业的，新就业单位要为其及时办理参保缴费、社会保险关系及档案转移接续手续，原企业及存档单位要配合做好相关工作。对未被其他单位招用的人员，符合规定的，可按灵活就业人员身份参加职工基本养老保险、医疗保险。对依法破产、关闭企业的退休人员，由企业在实施破产关闭时，按照当地现行医疗保险有关规定，妥善解决好退休人员的城镇职工医疗保险参加或接续问题。

（4）处理好工伤人员待遇问题。对于变更劳动关系到新企业工作的职工，新企业应到当地工伤保险机构办理变更工伤保险关系手续。对于与用人单位解除劳动关系的五级至十级工伤职工，按照《工伤保险条例》和相关规定支付解除劳动关系时的工伤待遇，并终止工伤保险关系。对于一级至四级工伤职工和已办理退休的一级至十级工伤人员（未终止工伤保险关系的），按老工伤人员纳入工伤保险统筹管理相关规定计提统筹费后，纳入工伤保险统筹管理。

第六节 对下一步分流安置职工的意见建议

一 企业层面

1. 强化岗位分析，设岗定责

编制科学的岗位说明书，重视同员工的沟通，了解实际工作中该岗位的需求，而不是靠岗位分析人员的主观臆断来判断；建立起长效、动态的岗位分析机制，岗位分析工作不是一蹴而就的，是要根据技术进步实时更新的；用客观公正的态度去实施岗位分析，从而"以岗定人"，而不是"以人定岗"；不同单位可以根据自身的实际需要自主制定合适的任职资格说明书，使用通用的全面的任职资格说明书并没有实际意义，解决不了企业的实际问题。总之，要利用岗位分析安排好企业的人力资源规划、绩效考核、招聘录用、岗前和在岗培训等，推进发展科学人力资源管理。

2. 加强员工培训

员工培训是国有企业提高员工专业素养、业务水平、工作效率的重要途径，是建立并完善企业文化的重要方法，是确保员工技术能力与时俱进的重要保障。从员工的角度出发，培训能够帮助员工增加知识和技能储备，更新业务能力和专业素养，发掘自我的潜在能力，提高自身的竞争力。从企业的角度出发，培训是一种有效的激励手段，不仅提高了员工对企业的满意度，而且提高了员工对企业的忠诚度。

3. 完善员工退出机制

员工退出机制，是利用绩效考核手段对员工的工作状态进行评估，对不符合公司战略要求的员工实施合法合规的清退机制，这种机制的主要目的是调动并保持员工的工作积极性，提高并维持企业的活力，最终达到人力资源优化配置，为企业创造更多的价值。

建立健全公平公正公开的竞争机制和按劳分配、多劳多得的薪酬分配制度，全面推行竞聘制、任期制、岗薪制、末位淘汰制，通过公开竞聘的员工，实行任期制，任期结束重新竞聘上岗；取消行政级别，按岗定薪，岗变薪变；实行年度考核，末位淘汰。将全员竞争机制规范化、制度化就能保障国有钢铁企业永葆活力，提高国有企业的市场竞争力。

二　政府层面

1. 制定钢铁产能"严进宽出"政策

化解产能过剩要按照"尊重市场规律、分类施策、多管齐下、标本兼治"的总原则：坚持尊重市场规律与改善宏观调控相结合，坚持扩大市场需求与产业转型升级相结合，坚持严格控制增量与调整优化存量相结合，坚持完善政策措施与深化改革创新相结合。在坚决遏制产能盲目扩张的同时，着力清理整顿违规建成产能，淘汰和退出落后产能，调整优化产业结构；在加强供给方调整的同时，着力需求方调控，努力扩大国内需求，积极拓展对外发展空间；在做好配套政策制定、实施的同时，着力增强企业创新驱动发展动力，设立进入门槛，完善退出机制，优化预警监测能力，加强监督监管，加快建立和完善以市场为主导的长效机制。

就供应方面而言，建议由过去的"严进严出"转变为"严进宽出"。过去企业是进入难，退出也难，未来应在提高进入门槛的同时，健全企业的退出机制。

严进，是指"严格市场准入"。本着谁投资、谁负责、谁受益的原则，放开对投资的管制，转而严格执行土地、环保、质量、融资、装备、安全等方面的准入与监管。

宽出，是指企业在符合有关法律对资产、债务、人员安置等方面要求的情况下，放开对企业退出的限制，也就是允许企业自行选择是否退出，政府不应对企业是否退出进行干预（如以提供一定的补贴等优惠条件要求企业维持运行）。

建立生产企业产能实际利用率统计与公布系统，定期向社会发布产能利用率信息，包括行业产能平均利用率与主要品种产能利用率。建立投资项目统计与公布系统。对在建项目、可研项目，以及论证项目实行动态跟踪，并定期公布。

2. 加强钢铁产业运行过程监管

健全强化环保排放监管体系。利用信息化、智能化手段，全面、动态、实时监管钢铁企业和密集分布区的主要污染物排放；打击排放信息弄虚作假。国控监测系统基本建立后，要特别重视用不定期抽查和重罚乃至与刑法结合的方法，打击技术服务企业弄虚作假；建立健全全国按一定标准的全覆盖的设备排放登记制度；进一步公开环保排放信息，以便社会舆论更好地监督，也有利于企业了解情况，形成共识。

调整规则，形成有利于处置低效过剩产能和防止新的低效过剩产能产生的制度环境。严格劳动监察，严禁企业平时拖欠工资社保；金融部门要严禁企业逾期还款，特别是不付息或者逾期付息；严禁地方政府对拖欠工资社保、逾期还款和付息及环保排放不达标的企业护短。

地方职能主管部门摸清情况，建立可能的低效过剩产能清单，重点监督。社保、金融、环境保护、工信等部门要对企业工资社保、负债率及逾期还贷付息、环保排放、产能利用情况进行统计分析，建立可能的低效过剩产能清单，重点监督；相应的主管部门要求企业规范经营，还清各种欠账、停止不达标设备生产。在企业成本真实化基础上，特别是还清所欠工资、社保缴费基础上，金融机构对这些企业进行评估，根据有关规则确定有区别的资信及金融政策，依法依规按商业原则处理有关债务。

3. 构建安置分流工作的长效机制

政府需要综合考虑各年压减任务，细化各年职工安置分流工作目标，将其列入政府考核内容；实行专人负责制与问责制，指定具体人员负责各阶段职工安置工作，统筹各个政府部门，落实到人；在政府年度考核中单设过剩产能职工安置指标，细化职工安置工作目标，落实责任，加大职工安置工作推进的力度。对没有完成年度安置任务的具体地方，追究行政责任。考核对象为各级政府，考核主体为关停企业、安置职工代表、普通群众、各级政府，考核思路为自评与他评相结合。

政府、企业和社会组织分别建立培训中心，对转岗人员进行分门别类的培训，培训费用全部由政府支付。向每个培训者提供就业机会，如基础设施建设，为社会机构提供服务，环境卫生，参与中央及地方政府的信息技术工作。政府可提供过渡性的公共服务就业机会，帮助下岗员工缓解就业压力。

政府与企业合作，推动生物科技、医疗卫生、环境保护等新兴产业入驻压减产能较大的地区城市，从而创造大量新的就业机会，寻找新的经济增长点，让城市摆脱对钢铁行业的依赖，在这一过程中就业问题自然得到消化。

各地政府应出台更多的鼓励职工双创的政策，建立职工双创基地，为职工提供技能培训、项目选择、启动资金、市场营销等方面的扶持，支持职工创新、创业。转岗创业职工一般在经营企业、市场调研、推广等问题上知之甚少，建议有关部门可针对转岗职工举办多次免费创业培训，提高职工对市场的认识，增强职工创业能力。职工创业成本高，一些地方虽然提供免费办公场地，但对创业者和项目有一定要求，政策扶持多倾向于高科技项目，而转岗职工创业大部分均为传统行业，受扶持力度极小，建议加大对转岗职工非高科技型项目的支持力度，降低其创业成本。

4. 拓宽就业渠道，聚焦中小企业

鼓励本地中小企业吸纳本地转岗钢铁产业人员。政府通过大力扶持本地中小企业，带动本地就业，拓宽分流安置职工的渠道。政府对中小企业吸纳下岗钢铁人员提供一定的资金援助，包括各种财政援助、补贴以及贷款优惠。如对企业吸收新雇员（特别是下岗钢铁人员）实行税收补贴、减少社会保险费和提供培训等。

第八章 煤炭行业去产能职工安置政策体系分析及其效应评价

摘　要： 在当前经济新常态和供给侧结构性改革的宏观背景下，化解产能过剩是煤炭行业转型升级的必经之路。与此同时，由化解产能过剩所引发的大量就业与职工安置问题已经成为全社会关注的焦点，为政府部门和煤炭行业提出了新要求。课题组在分析煤炭行业人力资源现状的基础上，以涵盖35家大型煤炭企业集团共271处煤矿为研究样本，通过实地调研、问卷调查、对比分析、经验总结等研究方法，对我国煤炭行业化解产能过剩过程中受影响职工现状和重点难点问题展开研究，基于煤炭行业就业与职工安置环境分析和对国内外就业与职工安置政策的比较分析，构建包含能力培育、安置环境、劳动关系、社会保障和行政服务五个方面的职工政策五维度模型，并以河南、山西、陕西、安徽和黑龙江等主要产煤省为例分析就业与职工安置政策效应，进而从促进煤炭行业转型升级的产业政策、以民生为本的煤炭行业就业与职工安置政策以及以三矿协同职工安置体系为核心的长效机制三个角度，设计我国煤炭行业就业与职工安置的政策体系。课题研究成果评价了我国煤炭行业就业与职工安置政策的实际效应，提出了我国煤炭行业就业与职工安置政策体系的改进建议，为制定科学有效的煤炭行业职工安置政策提供了政策依据和实践指导，并为各行业做好职工安置工作和维护广大职工的合法权益提供了经验借鉴。

关键词： 煤炭行业　职工安置　政策体系　五维度模型　效应评价

第一节　绪论

一　研究背景与意义

1. 研究背景

21 世纪以来，我国煤炭行业经过十多年的快速发展，生产力水平有了大幅提升，已成为世界煤炭生产和消费第一大国。多年来，煤炭在我国国民经济中具有重要的战略地位，是我国工业化进程的主要基础能源，占我国一次能源生产和消费总量的比重均在 70% 左右，对我国社会经济快速发展起到了关键性支撑作用。在为国民经济平稳较快发展提供了可靠的能源保障的同时，煤炭行业也为社会提供了大量的就业岗位，形成了庞大的煤炭职工队伍。

2002～2012 年，我国产业结构进入重工业化发展阶段，导致能源需求快速增加，这一时期，全国煤炭消费增速年均增长 10% 左右，消费量年均增加 2 亿吨左右。因此，煤炭产业规模迅速扩张，煤炭生产恢复性增长，煤炭价格上升，生产技术水平大幅提高，煤炭企业利润快速上升，形成了煤炭产业的"黄金十年"。2002～2012 年，煤炭行业固定资产投资年均增长 47%，原煤产量年均增长 9.9%，煤炭行业从业人员也逐年增加。国家统计局公布的第三次全国经济普查数据显示，2013 年煤炭产量达到峰值 39.7 亿吨时，全国煤炭开采和洗选业从业人员一度达到 611.3 万人。

然而，进入 2012 年之后，我国经济进入新常态，经济增速明显放缓，能源需求趋于缓和，对煤炭市场形成巨大冲击。以环渤海动力煤价格指数为例，从 2012 年初的 792 元/吨下降到 2015 年底的 371.6 元/吨，下降了 420 元/吨，降幅达到 53.08%。受煤炭产能建设超前、煤炭需求下降、环境制约加剧、价格持续低迷等多重因素影响，我国煤炭企业的经营情况连年恶化，企业亏损面不断扩大，煤炭行业开始面临较为艰难的宏观环境。同时，煤炭企业也开始承受企业可持续发展、矿区社会稳定、职工生活保障等多项社会责任的集中压力。根据中国煤炭工业协会统计数据，煤炭产量在2013年达到39.7亿吨后逐步下降至2016年的34.1亿吨；煤炭行业利润从2011年的4000亿元下降至2015年的441亿元，煤炭价格也比2011年高点位价格下降了60%，2015年90%以上的煤炭企业处于亏损状态，大量企业出现了减发、缓发工资的现象。因此，化解煤炭过剩产能、调整产业结构和优化布局、推进清洁高效低碳发展、加强科技创新、深化体制机制改革和做好职工安置工作成为煤炭行业的主要任务。

2016年2月5日，国务院下发《关于煤炭行业化解过剩产能实现脱困发展的意见》，确定了煤炭行业化解产能过剩的工作目标、主要任务和政策措施。煤炭行业供给侧结构性改革全面启动，转型升级发展成为全行业共识。

2016年以来，各地各有关部门认真贯彻落实党中央、国务院关于供给侧结构性改革、推进煤炭去产能各项决策部署，煤炭去产能工作取得阶段性重要进展。2016年，全国化解煤炭过剩产能超过2.9亿吨，产业结构得到了优化，市场供需趋向平衡，煤炭价格合理回归，企业效益好转。2017年中央经济工作会议再次强调，继续推动煤炭、钢铁等行业化解过剩产能。根据国家统计局发布的信息，截至2017年10月，煤炭去产能年度目标已超额完成。这意味着，中国在不到两年时间中，煤炭化解产能过剩超过4.4亿吨，至少已完成煤炭去产能整体任务的88%。

伴随煤炭去产能的不断深入，积极成效正在逐步显现，突出表现在以下几点。

一是企业经营状况明显好转。全国煤炭生产、消费均呈缓慢增长态势，市场供需基本平衡，经济运行质量企稳回升。2017年，全国煤炭消费量38.6亿吨左右，同比增长0.4%；原煤产量34.45亿吨，同比增长3.2%；进口煤炭2.7亿吨，同比增长6.06%。2017年全国煤炭开采和洗选业实现利润总额2959.3亿元，同比增长290.5%。自2016年9月以来，随着 276 个工作日限产政策等一系列政策实施，国内煤炭价格不断上涨，由 9 月初 400 元/吨左右不断上涨至 11 月 7 日的 700 元/吨。进入 2017 年，随着相关部门保供稳价的政策逐步实施，煤炭价格小幅下降并逐步趋于稳定，秦皇岛港 5500 大卡动力煤中长期合同价格稳定在每吨 560 元至 570 元的合理区间。

二是行业发展环境显著改善。煤矿违规新增产能基本未再发生，违法违规建设和超能力生产得到有效遏制，煤炭市场秩序得到有力规范。

三是产业布局进一步优化。落后产能加快退出，优质产能加快释放，资源开采和供应逐步向资源赋存条件好、开采成本低、安全保障程度高的晋陕蒙等地区集中，产业持续优化升级。

然而，全国煤炭产能过剩的态势并没有根本改变，煤炭市场供需平衡的基础还比较脆弱。近年来，煤炭消费增速换挡减速，煤炭消费增速从"十一五"期间的 7.5% 下降到"十二五"期间的 2.6%。根据《煤炭工业发展"十三五"规划》，"十三五"期间，煤炭消费年均增速将下降到 0.7% 左右。据国家发展改革委资料，经过 2016~2017 年的去产能，截至 2017 年 12 月，全国煤矿总产能 51 亿~52 亿吨/年，其中形成能力的有效产能 39 亿吨/年以上，在建和技术改造煤矿产能 12 亿~13 亿吨/年。到 2020 年，具备生产能力的煤矿产能在现有基础上将净增 3 亿~4 亿吨/年，加上每年 2 亿吨左右的煤炭净进口，总供给能力大幅增加，全国煤炭产能过剩问题依然突出。煤炭行业利润分布不均衡，煤炭企业利润的 80% 集中于行业前 10 家大型煤炭企业，行业亏损面仍有 20.7%，企业扭亏尚未脱困的现象比较普遍。另外，我国煤矿数量仍然较多，小煤矿仍占较大比重；煤炭企业资金链紧张、债务负担重、人员安置等问题依然突出；部分老国有煤炭企业减发职工工资，拖欠社保基金、税费，采掘关系失衡，减少职工培训和安全投入等问题依然存在。因此，煤炭行业化解过剩产能、淘汰落后产能的任务依然艰巨，煤炭行业就业与职工安置问题仍然十分突出。

煤炭行业是一个劳动密集型行业，根据中国煤炭工业协会统计数据，目前煤炭行业从业人员约 400 万人，加上离退休人员及职工家属，煤炭行业为 2000 多万人提供了生活保障。随着我国经济转型和能源革命的持续推进，势必有大量的煤炭职工离开原工作岗位，只有实现煤炭企业科学有序退出，合理解决煤炭职工安置和出路问题，才能保障人民生活质量和社会安定。

值得注意的是，煤炭行业去产能过程中的职工安置问题特点明显。从外部环境来看，职工安置缓冲时间短、就业问题集中出现、多行业叠加影响；从内部环境看，则表现为从业人口基数大、文化程度低、技能单一、年龄偏大、本土观念强、行业黏性大等问题。因此，煤炭行业职工安置问题异常严峻，如何创新人力资源管理机制、推动供给侧人力资源改革、做好富余职工退出管理与安置工作，以及提升人力资本价值，成为煤炭行业在化解产能过剩过程中亟须解决的主要问题。

2. 研究意义

长期以来，政策对于经济和社会的发展具有不可忽视的指导和支持作用。在人本价值日益受到重视的今天，政府在引导和推动煤炭行业去产能进程中扮演着非常重要的角色。虽然政府对煤矿关闭退出所伴生的职工失业问题提出了支持职工转岗安置的政策和措施，但职工安置政策制定和实施的效果如何，一直是理论界和实践界普遍关注的问题。在此背景下，只有通过煤炭行业职工安置政策效应评价，才能明确现有不足，完善职工安置政策体系，提升职工安置政策的实际效用。

因此，本课题以煤炭行业职工安置政策为研究对象，通过对煤炭行业职工安置政策体系的分析以及职工安置政策效应评价的研究，为我国煤炭行业职工安置政策体系的完善以及职工安置政策效应的提高提供一定的理论支持与实践指导。

具体而言，本课题一方面通过评价我国煤炭行业职工安置政策体系制定和实施效应，优化完善煤炭行业职工安置政策体系，提高职工安置政策的有效性；另一方面探索更加有效的煤炭行业职工安置路径和模式，为同类课题研究提供重要理论基础。

本课题研究成果可在我国大多数产煤省份、煤炭资源型城市和煤炭企业推广应用，有助于检验和指导职工安置的制定与落实工作，能够更好地促进煤炭企业实现职工分流安置，有利于矿区和社会的稳定。

二　研究内容和技术路线

本研究结构安排上共分为八节，各节的主要研究内容如下。

第一节绪论。主要阐述了研究背景与意义，提出了研究技术路线（见图 8-1）。

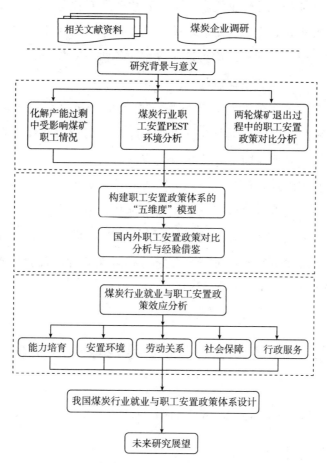

图 8-1　本章研究技术路线

第二节化解产能过剩中受影响煤矿职工情况。根据调研情况，分析了煤炭行业人力资源的整体情况和化解产能过剩涉及煤矿职工的总量及地区

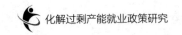

分布情况，指出了受影响职工存在的主要问题。

第三节煤炭行业就业与职工安置 PEST 环境分析。分别从政策环境、经济环境、社会环境、技术环境对就业与职工安置环境进行了分析，基于 PEST 环境分析指出了影响就业与职工安置的主要问题。

第四节我国煤炭行业就业与职工安置政策回顾。回顾近年来我国煤炭行业经历的两次大规模的煤矿关闭退出和职工安置工作，对比分析前后两次煤矿关闭退出过程中我国职工安置政策的差异。

第五节国内外煤炭行业就业与职工安置政策对比分析。梳理国外煤炭行业化解产能过剩中的职工安置政策及主要措施，构建职工安置政策体系的"五维度"模型，并对国内外职工安置政策进行对比分析，以此为我国煤炭行业职工安置提供经验借鉴。

第六节煤炭行业就业与职工安置政策效应分析。在深入调研访谈河南、安徽、陕西、山西和黑龙江等主要产煤省各级政府与煤炭企业的基础上，分析我国煤炭行业职工安置政策效应。

第七节我国煤炭行业就业与职工安置政策体系设计。提出了我国煤炭行业就业与职工安置的总体思路、主要目标和政策体系。

第八节未来研究展望。对本文的研究过程及研究结果进行概括性总结，阐明本文理论分析和实证研究结果对我国煤炭行业就业与职工安置的启示，并提出本研究的不足与展望。

第二节　化解产能过剩中受影响煤矿职工情况

一　煤炭行业人力资源整体情况

1. 区域分布特征

煤炭企业主要分布在我国 25 个省份，煤炭行业的人力资源区域分布特征通常会受到煤炭资源禀赋和煤矿灾害特征的限制。因此，本研究按照以下三大原则对我国煤炭企业分布区域进行划分。一是开采地质条件相似性原则。通过对中国地质构造背景及其对煤田地质特征的控制作用分析，找寻区划单元的相似性。二是煤矿灾害基本特征一致性原则。分析、总结各主要矿区灾害发生起因，找寻其内在联系，主要煤矿灾害特征基本一致。三是行政区划原则。在综合开采地质条件、主体采煤技术、实际灾害状况、市场供给能力和行政区划等因素的基础上，将全国划分成晋陕蒙宁甘区（山西、陕西、内蒙古、宁夏、甘肃）、华东区（北京、天津、河北、山东、河南、安徽、江苏、上海、浙江）、东北区（黑龙江、吉林、辽宁）、新青区（新疆、青海）和华南区（上述以外其他省份）5大产煤区。

由于统计口径不一致，不同部门发布的煤炭行业人力资源数据具有差异性。根据2014年12月16日国家统计局发布的《第三次全国经济普查主要数据公报》，截至2013年末，全国煤炭开采和洗选业从业人员为611.3万人。根据国家安全生产监督管理总局统计数据，2015年我国有11000个煤矿，有580万名煤矿工人。根据中国煤炭工业协会统计数据，截至2014年末，大型煤炭企业职工为336万人。根据《中国劳动统计年鉴》（2016），截至2015年末，全国城镇单位煤炭开采和洗选业从业人员为374.9万人。考虑到统计数据的完备性与连续性，本研究选用《中国劳动统计年鉴》（2016）公布的全国城镇单位煤炭开采和洗选业从业人员数据，作为分析煤炭行业整体人力资源现状的数据源。

据《中国劳动统计年鉴》（2016），2015年末，全国城镇单位煤炭行业就业人员为374.9万人，同比降低9.58%；其中，全国城镇单位煤炭行业女性就业人员达到57.2万人，同比降低10.63%。从煤炭行业就业人员整体发展趋势来看，全国城镇单位煤炭行业就业人员在2013年达到峰值447.1万人，近几年逐年下降，同时，煤炭行业就业人员同比增长率从2012年开始逐年下降，2014年开始进入负增长状态（如图8-2所示）。

从城镇单位就业人员的区域分布看，2015年末，晋陕蒙宁甘区和华东区煤炭行业就业人员占比较高，共达到73.51%，其中，晋陕蒙宁甘区就业人员为140.2万人，占比为37.39%；华东区就业人员为135.4

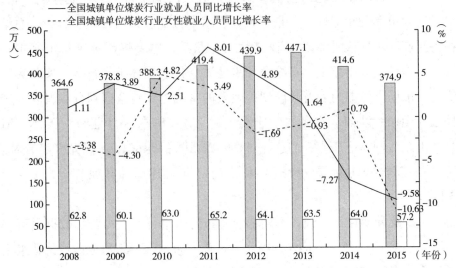

图 8 - 2　2008 ~ 2015 年全国城镇单位煤炭行业职工队伍变化

资料来源:《中国劳动统计年鉴》(2009 ~ 2016)。

万人,占比为 36.12% 。而东北区、华南区和新青区占比较低,其中,
东北区就业人员为 41.3 万人,占比 11.02% ;华南区就业人员为 51.9
万人,占比 13.84% ;新青区就业人员为 6.1 万人,占比 1.63% (如图
8 - 3 所示)。

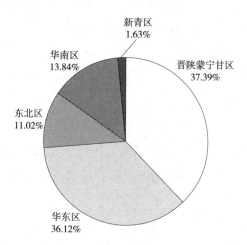

图 8 - 3　2015 年末煤炭行业全国各区域就业人员占比

资料来源:《中国劳动统计年鉴》(2016)。

从城镇单位女性职工的区域分布看，2015 年末，晋陕蒙宁甘区和华东区煤炭行业女性职工占比较高，共达到 77.63%，而东北区、华南区和新青区占比较低（如图 8-4 所示）。

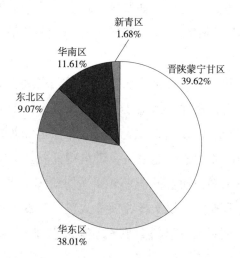

图 8-4　2015 年末煤炭行业全国各区域女性职工占比
资料来源：《中国劳动统计年鉴》（2016）。

通过对 2014 年末与 2015 年末女性职工在就业人员中的比例对比分析发现，除新青区由于环境约束条件较高女性职工占比下降外，晋陕蒙宁甘区和华南区受去产能影响，女性职工占比也出现了下降（如图 8-5 所示）。

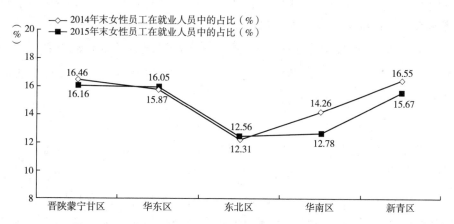

图 8-5　2014～2015 年各区域女性职工在就业人员中的占比
资料来源：《中国劳动统计年鉴》（2016）。

2. 职工薪酬特征

由于煤炭行业条件艰苦且危险系数高，但又处于"去产能"的转型调整期，所以，煤炭行业就业人员的薪酬水平状况呈现激励水低于全行业平均水平和激励增长不足的特点。如图 8-6 所示，2015 年煤炭行业平均薪酬为 55462 元，同比下降 6.43%；2015 年全行业平均薪酬为 62029 元，同比增长 10.06%。

从薪酬水平来看，不同行业薪酬差异明显，煤炭行业就业人员平均薪酬尽管低于信息传输、软件和信息技术行业以及金融业等高新技术与资本融通行业，但领先于农林牧渔业、建筑业以及住宿和餐饮业等其他传统行业；同时，作为采矿业的子行业之一，煤炭行业就业人员平均薪酬不仅低于全行业平均薪酬水平，而且低于采矿业平均薪酬水平。研究表明，受困于煤炭行业产能过剩现状，煤炭行业就业人员的薪酬水平低于石油、天然气、金属矿、非金属矿和开采辅助等其他采矿子行业就业人员的薪酬水平。

从薪酬增幅看，所有行业中只有以煤炭行业为代表的采矿业呈现负增长状态，煤炭行业就业人员薪酬同比下降 6.43%，采矿业就业人员薪酬同比下降 3.69%。

从全国煤炭行业就业人员薪酬水平的区域分布看（如图 8-7 所示），受区域经济、产业结构和原煤产量等因素的影响，新青区和晋陕蒙宁甘区就业人员的薪酬水平在五大产煤区中遥遥领先。

从全国各区域煤炭行业就业人员薪酬增长情况看，晋陕蒙宁甘区、华东区与华南区就业人员的薪酬呈现负增长，东北区与新青区的就业人员薪酬也仅呈现较低水平的增长。

3. 学历结构特征

相比其他能源行业，煤矿工人整体素质偏低。井下生产一线职工有 80% 是农村劳务工，他们多数家庭生活困难，供养人口较多，且文化素质较低。近年来全国煤炭类高等院校招生重心纷纷转移，侧重经济、计算机等热门专业，矿山、地质工程类招生相对较少，导致煤炭行业普遍缺乏技能型专业技术人才和产业技术工人。

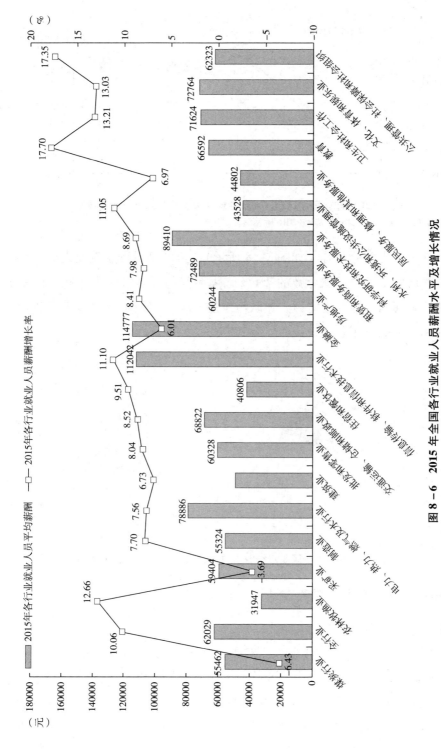

图 8－6 2015 年全国各行业就业人员薪酬水平及增长情况

资料来源：《中国劳动统计年鉴》（2016）。

图 8 - 7　2015 年全国各区域煤炭行业就业人员薪酬水平及改变情况

资料来源：《中国劳动统计年鉴》（2016）。

从受教育程度分布看（如图 8 - 8 所示），全国煤炭行业就业人员本科及以上学历职工仅占职工总数的 7.6%，表明我国煤炭行业人才队伍的基础仍然比较薄弱，与其他能源人才队伍发展水平、煤炭工业发展需求相比还存在相当大的差距。

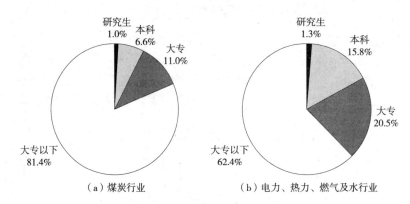

（a）煤炭行业　　　　　　（b）电力、热力、燃气及水行业

图 8 - 8　2015 年全国煤炭行业与电力、热力、燃气及水行业就业人员教育程度分布对比

资料来源：国家能源局统计数据、中国劳动统计年鉴（2016）。

4. 年龄结构特征

分析《中国劳动统计年鉴》（2004、2009、2014、2016）数据，得到自 2003 年至 2015 年我国煤炭行业就业人员的年龄构成，如表 8 - 1 所示。

由表 8 - 1，与全国就业人员年龄构成相比，2003 年，我国煤炭行业40 岁以下的就业人员占行业人员总数的 63.9%，高于全国就业人员 40 岁以下的比例。然而，2003 年之后，我国煤炭行业 40 岁以下就业人员的比例低于全行业 40 岁以下的比例，且煤炭行业 40 岁以下就业人员呈现逐年减少的趋势，反映出煤炭行业人力资源结构老龄化严重。

表 8-1　2003 年、2008 年、2013 年和 2015 年我国煤炭行业从业人员的年龄构成

单位：%

行　业	2003 年		2008 年		2013 年		2015 年	
	40 岁以下	40 岁以上	40 岁以下	40 岁以上	40 岁以下	40 岁以上	40 岁以下	40 岁以上
全行业	61.4	38.6	52.5	47.5	53.1	46.9	53.0	47.0
煤炭行业	63.9	36.1	49.9	50.1	45.3	54.7	43.1	56.9

资料来源：中国劳动统计年鉴（2004、2009、2014、2016）。

二　化解煤炭产能过剩涉及煤矿职工情况

1. 受影响职工总量

2016 年 2 月，《关于煤炭行业化解过剩产能实现脱困发展的意见》出台，拉开了煤炭行业化解过剩产能煤矿退出与职工安置的序幕。根据人社部初步统计，此次煤炭行业化解产能过剩涉及煤矿职工总量约达到 130 万人。为了掌握和梳理煤炭行业化解产能过剩涉及煤矿职工的特点和面临的问题，本研究通过实地调研、问卷调研等方式考察了全国主要产煤省退出及面临退出煤矿及这些煤矿中受影响企业职工的情况。

本研究调研考察退出及面临退出的煤矿共计 366 处，涉及除福建、青海、广西、湖北之外的 20 个产煤省份，涵盖了 35 家大型煤炭企业集团。经过甄别和筛选，剔除了处于技改、基建、公司未注册等状态的煤矿 95 处，共获得 271 处有效煤矿样本数据。在这 271 处煤矿中，总产能 24597 万吨，涉及职工总数 810493 人，其中，在职职工 509103 人，离退休职工 301390 人。

本研究按照各煤矿退出的主要原因将受影响职工分类比较（如图 8-9 所示）。资源枯竭类煤矿 134 处，产能 11478 万吨，涉及职工总数 358453 人，占比 44.2%。其中，在职职工 225851 人，离退休职工 132602 人。安全生产条件差及煤质差类煤矿 89 处，产能 9671 万吨，涉及职工总数 340645 人，占比 42.0%，其中，在职职工 217185 人，离退休职工 123460

人。经营情况差类煤矿 22 处，产能 1601 万吨，涉及职工总数 58264 人，占比 7.2%，其中，在职职工 35039 人，离退休职工 23225 人。其他类煤矿 26 处，产能 1847 万吨，涉及职工总数 53131 人，占比 6.6%。其中，在职职工 31028 人，离退休职工 22103 人。

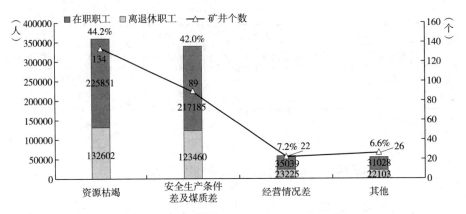

图 8 - 9　受影响职工按煤矿退出原因归类分布

2. 受影响职工的地区分布

目前化解产能过剩涉及职工分布于我国 25 个产煤省份，覆盖了我国晋陕蒙宁甘区、华东区、东北区、华南区和新青区的绝大部分地区。

由于本次摸底调研未涉及新青区的煤炭企业，所以，本研究按照晋陕蒙宁甘区、华东区、东北区和华南区四个区域将受影响职工分类比较（如图 8 - 10 所示）。晋陕蒙宁甘区面临退出煤矿 26 处，产能 5400 万吨，涉及职工总数 122341 人，占比 15.1%，其中，在职职工 81087 人，离退休职工 41254 人。华东区面临退出煤矿 180 处，产能 13483 万吨，涉及职工总数 441038 人，占比 54.4%，其中，在职职工 283743 人，离退休职工 157295 人。东北区面临退出煤矿 36 处，产能 4627 万吨，涉及职工总数 160296 人，占比 19.8%，其中，在职职工 102660 人，离退休职工 57636 人。华南区面临退出煤矿 29 处，产能 1087 万吨，涉及职工总数 86818 人，占比 10.7%，其中，在职职工 41613 人，离退休职工 45205 人。

图 8 - 10 显示，华东区受影响职工远超其他三个地区。相关研究表明，华东区具有大部分矿区是老矿区和职工基数大的典型特征，矿井开发

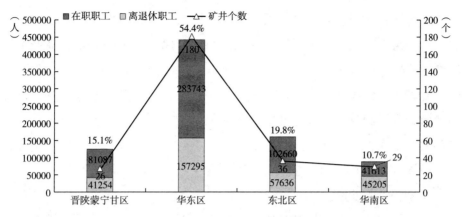

图 8 - 10　受影响职工的地区分布

时间长，主力矿区已进入开发中后期，转入深部开采。因此，一方面，华东区面临退出的煤矿数量远高于其他区域，这直接造成华东区受影响在职职工远超其他三个地区；另一方面，华东区矿井开发时间长，职工老龄化严重，导致华东区离退休职工也远高于其他三个地区。

三　受影响职工的主要问题

由于煤炭企业地理分布的局限性、企业内部就业结构的矛盾性以及煤炭行业职工劳动技能的专业化和单一性，化解产能过剩将造成大量的下岗失业问题。尽管煤炭行业经济走势下行，但煤炭科技发展与机械化水平增强提高了煤炭企业对于人力资本价值创造能力和人力资源优化配置的要求，加剧了煤炭行业去产能进程中的下岗失业问题。同时，煤炭企业职工普遍缺乏再就业必备的技能素质与心理素质，失业现象将普遍存在。企业和社会也难以保证下岗职工安置的资金需求，下岗职工的基本生活保障将存在巨大压力和困难。

1. 劳动关系解除和建立问题

去产能过程中被安置的煤炭行业职工会遭遇"断旧关系难"和"建新关系难"的双重困境。

前者主要体现在三个方面，一是转岗安置职工因担忧企业无力偿还和结清拖欠工资等职工应得权益和利益，而不愿与企业轻易断关系；二是转岗安置职工对再就业艰难和未来生活困难等问题的担忧,而不愿与企业轻易断关系;三是由于就业政策规定的局限性与社会保障体制的改革,降低了对转岗安置职工的社会保障水平,令其难以与煤炭企业解除旧的劳动关系。

后者主要体现在两个方面,一是煤炭企业职工因受到各种内外在条件的局限,难以获得再就业和建立新劳动关系的机会;二是由于我国社会保障制度尚不完善,新旧企业对转岗安置职工的社会保险关系续接程序存在问题与漏洞,导致转岗安置职工难以与新企业建立新的劳动关系。

2. 社会保险问题

去产能过程中被安置的煤炭行业职工会面临社会保险关系难被补偿和持续缴纳社会保险费能力差的双重难题。

前者主要表现为煤炭企业因经营效益差或政策原因,而无法有效补偿转岗安置职工应得的医疗或养老保险。

后者主要表现为转岗安置职工因再就业困难或新就业岗位收入低,而无法参加社会保险或经常中断缴纳保费。

3. 技能素质问题

一方面,由于煤炭企业普遍分布于远离城市的偏远地区或是以煤炭为主的资源依赖型城市,生产和生活资源及水平与主流城市相距甚远,所以煤炭企业招工以农民工为主,企业职工的教育水平、知识积累、认知资源和心理素质以及创造性技能都普遍较低。

另一方面,煤炭企业生产流程与工艺有别于常规行业,导致煤炭企业职工的专业领域技能具有很强的专用性和单一性。因此,煤炭企业职工再就业机会相对较少。并且,即使煤炭企业职工获得再就业机会,也通常是收入较低的简单重复劳动,这让职工再就业欲望与信念被削弱,对原属企业的黏性难以降低,从而影响煤炭行业化解产能过剩过程中职工安置工作的顺利进行。

4. 再就业体系和就业环境问题

由于国家政策、煤炭企业以及职工个人多方面的原因,煤炭企业职工的再就业路途遥远且艰难。

一是现有再就业体系(包括再就业政策、税收优惠政策、再就业培训以及劳动力市场服务等)难以满足煤炭企业职工的需要,而且煤炭企业传统的优先内部安置方式在去产能过程中难以为继，这也在一定程度上减少了煤炭企业职工安置工作的路径。

二是由于煤炭行业恶劣的生产环境致使职工身体损耗严重、职业病高发，采掘一线的职工普遍体能素质较弱，再加上多方面原因导致的较弱技能素质，煤炭企业职工在劳动力市场中的竞争力水平一直处于较为劣势的境地。

三是煤炭企业的地域分布和煤炭企业职工相对狭窄的社会化互动通道以及狭隘的地盘意识，导致转岗安置职工难以获得充足的就业信息与就业机会。

5. 情感与心理的失衡问题

除了上述主要问题以外，受煤炭行业去产能影响的职工在转岗安置中还要面临心理安全、安置程序公平性、安置岗位满意度等其他问题。

首先，受影响职工的心理安全会受到剧烈冲击。煤炭行业作为一个劳动密集型行业，基层职工占企业职工总数的比例较大，这些职工的文化水平较低，就业观念较为落后，多年稳定的工作环境已经使他们安于现状，拿着"铁饭碗"，无论干好干坏，不会担心失业。然而，此次煤炭行业为缓解产能过剩而实施职工分流安置工作，将对基层职工的心理安全产生极大冲击，通常表现为紧张焦虑、心不在焉、工作效率低下等多种形式，严重影响了转岗安置职工的再就业。

其次，受影响职工的公平感将会受到侵蚀。中国社会是"人情"社会，任人唯亲、以权谋私的现象仍然存在，这将让缺乏背景关系的煤炭企业职工在转岗安置中处于劣势地位。如何坚持和落实公平、公正、公开的转岗制度与安置程序，打破人情关系、面子氛围和差序氛围的阻碍，将是煤炭企业安置工作需要正视的问题。

再次，受影响职工的心理预期难以达成。煤炭行业的优秀人才可能因为在对煤炭企业内部再分流岗位的职责、待遇或工作环境等的效价评估中，认为该职位难以满足自己原有预期，导致他们对安置岗位的满意水平较低，从而主动离职，致使部分层级出现管理和技术真空，引起煤炭行业的人才流失现象。

最后，受影响职工对原属企业的情感承诺与心理契约受到破坏。多年稳定工作让煤炭企业职工与企业建立起牢固的情感承诺与心理契约，而被分流转岗的职工会难以接受现实并质疑自身利益是否受损，这将令职工对企业的义务感和责任感降至冰点，更容易与企业产生劳动关系纠纷。并且，这种情感认知还将通过差序性的社会化互动"传染"依然留在煤炭企业内的职工，导致这部分职工与企业的情感承诺与心理契约受到干扰，造成企业内部结构与管理的不稳定，从而为煤炭企业的健康发展带来负面影响。

第三节　煤炭行业就业与职工安置 PEST 环境分析

随着煤炭行业化解产能过剩进程的推进，部分转岗安置职工的不满情绪和逆反心理会呈现上升趋势，不仅会对煤炭行业"去产能"造成阻碍，也会引发新的社会矛盾，直接影响社会与经济发展的稳定，成为政府与企业需要面对的棘手难题。以下从政策环境、经济环境、社会环境和技术环境四个方面分析影响职工就业安置的主要因素。

一　政策环境分析

21 世纪以来，由于各种原因，煤炭产能过剩由隐性到显性，逐渐严重，并成为目前煤炭企业走出困境的主要制约因素。对此，党和政府采取了一系列化解产能过剩的政策措施，并取得一定成效。随着煤炭行业化解产能过剩工作的推进，职工安置问题逐渐凸显出来，因此，从 2016 年 2 月开始，党和政府进一步提出一系列职工安置政策措施。

1. 中央政府就业与职工安置政策

国务院于 2016 年 2 月 5 日下发的《关于煤炭行业化解过剩产能实现脱困发展的意见》，对如何做好职工安置工作做出了详细安排。该意见提出"挖掘企业内部潜力"，"对符合条件的职工实行内部退养"，"依法依规解除、终止劳动合同"和"做好再就业帮扶"四项措施。

2016 年 4 月 17 日，人社部、国家发改委、工信部、财政部、民政部、国务院国资委、中华全国总工会七部门印发了《关于在化解钢铁煤炭行业过剩产能实现脱困发展过程中做好职工安置工作的意见》，要求各地做好化解过剩产能、实现脱困发展中的职工安置工作。

2016 年 5 月 18 日，财政部公布《工业企业结构调整专项奖补资金管理办法》。该办法明确，中央财政将设立规模为 1000 亿元的工业企业结构调整专项奖补资金，对地方和中央企业化解钢铁、煤炭行业过剩产能工作给予奖补。

2. 各省份政府就业与职工安置政策

为贯彻落实人力资源和社会保障部等七部门《关于在化解钢铁煤炭行业过剩产能实现脱困发展过程中做好职工安置工作的意见》（人社部发〔2016〕32 号），各级地方政府纷纷出台与本地区位条件、经济、文化和社会环境相适应的煤炭行业就业与职工安置政策。具有代表性的省份职工安置政策梳理如表 8 - 2 所示。

表 8 - 2　代表性省份就业与职工安置政策

省　份	职工安置工作	主要政策措施
山　西	山西省发改委、山西省科技厅等部门出台了 7 个推进煤炭供给侧结构性改革的实施细则	①安置方案充分听取职工意见；②创业载体提供担保、贴息、补贴、补助；③自主创业享有档案工资晋升等权利；④转移就业大龄人员给予一次性交通补贴；⑤公共服务不同群体提供多种服务
陕　西	陕西省召开就业工作座谈会，会议明确陕西省将四管齐下做好化解过剩产能中的职工安置工作	①充分运用四条主要安置途径，并结合实际创新扩展安置渠道；②要求各市把上级政策和本地实际有机结合起来，抓紧制定本地去产能职工安置工作的具体办法；③指导企业和职工充分协商，制定切实可行、积极稳妥的安置方案；④确保企业职工分流过程中的劳动关系处理稳妥规范
内蒙古	陆续出台《关于在化解钢铁煤炭等行业过剩产能实现脱困发展过程做好职工安置工作的实施意见》等文件	①建立健全职工安置工作机制，强化组织领导；②制定完善职工安置政策；③建立化解过剩产能企业职工实名制信息数据库；④建立工作报告调度制度
江　苏	江苏省人社厅、省发改委等七部门联合出台《关于在化解过剩产能实现脱困发展过程中做好职工安置工作的实施意见》	①支持企业内部分流；②符合条件人员可内部退养；③促进转岗就业创业；④公益性岗位托底帮扶

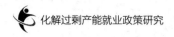

续表

省　份	职工安置工作	主要政策措施
河　北	河北省政府办公厅印发《关于做好化解钢铁煤炭等行业过剩产能职工安置工作的实施意见》	①扩大援企稳岗政策；②实行内部退养；③实行等待退休；④给予特定政策补助；⑤鼓励优势企业兼并重组；⑥促进转岗就业创业；⑦失业保险支持就业创业；⑧开展职业培训；⑨运用公益性岗位等措施托底帮扶；⑩妥善处理劳动关系
河　南	河南省发布《关于促进煤炭行业解困的意见》	①省骨干煤炭企业要发挥自身优势，通过四条主要安置途径，做好企业职工转岗分流工作；②依法依规解除、终止劳动合同；③建立转岗就业培训机构；④给予失业保险稳岗补贴
山　东	山东省出台《关于减轻企业税费负担降低财务支出成本的意见》	综合考虑化解过剩产能任务完成情况、安置职工人数和市级财力状况，省财政结合中央财政奖补资金，统筹对化解过剩产能中的职工安置费用等进行奖补

资料来源：课题组根据相关资料整理。

中央和各级政府关于指导人员分流安置工作的文件和资金奖补支持政策的陆续出台，足以说明煤炭行业就业与职工安置工作对于目前煤炭企业脱困的重要性和紧迫性。同时，也为我国煤炭行业职工转岗安置工作指明了思路和方向，并提供了方案制定的政策依据。中央目标层与省级执行层两者相对清晰地衔接，也为安置工作中的资金问题提供了一定支持。

3. 当前政策环境对就业与职工安置的制约

（1）职工安置政策有待完善

在职工安置政策落实的过程中，由于申请失业保险稳岗补贴的资格条件比较严格，门槛较高，一些去产能煤炭企业难以得到基金支持。如有的企业已经连续几年经营亏损，无力缴纳失业保险费，因而不符合享受援企稳岗条件中"上年正常缴纳失业保险费"的规定。还有大量煤炭企业需要转产转业，亟须鼓励和扶持，现有的援企稳岗政策难以满足企业需求。因此，如何建立行之有效的职工安置机制是值得政府和煤炭行业深思的问题。

（2）资产债务政策亟待可操作化

国家和各省份地方政府目前尚未出台具体的、可操作性的资产债务处置细则，很大程度上制约了去产能和职工安置工作的有序推进。同时，在部分煤炭企业统借统还融资模式下，由于退出矿井资产形态的特殊性，加上其债务绝大部分为内部债务，在没有资本注入和其他政策支持的情况下，将导致执行兼并重组矿井行政指令的主体——煤炭企业财务状况恶化，不利于国企改革推进和落后产能稳步退出；一些矿井债务（外部债务及民营股东债务）和工农关系遗留问题比较复杂，尚未完全处理到位；加之金融机构总行/总部，基本上均对煤炭行业企业采取不新增、控存量的授信策略，造成企业存续表内贷款虽可尽力维持，但新增授信普遍困难、新发债券无人认购的局面，导致债务处置难度加大。

（3）培训政策需要改进

尽管我国政府对提升转岗职工基本技能素质已经有了深刻认识，但是，我国现行的职工转岗安置培训制度依然存在着较大的缺陷与不足。如当前，去产能专项奖补资金的使用较为分散，仍以填补历史欠账和支付职工工资为主，政府支持煤炭企业职工安置缺乏有效的政策执行平台，支持政策传递距离长、"最后一公里"问题仍较为突出；有关法律规定不够系统和具体，缺乏专门性的立法；管理机制不明确，管理制度不健全；培训方式简单、层次较低，机构单一；专业设置不符合市场需求，培训与转岗安置职工就业创业相脱离；等等。

（4）社会保障政策需要加强

随着目前煤炭行业化解产能过剩过程中就业与职工安置工作的推进，社会保障政策逐渐凸显出若干需要进一步加强的地方。一是社会保险支出范围过窄，抑制了其应有功能发挥；二是失业保险基金稳岗补贴门槛过高，去产能企业难享实惠；三是失业保险未充分发挥支持困难企业开展职工培训的作用；四是失业保险统筹层次较低，难以发挥更大效能。

二 经济环境分析

1. 煤炭行业就业与职工安置的经济环境

2016年以来，为了减少无效和低端供给，扩大有效和中高端供给，增强供给结构对需求变化的适应性和灵活性，提高全要素生产率，国家积极推动供给侧结构性改革，进一步加大了煤炭行业化解过剩产能实现脱困发展工作力度。煤炭去产能工作取得成效，市场供需严重失衡局面有所改善，但煤炭需求总量不足、产能过剩的矛盾依然存在，企业资金紧张、经营困难等问题依然突出。

随着煤炭行业去产能的持续推进以及煤炭企业由劳动密集型向资金技术密集型的转型，煤炭行业在化解产能过剩的同时，煤炭企业富余人员必然增加，从而面临职工分流安置和转产再就业的矛盾，人员安置成本高、安置过程复杂漫长是煤炭企业亟待解决的问题。

2. 当前经济环境对就业与职工安置的制约

（1）煤炭企业安置资金匮乏

职工安置资金匮乏主要因为，一方面，2012年以来，在煤炭价格大幅下降的情况下，煤炭行业成本费用仍然上升较快，导致利润明显下滑，亏损企业大幅上升；另一方面，由于货款回收困难加剧、承兑比例不断增加等原因，企业资金链明显紧张，给煤炭企业的正常经营造成了较大困难。职工安置资金匮乏会进一步引起转岗安置职工对企业的信任感和认同感降低，从而造成职工安置工作的困难。

（2）煤炭企业岗位缺乏

煤炭产能过剩的形势将持续较长时间，煤炭企业短时间内难以脱离资金紧张、经营困难的困境，原有的战略目标和经营计划必将被打破，企业岗位亦呈现缺乏状态。企业岗位缺乏是造成煤炭企业人力资源过剩和职工转岗安置难的重要原因之一。同时，由于企业对于未来发展态势的判断和战略规划难以确定，很多煤炭企业的职工安置计划尚不完善。加之，兼并重组矿井人员流动性大、管理不规范等问题，从而导致分流安置任务量大与内部安置空间小、调剂岗位多与适岗人员少、安置费用高与资金筹措能力低等矛盾突出，仅靠企业内部退养、转岗分流等措施难以完全消化。

三 社会环境分析

1. 煤炭行业就业与职工安置的社会环境

长期以来，煤炭行业由于科技含量、机械化程度较低、用人多、生产效率不高、易发生安全事故等原因，在社会公众心中形成了苦、脏、累、险的形象。这一方面造成煤炭企业职工社会地位普遍不高，另一方面也容易引起煤炭企业职工的职业源性自卑心理。

同时，由于煤炭企业普遍分布于远离城市的偏远地区或者以煤炭为主的资源依赖型城市，生产和生活资源及水平与主流城市相距甚远，所以煤炭企业职工社会网络狭窄，但社交关系强度高。在走访调研中，课题组发现很多职工存在社会网络狭窄的问题，朋友圈子基本限定于工作单位和居住地的狭小范围，但是与亲朋同事的社交关系强度极高。如果职工存在对安置工作的逆反心理，极易通过狭窄的社会网络快速传递，并形成大范围的群体性事件，甚至引起留任职工对工作任务的抗拒心理，降低企业的经营效益。

此外，煤炭行业作为历史悠久的传统型工业部门，受中国传统社会文化影响极为深刻。官本位、儒家思想、中庸思想、面子文化等代表性传统文化对煤炭企业组织文化和职工思想影响甚深，这会对煤炭企业的职工安置工作以及职工的转岗就业产生一定的消极作用。

2. 当前社会环境对就业与职工安置的制约

（1）煤炭企业职工的社会沟通存在缺陷

由于生活环境相对封闭、社会形象较差和代际流动性差等原因，煤炭企业下岗职工的社会资本非常单一和匮乏，他们的绝大部分朋友在矿区，无效单一的社会化互动对他们的就业、技能提升、观念转变、就业信息搜集都产生了不利的影响。而且部分煤炭企业缺乏对转岗安置职工的有效思想工作和心理干预，无效的信任和情感机制会造成转岗安置职工缺乏信任、自暴自弃、怨天尤人、退缩、逆反等情感和心理问题，甚至会在安置工作中引发冲突。

（2）职工安置工作的公平性难以保证

煤炭行业作为传统能源行业，企业文化与管理理念深受中国传统社会文化的影响，尤为体现在企业的组织官僚化和职工的服从价值观上，因此，企业职工转岗安置程序的公平性难以保证，容易造成企业与职工的认知差距及职工对组织共同体认同的缺失，从而为职工的就业安置造成阻碍，引发劳动关系纠纷，甚至引起煤炭企业的人才流失。职工的就业与安置过程具备形式正当性、互动建设性以及结果合理性，对提升职工的公平感知和再就业信心十分有益。煤炭企业在设计化解产能过剩过程中的就业与职工安置系统时，必须在这三个方面统筹兼顾，不可偏废。如图 8 - 11 所示，在煤炭企业的职工就业与安置系统存在六个公平接触点，企业只有在这六个点上都做到公平、公正和公开，才能有效推动职工的分流安置进程。

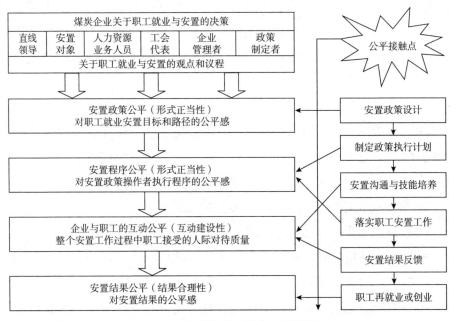

图 8 - 11　公平性职工就业与安置系统

四　技术环境分析

1. 煤炭行业就业与职工安置的技术环境

随着现代科学技术的快速发展，现代化的新理念、新工艺和新技术不断渗透到煤炭科学技术领域，有力地促进了煤炭科学技术的迅猛发展。2016 年以来，我国煤炭行业科技创新能力显著提升，重大科技工程示范取得新进展，知识产权和标准化工作扎实推进。在今后一个时期内，煤炭科技创新将继续以煤炭安全高效绿色智能化开采和清洁高效低碳集约化利用为主攻方向，提升行业自主创新能力，推进重大科技示范工程建设，应用推广先进适用技术，推进行业两化深度融合，促进煤炭生产利用向机械化、信息化、智能化和绿色低碳方向发展，推动行业发展由资源、要素投入驱动型向创新驱动型转变。

但是，由于煤炭行业职工的学历与技能素质普遍较低，所以，除了煤炭行业因去产能令职工总量性失业以及产业结构调整令职工结构性失业以外，煤炭行业的技术进步也会造成煤炭企业职工的技术性失业。同时，因为我国整体科技水平提高速度较快，部分煤炭企业职工受限于技能的单一性和学习能力较弱，难以适应双创时代的劳动力市场竞争环境。

2. 当前技术环境对就业与职工安置的制约

（1）煤炭企业职工技能素质难以适应现代科技发展

进入创新 2.0 时代的中国科学技术发展日新月异，无论是煤炭行业还是其他行业都开始走向智能开采或智能制造的快车道。然而，煤炭行业职工的文化素质与学历普遍较低；煤炭行业的专业领域技能相对单一化，缺乏面对多元化复杂工作的知识储备和技能基础；煤炭企业大多地理位置偏僻，煤炭职工的见识受传统煤炭企业文化、地域文化和社会化交互的限制，创新意识匮乏，认知风格、工作方式和发散思维能力等创造性技能局限于煤炭行业知识领域，缺失对新领域、新知识和新环境的探索精神；受文化素质的局限，煤炭企业职工普遍缺乏有效的沟通能力，难以适应新岗位的团队交互。所以，煤炭企业职工迫切需要从根本上提高技能素质以及得到更好的就业环境。

（2）煤炭企业职工就业动机易受负面影响

有研究表明，就业动机是驱动职工积极寻找就业机会的重要因素。受限于自身技能素质与当今科技进步的差距，煤炭企业职工会对自身能力产生极度的不信任感，胜任需求和认同需求受到破坏，挫败感和沮丧感形成对再就业主动性的强烈干扰。内在心理需求的被破坏会导致煤炭企业职工的就业动机被削弱，让他们难以体会新工作的内在乐趣，缺少对新岗位的内在价值认同，形成他们从事和适应新工作的障碍。

此外，长期以来，煤炭行业职工薪酬水平优于全行业平均薪酬水平，

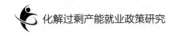

这会让煤炭企业职工对再就业岗位薪酬水平或安置费用的期望较高，也从另一个侧面令他们对当前的煤炭行业就业与职工安置难以适从。

五　基于 PEST 煤炭行业就业与职工安置的综合分析

2016 年煤炭行业和钢铁行业去产能任务超额完成，共安置去产能职工 72.6 万人，表明我国《关于煤炭行业化解过剩产能实现脱困发展的意见》《关于在化解钢铁煤炭行业过剩产能实现脱困发展过程中做好职工安置工作的意见》等职工安置政策已经获得巨大成效。

但是，根据 PEST 环境分析综合来看，我国相关政策措施对煤炭行业职工安置尚面临着诸多的问题，提供完善的就业环境和妥善安置职工是化解过剩产能工作的关键，关系供给侧结构性改革的顺利实施，关系职工切身利益和改革发展稳定大局。因此，应合理安排、因地制宜、分类有序地稳步推进职工安置工作，维护好职工和企业双方的合法权益，促进失业人员平稳转岗就业，兜牢民生底线，为推进结构性改革营造和谐稳定的社会环境。

第四节　我国煤炭行业就业与职工安置政策回顾

一　我国煤矿关闭退出与职工安置的历史进程

一直以来党和政府高度关注煤炭行业职工安置问题。近年来，我国煤炭行业经历了两次大规模的职工安置，党和政府两度出台一系列煤矿关闭退出和职工安置政策措施，引导煤炭行业科学有序化解产能过剩，合理解决煤炭职工安置和出路问题，保障人民生活质量和社会安定。

1. 上一轮煤矿关闭退出和职工安置政策回顾

1998 年，中央管理的 94 户国有重点煤炭企业共拥有煤矿 593 座。这些煤矿大都建成于计划经济时期，是我国煤炭生产供应的主体，为保障国家能源安全、支撑经济社会发展做出了重大贡献。但经过数十年的高强度开采，部分煤矿陆续进入衰老报废期，产量大幅下降，企业严重亏损，矿区职工生活困难。

为推动这批矿山有序退出，党中央、国务院决定对部分资源枯竭、扭亏无望、高硫高灰的原国有重点煤矿实施政策性关闭破产。2000 年 6 月，中共中央办公厅、国务院办公厅联合印发《关于进一步做好资源枯竭矿山关闭破产工作的通知》（中办发〔2000〕11 号），进一步明确了政策性关闭破产的相关措施。截至 2004 年底，全国批复煤炭企业关闭破产项目 213 个（其中煤矿 233 座），涉及职工人数 187 万人（在职 122 万人，离退休 65 万人），资产 483 亿元，负债 520 亿元（其中银行贷款本息余额 220 亿元）。

2006 年 1 月 16 日，全国企业兼并破产和职工再就业工作领导小组下发《关于进一步做好国有企业政策性关闭破产工作意见》，明确指出，国有企业实施政策性关闭破产的期限为 2005 年至 2008 年，2008 年后不再实施政策性关闭破产。2007 年 6 月，《中华人民共和国企业破产法》正式实施；2008 年，政策性破产制度到期，国家不再对国有煤炭企业新增政策性破产项目。

截至 2008 年，全国政策性关闭破产煤矿共约 260 家，财政核定费用额总计为 757.16 亿元。通过中国煤炭工业协会对关闭破产煤矿的调研统计，截至 2014 年，由于财政补贴费用不到位和存在预算资金缺口，多年来企业累计垫付资金总计 300 亿元左右。

在上一轮煤矿关闭退出和职工安置过程中，国务院及各相关部委以《关于进一步做好资源枯竭矿山关闭破产工作的通知》（中办发〔2000〕11 号）为基础形成了一系列职工安置政策，如国务院《关于实施西部大开发若干政策措施的通知》（国发〔2000〕33 号），财政部《资源枯竭矿山企业关闭破产费用测算办法》（财企〔2000〕631 号）、《关于加强对企业关闭破产中央财政补助资金管理的通知》（财企〔2001〕92 号），中共中央、国务院《关于进一步做好下岗失业人员再就业工作的通知》（中发〔2002〕12 号），《关于国有大中型企业主辅分离辅业改制分流安置富余人员的实施办法》（国经贸企改〔2002〕859 号），《关于国有大中型企业主辅分离辅业改制分流安置富余人员的劳动关系处理办法》（劳社部发〔2003〕21号）等。

上一轮煤矿关闭退出过程中的职工安置政策主要有以下几个方面：①煤矿职工执行提前5年退休政策，特殊工种职工可提前10年退休，每提前退休一年，其基本养老金减发2%（不含个人账户养老金）；②明确对安置职工的经济补偿和社会保障；③关闭退出煤矿离退休人员移交地方管理，养老保险实行省级管理；④提出关闭退出煤矿历史拖欠问题的处理办法；⑤明确煤炭企业改制分流范围与形式以及劳动关系处理办法；⑥为国有煤炭企业加快实施主辅分离、辅业改制和富余人员分流安置指明方向；⑦明确中央财政拨付的破产补贴资金用于煤炭企业职工安置的具体办法。

2. 本轮煤矿关闭退出和职工安置政策回顾

2013年10月6日，国务院印发了《关于化解产能严重过剩矛盾的指导意见》，在"总体要求"中用了三个"着力"，即"着力加强宏观调控和市场监管""着力发挥市场机制作用""着力创新体制机制"，加快政府职能转变，建立化解产能严重过剩矛盾的长效机制，推进产业转型升级，三个"着力"强调了加快转变政府职能、充分发挥市场机制在化解产能过剩矛盾中的重要性。此意见除了适用于钢铁、水泥等行业外，同时指导其他产能过剩行业的化解工作。

针对煤炭行业出现的结构性产能过剩、价格下跌、企业亏损等问题，根据《关于化解产能严重过剩矛盾的指导意见》要求，2013年11月27日，国务院办公厅下发了《关于促进煤炭行业平稳运行的意见》，提出了"坚决遏制煤炭产量无序增长""切实减轻煤炭企业税费负担""加强煤炭进出口环节管理""提高煤炭企业生产经营水平""营造煤炭企业良好发展环境"等五方面的措施。经过一年多的改革，取得一定的成效。如取消了电煤价格双轨制；煤炭资源税由从量计征改革为从价计征，清费立税。支持企业加快分离办社会职能，切实减轻煤企负担；取消对煤企发展建设规划和专项发展建设规划的审批；取消煤炭生产和经营许可证；调整煤炭进出口关税，按照不同煤种由零关税提高到30%～60%。安全、卫生、环保项目不合格的煤炭禁止进口；出台了《商品煤质量暂行管理办法》《关于调控煤炭产量优化产业布局的指导意见》《工业领域煤炭清洁高效利用计划》《关于煤炭工业科学发展的指导意见》《煤炭清洁高效利用行动计划（2015—2020 年）》等文件，引导煤炭产业向节能、清洁、安全的方向发展；鼓励民间资本参与能源等重点项目，发展混合所有制，取消矿长资格证；等等。

国务院于 2016 年 2 月 5 日下发的《关于煤炭行业化解过剩产能实现脱困发展的意见》（国发〔2016〕7 号），进一步凸显了转变政府职能的决心与进程。该意见将煤炭行业化解产能过剩的工作目标定为"从 2016 年开始，用 3 年至 5 年的时间，再退出产能 5 亿吨左右、减量重组 5 亿吨左右"。意见也对如何做好职工安置工作做出了详细安排，提出"挖掘企业内部潜力"，"对符合条件的职工实行内部退养"，"依法依规解除、终止劳动合同"和"做好再就业帮扶"四项措施。

2016 年 3 月 16 日，十二届全国人大四次会议闭幕后，国务院总理李克强在人民大会堂金色大厅答记者问时表示，下一步要推进去产能，必须做到产能要去，但大量职工的饭碗不能丢，而且争取让他们拿上新饭碗。所以，政府与企业要把职工安置作为化解过剩产能工作的重中之重，坚持企业主体作用与社会保障相结合，细化措施方案，落实保障政策，维护职工合法权益。根据 3 月 16 日李克强代表国务院宣读的《政府工作报告》，2016 年要重点做好八个方面工作，其中，中央财政安排 1000 亿元专项奖补资金，重点用于职工分流安置。

在本轮煤矿关闭退出和职工安置过程中，国务院及各相关部委以《关于煤炭行业化解过剩产能实现脱困发展的意见》（国发〔2016〕7 号）为基础形成了一系列职工安置政策。

2016 年 4 月 17 日，人社部、国家发改委、工信部、财政部、民政部、国务院国资委、中华全国总工会七部门印发了《关于在化解钢铁煤炭行业过剩产能实现脱困发展过程中做好职工安置工作的意见》，要求各地做好化解过剩产能、实现脱困发展中的职工安置工作，维护好职工和企业双方的合法权益，促进失业人员平稳转岗就业。

2016 年 5 月 18 日，财政部公布《工业企业结构调整专项奖补资金管理办法》。办法明确，中央财政将设立工业企业结构调整专项奖补资金，对地方和中央企业化解钢铁、煤炭行业过剩产能工作给予奖补，并鼓励地方政府、企业和银行及其他债权人综合运用兼并重组、债务重组和破产清算等方式，实现市场出清。

2017年3月21日，人社部、国家发改委、工信部、财政部、国务院国资委等五部委联合发布《关于做好2017年化解钢铁煤炭行业过剩产能中职工安置工作的通知》，提出2017年是供给侧结构性改革的深化之年，职工安置工作任务依然繁重，各地相关部门要切实做好去产能中的职工安置工作。

二 两轮煤矿关闭退出过程中的职工安置政策对比分析

通过上一节对两轮煤矿关闭退出过程中的职工安置政策的回顾与梳理，课题组从政策目标、政策侧重点、解决方式和具体措施四个方面对上一轮和本轮职工安置政策进行对比分析。

首先，从政策目标来看。上一轮煤矿关闭退出过程中的职工安置政策，党和国家的决策目标是以维护社会稳定大局为核心，为深化国企改革、推进结构调整、推动产业转型、实现扭亏脱困创造条件，扶持原国有重点煤矿度过特别困难的发展时期。本轮煤矿关闭退出过程中的职工安置政策，党和国家的决策目标是以供给侧结构性改革为核心，为煤炭行业结构性调整、转型升级、淘汰落后产能、发展科学产能创造条件，推动煤炭行业向集约、安全、高效、绿色的现代化工业体系跨越。

其次，从政策侧重点来看。上一轮煤矿关闭退出突出照顾了年龄偏大的职工（提前退休政策），增加了职工自主选择的余地，明确了可以利用关闭破产企业的有效资产进行安置，相应提高了关闭破产费用标准，对关系职工切身利益的一些问题，实事求是地提出了解决办法。本轮煤矿关闭退出突出照顾了就业困难人员（"一对一"就业援助政策）和零就业家庭（零就业家庭动态清零政策），倡导企业挖掘内部潜力和以创业带动就业，明确了企业主体、地方组织、依法依规的职工安置原则，加强了公益性岗位托底，对职工安置渠道、劳动关系处理和社会保障衔接等问题提出了解决办法。

再次，从解决方式来看。上一轮煤矿关闭过程中的职工安置主要通过行政手段来实现，职工分流安置主要依托企业兼并重组和提前退休两种渠道。本轮煤矿关闭过程中更依赖于"政府引领，市场主导"的市场化手段解决职工安置问题，强调企业内部挖潜、劳动输出和创业平台建设等。

最后，从具体措施来看。上一轮煤矿关闭过程中的职工安置解决了煤炭行业职工提前退休问题和煤炭企业历史拖欠问题；本轮煤矿关闭过程中的职工安置更加关注职工安置渠道和劳动关系的处理。

自人社部、国家发改委等七部门于 2016 年 4 月 17 日印发《关于在化解钢铁煤炭行业过剩产能实现脱困发展过程中做好职工安置工作的意见》以来，去产能过程中的职工安置难度超出了各级政府、行业协会与煤炭企业的预期，安置费用、安置渠道和社保接续等问题长期困扰着煤炭行业。在此背景下，我们需要通过分析和评价当前煤炭行业职工安置政策的效应，才能明确现有不足，完善职工安置政策体系，提升职工安置政策的实际效用。

第五节　国内外煤炭行业就业与职工安置政策对比分析

一　国外煤炭行业就业与职工安置的主要做法

国外很多国家在煤矿退出过程中的职工安置方面有着丰富的经验，如法国、德国、英国、日本等，既实现了企业的有序退出，也保障了被安置人员的相关权益，对我国煤炭行业解决受化解产能影响的职工安置问题有着重要的借鉴意义。

1. 法国煤矿退出的主要做法

法国煤矿关闭的主要原因是开采成本高、亏损大。以洛林地区煤炭公司为例，生产每吨煤成本高达 858 法郎，售价只有 273 法郎，每吨煤亏损近 600 法郎。法国煤矿是国有企业，煤矿企业亏损全部由国家财政负担，政府每年要给煤矿补贴 60 亿法郎。法国政府认为开采本国煤炭不如进口煤，因此下决心关闭国内煤矿。

自 20 世纪 60 年代开始，国家为关闭煤矿多次为法国煤炭公司制定跨年度的《适应计划》。根据这一计划，法国煤炭公司逐步降低煤炭采掘量，为最终关闭煤矿做准备。1960 年初，法国政府内阁会议通过了第一个跨年度的《适应计划》。1994 年有关各方签署《煤炭公约》，原则上煤炭最终于 2005 年停产。自 1994 年开始，法国煤炭公司实施《转型计划》，在逐步减少煤炭采掘的同时，将公司的业务重点向供电和工程设计等方面转型。2004 年 4 月 23 日，法国境内煤矿全部关闭，该国彻底告别采煤业。

法国关闭煤矿的主要政策措施如下。①制定一个稳妥、长期实施的煤矿关闭规划。规划确定从 1985 年开始，经过 20 年的时间，到 2005 年法国煤矿全部关闭。②制定了逐步分流现有煤矿职工的措施。③政府对煤矿关闭的经济支持。政府对煤炭工业平均年补贴 60 亿法郎。其中约 40 亿法郎给法国煤矿工人退休协会用于劳保人员开支。20 亿法郎给煤矿公司，主要用于生产经营补贴和安置职工补贴。另外，欧盟对煤炭工业非常支持，法国煤矿工人安置所需的费用有 50% 来自欧盟的支持。

其中人员分流的主要措施如下。

①鼓励提前退休。法国规定煤矿井下工人正常退休年龄为 55 岁，地面工人 60 岁，退休后给予原工资 65% 的退休金。1996 年后，法国先后两次调整煤矿工人退休年龄，第一次调整为井下工人 50 岁（工龄 30 年），地面工人 55 岁；第二次调整为井下工人 45 岁（工龄 25 年），地面工人 50 岁。提前退休人员的退休金为原工资的 85%，其中，2/3 由社会劳动保险机构支付，1/3 由企业支付，到规定退休年龄后转为全部由社会养老保险机构支付。

②成立就业指导和职业再培训部门。配备咨询专家，为职工解答问题。

③采取各种优惠政策，加强职业培训，鼓励年轻煤矿职工自谋职业。根据职工不同年龄，对开办公司给予一定的启动资金支持。

④鼓励其他行业接收煤矿年轻职工。政府特别要求法国电力公司必须接收部分煤矿职工。其他行业每接收1个煤矿职工给予3万法郎奖励。

⑤煤矿计划关闭前两年就要制定出职工安置计划。

2. 德国煤矿退出的主要做法

莱茵—鲁尔区是德国的主要产煤区，在20世纪60年代面临结构危机，硬煤及钢产量不振，重型机械销路呆滞，工业结构老化，煤矿工人及人口外移，因此根据市场需求和经济效益情况进行了大量的煤矿关闭。20世纪50年代德国硬煤产量最高时达1.4亿吨，到90年代只有4000多万吨，煤矿职工人数也从60万减少到7万。

德国煤矿关闭采取的措施和政策如下。①制定煤矿关闭专项法规，发布了《煤矿调整法案》《鲁尔区域整治规划》等。②在充分调查研究的基础上，制定煤矿关闭和结构调整规划。③重视关闭煤矿的善后处理以及各种资源的利用。④重视关闭煤矿的职工安置，对职工进行安置并补贴矿工养老金。⑤政府对关闭煤矿给予大力支持。⑥矿区工业实行综合发展。德国是最早搞煤电联营、煤化联营的国家，鲁尔、萨尔矿区均从煤炭起家，逐渐发展成为以煤矿为中心的综合性工业基地。⑦组建多种经营公司，更多地安置关闭煤矿职工。

3. 英国煤矿退出的主要做法

英国在二战后煤矿都收归国有，20世纪80年代以来，英国煤炭工业亏损严重，要靠政府补贴。1989年政府补贴高达73.94亿美元，平均每吨煤补贴75美元。由于煤矿亏损严重、需要政府高额补贴，以及国内煤炭需求量降低等原因，英国政府决定对煤炭工业实行结构调整，对亏损严重、缺乏竞争能力的煤矿实行关闭。

英国煤矿关闭采取的措施和政策如下。

①发布《煤炭工业私有化法案》，将煤矿关闭和私有化结合进行，即将有竞争能力的国有煤矿卖给个人，到1995年已经全部实现了私有化。

②鼓励年龄大的职工提前退休。英国规定煤矿井下工人退休年龄由55岁提前到50岁。鼓励提前退休主要考虑不需安排新的工作岗位，同时，对一些不想转行、愿意享受提前退休政策又不到提前退休年龄的职工，关

闭煤矿成立留守处，组织这部分职工从事煤矿关闭后的一些善后处理以及环境治理工作，直到退休。

③严格区别煤矿关闭和企业破产。煤矿关闭是行政行为，破产是法律行为，享受的政策不同。

④成立专门的机构安置关闭煤矿职工。英国在关闭煤矿的同时，在1984年成立了职工安置机构——煤炭企业转产有限责任公司，负责实施煤矿职工职业变更计划，安置煤矿关闭后富余人员。公司的主要任务是，为煤矿富余人员找到尽可能理想的新职业，提供职业变更的技术培训，为煤矿职工职业变更提供贷款。

⑤政府在经济上给予支持。英国政府为因煤矿关闭失去工作的职工拨出专款，按工龄每年900英镑的标准付给国有煤矿职工安置费。

⑥重视煤矿关闭的善后工作，成立国家关闭煤矿特别工作指导小组，由副首相负责。

4. 日本煤矿退出的主要做法

20世纪60年代初期是二战后日本煤炭工业发展的高峰期，此后逐渐走向衰退。日本煤炭资源条件差，大批煤矿被逐步关闭。1960～2002年，煤矿由622处减少到12处，产量由5261万吨减少到70万吨，职工人数由30.3万人减少到700多人。日本将矿井衰老报废及有计划的关闭统称为闭山，把解决闭山所带来的问题当作一个社会问题，从中央政府到地方各级政府以及煤炭企业都十分关注，采取了大量的措施，取得了较好的效果。

日本煤矿关闭采取的措施和政策如下。

①制定煤矿关闭专项法规，成立专门组织机构，发布了《煤炭产业合理化临时措施法》《煤炭离职人员临时措施法》《产煤地区振兴临时措施法》等。

②重视关闭煤矿失业工人的安置，对失业煤炭工人实行免费培训，培训后帮助其介绍再就业。失业工人在当地谋求职业有困难，可以向劳动大臣申报，由劳动省制定计划，在其他地区安排就业。实施紧急就业措施，在当地或外地就业均困难时，由国家和地方政府出资开办企业，安排就

业。日本规定年满55岁的煤矿工人正式发放养老保险，但煤矿工人可在52岁时提前享受养老保险。不够养老保险条件的工人，在失业后一次性发给平均500万~800万日元的离职费。设立雇佣奖励金，对雇用煤矿工人的企事业单位给予奖励。

③成立机构负责产煤地区的土地和环境治理，并采取优惠政策在煤矿关闭地区招商，促进矿区经济发展。

二　职工安置政策体系的"五维度"模型构建

根据前面章节对我国两轮煤矿关闭退出过程中的职工安置政策以及国外煤炭行业职工安置政策的系统梳理和归纳总结，可以总结出我国煤炭行业职工安置的五个政策维度，这五个政策维度涵盖了从政策制定到政策实施从而产生政策效应的全过程，分别是：能力培育、安置环境、劳动关系、社会保障和行政服务。各政策维度释义如表8-3所示。

表 8 - 3　职工安置政策维度及释义

政策维度	释　　义	主要子维度
能力培育	该类政策旨在支持煤炭行业待安置职工的技能素质和个人能力培育	转岗就业培训、创业培训
安置环境	该类政策旨在优化产业结构，修复生态环境，并通过积极的政策引导消除地区或行业之间的就业壁垒，改善行业或地区间的人力资源流动	就业创业平台、内部安置渠道、公益性托底渠道
劳动关系	该类政策旨在规范处理退出煤矿与职工之间的劳动关系和劳动争议	劳动关系处理、劳动争议处理
社会保障	该类政策旨在积极动员社会各方面资源，保障退出煤矿的职工在年老、失业、患病、工伤、生育时基本生活不受影响	社会保险基金、社会保险管理
行政服务	该类政策旨在指导行政组织通过采取相应的手段和措施确保职工安置政策的落实	行政服务质量、行政服务效率

政策体系通常是由政策子系统、政策要素、关系链、流动要素四大构件组成。

首先，煤炭行业职工安置政策体系是一个相互联系的有机整体，其内部由若干复杂交织的子系统构成。按照职工安置政策体系五个维度的思路，把职工安置政策系统划分为五个政策子系统，分别是：能力培育政策、安置环境政策、劳动关系政策、社会保障政策和行政服务政策五个子系统。

其次，政策要素是指每一个政策维度中包含的关键政策。通过对国内外的集群以及集群政策相关文献的研究分析，可以发现如下方面。①能力培育政策主要通过转岗就业培训和创业培训，提高企业职工再就业和创业能力，激活职工再就业和创业意识，促进职工寻找到匹配个人能力的岗位。②安置环境政策主要通过完善就业创业平台、内部安置渠道、公益性托底渠道等方面政策方案，以推动煤炭企业职工多元化安置渠道的开拓；利用政府营造的职工安置环境和就业创业平台，突破劳动力市场的行业与地域壁垒，拓展人员安置的目标劳动力市场。③劳动关系政策主要通过重视处理劳动关系和劳动争议，维持企业与社会的和谐稳定。④社会保障政策主要通过健全社会保险基金和社会保险管理体系，充分发挥失业保险在去产能中安置职工的重要作用，发挥其保生活、防失业、促就业的基本功能，进而保持就业形势的总体稳定，促进去产能任务的顺利完成。⑤行政服务政策通过完善政府和煤炭企业行政管理体系、提高政府和煤炭企业行政服务效率，保障职工安置政策的有效落地。由此总结归纳出政府在集群发展中普遍采取的一些政策措施：转岗就业培训、创业培训、就业创业平台、内部安置渠道、公益性托底渠道、劳动关系处理、劳动争议处理、社会保险基金、社会保险管理、行政服务质量、行政服务效率。

因而，本研究将转岗就业培训、创业培训作为能力培育政策维度的政策要素；将就业创业平台、内部安置渠道、公益性托底渠道作为安置环境政策维度的政策要素；将劳动关系处理、劳动争议处理作为劳动关系政策维度的政策要素；将社会保险基金、社会保险管理作为社会保障政策维度的政策要素；将行政服务质量、行政服务效率作为行政服务政策维度的政策要素。

再次，关系链是指系统层次结构中政策要素间的交互关系，这种相互联结的层次结构表达着各个政策间的关系以及政策与整个政策系统间的联系，正是政策要素间的交互作用才能促进职工安置工作的有效落实。

最后，流动要素主要包括资金、人力资源、信息资源等，五个政策子系统主要通过资金流、人力流、信息流对职工安置工作起作用，影响煤炭行业职工安置政策的政策效应。这些流动的要素不仅是完成职工安置工作所必需的投入，也是形成关系链的基本条件。

综上提出我国煤炭行业职工安置政策体系"五维度模型"（见图8－12）。

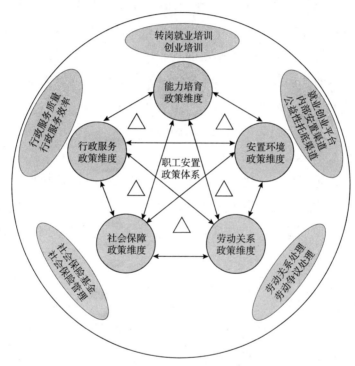

图8－12　职工安置政策体系"五维度"模型

注：○代表政策维度，↔代表关系链，△代表流动要素，⬤代表政策要素。

三　国内外就业与职工安置政策对比分析与经验借鉴

通过对国外职工安置政策的梳理分析，课题组总结出国外职工安置政策的主要特点，发现法德英日各国在能力培育、安置环境、劳动关系、社会保障和行政服务这五个政策维度上，政策方向相同而细节措施有别。下面依然从这五个维度对国内外职工安置政策进行对比分析。

第一，关于能力培育维度。尽管我国在煤炭行业去产能过程中，和国外政府一样强调转岗安置职工就业培训和能力发展的重要性，但是由于长期以来就业培训方面体制机制的差异，国外的就业培训体系相对我国更为健全、有效。一方面，国外职业和技能培训一般由私人机构提供或是由政府出资的公共培训，政府所制定的政策一般是提供信息服务、监管，国外的职业和技能培训机构由来已久，常常和集群内大型企业进行密切合作，还与大学、研究机构进行资源交换；而我国的职业技能培训市场秩序混乱，甚至存在某些欺诈行为，政府对机构的资格认证和监管不足，技能培训效果较差。另一方面，国外制定的人才培训政策主要是针对那些结构性失业的人员，而我国制定的政策不仅要针对结构性失业的人员，还要针对总量性失业的人员。因此，我国人才培训相关的政策负担沉重，表现为花费了巨大的资源在低技能培训上，而国外对职业人员的培训侧重于高技能培训上，相对来说层次会高一些。

第二，关于安置环境维度。在多元化优化就业环境和拓展职工就业渠道方面，我国职工安置政策显著优于国外。一方面，我国不仅推进煤炭职工跨行业和跨地区再就业，而且提倡转岗安置职工在企业内部分流，并以公益性托底作为保障措施；另一方面，我国出台系列政策加大对转岗安置职工创业的扶持力度，把自主创业作为就业重要增长点，坚持创业培训、政策扶持、创业服务三位一体，建立激励创业机制，推动创业孵化，鼓励转岗安置职工创业，发挥创业带动就业的倍增效应。但是我国煤炭行业转岗安置职工创业体系在发展过程中，还存在运行机制不合理、投资渠道缺乏、投资结构不合理、整体创业环境不完善、过分依赖政府政策优惠等缺陷，导致创业支持政策发挥的效果还较弱。

第三，关于劳动关系维度。由于国外长期重视劳动关系建设，劳动关系政策的制定和执行通常都以独立于政府和企业的工会为主导，劳动关系相对和谐，劳动争议处理难度相对较低，如美国建立产业和区域劳资委员会和劳联－产联联合会（美国最大的工会组织）等机构，借助多元力量处理劳动关系事务，并通过员工持股计划（ESOP）和员工援助计划（EAP）等政策措施优化企业的劳动关系管理，形成稳定且具有弹性的劳动关系管理体系。相较而言，我国劳动关系政策制定以政府为主导，政策执行以政府结合企业工会的方式，因此，我国劳动关系政策在职工参与方面还有一定缺陷，劳动争议处理难度也相对较大。

第四，关于社会保障维度。外国和我国政府在这方面的政策都有涉及，社会保障政策通常贯穿于煤炭行业就业与职工安置工作的整个过程，我国各省份都在省政府的引导下积极实行内部退养及相关养老保险和医保等保障政策。但是，比较而言，我国政府资金保障的持续性不足，政策制定中更多关心的是生活补贴、政策补助等的直接投入，而关于职工安置资金保障的过程管理和结果评估的政策相对较少。

第五，关于行政服务维度。我国在国务院下发的《关于煤炭行业化解过剩产能实现脱困发展的意见》以及人社部、国家发改委等七部委印发的《关于在化解钢铁煤炭行业过剩产能实现脱困发展过程中做好职工安置工作的意见》指导下，各省份纷纷出台职工安置政策，制定职工安置计划，并成立职工安置指导小组。值得注意的是，国外政府主要是起着指导规划和支持促进的作用，为企业与职工之间搭建一个平台，具体的职工安置事项及活动由双方共同协商进行；而我国政府干预较强，习惯于由政府来引导职工安置活动，但政府本身对各方需求并不完全了解，有时会导致政策失灵。

根据以上分析，我国政府可以在以下几方面做出努力。（1）政府创建煤炭行业去产能职工安置平台，减少干预作用，加强指导作用，加强行业或区域之间的联系，改善煤炭企业和转岗安置职工关系，促进社会对煤炭行业职工的认同，完善煤炭行业就业与职工安置工作。（2）加强资金保障的持续性，为转岗安置职工制定包括完善社会保险、技能培训支出等方面的政策，制定职工安置资金保障的过程管理和结果评估的政策，利用管理和评估机制促进职工安置工作完成。（3）联合高校等研究机构为全国煤炭行业转岗安置职工再就业培训提供有利条件，规范现有培训市场，监管培训质量，支持和促进培训服务，做到以用育才、以用聚才，积极为煤炭行业转岗安置职工实现价值提供机会和条件，不断提升煤矿职工使用效能。（4）完善创业支持功能，构建沟通研究者、煤矿职工创业者和金融家的平台，通过创业相关支持政策，激励煤炭企业转岗安置职工创业，促使创业带动就业。（5）坚持对外开放与对内开放相结合，充分利用国际国内两种资源、两个市场，鼓励煤炭企业转岗安置职工成立专业化队伍，建立与国内外煤炭企业的良好协作配套关系，延长煤炭工业专业化服务产业链，拓宽发展空间，利用专业技术形成专业服务优势。

第六节　煤炭行业就业与职工安置政策效应分析

在煤炭行业化解产能过剩的过程中，推动供给侧人力资源改革、做好富余职工退出管理与安置工作不仅关系到煤炭行业的健康发展，更关系到我国的国计民生。课题组在研究现有政策和实际调研中发现，有一些行业内外仍然关注的共性问题，如：当前的政策体系到底产生了什么效果，当前的政策体系运行情况如何，现有政策法规是否存在矛盾点，等等。因此，对职工安置政策的效应分析意义非常重大。考虑到煤炭企业和煤炭资源型城市发展的生命周期性，课题组选取了成长型产煤省陕西和山西、成熟型产煤省河南和安徽以及衰退型产煤省黑龙江等具有代表性的省份作为研究和调研的对象。本研究根据调研结果，从能力培育、安置环境、劳动关系、社会保障和行政服务五个政策维度，具体分析我国煤炭行业职工安置政策的效应。

一　能力培育维度政策效应分析

1. 转岗就业培训子维度政策效应分析

（1）正效应分析

自煤炭行业按照国家去产能部署关闭退出产能过剩矿井以来，全国各级政府和煤炭企业纷纷开展各具特色的转岗就业培训活动，并取得显著成效。

案例1：河南省新密市结合劳动力市场实际，围绕转岗就业人群的特点、需求，编制专项培训实施方案，整合现有培训资源，开发有针对性的培训项目，积极开展实施"三单联动"培训机制。2016年，新密市完成创业培训 510 人、就业再就业培训 1500 人，新增城镇就业再就业 7000 人，农村劳动力转移就业 16500 人，发放小额担保贷款 7000 万元，城镇零就业家庭动态为零。

案例 2：淮北市以煤炭转岗分流职工的技能需求为导向，选择汽车维修、维修电工、电焊工等市场需求大、适用范围广、技能易掌握的工种，开展订单定向培训和技能提升培训。2016 年以来，淮北市采取集中培训和送教上门相结合的方式培训职工 3000 余人，进一步提升了受训职工市场适应力，有力推动其高质量的转岗就业。淮南市则从 2016 年开始相继举办了育婴师、家政服务员、计算机、电焊、叉车和厨师等不同内容的培训班，培训下岗失业和转岗分流职工 586 人，积极促进了转岗分流职工的就业再就业工作。

（2）负效应分析

一方面，由于培训资金、转岗发展资金筹措困难，我国各级政府和煤炭企业难以建立起有效的转岗培训机制；另一方面，煤炭行业职工仍然面临技能单一、资金专用性强和本土观念的问题。

案例 3：某煤炭大省出台了一系列给予煤炭企业职工就业创业培训资金支持的政策。但是，据课题组调研，该省对从就业创业基金中支出的职工职业培训费实行属地化管理，但是由于目前没有专门部门对该项费用拨付情况和企业具体使用情况进行统计，所以在培训的统筹安排上有待完善。另外，由于从失业保险基金中支出的职工培训费的补贴对象是失业职工，但该省要求煤炭企业不得采用下岗的方式实现职工安置，所以，受去产能影响的煤矿职工中仅有少数人才能领取培训费用。

案例 4：据典型煤炭企业反映，待分流安置职工普遍年龄偏大、素质偏低、结构不优、观念陈旧，尤其是一些投产时间长的老矿井，45 岁以上职工占一半多，大多数已失去进入新领域的竞争力，再加上学历层次较低、掌握技能单一、本土思想严重、不愿意离开原单位到外部去工作，内部转岗和调剂困难更大。

案例 5：安徽某煤矿企业采用企校联合模式开展转岗培训工作，相关工作需要按照安徽省人社厅发布的《2014 年就业技能培训工种目录》规

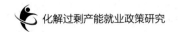
定的学时开展，如焊工360学时、装配钳工420学时等。然而，在实际操作过程中，企业发现"工种目录"中要求的培训学时过多、培训投入成本过高，为企业顺利开展转岗培训工作造成了一定的障碍。

2. 创业培训子维度政策效应分析

（1）正效应分析

我国各级政府深入实施创业扶持政策，积极推动实施大众创业示范城市创建，进一步强化职工创业培训，健全创业孵化体系，促进创新创业带动就业。同时，煤炭企业也积极组织创业培训，推动职工创业。

案例6：河南省各级政府高度重视创业扶持工作。2016年，河南省完成创业培训25.32万人次，完成年度目标任务的158.3%；完成失业人员再就业培训37.03万人次，完成年度目标任务的123.4%；帮助14.7万人实现创业，带动就业43.5万人。同时，截至2016年10月底，河南省农民工返乡创业累计达72.57万人，创办企业37.52万家，带动就业334.92万人。

案例7：淮北市在安徽省委、省政府的指导和支持下，对有创业意愿的煤炭企业转岗分流职工有针对性地开展创业培训、创业指导、项目咨询和跟踪服务。成立由专业人力资源工作者、劳模、职工创业标兵组成的宣讲团，开展"送政策、送岗位、送技能"进矿区活动，帮助自主创业人员增强创业意识，理性评估市场，掌握创业技能，完善创业构想。2016年以来，淮北矿业关闭了3对矿井共涉及职工7019人，其中自主创业659人。

案例8：徐州矿务集团公司（以下简称徐矿集团）在江苏省和徐州市相关政府部门的支持下，开展涉及手机维修、电动汽车维修、面点、月嫂、催乳师、养老护理、家政服务、插花、网店实务、SYB创业、化妆师、美容师和保健按摩等内容的"千人培训计划"。2016年，徐矿集团共开设转岗职工技能、创业培训班22班次，培训1077人次，结业合格率100%，全部取得相应专业的技术等级证书，仅一期电子商务培训班，70名学员中就有49名成功进行网上创业，有的甚至做成"皇冠卖家"。

（2）负效应分析

受限于煤矿职工特点，煤炭企业较难开展创业培训教育。同时，创业培训资金也难以筹措。

案例9：据河南某大型煤炭企业提供的调研数据，2016 年，该企业受去产能影响职工有 1414 人实现创业，仅占 2016 年成功安置总人数的 6.84%。另据安徽某煤炭企业提供的调研数据，2016 年该企业参与自主创业的 659 名职工中，成功创业的仅有 49 人。

二　安置环境维度政策效应分析

1. 就业创业平台子维度政策效应分析

（1）正效应分析

随着我国"大众创业、万众创新"战略的实施，各级政府积极打造就业创业平台，完善就业创业服务，营造就业创业氛围，全面激活我国各类人员创业动力，实现创业人员数量和就业岗位双增长。

案例 10：2016 年河南省人才交流中心和就业服务中心举办招聘会 200 余场，促成 20 余万人就业；河南省煤炭企业在做好内部分流的同时，积极拓展外部劳动力市场，为富余人员找出路，建立向新产业劳务输出渠道，实现员工分流增收、企业增效。

例如，2016 年 9~12 月，义煤公司共计成功组织 1059 人，到郑州富士康公司及郑州世纪精信公司进行劳务输出，累计共减少工资社保费用支出 510 余万元，职工月增收约 1800 元。

案例 11：淮北市充分发挥公共就业服务机构主渠道作用，积极搭建企业分流职工转移就业平台，先后在烟台、芜湖、合肥、深圳、常州、台州等地建立 6 个劳务输出基地，实施组织转岗就业行动计划，成建制输出煤炭企业富余人员，建立人岗对接合作长效机制，稳住化解过剩产能企业人员分流转移就业的"基本盘"。2016 年以来，举办"暖风行动"公益性系列招聘会、就业援助月活动 20 多场，发布企业用工信息 3400 多条，提供就业岗位 10 万个，帮助煤矿转岗职工 6500 余人实现再就业。

案例 12：按照黑龙江省委、省政府要求，双鸭山市 2016 年承接煤炭企业受去产能影响职工 5000 人（省政府下达任务为 3665 人）的转岗安置再就业工作。双鸭山市努力发展以食用菌栽培、特色蔬菜种植、林下经济、电子商务等发展前景好、就业岗位多的企业为主导方向，发展就业潜力大的小微企业和服务业等行业，开发就业岗位，拓宽就业渠道。双鸭山市全面开展创业带动就业行动，大力抓创业园区建设，搭建全民创业平台。重点打造以大学生为创业主体的大学生创业园、以培育"科技型"企业为主体的开发区创业园、以"互联网＋"为运营模式的电子商务创业园、以花菇种植为主的岭东花菇创业基地、以特色蔬菜种植为主的现代农业产业创业园。2016 年上半年创业成功 550 人，带动就业 1127 人。

（2）负效应分析

我国大多数产煤省和煤炭资源型城市没有建立起高效的就业创业平台，煤炭企业职工跨行业、跨区域流动依然较为困难。

案例 13：安徽某煤炭企业提供的调研材料表明，该企业与合肥等异地企业开展劳务对接 38 人，仅占安置职工总数的 0.5%。去产能职工输出到民营企业，因为管理的差异化等因素，职工初期不适应，输出阻力较大，占实际安置职工总数的比例很低。

2. 内部安置渠道子维度政策效应分析

（1）正效应分析

煤炭行业去产能以来，煤炭企业建立了关闭退出矿井与内部缺员单位之间的人员输送对接机制，加强内部调剂；同时，煤炭企业内部退养机制也较为完善。

案例 14：截至 2016 年底，河南全省分流安置职工 58581 人，占需分流安置总数 6.42 万人的 91.2%（具体见图 8－13），高于全国平均水平 5.7 个百分点，其中内部退养 7230 人，转岗安置 33661 人。

案例 15：2016 年，山西省煤炭行业去产能过程中，已经完成职工安置 20937 人，安置率约为 99.64%，其中，实现转岗安置的职工人数为 19071，采取内部退养形式安置的职工人数为 377，其他因各种情况解除或终止劳动关系的职工人数为 1489。

（2）负效应分析

随着能源革命的持续推进和煤炭行业经济形势不断下行，煤炭企业亟须通过转型升级和减人提效推动企业创新发展，这令煤炭企业对职工的素

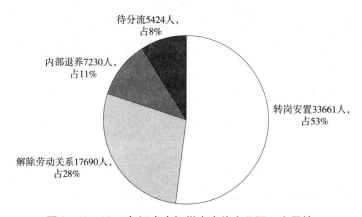

图 8 – 13　2016 年河南省钢煤去产能企业职工安置情况

资料来源：河南省人力资源和社会保障厅发布的《2016 年河南省就业形势报告》。

质要求越来越高，技能单一、年龄偏大、本土思想严重的矿工难以满足企业内部的人力资源流动和人力资源效能提升的诉求。

案例 16：据调研，某煤炭企业地理位置偏僻，人员分流渠道窄，员工就业观念陈旧，公司生产经营形势严峻，各单位用工需求严重萎缩，2016年通过积极协调妥善安置关闭退出矿井 1786 人，公司内部岗位已经饱和，2017 年已无法提供更多安置岗位；另外，随着未来两年关闭退出矿井单位到期关闭，企业会有更多大量富余人员需安置，经初步统计，富余人员大多数为地面后勤人员，平均年龄在 40 岁以上，技能单一，专业不突出，集团内转岗分流也会受到很大的限制。

案例 17：安徽省一些老煤炭企业开发时间长，职工年龄普遍偏高，就业结构性矛盾突出。某企业拟分流职工长期工作在井下一线，年龄偏大（35 岁以上职工占职工总数的 80.7%），择业技能单一，文化层次不高（本科及以上占比 4%，大专占比 10%，高中中专及技校占比 31%），很多转岗安置职工达不到企业内部招聘的要求。同时，许多待转岗职工不愿到外地工作。

3. 公益性托底渠道子维度政策效应分析

（1）正效应分析

全国各级政府都非常重视去产能中的托底援助工作，对就业困难人员和零就业家庭人员提供公益性岗位托底安置。

案例 18：河南省政府出资扶持或通过社会筹集资金开发公益性岗位，解决了煤炭企业零就业家庭问题。河南省统筹做好各类困难群体就业工作。加强就业服务和援助，全省失业人员再就业 48.02 万人，完成年度目标任务的 137.2%；就业困难人员实现就业 19.19 万人，完成年度目标任务的 159.9%。同时，通过开发公益性岗位进行托底帮扶，确保"零就业家庭"实现动态清零。

案例 19：安徽省对通过市场渠道确实难以就业的困难人员，通过政府购买公益性岗位托底安置，确保煤炭行业就业困难人员不挑不拣 5 天内上岗就业。淮北市建立了零就业家庭动态清零机制和就业困难群体帮扶制度。针对两大煤炭企业在化解产能过剩中的零就业家庭和就业困难群体，就近就地开发保安保洁保绿及道路护养岗位，进行"一对一"就业援助，截至 2017 年 7 月已有近 100 人成功对接。

（2）负效应分析

大多数去产能煤炭企业都存在严重的老龄化现象，而政府提供的公益性岗位有限，导致煤炭企业在大龄困难职工和大龄女性职工的分流安置工作上存在一定问题。

案例 20：某省煤炭企业职工平均年龄超过 40 岁，部分煤炭企业女性职工占比 30% 以上，大龄困难职工和女性职工转岗就业问题难以解决。但该省所能提供的公益性托底岗位很少，且待遇偏低，与实际需要有很大差距。

三　劳动关系维度政策效应分析

1. 劳动关系处理子维度政策效应分析

（1）正效应分析

我国煤炭行业去产能背景下的职工安置政策明确了化解过剩产能过程中劳动关系处理的具体政策措施。

案例 21：河南省煤炭企业严格按照劳动合同法及其实施条例与待安置职工解除劳动关系，全省钢铁、煤炭行业共解除劳动关系 17690 人。根据河南能源提供的调研数据，2016 年，河南能源受去产能影响职工中解除或终止劳动合同 11218 人，解除劳动关系支付经济补偿金总额 78055 万元，人均 6.96 万元。

（2）负效应分析

当前我国的职工安置政策在不愿解除劳动关系职工的生活费和停产放假单位职工解除合同补偿金两个方面没有提供明确的标准和依据。此外，企业经营困难，受影响人员势必工资下降；同时，稳岗补贴较低，无法满足受去产能影响职工的基本生活需求，这些人员生活困难的问题普遍存在，容易导致劳动争议出现。

案例 22：在课题组的调研中，据典型煤炭企业反映，目前劳动关系处理主要存在三方面问题。

一是关于停产放假单位职工解除合同补偿金问题。由于纳入去产能计划的矿井停产放假时间较长，在此期间给职工发放生活费，在依法解除劳动合同时，职工要求按正常生产时的工资水平计算经济补偿金，不接受按最低工资计算补偿金。对此，职工反应强烈。

二是关于解除合同补偿金的分段计算问题。鉴于 2008 年以前的工资水平高于目前水平，部分职工据《劳动合同法》第九十七条规定，要求单位在解除合同时应分段计算：2008 年 1 月 1 日以前的，按《违反和解除劳动合同的经济补偿办法》第九条的规定支付经济补偿金，月工资标准按 2007 年度的工资水平确定；2008 年以后的按《劳动合同法》的规定办理，月工资标准按解除合同前 12 个月的平均工资确定。

三是部分职工对解除合同补偿金存在异议。按照《劳动合同法》《劳动合同法实施条例》的有关规定，计算解除合同经济补偿金的月工资标准指劳动者在劳动合同解除或者终止前十二个月的平均工资，若平均工资低于当地最低工资标准的，按照当地最低工资标准计算。由于去产能矿井长期停产放假，职工发放生活费，在依法解除劳动合同和分流时，职工不接受按最低工资计算补偿金，强烈要求按正常生产时的工资水平计算经济补偿金。

案例 23：课题组通过对陕西某煤炭企业内部退养和待岗人员的调研访谈发现，每月税前费前 1000 多元的稳岗补贴无法满足基本生活的需求，

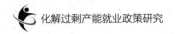

这部分职工情绪容易出现波动，上访事件频繁，严重影响矿井的安全生产和职工的生活安定，在社会上也造成负面影响。

2. 劳动争议处理子维度政策效应分析

（1）正效应分析

受煤炭行业去产能和职工安置以及煤矿职工维权意识增强等因素的影响，劳动争议纠纷逐渐步入高发期，我国各级政府不断健全劳动争议处理制度和体系，保障了煤炭企业职工的合法权益。

案例24：2016年，河南省劳动人事争议纠纷案件结案率达到97%以上，有力地维护了河南省职工的合法权益。

（2）负效应分析

根据我国现行政策法规，各地方政府对劳务派遣工的特殊工种不予认定，煤炭企业、劳务派遣单位、被派遣劳动者三方的利益协调困难，劳动争议处理困难且处理时间较长。

案例25：由于历史原因，某煤炭企业劳务派遣多为井下工、电焊工等特殊工种，涉及职工1584人。根据劳务派遣有关规定，劳务派遣工一般从事临时性、辅助性、替代性岗位，据此，人社部门对劳务派遣工的特殊工种不予认定，造成相当一部分员工不能提前退休。

四 社会保障维度政策效应分析

1. 社会保险基金子维度政策效应分析

（1）正效应分析

近两年来，我国各主要产煤省纷纷降低社会保险费率，为煤炭企业减少了一定负担。

案例26：自2016年5月1日起，河南省阶段性降低社会保险费率，一定程度上减少了企业的负担。河南省企业职工基本养老保险单位缴费比例由20%降为19%；失业保险费率由2%降为1.5%，其中，单位缴费比例降低0.3个百分点，由目前的1.5%降为1.2%，个人缴费比例降低0.2个百分点，由目前的0.5%降为0.3%。此次降低费率的期限暂按两年执行。初步测算，两项费率降低后，可为企业减负超过60亿元。

案例 27：从 2016 年 5 月 1 日起，安徽省企业职工基本养老保险单位缴费比例从 20% 降到 19%；失业保险总费率由现行的 2% 降至 1.5%，其中单位费率由 1.5% 降至 1%，个人费率 0.5% 维持不变。自 2017 年 1 月 1 日起，安徽省失业保险费率再次由 1.5% 降至 1%，即单位按照本单位工资总额的 0.5% 缴纳失业保险费；职工按照本人工资的 0.5% 缴纳失业保险费，由单位从其工资中代扣代缴。

（2）负效应分析

社保费率依然较高，煤炭企业欠缴社会保险费现象严重；失业保险费缴纳不及时以及社保欠费影响煤炭企业申请稳岗补贴，同时，因不能按时兑现拖欠员工工资、社保费等，容易产生新的费用，如社保滞纳金等，从而导致恶性循环。另外，企业拖欠社会保障缴费严重，直接影响正常的社会保障系统的征缴收入，进一步地，影响职工待遇的正常领取，甚至导致职工无法正常办理退休手续。由于很多煤炭企业是当地的重要企业，就业规模庞大，从长期来看，社会保障欠费还会影响社会保障基金的可持续性问题。

案例 28：陕西某煤炭企业截至 2016 年 9 月欠缴社会保险费用 82618.83 万元，其中，养老保险缴费 39974.47 万元、企业年金 7122.99 万元、医疗保险个人账户和定点医疗机构医疗费用 15000 万元。

案例 29：陕西另一煤炭企业截至 2016 年 9 月，欠缴各类社会保险费用 49164.83 万元，其中，养老保险费 15191.18 万元、医疗保险费 10347.37 万元、住房公积金 17467.38 万元、企业年金 6158.9 万元。

案例 30：黑龙江某市煤矿企业 2015 年以来共计欠缴各项社会保险费用 9.58 亿元。同时，该企业的社保经办职能即将移交地方，按照省政府相关规定，移交前需划转基金结余医疗保险、补缴欠缴失业保险费等费用共计 5.77 亿元。由于该市从失业保险金中为企业支付了 1.7 亿元的转岗分流人员补贴，又因失业保险费率下调，失业保险结余资金锐减，而且随着去产能的深入，有大量失业人员进入社会，失业保险基金支出再次加大。截至 2016 年 7 月，该市失业保险基金滚存结余为 1.1 亿元，2016 年支出 8600 万元，基金结余 2400 万元，已达到预警底线。

2. 社会保险管理子维度政策效应分析

（1）正效应分析

目前，我国主要产煤省的煤炭企业社会保险大多已经完成向所在地市的移交。

（2）负效应分析

部分产煤省社保移交和提高统筹层次存在属地化管理问题；存在社保无法转移和统筹外费用无法支付等问题；社会保险政策之间存在矛盾点。

案例31：据调研，有的省在社会保险管理上仍然存在诸多问题。

一是某省一大型煤炭企业自行管理的医疗生育保险属地化管理存在问题。该企业的下属单位分布于省内十余个地市，属于点多、线长、面广的跨统筹区域的大型企业。集团公司医疗、生育保险实行集团公司统筹，缴费费率、待遇支付标准、门诊重症慢性病病种等均按照省直政策执行，各单位员工医疗生育待遇均衡一致，有利于人员内部流动。按该有关企业医疗生育保险属地管理文件规定，集团公司医疗生育保险需分别移交到十二个地市管理，各地市缴费费率、待遇标准、门诊重症慢性病病种等均有很大差异，严重影响集团公司内部职工流动。由于各地市待遇差别大，且多低于原集团公司待遇标准，待遇补差涉及范围很广，且职工就医原始数据难以取得，待遇补差难度很大。

二是社保属地化管理不利于跨区域转移接续。某煤炭公司全国各地子公司较多，外派人员多，并且调动频繁，若纳入地方管理，每次转移需要跨省、地市，参保关系转移接续手续复杂，给职工带来很大的麻烦。每个省、地市的医保政策不尽相同，同样是集团公司的职工，待遇不同，会影响职工队伍的稳定。

三是距退休年龄10年内职工解除合同后的社保接续问题。按照《城镇企业职工基本养老保险关系转移接续暂行办法》，各地社保部门对男性年满50周岁和女性年满40周岁的职工，一般不接受社保关系的转移。某企业征求职工意见了解到，一些职工甚至包括符合内退条件的职工自愿解除合同、领取经济补偿金，但若这些职工解除合同后，将面临社保关系无法转移、无法办理退休手续等矛盾，给企业带来较大不安定因素，需要研究制定相关处理政策，以便做好下一步操作。

四是关于退休人员统筹外费用的问题。1998 年煤炭行业下放地方管理后，企业退休人员养老金构成中，煤炭部划为省级统筹项目的部分费用，有的省未予以认可，由企业自行负担。企业退休人员移交地方实行社会化管理时，该批退休人员的统筹外费用将无法支付。

五是职工失业保险和工伤保险只能择其一的问题。某煤炭公司下属矿在 2017 年去产能职工安置工作实施过程中，与 73 名 5～10 级工伤人员（因工致残被鉴定为六级 1 人、七级 10 人、八级 4 人、九级 24 人、十级 30 人，未鉴定等级 4 人），在享受一次性伤残就业补助金、一次性工伤医疗补助金和失业保险金的操作方式上产生了异议，职工已多次前往省有关部门咨询，尚未得到明确回复。

根据《工伤保险条例》，只能由职工个人提出与用人单位解除或终止劳动合同，矿企才支付一次性伤残就业补助金；而根据《失业保险条例》，如果由职工个人提出解除或终止劳动合同，按规定职工不能领取失业保险金；去产能矿井关闭属政策性关闭，工伤职工解除或终止劳动合同实际上并非职工本人意愿。因此，职工认为去产能矿井关闭属于政策性关闭，工伤职工解除或终止劳动合同非本人意愿，按省政府办公厅《关于印发省煤炭钢铁行业化解过剩产能职工安置工作实施方案的通知》规定，他们应同时享受一次性工伤医疗补助金、一次性伤残就业补助金和失业保险金。

六是在 2016 年矿井关闭退出过程中，需要妥善解决职工遗属抚恤问题。某煤炭公司 2016 年共有 528 户 561 位职工遗属需要抚恤，但上级没有明确安置办法也没有拨付相关资金，企业安置时没有上级规定依据。

五　行政服务维度政策效应分析

1. 行政服务质量子维度政策效应分析

（1）正效应分析

我国各主要产煤省均制定了较为完善的煤炭行业职工安置规划，强化了对职工安置工作的风险监控和宣传引导。

（2）负效应分析

资金保障工作仍未有效落实，职工安置费用缺口很大，全国各去产能煤炭企业自身难以解决职工安置费用问题。

案例32：根据山西某大型煤炭企业提供的测算数据，2016年，该企业产能退出矿井涉及6069人，共需安置费用46657万元，已到账国家专项奖补资金22636万元，资金缺口约24021万元。2017年2对矿井退出涉及职工2779人，约需要安置费用20864万元。两年资金累计缺口44885万元，进一步加大了企业资金负担，增加企业经营压力。

案例33：黑龙江省某大型煤炭企业近年来生产经营困难，出现降薪、欠薪和欠保等问题，目前无力筹措去产能职工安置资金。据企业测算，去产能安置5.5万人的总成本为111亿元，其中：内部退养1.07万人需费用10.7亿元，转岗培训1.06万人需费用9.1亿元，通过改制和灵活就业等方式与3.05万人解除劳动关系需支付经济补偿金21.8亿元，工伤残0.32万人需费用35.7亿元，偿还拖欠职工各项权益性债务33.9亿元，人均成本约20万元，按中央财政人均补助上限6万元计算，人均缺口14万元，缺口总额77亿元。除去产能安置的5.5万人以外，企业自2014年以来分流安置和即将瘦身分流安置约5.7万人（含组织化分流职工2.25万人），还需安置费用约63.81亿元。此外，还有符合内退政策的2.7万人，如果允许他们享受煤炭行业去产能的内退政策补贴，并由中央财政给予50%的内退生活费补贴，约需要20.25亿元。

当前，中央财政结合去产能任务完成情况、需安置职工人数、困难程度等因素，已向黑龙江省拨付去产能奖补资金14.706亿元（人均3.7万元），是按照2016年奖补资金总额的80%下拨的，年底如完成去产能任务，奖补资金总额预计为18.38亿元（人均4.6万元）。

案例34：根据安徽某煤炭企业提供的测算数据，2016年，该企业职工分流安置资金共管账户累计收到中央财政奖补资金2.42亿元，升级财政专项奖补资金2.42亿元，当年专户资金利息收入42.11万元，合计4.85亿元。企业实际支用奖补资金3.23亿元，其中，去产能矿井拖欠职工的养老保险费、失业保险费和医疗保险费0.32亿元，离岗退养职工和工伤退养职工 2016 年度生活费、社保费用 1.06 亿元，职工经济补偿金 1.85 亿元。2016 年，企业所在市有关部门按照当地最低工资标准 1350 元/（人·月）核定离岗退养人员生活费，企业实际向职工支付生活费标准为 1800 元/（人·月），缺口 2246.2 万元由企业承担；同时，企业继续为劳务输出人员补贴生活费、缴纳社保及住房公积金，每年费用约 1000 万元。

2. 行政服务效率子维度政策效应分析

（1）正效应分析

我国各主要产煤省都加强了与职工安置有关的电子政务和行政平台建设，在一定程度上提高了行政服务效率。

（2）负效应分析

因移交职工人数较多、工作量大等原因，我国主要产煤省各地市社保转移接续的经办效率较低，对职工按规定领取失业金造成困扰。

案例 35：河南某煤炭企业在 2016 年关闭退出矿井人员分流安置工作过程中，下属某矿区于 2016 年 10 月底完成了整体职工解除合同补偿金的核算审批和发放工作，并于 11 月底前将所有解除合同人员名单以电子版形式报送当地有关部门备案，随后办理了职工失业登记表的申报和收集工作，因移交职工人数较多、工作量大，在有关部门接收档案慢和企业整理档案烦琐、进度缓慢的双重因素影响下，部分职工档案超过 60 天未能及时移交。该省失业保险条例规定，失业人员应当自用人单位终止或者解除劳动关系的证明送达之日（发生劳动争议的，可延长到仲裁或判决生效之日）起六十日内，到当地失业保险经办机构办理失业登记，申领失业证。因此，当地有关部门认为，职工无法按规定领取失业金。目前，该矿多名职工已多次到该矿、当地有关部门提出诉求，要求尽快享受失业金以及失业期间的各项待遇，企业也正在与当地有关部门沟通协调。

此外，工伤人员安置进度缓慢，主要原因是职业病鉴定结果报告周期太长，几个月甚至半年不能得到结果，并且矿井关闭后一级至四级工伤人员移交当地社保部门工作进度缓慢，费用核算标准没有统一规定。该企业 2016 年关闭退出矿井中仍有 54 名工伤职工需要待上级或公司鉴定结果出来后进一步依法分流安置。

六　我国煤炭行业就业与职工安置政策效应综合分析

我国自开展煤炭行业职工安置工作以来，已经通过一系列政策措施，取得显著成果，但是仍然存在一些亟须解决的问题。透过以河南、安徽、黑龙江、山西和陕西等主要产煤省为例的煤炭行业职工安置政策效应分析，可以看出，各矿井所在地政府有关部门、煤炭企业和煤企职工之间相互沟通协调、有效解决职工安置问题的机制尚不够健全，这也是职工安置各环节出现经费难筹、人员难安、错位对接、效率低下等问题的关键所在。如何有效平衡、控制职工安置中出现的各种权益矛盾是政府、煤炭企业和职工需要共同面对的问题。

政府和煤炭企业如果仅仅将有限的资源用于满足短期的职工保障性补偿和就业需求满足，尽管会维护好社会与企业的和谐稳定，但难以形成长期的可持续的人力资本价值链。因此，完善职工安置政策，探索与实践有效的煤炭行业职工安置体系，对于政府、煤炭行业和煤炭企业都具有非常重要的意义。

通过对我国煤炭行业就业与职工安置政策的效应分析，发现当前煤炭行业就业与职工安置政策落实存在的主要不足如表 8-4 所示。

表 8-4　我国煤炭行业就业与职工安置政策效应综合评价

政策维度	当前职工安置政策效应评价
能力培育维度	我国各主要产煤省缺少专业化职业培训机构；部分地方政府和煤炭企业疏于对煤炭企业转岗安置职工的思想教育和心理疏导；能够支持职工再就业的专业化和正规化培训较少；职工就业培训缺少财政支持
安置环境维度	我国部分资源型城市受到资源和条件限制，难以在产业发展方面给予更多的政策支持，导致职工就业安置渠道狭窄，不能为转岗安置职工提供足够的再就业岗位；对煤炭企业减量置换和改造升级的政策支持力度不足，导致受去产能影响职工难以在企业内有效分流；对煤炭企业转岗安置职工成立专业化服务队伍的政策支持力度不足
劳动关系维度	煤炭企业工资不断下降且稳岗补贴较低，容易导致劳动争议出现
社会保障维度	我国煤炭企业社保欠缴现象严重，且社保移交和提高统筹层次存在属地化管理问题
行政服务维度	职工安置费用缺口很大，企业和地方政府自身难以解决；各级政府、煤炭企业与转岗安置职工间沟通不顺畅；政府行政服务质量和行政服务效率有待提高

第七节　我国煤炭行业就业与职工安置政策体系设计

党的十九大报告强调，"增进民生福祉是发展的根本目的"。在煤炭行业化解过剩产能过程中，要以习近平新时代中国特色社会主义思想和党的十九大精神为指导思想和理论依据，着重从三个方向设计我国煤炭行业就业与职工安置政策体系：一是以供给侧结构性改革为主线，着力化解煤炭过剩产能，着力调整产业结构和优化布局，促进煤炭行业转型升级，加强煤炭企业就业保障能力，解决好就业安置、职业培训、工资报酬等问题；二是以"民生为本"为工作主线，坚持企业主体作用与社会保障相结合，科学合理制定职工安置政策，确保安置资金到位，有效落实职工保障政策；三是维护矿城、矿企和矿工的合法权益，构建以三矿协同职工安置体系为核心的长效机制，形成矿城、矿企与矿工价值共同创造系统，实现三矿协同、有序、可持续发展，从而为职工安置政策体系的全面落实提供基础保障。

一　促进煤炭行业转型发展的产业政策建议

1. 健全标准和监管体系，建立协同高效的煤炭行业管理体制

科学制定规划和标准。国家加强宏观调控，制定国家煤炭发展规划时，统筹考虑能源需求和新能源的替代空间，规划煤炭产能，设计合理规模的产能储备，保证能源安全供应和煤炭价格的稳定，支撑经济发展。科学制定企业退出规划，根据矿井资源储量、质量和开采条件，有节奏地逐步收缩开采，直至停产。

加强执法和监管。严格监管超产、违法违规生产等现象，防止已淘汰落后产能死灰复燃。对违法企业进行关闭查处和停产监督，违规建设项目清理整顿。

建立协调高效的煤炭行业管理体制和提高政策服务水平。根据煤炭行业在我国能源格局中的主体地位及煤炭行业的具体特点，建立现代煤炭行

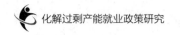

业管理体制，形成科学合理的煤炭勘探、开发、调运、转化、利用管理机制，以及政府宏观调控有力、行业监管完善、企业活力增强的管理体系。

2. 建立健全煤矿退出机制，促进行业转型升级

严格按照国家规定进行关闭和退出。以更加严格的安全环保质量能耗等标准，依法依规推动落后产能的限期退出，退出过程中保证一次性投入和保障职工权益，减少后续投入和避免遗留问题，减少国家长期负担；针对不同类型的煤炭企业，提出差异性退出政策。

严格控制新增产能，盘活闲置资源和资产。原则上停止审批新建煤矿，严格限制新增产能的技术改造和煤矿生产能力项目。同时，充分利用土地、工业广场、塌陷区、办公区、厂房等闲置资源与资产，发展生态农业、养老服务等产业；地方政府出台土地变性等相关优惠政策，实现地方与企业共同建设。

推进兼并重组，提高技术水平。通过兼并重组等方式促进行业集中度的提高，减少煤矿主体数量。

积极调整产业结构，因地制宜转型升级。立足当地优势资源，因地制宜制定转型升级战略，转型方向与区域特色和区域规划有效对接。

设立煤矿关闭退出专项基金和转型发展资金。国家应在借鉴主要产煤国煤矿关闭退出的成功经验的基础上，通过资源税收入、国有资本收益等渠道设立煤矿关闭退出专项基金和转型发展资金，用于资产处置、塌陷区治理、新产业引导等。关闭退出基金和转型发展基金可来自以下三方面：第一，中央政府的国有资本收益；第二，地方政府征收的资源税；第三，煤炭企业自筹资金。

3. 完善煤炭市场机制，营造良性市场环境

尊重市场在资源配置中的决定性作用。煤炭去产能等政策短期内获得了一定的成效，但长效措施还要遵循政策引导下的市场规律，尊重市场在资源配置中的决定性作用。

设置公开、透明的市场准入条件。研究制定煤炭市场准入负面清单，严格限制新建灾害严重、地质条件复杂、煤质差的煤矿。提升市场竞争活力，营造良性市场环境，实现煤炭可持续发展。

坚持市场化法治化原则，建立公平竞争的制度环境。在合法合规的前提下，遵循市场机制，通过安全、环保、技术、质量等标准，将破坏环境、安全隐患多、经济效益差和亏损的煤企淘汰掉。

4. 多措并举降低煤炭行业成本

健全符合行业发展规律的煤炭税负体系。加快研究完善煤炭增值税政策，并进一步扩大煤炭增值税抵扣范围。充分考虑煤炭产业的特点，改革煤炭企业所得税返还政策，调整煤炭企业所得税税前扣除和折旧政策。

降低物流成本。全面清理和取消涉煤不合理物流收费项目，取消铁路建设基金、港口建设费以及重复收费项目等。同时，推动煤炭行业供应链发展，实现煤炭供应链上企业收益共享、风险共担。

降低融资成本和财务成本。通过剥离、处置无效资产来增加现金流，减员节支增效；通过"债转股"模式缓解债务压力，变债主为股东，节约利息支出。金融企业建设利率市场化环境，降低企业财务成本。

降低制度性成本。加快推进政府职能转变，深化简政放权，全面清理规范中介服务收费。降低社会保险费，研究精简归并"五险一金"，降低企业成本，减轻企业负担。

降低企业内部管理成本。应加快建立健全现代企业制度，完善企业内部预算机制，构建精干高效的组织体系以及激励导向的考核体系。注重实施内化市场管理和对标管理，不断找差距补短板，切实降低企业的内部运营成本。

5. 完善降杠杆支持政策，防范和化解企业债务风险

把去杠杆和防范金融风险有机结合，通过财政政策引导企业去杠杆。建立健全企业债务风险评估预警和应急处置机制，依法依规开展市场化债转股，降低金融风险和企业杠杆率，提高资金使用效益。

加快发展和完善多层次的资本市场，鼓励建立市场化的企业资本金补充机制。在企业自身盈利能力下降时，使企业能通过权益融资、股权转让等多种方式补充资本金，逐步将债务融资转化为权益融资，达到降低企业杠杆率的效果。同时加大商贷力度，扩大资金渠道。

促进无效资产退出，减少整体负债水平。加快处置无效、低效资产，布局优势资源，提高资产的整体运营效率。通过申请破产保护，降低整体负债水平，减少固定支出，提高流动性资金的利用。

6. 加强煤炭行业科技创新能力，促进煤炭的科学供应能力

强化科研平台建设，构建各种创新平台。构建以煤炭企业为主体、市场为导向、产学研相结合的技术创新体系，强化科研平台建设，完善研发体系，突破企业的技术瓶颈，提升自主创新能力，形成企业研发投入增长机制。加大对煤炭企业科技创新的投入力度，设立相应的科技创新专项资金。

支持企业自主创新。通过税收、企业财务、资产管理等政策，为企业技术创新和科技成果转化营造良好的政策环境。支持煤炭行业调整和优化产品结构，加大技术改造力度，改造提升传统工艺。

7. 深入推行"一带一路"倡议，拓展煤炭企业"走出去"空间

在经济全球化迅速发展的情况下，国家应做好顶层设计，制定相应规划，并针对煤炭企业出台配套指导办法，加强对企业"走出去"进行指导，将我国科学产能、绿色开采等先进理念、技术、标准移植到周边国家，促进当地煤炭科学有序发展，实现合作共赢，拓展煤炭企业"走出去"空间。

二 以民生为本的煤炭行业职工就业与安置政策建议

1. 进一步促进煤炭企业转岗安置职工的能力发展

推动职业培训机构建设。各级政府应当围绕劳动力市场需求和煤炭企业转岗安置职工的诉求，坚持政府引导、市场机制、社会参与的原则，加快职业培训改革，全力打造适应产业强市战略需求、企业欢迎、转岗安置职工满意的职业培训公共服务体系，提高职业培训的针对性和有效性；强化政府对职业培训机构的资格认证和监管，建立第三方绩效评估机制，开展职业培训成果的质量考核，优化职业培训项目库；完善职业技能培训项目政府购买成果制度。

加强对转岗安置职工思想及全新技能的教育培训。从根本上转变转岗安置职工的再就业观念，鼓励他们及时调整低落悲观的心态，自立自强，积极主动寻找再就业机会；引导转岗安置职工树立灵活的再就业观念，突破转岗安置职工对国有企业、外资企业、民营企业以及行业和地区的选择限制，找到适合发挥自己才能的工作岗位；树立勇于竞争的再就业观念，使转岗安置职工充分意识到只有彻底更新自身知识技能，才能应对激烈的再就业市场竞争，从而积极主动地参加再就业培训、提高自身技能水平。

鼓励农民工返乡就业，提高对转岗安置职工就业培训的财政支持。对企业为促进职工转岗安置开展的职业培训，可按规定给予职业培训补贴。对失业人员和长期停产职工，要普遍开展转岗培训或技能提升培训，按规定给予职业培训补贴。培训政策和财政支持政策侧重有利于转岗安置职工心理调适、其他行业的专业化技能培训以及创业技能培训等方面。

2. 优化煤炭企业转岗安置职工就业环境

优化产业结构，促进煤炭企业转型升级。各级政府在发展规划、产业布局、项目审批、资金安排等方面，提供适度的产业发展优惠政策，引导培育新兴产业，高起点改造传统产业，加快产业结构调整和优化升级，着力发展吸纳就业能力强的产业和企业，重点发展技能门槛低的家庭服务业，为煤炭行业转岗安置职工提供更多就业岗位。在煤炭企业转型升级方面给予更多的政策支持，鼓励煤炭企业发展新产业、新业态，支持煤炭企业优化人力资源结构，灵活进行全企业的腾岗安置。

打通煤炭上下游行业接收煤炭行业职工新渠道。坚持对外开放与对内开放相结合，充分利用国际国内两种资源、两个市场，完善煤炭企业"走出去"政策，鼓励煤炭企业建立与国内外上下游行业的良好协作关系，延长煤炭工业专业化服务产业链，拓宽发展空间，通过煤炭相关专业技术形成专业服务优势，为国内外煤炭行业及上下游行业提供专业化技术服务和问题解决方案，开拓煤炭企业转岗安置职工的上下游行业和海外就业市场。

政府引领金融工具创新，支持煤炭行业职工安置。政府加大对退出煤矿多、职工安置任务重煤炭企业债转股支持力度，支持金融资管公司、地方资管公司对煤炭企业开展市场化债转股，适当增加国有资本注入、财政专项补贴、专项基金投入等资金支持，扩大职工安置资金来源；鼓励商业银行、证券公司、资产管理公司、股权投资基金以及产业投资基金等金融

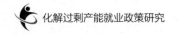

机构参与煤炭企业职工安置。

搭建人力资源共享服务平台。鼓励地方政府以企业为主体搭建区域性人力资源共享服务平台，对就业困难人员建立动态信息跟踪系统，提供"一对一"就业援助，开展跨地区就业信息对接和有组织的劳务输出。

打造煤炭企业转岗安置职工创业平台。各级政府鼓励煤炭企业转岗安置职工成立专业团队，并利用政策打造创业平台，促进专业团队、商业组织、金融机构、研究机构联合和知识集成，促进煤炭企业转岗安置职工的创业技能学习和创新能力建设。将创业平台与商业组织、金融机构、研究机构的信息网络平台有效链接，把商业组织、金融机构、研究机构的创新创业资源纳入创业平台，供煤炭企业转岗安置职工共享与学习，同时转岗安置职工能够通过创业平台的窗口获得创业服务和资金支持。

通过创业平台提供服务，寻求创新成果的对接者与转化者，以及技术难题的解决者与管理问题的咨询专家；转岗安置职工所创办小微企业的各种产品实验检测也可以通过创业平台找到合适的检测中心与服务提供者。

制定一些优惠政策，鼓励转岗安置职工接受创业平台服务，这不仅为创业平台提供了有效的服务机会，同时也可解决转岗安置职工的创业或再就业问题。

支持煤炭企业双创基地建设。积极贯彻国家双创的部署，支持大型煤炭企业充分整合煤炭行业内外部资源，挖掘企业内部潜力，建设"创新与创业相结合，线上与线下相结合，煤炭主业与相关行业相结合"的创新创业模式，建成"资源共享、开放合作、互利共赢、协同发展"的创新创业基地，进一步开拓转岗安置职工的就业渠道。

3. 完善劳动关系管理体系

从经济保障、制度惩戒、舆情监测等方面完善劳动关系处理体系。一是完善煤炭行业的工资保证金制度和应急周转金制度；二是加强制度惩戒力度，将欠薪和欠缴社保列入煤炭企业信用评价指标体系，建立企业诚信档案；三是加强预警监测，完善舆情监测信息政府购买服务制度，由专业机构将网络监测到的煤炭企业劳动争议定向转发相关政府部门，促进基层工会早核实、早介入，增强劳动争议处理的效果和提高效率。

完善工会基层组织网络，有效处理转岗安置职工的发展诉求和维权诉求。建立"职业化工会干部—大企业工会干部和工人积极分子—工人群众"多层次有机组织网络，满足基层工作需要，配置人、财、物，切实做到"重心下移、干部下去、资源下沉"，借助强有力的基层工会组织网络，切实高效处理转岗安置职工的发展诉求和维权诉求。

4. 深入落实社会保障政策

支持煤炭企业职工提前退休。建议适度放宽拟关闭退出矿井人员退休年龄，对满 30 年工龄或距法定退休年龄不足 5 年的人员（目前是内部退养）提前办理正式退休手续，支持煤炭企业优化人力资源结构，轻装前行。

放宽煤炭企业职工退休年龄测算依据如下：根据调查，其他行业普通职工平均每天工作时间为 8 小时，平均每月工作 22 天，则每月工作 176 小时，每年工作 2112 小时；而煤炭行业普通职工平均每天工作 10 小时，平均每月工作 26 天，则每月工作 260 小时，每年工作 3120 小时。煤炭行业职工一年内实际工作时长是其他行业职工工作时长的 1.48 倍，因此，在煤矿工作满 10 年的职工，相当于其他行业职工工作约 15 年，按此劳动强度，应当提前 5 年退休。

另外，按现行政策，特殊工种提前退休政策只适用于国企职工，一旦失去国有职工身份将不再享受。调研中企业普遍反映，国企职工为保留其特殊工种提前退休的待遇，不愿向非公企业流动，在一定程度上影响了富余职工分流的进程。因此，还需要重视和扩大特殊工种的认定范围。

解决当前社保体系中的突出矛盾。建议政府加快提高煤炭企业社会保险的统筹层次，保证统筹区域内主要政策、管理制度、运行标准的统一，解决煤炭企业社保管理的属地化问题，逐步消除大型煤炭企业集团职工内部转岗分流的制度政策障碍。建立煤炭企业职工失业保险中央调剂金，运用大数定律，增强基金抗风险能力，防范煤炭行业出现区域性、系统性、规模性职工失业风险。

建议政府降低去产能任务重的煤炭企业的社保费率。目前，社保费率过高，缴费基数随社平工资逐年快速上涨，煤炭企业缴费负担沉重，许多受化解产能过剩影响较大的煤炭企业无力负担，有的已经欠缴巨额社保费。因此，考虑对化解产能过剩困难煤炭企业优先降低社保费率，减轻企业负担，帮助企业转型升级或转业转产，促进企业为社会提供更多就业岗位。

打造以煤炭企业为主体的医疗管理服务体系。建议各级政府在煤炭企业的工伤残医保纳入地方统筹管理之后，支持企业成立医疗管理机构，建立科学的工伤鉴定、治疗和康复管理体系，减少"小伤大养长养"的现象，保障工伤职工和煤炭企业的合法权益。

5. 提高政府对职工安置工作的行政服务质量与行政服务效率

制定职工安置专项规划。中央政府、各个主要产煤省份及各煤炭资源型城市应制定职工安置专项规划，按照规划有序构建"矿城、矿企、矿工"协同发展体系，合理安排资金和安置人员。

增加各级政府对职工安置的财政投入。目前去产能职工安置面临的难点之一是地方和企业配套的安置资金来源问题。因此，一是建议各级政府进一步加大财政资金投入的力度，适当增加奖补资金额度；二是建议中央政府从煤炭行业国有资本收益中提取部分资金，地方政府应从煤炭资源税等渠道中提取一定比例作为配套资金建立职工安置专项基金，并形成长效机制；三是建议研究和制定退出产能土地处置政策，推动各地市加快土地收储，落实去产能奖补配套资金；四是建议扩大专项奖补资金支出范围，对企业内部转岗安置、产能退出矿井异地就业人员政策性支出、伤病亡职工遗属以及离退休人员生活补贴给予政策资金支持。

健全职工安置绩效考评机制。建议各级政府和煤炭企业确保在社保转移接续等职工安置工作各关键节点保持互联互通，建立职工安置工作绩效考评和预警体系，充分落实职工安置工作。

制定煤炭企业市场化解决职工安置问题的政策。市场化解决职工安置问题的政策主要涉及四个方面：一是煤炭企业在产能置换指标交易中将出售指标所得资金按一定比例用于职工安置；二是在产能置换指标交易中能够提供一定比例职工安置岗位或资金的企业，将享有优先交易权或产能置换优惠政策；三是鼓励优势煤炭企业实施兼并重组，帮助被兼并重组的企业安置职工、转型转产；四是鼓励国有煤炭企业通过出让股份、增资扩股、合资合作引入民营资本，促进煤炭企业发展，拓宽企业人力资源流动通道。

促进企业和职工共同参与职工安置政策制定。政府要在煤炭行业去产能以及职工安置工作中发挥主导作用，但并非政府要包办一切。

优化信息发布平台。针对煤炭行业化解产能过剩过程中就业与职工安置问题，掌握转岗安置职工的基本信息和数量，实时监测企业岗位的增减情况，制定科学合理有针对性和实效性的职工安置政策。借助新媒体参与平台拓宽煤矿职工参与政策制定的机会和渠道，利用网络的开放性、及时性和交流双方的平等性增强公众平等、独立参与的意愿，影响政府的职工安置政策制定。

6. 根据区域特征灵活制定差异化职工安置政策

不同煤炭基地由于发展实践以及特点上的差异，所面临的压力和问题也各不相同，因此，要解决就业问题，必须针对不同地区的实际情况，一地一个解决方案，抓好生产力布局，开拓新的经济发展和就业模式。对于因为政策冲击受到影响的下岗职工群体，要做好妥善安置，防止他们因受冲击而致贫。晋陕蒙宁甘区是先进产能主要分布区，煤炭工业是所在地区主导产业，职工安置应当以内部分流为主。华东区的主力矿区已转入深部开采，煤炭产业基本进入衰退期，但是华东区其他产业发展较快，区域经济发达，转岗安置职工就业机会较多。东北区企业办社会负担重，历史包袱较重，职工安置压力大。华南区劳动生产率水平较低，生产环境较差，体量虽小，但工伤残职工比例相对较高，对公益性岗位托底安置要求高。新青区受影响较少，煤炭行业未来还将迎来一定的发展期，以接收其他产煤区转岗安置职工为主。

晋陕蒙宁甘区。该地区的转型条件比东北地区略好，煤炭产业还能存续一段时间，要抓住当前的机遇期做好煤炭行业的转型和升级，坚决淘汰没有发展希望的落后产能，对其职工安置政策的几点建议如下。

一是原有煤炭产业基础可以更多地转向清洁煤生产。当前的生产环境污染严重，给煤炭洗选工作提出了更高的要求，可以引导一些初级加工的工作转为深加工，既有利于空气污染治理，也给当地产业指出了另一条发展道路，促进职工的内部分流。

二是加大对煤产地生态修复的力度。生态修复既能创造就业，也能带动一定的就业，更可以为后续发展旅游提供条件。

三是甘肃和宁夏等地可以向新能源的开发利用转型。通过发展设备制造、发电等相关的绿色产业来承接部分传统能源的冗余失业人员。

华东区。该区域煤炭行业可能整体会逐渐压缩规模乃至关停，但由于产业结构相对合理，通过鼓励发展其他行业吸纳就业压力相对较小。该地区经济条件较好，地方政府应当承担更多的财政支持工作，让中央的财政支持向相对落后的东北区倾斜。

东北区。从产业发展规律来看，东北三省未来要出现大规模的新兴产业吸纳煤炭冗余就业可能性不大，无论是制度性还是资金性强行挽救大型煤炭国企意义不大。如何在衰败的背景下，尽量维持社会的稳定才是政策考虑的重点。对其职工安置政策的几点建议如下。

一是从体制改革入手，整顿干部队伍，解放思想，改变官僚主义作风。如考虑政府和国企官员与经济发达地区大规模调换。

二是集中力量发展好主导产业。建议牢牢抓好优势产业——农业，从农业政策入手，给予当地更多扶持。适当发展其他产业，如旅游，对于一些有益于就业的第三产业给予更多灵活性的扶持，如网约车市场等，从而促进煤炭企业职工转岗就业。

三是适当放弃对一些衰败的煤炭资源型城市的强行输血，集中力量发展特大中心城市。有些资源型城市已经不具备重新振兴和崛起的基本条件，也没有办法能够转型。做好大城市公共服务功能的建设，集聚高端服务业，吸引周边人口迁徙到附近，学会抱团取暖。

华南区。由于劳动生产率相对较低，该地区的煤炭行业从业人员有一定的规模。该地区政府应对煤炭企业做好转岗引导，根据各地特点，鼓励发展自然风光和民族风情相结合的旅游业，发展以酿酒、特色食品加工、农产品加工为基础的绿色产业等，从而带动煤炭企业职工转岗就业。

三　政策建议

在当前经济新常态和供给侧改革的现实背景下，化解产能过剩是煤炭行业转型升级的必经之路。与此同时，化解产能过剩所产生的大量就业与职工安置问题已经成为全社会关切的焦点，为政府部门和煤炭行业提出了新要求。为此，本研究从煤炭行业去产能进程和职工安置工作的实际出发，在煤炭行业职工安置政策效应分析的基础上，探索煤炭行业三矿协同职工安置体系的内涵，提出三矿协同职工安置体系的理论框架，为煤炭行业通过有效的职工安置体系设计引导矿城优化职工安置政策和平台、矿企优化职工安置工作、激活矿工价值，奠定坚实的理论基础。

三矿协同职工安置体系（见图8-14）是指，矿城与矿企顺应经济形势和煤炭行业形势的新变化，科学有序利用好现有资源，进一步发挥矿城的平台作用去引导并增强矿企及矿工应对职工安置困境的能力，做好职工安置工作，保证"矿城、矿企、矿工"长期、稳定和持续健康地协同发展，打造矿城、矿企与矿工价值共同创造系统。

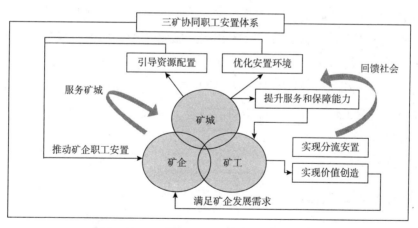

图8-14　三矿协同职工安置体系的理论框架

矿城是价值创造的环境与载体，矿企是价值创造的功能单元，矿工是价值创造的核心元素，三者是互相交织、互相依托的。矿城应当以创建人民满意的服务型政府为根本目标，采取"三方联动，协同发展"的模式，建立矿城、矿企和矿工共同愿景，实现资源和功能上的优势互补与高效协同，通过三方联动打造协同发展中各主体、各要素和各环节的有机对接与融合机制，基于价值共创理念构筑起以职工安置为导向、矿城为引导、矿企为主体、矿工为核心的三方协同职工安置体系，提升矿城的产业核心竞争力、矿企的转型升级和可持续发展能力以及矿工的技能素质和再就业能力。

在三矿协同职工安置体系里，矿城应当担负起引导资源配置、优化安置环境及为矿工提供服务和保障的责任，推动矿企做好职工安置工作；矿企应当担负起职工安置的主体责任，充分利用当前环境、转化矿城资源来优化企业人力资本结构，推进矿工的转岗分流和退休退养工作；矿工应当担负起价值创造的责任，充分利用矿城与矿企提供的资源、机会、服务和保障，到最能发光发热的岗位上创造价值，回馈矿企和社会。

人力资本价值时代的职工安置体系，与矿城和矿企的战略规划目标、煤炭行业环境、宏观经济形势、劳动力市场状况以及矿工期望都紧密相关。三矿协同职工安置体系是以价值共创为目标导向和核心理念，由价值主张重塑与价值生态系统再造二者合力作用的结果。因此，政府应当充分发挥在去产能背景下煤炭行业职工安置工作中的指导、支持和服务作用，积极推动三矿协同职工安置体系建设，聚集与整合三大价值创造主体提供的各类互补性资源，制定切实有效的职工安置政策，加强矿城和矿企在各要素、各环节的有机对接与融合，优化资源配置，建立起职工安置的长效机制，提高政府的行政服务质量和行政服务效率，切实维护好矿工权益，做好职工安置工作，确保全社会和谐稳定，实现三矿可持续发展和价值共创（见图 8－15）。

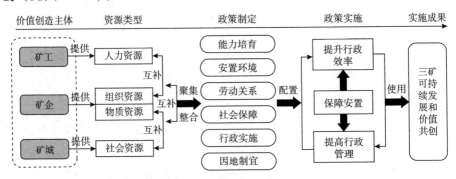

图 8－15　三矿协同职工安置体系的资源配置与政策落地框架

第八节 未来研究展望

本研究在分析煤炭行业人力资源现状的基础上，分析了化解产能过剩涉及煤矿职工的总量及地区分布情况，基于 PEST 环境分析从政策、经济、社会、技术四个方面指出了影响就业与职工安置的主要因素，梳理了我国两轮煤矿关闭退出中的职工安置政策和国外职工安置政策，构建了职工安置政策体系的"五维度"模型，并以此为基础，分析了我国煤炭行业就业与职工安置政策效应及不足之处，提出了我国煤炭行业就业与职工安置的总体思路、主要目标以及政策建议。

随着煤炭行业供给侧改革的逐步推进，积极稳妥地做好职工安置工作对于企业和政府而言更加重要。本项目研究成果结合我国煤炭行业当前发展情况，为国家构建出煤炭行业化解产能过剩过程中就业与职工安置政策的顶层设计方案，对各级政府和煤炭企业落实就业与职工安置工作具有较好的借鉴意义。

同时，本研究也存在一定的局限性和需要进一步深入研究之处。首先，本研究以 35 家大型煤炭企业集团的 271 处煤矿为研究样本，相较于我国煤矿总体数量，样本数仍显不足；其次，本研究通过对我国安置政策效应分析，对煤炭行业的职工安置工作进行了质性研究，缺乏对煤炭行业不同企业、不同区域间的横向对比研究，这将是职工安置问题进一步研究的侧重点；最后，由于煤炭行业去产能和职工安置工作仅开展两年，在未来还应对去产能重点煤炭企业进行跟踪调研，对职工安置问题进行跨期纵向研究和量化实证研究。

鉴于此，课题组将进一步深入开展研究，针对各区域煤炭企业，提出更具有区域特点的职工安置措施，为政府科学决策、行业健康发展、促进失业人员平稳转岗就业、营造和谐稳定的社会环境提供支撑。

第九章　河北省去产能职工就业安置政策研究

　　摘　要：化解过剩产能是我国转变发展方式、优化经济结构、转换增长动力的重要举措，在这一过程中不可避免会产生职工转岗、失业、再就业等诸多问题。河北省是去产能重点省份，妥善安置职工，不仅对河北省淘汰落后产能和兼并重组目标任务的顺利完成至关重要，而且关系到受影响职工的切身利益和社会稳定。深入研究河北省化解产能过剩中职工就业安置问题具有重要的理论和实践意义。在河北省委、省政府的领导下，人社部门与发改、工信等相关部门密切协调，深入开展去产能职工安置工作并取得显著成效。主要做法经验是：坚持高点定位、高层推动；不断完善政策体系，狠抓政策落实；摸清职工底数，拓宽安置渠道，实行动态管理；坚持"一企一策"；强化就业服务，开展职业培训、再就业帮扶；制定并实施"援企稳岗"政策，促进企业内部分流；加强组织领导，抓好督导检查和风险防控。随着去产能及职工安置工作的深入推进，河北省去产能职工安置工作也遇到了一些突出问题，主要包括：一是去产能任务繁重、经济下行，财税收入增长受限、就业总量压力大、结构性矛盾突出，致使就业安置任务艰巨、工作阻力较大；二是有的地方政府对去产能及职工安置中市场与政府关系的处理和定位不够明确；三是企业去产能损失大、转型有风险，安置职工的能力和内在动力不足；四是受影响职工参加培训的主动性不强、针对受影响职工"特质"并与企业实际需求相匹配的培训供给不足；五是社保统筹层次低、企业欠缴保费、职工未参保等问题制约职工安置工作实效；六是企业内部安置职工空间变小、欠薪欠保问题仍然严重，劳动关系潜藏风险。针对河北省去产能职工安置工作遇到的突出问题，课题组提出以下对策建议：一是完善差别化政策、强化市场机制，综合施策推进去产能工作开展；二是进一步加大国家层面对河北省去产能职工安置工作的支持力度；三是继续将去产能职工安置工作作为人社部门的重要任务，创新人社部门工作机制、促进失业人员再就业；四是加大对受影响职工培训资金的投入，提供既符合市场需求又适合去产能受影响职工的职业培训；五是改进社保扩面与基金征缴激励机制，增强社保制度在去产能职工安置中的作用；六是创新工会工作机制、畅通员工诉求渠道，妥善化解劳动争议；七是加强顶层设计，建立京津冀就业协调机制。

关键词：河北省　去产能　职工就业安置

化解过剩产能是我国转变发展方式、优化经济结构、转换增长动力的重要举措，在这一过程中不可避免会产生职工转岗、失业、再就业等诸多问题。河北省是去产能重点省份，妥善安置职工，不仅对河北省淘汰落后产能和兼并重组目标任务的顺利完成至关重要，而且关系到受影响职工的切身利益和社会稳定。深入研究河北省化解产能过剩中职工就业安置问题具有重要的理论和现实意义。

党中央高度重视河北省去产能工作。习近平总书记2016年5月主持召开中央财经领导小组会议，专门听取河北省钢铁去产能工作汇报并指出，河北是去产能的主战场，任务很重，要持之以恒干下去，以壮士断腕的勇气和决心，坚决打赢这场硬仗。2017年春节前，习近平总书记视察张家口时强调指出，要做好职工安置工作，对涉及的职工数量要心中有数，安置措施要到位，确保职工有安置、社会可承受、民生有保障。

河北省委、省政府坚持贯彻落实习近平总书记的指示精神和党中央国务院的决策部署，高度重视去产能工作，把去产能职工就业安置作为做好去产能工作的重中之重，针对去产能中的突出问题，不断强化政策措施，努力拓展职工就业安置渠道，切实加大职工转岗再就业的帮扶力度，大力实施援企稳岗政策，切实兜住民生底线，取得积极成效，去产能职工就业安置形势总体稳定。

第一节　河北省去产能及受影响职工安置基本情况

一　去产能基本情况

去产能是河北推进供给侧结构性改革的重头戏、硬骨头，也是河北调整优化产业结构、培育经济增长新动能的关键之策。河北省坚决贯彻落实习近平总书记关于河北省去产能工作和职工就业安置的重要指示精神，坚决贯彻党中央关于供给侧结构性改革、实施"三去一降一补"的重大决策部署，确保中央重大战略决策在河北落地见效。

2011 年，在国家还没有提出明确要求、钢铁市场形势较好的情况下，河北省率先开启了艰难的钢铁产业结构调整进程，主动向国务院申请列为全国钢铁产业结构调整重点省。2013 年，在国家开展京津冀大气污染防治的大背景下，河北省谋划提出了"6643 工程"①，是首个与国家签订去产能责任书的省份。"十三五"期间，河北省计划压减炼钢产能 4913 万吨、炼铁 4989 万吨，退出煤炭产能 5103 万吨，淘汰和置换火电产能 400 万千瓦以上，水泥、平板玻璃产能分别控制在 2 亿吨和 2 亿重量箱左右，焦炭产能控制在 6000 万吨左右。2016 年，河北省压减炼钢产能 1624 万吨、炼铁 1761 万吨，分别占国家下达任务（钢 820 万吨、铁 1039 万吨）的198%、169.5%；退出煤矿 54 处、煤炭产能 1400 万吨，分别占国家下达任务（50 处、产能 1309 万吨）的 108%、107%；淘汰压减水泥产能 286万吨、平板玻璃 2189 万重量箱、焦炭 1279 万吨，分别完成省定任务（水泥 150 万吨、平板玻璃 600 万重量箱、焦炭 1240 万吨）的 190.7%、364.8% 和 103.1%。2017 年 2 月 19 日，河北省委、省政府召开推进会，专门就去产能工作进行安排部署，将去产能范围扩展到钢铁、煤炭、水

---

① 到 2017 年压减钢铁产能 6000 万吨、水泥 6100 万吨、煤炭消费 4000 万吨、平板玻璃 3600 万重量箱。

泥、玻璃、焦化、火电六大行业，并与各市和重点省属国有企业签订了责任书。2017年，全省计划压减炼钢产能1562万吨、炼铁产能1624万吨，退出煤矿11处、产能742万吨，淘汰压减水泥产能110万吨、平板玻璃500万重量箱、焦炭720万吨、火电50万千瓦以上。

二 去产能受影响职工安置基本情况

促进去产能职工就业再就业，把职工妥善安置好，关系全省去产能目标任务的顺利完成，关系职工切身利益和社会稳定大局，既是经济问题、民生问题，也是政治问题、社会问题。河北省委、省政府始终坚持以人民为中心的发展思想，将去产能职工安置列入全省国民经济和社会发展"十三五"规划，列作全面深化改革的重要内容，列作促进就业创业的重点群体，确定了企业主体、地方组织、依法依规、防范风险的基本原则，坚持以人为本，突出问题导向，分类精准施策，强化风险应对，积极稳妥地做好职工安置工作，保持了就业局势总体平稳。2016年，河北省已妥善安置钢铁煤炭去产能职工5.78万人，安置率达到99%，唐山马家沟煤矿464人因历史原因还在安置过程中。2017年，河北省将去产能职工安置范围扩大到六大行业，计划去产能企业97家，其中钢铁36家、煤炭32家、火电9家、水泥4家、玻璃2家、焦炭14家，涉及分流职工约7.3万人。为完成好2017年去产能职工安置任务，省委、省政府确定了"任务往前排、时间往前赶，攻坚上半年，决战三季度"的总体要求。2017年河北省实际去产能企业96家，涉及分流职工54857人，职工全部得到妥善安置，安置率达100%。

第二节 河北省去产能职工就业安置
主要经验做法

总的来看，河北省人社部门在去产能职工安置中的经验如下。一是注重主动作为，充分发挥政策作用。河北省各级人社部门不等不靠，主动作为，及时跟进，精心组织，积极对接上级出台各项扶持政策，做好风险防控。采取举办专场招聘活动、实施职业技能培训、支持个人自主创业、公益性岗位托底、鼓励企业吸纳等一系列手段，帮助职工再就业。同时，联系入驻创业孵化基地，吸纳失业职工创业并带动就业，保证职工不丢饭碗。二是注重信息互通，及时沟通解决工作中的问题。省、市、县人社部门与企业之间建立了信息互通互联的工作方式，及时化解问题，推动工作开展。各级人社部门和辖区内承担去产能任务企业，积极沟通配合，认真领会文件和指示精神，严把政策关，审核各项资料和档案，精准测算各项职工安置费用，形成了企业与人社部门良性的互动机制。针对部分企业不理解、不配合的情况，积极与其主管部门交换意见，及时向当地政府汇报工作困难，协调解决相关问题。三是注重重点突破，分步实施职工分流安置。在未确定奖补资金总量的情况下，指导说服企业先行确定在职职工名单和拟分流职工总数。消除职工队伍不稳定、资金不足等企业的顾虑，指导企业边摸底边起草安置方案，逐步推动审议程序。采取先易后难的方式，在每年度职工安置方案中，按期全部通过省级验收和国家抽查，分步骤、分阶段地推进职工安置工作。整个职工安置工作按照规划稳步进行，忙而有序，繁而不乱，成效突出。四是注重真实有效，把职工安置工作做实。职工安置工作涉及职工切身利益，必须把工作做实做细。通过实地核查、查看台账、电话抽查等方式，真实准确地锁定职工数据。按照职代会审议、主管部门审核、发改等部门验收、人社部门数据校验等方式，确保职工安置方案保障职工合法权益。落实跟踪追寻服务机制，保障职工转岗有安置、退养有保障、解除有去向。及时更新信息系统，动态反映职工安置进度，分流人员情况真实可查。通过以上一系列就业安置措施，河北省职工安置工作在现阶段取得了显著成效：一是免除了企业在职工安置方面的后顾之忧，赢得产业转型升级的时间；二是让去产能过程涉及的员工得到了就业创业支持和生活资助，增强了其就业创业的能力和信心；三是避免了大规模的显性失业给社会带来的冲击，维护了社会的稳定。具体做法如下。

一　坚持高点定位、高层推动

河北省委、省政府坚持将去产能职工安置摆上重要位置，省委常委会、省政府常务会多次专题研究，省九次党代会、全省经济工作会议、省"两会"分别做出专门部署，将去产能职工安置列入省委、省政府重点办好的 10 件民生实事，明确要求加强转岗再就业帮扶，开展就业援助专项行动，发挥失业保险稳岗作用，决不能把一名职工推向社会。省政府成立由人社、发改、工信、财政、国资、安监、总工会组成的职工安置工作领导小组和工作专班，建立了定期会商、信息共享、督导检查、考核问责等工作机制，对各地去产能安置工作每周一调度，形成了上下协调、左右衔接、共同推进的工作态势。在资金支持方面，河北省在省级财政并不宽裕的情况下，切实加大化解过剩产能资金支持力度，2016 年安排 10.48 亿元，2017 年安排 13.61 亿元，优先用于去产能职工安置，并向职工分流人数多、困难程度大的地区和企业倾斜。

二　不断完善政策体系

河北省在强力推进化解过剩产能过程中，始终把职工安置工作摆在重要位置，不断完善职工安置政策措施。

1. 在全国率先出台了"三补一降"稳岗政策

2014 年 3 月，以省政府名义印发了《关于使用失业保险金援企稳岗的意见》，对采取积极措施稳定岗位、不裁员或少裁员的化解过剩产能、淘汰落后产能、治理大气污染企业，由失业保险基金给予转岗培训补助、岗位补助和社会保险补助，受到企业和社会的广泛认可。

2. 认真研究制定职工就业安置政策

随着河北供给侧结构性改革、去产能力度的不断加大，2016 年，河北省按照省政府要求及早动手、充分调研，认真研究制定职工安置政策，人社部领导到河北专题调研并给予具体指导。在全国率先出台"1 + 6"职工安置配套政策体系，省政府印发了《关于做好化解钢铁煤炭等行业过剩产能职工安置工作的实施意见》（冀政办发〔2016〕13 号），省人社厅会同发改、财政、国资等部门进一步制定了《关于贯彻落实冀政办发〔2016〕13号文件的通知》《关于做好化解钢铁煤炭行业过剩产能中职工安置工作有关安排的通知》《关于切实做好化解钢铁煤炭等行业过剩产能职工安置有关工作的通知》《关于做好化解钢铁煤炭行业过剩产能中分流安置职工实名制管理工作的通知》《关于进一步做好化解钢铁煤炭等行业过剩产能职工安置工作有关问题的通知》《关于印发去产能职工安置工作中突发事件预防和应急处置预案的通知》等六个配套文件。围绕"五个一批"（企业内部退养一批、培训转岗消化一批、企业转型安置一批、自主创业带动一批、开发公益岗位兜底一批）要求，制定了十项职工安置政策。

（1）援企稳岗政策提高标准，延长期限。符合条件的企业，可同时享受社会保险和岗位补助；单独享受社会保险补助的，可将享受人数从50%提高到100%；允许未参保欠费企业补缴失业保险费后，享受相应的援企稳岗政策。对省政府批准的特定企业，可将补贴期限从不超过6个月延长至不超过12个月。（2）实行内部退养。距退休年龄不足5年的职工，可在自愿和签订协议后实行内部退养，按月发放基本生活费（按当地最低工资标准的80%）、代缴社会保险费。（3）实行等待退休。因破产等原因无企业主体并无出资控股企业的内退职工，由当地政府指定机构按月发放生活费、代缴社会保险费。（4）给予特定政策补助。从就业补助资金中对企业"4050"人员缴纳的社会保险费给予适当补助。（5）鼓励企业兼并重组。优势企业兼并重组和转型安置去产能企业职工的，给予吸纳就业补贴、社会保险补贴、岗位补贴和职业培训补贴。（6）促进失业职工就业创业。公共就业服务机构为失业人员提供"一对一"精准就业创业服务，认真落实企业吸纳补贴、社会保险补贴、场地租金补贴、创业贷款、孵化服务等扶持政策。（7）提供失业保险支持。参加失业保险的失业职工，给予失业保险金。缴纳失业保险费5年以上失业人员，给予不超过6个月的职业介绍补贴。（8）开展职业培训。企业内部转岗安置职工所开展的转岗培训或技能提升培训，给予职业培训补贴。其中，零就业家庭人员和就业困难人员培训期间给予生活费补助。（9）公益岗位兜底安置。对确实无法通过市场渠道就业的困难人员，由公益性岗位给予兜底帮扶。（10）妥善处理劳动关系。做好去产能职工转岗再就业劳动关系变更、解除终止和社会保险转移接续等工作。

3. 不断补充完善职工安置政策

针对河北省去产能职工安置任务加重、难度加大的实际情况，2017年，进一步调整完善了职工安置政策，使政策有所创新、符合实际、更加精准。2017年4月25日，省委全面深化改革领导小组第28次会议审议通过了《关于进一步做好去产能职工安置工作的若干意见》，主要内容如下。（1）将政策实施范围在"6643"工程的钢铁、煤炭、水泥、玻璃四个行业的基础上新增焦炭、火电两个去产能行业，同时将省政府确定的对当地经济和就业有重大影响的其他困难企业也纳入政策对象。（2）将分流职工内部退养年限由距退休年龄不超过5年延长至不超过10年，对老职工给予特殊照顾。（3）财政专项奖补资金可用于企业内部转岗职工缴纳社会保险费和发放下岗职工基本生活费，解决了之前政策中企业内部转岗安置职工无法享受专项奖补资金的问题。（4）对企业自行安排的职工转岗技能培训，按每人800元的标准，由就业补助资金给予培训补贴。（5）允许职工与企业协商一致后，保留一定期限劳动关系离岗创业。（6）对企业因资金困难、暂时与"4050"等就业困难职工解除劳动关系的，企业与职工签订协议，明确资金筹集和支付计划，按照本人自愿、"先安置、后补偿"方式，通过公益性岗位予以安置。（7）提高公益性岗位补贴标准，规定岗位补贴标准可参照最低工资标准，由各地自行确定，有条件的用人单位也要给予补贴。（8）完善失业保险援企稳岗政策，将转岗培训补助、岗位补助、社会保险补助等援企稳岗补贴统一整合为稳岗补贴，并向去产能、治理大气污染以及对当地经济和就业有重大影响的企业倾斜。

三　努力拓宽安置渠道

河北省坚持综合施策、分类施策，扶持就业新形态，拓宽安置新渠道，多元化、多条线同步分流安置，明确了"五个一批"的安置渠道，确保职工转岗不下岗、转业不失业。

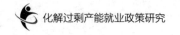

1. 培训转岗消化一批

落实援企稳岗补贴政策，用足用好去产能奖补资金，对企业转岗培训按每人 800 元标准给予补贴，按最低工资标准的 80% 给予待岗人员生活费补贴，支持企业通过开发辅助性岗位、发展人力资源公司、设立创业孵化基地等方式，更多地从内部分流安置职工。2016 年全省通过企业转岗分流安置 3.25 万人，2017 年企业转岗分流安置 2.09 万人。

2. 企业内部退养一批

将分流职工内部退养年限由距退休年龄不超过 5 年延长至不超过 10 年，在自愿选择、企业同意并签订协议后，实行内部退养或等待退休。2016 年全省通过内部退养安置 0.48 万人，2017 年企业内部退养 0.32 万人。

3. 企业转型安置一批

支持兼并重组后的企业吸纳去产能职工，对吸纳原企业职工达到 30% 以上的，给予企业每人 1000 元的一次性吸纳就业补贴。2016 年全省通过企业吸纳分流安置 0.24 万人，2017 年企业吸纳分流安置 0.76 万人。

4. 自主创业带动一批

将去产能企业职工全部纳入就业创业政策扶持范围，对解除劳动关系人员及时纳入失业保险和社会救助范围，提供"一对一"就业创业精准服务，开展专场招聘活动，落实企业吸纳就业、社会保险补贴、创业贷款、孵化服务、场地租赁等就业创业扶持政策。2016 年全省通过自主创业安置 0.48 万人，2017 年全省通过自主创业安置 297 人。

5. 开发公益性岗位兜底一批

对大龄就业困难、确实无法通过市场渠道就业的人员，通过开发公益性岗位给予兜底帮扶，确保不出现零就业家庭。明确公益性岗位补贴标准参照当地当年最低工资标准，增强了对去产能职工的吸引力。2016 年全省通过公益性岗位安置 0.13 万人，2017 年全省通过公益性岗位安置 180 人。此外，还有一些分流职工选择回乡务农或享受失业保险待遇。

中止合同人员 30476 人，其中包括灵活就业人员 13203 人和企业吸纳分流安置的 7557 人。

四　摸清职工底数，实行精准动态管理

全面掌握去产能企业和分流职工情况，是做好职工安置工作的前提。根据去产能职工安置工作的实际情况，河北省对人社部下发的"化解过剩产能企业职工安置信息系统"进行进一步扩充和改进，开发了河北省"去产能企业和分流职工信息管理系统"，信息模块由人社部的3个扩展到企业情况、职工信息、资金筹集、安置渠道、材料留存、工作日志、考核记录、统计分析等八个模块，信息指标由76项增加到175项，对去产能分流职工进行实名制动态跟踪管理，对全省职工安置信息实时统计分析，对各地人社部门工作全程记录、考核监管。省、市、县人社部门深入每家去产能企业摸查情况，逐人登记建档，建立工作台账，全面掌握企业生产经营、欠薪欠保、债务状况、职工就业等情况。通过现场核查劳动合同、比对社会保险缴费记录、用工登记等凭证，及时锁定企业拟分流职工信息。主动与发改、工信、安监等部门协调，及时掌握去产能任务企业情况和因产能置换拟分流职工变动情况，做到任务落实一户、核实一户。深入企业现场审核和比对相关资料，全面掌握企业职工基本情况和计划分流情况，摸清企业与职工间工资、社保、经济补偿等债权债务情况，对分流职工实行实名制动态管理。2016年，录入和锁定去产能职工31.1万人，其中拟分流职工6.7万人；2017年上半年录入和锁定去产能职工15.5万人，其中拟分流职工4.6万人。随时检查各地人社部门进企业服务、落实政策情况，考核督促各地积极工作。

五　坚持"一企一策"，指导企业制定职工安置方案

职工安置方案是确保职工安置工作稳妥有序、顺利完成的重要保障。人社部门建立工作专班，主动为企业提供安置政策宣传、工作指导手册、职工安置方案范本和工作流程图，指导企业依法依规制定职工安置方案，按规定经职工代表大会或全体职工讨论通过后公布实施。指导和帮助企业，对分流职工开展政策解读和宣传，了解职工诉求，加强思想引导，确保平稳有序。2016年去产能企业全部按要求制定了职工安置方案，并经职

代会或全体职工讨论通过。省人社厅组织精干力量到开滦和唐钢进行实地调研和模拟操作，广泛听取职工意见，编制企业分流职工安置方案基本内容和表格模板，为各地人社部门和去产能企业提供参考。开展市县和企业业务骨干政策和业务培训，指导地方和企业用足用好政策。人社部门会同发改、工信等部门深入企业，发挥好企业领导干部、基层党组织和群团组织的作用，指导企业建立与职工的沟通协调机制，宣传解读政策，做好思想引导，逐家指导企业制定职工安置方案。人社部门会同工会等组织，对企业职工代表大会或全体职工会议进行监督检查，确保职工安置方案的科学性、合法性，维护好职工的合法权益。2016 年，武安市组成 16 个工作组对装备拆除、职工安置等工作一包到底，通过搭建交易互助平台，拓宽职工安置资金筹集渠道，政府组织培训，把职工安排到生产或辅助性岗位就业。

六　强化就业服务，开展职业培训和再就业帮扶

各级人社部门和公共就业服务机构与去产能企业主动对接，有针对性地为分流职工提供就业创业政策补贴和专项援助服务。实行再就业帮扶计划，将去产能职工全部纳入就业创业政策扶持范围。鼓励企业通过内部转岗分流安置职工，按每人 800 元的标准给予转岗培训补贴，按最低工资标准的 80% 给予待岗人员生活费补贴。对去产能企业解除劳动关系人员，及时进行失业登记，按规定享受失业保险待遇，免费提供就业指导、职业介绍、政策咨询、专场招聘会等就业服务。对招用去产能企业职工的，给予一次性吸纳就业补贴和社会保险补贴；对有创业意愿的，提供创业服务，优先安排创业贷款；指导各地围绕生态环境建设、城市综合治理、社区便民服务等领域，开发和腾退一批公益性岗位，对难以通过市场就业的去产能失业人员进行托底安置，2016 年通过公益性岗位安置 1330 人。

实施化解过剩产能职工特别培训计划，面向去产能企业和转岗职工开展就业技能培训、岗位技能提升培训、创业培训，帮助其实现再就业和稳定转岗。积极推动定单式、定岗式培训，落实职业培训补贴。实施"百万燕赵工匠培养支持计划"，运用失业保险支持企业职工提升职业技能，助力实体经济转型升级。

与山东、天津签署劳务合作框架协议，全面推进跨省输出和转移就业等劳务合作。启动唐山市、邯郸市滴滴出行、58 同城帮扶计划，已有 120 人签订聘用合同。

2016 年省人社厅从就业补助资金中安排 3.7 亿元，支持有去产能任务的 10 个市、36 个县落实各项就业创业扶持政策；从省级创业扶持资金中安排 3350 万元，重点支持河钢集团宣钢公司、冀中能源集团张矿公司去产能职工安置工作。2017 年从就业补助资金中安排 1 亿元对承担去产能任务的市县倾斜。加大失业保险基金援企稳岗力度，为全省 25 家去产能企业发放 9.75 亿元，惠及职工 19.6 万人。

推动定单、定岗式培训，落实职业培训补贴。运用失业保险支持企业职工提升职业技能，助力实体经济转型升级。指导各地加快推进公共就业服务资源有机整合，在各级公共就业服务机构设立创业指导服务窗口，推行标准化管理服务，为各类人员提供"一条龙"服务。推动社会保障卡与就业创业证"卡证合一"，实现就业服务信息在社保卡中的应用，尚属全国首创。推广以"互联网＋"为代表的新技术、新手段在就业服务领域的运用，逐步实现信息发布、政策实施的全程信息化。指导各地举办各类就业专项服务活动，扎实开展网上招聘，搭建多元化、多层次的求职就业服务平台，强化政策宣传引导，促进供需对接。

七　大力援企稳岗，促进企业内部分流

扩大失业保险基金援企稳岗政策适用范围，更好地发挥失业保险预防失业、促进就业作用，激励企业承担稳定就业的社会责任。2016 年全省共为 5670 户企业发放稳岗补贴 18.44 亿元，惠及职工 186.8 万人，其中为 180 户去产能企业发放稳岗补贴 10.69 亿元，占稳岗补贴支出总额的 58%，惠及职工 38.9 万人。运用稳岗补贴政策引导企业补缴欠费、继续缴费，实现了稳岗、补交社保欠费、稳定社会的多赢功效。开滦集团通过申报特定企业援企稳岗政策享受稳岗补贴 5.19 亿元，补缴所欠全部社会保险费 5.74 亿元；河钢集团邯钢公司享受稳岗补贴 0.57 亿元，补缴了拖欠多年的失业保险费 1.9 亿元，解决了企业长期欠缴问题。

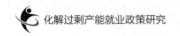

2017 年河北省共向 591 家企业发放援企稳岗资金 13.64 亿元，惠及职工 44.1 万人。

八 加强组织领导，抓好督导检查和风险防控

各级人社部门成立去产能职工安置工作专班，主要负责同志牵头抓总，实行"三包一"工作机制，一竿子插到底，直接对企业，直接对职工。省人社厅每周召开视频会进行调度，多次召开工作座谈会，研究解决存在问题，对重点市县进行重点督导，对进度迟缓、措施不力、效果不佳的进行约谈。加强风险防控，密切关注重点地区、重点企业、重点人员，紧盯规模性失业、劳动关系处理、社会保险接续、经济补偿发放等风险点，制定应急预案，通过慎之又慎、细而又细、实而又实的工作，确保不发生因去产能引发的规模性失业和重大群体性事件。

第三节 河北省去产能职工安置中的
突出问题及原因分析

河北省去产能职工安置工作，在取得了显著成效、积累了一些宝贵经验的同时，也遇到许多困难和突出的问题。

一 去产能和职工就业安置任务重，难度增加

当前，河北省就业形势保持基本稳定。全省各级人社部门积极落实就业政策，加大就业创业服务力度，为全省 2017 年上半年各项就业指标全面向好、保持就业局势稳定做出了积极贡献。但受经济下行压力和去产能等因素的影响，当前就业形势依然不容乐观，解决好就业问题面临许多挑战。

1. 总量压力依然较大

2017 年全年城镇新增劳动力供给 110 万人左右，其中，高校毕业生 35.4 万人，中专技校毕业生 35 万人，结转登记失业人员 40 万人。城镇新

增就业 76 万人，补充自然减员 20 万人，合计可提供岗位 96 万个，与 110 万的劳动力供给相比，岗位缺口在 10 万个左右。

2. 结构性矛盾更加突出

劳动力供给和需求结构不匹配，产业升级和企业技术改造但技能人才难以满足需要；高校毕业生主要是结构性矛盾，中小企业招工难与部分劳动者求职难问题并存。

3. 重点群体就业问题突出

应届高校毕业生总量规模依然不减，企业岗位、薪资条件等与毕业生期望值存在落差。职工再就业能力偏低，过剩产能企业涉及的职工许多为本地户籍的农民工，多数就业于普通岗位，分流职工多数技能单一、年龄偏大，习惯于重复工作，求职意愿少。压减产能企业采取积极措施保留的岗位往往采取"去老人留新人、保留业务骨干、竞争聘用上岗"的方式选择职工，因而下岗失业的职工多为再就业能力差、年龄层次大的职工。失业职工往往又是家庭经济的支柱，没有其他经济来源，隐藏着巨大的社会风险。大龄、残疾人、低技能等就业困难人员的就业空间收窄，失业人员再就业、就业困难人员就业难度增加。

4. 去产能职工安置推进难度加大

地方政府、人社部门推进去产能职工安置工作的难度加大。劳动者对就业的稳定、机会的均等、技能的提高、收入的增加、环境的改善等诸多方面的期盼和诉求更高。就业问题既面临新的挑战和要求，又有历史积累的矛盾和问题尚未解决，必须强化风险意识和底线思维，时刻警惕规模性失业风险。由于化解、淘汰过剩、落后产能涉及地方和企业的利益，涉及政府经济指标考核，涉及经济补偿、员工安置、债务清算等诸多善后处理问题，地方政府推进去产能及职工安置工作的难度很大，特别是一些欠发达区域，需要淘汰的产能往往是当地支柱型行业，会影响大量就业人员，因此，推进去产能职工安置工作困难和阻力较大。

二　奖补资金缺口较大，部分企业去产能和安置职工动力不足

企业是去产能和职工安置的市场主体，无论是哪种职工安置方式，都

需要去产能企业直接支付大量资金，财政支持的去产能奖补资金远远无法弥补。以化解百万吨钢铁为例，如某钢铁企业去产能职工安置全部以解除劳动合同方式进行，那么初步匡算，每化解百万吨钢铁需支付给职工1.7亿元以上。匡算依据如下：如平均百万吨钢铁产能涉及职工1700人，按平均工龄15年计算，根据2016年河北省社会平均工资4749元的标准，需支付解除劳动关系经济补偿金每人56988元，再加上偿还所拖欠的职工工资、社会保险费、集资款等费用，每安置1名职工大约需要10万元；全部安置1700名职工，则共需支付各项费用1.7亿元。如考虑内退的安置方式，初步匡算企业平均每年每人至少需要2.5万元的安置费用，其中包括给内退职工提供生活费和社保缴费。

在去产能的过程中，部分企业由于成本过大、资金制约、转型乏力等，去产能积极性不高，职工安置的内在动力不足。一是企业资产损失问题。化解过剩产能和淘汰落后产能对企业来讲，既是一种资产损失，也是一种收益损失。经过多年的发展，河北省钢铁行业上下游产业链配套，经营水平在国内也相对较高，压减产能将造成较大资产损失。如邢台某钢铁公司，去产能前刚投入4亿元购买炼钢设备，也只能关停，损失较大。二是土地和资金制约问题。企业要推动过剩、落后产能退出，必须购进新的先进设备加以替代，需要花费更多的资金；拓展新的发展空间，需上新的投资项目，往往会遇到土地制约的矛盾。三是企业转型升级存在较大难度和风险。企业转产、新上项目的市场调研很难，新产品研发难度也不小。在停产转型过程中，企业会失去不少市场和客户，损失不小。另外，一些民营企业的经营资金多为民间借贷，这类企业的关停还涉及连环的债权债务问题，纠纷大，不容易处理。

三 受影响职工参加培训意愿不强，培训难以满足企业和职工需求

随着去产能的进一步推进，下岗、失业人员的数量将明显增加，职工安置培训工作的重点和难点也从岗位技能提升和转岗培训转变为促进下岗、失业职工的再就业技能培训和创业培训上来。由于受影响职工培训的

责任定位、培训体系设计以及职工自身的特点等方面的原因，职工安置培训中存在诸多问题，职工培训在分流安置中提升就业技能、促进转岗转业的作用得不到充分发挥。

1. 受影响职工主动参加培训的意愿不强

去产能企业为钢铁、煤炭、水泥、玻璃、火电、焦炭行业，这些行业都是典型的资源型产业，职工年龄偏大、文化层次偏低、技术技能单一，因此就业观念保守、学习能力和转岗再就业能力较弱。去产能职工的这些"特质"使得其参加就业创业培训的愿望并不强烈，进而导致对这类职工的培训难以实现政府预期目标。

职工的上述"特质"还决定了其自主接受培训信息的来源渠道不足、不畅，从客观上"抹杀"了政府提供的培训机会。另外，一些职工主动选择不参加培训，因为他们认为一些培训课程自己基础太差学不懂，或者自己不感兴趣。

部分煤炭钢铁等企业的职工并不愿意下岗，例如，在典型城市唐山市，曾经经历过钢铁行业"黄金十年"的企业职工，待遇优厚，工资较高，福利较好，因此，对安置岗位及待遇存在较高预期。在调研中发现，约有46%的职工不愿到其他行业求职就业，69%的职工表示不愿意到外地去就业。

2. 高校培训资源利用程度待提高

高等院校特别是高等职业院校，在面临化解产能职工安置的继续教育与培训问题时，并没有发挥出它们应有的优势。目前河北高校普遍参与意识不强，有些高校虽然也在职工培训上有些成果，但是多数都是停留在课题、合作项目等层面，从制度和观念上并没有形成"再就业培训是高校继续教育体系中的一部分"的思想。从全省范围调研情况来看，高校针对职工再就业教育培训的教材缺乏，也没有成体系的培养模式，更没有一个明确的培养目标。由于社会对农民工弱势群体的偏见，高校将自身的继续教育并未真正定义为"大众"教育或者"平民"教育，直接导致了培训的质量不高、效果不好，既浪费了高校丰富的教育资源，又挫伤了需再就业培训职工的积极性和主动性。

四 社保统筹层次低、企业欠保费和未参保等问题制约职工安置政策实施效果

有社会经济"稳定器""安全阀""调节器""促进剂"之称的社会保障制度，在去产能职工就业安置中起着重要的作用，尤其是失业保险制度的作用显著。社会保险覆盖范围、征缴率、统筹层次以及基金累计结存数量等直接影响着去产能职工安置中社会保障作用的大小。调查发现，在去产能职工安置中，社会保障的上述作用发挥受到限制。

1. 企业职工基本养老保险扩面难、基金累计结存少、欠缴社保费问题突出

调研了解到，去产能企业普遍认为社会保险费率过高，尤其是养老保险费率太高，缴费负担太重，希望能够降低费率；一些企业经营困难，拖欠保费实属无奈；企业和职工希望能够启用 20 世纪 90 年代末国企改革时允许符合条件的职工提前退休的政策。

河北省企业职工基本养老保险的下述情形决定了受影响企业和职工希望降低养老保险费率、放宽退休条件的诉求无法被满足。河北省调结构、去产能、治污染任务艰巨，部分企业生产经营压力和困难进一步增大，部分企业社保欠费现象未能得到有效遏制，扩面征缴空间持续压缩；同时，受人口老龄化（截至 2016 年底，河北省人口抚养比为 2.58∶1，高于同期全国的 2.88∶1）、记账利率提高（2016 年个人账户记账利率为 8.31%，远高于往年水平）、连年调高退休人员养老金等因素的影响，企业养老保险基金收支矛盾日益突出。根据河北省近三年的人力资源和社会保障事业发展统计公报，河北省企业参保职工年净增人数在减少，2014 年为 44.46 万人，2015 年为 42.94 万人，2016 年为 34.87 万人[①]。根据 2016 年河北省人力资源和社会保障事业发展统计公报，2016 年末参加企业基本养老保险人数为 1175.50 万，其中，职工人数 846.83 万、离退休人员为 328.67 万，企业职工养老保险制度抚养比为 2.58∶1（参加基本养老保险职工人数与离

---

① 2014～2016 年河北省人力资源和社会保障事业发展统计公报，http：//www. hbrsw. gov. cn。

退休人数之比）；企业基本养老保险基金当年收支结余为 - 89.93 亿元，年末累计结存 545.91 亿元；离退休人员月平均养老金 2405 元，其中退休人员 2387 元①。据此推算，2016 年末企业职工基本养老保险基金累计结存额支付离退休人员养老金的能力不足 7 个月，不符合人社部发〔2016〕36 号文件规定的阶段性降低基本养老保险费率的条件。

总体来看，受去产能和经济下行影响，河北省企业职工养老保险面临着严峻形势。尽管随着省级统筹制度改革的持续推进，河北省各地强化政府责任，各部门协调联动，加大强制征缴力度，预计能完成全年目标任务，但企业无力缴费数额，特别是欠费大户的欠费数额仍会有一定幅度的增加。

2. 失业保险覆盖面窄、统筹层次低，作用发挥不充分

失业保险制度的基本功能是保障失业者基本生活、促进失业者再就业和预防劳动者失业，充分发挥失业保险作用的政策措施是去产能职工安置政策体系的重要组成部分。但是，失业保险参保情况不佳，不少企业存在未参保和参保欠费问题，失业保险基金统筹层次低，这些问题都制约着失业保险在去产能职工安置中作用的发挥。

按照社会保险权利与义务对等的原则和正在实施的失业保险援企稳岗政策，没有参加失业保险的企业及其职工不能享受援企稳岗政策支持，只有足额缴纳社会保险费的企业和足额补缴所欠保费的企业才可享受各类稳岗补贴。自 2014 年以来，随着失业保险援企稳岗政策的实施，一些去产能企业在失业保险基金支持下稳定了岗位，赢得了成功转型的时间，但是，还有相当数量的企业因为没有参加失业保险，也无力重新登记缴费并补足社会保险费用，或因经营困难欠费情况严重，无力补交，而无法享受到失业保险援企稳岗的支持。

同样，只有去产能企业职工有参保缴费一定时限的记录（1 年及其以上），其失业后才有资格获得与其缴费记录直接相关的失业保险金和失业期间医疗保险待遇，免费职业介绍和职业培训、创业培训或补贴，再就业

---

① 2016 年河北省人力资源和社会保障事业发展统计公报，http：//www.hbrsw.gov.cn。

的岗位补贴和社会保险补贴以及创业税费优惠等。但是，因受影响企业职工，许多为当地户籍的农民工，多没有参加失业保险，企业压减产能首先解雇的就是这类人员，其失业后再就业难以得到与参加失业保险的下岗失业人员相同的待遇。

另外，失业保险基金统筹层次低也制约着失业保险在去产能职工安置中发挥作用。目前，河北省失业保险实行地市级统筹，互助共济能力较弱；而去产能行业和地区分布具有集中性，从而导致一些去产能重点地市失业保险基金因就业压力大，征缴收入增长受阻、支出需求增加，用于援企稳岗和支持失业人员再就业的作用受到制约。以可以反映河北省失业保险基金支付能力的重要指标——失业保险基金累计结余支出比（失业保险基金累计结余与当年支出之比）的地区分布情况看，2014 年，去产能重点地市邢台、邯郸、唐山的该指标值分别为 1. 67∶1、3. 34∶1 和 6. 23∶1，均低于全省该指标平均水平（8. 5∶1），且仅分别为 11 个地市中该指标最高值（廊坊为 21. 26∶1）的 7. 86%、15. 7% 和 29. 30%，足见失业保险基金支付能力地区差异很大，且去产能重点地市失业保险基金支付能力相对较弱。再看 2014 年失业保险援企稳岗政策推行两年后的 2016 年，邢台、邯郸、唐山的该指标值分别为 2. 23∶1、2. 27∶1 和 3. 46∶1，均低于全省该指标平均水平（4. 24∶1），且仅分别为 11 个地市中该指标最高值（廊坊为 9. 1∶1）的 24. 5%、24. 95% 和 38. 02%。这组数据同样说明，2017 年及今后去产能及职工安置政策的进一步推行，河北省重点地市失业保险基金能够用于援企稳岗和支持失业人员再就业的能力是相对较弱的。

五　企业内部安置空间变小、欠薪欠保问题解决难，劳动争议增加

河北省化解过剩产能和淘汰落后产能任务繁重，部分企业经营处境恶化。随着经济体制改革的继续深化和经济发展方式的加快转变，劳动关系利益主体多元化、利益诉求多样化的态势更加凸显；职工的社会心理、行为方式明显改变，对获得公平公正、共享改革发展成果的愿望更为迫切。特别是在当前经济下行压力依然较大、经济增长内生动力不足、分流职工

安置任务艰巨的情况下，去产能企业内部安置空间变窄、失业风险增加、欠薪欠保解决难度增大等问题将使得劳动关系形势更加复杂，劳动关系紧张的潜在风险加大。

1. 受影响企业职工安置中的社会风险不可忽视

职工安置是去产能工作的重中之重。初步计算，2017 年河北省去产能任务扩展到 6 个行业，涉及分流职工 7.3 万余人，职工安置任务非常重。虽然中央设立了专项资金，但对于安置的实际需求来说还无法满足，再加上河北省各级政府财力较弱，配套资金不多，职工安置所需资金缺口较大；并且通过企业内部安置职工的空间越来越小，各地职工安置压力非常大。这一问题的解决与否，直接关系着社会稳定与否。

2. 企业欠薪欠保问题仍然严重，解决难度增大

据劳动监察统计，2017 年 1 ~ 5 月，全省处理工资类案件 2805 件，为 8.25 万名劳动者追发工资待遇 7.49 亿元，补签劳动合同 2.81 万份，督促用人单位为 0.6 万名劳动者补缴社会保险费 1759.1 万元。其中，处理拖欠工资案件数、涉及欠薪人数、追讨工资待遇金额同比分别下降 17.8%、34.2% 和 46.4%。从发现的问题来看，主要是一些企业用工不规范，不依法签订劳动合同；部分用工单位超范围超比例使用劳务派遣工，被派遣劳动者同工同酬、保险福利等权利得不到保障；建设领域拖欠工资，特别是拖欠农民工工资现象时有发生。总体上看，与 2016 年同期对比，2017 年案件数量有所下降，但随着问题的积累，一些突发问题可能发生。

第四节　去产能中促进职工就业安置的对策建议

一　进一步加大国家层面对河北省去产能职工安置工作的支持力度

河北省去产能任务重，涉及职工数量庞大，各种情况非常复杂，具体工作中遇到了一些困难和问题，希望国家重视，给河北更多的关心和支持。

1. 加大对河北省的财政支持力度

河北省"十三五"期间化解过剩产能任务非常重，仅钢铁去产能就预计造成财政收入减少约 1200 亿元，再加上职工安置、清偿债务等因素，资金压力非常大。希望国家在安排奖补资金和就业补助资金时，对河北给予倾斜支持。

加大对去产能企业的支持力度，以增加企业内部分流安置职工的动力和能力。加大在工商、税收等方面的公共服务，鼓励淘汰落后产能企业充分利用自身资源，采取分立企业、新上项目、内部分流等方式安置职工；同时通过贷款扶持和减免税费等方式鼓励其他企业安置职工。

提高化解过剩产能奖补资金补贴标准，尤其是提高化解钢铁产能奖补标准，加大补偿力度，提高企业去产能及其安置职工的积极性。

2. 扩大奖补资金使用范围

中央财政专项奖补资金使用范围只限于钢铁煤炭企业去产能职工安置，其他行业没有制度性资金安排。2017 年河北省去产能任务扩大到钢铁、煤炭、水泥、玻璃、焦炭、火电六个行业。建议国家进一步完善财政专项奖补资金使用政策，对非钢铁、煤炭去产能企业分流职工安置给予支持。

3. 放开奖补资金梯级奖补上限

中央财政专项奖补资金对超额完成国家去产能任务的地方设置30%的封顶线，不利于充分调动地方超额完成任务的积极性。2016 年河北钢铁行业压减炼钢、炼铁产能，分别超额完成国家任务的98%和69.5%，但按规定仅能享受30%的奖励资金。建议国家放开封顶线，对超额完成任务部分给予全额奖补资金，支持地方自我加压，加快去产能工作进度。

4. 解决有关账户冻结问题

部分去产能企业涉及债权债务司法诉讼，被法院冻结财务账户，导致财政奖补资金无法拨付，或拨付到企业账户后被扣留转走，无法用于职工安置。经协调，河北省高法专门下发通知，要求省内法院不得冻结扣转去产能职工安置资金，但对外省法院冻结措施无管辖权，协调起来比较困难。建议由最高法统一协调解决此类问题。

建议企业通过依法破产去产能通道，将职工安置列为破产企业资产处置收益第一清偿顺序。从唐山钢铁、煤炭企业情况看，企业优良资产大多做了抵押，破产清偿抵押债务后，企业基本无力解决拖欠职工工资、社保等问题。因此，建议比照2000年最高人民法院关于国有企业破产的司法解释，在破产企业资产处置收益中，将职工安置发生的费用（含解除劳动关系经济补偿金、支付拖欠工资、补缴社会保险费等）作为第一清偿顺序，其余处置资产收益再按《破产法》相关规定对其他债权人实施清偿。

二　创新工作机制，促进失业人员再就业

深入贯彻国家和省关于深入推进供给侧结构性改革、做好去产能工作部署要求，将去产能职工安置工作作为首位任务抓紧抓好。

（1）省市县落实"三包一"工作机制，全面掌握企业各项情况，及时录入、锁定拟分流职工基本情况，实行精准动态管理。加强综合协调，会同发改、工信、财政等有关部门，压实目标责任，统筹推进职工安置工作。

（2）会同各级工会组织深入每户企业解读政策、了解诉求，深入细致做好职工的思想工作。加强工作和政策指导，强化企业主体责任，"一企一策"指导帮助企业制定职工安置方案，按程序提交职代会或全体职工讨论通过后实施。

（3）强化就业创业服务。指导各地和企业制定完善配套办法，拓宽安置渠道。将去产能分流职工全部纳入政策扶持范围，实行动态跟踪管理。认真落实"三条工作保障线"，对有就业创业愿望的失业人员提供全方位服务，保障基本生活，切实兜牢民生底线。

（4）落实援企稳岗政策，持续加大稳岗资金向去产能企业倾斜力度，稳岗补贴资金70%以上要用于去产能企业。

（5）完善落实应对预案，及时协调解决职工安置中的突发问题，紧盯风险点和矛盾点，避免因职工安置问题引发较大不稳定问题。

三 改进社保扩面与基金征缴机制，充分发挥社保制度作用

1. 阶段性适度下调社保费率，暂缓上调最低缴费基数

结合河北省实际情况，目前，企业职工基本养老保险和基本医疗保险的费率下调条件不具备。失业保险和工伤保险的费率可以适当下调。2015年以来，河北省人社厅和财政厅联合发文冀人社发〔2015〕19号、冀人社发〔2016〕21号，对失业保险费率进行两次下调，联合发文冀人社发〔2016〕10号对工伤保险费率进行下调，取得了预期效果。再下调费率的可能性已经不大，接下来关键是如何在切实执行现行政策的同时做好社会保险扩面工作，同时还可以考虑启动最低缴费基数暂缓上调的政策，该政策可以适用于所有社会保险项目。

考虑到许多去产能企业短期内经营状况难以改观，其职工平均工资水平提高困难；同时，受影响职工一般而言就业能力相对较弱，无论是其转岗就业，还是失业后再就业，其工资水平会相对降低，多数会在社会平均工资水平之下。因而，暂缓上调社会保险的最低缴费基数可以取得降低社会保险费率的同样功效。

2. 提高失业保险基金统筹层次，扩大失业保险覆盖范围

为了增强失业保险互助共济和防控失业风险的能力，并便于"五险统一经办"，建议：一是依据社会保险法的规定，尽快将失业保险基金统筹层次提高到省级；二是依据社会保险法以及劳动法、就业促进法中同工同酬、同工同权相关规定，尽快将包括中小民营企业和农民工在内的各类企业事业单位和职工均纳入失业保险制度覆盖范围。通过扩大覆盖面，一方面提高失业保险制度的瞄准率，解除高失业风险群体的后顾之忧；另一方面扩大失业保险基金规模，增强失业保险互助共济能力，让失业保险保生活、促就业、防失业的重要作用惠及更多的劳动者。

3. 适当延长去产能失业人员失业保险金领取期限

建立失业保险的目的是防控劳动力失业的风险，调节经济周期导致的贫困发生率，稳定社会，促进经济和社会发展。经过近几年企业去产能工作的开展，如今去产能企业需要分流安置的职工，往往是年龄偏大、技能

单一、再就业能力相对较低的群体，失业后再就业所需时间会比较长。建议：给连续参加失业保险多年的失业人员一定的缓冲时间，可仿照20世纪90年代后期和21世纪初国企改革"再就业中心"，在现行政策享受失业保险待遇时限的基础上，延长1～2年的失业保险待遇享受时间，具体延长的时限与其参加失业保险年限直接相关。同时，在享受失业保险待遇期间由政府代缴养老保险费。这种特殊时期的"延伸失业金制度"，美国20世纪70年代曾引入，由联邦和州政府联合资助，充分体现了失业保险的功能。

四　创新工会工作机制，畅通员工诉求渠道；妥善化解劳动争议

企业化解过剩产能直接涉及一些职工的劳动关系处理，触动了职工的切身利益，容易引发劳动争议。在当下的劳动关系敏感期，畅通的员工权益诉求渠道、健全的工会组织和劳动争议调解组织以及完善的劳动关系协调机制对于员工权益的维护、劳动争议的化解起着关键作用，尤其是健全而独立的工会组织又是关键的核心。调查了解到，国有企业工会组织健全，一些民营企业根本没有建立工会，对于没有工会组织的企业，地区工会和行业工会应该主动参与这类企业的去产能职工安置工作。工会组织在去产能职工安置和化解劳动争议中应该做好以下工作。第一，依法履行职责，积极参与到企业化解过剩产能职工安置方案的制定中，帮助职工处理好与企业的劳动关系，切实依法维护好员工合法权益。比如，要监督企业向解除劳动合同的职工偿付欠发的工资和欠缴的社会保险费、依据劳动合同法给予职工足额的经济补偿金；督导和协助企业给内部转岗职工提供技能培训、发放待岗期间的生活费；监督企业为内退职工按时发放生活费、缴纳社会保险；在发生劳动争议甚至冲突时，应切实代表职工利益与企业方协商。第二，工会组织要做好员工的思想工作，引导职工理解企业化解过剩产能需要裁员或一些职工转岗的特殊困难。第三，工会组织要向职工做好再就业、创业相关扶持政策的宣传工作，激励职工，以积极的心态，在相关政策措施的帮助下，通过自己的努力找到新

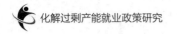

的工作，尽快实现再就业或成功创业。

五 加强顶层设计，建立京津冀就业协调机制

河北省调整产业结构和防治大气污染所带来的产能化解，反映了政府对市场失灵造成的外部性影响的治理。经济的外部性理论告诉我们，当市场因素导致的负外部性产生时，需要通过明确产权或政府干预的方式使市场失灵得到解决，比如政府抬高环境污染的标准，使企业自行去产能，或采取行政干预，劝说或督导企业去产能。反过来看，这种因化解过剩产能带来的空气质量和经济结构等外部环境的改善又具有正外部性的特征。从短期看，河北省化解过剩产能会给本省带来直接经济损失，然而，无论从短期还是长期来看，则会给相邻省份尤其是京津两市带来收益。由于环境收益的外部性影响，按照受益者付费、多受益多付费的市场经济法则，河北省产能化解理应得到相邻省份尤其是京津两市的生态补偿，用于受影响职工的就业安置。然而，这种对正外部性利益的补偿机制同样不能指望市场来完成，利益的获得者不会主动为环境的改善买单，而是对这种获益保持沉默。所以依然需要政府加以协调解决，比如，通过国家行政干预强制京津买单，或向京津两市征收国家级税收，用于补偿河北省的损失。

正如环境污染问题一样，京津冀三地因其特殊的地缘关系，政治、经济、社会联系密切；尤其是在京津冀协同发展背景下，经济资源的协同配置、生产要素的自由流动，进而构建统一的、充满活力的区域市场势在必行。在就业管理方面，应建立京津冀就业协调机制，加强三地在就业促进和就业服务方面的合作和融合，推动建立京津冀统一、开放、有序的人力资源市场。三地可以在劳动力供求信息共享与发布、失业人员再就业服务、社会保险接续与互通等方面加强合作，逐步形成三地就业协调机制。目前，应以化解过剩产能、产业结构转型升级为契机，综合考虑区域产业布局，在京津冀视角下配置人力资源，促进劳动力在区域内自由流动，为解决河北省去产能过剩企业职工安置与就业问题寻求出路。

第十章　山西省煤炭企业去产能中职工安置问题研究

摘　要： 煤炭行业是国民经济发展的基础性重要行业，煤炭在山西经济社会发展中具有举足轻重的地位。近年来，山西省受经济下行压力的影响，煤炭价格持续震荡，山西部分煤炭企业产能严重过剩、资产负债率高、生产经营困难、人员大量富余。有效化解过剩煤炭产能，实现产业结构转型升级，是山西省面临的一项紧迫而繁重的任务。在这一过程中，妥善安置受影响的职工是去产能的关键。课题组通过实地调研、问卷调查、召开座谈会、分析文献资料等多种形式，多角度深入分析了山西省煤炭企业去产能过程中职工就业安置工作的现状；总结梳理了去产能职工就业安置的主要政策和做法经验，深入分析了职工就业安置中存在的主要困难和突出问题，特别是企业当前安置职工的办法可持续性不强，失业保险基金对转岗和稳岗支持的政策效果有待提高，企业之间缺少有效的协调统筹机制，企业缺乏有效的复合型人才培训机制，以及煤炭企业职工子女就业问题突出等。课题报告提出了山西省煤炭企业去产能职工就业安置的政策建议，主要有：降低失业保险基金在转岗稳岗方面的支出门槛；组建省级人力资源安置协调机构；制定政策鼓励企业进行职工技能提升和创新创业；以大数据模式对职工安置工作进行监测；研究制定处于衰落阶段行业企业的特殊社保政策；研究以税收、社保等政策鼓励企业扩大国内就业岗位等。

关键词： 山西煤炭　去产能　职工安置

煤炭行业是国民经济发展的基础性行业，煤炭在山西省的经济和社会发展中具有举足轻重的地位。近年来，山西省受经济下行的影响，煤炭价格持续震荡，煤炭企业普遍产能严重过剩，不少企业效益下滑，生产经营困难。如何有效化解过剩煤炭产能，实现产业结构转型升级，是山西省面临的一项紧迫而繁重的任务。在这一过程中，妥善安置受影响职工关系到广大煤炭职工的切身利益，关系到就业形势的稳定，也关系到去产能工作的顺利进行。做好去产能中职工就业安置工作对于经济发展和社会稳定具有重要的作用。

第一节　山西省煤炭企业去产能职工
安置的基本现状

我国经济进入新常态以来，市场对煤炭的需求持续下降、煤炭价格走低，21 世纪初约十年的煤炭黄金时期由盛转衰，煤炭产能出现严重的过剩局面。山西省作为我国煤炭大省，煤炭产业占全省经济比重高、涉及地区广、从业人数多，对全省经济发展具有举足轻重的影响。

一　煤炭行业发展形势

我国是全球最大的煤炭生产国和消费国，2015 年全球原煤产量 78 亿吨，我国为 37 亿吨（如图 10 - 1 所示），占全球的 47%，煤炭消费量占全球 50% 左右。2016 年我国原煤产量 33.63 亿吨，同比下降 9.1%。其中，

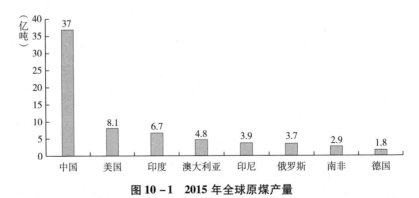

图 10 - 1　2015 年全球原煤产量

山西省原煤产量排全国第二位，为8.17亿吨（如图10-2所示），占比为24.3%，略少于排名第一的内蒙古，远多于其他省份。

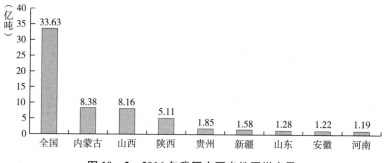

图 10-2　2016 年我国主要省份原煤产量

2015 年，我国煤炭行业产能利用率为 78.8%，低于国际通常水平 79% ~ 83% 的合理区间。2016 年初，国务院发布《关于煤炭行业化解过剩产能实现脱困发展的意见》（国发〔2016〕7 号），提出了未来 5 年化解煤炭过剩产能的工作目标，即：在近年来淘汰落后煤炭产能的基础上，从 2016 年开始，用 3 ~ 5 年的时间，再退出产能 5 亿吨左右、减量重组 5 亿吨左右，较大幅度压缩煤炭产能，适度减少煤矿数量，煤炭行业过剩产能得到有效化解，市场供需基本平衡，产业结构得到优化，转型升级取得实质性进展。2016 年，全年退出煤炭产能超过 2.9 亿吨，超额完成年度目标任务。

尽管 2016 年下半年以来，煤炭价格回升，但从长期看，产能严重过剩难有根本改观。按照国务院的部署，2017 年继续深入推进"三去一降一补"[①]，计划化解煤炭产能 1.5 亿吨以上，同时淘汰、停建、缓建煤电产能 5000 万千瓦以上。同时从长远来看，我国未来能源结构将面临重大调整，煤炭、油气、非化石能源消费比例 2020 年将达到 6∶2.5∶1.5，2030 年将达到 5∶3∶2，2050 年将达到 4∶3∶3，对煤炭的能源需求将逐步下降，煤炭行业面临大幅缩减产能的压力。

---

① 供给侧结构性改革五大重点任务：去产能、去库存、去杠杆、降成本、补短板，简称"三去一降一补"。

山西省作为煤炭大省，产能过剩形势更加严峻，行业亏损面较大，资产负债率居高不下。山西省原煤产量近 10 年来总的趋势是不断增多，特别是 2009 年到 2015 年原煤产量迅速增加，但进入 2016 年后，山西省按照国家化解过剩产能工作部署，大力压减、淘汰、退出煤炭产能，实现煤炭产能退出超过 2325 万吨，退出关闭煤矿 25 座。2016 年，原煤产量下降到 83044 万吨，比 2015 年降低了 14.1%。2017 年，根据山西省煤炭行业化解产能过剩的整体目标，山西省去产能煤炭企业有 27 户，煤炭矿井数量由原先的 1078 座减少至约 900 座，同时把煤炭产能控制在 10 亿吨之内。

煤炭行业是山西省经济发展的支柱产业，对全省经济增长有举足轻重的作用，煤炭价格和山西省 GDP 增长率之间有着高度相关性（如图 10 - 3 所示）。化解煤炭过剩产能给山西省经济增长形势带来严峻挑战。据测算，2016 年由于压减了原煤产量，GDP 减少约 209 亿元，对全省 GDP 增速的影响约为 1.56 个百分点。2016 年，山西省的 GDP 增速仅为 4.5%，经济增长形势依然严峻。虽然 2017 年第一季度煤炭价格有所回升，带动了山西省 GDP 增长率的提高，但是从长期看，化解煤炭过剩产能压力依然较大，今后山西稳定经济增长形势和做好煤炭产业职工就业安置工作仍然任重而道远。

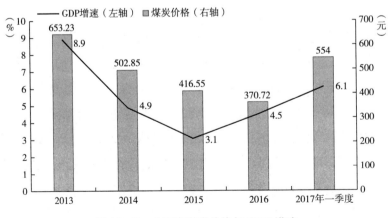

图 10 - 3　山西省煤炭价格与 GDP 增速

二　去产能职工就业安置基本情况

由于山西省化解产能过剩，特别是煤炭行业产能过剩压力较大、形势严峻，全省去产能企业职工安置工作任务繁重、情况复杂、涉及面很广，解决好去产能企业化解产能过剩过程中的职工安置问题关系全省经济的发展、社会的稳定和职工的切身利益。

2016 年，山西省煤炭行业去产能涉及需要安置的职工 21013 人，到年底完成职工安置 20937 人，安置率约为 99.64%。其中，实现企业内部转岗安置的职工人数为 19071 人，占比 91.1%；采取企业内部退养形式安置的职工人数为 377 人，占比 1.8%；其他因各种情况解除或终止劳动关系的职工人数为 1489 人，占比 7.1%[①]。山西省煤炭行业去产能职工安置率高出全国平均水平 8.8 个百分点，取得了较好的安置效果。

2017 年，山西省煤炭钢铁去产能企业共 29 户（含钢铁企业 2 户），计划分流安置职工 21944 人（含钢铁企业 2732 人）。所有去产能涉及企业均制定了职工分流安置方案，到 2017 年底，共分流安置 19757 人，安置率为 90%。其中：煤炭企业 27 户，计划分流安置职工 19212 人，已安置 17025 人，安置率为 88.6%；钢铁企业 2 户，计划分流安置职工 2732 人，已全部安置，安置率为 100%。从分流安置渠道看：内部转岗安置为 15764 人，占比 80%；内部退养 1419 人，占比 7%；解除劳动关系 2574 人，占比 13%。

总体来看，在山西省煤炭去产能工作持续推进过程中，政府相关部门始终把去产能职工安置放在去产能工作的突出位置，积极部署、推动落实。在山西经济形势比较困难的情况下，全省坚持推动煤炭行业供给侧改革，坚持做好去产能职工就业安置，对化解产能过剩特别是化解煤炭产能过剩做出了积极贡献。在职工安置方面，山西省主要是通过企业内部转岗分流安置职工，未出现将受影响职工大量推向社会的情况，整体安置工作稳步进行，未给社会造成负担，促进了社会稳定。

---

① 山西省 2016 年国民经济发展统计公报。

第二节　山西省煤炭企业去产能职工安置
主要政策和做法经验

2016 年 2 月，国务院发布关于钢铁、煤炭行业化解过剩产能实现脱困发展的意见，提出用 3 年至 5 年时间，煤炭产能再退出 5 亿吨左右、减量重组 5 亿吨左右，钢铁再压减产能 1 亿~1.5 亿吨。山西省作为煤炭大省，化解过剩煤炭产能任务繁重、时间紧迫，特别是如何做好去产能中大量受影响职工的就业安置工作，是其中的重点和难点。

一　政府部门主要政策措施

山西省委、省政府高度重视去产能职工安置工作，各有关部门认真履职，采取多项政策措施，努力做好职工内部分流安置、转岗就业、再就业和创新创业等各项工作并取得积极成效。

1. 党和政府高度重视去产能职工安置工作

山西省在煤炭去产能职工安置问题上之所以能够取得阶段性成果，首先是省委、省政府思想统一、认识到位，高度重视去产能及职工安置问题。作为煤炭大省，山西经济发展对煤炭资源的开发过于依赖。针对部分干部对煤炭去产能存在一定抵触情绪的状况，省委、省政府从山西"一煤独大"的经济结构角度，深刻分析了山西经济市场抗风险能力脆弱、资源型经济对科技和创新产生挤出效应、资源开发带来环境破坏等负面因素，做出"不当煤老大，做能源改革的排头兵"的决策，要求全省干部认真学习习近平总书记系列讲话精神，深刻理解经济新常态以及供给侧结构性改革理论，从思想上认识煤炭去产能的必要性和迫切性，从而调动了各级干部主动面对煤炭去产能工作任务的积极性，为做好职工安置工作奠定了思想基础。

2. 制定出台去产能职工安置工作实施意见

为了深入贯彻落实国务院关于化解钢铁、煤炭行业过剩产能的决策部署和山西省委、省政府关于钢铁、煤炭供给侧结构性改革实施意见，扎实做好化解钢铁、煤炭行业过剩产能职工安置工作，根据人力资源和社会保障部、国家发展改革委等七部门《关于在化解钢铁煤炭行业过剩产能实现脱困发展过程中做好职工安置工作的意见》（国发〔2016〕32号），山西省人民政府办公厅2016年7月出台了《关于做好化解煤炭钢铁行业过剩产能职工安置工作实施意见》（晋政办发〔2016〕111号，以下简称省政府111号文件），提出了12个方面的具体政策措施。主要是：①支持企业内部分流；②使用失业保险基金帮扶企业稳岗；③鼓励企业开展转移就业安置；④大力开展企业职工特别职业培训；⑤支持企业创业载体建设；⑥鼓励职工自主创业；⑦符合条件人员可实行内部退养；⑧加强公共就业服务；⑨运用公益性岗位等援助措施托底帮扶；⑩按规定制定落实职工安置方案；⑪落实资金保障；⑫加强对职工安置工作的组织领导。总的来看，文件的贯彻实施取得了良好的效果，去产能企业职工就业安置形势总体稳定。

3. 支持企业内部分流安置职工

支持企业内部分流的政策主要由省人力资源和社会保障部门具体负责实施。省人社厅根据省政府111号文件的有关内容，从就业专项资金或失业保险基金中给予相关去产能企业需要安置的职工一次性安置补助。其中，前者为吸纳就业补贴，按照每人1000元的标准进行补助性发放；而后者为转岗安置补贴，按照每人3000元的标准进行补贴发放。企业根据有关政策的要求向人社部门进行申请，经审查合格后，将资金直接发放至企业。文件还规定，具备申请吸纳就业补贴和转岗安置补贴补助资格的企业只能选择其中一项。

两种奖补措施的区别主要有两方面：一是拨款渠道不同，1000元/人的吸纳就业补贴从就业专项资金中拨款，而3000元/人的转岗安置补贴从失业保险基金中拨款；二是领取条件不同，吸纳就业补贴主要针对那些化解产能过程中实现主辅分离、多种经营，通过兼并或重组等方式成立新企业来吸纳就业，实现职工分流安置的煤炭企业。这一政策要求企业对分流职工的吸纳度达到30%以上并与其签订1年以上劳动合同。而转岗安置补贴主要是针对那些在企业集团内部以转岗的方式来实现职工安置的煤炭企业，同时要求企业累计足额缴纳失业保险费达5年以上。

4. 更好地发挥失业保险基金稳岗作用

从山西省失业保险基金支出情况看，2016年山西省全年共支出失业保险基金11.87亿元。其中，稳定岗位、促进就业支出为6.52亿元，占基金总支出的54.9%，超过了一半。促进就业支出大于保障生活支出，支出结构更加合理。在稳定岗位、促进就业支出中，稳岗补贴资金为5.85亿元，占到89.7%。失业保险基金在帮扶去产能企业稳定岗位、安置职工方面发挥了较为积极的作用。

同时，为更好地帮助去产能企业解决职工安置问题，省政府111号文件规定，对存在欠缴失业保险费的煤炭企业，有关部门和经办机构仍然可按照有关规定对符合享受失业保险保障条件的人员进行业务办理，根据其缴纳失业保险费的实际年限和其他要求，使其能够享受相应的失业保险待遇。这一规定是山西省根据自身实际情况，在失业保险政策方面的一个突破之举，实事求是地解决煤炭企业职工安置问题。

5. 大力开展企业职工职业培训

省政府111号文件规定，去产能企业职工培训合格人员可享受培训补贴每人1200元或创业培训补贴每人1800元，这两项政策资金均直接拨付给相关企业，由其自主安排职工培训的事宜。这一政策主要是鼓励企业利用现有教育培训资源对需要转岗分流安置的职工进行转岗培训和技能提升，同时开展校企合作，让拥有资质的职业院校和相关培训机构参与培训工作，从而实现职工的转岗安置。

据调查，从就业创业基金中支出的职工职业培训费用，有关部门严格按照相关文件规定的额度进行发放，实行属地管理，即培训款项按要求拨付至各地市，由各地市根据企业申请情况再拨付给企业。此外，山西省煤炭去产能企业还可以获得从失业保险基金中支出的职工培训费用，但失业保险基金支出职工培训费用针对的对象相对狭窄，仅针对参加了失业保险的失业职工，因此享受人数相对较少。

6. 倡导企业成立人力资源公司安置职工

山西省政府部门除了出台相关政策帮助去产能企业安置职工外，还想方设法通过各种举措引导和支持去产能企业开拓思路，多措并举，做好职工就业和安置工作。其中较为典型的，是省人社厅倡议煤炭企业共同成立人力资源公司进行职工就业安置。

山西省人社部门在认真分析煤炭企业去产能职工安置情况后认为，职工普遍对国有企业怀有高度的依赖心理，对与企业解除劳动关系较为抵触；煤炭企业大多远离中心城市，职工自谋职业有许多客观困难；职工子女的成长和教育环境带有很多煤矿元素，外出就业困难；企业职工长期生活在国企环境，对于市场环境有着陌生甚至恐惧的心理。针对这些问题，山西省人社部门给七大煤企董事长写了建议书，倡议企业成立人力资源公司，在不解除劳动关系的前提下，组织富余职工及职工子女集体开展创业就业行动，帮助大家走出矿区、走向市场、走向社会。收到倡议书后，煤企反响良好，响应积极，各大集团都有所行动。同煤集团早年曾经组建了宏瑞人力资源公司，主要解决职工子女的就业问题，收到倡议书后，集团高度重视，责成宏瑞公司调整发展思路，积极谋划开展包括去产能安置职工的再就业工作。山西焦煤集团收到倡议书后，于2017年1月注资2000万元成立了人力资源公司，积极开展富余职工及职工子女多渠道就业工作并取得良好效果。

二　煤炭企业去产能职工安置典型做法经验

山西省煤炭企业去产能工作开展以来，在各有关部门的努力和企业的积极配合下，结合职工个人特点及就业意愿，采取多种方式安置员工，减少采用解除或终止劳动关系的做法，使大部分职工转岗不下岗，保障了职工利益，减少了社会不稳定因素。如山西同煤集团建立了一座牲畜养殖及蔬菜种植一体化的养殖基地，安置集团内富余劳动力。

1. 发展新型产业利用结构调整升级安置职工

山西煤炭企业积极探索拓展新型产业，促进职工分流安置。同煤集团开展煤矿探秘旅游、金融投资、房地产、物流贸易、建筑建材等产业，一方面加快企业经营项目的拓展，实现产业转型升级；另一方面利用新产业为富余职工提供更多就业岗位选择。山西焦煤集团开拓了国际贸易、融资租赁、交通能投、公共事业、公路物流、人力资源及化工等多元产业，积极安排富余职工转岗就业。西山煤电集团注资 2000 万元成立人力资源有限公司，着眼于搭建人力资源供需平台，筹划开展职业人才中介、劳务输出输入和对外劳务合作经营，已帮助千余名职工实现了转岗就业。

专栏 1　山西同煤集团创建养殖基地拓展职工转岗新路径

为实现企业去产能职工安置工作，山西煤炭企业创新思路、拓展途径，不断开发新的职工转岗就业新路径。山西同煤集团创立的宏瑞劳务公司利用富余土地、创新发展思路，建立了一座牲畜养殖及蔬菜种植一体化的养殖基地。该基地主要由同煤集团地质勘探项目部负责，充分利用了集团内的富余劳动力。

在项目人员缺乏甚至从未接触过蔬菜种植和畜禽养殖方面技术知识的情况下，全体项目组成员从零学起，领导带头、职工跟进，通过自学和聘请专业技术人员进行现场授课等多种形式，学习了种植、养殖、疾病防治等多方面技能，不仅为企业安置职工开辟了新道路，也有利于职工自身的知识技能扩展。养殖基地开发建设了蔬菜种植大棚，实现了大棚根据一年四季的市场需要进行蔬菜种植，培育反季节蔬菜，截至 2016 年，宏瑞养殖基地种植的蔬菜品种已达 20 多个；同时，基地还养殖了猪、鸭、珍珠鸡等各类有销售前景的畜禽品种，逐步将产品推向市场。山西同煤集团创建宏瑞养殖基地不仅开拓了企业经营业务，也给富余职工提供了更多的就业岗位选择。

2. 充分利用"双创"开拓职工转岗分流新途径

山西煤炭企业大力推进"双创"工作，用技术创新助力企业转型升级，同步安置富余职工。西山煤电集团成立了众创中心，广泛开展"五小"创新活动，围绕"煤－电－材""煤－焦－化"发展产业链，选择含金量高、可操作性强、适合创业的小发明、小创造等创新成果进行孵化；

引进内外创客，鼓励成果带头人入驻"众创中心"，通过资产入股和人员劳务派遣等方式，利用市场化机制和资本化运作方式，盘活闲置资产，促进职工转岗分流，取得积极成效。

3. 积极开展技能培训提升职工就业能力

山西煤炭企业主动组织职工开展各类职业技能培训，提升职工技能和就业能力，更好适应社会对人力资源的新需求。为促进转岗职工尽快适应新的工作岗位、拓展就业思路，西山煤电集团和同煤集团高度重视职工的培训和技能拓展工作，开展了多种形式的培训活动。在内部培训基础上，同煤集团组织分流到塔山电厂的职工到外省兄弟电厂学习原岗位之外的其他岗位技能，如对井下工培训其电力维修、运输等方面的技能；西山煤电集团组织部分员工参加专业的"企业软实力课程"培训。

4. 与新业态企业合作实现职工新就业形态

山西煤炭企业敢于尝试新产业、敢于开拓新行业、敢于面对新挑战，一些企业积极与当前新业态行业企业进行合作，利用其平台优势，创造新的就业机会，为去产能富余职工提供新的就业选择。2016 年，山西焦煤集团与滴滴公司通过协商展开合作，提出集团中的富余职工、需要转岗分流的职工、待岗职工以及暂离单位但保留劳动关系的职工可自愿加入滴滴快车服务平台，鼓励职工以该平台为基础开展出行业务，实现转岗就业。据调查，当前山西焦煤集团通过参与"滴滴计划"，已实现 3870 名职工的转岗分流工作，取得了良好成效。从山西焦煤集团与滴滴公司之间的合作来看，煤炭企业化解产能过剩中的职工安置工作，可以根据企业职工的实际情况和市场需求发展新的就业途径，通过挖掘当前涌现的新业态的需求，实现企业职工的灵活安置。

专栏 2　山西焦煤集团联手滴滴公司推进职工转岗工作

山西省煤炭企业去产能时间紧、任务重、情况复杂，特别是在职工安置方面，既要保证职工转岗分流，又不能将大量职工推向社会，为此，开拓新的就业转岗途径就成为山西煤炭企业亟须解决的问题。滴滴打车作为近年来兴起的一个交通服务新产业代表，在山西省乃至全国的发展都比较好。焦煤集团抓住这一行业对司机的巨大需求量，考虑到职工本身多能够从事驾驶工作，果断选择与滴滴公司进行合作，在帮助职工增加收入的同时，也减轻了企业去产能职工安置的负担。2016 年，山西焦煤集团与滴滴公司通过协商展开合作，山西焦煤集团发布《关于鼓励职工开展滴滴出行业务的通知》，提出集团中的富余职工、需要转岗分流的职工、待岗职工以及暂离单位但保留劳动关系的职工可自愿加入滴滴快车服务平台，鼓励职工以该平台为基础开展出行业务，实现转岗就业。滴滴公司成立专项工作组，与山西省人社部门和焦煤集团等相关企业进行合作模式的探讨，准备约 3000 万元的专项活动资金，推出了"移动出行行业去产能帮扶计划"，对去产能过程中需要安置的职工开展专项培训、优先录入和现金奖励等帮扶工作。符合条件并加入滴滴快车服务平台的去产能企业职工，在其加入的前 3 个月内，如每月能够完成计费时长 90 小时及以上的订单，滴滴公司将于当月给予该职工 1000 元的额外奖励。同时，焦煤集团与滴滴公司签订就业帮扶协议，滴滴公司根据情况帮助焦煤集团去产能过程中需要进行安置的职工，转入有需要的汽车租赁公司、货物运输公司等成为其正式员工。

据调查，当前山西焦煤集团通过参与滴滴计划，已实现 3870 个职工的转岗分流工作，这些职工多采用兼职形式，利用 8 小时工作之外的时间，在保留与企业的劳动关系的同时兼做快车司机。同时，为更好解决女职工安置问题，滴滴公司开展了滴滴呼叫平台项目，该项目成立后约能再完成 500 人左右的去产能职工安置工作。

第三节　山西省煤炭去产能职工安置中存在的问题

由于山西省煤炭企业去产能任务重、压力大，不少企业经营亏损严重，在职工就业安置过程中仍存在不少问题，不仅影响当前去产能及其职工安置工作的顺利开展，也为今后全省产业转型升级、促进就业创业和保持社会稳定带来了不小的风险挑战。

一　有的企业一度拖欠职工工资

据统计，截至 2017 年 2 月，山西省主要煤炭企业共拖欠职工工资达 54.6 亿元，平均每个企业拖欠职工工资达 5.8 亿元，煤炭企业拖欠职工工资的总体状况比较严重。尽管自 2016 年下半年以来，煤炭价格有所上升，煤炭企业实现扭亏为盈，但由于职工工资拖欠的历史欠账情况比较严重，因此欠薪压力仍然较大。2017 年，涉及去产能企业中有 9 户属于地方国有企业，均处于停产状态，由于没有主体企业集团相关产业支撑，不具备内部分流安置能力，大部分职工需采取解除或终止劳动合同的方式安置。山西某地区一煤矿，曾累计拖欠职工工资、社保费、生活费 3 亿元左右，仅靠中央和省奖补资金 2563 万元难以解决职工分流安置问题，存在较大不稳定隐患。长时间的拖欠职工工资，不仅会对企业生产经营产生不利影响，也会因职工生活和心理压力较大而造成社会不稳定，影响煤炭企业去产能职工安置工作的开展。

二　一些企业拖欠社保费情况较为严重

煤炭企业除存在拖欠职工工资的情况外，还存在较严重的拖欠社会保险费用的问题。从数据上看，截至 2017 年 2 月，山西省煤炭企业整体拖欠社会保险费用总额已达 134 亿元，其中拖欠费用最高的企业拖欠额达 39.7 亿元。煤炭企业拖欠社会保险费用，一方面会导致全省社会保险基金收支不平衡，影响全省社会保险基金运行；另一方面根据社保经办规程，企业拖欠社会保险费用会直接导致其职工无法享受社会保险待遇。以养老保险为例，拖欠养老保险费用的企业职工在达到退休年龄后无法办理退休手续，以致无法享受养老金待遇，严重影响职工正常退休生活。截至 2017 年底，山西主要煤炭集团 2016 年底之前的社保费历史拖欠已经全部解决，但随着化解煤炭过剩产能持续推进，今后煤炭企业社保费拖欠问题仍然存在较大风险，直接影响企业经营良性运转。

三 煤炭企业职工子女就业问题突出

山西省一直以来存在"一煤独大、一股独大"的发展特征，省内煤炭企业集团多存在规模庞大、职工众多、情况复杂的特点，再加上山西省煤炭企业发展历史较长，相较于其他新兴企业，其职工多存在代际关系和继承性的就业特点。许多煤炭企业老职工在其工作岗位上奋斗终生，为企业发展做出巨大贡献和牺牲，因此，在其退休后希望企业能够帮助解决其子女就业问题。并且，从山西省煤炭企业的发展历史来看，企业大多秉持以人为本的人性化管理理念，企业在其能力范围内一直积极开展帮助企业职工子女解决就业问题的工作，解决方式多为企业内部吸纳。但在当前煤炭企业发展压力较大，经济效益和经营状况较以往出现极大困难的情况下，吸纳数以千计的职工子女到企业内部就业显然已经不符合其实际需求和承受能力。但同时，多数煤炭企业职工子女，特别是矿工子女存在学历较低、知识水平不高等问题，很难在社会上找到合适的岗位，往往希望能够回到父母所在的煤炭企业继续工作，要求企业帮助其解决就业问题。在煤炭经济效益较好的一段时间，山西省内多数煤炭企业也会根据实际情况尽量解决企业职工子女就业问题，但自2012年煤炭行业整体效益下降，企业经营状况由盛转衰的情况下，职工子女的就业安置问题成为企业职工安置的难点，在当前化解煤炭产能过剩和职工转岗安置工作全面开展的情况下，解决职工子女就业问题已成为煤炭企业职工安置的一大难题。

四 有的企业安置职工方式的可持续性不高

当前以内部安置为主的职工安置方式可持续性不高，今后几年煤炭企业职工安置困难会越来越大。山西省煤炭企业主要采取内部转岗的方式安置职工，2016年内部安置职工人数占到总安置人数的91.1%。但是，内部安置的方式还存在一些问题，影响企业职工安置的长期可持续。首先，不少煤炭企业对其职工的内部转岗，主要是把关闭矿山的职工分流到其他矿山工作，"分享"就业岗位，而不是创造新的就业岗位。这就造成接收单位人浮于事的问题，人力资源的成本持续上升，盈利能力有所下降。其次，部分职工是从生产岗位转入后勤服务岗位，自身工资收入下降明显，且对集团整体效益增长做出的贡献下降，并未真正减轻企业经营管理负担。最后，部分职工被企业一些新建项目吸纳，实际上挤占了项目招收更适合的新员工的需求，一定程度上影响了新建项目今后的发展。总体来看，虽然煤炭企业职工对内部转岗安置的接受程度比较高，但是从企业自身发展来讲，未来对内部安置职工的承受能力持续下降，内部安置职工的风险将逐步凸显。

五　失业保险支持稳岗转岗的政策效果有待提高

山西省煤炭企业申请失业保险补贴的积极性还不高，失业保险基金对转岗和稳岗支持的政策效果还有待进一步提高。主要存在以下几个方面的问题。

一是失业保险补贴的申领门槛比较高。省政府 111 号文件对于煤炭企业化解过剩产能职工安置工作起到了积极的促进作用，但是对于使用失业保险基金支持企业转岗稳岗工作的门槛比较高。从 2012 年开始，煤炭价格连续下跌，煤炭企业效益下滑，企业资金不足已超过 5 年。在整体效益不佳、资金不足的情况下，保持发展稳定和人员安定是近几年企业管理工作的重点，大多数企业都采取了降低工资标准的办法维持企业的正常运转，近几年的各项社会保险费用也基本处于无力足额缴纳的状态。而根据当前文件对使用失业保险基金补贴的政策规定和领取要求，很多企业存在失业保险欠缴的情况，很难达到申请转岗安置补贴的条件，即连续 5 年没有欠缴失业保险费，因此一些企业直接放弃申请，转而申请更方便使用的吸纳就业补贴。另外，对于转岗安置补贴，如果补足失业保险欠费从而享受 50% 的补贴这一做法，对于企业而言仍然是净支出，所以企业申领的积极性不高。如同煤集团 2016 年就没有申请稳岗补贴，西山煤电集团也只申请到 726 万元。从山西省实际操作情况看，多数煤炭企业会选择申请 1000 元/人的就业吸纳补贴，而非从失业保险基金中拨付的数额较高的 3000 元/人的转岗安置补贴，就业吸纳补贴的使用率要明显高于后者。

二是失业保险金发放使用与实际安置方式存在一定矛盾。省政府 111

号文件规定，对存在欠缴失业保险费的煤炭企业，有关部门和经办机构仍然可按照有关规定对符合享受失业保险待遇条件的人员进行业务办理，根据其缴纳失业保险费的实际年限和其他要求，使其能够享受失业保险待遇。从政策的出发点和目的来说，这一政策的突破有较重要的实际帮扶意义，但根据调查了解，这一政策在去产能煤炭企业中鲜有落实。究其原因，并非政策制定或经办管理方面存在问题，而是在山西省对化解产能过剩企业下达去产能任务的同时，往往要求企业不能以职工下岗失业的方式进行去产能人员的安排，因此一般也就不存在职工享受失业保险方面相关待遇的可能。山西省煤炭企业化解产能过剩职工安置工作与失业保险基金的使用还缺乏有效衔接。

三是失业保险基金对扶持去产能职工创业的力度不足。根据有关法律法规的规定，失业保险的领取条件是职工缴费满一年且非自愿解除劳动关系，即自动与企业解除劳动关系的职工是不符合领取失业保险金条件的。从山西省的情况看，政策上鼓励去产能企业在职工安置时采取鼓励职工自主创业的方式减轻其人员负担。但根据失业保险的领取条件，考虑到自动与企业解除劳动关系进行创业后无法享受失业保险待遇，造成一些有自主创业意愿的职工不愿自动离职，要么放弃创业，要么等待企业与其解除劳动关系。但山西省煤炭去产能工作明确要求不允许出现企业以裁员的方式减少人员使用的情况，因此企业鼓励职工自主创业的方式无法得到失业保险基金的支持。另外，从创业贷款担保的角度看，有关部门根据职工期望和实际需求，提出了以失业保险金作为担保为失业者提供小额贷款的想法，但由于反担保问题无法解决，失业保险基金无法为创业者进行贷款担保。

六　煤企之间欠缺有效的协调统筹机制

山西主要煤炭集团之间缺少去产能职工安置工作的协调统筹机制，各自企业资源不能得到有效合理的配置统筹。山西是煤炭大省，各煤炭集团所属煤矿遍布全省各地，加上10年前为解决煤矿安全生产问题而采取的国有煤矿收购民营煤矿的方式，各大煤炭集团所属矿山在地域上互相交叉，有的煤炭集团的矿山遍布全省 8 个地市。而当前去产能过程中，内部转岗方式使得被安置职工的工作地点发生迁移，不少职工被分派到所在地以外的煤矿工作，不仅增加了企业的生产管理成本，也给职工的生活带来了很大的不便。而各煤炭集团由于安置任务比较重，出于各自利益考虑，都只能在自己所属的企业安排分流职工，造成各煤企职工之间在相互所在地域往返的现象，而无法就近安排工作，产生了一定的资源浪费和成本增加的问题。

七　企业缺乏有效的复合性人才培训机制

煤炭企业职工往往技能单一，造成转岗分流和转业就业压力较大。山西省煤矿约九成以上均为井工采矿，特别是一些老矿区、老煤矿地处偏僻，交通不便，矿工几乎是全年生活在矿区附近，甚至多数企业以矿区为中心发展出庞大的居民区。矿工与世隔绝，每天实际工作时间多超过 8 小时，有的在 10~12 小时，长时间繁重的体力劳动使这些矿工身体超负荷运转，在 45 岁左右便不能够继续进行井下工作，需要进行转岗。但因其长期从事煤矿井下工作，职业技能单一、地面技术性工作适应能力差。同时，这些矿工及其他煤炭企业职工存在接受技能培训较少的问题，企业没有从长远角度出发考虑职工未来的发展方向，特别是井下职工未来转岗安置时的技能问题，造成职工唯一掌握的技能就是挖煤、开矿，一旦不能从事井下工作，职工的转岗就业问题便十分突出，无法适应地面工作。

第四节　山西省煤炭企业去产能职工安置的政策建议

通过前述研究分析，报告对山西省煤炭行业去产能职工安置工作中亟待解决的问题有了一定的认识，对此，课题组提出解决问题的相关政策建议。

一 降低失业保险基金在转岗稳岗方面的支出门槛

化解产能过剩难免会造成部分职工失去原有工作岗位，而山西省"一股独大"的特征使得国有企业轻易不把职工推向社会，这就造成国有企业只能一味地体现缴费义务而不能享受失业保险待遇。国有企业在去产能过程中组织富余职工开展培训或增加其他工作岗位的就业人数，也会产生一部分职工的不充分就业或隐性失业，在一定程度上，这变相地将本应由失业保险基金支付的失业金转为由企业承担人员安置的成本。煤炭企业长期缴纳的失业保险费，为失业保险基金的积累做出了较大贡献，为其他行业的失业职工提供了保障作用，但在当前煤炭企业去产能过程中，却因自身近几年的经济困难产生欠费而不能充分享受失业保险基金的补贴政策。因此，建议调整失业保险基金在去产能职工转岗和稳岗方面的政策，降低政策享受门槛，拓宽基金的支出范围，为煤炭企业去产能过程中的职工安置工作发挥更大的作用。

二 组建省级煤炭行业人力资源安置协调机构

建议政府有关部门组建省级的煤炭行业人力资源协调机构，或者委托省级就业服务机构，统筹协调山西各煤炭集团受影响职工分流安置，主要解决由地域交叉带来的职工异地安置问题。可以考虑采取对等交换或者购买岗位的方式，让各煤炭集团之间相互分流安置职工，一方面解决职工异地上岗的困难，另一方面也可以最大限度地降低人力资源使用成本。同时，还可以进一步发挥省级协调机构资源和信息的优势，组织各大煤企富余职工走出矿区、走向非煤产业、走向市场、走向社会。

三 制定政策鼓励企业进行职工技能提升和创新创业

研究制定扶持引导政策，鼓励企业积极开展技术提升和创新创业，帮助职工提升技能、提高收入，并促进企业进一步转型升级。一是研究制定相关政策，鼓励企业组织产业工人开展技能素质提升和技能储备，提高职工适应技术产业升级的技能要求，提高职工对产业升级和转岗的适应能力。引导、规范、鼓励企业健全培训制度，更加重视职工技能储备，培养高技术人才，特别是鼓励企业调动一线职工参与培训的积极性和主动性。提供资金和政策支持企业建立更加完善的职工技能培训体系，引导企业制定相应的奖补政策和制度，开展符合企业发展需要的新知识、新技术、新工艺的技能培训活动。二是多渠道、多形式鼓励员工参与创新研发，形成企业内部良好的创新创业氛围和环境。进一步完善鼓励和支持企业内部创新创业的政策措施，让产出优秀成果的企业员工得到丰厚的回报和高度的社会认可，帮助员工通过创新创业不断增加收入。

四　以大数据模式对职工安置工作进行监测

职工安置工作可以与当前先进的大数据分析模式进行衔接，建立专门的去产能企业化解产能及职工安置信息系统，对企业去产能的任务目标、完成情况、职工人数、职工安置渠道甚至职工子女情况进行统计和科学分析，形成基于大数据分析的科学意见和措施建议，帮助企业更方便、更有效地做好化解产能过剩任务和企业职工安置工作。同时，还可以通过大数据信息平台使省内乃至省外各个企业之间形成有机联系，通过资源共享和信息共享，将某些企业中富余职工派到有需求的企业，形成企业之间的人员交流和职工分流，帮助职工找到更合适的岗位，减轻企业负担和压力，更好地完成去产能及职工安置的各项工作。

五　研究制定处于衰落阶段行业企业的特殊社保政策

从一般经验来看，行业企业的发展基本要经过起步、兴盛及衰落三个阶段。企业在兴盛阶段，一般都会在发展经济、吸纳就业及缴纳社保等方面做出积极的贡献，而处于衰落阶段，尤其是处于整体行业衰落阶段时，职工就业、社保缴纳等普遍存在一定问题，需要其他行业和全社会给予支持和帮扶。为促使衰落阶段的企业平稳退出市场，为转岗职工提供一个平稳的过渡期，应制定适应企业衰落阶段特点的社保政策，在费用缴纳、待遇享受，特别是缓缴、清欠等方面给予一定政策优惠，减轻企业在市场退出阶段的资金压力，让衰落企业把更多的精力投入职工转岗安置方面。

六 制定优惠税收、社保等政策，降低企业成本，鼓励企业扩大就业

针对供给侧结构性改革可能带来的低端制造产业向国外转移、产业升级带来的劳动力挤出效应、科技创新带来的劳动力素质不适应等问题，政府应采取主动措施，鼓励企业保留并发展劳动密集型产业，保护国内劳动力的就业需求。一是制定优惠税收政策鼓励企业投资劳动密集型产业，以使用劳动力数量作为征税的主要参数，通过税收杠杆让劳动密集型企业获得更多的利润。二是改革现有的以工资标准作为养老保险缴费基数的做法，探索实行以利润收入和就业岗位数的综合参数作为养老保险的缴费依据，减轻劳动密集型企业的养老保险缴费负担。三是改革失业保险的筹资和使用机制，以资本投入与使用劳动力数量之比作为失业保险基金征收的调节参数，以解除劳动关系频率作为征收和使用失业保险基金的参数，让企业从多提供就业岗位和少解除劳动关系的行为中获得政策支持。

第十一章　典型国家产业转型升级中促进
就业做法经验与借鉴

摘　要： 产业转型升级是各国产业发展的必然过程，与一个国家产业
发展阶段和全球产业竞争格局密切相关，有其自身发展规律。产业转型升
级不可避免地出现雇员转岗转业，甚至规模性失业，对社会稳定构成风
险。被裁雇员能否顺利再就业和妥善安置关系到产业转型升级的成败，也
影响着社会的稳定。欧、美、日等发达国家（地区）先后经历了多次产业
转型升级过程，逐步形成了比较完善的相关立法、专项资金、被裁雇员就
业安置操作规范等法律制度体系。在立法方面，先后经历了无法可依、立
法实施到立法配套等阶段。在专项资金设立方面，美国设立了贸易调整基
金，欧洲设立了欧盟全球化调整基金，为在产业转型升级中被裁雇员的就
业和安置提供了资金保障。在实施操作层面，发达国家采取了失业预防、
被裁员工干预、劳动关系解除与经济补偿、定制性职业技能培训、再就业
服务等方面的做法，取得了积极成效。主要做法：一是通过失业预警系统
提前预测失业规模，预先做好转岗培训等准备，减少社会稳定风险；二是
对被裁员工进行干预，由工会组织与企业对被裁雇员数量进行协商，对被
裁雇员提供咨询指导与职业规划，为失业者指明再就业的方向；三是企业
与被裁雇员依法解除劳动关系并支付相应经济补偿；四是对被裁雇员开展
定制性职业技能培训，选择适合的培训课程，有效提升了其再就业能力；
五是根据失业者技能和职业倾向，提供定制性职业介绍和再就业服务。这
些做法在发达国家产业转型升级促进就业中发挥了重要作用，对于我国在
化解产能过剩中做好职工就业安置工作具有积极的借鉴意义。

关键词： 欧洲　美国　日本　产业转型升级　促进就业

发达国家在工业化进程中经历了多次重大产业转型升级，每次产业转型升级都伴随着大量产业工人失业，曾经造成严重的社会问题。为此，欧美、日本等发达国家（地区）采取了多项政策措施，旨在减少和降低由产业结构大幅度调整带来的失业危害。在诸多政策措施中，发达国家普遍采用的制定专门法律、设立专项资金和采取多项措施促进就业的做法，对于有效解决产业结构调整带来的失业问题发挥了至关重要的作用。

第一节　为产业转型升级中促进就业
提供法律保障

制定促进产业转型升级中被裁雇员就业的专门法律，是欧美、日本等国家（地区）的普遍做法。如美国颁布的《贸易扩大法案》、欧盟的《集体裁员法令》和日本的《煤炭工人下岗安置措施临时法案》等。通过制定专门法律，对由产业转型升级带来的群体性失业人员进行多种方式的就业资助，为被裁雇员的就业安置提供法律保障。

一　美国《贸易扩大法案》等相关法律

20世纪60年代初期以来，在经济全球化和科技进步过程中，美国的产业经历了多次转型升级，第三产业比重大幅度提升，航天、航空、计算机、互联网、新材料等高新技术产业逐步发展，而钢铁、汽车、纺织、服装、煤炭等产业大量企业逐步转移到其他国家。与此同时，美国对汽车、机械设备、纺织服装等商品的进口量大幅增加。在产业转型升级、产业转移和国际贸易失衡等多重因素冲击下，美国有大量制造业企业关闭破产，数以百万计的工人失去工作岗位。为此，美国在20世纪60年代初就颁布了《贸易扩大法案》，旨在解决在产业结构调整和国际贸易摩擦中产生的规模性失业问题。20世纪70年代，美国颁布了《1974年贸易法案》，对就业援助范围和标准进行了修订。20世纪90年代初期，美国进一步把贸易调整基金的援助范围扩大到因实施《北美自由贸易协定》而被裁减的失业工人。2002 年美国颁布的《贸易调整援助法案》，继续利用贸易调整基金对被裁失业工人进行再就业援助。

美国政府认为，产业转型升级的直接诱因是国际贸易与投资竞争格局变化导致的国际贸易和产业结构的改变，一些缺乏竞争优势的产业和企业被迫"关停或转产"，制定《贸易调整援助法案》的重要目的就是对由国际贸易竞争而导致的有关产业或企业规模性裁员进行救助。

该法案具体由美国劳工部负责实施。设立的贸易调整基金主要是对失业工人或由于进口增加导致工作时间和工资减少的工人提供援助。受到进口增加影响的工人，一旦其工作被证实受到威胁①，可以直接向贸易调整基金提出申请。此项计划可以提供有关补贴和就业服务，以使失业工人重新返回工作岗位。就业服务的主要内容包括：职业培训、求职指导、提供重新安置补贴（如异地就业交通补贴、安家补贴等）、收入补助和其他再就业服务。法案中设立了快速反应援助条款，此项援助由州一级失业工人管理机构进行管理，失业工人可以通过"一站式综合服务组织"获得一揽子服务和资助。

二　欧盟《集体裁员法令》

欧盟《集体裁员法令》是产业结构调整中集体裁员及促进就业的代表性法律文件。20 世纪 70 年代石油危机后，欧共体各国进入了大规模的产业结构调整期，集体裁员现象非常普遍。为此，欧共体于 1975 年颁布了《集体裁员指令》（以下简称《指令》），对集体裁员做出了基本规范。《指令》主要包括七个方面的主要内容：①集体裁员的定义及数量界定；②提供给被裁减工人的通知期；③裁员过程中劳动力市场和国家机构的参与情况；④与雇员代表的协商程度；⑤裁员前的援助行动；⑥培训机会的提供；⑦对被裁减工人的补偿安排。《指令》规定：在 30 天内，雇工人数在 20～99 名的企业，如有 10 名及以上被裁的，或者雇工人数在 100～299 名的企业中有 10% 及以上被裁的，或者雇工人数在 300 名及以上的企业一次

---

① 此类证明通常由雇主提供。

裁员 30 名以上的，就被认定为集体裁员；同时，在 90 天内，如解雇 20 名工人及以上的也被视为集体裁员①。《指令》还规定，雇主必须在集体裁员之前与工人代表进行协商，共同提出裁员的替代办法等。1992 年和 1998 年，欧盟对《指令》做出了两次修订。《指令》强调，进行重组的企业必须向工人代表告知解雇工人的条件，以及计算裁员补偿费用的方法。

该《指令》成为欧盟各成员国实施集体裁员时必须遵守的法律框架，各成员国在具体执行时，可以根据本国实际情况进行调整。如荷兰、爱尔兰和英国直接把《指令》作为本国的法令，完全执行欧盟制定的标准。欧盟其他成员国则根据本国情况对《指令》的有关条款做出了一定幅度的调整。

三 日本《煤炭工人下岗安置措施临时法案》

日本煤炭产业自 20 世纪 50 年代末至 21 世纪初的半个世纪里经历了多次转型调整。其间，共有 928 个煤矿关闭，约有 20 万煤炭工人转岗转业。为使受产业调整影响的煤炭工人得到转岗转业等妥善安置，日本于 1959 年颁布了《煤炭工人下岗安置措施临时法案》。这是一部针对煤炭产业下岗失业工人安置的专门法案，对于日本在产业转型升级中促进受影响雇员的就业安置产生了多年的深远影响。该法案把煤炭工人转岗转业和安置作为一项长期工作从法律层面予以保障。该法案规定，解决煤炭失业工人再就业问题是国家、企业以及煤矿所在地区政府共同的责任，并规定了治理煤炭工人失业的综合措施。

第二节 为产业转型升级中促进就业
设立专项基金

设立规模性失业员工安置援助专项基金是欧、美、日等国家（地区）

---

① 参见"欧共体理事会法令 75/129/EC"中规定及"欧共体理事会法令 98/59/EC"中修订的《集体裁员指令》。

的通用做法。该专项基金与一般的就业资金不同，它是专门为产业转型升级导致的规模性失业人员设立的用于再就业援助的专项资金。虽然援助补贴的项目与一般就业资金扶持项目基本相同，如转岗技能培训补贴、寻找工作补贴、异地就业安家补贴、生活困难补贴等，但是对资金适用对象和条件都有明确的规定，必须是符合资金使用条件的产业转型升级造成的规模性失业，并且对失业人员数量也有严格规定。

一　美国贸易调整基金（TAA）

20世纪60年代初，美国设立的贸易调整基金随着美国《贸易扩大法案》在70年代、90年代和21世纪初的多次修订和持续实施，对于援助因产业结构调整和国际贸易失衡而导致的规模性失业工人发挥了重要作用。该基金由美国劳工部负责具体实施，一般由雇主向贸易调整基金提出申请。

1. 适用条件及申请程序

必须满足以下三个条件才有资格向贸易调整基金申请就业援助资金：一是工人已经全部或部分下岗；二是销售或产量已经下降；三是进口增加是造成工人下岗的重要原因。当一家企业通知当地劳动部门工厂即将倒闭或裁员时，一个州级快速反应小组即会与工厂管理者共同审查企业重组和裁员方案，确定受到影响的工人数量。这个快速反应小组会根据企业倒闭原因确定企业是否可以获得贸易调整基金救助。一经确认符合救助条件，工人下岗之后，该小组会指导工人申请贸易调整基金。对于那些不符合救助条件的下岗工人，可以从《劳动力投资法案》（WIA）等其他援助法律或计划获得资助和服务。

2002年，美国对贸易调整基金的申请资格进行了修订，把申请条件适度放宽。

- 申请对象放宽到关闭和亏损企业的上游和下游企业受影响的失业工人，同时也包括因生产转移到其他国家而受到影响的下岗失业工人。
- 申请书的审核期为40～60天。在这段期限内劳工部必须处理

索赔问题。

● 工人必须在离职后的 16 周内或申请批准后 8 周内接受培训，以二者时间较晚者为准。

● 每年向授权培训计划拨款 2.2 亿美元（比以前增长 1 倍）。

● 依照雇主具体新用工需求安排在职培训。

● 对于参加培训长达 78 周的工人发放收入补助。如果失业保险期限与此期限相加，失业工人获得补助的期限可长达 104 周。

● 工人可以接受职业技能、基本或补救教育，或读写能力或英语（作为第二语言）等长达 104 周的经批准的培训。

● 参与补救培训的工人可以申请额外收入补助期限，最长可达 130 周。

2002 年法案修订内容还增加了一系列医疗保险等方面的条款。对于像美国这样公共医疗体制有限的国家而言，这是至关重要的。值得注意的是，还增加了一个条款：可选择性的贸易调整基金计划，涉及 50 岁以上受到影响的工人。根据这一规定，"如果一个公司有大量年龄超过 50 岁的工人，这些工人在重新就业时没有可转移的技能，可选择（代替贸易调整基金的其他福利）以新旧工资间差额的 50% 作为补偿，为期两年，最多可获得 1 万美元，并且也可以获得医疗援助"。

2. 政策效果

自 1975 年以来，近 360 万名工人（见表 11 - 1）受到了该资金的就业援助。仅在 1980 年就有近 70 万名工人接受了援助。无论是资金规模还是申请数量和被批准数量都在快速增长，援助对象大多是制造业下岗工人。国会就此提出了一项议案，将贸易调整基金的资金资助范围扩大到服务行业下岗失业工人。

表 11 - 1　美国贸易调整基金援助资助情况

年　　份	企业申请批准数量（个）	获得资助工人人数（人）
1975 ~ 1979	2619	584438
1980 ~ 1989	7112	1185184

续表

年　　份	企业申请批准数量（个）	获得资助工人人数（人）
1990～1999	9946	889705
2000	845	98007
2001	1029	139587
2002	1647	235072
2003	1890	197359
2004	1806	149240
2005	1545	117345
合　　计	28439	3595937

资料来源：贸易调整援助处管理信息系统（DTAAMIS）。

　　在执行过程中，提交申请数量和获得批准的数量不断变化。申请获得批准的比例在上升，从 2001 年的 44% 上升至 2002 年的 69%。2001～2005年，申请获批的比例为 57%。在此期间，服装、电子和其他电气设备，纺织产品，原生金属，金属制品，工业和商业机械以及计算机设备等 6 个行业是获得贸易调整基金援助最多的行业。

　　85% 的参与者接受了某种形式的培训，其中 70% 完成了规定时间的培训。总的来说，培训平均时长约 58 周。10% 以上的参与者参与了补救培训。70% 的工人重新就业，76% 的工人领到了补发的工资。就业稳定率为91%。对 5 家停业大企业所做的更详细的调查发现，平均每个下岗工人花7 个月时间找到一份新工作，工资补发率为 80%。在被救助工人中，性别基本是平衡的（男性 48%，女性 50%，2% 未做出报告）。被救助下岗工人大部分年龄在 30～55 岁，占 71%，55 岁以上的工人占 18%。通常，这些工人的受教育水平低于美国劳动力的整体水平（大多数是高中毕业生或以下）。一般来讲，较低的教育水平和较差的英语语言能力使其获得贸易调整基金资助培训后就业效果比较差，为此，贸易调整基金设置了补救培训以帮助这些低技能下岗工人获得更多的培训支持。

　　为加强贸易调整基金资助效果，美国劳工部制定了基金使用绩效目标。2002 年法案将培训费用增加了 1 倍，2006 年的目标设定为：下岗工人工资补偿率 80%，再就业率 70%，就业稳定率 85%。表 11－2 详细说明了 1999～2003 财政年度计划支出和接受者情况。数据表明，在此期间分配给培训的总金额增加了 1 倍。

表 11－2　1999～2003 财政年度基金使用相关情况

项　　　目	1999 年	2000 年	2001 年	2002 年	2003 年
收入援助					
一支付资金（百万美元）	213.1	257.6	260.4	228.6	326.9
一新接受者（人）	37540	34965	34690	42362	47992
培训工人数（人）	32587	25258	30340	45771	47239
培训费用（百万美元）	97.3	106.7	99.0	145.0	191.4
求职补贴					
一支付（百万美元）	0.1	0.1	0.1	0.1	0.2
一接受者（人）	314	371	261	2126	433
重新安置补贴					
一支付（百万美元）	1.0	1.2	0.9	1.0	1.7
一新接受者（人）	772	757	407	453	766

注：参加培训人数为估计数字，有可能低于实际参加培训人数。
资料来源：美国劳工部。

3. 政策完善

第一，增加收入补偿能促进下岗员工接受培训。贸易调整基金向下岗工人提供收入补助（一旦失业保险的基本规定被使用）、培训支持和求职服务。设立初期，该基金侧重于对下岗工人给予收入资助，在收入资助方面投入的资金远远大于培训资金，为下岗工人求职找工作方面的支出就更少。这种设置，反而刺激了下岗工人接受培训的积极性。调查表明，在没有收入资助的情况下，下岗工人没有参加任何形式的培训；而获得了收入资助的下岗工人，会选择长期培训计划。2002 年法案在经济补偿不变的情况下增加了培训方面的财政支持，并与《劳动力投资法案》促进就业资助相互配合使用，提高了资金使用效率。虽然支持培训的可用财力已经大幅增加，但是许多州用于培训的财政拨款过少。在大多数情况下，许多州都在以从《劳动力投资法案》下获得的其他政府资金补充贸易调整基金资助。然而，培训资金缺口太大，阻碍了工人们接受培训，有人放弃了培训，直到该州可以提供足够的培训资金。

第二，提高政府公共服务效率，缩短行政审批时间。在 2002 年法案中明确缩短贸易调整基金救助审批时间为 40 天。结果，平均申请审批时间明显减少，从 2002 财政年度的平均 107 天减少到 2003 财政年度的 38 天。显然这有利于下岗工人，因为他们越早获得援助服务越好。同时，对工人们获得资助批准后参加培训的时间也做了明确规定，工人们应当在其申请救助批准后的 8 周内参加培训，否则就没有资格领取收入补助。

第三，提高培训质量。在培训管理方面，不断改进培训项目和培训效果。取消下岗工人参加培训报名截止时间的限制，让下岗工人有更多的培训项目可以选择，保证足够的培训时间。很多州制定了免费培训项目，以确保能够完成规定的培训学时，鼓励下岗员工参与为期两年的大学学位计划。美国一站式就业服务中心在处理失业和贸易调整基金援助管理方面发挥了重要的作用。然而，有证据表明，大量裁员会带来巨大的行政管理负担，许多州常常难以应付；而且，不同财政援助计划和不同支持机制协同反应对于确保快速反应和整体效率至关重要。

第四，调整经济战略的重要性。研究表明，虽然由贸易调整基金提供的支持对于下岗工人具有重要意义，但还需要与更广泛的经济复兴战略联系起来一起考虑。当工人们不能利用其新获得的技能找到相关就业机会，或者所提供的技能与雇主的技能需求不匹配时，培训和技能提升的价值就会大幅减少。例如，埃尔帕索案件是美国贸易调整基金登记失业率最高的一次。服装行业曾经主导当地经济，从一个公司失业的工人相对可以顺利地转到类似的生产工厂。随着服装行业进入衰退期，不再是这种情况了。因此，除了要帮助工人获得新雇主所需的技能外，还要鼓励在该地区建立新的企业。因此，实施多样化的经济调整策略是很重要的。

第五，建立监测、监督和评价体系。贸易调整基金一直因其在监督和评价方面的不佳做法受到严厉批评，有报告认为根据当前指标无法对贸易调整基金的整体效果做出评估。报告表明，当评估一项计划的实效时，劳工部所使用的绩效结果以及所设定的目标对于政策制定者没有什么价值。

2002 年法案试图通过加强州层面的报告程序，主要是通过监督（失业保险）工资记录来应对这种情况。证据表明，虽然从历史的角度看有所改善，但远远没有解决这个问题。例如，各州在底层都采取不同的方法记录信息，有的采用复杂的电子工具，有的采用纸质报告。此外，追踪不到失业者在其他州的就业状况。为此，美国对贸易调整基金进行了一次绩效审计工作，并对贸易调整基金的影响做出评估。通过评估来考察项目实施是否取得了预期的效果。评估的目的是进行行政管理指导，提供技术援助，以及对 2007 年法案到期之前提供立法和预算建议。其中包括过程分析，专注于在州层面和地方层面开展的活动以及非实验性的实际影响研究。评估于 2004 年 1 月开始，将在 5 年内完成，最终报告将于 2009 年提出。此项为期 6 年的研究主要包括以下内容：①最近计划性改革早期实施即时进程研究；②观察参与者特点、结果、计划做法以及管理问题等方面的更长期限进程研究；③使用匹配的对照组进行准实验影响分析。

二 欧盟全球化调整基金（EGAF）

欧盟自其诞生之日起就关注一体化进程中劳动力调整和地区平衡发展的援助问题。二战以来，欧洲发达国家的此类调整援助基金经历了四个重要发展阶段：1951 年成立的欧洲煤钢共同体、1958 年根据《罗马条约》建立的欧洲社会基金（European Social Fund，ESF）、1975 年建立的欧洲地区发展基金（European Regional Development Fund，ERDF）和 1993 年建立的凝聚基金（Cohesion Fund），构成当今欧盟就业和地区援助政策（即结构基金）的主体。2007 年设立的欧洲全球化调整基金（European Globalisation Adjustment Fund，EGAF）是继上述基金之后，欧盟又一项重要的社会和地区政策工具，是欧盟在实施欧洲就业战略进程中借鉴美国贸易调整基金援助制度而建立的一项特定的就业调整援助政策。该基金为成员国工人因经济全球化下的结构调整导致的规模性失业提供一次性应急资金援助。该基金自 2007 年 1 月 1 日正式运行，迄今先后进行了两期，每期 7 年。基金经不断补充、调整和完善，在结构调整导致的大规模失业人员再就业中发挥了积极的作用。

1. 援助资格

由符合援助条件的欧盟成员国失业工人（包括自雇人员、临时工和固定工）通过企业、工会、行业组织、当地劳动力市场机构向本国政府主管机构提出申请，再由成员国政府在数据收集整理的基础上，按欧盟委员会设计的标准格式填写申请书。

基金制度规定，满足下述情形之一即可申请援助：①成员国内某企业在4个月内至少有1000人（现规定为500人）失业，可包括该企业上下游企业工人；②某地区或相邻两地区内各企业，尤其是中小企业，9个月内至少有1000人失业；③对于小型劳动力市场或特殊情形，即使未完全满足上述两条件之一，但若失业对就业和当地经济产生严重影响，且有充分证据的援助申请也可予以考虑，但此类援助金总额不超过年度基金预算额的15%。

2. 援助程序

欧盟全球化调整基金的实施过程分为4个阶段：申请准备与提交、申请审核与援助金支付、援助执行、总结报告与结案。每个援助期2年。援助措施执行期满后6个月内成员国须向欧盟委员会提交总结报告，对基金的实施效率和效果进行评估。

3. 援助措施

主要有以下三类：求职援助服务（包括职业引导、个性化培训和再培训、职业介绍、创业能力培养、自主开业辅导）、限期特殊补助（包括求职补贴、劳动力流动或异地就业补贴、教育培训补贴）以及贫困或年长人员再就业激励。但是，基金只对劳动力调整提供援助，而不针对企业或产业现代化或结构调整，也不对个人的社保缴费或社保待遇提供补贴。

基金最初的条款规定：基金只承担预计调整成本的50%，援助期为12个月。鉴于第一年援助申请数量低于预期，2009年做出调整，包括：放宽援助适用前提，同意将全球金融或经济危机直接导致的失业作为次要前提；危机时期基金承担的援助金比例调整至65%，但对2012年1月1日后的申请，基金仍只承担调整总成本的50%。

4. 援助运行状况

根据 2007～2013 年（一期）欧盟预算方案，基金的年度支出上限为 5 亿欧元，且基金条例规定每年须留 25% 的预算资金供最后 4 个月使用。2014～2020 年（二期）的基金年度预算上限为 1.5 亿欧元，可承担调整总成本的 60%，帮助失业人员重新就业或创办新的企业。

（1）基金前 5 年的申请状况

截至 2011 年 12 月 31 日，欧盟委员会共收到申请 103 份，除 6 份申请撤案外，97 份申请（其中 1 份遭否决）有以下两个基本特征：一是援助主要针对 2008 年以来全球金融危机引致的失业；二是援助申请的国别和产业分布集中。

5 年间，有 3/4 的成员国提出申请。援助申请人数排名前五位的国家是：意大利（13910 人）、西班牙（12806 人）、爱尔兰（9835 人）、德国（8371 人）、荷兰（8098 人），占总人数的 60%。申请金额排名前五位的国家是：意大利（6619 万欧元）、爱尔兰（6059 万欧元）、丹麦（4988 万欧元）、西班牙（4370 万欧元）、法国（3900 万欧元），占总金额的 63%。

从产业分布上看，有 32 个部门提出申请，占欧盟经济活动统计分类中 88 个二级部门的 36%。其中，服务业 7 个（零售、批发、出版、仓储、信息、运输和社会工作）、建筑业 3 个，其余为制造业。汽车制造业和纺织业是申请数量、人数和金额最集中的部门。

（2）基金前 5 年的支出状况

①支出总水平低于预期：基金的年度预算上限为 5 亿欧元，2007～2011 年各年的实际支出分别为 1860 万欧元、4900 万欧元、5235 万欧元、8355 万欧元和 1.2817 亿欧元。虽然逐年上升，但分别仅占当年预算的 3.7%、9.8%、10.5%、16.7% 和 25.6%。

②资助措施集中：截至 2011 年底，共有 15 个案例正式完成援助。从这些结案案例的受援措施看，基金支出（不含受援国共同承担部分）的重点是就业培训和各类补助，两项支出的总和占当年结案项目实际总支出的 70% 以上。此外，个人求职辅导和公共信息服务支出呈逐年上升趋势。

5. 援助绩效评估

再就业率是评估欧盟全球化调整基金绩效的主要指标。从 2011 年底正式结案的 15 个案例看，有以下基本结论。

（1）总体水平偏低：15 个案例的平均再就业率仅 42%，低于同期（2010 年和 2011 年）美国贸易调整基金的再就业率（58% 和 67%）。但从中长期看，若以再就业率进行衡量，援助绩效将呈现上升趋势。主要原因有：一是这些援助案例的启动时间大多为 2007 年和 2008 年，按当时规则，实施期仅为 12 个月（后意识到期限较短则调整为 24 个月），因而影响援助措施的质量和效果；此外，各成员国总结报告中统计的再就业率为实施期末水平，统计时间偏早，而美国贸易调整基金采用的是援助结束后第二季度再就业人数占全部受援人数之比。

（2）行业差异显著：15 个援助案例全部集中在汽车制造、纺织和移动电话制造 3 个行业，各自的再就业率分别为 21%、40% 和 59%。

第三节　产业转型升级中促进就业的主要做法

欧美发达国家（地区）在产业转型升级中为预防失业、促进就业，主要采取了失业预防（Prevention）、被裁员工早期干预（Intervention）、劳动关系解除与经济补偿（Compensation）、定制培训服务与就业服务（Tailor – made Training Course and Job – seeking Service）、完善失业保险制度、建立和完善国家职业资格框架等做法，取得了积极成效，积累了宝贵的经验。

一　失业预防

所谓失业预防，是指从规模性失业预防入手，以失业预测与预防为重点的预警系统，提前预测转型升级产业失业总量，提前做好转岗培训，避免规模性失业及可能造成的社会稳定风险。欧美国家（地区）理论和实践证明，产业转型升级规模性失业员工再就业安置工作效果的好坏与介入时间密切相关。介入时间越早，工作做得越细，再就业安置工作效果就越好。所以，欧美国家（地区）非常重视产业升级规模性裁员前的介入，在员工还没有被裁前就开始介入，再就业援助工作并不是从员工真正失业后才开始。工作重心前移，充分发挥工会、政府有关部门和社会组织的作用，提前对被裁员工发布失业预警、转岗信息、培训信息和新职位招聘信息，使再就业安置效果大大提高。

二　被裁员工早期干预

发达国家（地区）重视对产业转型升级规模性裁员的早期干预。所谓早期干预，就是根据企业裁员原因、裁员数量、裁员时间、被裁人员标准确定以及救助标准等对裁员行为进行充分沟通，沟通的主体为政府、企业和工会三方。目的是通过三方的协商，把企业裁员规模最大限度地减少，将规模性裁员带来的负面影响降到最低，避免产生社会动荡，从而保证产业转型过程中企业规模性裁员与员工安置工作有计划地进行。

1. 向工人代表和政府有关部门提前发出通知

企业要裁减人员，须提前将裁减人员的原因、时间和人数等通知工会或工人代表和政府有关部门；发出通知的提前量与裁减人数多少相关联，裁减人数越多，日期的提前量就越大。

企业对被列为裁减对象的富余人员，要提前一段时间发出通知，以利于被裁富余人员在各方面有所准备。在接到通知后，这些富余人员可以离开工作岗位去寻找新的工作。企业按同样标准招募新人时，须优先招用这些被裁人员。

2. 劳资双方进行协商

企业在发出通知后，还要应工会或工人代表的要求，对裁员人数、对象进行具体的协商，并且要向工会或工人代表提供企业生产经营等方面的详细材料，便于工会或工人代表了解情况，进行协商。如经协商无法达成一致意见，一些国家的工会组织往往会组织罢工进行抗议和施加压力，迫使资方做出让步。

3. 向劳动管理部门报告

在法国、荷兰等国，法律还规定，企业裁减人员须向劳动部门报告，由劳动部门调查核实企业提出裁员的理由，得到批准后方可实施裁员。

4. 提前退休

不少国家都有鼓励提前退休的政策措施，以腾出多一些的工作岗位。如意大利规定，在交足了 35 年的社会保险金和 15 年养老金后，男工年满 57 岁、女工年满 52 岁，在遭经济性裁员后，可领取退休金。

5. 制定下岗分流安置方案

在早期干预阶段，三方会对企业规模裁员安置方案进行认真协商，整合各方资源，对拟裁减员工进行多渠道多形式的分流安置。这是西方国家对企业裁员、终止劳动合同等行为的强制限制。政府、企业与工会三方具体协商企业岗位创造、提前退休、轮岗轮训、冻结招用新人等扩大安置渠道的方案。其中轮岗轮训是西方国家的主要做法，它是通过缩短工作时间的办法把现有的工作量分散给全体雇员，尽量避免或减少裁减富余人员，而政府通常会对因缩短工时而损失工资的职员给予补贴。在意大利，如果雇主没有充分有效地运用可行的分享工作计划，法庭可以宣告该企业的裁员计划无效。

三　劳动关系解除与经济补偿

在完成被裁员工下岗失业干预阶段之后，接下来就进入被裁员工劳动关系解除与经济补偿阶段。根据国家法律规定，结合企业自身状况，企业、工会通过谈判方式制定被裁员工劳动关系解除和经济补偿方案。个别国家要求对被裁人数超过一定规模后的企业裁员经济补偿方案报劳动部门进行备案或报批，经过备案和报批后才能进入实施阶段。

1. 保障被裁人员权益

对于被裁减的人员，工业化国家采取了一系列措施，以保护其权益，尽量减少失业对被裁人员的影响。

为稳定就业形势，工业化国家政府普遍都注意以多种方式帮助困难企业稳定和发展生产经营，走出困境，避免裁员。如法国规定不景气企业可以延缓交税、美国政府对一些困难企业提供贷款支援等。

2. 各种救济补贴

对被裁减人员，政府在多方面给予资助。一些国家规定被裁人员在再就业前，原则上仍与原企业保持雇佣关系，但其工资收入由政府提供；对富余人员的培训费用，一般由国家就业基金提供，其中德国、日本等国还向接受再就业培训的富余人员提供旅费和住宿费用；法国、英国等国还鼓励富余人员跨地区流动就业，并提供所需的路费和住宿费等方面的资助。

四　定制培训服务与就业服务

失业人员大多存在职业技能素质低或缺乏适应新岗位的职业技能等问题，对这部分人进行职业技能培训后，可以迅速提升他们的就业能力，有效促进下岗失业人员再就业。

开展规模性失业人员的定制转岗培训是欧美国家的成功做法。各国政府意识到，开展定制培训是提高培训有效性的重要手段。培训不能搞"一刀切"，一种培训课程无法适应所有员工。根据失业人员的行业特征、自身技能状况、个人综合素质以及未来职业发展意愿而设计不同的培训计划，有针对性地开展定制就业培训和创业培训，有的放矢，才能大大提高培训的针对性和有效性。

1. 加强职业生涯指导

发达国家（地区）把被裁员工培训需求与职业生涯指导相结合，从而提高培训的针对性。在美国，职业生涯指导最初服务于不断城市化和工业化的社会，帮助解决由城市化和工业化带来的失业问题。职业生涯指导可以帮助失业人员了解自己的个体需求，从而提高再就业培训的目的性，降低盲目性，最终提升再就业培训的效果；同时，职业生涯指导也能为参加培训的失业人员提供更加及时、详细的劳动力市场信息。2006 年，地中海地区教育与培训研讨会确定为地中海附近的 10 个国家发展职业生涯指导政策建立一个新的网络，力图通过信息交流技术的应用，加强职业生涯指导服务。2008 年，澳大利亚政府投资 39 亿澳元改革就业服务体系，为失业人员提供更有效的、针对性更强的就业服务。

2. 制定转岗培训计划

在企业被裁员工干预阶段，工会组织或工会代表首先组织被裁员工填写转岗培训意愿书和转岗培训需求表，全面了解被裁员工培训需求。在此基础上，工会组织或工会代表与被裁员工进行"一对一"面谈，结合被裁员工自身职业技能现状和职业发展意愿，制定被裁员工转岗培训计划。这种定制培训计划充分考虑了每个被裁员工的素质、职业技能现状和未来职业发展倾向等因素，具有很强的针对性和指向性。

3. 定制性就业培训

各国政府加大对经济领域的调控，通过政府的各项培训政策，调动培训机构积极开展失业人员再就业培训服务。比如，英国政府通过立法，加强和保证就业培训工作，并成立了产业培训委员会和劳动力服务委员会；美国政府于 1962 年颁布《人力开发与培训法》，强调培训的作用。在就业培训时期，西方国家从重视就业培训的作用到逐渐建立起本国职业教育与培训体系，并逐渐扩大对象范围，为满足对象实际需求逐渐建立起灵活、开放的培训模式。同时，政府通过财政拨款、制定资格标准等宏观调控方式干预就业培训。

4. 定制性创业培训

发达国家的再就业政策鼓励培训机构开展自我雇佣培训，即通常所说的"创业培训"。创业培训主要关注易于创业的第三产业，强调通过对受训人员进行创业知识与技能培训，加之政府的优惠政策，帮助受训人员创办中小企业，自谋生路。如德国加强对失业人员的创业培训，同时加大在中学、大学中的创业教育；法国为鼓励创业，积极推进各项措施和政策，开展专门的项目，提供专门的资金、技术等。创业培训作为再就业培训的重要部分，弥补了就业培训的不足，在应对失业问题中发挥了独特的作用。通过创业培训，部分失业人员成功创业，重新走上了工作岗位，同时也为社会创造了更多的就业岗位，帮助更多失业人员就业。

5. 加大定制性再就业培训经费投入

经费是保障再就业培训顺利实施的前提条件。面对严峻的就业形势，越来越多的失业人员试图通过技能水平提高找到新的工作，各国的再就业培训需求逐渐增加。此时，政府加大了再就业培训的经费投入，扩大再就业培训规模，满足人们的培训需求，保证再就业培训的顺利实施。比如，美国劳动机构曾提供 40 亿美元，加强失业人员的新职业技能培训，帮助其重新获得工作；澳大利亚联邦政府和州政府共同出资举办"失业工人项目"，为 12.4 万名失业人员提供培训机会；加拿大安大略省政府为学校和社区培训机构投资 2500 万加元，用于对失业工人和其他成人学习者的培训；英国政府投资 8300 万英镑，支持那些失业超过 6 个月的人员在寻找工作的同时接受培训，并且为青年失业人员设立总额 10 亿英镑的"未来工作基金"，可创造 25 万个就业岗位。

6. 注重定制性培训与定制性就业服务的结合

在许多国家，当政府接到企业裁员通知后，便会指定就业服务机构派出工作人员到企业与被裁人员谈话，了解情况，进行登记，并对他们的再就业进行指导、帮助，提供定制性就业服务，为失业人员介绍新工作。在再就业培训政策中，各国发挥就业培训在解决失业问题中的基础作用，同时进行相应的调整，例如，培训与职业指导相结合，培训模式突出灵活性、开放性，培训的支持、保障更加人性化，加大费用支持、生活支持力度等；同时，创业培训仍然是应对失业问题的有效方法，并不断加强与政府、银行等相关机构联系，为创业者提供资金等更多的支持；再者，各国越来越重视就业指导的作用，积极发挥就业指导的作用，帮助受训者了解自己、了解劳动力市场，并做出符合自身需要的再就业规划、终身发展规划。

五　完善失业保险制度

失业保险制度为失业人员提供了必要的生活支持。再就业培训的受训者与普通学校的学生不同，他们大多有很多的琐事，甚至有家庭的压力和社会责任要承担。为了保证他们能够有精力接受各种培训，为他们提供适当的生活支持是很有必要的。

在当前西方国家的财政拨款中，都有对失业保险制度的支持，保证失业保险金的充足。然而，一些国家失业救济水平偏高，支付时间较长，进而导致部分失业人员不愿积极寻找工作，造就了一批仅仅依靠失业保险金生活的"懒汉"。因此，合理的失业保险制度不仅要为失业人员提供适当的帮助，保障其基本的生活，更要鼓励其积极寻找工作。鉴于此，西方国家在加大资金投入、保障失业保险金充足的同时，推行积极的失业保险制度，提高失业人员参与再就业培训的积极性，最终实现再就业。2008年日本政府为部分接受再就业培训的失业人员提供生活资金贷款，2009年又开始为因参加雇佣保险时间过短而得不到保险支援的失业人员提供"紧急人才培养计划"新职业训练项目。失业人员通过就业促进机构报名参加该项目，可获得培训与生活补助金。在改革中，一些国家变"单纯的失业保险金发放"为"利用保险金进行再就业培训"，资助失业人员创办小企业，在发放失业救济金的同时与失业人员签订培训协议等。

六　建立和完善国家职业资格框架

"引进国家职业资格框架或对其进行重大改革对许多人的生活和工作都会产生重大影响"，国家职业资格框架不仅能够衔接各个层次、各种类型的教育与培训，而且对于规范劳动力市场，建立灵活、统一的劳动力市场有着重要作用。如欧洲各国在欧洲职业资格框架之下建立和完善国家职业资格框架，能够保证再就业培训的结果被广泛地接受与认可，减少各国制度性、体制性障碍，促进劳动力的国际流动，实现更广阔范围内的就业。在完整的国家职业资格框架下，再就业培训能够更好地发挥它在应对失业问题中的作用。欧盟各国大力完善本国国家职业资格框架，并帮助其他国家建立职业资格框架，以期建立标准统一的欧洲劳动力市场。2008年4月，欧盟议会和欧盟理事会联合通过"关于建立终身学习欧洲职业资格框架的建议"，标志着"欧洲职业资格框架"完成了立法程序并进入实施阶段，欧盟32个国家都在建构国家职业资格框架。2009年"首届欧洲职业资格框架全球会议"召开，来自全球的专家共同探讨了欧洲职业资格框架与欧盟外的国际社会联系起来的问题。

同时，国家职业资格框架能够实现不同学习系统的对接和不同系统资格的等值互认，这对于受训者的未来发展及终身发展也是有益的。由此看来，国家职业资格框架制度为接受再就业培训的受训者提供了一条"横向贯通、纵向衔接"的终身发展之路。

总之，发达国家在产业转型升级中通过政策立法、设立专项资金以及采取失业预防、被裁员工早期干预、劳动关系解除与经济补偿、定制培训和就业服务等做法，取得了积极成效。这些做法相互关联、互为依托。立法是雇员再就业安置的法律依据，专项资金是被裁雇员再就业安置的资金保障，促进就业的做法是被裁雇员再就业安置的基本途径，由此构成了发达国家产业转型升级中促进就业的完整体系。

第四节　做好我国化解过剩产能中就业安置工作的对策建议

当前，我国正处于转变发展方式、优化经济结构、转换增长动力的攻关期，化解过剩产能是产业转型升级的关键环节，借鉴发达国家在产业转型升级中促进就业的做法经验，对于我国做好化解过剩产能中受影响职工的就业和安置工作具有重要意义。

一　制定和完善产业转型升级中员工安置政策体系

产业转型升级中职工就业安置政策应重点包括产业、财税、金融、就业等方面。

1. 完善有利于企业转型升级的产业政策

产业转型升级离不开新产业政策的制定。以我国当前化解煤炭过剩产能为例，制定全国煤炭行业新的产业政策，明确规定各地区煤矿关闭退出计划，明确煤矿退出和企业破产的区别，明确煤矿员工安置的特殊性，明确煤矿退出的善后处理和退出地区的土地、环境治理和招商引资，明确资源枯竭煤矿城市（地区）的环境综合治理和经济转型以及发展新兴产业特殊优惠政策等。不能为转型而转型，从产业政策层面，制定新兴产业优惠政策，鼓励企业积极转到新兴产业。总体来看，产业发展壮大了，员工安置就有了出路。没有产业发展作为背景，员工安置工作就会成为"无源之水，无本之木"。

2. 完善有关企业转型升级的财政、税收和金融政策

借鉴国外经验，在化解过剩产能中制定实施有关财政、税收和金融政策。①制定财政补贴政策。鼓励失业人员从事出租汽车、餐饮、零售、家政服务等工作，国家在财政补贴、税收减免和小额贷款等方面提供各种优惠政策。对符合政府补贴政策的中小企业给予财政补贴，并为中小企业创业提供担保，对雇用长期失业人员的雇主给予补贴。②制定税收优惠政策。鼓励中小企业多雇用失业人员，对中小企业实行减税优惠政策。鼓励在去产能重点地区创办劳动密集型企业，给予税收减免优惠。③出台积极金融支持政策。增加中小企业的融资渠道，为中小企业提供更多信贷支持。

3. 充实完善失业雇员就业安置政策

在就业政策层面，进一步丰富化解过剩产能职工就业安置的政策措施，进一步拓宽就业安置渠道。①给予特定政策补助。对化解过剩产能企业缴纳职工社会保险费给予适当补助，所需资金可在就业补助资金和失业保险基金中列支。②鼓励优势企业兼并重组。支持兼并重组后的企业吸纳化解过剩产能职工，对吸纳原企业员工达到一定比例以上的给予政策支持。③鼓励有创业意愿的化解过剩产能企业职工和失业人员进行创业，对从事个体经营或注册企业的，按规定给予税费减免、创业担保贷款、场地安排等政策扶持。④使用失业保险基金和专项奖补资金大力支持化解过剩产能企业开展职业培训，对企业为促进员工转岗安置开展的转岗和创业培训，给予职业培训补贴。⑤提高全方位就业服务。对化解过剩产能职工中的就业困难人员建档立卡，提供"一对一"就业援助，开展跨地区就业信息对接和有组织的劳务输出，对其中的就业困难人员可按规定给予求职交通补贴；对通过市场渠道确实难以实现就业的大龄就业困难人员和零就业家庭人员，通过开发公益性岗位托底帮扶。

二 采取多项措施，预防失业风险

1. 建立产业转型升级中规模性失业预测系统

充分发挥政府、工会和行业协会的作用，建立产业转型升级失业预测系统，对产业转型升级中职工的失业状况开展预测预判，及时发布规模性失业预警报告，提前做好失业职工的职业培训、转岗分流安置、就业服务等各项工作。产业转型升级中规模性失业预测系统应能够反映产业转型升级和化解过剩产能发展趋势，及时对受影响职工的数量、分布等进行预测分析，做到早预测、早行动，指导企业做好职工安置方案。

2. 对产业转型升级中规模性裁员进行早期干预

开展规模性裁员早期干预工作对企业顺利进行富余人员安置起到重要作用。企业工会组织、公共就业服务机构、政府主管部门对企业规模性裁员的早期干预，有利于帮助企业制定更加积极稳妥的职工安置方案，做好各项就业安置的准备工作。重点加强对待安置职工的就业咨询指导、心理咨询及未来职业选择的评估，帮助其做好职业规划；组织职工积极参加职业技能培训，为他们指明就业方向。规模性裁员的早期干预应积极发挥各级工会组织的重要作用，所取得的效果应及时与公共就业服务机构和人社部门沟通协调。

3. 为产业转型升级中的受影响雇员提供定制培训

开展受影响职工定制培训是增强培训针对性、有效性的重要途径，力求培训课程设置与劳动力市场需求相结合。应充分掌握受影响职工的基本情况，结合他们的年龄、性别、文化程度、就业意愿等实际情况，科学确定培训课程，选择适当的培训学校和优质的培训资源，满足其培训需求，提高再就业能力。对年龄小且文化水平相对较高的受影响职工要重点培训提升某项技能水平，促进快速再就业。对急需就业的受影响职工应根据招工需求制定实用性培训计划，使之能实现再就业；对准备创业的受影响职工注重创业能力培训，为创办小微企业服务；对年龄大且文化水平较低，就业观念陈旧且具备一定技能者，提供以再就业政策宣传为主的职业指导教育咨询，使其转变就业观念。

4. 为受影响雇员提供精准就业服务

对受影响职工提供精准就业服务是减少失业、促进就业的关键。精准就业服务就是要对受影响职工提供"一对一""一人一策""零距离"就业援助帮扶。根据不同需求，分类提供岗位信息、职业指导、政策咨询、创业扶持等有针对性的公共就业服务，及时通知有就业愿望的受影响职工参加专场招聘会、直接推荐到单位面试。积极发挥基层平台劳动保障协理员作用，充分利用宣传栏、网络、电子显示屏等多种形式宣传再就业援助活动和招聘信息。切实提供精准的有用的招聘信息，形成产业转型升级受影响职工再就业精准服务管理模式。

三　着力提高受影响雇员就业安置政策措施的实际效果

借鉴国际经验，在化解过剩产能中提升受影响职工就业安置政策措施的实施效果，对于做好受影响职工的就业安置工作，进而推动化解过剩产能任务的顺利完成具有至关重要的作用。

1. 注重就业安置政策的系统性

发达国家实践表明，从法规政策、失业预防、定制培训、就业服务、资金支持等多方面系统地规定可操作的法规政策和具体措施，为解决转型企业雇员再就业问题提供了保障，取得了积极成效，值得借鉴。我国产业转型升级过程中帮助职工重新就业和妥善安置职工也是一项系统工程，涉及法规、政策、职业培训、就业服务、劳动关系、社会保障、资金安排等诸多方面，因此，制定与促进失业者就业和安置有关的各项政策法规应统筹考虑受影响职工遇到的各种问题，注重其系统性。

2. 注重就业安置政策的前瞻性

发达国家普遍重视在产业转移升级中采取具有前瞻性的就业政策。如注重对规模性失业的预防和对被裁减雇员的预先干预。这些政策措施在很大程度上避免了大规模失业现象的发生，有效地降低了社会不稳定风险。借鉴国际经验，我国在做好受影响职工的就业安置工作中，应加强对去产能行业和企业可能出现的受影响职工的预测预判工作，及时掌握受影响职工的数量规模、企业分布、性别年龄、文化程度、技能水平、求职意向、家庭责任等一系列相关信息，切实摸清底数，以便分类指导，因地因人制宜，为做好受影响职工就业安置工作奠定基础。

3. 加强就业安置工作的有效性

欧美发达国家（地区）在产业转型升级促进失业人员就业安置中，形成了失业预防、被裁员工早期干预、劳动关系处理、定制培训和就业服务等行之有效的操作办法。这些切合实际的操作办法对于促进就业发挥了重要作用。借鉴国际经验，我国应注重加强化解过剩产能中职工就业安置政策措施的有效性。重点加强失业预测、早期干预、有效培训、精准服务以及劳动关系妥善处理等关键环节，充分挖掘企业安置受影响职工的潜力，消除职工对失业的恐惧心理，提高技能培训的有效性，开展精细化的就业服务。

4. 切实发挥专项资金的保障性作用

发达国家（地区）在产业转型升级中所建立的专项基金，在促进失业人员就业和安置过程中起到了重要作用。借鉴国际经验，我国应继续加强对化解过剩产能中职工就业安置工作的资金投入，重点是对化解过剩产能任务重、受影响职工数量多的欠发达地区、老工业基地，特别是资源枯竭城市的资金支持，帮助企业转型升级，帮助职工转岗转业。资金支持的重点是帮助企业解决"企业办社会"等历史遗留问题，帮助企业转型升级，提高企业效益，创造更多岗位吸纳受影响职工；帮助企业处理好欠薪、欠社保费等问题，妥善做好社保关系转移和劳动关系处置，保障受影响职工基本权益；加强对需要转岗转业职工的技能培训，切实提高他们的职业技能水平，以便适应新就业岗位的需要。

附件1 调查问卷（个人版）

企业化解过剩产能受影响人员情况
（企业职工个人填写）

您好！本次问卷调查的目的是，了解您的就业状况及所在企业有关情况。感谢您在百忙中抽出时间接受本次调查！

中国劳动保障科学研究院课题组

2015 年 4 月

填答说明

1. 问卷中有些题目是选择题，请在符合自身情况的选项前的"□"中填写"√"，如您选择"其他"选项，请在后面的横线上注明具体情况；有些题目是问答题，需要填写实际数字或内容，请您写在题目下的空白处；

2. 如无特殊说明，每个问题只能选择一个答案。

企业名称：

所属行业：

一、基本情况

1. 您的性别：

□①男　　□②女

2. 您的年龄：

□①25 岁以下　　□②25~35 岁　　□③35~45 岁　　□④45 岁以上

3. 您的户籍情况：

□①本市城镇　□②本市农村　□③本市居民

□④外市城镇　□⑤外市农村　□⑥外市居民

4.（1）您的工龄是____年；

（2）您在现在单位的工作年限是____年。

5. 您在单位从事的工作是：

□①生产、制造　□②销售　□③行政/人事/后勤　□④设计、研发　□⑤其他

6. 您在单位的岗位类别是：

□①临时员工　□②普通员工　□③中层管理员工　□④高层管理员工　□⑤其他

7. 如果现在让您自己在招聘市场上求职：

（1）自己将面临的困难有（可多选）：

□①招聘市场上的岗位太少　□②招聘信息太少　□③不知道怎么获取招聘信息　□④招聘市场上没有适合自己的工作　□⑤能找到工作，但不是自己喜欢的　□⑥不知道自己该应聘什么岗位　□⑦其他

（2）在求职时，自己还存在哪些不足（可多选）：

□①适应能力不足　□②理论知识不够　□③操作技能偏低　□④人际沟通能力不足　□⑤其他

8. 您认为对自己工作能力高低影响最大的因素是：

□①自己个人的努力　□②企业的培训　□③社会环境影响　□④其他

9. 在企业提供的各种培训和学习活动中，您最希望自己在哪些方面得到提升：

□①适应能力　□②理论知识　□③操作技能　□④人际沟通能力　□⑤其他

10. 您认为企业职工在以下哪个工作时期最需要接受培训：

□①实习期　□②入职后 1 年内　□③入职后 1～3 年　□④入职后 3～5 年　□⑤入职后 5～10 年　□⑥入职后 10～20 年　□⑦入职后 20 年以上　□⑧面临被解雇时　□⑨其他

二、人力资本

11. 您的文化程度是：

□①初中以下　□②高中（中专）　□③大专　□④本科　□⑤硕士及以上

12. 您接受继续教育的年限有：____年。

13. 您接受过的企业培训次数有____次。

14. 您是否有手艺：

□①是　□②否

15. 您是否持有技术等级证书：

□①是　□②否

16. 您是否有慢性疾病：

□①是　□②否

17. 您（近三年）平均每年就医次数为____次。

18. 您每月休息时间为____天。

三、职业素质

请您根据自己在日常工作生活中的实际感受，对自己与下列每个题的符合程度做出评价，选出一个答案，并在相应的"□"上打"√"。

19. 在感觉自己专业知识不够时，我会自己找机会学习。

□①完全不符合　□②比较不符合　□③不确定　□④比较符合　□⑤非常符合

20. 在感到自己工作技能不足时，我会自己找机会学习。

□①完全不符合　□②比较不符合　□③不确定　□④比较符合　□⑤非常符合

21. 我具有很强的学习新知识、新技术的能力。

□①完全不符合　□②比较不符合　□③不确定　□④比较符合　□⑤非常符合

22. 我善于总结工作中的经验、教训。

□①完全不符合　□②比较不符合　□③不确定　□④比较符合　□⑤非常符合

23. 当我被调整到自己不喜欢的工作岗位时，我通常会主动寻求新的发展机会。

　　□①完全不符合　　□②比较不符合　　□③不确定　　□④比较符合　　□⑤非常符合

24. 在对工资待遇不满意时，我会寻找其他工作机会或更好的职业发展方向。

　　□①完全不符合　　□②比较不符合　　□③不确定　　□④比较符合　　□⑤非常符合

25. 如果感到自己的职业发展状况不理想，我会考虑选择新职业。

　　□①完全不符合　　□②比较不符合　　□③不确定　　□④比较符合　　□⑤非常符合

26. 如果自己所在企业的经营状况不好，我会选择应聘到其他企业。

　　□①完全不符合　　□②比较不符合　　□③不确定　　□④比较符合　　□⑤非常符合

27. 在我从事的工作领域，我总是感到很自信。

　　□①完全不符合　　□②比较不符合　　□③不确定　　□④比较符合　　□⑤非常符合

28. 我有能力把自己的工作做得比别人更加深入。

　　□①完全不符合　　□②比较不符合　　□③不确定　　□④比较符合　　□⑤非常符合

29. 我的专业技能水平很高。

　　□①完全不符合　　□②比较不符合　　□③不确定　　□④比较符合　　□⑤非常符合

30. 我的工作总是能够取得良好的结果。

　　□①完全不符合　　□②比较不符合　　□③不确定　　□④比较符合　　□⑤非常符合

31. 我总是能够很好地完成工作任务。

　　□①完全不符合　　□②比较不符合　　□③不确定　　□④比较符合　　□⑤非常符合

四、企业劳动关系现状

请根据自己所在企业劳动关系现实状况，选择代表您真实想法的选项。

32. 您对现在的整体工作状态（包括工资、培训、社保等）满意么？

□①非常不满意　□②不满意　□③一般　□④满意　□⑤非常满意

33. 企业中劳动争议的情况怎样？

□①很多　□②比较多　□③一般　□④比较少　□⑤很少　□⑥不清楚

34. 企业是否设立劳动争议调解委员会？发挥作用如何？

□①没有设立　□②有，但没起作用　□③有，有一点作用　□④有，有作用　□⑤有，作用很大　□⑥不清楚

35. 企业中是否设有工会组织，工会组织机构健全情况？

□①没有设立　□②有，但很不健全　□③有，但不怎么健全　□④有，比较健全　□⑤有，很健全　□⑥不清楚

36. 工会维护员工合法权益的效果怎么样？

□①很差　□②差　□③一般　□④好　□⑤很好　□⑥不清楚

37. 员工的权益诉求沟通渠道是否畅通？

□①没有诉求渠道　□②有诉求渠道，但渠道不很畅通　□③有诉求渠道，渠道畅通　□④有诉求渠道，渠道较为畅通　□⑤有诉求渠道，渠道非常畅通　□⑥不清楚

38. 涉及企业重大决策以及与员工切身利益密切相关的政策制定过程中，企业在与员工共同商量方面，做得怎么样？

□①很差　□②差　□③一般　□④好　□⑤很好　□⑥不清楚

39. 近两年主动离开或被辞退的员工数量如何？

□①极少　□②不多　□③一般　□④较多　□⑤很多　□⑥不清楚

40. 企业在为员工缴纳社会保险（包括养老、医疗、失业保险、工伤保险）方面，做得怎么样？

□①没上保险　□②上了小部分险种　□③上了大部分险种　□④上了全部险种但未按规定足额缴费　□⑤上了全部险种且按规定足额缴费

41. 您对目前工作岗位的稳定性是否乐观?

　　□①极度悲观　□②较为悲观　□③一般　□④较为乐观　□⑤非常乐观

42. 您对自己未来的生活保障及自身发展是否乐观?

　　□①极度悲观　□②较为悲观　□③一般　□④较为乐观　□⑤非常乐观

43. 您对所在企业的发展前景的信心?

　　□①极度悲观　□②较为悲观　□③一般　□④较为乐观　□⑤非常乐观

44. 您对企业目前劳动关系状况(企业与员工之间是否和谐稳定等)的总体评价是怎样的?

　　□①很差　□②差　□③一般　□④好　□⑤很好

五、对群体性事件的看法

说明:群体性事件是指涉及本企业人员 3 人以上的劳动争议;或 5 人以上参加的上访、停工、罢工、怠工、游行等行为。

45. 近三年来,您所在的企业发生过几次群体性事件?

　　□①1 次　□②2 次　□③3 次　□④4 次　□⑤5 次及以上

　　□⑥没发生过(跳答至第 50 题)　　□⑦不清楚(跳答至第 50 题)

46. 您所在的企业近三年发生过以下哪种类型的劳动争议事件(可多选):

　　□①消极怠工　□②找企业相关负责人谈判　□③上访　□④停工

　　□⑤罢工　□⑥游行示威、抗议、请愿、静坐

　　□⑦暴力冲突(含自杀、拘禁企业管理者、打砸抢等行为)

　　□⑧集体辞职　□⑨集体申请劳动仲裁　□⑩向法院起诉

47. 这些群体性事件参与的人数:

　　□①4 人及以下　□②5～10 人　□③11～30 人　□④31～50 人　□⑤51～100 人　□⑥100 人以上

48. 您认为引发群体性事件的主要原因有哪些?(可多选)

　　□①拖欠工资　□②经常加班,不支付加班工资　□③工作条件差,

没有劳动安全保护　□④未签订劳动合同　□⑤企业不给缴纳社会保险
□⑥管理制度不公平、不合理　□⑦不尊重职工，甚至有侵犯人权的现象
□⑧培训和发展机会少　　□⑨企业改制严重侵犯职工利益
□⑩企业裁员不符合法定程序　□⑪工作压力大，无法排解
□⑫集体意识、权利意识增强　□⑬其他，请说明：＿＿＿＿＿＿＿＿＿。

49. 您所在的企业是如何解决这些群体性事件的？（可多选）

□①放任自流，不闻不问　□②武力打压，开除相关"闹事"带头人
□③与员工代表进行多次洽谈协商，达成共识　□④工会参与协调　□⑤企业
人力资源部参与协调　□⑥劳动争议调解委员会参与协调　□⑦请第三方（含
政府）出面沟通、协调　□⑧其他，请说明：＿＿＿＿＿＿＿＿＿＿＿＿。

50. 以下企业的哪些行为会激化您和企业的矛盾，导致您与企业或老
板产生直接冲突（可多选）：

□①长期无故拖欠您的工资（包括加班费）
□②工资长期低于地方规定的最低工资水平
□③没有或拖欠给您上相应的保险（养老保险、工伤保险等）
□④长期超负荷的工作强度
□⑤长期恶劣的生产条件（简陋或几乎没有任何安全保障措施）
□⑥长期恶劣的住宿饮食条件
□⑦企业几乎很少或没有鼓励员工参与企业内部管理甚至是排斥
□⑧企业没有提供相对丰富的业余文化生活
□⑨企业不能提供员工发展空间，自己工作不受重视
□⑩企业不合法或不合理地裁退您
□⑪企业改制严重侵犯您的利益
□⑫其他，请说明：＿＿＿＿＿＿＿＿＿＿＿＿＿＿＿。

51. 当企业损害您的个人利益时，您会倾向于采取什么样的方式进行
解决（可多选）：

□①找老板进行面谈协商
□②通过工会协助解决
□③通过企业人力资源部或是劳动争议调解委员会解决

□④向媒体求助

□⑤去法院起诉

□⑥联合自己周围有相似遭遇或是有其他不满的员工进行罢工

□⑦暴力冲突

□⑧消极怠工

□⑨多一事不如少一事，逆来顺受

□⑩其他，请说明：_____。

52. 您对企业建立和谐劳动关系的建议：

_____。

六、个人参保情况

53. 下列保险，您或单位帮您参加了吗？

城镇职工养老保险： □是 □否 □不清楚

企业年金： □是 □否 □不清楚

农村社会养老保险： □是 □否 □不清楚

城镇职工医疗保险： □是 □否 □不清楚

新型农村合作医疗保险： □是 □否 □不清楚

商业医疗保险： □是 □否 □不清楚

生育保险： □是 □否 □不清楚

工伤保险： □是 □否 □不清楚

失业保险： □是 □否 □不清楚

附件2　调查问卷（企业版）

企业化解过剩产能受影响人员情况

（企业人力资源部门填写）

企业名称：（公司）

人员规模（人）			
受影响人员结构（百分比）			
性别结构（100%）		户籍结构（100%）	
男		本地城镇户口	
女		本地农村户口	
年龄结构（100%）		外地城镇户口	
20 岁以下		外地农村户口	
20～30 岁		学历结构（100%）	
30～40 岁		初中及以下	
40～50 岁		高中	
50 岁以上		中专	
本企业工作年限结构（100%）		大专	
1 年以下		本科	
1～3 年		研究生及以上	
3～5 年		技能/职称结构（100%）	
5～10 年		初级工（职业资格五级）	
10～20 年		中级工（职业资格四级）	
20 年以上		高级工（职业资格三级）	
用工形式结构（100%）		技师（职业资格二级）	
全日制劳动合同工		高级技师（职业资格一级）	
非全日制劳动合同工		初级职称	
劳务派遣工		中级职称	
占地用工		高级职称	
其他		没有取得	

填答说明

1. 问卷中有些题目是选择题，请在符合自身情况的选项前的"□"中填写"√"，如您选择"其他"选项，请在后面的横线上注明具体情况；有些题目是问答题，需要填写实际数字或内容，请您写在题目下的空白处；

2. 如无特殊说明，每个问题只能选择一个答案。

一、企业经营基本信息

1. 企业性质：

（1）内资

□①国有全资　□②集体全资　□③股份合作

（2）联营

□①国有联营　□②集体联营　□③国有与集体联营

（3）私有

□①私有独资　□②私有合伙　□③私营有限责任（公司）　□④私营股份有限（公司）　□⑤个体经营

（4）港澳台投资

□①内地和港澳台合资　□②内地和港澳台合作　□③港澳台独资　□④港澳台投资股份公司　□⑤其他港澳台投资

（5）外资

□①外商独资　□②中外合作企业　□③中外合资企业

2. 所属行业：

3. 总资产（截至 2014 年底）：＿＿万元。

4. 年产值（2014 年）：＿＿万元。

5. 职工总人数＿＿人，其中一线生产职工人数＿＿；

企业现有全部职工中：初中及以下＿＿%；高中/中专/技校＿＿%；大专＿＿%；大学本科＿＿%；硕士研究生及以上＿＿%。

6. 在受影响职工中，一线生产职工＿＿人；职能管理人员＿＿人；生产研发人员＿＿＿人。

7. 在受影响职工中，计划进行"企业外安置"的有＿＿＿人，其中：初级工＿＿＿人；中级工＿＿＿人；高级工＿＿＿人；技师＿＿＿人；高级技师＿＿＿人。

二、受影响职工培训现状

8. 受影响职工中有＿＿＿%参加转岗培训，＿＿＿%参加安置培训。

9. 受影响职工接受的培训类型包括（可多选）：

□①岗位技能提升培训　□②转岗技能提升培训　□③再就业指导培训　□④创业技能培训　□⑤学历教育培训　□其他

10. 受影响职工培训方式有（可多选）：

□①现场培训　□②课堂培训　□③脱产培训　□④以上都有

11. 受影响职工的人均培训经费为＿＿＿元，人均课时为＿＿＿小时。

12. 企业是否获得有关培训政策：

□①是　□②否

13. 参加培训的受影响职工中，有＿＿＿%完成了在企业内转岗，有＿＿＿%在企业外实现就业。

14. （1）当前可用于受影响职工岗位技能提升和转岗培训的政策有哪些：＿＿＿＿＿＿＿＿＿＿＿＿＿＿＿＿＿＿＿＿＿＿＿＿＿＿＿＿＿。

（2）以上政策目前还存在哪些不足：＿＿＿＿＿＿＿＿＿＿＿＿＿＿。

（3）还需要哪些方面的培训政策：＿＿＿＿＿＿＿＿＿＿＿＿＿＿。

15. （1）企业在化解产能过剩（淘汰落后产能关停生产线、生产车间等）的过程中享受到哪些政策：＿＿＿＿＿＿＿＿＿＿＿＿＿＿＿＿＿＿。

（2）享受到哪些补贴（补贴类别/人均金额）：＿＿＿＿＿＿＿＿＿。

三、企业劳动关系

16. 企业员工离职情况：2014 年＿＿＿人，离职率＿＿＿%，其中非本人主动离职（被辞退、解聘）＿＿＿人。

17. 企业发生劳动争议的次数：2013 年＿＿＿件；2014 年＿＿＿件。

18. 企业是否成立劳动争议调解委员会？发挥作用如何？

□①没有设立　□②有，但没起作用　□③有，有一点作用　□④有，有

作用 □⑤有，作用很大

19. 企业是否成立工会？

□①是 □②否

说明：如选择"是"请继续回答第 20 题，如选择"否"则直接回答第 22 题。

20. 工会组织机构健全程度？

□①具备专职人员、活动场所、专用经费、其他等

□②专职人员、活动场所、专用经费三项均具备

□③专职人员、活动场所、专用经费中具备两项

□④专职人员、活动场所、专用经费中具备一项

□⑤没有专设机构

21. 工会维护员工合法权益的效果怎么样？

□①很差 □②差 □③一般 □④好 □⑤很好

22. 员工的权益诉求沟通渠道是否畅通？

□①有诉求渠道，渠道非常畅通 □②有诉求渠道，渠道较为畅通

□③有诉求渠道，渠道畅通 □④有诉求渠道，渠道不很畅通

□⑤没有诉求渠道

23. 涉及企业重大决策以及与员工切身利益相关的政策制定过程中，员工的参与程度如何？

□①每次都参与 □②经常参与 □③一般参与 □④很少参与 □⑤从未参与

24. 您对企业目前劳动关系状况的总体评价是怎样的？

□①很差 □②差 □③一般 □④好 □⑤很好

25. 您认为影响企业劳动关系和谐的因素有哪些？（请选择三项并排序）

第一：____；第二：____；第三：____。

①外部环境（产能过剩、行业衰退） ②企业的盈利状况和发展前景

③企业是否严格执行政府政策 ④员工的劳动收入

⑤员工是否与企业签订劳动合同 ⑥为员工提供健全的社会保障

⑦劳动条件与劳动安全卫生　⑧工会的建立健全

⑨员工的工作内容与方式　⑩员工的培训与发展

⑪员工管理方式　⑫集体协商制度　⑬劳动争议调解

⑭员工参与　⑮企业文化建设

⑯其他，请注明：＿＿＿＿＿＿＿＿＿＿＿＿＿＿＿＿＿＿＿＿。

四、对群体性事件的看法

说明：群体性事件是指涉及本企业人员 3 人以上的劳动争议；或 5 人以上参加的上访、停工、罢工、怠工、游行等行为。

26. 企业近三年来发生过几次群体性事件？

□①1 次　□②2 次　□③3 次　□④4 次　□⑤5 次及以上

□⑥没有发生过（跳答至第 30 题）

27. 企业近三年发生过以下哪种类型的劳动争议事件（可多选）

□①消极怠工　□②找企业相关负责人谈判　□③上访　□④停工

□⑤罢工　□⑥游行示威、抗议、请愿、静坐　□⑦集体辞职

□⑧暴力冲突（含自杀、拘禁企业管理者、打砸抢等行为）

□⑨集体申请劳动仲裁　□⑩向法院起诉

28. 这些群体性事件参与的人数？

□①4 人及以下　□②5 ~ 10 人　□③11 ~ 30 人　□④31 ~ 50 人

□⑤51 ~ 100 人　□⑥100 人以上

29. 企业是如何解决这些群体性事件的？（可多选）

□①放任自流，不闻不问　□②武力打压，开除相关"闹事"带头人

□③与员工代表进行多次洽谈协商，达成共识　□④工会参与协调

□⑤企业人力资源部参与协调　□⑥劳动争议调解委员会参与协调

□⑦请第三方（含政府）出面沟通、协调

□⑧其他，请说明：＿＿＿＿＿＿＿＿＿＿＿＿＿＿＿＿＿＿＿。

30. 企业如何看待群体性事件？

□①通过这些冲突能够加深企业对员工需求的了解，便于更好地管理以及完善企业制度

□②涣散人心，扰乱企业的正常秩序，对企业有百害无一利

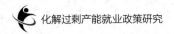

□③有利也有弊，一方面会产生一些消极的影响，如影响员工士气，扰乱秩序，影响效率；另一方面如果较好地处理，能够提高员工的忠诚度，有利于企业的长远发展

□④放任自流，不闻不问

□⑤其他，请说明：＿＿＿＿＿＿＿＿＿＿＿＿＿＿＿＿＿＿＿。

附件3 受影响职工职业能力结构和水平分析

为深入了解受影响职工的职业能力结构和水平状况，以便为这些职工的职业能力提升提出适合的对策，本课题主要对受影响职工的学习发展能力、职业转化能力和专业技能在行业方面的特点和差异性开展研究。课题组设计了《劳动者职业能力》量表，主要对玻璃、电解铝、钢铁、轮胎、煤炭、水泥行业的部分企业受影响职工开展问卷调查，并从能力结构和能力水平两个方面展开分析研究。

1. 劳动者职业能力结构

（1）聚类分析

《劳动者职业能力》量表（见表1）包含3个维度（13个因子）：学习发展能力（L）；职业转化能力（C）；专业技能（S）。

表1　《劳动者职业能力》量表

T19. 在感觉自己专业知识不够时，我会自己找机会学习。
T20. 在感到自己工作技能不足时，我会自己找机会学习。
T21. 我具有很强的学习新知识、新技术的能力。
T22. 我善于总结工作中的经验、教训。
T23. 当我被调整到自己不喜欢的工作岗位时，我通常会主动寻求新的发展机会。
T24. 在对工资待遇不满意时，我会寻找其他工作机会或更好的职业发展方向。
T25. 如果感到自己的职业发展状况不理想，我会考虑选择新职业。
T26. 如果自己所在企业的经营状况不好，我会选择应聘到其他企业。
T27. 在我从事的工作领域，我总是感到很自信。
T28. 我有能力把自己的工作做得比别人更加深入。
T29. 我的专业技能水平很高。
T30. 我的工作总是能够取得良好的结果。
T31. 我总是能够很好地完成工作任务。

（2）结构方程模型法分析

基于上述分析结果建立结构方程模型，结果显示，该三因子结构模型拟合水平（见表2）较好，由此形成企业职工职业能力三因子结构模型（见图1）。

表 2　拟合度指标

Degrees of Freedom = 32
Minimum Fit Function Chi – Square = 93. 88（P = 0. 00）
Normal Theory Weighted Least Squares Chi – Square = 94. 65（P = 0. 00）
Estimated Non – centrality Parameter（NCP）= 62. 65
90 Percent Confidence Interval for NCP =（37. 21；95. 72）
Minimum Fit Function Value = 0. 22
Population Discrepancy Function Value（F0）= 0. 15
90 Percent Confidence Interval for F0 =（0. 088；0. 23）
Root Mean Square Error of Approximation（RMSEA）= 0. 068
90 Percent Confidence Interval for RMSEA =（0. 052；0. 084）
P – Value for Test of Close Fit（RMSEA < 0. 05）= 0. 030
Expected Cross – Validation Index（ECVI）= 0. 33
90 Percent Confidence Interval for ECVI =（0. 27；0. 41）
ECVI for Saturated Model = 0. 26
ECVI for Independence Model = 6. 98
Chi – Square for Independence Model with 45 Degrees of Freedom = 2948. 53
Independence AIC = 2968. 53
Model AIC = 140. 65
Saturated AIC = 110. 00
Independence CAIC = 3019. 08
Model CAIC = 256. 90
Saturated CAIC = 387. 99
Normed Fit Index（NFI）= 0. 97
Non – Normed Fit Index（NNFI）= 0. 97
Parsimony Normed Fit Index（PNFI）= 0. 69
Comparative Fit Index（CFI）= 0. 98
Incremental Fit Index（IFI）= 0. 98
Relative Fit Index（RFI）= 0. 96
Critical N（CN）= 243. 16
Root Mean Square Residual（RMR）= 0. 033

续表

Standardized RMR = 0.042
Goodness of Fit Index（GFI）=0.96
Adjusted Goodness of Fit Index（AGFI）=0.93
Parsimony Goodness of Fit Index（PGFI）=0.56

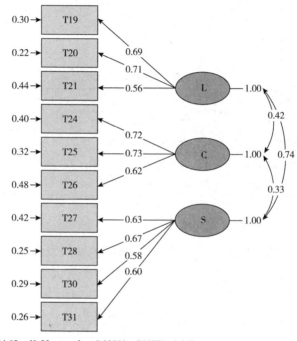

Chi-Square=94.65，df=32，p-value=0.00000，RMSEA=0.068

图1　三因子结构模型

从上述结果可知，经过对调查数据以聚类分析法和结构方程模型法分析，所构建"职工职业能力三因子结构模型"具有较高的结构效度，能够很好地说明当前企业职工所应重点培养的三方面职业能力：学习发展能力、职业转化能力、专业技能①。

---

①　学习发展能力，不单纯是指学习书本知识，更重要的是要求职工在工作实践中学习知识、培养技能，也包括自学和职业生涯规划能力。职业转化能力，包括就业部门、单位的转变和专业、工种、岗位诸要素间的更换。职业转化能力是在现有专业、技能素质的基础上，能够根据个人及企业、行业环境的现实发展状况，实现上述各要素的转换并胜任。专业技能，是职工通过学习和训练，日渐形成专业知识应用、操作技巧和思维活动能力。

2. 能力水平分析

(1) 总体分析

从各能力因子能力分数标准化后的分布水平来看，企业职工能力在各能力维度上均不同程度地处于负偏态，男女职工职业能力要素水平在性别方面没有差异。学习发展能力和专业技能行业间差异显著。煤炭行业企业职工的学习发展能力最低（低于其他五个行业），而玻璃行业企业职工的专业技能显著低于除煤炭行业之外的另四个行业（见表3）。

表3　总体水平描述分析

	Minimum	Maximum	Mean		Std. Deviation	Variance	Skewness		Kurtosis	
			Statistic	Std. Error			Statistic	Std. Error	Statistic	Std. Error
ZL	−9.460	4.126	−4.04E−15	0.122	2.524	6.371	−0.787	0.118	1.138	0.236
ZC	−6.688	6.108	−2.26E−15	0.121	2.496	6.232	−0.544	0.118	0.512	0.236
ZS	−13.112	6.036	−5.3E−16	0.159	3.283	10.778	−1.005	0.118	2.339	0.236

(2) 受影响职工职业能力要素不存在显著性别差异

对男女职工职业能力要素水平进行了描述分析（见表4），并进行了基于性别变量的差异检验，分析结果如表5所示。

表4　描述分析

		ZL	ZC	ZS
男	Mean	0.046331	0.071998	0.010058
	Std. Deviation	2.539118	2.481941	3.382088
	Kurtosis	0.73804	0.538138	2.062475
	Std. Error of Kurtosis	0.27648	0.27648	0.27648
	Skewness	−0.72372	−0.45507	−0.99885
	Std. Error of Skewness	0.138677	0.138677	0.138677
女	Mean	−0.12488	−0.23423	0.013424
	Std. Deviation	2.494472	2.544494	3.030951
	Kurtosis	2.465584	0.383064	3.571801
	Std. Error of Kurtosis	0.449262	0.449262	0.449262
	Skewness	−1.01404	−0.75214	−1.07044
	Std. Error of Skewness	0.226473	0.226473	0.226473

续表

		ZL	ZC	ZS
Total	Mean	0.000188	− 0.01053	0.010965
	Std. Deviation	2.525361	2.499627	3.287618
	Kurtosis	1.151492	0.505113	2.357155
	Std. Error of Kurtosis	0.236808	0.236808	0.236808
	Skewness	− 0.79267	− 0.53768	− 1.01414
	Std. Error of Skewness	0.118679	0.118679	0.118679

表5 基于性别的差异检验

		Sum of Squares	df	Mean Square	F	Sig.
ZL	Between Groups	2.441	1	2.441	.382	.537
	Within Groups	2688.842	421	6.387		
	Total	2691.284	422			
ZC	Between Groups	7.809	1	7.809	1.251	.264
	Within Groups	2628.903	421	6.244		
	Total	2636.712	422			
ZS	Between Groups	.001	1	.001	.000	.993
	Within Groups	4561.157	421	10.834		
	Total	4561.158	422			

由上述结果可知，各能力要素在性别因素上不存在显著差异。由于企业男女职工在职业能力上表现较为一致，因此，在企业职工培训工作中不必考虑性别差异。

（3）受影响职工职业能力素质存在明显的行业差异

对企业职工能力各维度进行基于行业分类（玻璃、电解铝、钢铁、轮胎、煤炭、水泥）的多重差异分析，见表6。

表6 受影响职工职业能力素质多重差异分析

Dependent Variable		（I）行业	（J）行业	Mean Difference (I − J)	Std. Error	Sig.	95% Confidence Interval	
							Lower Bound	Upper Bound
ZL	LSD	G	E	1.1732	0.49587	0.018	0.1985	2.1479
			I	1.9637	0.48676	0	1.007	2.9205

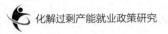

续表

Dependent Variable	(I) 行业	(J) 行业	Mean Difference (I−J)	Std. Error	Sig.	95% Confidence Interval	
						Lower Bound	Upper Bound
		T	0.7708	0.85334	0.367	−0.9065	2.4481
		CO	3.1312	0.55703	0	2.0363	4.2261
		CE	1.9062	0.52104	0	0.882	2.9303
	E	G	−1.1732	0.49587	0.018	−2.1479	−0.1985
		I	0.7905	0.30347	0.01	0.194	1.387
		T	−0.4024	0.76377	0.599	−1.9037	1.0989
		CO	1.958	0.40675	0	1.1585	2.7575
		CE	0.7329	0.35587	0.04	0.0334	1.4325
	I	G	−1.9637	0.48676	0	−2.9205	−1.007
		E	−0.7905	0.30347	0.01	−1.387	−0.194
		T	−1.1929	0.75788	0.116	−2.6827	0.2968
		CO	1.1675	0.39559	0.003	0.3899	1.945
		CE	−0.0576	0.34305	0.867	−0.7319	0.6167
	T	G	−0.7708	0.85334	0.367	−2.4481	0.9065
		E	0.4024	0.76377	0.599	−1.0989	1.9037
		I	1.1929	0.75788	0.116	−0.2968	2.6827
		CO	2.3604	0.80482	0.004	0.7784	3.9424
		CE	1.1353	0.78034	0.146	−0.3985	2.6692
	CO	G	−3.1312	0.55703	0	−4.2261	−2.0363
		E	−1.958	0.40675	0	−2.7575	−1.1585
		I	−1.1675	0.39559	0.003	−1.945	−0.3899
		T	−2.3604	0.80482	0.004	−3.9424	−0.7784
		CE	−1.2251	0.43708	0.005	−2.0842	−0.3659
	CE	G	−1.9062	0.52104	0	−2.9303	−0.882
		E	−0.7329	0.35587	0.04	−1.4325	−0.0334
		I	0.0576	0.34305	0.867	−0.6167	0.7319
		T	−1.1353	0.78034	0.146	−2.6692	0.3985
		CO	1.2251	0.43708	0.005	0.3659	2.0842
Bonf	G	E	1.1732	0.49587	0.277	−0.2907	2.6371
		I	1.9637	0.48676	0.001	0.5268	3.4007

续表

Dependent Variable		(I) 行业	(J) 行业	Mean Difference (I－J)	Std. Error	Sig.	95% Confidence Interval	
							Lower Bound	Upper Bound
			T	0.7708	0.85334	1	－1.7483	3.2899
			CO	3.1312	0.55703	0	1.4868	4.7756
			CE	1.9062	0.52104	0.004	0.368	3.4443
		E	G	－1.1732	0.49587	0.277	－2.6371	0.2907
			I	0.7905	0.30347	0.143	－0.1053	1.6864
			T	－0.4024	0.76377	1	－2.6571	1.8523
			CO	1.958	0.40675	0	0.7572	3.1588
			CE	0.7329	0.35587	0.601	－0.3176	1.7835
		I	G	－1.9637	0.48676	0.001	－3.4007	－0.5268
			E	－0.7905	0.30347	0.143	－1.6864	0.1053
			T	－1.1929	0.75788	1	－3.4303	1.0444
			CO	1.1675	0.39559	0.05	－0.0003	2.3353
			CE	－0.0576	0.34305	1	－1.0703	0.9551
		T	G	－0.7708	0.85334	1	－3.2899	1.7483
			E	0.4024	0.76377	1	－1.8523	2.6571
			I	1.1929	0.75788	1	－1.0444	3.4303
			CO	2.3604	0.80482	0.053	－0.0155	4.7363
			CE	1.1353	0.78034	1	－1.1683	3.439
		CO	G	－3.1312	0.55703	0	－4.7756	－1.4868
			E	－1.958	0.40675	0	－3.1588	－0.7572
			I	－1.1675	0.39559	0.05	－2.3353	0.0003
			T	－2.3604	0.80482	0.053	－4.7363	0.0155
			CE	－1.2251	0.43708	0.08	－2.5153	0.0652
		CE	G	－1.9062	0.52104	0.004	－3.4443	－0.368
			E	－0.7329	0.35587	0.601	－1.7835	0.3176
			I	0.0576	0.34305	1	－0.9551	1.0703
			T	－1.1353	0.78034	1	－3.439	1.1683
			CO	1.2251	0.43708	0.08	－0.0652	2.5153
ZC	LSD	G	E	－1.1032	0.5078	0.03	－2.1013	－0.105
			I	－0.8872	0.49847	0.076	－1.867	0.0926

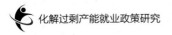

续表

Dependent Variable	（I）行业	（J）行业	Mean Difference (I－J)	Std. Error	Sig.	95% Confidence Interval	
						Lower Bound	Upper Bound
		T	－2.5788	0.87386	0.003	－4.2964	－0.8611
		CO	－1.1129	0.57043	0.052	－2.2342	0.0083
		CE	－1.2892	0.53357	0.016	－2.338	－0.2404
	E	G	1.1032	0.5078	0.03	0.105	2.1013
		I	0.2159	0.31077	0.488	－0.3949	0.8268
		T	－1.4756	0.78214	0.06	－3.013	0.0618
		CO	－0.0098	0.41653	0.981	－0.8285	0.809
		CE	－0.1861	0.36443	0.61	－0.9024	0.5303
	I	G	0.8872	0.49847	0.076	－0.0926	1.867
		E	－0.2159	0.31077	0.488	－0.8268	0.3949
		T	－1.6915	0.77611	0.03	－3.2171	－0.166
		CO	－0.2257	0.4051	0.578	－1.022	0.5706
		CE	－0.402	0.3513	0.253	－1.0925	0.2886
	T	G	2.5788	0.87386	0.003	0.8611	4.2964
		E	1.4756	0.78214	0.06	－0.0618	3.013
		I	1.6915	0.77611	0.03	0.166	3.2171
		CO	1.4658	0.82418	0.076	－0.1542	3.0858
		CE	1.2895	0.79911	0.107	－0.2812	2.8603
	CO	G	1.1129	0.57043	0.052	－0.0083	2.2342
		E	0.0098	0.41653	0.981	－0.809	0.8285
		I	0.2257	0.4051	0.578	－0.5706	1.022
		T	－1.4658	0.82418	0.076	－3.0858	0.1542
		CE	－0.1763	0.44759	0.694	－1.0561	0.7035
	CE	G	1.2892	0.53357	0.016	0.2404	2.338
		E	0.1861	0.36443	0.61	－0.5303	0.9024
		I	0.402	0.3513	0.253	－0.2886	1.0925
		T	－1.2895	0.79911	0.107	－2.8603	0.2812
		CO	0.1763	0.44759	0.694	－0.7035	1.0561
Bonf	G	E	－1.1032	0.5078	0.456	－2.6022	0.3959
		I	－0.8872	0.49847	1	－2.3588	0.5843

Dependent Variable		(I) 行业	(J) 行业	Mean Difference (I−J)	Std. Error	Sig.	95% Confidence Interval	
							Lower Bound	Upper Bound
			T	−2.5788	0.87386	0.05	−5.1585	0.001
			CO	−1.1129	0.57043	0.776	−2.7969	0.571
			CE	−1.2892	0.53357	0.242	−2.8644	0.2859
		E	G	1.1032	0.5078	0.456	−0.3959	2.6022
			I	0.2159	0.31077	1	−0.7015	1.1333
			T	−1.4756	0.78214	0.899	−3.7845	0.8333
			CO	−0.0098	0.41653	1	−1.2394	1.2199
			CE	−0.1861	0.36443	1	−1.2619	0.8898
		I	G	0.8872	0.49847	1	−0.5843	2.3588
			E	−0.2159	0.31077	1	−1.1333	0.7015
			T	−1.6915	0.77611	0.448	−3.9827	0.5996
			CO	−0.2257	0.4051	1	−1.4216	0.9702
			CE	−0.402	0.3513	1	−1.4391	0.6351
		T	G	2.5788	0.87386	0.05	−0.001	5.1585
			E	1.4756	0.78214	0.899	−0.8333	3.7845
			I	1.6915	0.77611	0.448	−0.5996	3.9827
			CO	1.4658	0.82418	1	−0.9672	3.8989
			CE	1.2895	0.79911	1	−1.0695	3.6486
		CO	G	1.1129	0.57043	0.776	−0.571	2.7969
			E	0.0098	0.41653	1	−1.2199	1.2394
			I	0.2257	0.4051	1	−0.9702	1.4216
			T	−1.4658	0.82418	1	−3.8989	0.9672
			CE	−0.1763	0.44759	1	−1.4976	1.1451
		CE	G	1.2892	0.53357	0.242	−0.2859	2.8644
			E	0.1861	0.36443	1	−0.8898	1.2619
			I	0.402	0.3513	1	−0.6351	1.4391
			T	−1.2895	0.79911	1	−3.6486	1.0695
			CO	0.1763	0.44759	1	−1.1451	1.4976
ZS	LSD	G	E	0.935	0.65951	0.157	−0.3614	2.2313
			I	1.8014	0.64739	0.006	0.5289	3.074

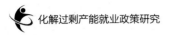
Dependent Variable		(I) 行业	(J) 行业	Mean Difference (I - J)	Std. Error	Sig.	95% Confidence Interval	
							Lower Bound	Upper Bound
		E	T	1.4965	1.13494	0.188	-0.7343	3.7274
			CO	2.9625	0.74086	0	1.5063	4.4188
			CE	1.5657	0.69298	0.024	0.2036	2.9279
			G	-0.935	0.65951	0.157	-2.2313	0.3614
			I	0.8665	0.40361	0.032	0.0731	1.6598
		I	T	0.5616	1.01581	0.581	-1.4351	2.5583
			CO	2.0276	0.54098	0	0.9642	3.0909
			CE	0.6308	0.47331	0.183	-0.2996	1.5611
			G	-1.8014	0.64739	0.006	-3.074	-0.5289
			E	-0.8665	0.40361	0.032	-1.6598	-0.0731
		T	T	-0.3049	1.00798	0.762	-2.2862	1.6764
			CO	1.1611	0.52613	0.028	0.1269	2.1953
			CE	-0.2357	0.45626	0.606	-1.1325	0.6611
			G	-1.4965	1.13494	0.188	-3.7274	0.7343
			E	-0.5616	1.01581	0.581	-2.5583	1.4351
			I	0.3049	1.00798	0.762	-1.6764	2.2862
			CO	1.466	1.07041	0.172	-0.6381	3.57
			CE	0.0692	1.03786	0.947	-1.9709	2.1092
		CO	G	-2.9625	0.74086	0	-4.4188	-1.5063
			E	-2.0276	0.54098	0	-3.0909	-0.9642
			I	-1.1611	0.52613	0.028	-2.1953	-0.1269
			T	-1.466	1.07041	0.172	-3.57	0.6381
			CE	-1.3968	0.58132	0.017	-2.5394	-0.2541
		CE	G	-1.5657	0.69298	0.024	-2.9279	-0.2036
			E	-0.6308	0.47331	0.183	-1.5611	0.2996
			I	0.2357	0.45626	0.606	-0.6611	1.1325
			T	-0.0692	1.03786	0.947	-2.1092	1.9709
			CO	1.3968	0.58132	0.017	0.2541	2.5394
	Bonf	G	E	0.935	0.65951	1	-1.012	2.8819
			I	1.8014	0.64739	0.085	-0.1097	3.7126

Dependent Variable		(I) 行业	(J) 行业	Mean Difference (I－J)	Std. Error	Sig.	95% Confidence Interval	
							Lower Bound	Upper Bound
			T	1.4965	1.13494	1	－1.8539	4.847
			CO	2.9625	0.74086	0.001	0.7754	5.1496
			CE	1.5657	0.69298	0.366	－0.48	3.6115
		E	G	－0.935	0.65951	1	－2.8819	1.012
			I	0.8665	0.40361	0.486	－0.325	2.058
			T	0.5616	1.01581	1	－2.4372	3.5604
			CO	2.0276	0.54098	0.003	0.4305	3.6246
			CE	0.6308	0.47331	1	－0.7665	2.028
		I	G	－1.8014	0.64739	0.085	－3.7126	0.1097
			E	－0.8665	0.40361	0.486	－2.058	0.325
			T	－0.3049	1.00798	1	－3.2805	2.6708
			CO	1.1611	0.52613	0.418	－0.3921	2.7143
			CE	－0.2357	0.45626	1	－1.5826	1.1112
		T	G	－1.4965	1.13494	1	－4.847	1.8539
			E	－0.5616	1.01581	1	－3.5604	2.4372
			I	0.3049	1.00798	1	－2.6708	3.2805
			CO	1.466	1.07041	1	－1.694	4.6259
			CE	0.0692	1.03786	1	－2.9947	3.133
		CO	G	－2.9625	0.74086	0.001	－5.1496	－0.7754
			E	－2.0276	0.54098	0.003	－3.6246	－0.4305
			I	－1.1611	0.52613	0.418	－2.7143	0.3921
			T	－1.466	1.07041	1	－4.6259	1.694
			CE	－1.3968	0.58132	0.251	－3.1129	0.3193
		CE	G	－1.5657	0.69298	0.366	－3.6115	0.48
			E	－0.6308	0.47331	1	－2.028	0.7665
			I	0.2357	0.45626	1	－1.1112	1.5826
			T	－0.0692	1.03786	1	－3.133	2.9947
			CO	1.3968	0.58132	0.251	－0.3193	3.1129

表7 ANOVA

		Sum of Squares	df	Mean Square	F	Sig.
ZL	Between Groups	245. 9027	5	49. 18054	8. 391197	0. 0000001
	Within Groups	2461. 607	420	5. 860968		
	Total	2707. 509	425			
ZC	Between Groups	67. 22717	5	13. 44543	2. 187563	0. 054725
	Within Groups	2581. 45	420	6. 146308		
	Total	2648. 677	425			
ZS	Between Groups	226. 4528	5	45. 29057	4. 368509	0. 00069
	Within Groups	4354. 355	420	10. 36751		
	Total	4580. 808	425			

由分析结果可知：各行业职工的各项职业能力均呈现偏低的状况，学习发展能力和专业技能于行业间差异显著。煤炭行业企业职工的"学习发展能力"最低（低于其他五个行业）；玻璃行业企业职工的"专业技能"显著低于除钢铁行业之外的另四个行业。

因此，上述这些职业能力素质的行业间差异在职工转岗以及相关职业能力开发时应引起足够的重视。

附件 4 欧盟各成员国集体裁员标准与规定一览表

维度\国别	集体裁员的界定	提供给失业工人的通知期	劳动力市场和国家机构的参与情况	与员工代表的协商程度	裁员前的行动	再培训服务	针对失业工人的补偿安排
奥地利	裁减有 21~99 名员工的企业中的至少 5 名员工，有 100~599 名员工的企业至少中员工总数有 500 名或 5% 或以上员工的企业中至少 30 名员工		裁员之前 30 天必须告知当地劳动就业局 通过协商探讨裁员的替代办法	强制要求必须与劳资联合委员会进行协商；必须探讨裁员的替代办法	必须制定减轻集体裁员影响的社会计划	根据社会计划提供用于再培训的资金	提供遣散费
比利时	符合欧盟集体裁员法规的国家层面立法	最低 30 天的通知期	必须事先告知当地劳动就业局	通知期间，员工代表可反对提案			最多 4 个月，工资与失业福利之间差异的 50%

507

续表

维度\国别	集体裁员的界定	提供给失业工人的通知期	劳动力市场和国家机构的参与情况	与员工代表的协商程度	裁员前的行动	再培训服务	针对失业工人的补偿安排
捷克	30天内，20~100名员工的企业中至少10名员工失业；总数为101~300名的员工中10%的失业；雇用300人以上的公司中30名以上员工失业		雇主有义务向当地劳动就业局提供裁员情况和与工会开始协商的详细情况	进行协商以防止或减少裁员并协商新上岗的可能性			
塞浦路斯	通常雇用20人以上、100人以下的企业中至少有10名员工失业、通常雇用100~300人的企业中至少中至少员工总数的10%失业、通常雇用至少300人的企业中至少30名员工失业		必须向劳动和社会保险部提供裁员的详细情况（理由、人数、工人类别、时间表、选择标准、遣散费）	必须及时与员工代表进行协商，并且向其提供裁员的详细情况。要求就可能的措施达成协议，以防止、减少或解雇裁员的后果（如重新部署或再培训）		经与员工代表协商，可提供再培训	超过法规规定水平的遣散费可与员工代表协商确定
丹麦	遵循欧盟指令解雇指令	当裁员影响超过员工总数的50%或超过100名员工时，必须提前8个星期发出通知					

续表

维度 国别	集体裁员的界定	提供给失业工人的通知期	劳动力市场和国家机构的参与情况	与员工代表的协商程度	裁员前的行动	再培训服务	针对失业工人的补偿安排
爱沙尼亚	适用于当裁员发生在通常聘用5名或更多员工的企业时的所有情况	基于服务期限：服务期限少于5年的员工，享有2个月的通知期。服务期限在5～10年的员工，享有3个月的通知期。服务期限为10年或以上的员工，享有4个月的通知期	雇主有义务向当地劳动就业局告知的详细情况	雇主有义务告知当地劳动就业局。如果员工不能被重新安排，工会可将裁员延期多达3个月			服务期限少于5年的员工，有权获得2个月的遣散费。服务期限在5～10年的员工，有权获得3个月的遣散费。服务期限为10年或以上的员工，有权获得4个月的遣散费
法国	除欧盟的规定以外，国家立法涵盖及2～9名员工的集体裁员		雇主必须向劳动监察局提供社会裁员计划，探讨可能的解雇替代办法，寻找工作方面的援助以及补偿办法	雇主必须向劳资联合委员会提供社会裁员计划，探讨可能的解雇替代的办法，寻找工作方面的援助以及补偿办法	雇主有义务制定社会裁员计划，探讨可能的解雇替代办法，寻找工作方面的援助以及补偿办法	再培训协议必须规定为再培训失业工人提供再培训和财政支持	
芬兰	国家层面的规定涵盖及10名或以上员工的集体裁员		公共机构与雇主和员工代表合作制定就业方案	不得首先解雇工会代表。集体协议确定"后进先出"的原则	雇主必须制定就业方案，以帮助失业员工寻找新工作。这些方案涵盖就业和教育的可能性，对再就业过程的监督以及经济支持	再培训涵盖在就业方案中	

509

续表

维度\国别	集体裁员的界定	提供给失业工人的通知期	劳动力市场和国家机构的参与情况	与员工代表的协商程度	裁员前的行动	再培训服务	针对失业工人的补偿安排
德国	在有50名以下员工的企业中有5名或以上员工失业，以及规模更大的企业中10%的员工失业	必须至少提前一个月向工人代表提供有关拟裁员的信息		雇主必须与劳资联合委员会订立一个社会计划，以最大限度地降低裁员的经济和社会后果。这与劳资相同的法律地位。如果发生分歧，调解委员会可以向雇主强加一项社会计划	制定社会计划，以最大限度地降低裁员的经济和社会后果		
希腊	在有20~50名员工的企业中有5名或更多员工被解雇；在有50名以上员工的企业中有2%~3%的员工或30名或以上员工被解雇				在发生集体裁员的情况下，制定社会计划和裁员方案的情况并不常见		
匈牙利	总数少于100人的员工中至少有10名员工被解雇，雇用至少100人但少于300人的企业有至少10%的员工被解雇，雇用超过300人的企业中至少30名员工被解雇						

续表

维度 国别	集体裁员的界定	提供给失业工人的通知期	劳动力市场和国家机构的参与情况	与员工代表的协商程度	裁员前的行动	再培训服务	针对失业工人的补偿安排
爱尔兰	国家层面的立法符合欧盟的集体裁员法规						
意大利	有15名以上员工的雇主打算在120天内解雇至少5名员工		失业工人被纳入"劳动力流动列表"。从这些列表中招聘工人的雇主有权获得补贴				集体裁员后多达一年，提供"可用性补贴"，高达末期工资的80%。由国家支付，但由雇主贷款提供资金
拉脱维亚	在30天内，在总数为20~30人的员工队伍中至少有5名员工失业；在总数为51~99人的员工队伍中至少有10名员工失业；在总数为100~300人的员工队伍中至少有10%的员工失业；以及在总数超过300人的员工队伍中至少有30名员工失业		雇主需要提前60天向国家就业局和当地方当局发出集体裁员的通知	雇主有责任及时与员工代表协商，以商定裁员的人数，涉及到的人数，对受影响员工的社会保障，并且有责任就业促进再培训的措施（如再培训）		雇主必须与员工代表协商促进再就业的措施，如再培训	服务期限少于5年的员工，遣散费为1个月的工资；服务期限在5~10年的员工，遣散费为2个月的工资；服务期限在20~30年的员工，遣散费为3个月的工资；服务期限超过30年的员工，遣散费为4个月的工资

续表

国别	集体裁员的界定	提供给失业工人的通知期	劳动力市场和国家机构的参与情况	与员工代表的协商程度	裁员前的行动	再培训服务	针对失业工人的补偿安排
立陶宛	在总数不超过99人的员工队伍中有10名或更多员工失业；在总数为100~299人的员工队伍中有10%以上的员工失业；在总数超过300人的员工队伍中有30名或更多员工失业		雇主必须提前两个月向区域和市级就业局和劳动机构通知裁员信息	雇主有义务在向有关员工发出裁员通知之前与员工代表进行协商，以避免或减少裁员的负面影响。雇主必须提前两个月向员工代表通知企业的员工信息。	发出通知之前，必须进行协商，以降低裁员的负面影响		服务期限少于12个月的员工，遣散费为1个月的工资；服务期限在12~36个月的员工，遣散费为2个月的工资；服务期限在36~60个月的员工，遣散费为3个月的工资；服务期限在60~120个月的员工，遣散费为4个月的员工工资；服务期限在120~240个月的员工，遣散费为5个月的工资；服务期限超过240个月的员工，遣散费为6个月的工资
卢森堡	涉及7名或更多员工的裁员			必须有至少75天的协商期。如果员工不遵守这一程序，员工有权获得不公正解雇赔偿或者恢复原职			

续表

维度 国别	集体裁员的界定	提供给失业工人的通知期	劳动力市场和国家机构的参与情况	与员工代表的协商程度	裁员前的行动	再培训服务	针对失业工人的补偿安排
马耳他	在30天内，总数在21~100人的员工队伍中减少了10名或更多员工；在100~300人的员工队伍中减少了总数10%的员工；超过300人的员工队伍中减少了30名或更多的员工	通知期依据服务时长，大约为每提供一年的服务则享有1周的通知期，最长为12周。在涉及技术、行政或管理职位的情况下，可由雇主和员工商定更长的通知期	雇主必须在发出裁员通知之前，向负责就业和劳资关系的主管单位通知拟议的裁员计划	雇主必须在发出裁员通知之前，并且在工作日内通知后七个工作日内就避免或减少裁员的方法和裁员员的影响进行协商。在这七个工作日内，雇主必须提供所有有关信息，包括人数、时间表、选择标准和遣散费水平			没有法定的遣散费规定，但是常见的做法是，在具体裁员员的情况下，特别是在集体裁员员的情况下，工会或个别雇主会主动提供遣散费。这些情施还可纳入现存的集体协议中
荷兰	适当的国家层面立法；符合欧盟集体裁员法规						
挪威	适当的国家层面立法；并有针对因重组而失业的老年工人的规定（参见"补偿安排"）						许多私营部门集体协议包括针对有10年服务期限的老年员工（年龄在50岁以上62岁以下）的遣散费方案。该方案由雇主和员工共同协商出资，在因重组造成失业后提供一次性支付的补偿

续表

维度 / 国别	集体裁员的界定	提供给失业工人的通知期	劳动力市场和国家机构的参与情况	与员工代表的协商程度	裁员前的行动	再培训服务	针对失业工人的补偿安排
波兰	在总数少于100人的员工队伍中有10名或更多员工失业；在总数为100～299人的员工队伍中有10%的员工失业；在总数超过300人的员工队伍中有30名或更多员工失业						对于在总数为20人或更多的集体裁员中发生的员工裁员：服务期限为2年的员工可获得1个月工资的遣散费；服务期限在2～8年的员工可获得2个月工资的遣散费；服务期限超过8年的员工可获得3个月工资的遣散费
葡萄牙	员工总数少于50人的企业中两名或者更大型企业中五名或以上员工失业	实施裁员之前必须提前至少60天发出通知			受裁员威胁的员工有权获得带薪休假以寻找代替性就业机会（每周两天）。在裁员即将开始时，员工享有特别辞职权，根据该权利，员工可以仅提前三天通知雇主		经济补偿取决于服务时长

续表

维度\国别	集体裁员的界定	提供给失业工人的通知期	劳动力市场和国家机构的参与情况	与员工代表的协商程度	裁员前的行动	再培训服务	针对失业员工人的补偿安排
斯洛伐克	20天内裁员20名或更多的员工		雇主必须就维持就业的条件、在其他地方为失业员工寻找工作的可能性以及失业员工过多可能重新雇用他们的可能性，与国家雇用办公室进行磋商培训后重新雇用他们的可能性，与国家劳动办公室进行磋商	雇主有义务在拟议的裁员之前至少一个月，与工会或员工代表就限制解雇的措施，重新部署以及员在继续解雇员工的负面影响的负面措施进行磋商。雇主必须提供所有必要的信息以促进这些磋商的进行。磋商结果必须向国家劳动办公室报告			员工有权获得相当于至少2个月平均其他工资的遣散费；如果他们的服务时长达到五年或以上，遣散费则提高到至少3个月的工资
斯洛文尼亚	在30天内，在总数为21～99人的员工队伍中有10名员工失业；在总数为100～299人的员工队伍中有10%的员工失业；在总数300人或以上的员工队伍中有30名员工失业		雇主有义务在计划裁员之前尽快告知员工和就业服务局	雇主有义务在计划裁员之前尽快告知员工代表，以义务进行协商，讨论裁员的选择标准，讨论旨在避免或限制裁员人数的可能措施，以及讨论减少裁员影响的可能措施	员工有权享有每周最低两小时的带薪休假，以方便他们寻找新的就业机会		服务期限少于5年的员工，补偿为30天的工资；服务期限至少为5年的员工，补偿至少为45天的工资；服务期限至少为15年的员工，补偿为75天的工资；服务期限至少为25年的员工，补偿为150天的工资。失业员工的前雇主在集体裁员后一年内招聘新员工时，失业员工享有优先就业权，但条件是他们满足开展相关工作的条件

续表

维度\国别	集体裁员的界定	提供给失业工人的通知期	劳动力市场和国家机构的参与情况	与员工代表的协商程度	裁员前的行动	再培训服务	针对失业工人的补偿安排
西班牙				谈判和协商基于社会计划	考虑集体裁员的企业必须制定一个社会计划。该计划用来避免解雇的措施，包括内部重新部署和工作分享措施。计划成协商期间的谈判基础		
瑞典		2~6个月的通知期，根据裁员规模确定	劳动就业局参与（与工会一起）制定计划以帮助找替代性就业机会。裁员支持与咨询委员会为年龄超过40岁的失业工人提供经济援助和再培训计划	工会、雇主和劳动就业局制定计划，以帮助失业工人寻找就业机会		裁员支持与咨询委员会为年龄超过40岁的失业工人提供再培训计划	裁员支持与咨询委员会为年龄超过40岁的失业工人提供进一步的经济援助
英国	适当的国家层面立法；符合欧盟集体裁员法规						

资料来源：EIRO欧洲工业关系观察站（2003年）成员国"裁员和裁员保护"报告；《工业关系辞典》中针对每一个国家的欧洲工业关系观察站（2005年）"集体裁员"条目，政府出版物和个别国家的各种网站。

附件5 化解过剩产能国家及有关部门相关政策文件目录

2009 年

《国务院批转发展改革委等部门关于抑制部分行业产能过剩和重复建设引导产业健康发展若干意见的通知》（国发〔2009〕38 号）

2010 年

《国务院关于进一步加强淘汰落后产能工作的通知》（国发〔2010〕7 号）

《国务院关于促进企业兼并重组的意见》（国发〔2010〕27 号）

《中共中央办公厅　国务院办公厅关于进一步做好资源枯竭矿山关闭破产工作的通知》（中办发〔2000〕11 号）

2011 年

《人社部　财政部　国务院国资委　监察部关于做好国有企业老工伤人员等纳入工伤保险统筹管理有关工作的通知》（人社部发〔2011〕10 号）

《人力资源和社会保障部　国家发展和改革委员会　财政部　工业和信息化部　国务院国有资产监督管理委员会　国家能源局　中华全国总工会关于做好淘汰落后产能和兼并重组企业职工安置工作的意见》（人社部发〔2011〕50 号）

《财政部　工业和信息化部　国家能源局淘汰落后产能中央财政奖励资金管理办法》（财建〔2011〕180 号）

2013 年

《国务院关于化解产能严重过剩矛盾的指导意见》（国发〔2013〕41 号）

2014 年

《国务院关于进一步优化企业兼并重组市场环境的意见》（国发〔2014〕14 号）

《人力资源社会保障部　国家发展和改革委员会　财政部　工业和信息化部关于失业保险支持企业稳定岗位有关问题的通知》（人社部发〔2014〕76 号）

2015 年

《国务院关于进一步做好新形势下就业创业工作的意见》（国发〔2015〕23 号）

《人力资源社会保障部　财政部关于调整失业保险费率有关问题的通知》（人社部发〔2015〕24 号）

《人力资源社会保障部　财政部关于适当降低生育保险费率的通知》（人社部发〔2015〕70 号）

《人力资源社会保障部　财政部关于调整工伤保险费率政策的通知》（人社部发〔2015〕71 号）

2016 年

《国务院关于钢铁行业化解过剩产能实现脱困发展的意见》（国发〔2016〕6 号）

《国务院关于煤炭行业化解过剩产能实现脱困发展的意见》（国发〔2016〕7 号）

《国土资源部关于支持钢铁煤炭行业化解过剩产能实现脱困发展的意见》（国土资规〔2016〕3 号）

《质检总局关于化解钢铁行业过剩产能实现脱困发展的意见》（国质检

监〔2016〕193 号)

《人民银行 银监会 证监会 保监会关于支持钢铁煤炭行业化解过剩产能实现脱困发展的意见》(银发〔2016〕118 号)

《安监总局关于支持钢铁煤炭行业化解过剩产能实现脱困发展的意见》(安监管四〔2016〕38 号)

《环境保护部关于积极发挥环境保护作用促进供给侧结构性改革的指导意见》(环大气〔2016〕45 号)

《环保部 国家发改委 工信部关于支持钢铁煤炭行业化解过剩产能实现脱困发展的意见》(环大气〔2016〕47 号)

《人力资源社会保障部 国家发展改革委等七部门关于在化解钢铁煤炭行业过剩产能实现脱困发展过程中做好职工安置工作的意见》(人社部发〔2016〕32 号)

《人力资源社会保障部 财政部关于阶段性降低社会保险费率的通知》(人社部发〔2016〕36 号)

《人力资源社会保障部关于实施化解过剩产能企业职工特别职业培训计划的通知》(人社部发〔2016〕52 号)

《人力资源社会保障部 国家发展和改革委员会 中华全国总工会 共青团中央 全国妇联关于开展东北等困难地区就业援助工作的通知》(人社部发〔2016〕106 号)

《财政部 国家税务总局关于化解钢铁煤炭行业过剩产能实现脱困发展的意见》(财建〔2016〕151 号)

《工业企业结构调整专项奖补资金管理办法》(财建〔2016〕253 号)

《财政部关于加强工业企业结构调整专项奖补资金使用管理的通知》(财建〔2016〕321 号)

2017 年

《国务院关于做好当前和今后一段时期就业创业工作的意见》(国发〔2017〕28 号)

《人力资源社会保障部 财政部关于阶段性降低失业保险费率有关问

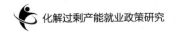
题的通知》（人社部发〔2017〕14 号）

《人力资源社会保障部　国家发展改革委　工业和信息化部　财政部　国务院国资委关于做好 2017 年化解钢铁煤炭行业过剩产能中职工安置工作的通知》（人社部发〔2017〕24 号）

《人力资源社会保障部　财政部关于失业保险支持参保职工提升职业技能有关问题的通知》（人社部发〔2017〕40 号）

《国家发展改革委　工业和信息化部　财政部　人力资源社会保障部　国土资源部　环境保护部　住房城乡建设部　交通运输部　商务部　中国人民银行　国务院国资委　海关总署　税务总局　工商总局　质检总局　安全监管总局　国家统计局　国家知识产权局　银监会　证监会　保监会　国家能源局　国家煤矿安监局关于做好 2017 年钢铁煤炭行业化解过剩产能实现脱困发展工作的意见》（发改运行〔2017〕691 号）

2018 年

《国家发展改革委　工业和信息化部　国家能源局　财政部　人力资源社会保障部　国务院国资委关于做好 2018 年重点领域化解过剩产能工作的通知》（发改运行〔2018〕554 号）

参考文献

1. 中文文献

［1］ 安淑新：《"十二五"时期我国淘汰落后产能政策建议研究》，《当代经济管理》2012 年第 3 期。

［2］ 巴曙松：《去产能需倚重改革和市场力量》，《经济参考报》2013 年 8 月 16 日。

［3］ 白天亮、杨柳：《产能过剩须化解 人员安置费思量 严峻考验如何度过》，《人民日报》2014 年 12 月 1 日。

［4］ 边丽娜：《河北省化解产能过剩和环境治理中职工再就业问题研究》，《合作经济与科技》2015 年第 3 期。

［5］ 蔡昉、都阳、高文书：《就业弹性、自然失业和宏观经济政策——为什么经济增长没有带来显性就业?》，《经济研究》2004 年第 9 期。

［6］ 曹建海、江飞涛：《中国工业投资中的重复建设与产能过剩问题研究》，经济管理出版社，2010。

［7］ 曹建海：《中国产业过度竞争的制度分析》，《上海社会科学院学术季刊》2001 年第 1 期。

［8］ 《产业结构提升与就业》课题组：《产业结构提升与就业》，《中国统计》2013 年第 3 期。

［9］ 常凯主编《劳动关系学》，中国劳动社会保障出版社，2005。

［10］ 常凯主编《中国劳动关系报告：当代中国劳动关系的特点和趋向》，中国劳动社会保障出版社，2009。

［11］ 陈清泰：《经济转型与产业升级的几个问题》，《中国软科学》2014 年第 1 期，第 24～28 页。

［12］陈祥兴：《煤炭企业员工培训工作的问题与对策》，《中国高新技术企业》2015 年第 29 期，第 185～186 页。

［13］陈艳：《从产业升级的角度透析大学生就业问题》，《黑龙江高教研究》2008 年第 4 期。

［14］陈玉萍：《国外失业保险制度的改革与发展》，《中国社会保障》2007 年第 9 期。

［15］谌新民、杨永贵：《民工短缺与产业结构变动关系研究：以广东省为例》，《华南师范大学学报》（社会科学版）2006 年第 4 期。

［16］程宏如：《人力资本结构、产业结构的协同性与就业实现分析》，《前沿》2013 年第 13 期。

［17］程连升：《中国五十年反失业政策研究（1949～1999）》，博士学位论文，中国社会科学研究院，2000。

［18］程延园编著《劳动关系》，中国人民大学出版社，2011。

［19］崔健、戎东茹：《唐山钢铁企业下岗职工再就业问题对策》，《农村经济与科技》2016 年第 3 期（下）。

［20］崔健、戎东苑、陶慧云：《下岗职工再就业研究现状述评》，《农村经济与科技》2016 年第 2 期。

［21］戴鑫：《论下岗失业人员再就业的政府促进》，硕士学位论文，首都经济贸易大学，2013。

［22］邓利平：《安徽省产业结构与就业结构的灰色关联分析》，《苏州市职业大学学报》2009 年第 1 期。

［23］丁榕芳：《新时期政府在就业工作中的职能定位》，福建省社会学2006 年论文集，2006。

［24］董殿文、代嗣俊、刘文倩：《基于当前东北地区煤炭产能过剩的社会保障问题研究》，《煤炭经济研究》2016 年第 9 期。

［25］段敏芳、徐凤辉、田恩舜：《产业结构升级对就业的影响分析》，《统计与决策》2011 年第 14 期。

［26］段敏敏等：《产业结构变动方向、产业结构变动速度对就业的显著性分析》，《经济研究导刊》2009 年第 7 期。

［27］ 樊纲：《中国宏观经济形势及产业发展战略》，《经济界》2002 年第
5 期。

［28］ 方行明、韩晓娜：《劳动力供求形势转折之下的就业结构与产业结构
调整》，《人口学刊》2013 年第 2 期。

［29］ 费平：《完善失业保险关系转移接续政策研究》，中国劳动保障科学
研究院基本科研业务费项目（LKY－2014j－10）。

［30］ 冯梅、陈鹏：《中国钢铁产业产能过剩程度的量化分析与预警》，
《中国软科学》2013 年第 5 期。

［31］ 冯梅、孔垂颖：《国内外产能过剩问题研究综述》，《经济纵横》2013
年第 10 期。

［32］ 冯梅：《全球产业转移与提升我国产业结构水平》，《管理世界》2009
年第 5 期。

［33］ 付保宗：《关于产能过剩问题研究综述》，《经济学动态》2011 年第
5 期。

［34］ 付保宗、郭海涛：《美日的产能过剩及应对措施》，《宏观经济管理》
2011 年第 3 期。

［35］ 付诚：《国际金融危机冲击与中国就业政策选择》，《社会科学战线》
2010 年第 12 期。

［36］ 付敏杰：《淘汰落后产能转变增长方式》，《领导之友》2010 年第 1 期。

［37］ 高政利、彭燕：《国企改制：职工安置路径最优选择的思考》，《财
经理论与实践》2005 年第 1 期。

［38］ 葛天平、王琼：《淘汰落后产能推进科学发展》，《政策》2011 年第
6 期。

［39］ 葛雨飞：《我国产业结构与就业结构关系的实证研究》，硕士学位论
文，浙江理工大学，2011。

［40］ 葛赞：《资源型城市转型升级中的就业发展之路》，《调查思考》2012
年第 6 期。

［41］ 官春子、秦悦：《国外失业保险的启示与思考》，《辽东学院学报》
(社会科学版) 2008 年第 1 期。

[42] 龚文娟:《失业者再就业行为及其影响因素分析——基于湖北省武汉、荆州、洪湖三市的调查》,《社会》2007 年第 3 期。

[43] 龚玉泉、袁志刚:《中国经济增长与就业增长的非一致性及其形成机理》,《经济学动态》2002 年第 10 期。

[44] 勾艳辉:《产能过剩所致失业人员再就业路径分析:以河北省唐山市钢铁行为例》,硕士学位论文,东北财经大学,2015。

[45] 辜胜阻、杨威、洪群联:《新形势下企业履行保就业社会责任的意义与策略》,《商业时代》2009 年第 12 期。

[46] 关越:《资源诅咒、经济转型与政府职能转变》,《经济经纬》2013 年第 1 期。

[47] 郭建利:《能源革命背景下我国煤炭税费制度改革研究》,《煤炭经济研究》2014 年第 11 期。

[48] 郭建利、张鹏:《煤炭企业人力资源竞争力评价研究》,《煤炭经济研究》2015 年第 9 期。

[49] 郭力:《产业转移背景下区域就业变动及其影响因素的地区差异——基于 1999 年~2007 年省级面板数据的实证分析》,《经济经纬》2012 年第 3 期。

[50] 郭立甫:《化解产能过剩进程中失业人员再就业对策研究》,《河北企业》2014 年第 9 期。

[51] 国家经贸委企业改革司考察团:《法英两国煤矿关闭思路及启示》,《煤炭经济研究》2002 年第 4 期。

[52] 国家行政学院经济学教研部课题组:《产能过剩治理研究》,《经济研究参考》2014 年第 3 期。

[53] 韩冰:《资源枯竭型城市促进就业中的政府责任与对策研究》,博士学位论文,吉林大学,2012。

[54] 韩国高等:《中国制造业产能过剩的测度、波动及成因研究》,《经济研究》2011 年第 12 期。

[55] 韩国高:《我国工业产能过剩的测度、预警及对经济影响的实证研究》,博士学位论文,东北财经大学,2012。

［56］ 韩国高：《现阶段我国工业产能过剩及去产能的形势分析》，《科技促进发展》2015 年第 5 期。

［57］ 韩苗苗：《浅析煤炭企业离退休人员社会化管理对策》，《煤炭科技》2016 年第 3 期。

［58］ 韩秀云：《对我国新能源产能过剩问题的分析及政策建议》，《管理世界》2012 年第 8 期。

［59］ 何花、奚陈莲：《国外煤矿关闭退出及煤矿区转型的经验及启示》，《煤炭经济研究》2016 年第 7 期。

［60］ 何筠：《我国公共就业培训问题研究》，博士学位论文，南昌大学，2007。

［61］ 何新：《浙江省失业保险的再就业促进功能研究》，硕士学位论文，浙江财经大学，2015。

［62］ 何德旭、姚战琪：《中国产业结构调整的效应、优化升级目标和政策措施》，《中国工业经济》2008 年第 5 期。

［63］ 黑启明：《劳动关系系统的环境因素与变迁》，《理论与现代化》2006 年第 2 期。

［64］ 侯莉莎：《德国失业人群再就业培训及其对我国的启示》，硕士学位论文，天津大学，2008。

［65］ 胡鞍钢：《中国就业状况分析》，《管理世界》1997 年第 3 期。

［66］ 胡秀花、田宝瑞：《河北省产业结构优化升级与劳动力就业的灰色相关度分析》，《科技情报开发与经济》2008 年第 2 期。

［67］ 胡学勤：《国有企业职工失业与再就业问题研究》，《人口与经济》1997 年第 11 期。

［68］ 黄安余：《论台湾经济转型与就业关联》，《中国经济史研究》2005 年第 3 期。

［69］ 黄湘闽：《防范区域性潜在失业风险　助力供给侧结构性改革——基于化解产能过剩的视角》，《中国劳动保障报》2016 年 2 月 25 日。

［70］ 黄湘闽：《化解产能过剩中政府如何促进职工就业与安置——基于政府与市场关系的视角》，《中国劳动保障报》2015 年 9 月 30 日。

［71］ 黄湘闽：《化解过剩产能过程中职工分流安置的重点难点问题及对

策》,《中国劳动保障报》2016 年 9 月 13 日。

[72] 黄湘闽:《去产能职工安置中的社会保障问题研究》,《煤炭经济》2017 年第 5 期。

[73] 黄颖秋:《中国积极就业政策的有效性研究》,硕士学位论文,浙江财经大学,2014。

[74] 霍海燕:《经济结构调整中的就业政策选择》,《中共中央党校学报》2014 年第 2 期。

[75] 姬凤梅:《莱钢集团网络培训系统研究》,硕士学位论文,山东师范大学,2006。

[76] 纪志宏:《我国产能过剩风险及治理》,《新金融评论》2015 年第 1 期。

[77] 贾继伟、於浩、李超:《淘汰落后产能的应用策略及建议》,《电信技术》2011 年第 3 期。

[78] 江飞涛、曹建海:《市场失灵还是体制扭曲——重复建设形成机理研究中的争论、缺陷与新进展》,《中国工业经济》2009 年第 1 期。

[79] 江飞涛、李晓萍:《直接干预市场与限制竞争:中国产业政策的取向与根本缺陷》,《中国工业经济》2010 年第 9 期。

[80] 江凤娟、吴红斌、吴峰:《美国、韩国、中国台湾地区企业 e - learning 的发展分析及启示》,《中国远程教育》2012 年第 9 期。

[81] 姜璐:《政府投资、产能过剩与经济发展方式转变》,硕士学位论文,东北财经大学,2012。

[82] 姜作陪、管怀夔:《科技进步与就业的关系研究》,《黑龙江社会科学》1999 年第 1 期。

[83] 梁金修:《我国产能过剩的原因及对策》,《经济纵横》2006 年第 7 期。

[84] 赖德胜、孟大虎、李长安等:《中国就业政策评价:1998～2008》,《北京师范大学学报》(社会科学版) 2011 年第 3 期。

[85] 赖德胜、田永坡:《对中国"知识失业"成因的一个解释》,《经济研究》2005 年第 11 期。

[86] 梁东黎:《转轨期企业落后产能的淘汰机制研究》,《江海学刊》2008

年第 5 期。

[87] 李彬:《中国产业结构转换与大学生就业关联性研究》,《中国人口科学》2009 年第 2 期。

[88] 李瑞芳:《煤炭产能过剩的成因解析及防治工作述论》,《中共太原市委党校学报》2015 年第 5 期。

[89] 李辉、刘春艳:《日本与欧盟资源型城市转型中的就业对策比较》,《现代日本经济》2006 年第 2 期。

[90] 李江涛:《"产能过剩"及其治理机制》,《国家行政学院学报》2006 年第 5 期。

[91] 李江涛:《产能过剩——问题、理论及治理机制》,中国财经出版社,2006。

[92] 李静、杨海生:《产能过剩的微观形成机制及其治理》,《中山大学学报》(社会科学版)2011 年第 2 期。

[93] 李炯:《论低碳时代我国就业增长方式转变》,《中共中央党校学报》2010 年第 4 期。

[94] 李胜检:《中国当前的就业问题与政府作为研究》,硕士学位论文,湖南大学,2007。

[95] 李宛哲:《当前我国失业原因及就业对策分析》,《中共乌鲁木齐市委党校学报》1998 年第 2 期。

[96] 李文星:《中国经济增长的就业弹性》,《统计研究》2013 年第 1 期。

[97] 李晓曼、孟续铎:《化解产能过剩中的受影响职工:规模、现状与安置对策》,《中国人力资源开发》2017 年第 6 期。

[98] 李晓曼、曾湘泉:《化工产业重组中的就业效应分析——基于扎根理论的案例研究》,《中国劳动关系学院学报》2012 年第 2 期。

[99] 李新创:《创出化解钢铁业产能过剩的新路》,《求是》2014 年第 1 期。

[100] 李怡霏:《我国城镇"4050"失业人员再就业问题研究》,硕士学位论文,吉林财经大学,2012。

[101] 林霜:《集体企业改制后职工安置中的政府责任研究》,硕士学位论

文，广西民族大学，2009。

[102] 林毅夫、巫和懋、邢亦青：《"潮涌现象"与产能过剩的形成机制》，《经济研究》2010 年第 10 期。

[103] 刘冰：《煤炭企业就业的特殊性及特殊的再就业政策体系》，《煤炭经济研究》2001 年第 4 期。

[104] 刘昌平、汪连杰：《供给侧结构性改革背景下我国就业形势的新变化与政策选择》，《上海经济研究》2016 年第 9 期。

[105] 刘帆：《人口老龄化背景下我国城镇老年人再就业问题研究》，博士学位论文，吉林大学，2013。

[106] 刘宏宇、王炳坤、李劲峰等：《各地去产能安置职工再就业观察》，《时代风采》2016 年第 15 期。

[107] 刘慧频：《完善我国再就业培训保障机制的若干思考》，《湖北师范学院学报》（哲学社会科学版）2008 年第 4 期。

[108] 刘继媛：《关于城镇失业人员再就业的困境及对策研究：以青山区再就业工作为例》，硕士学位论文，中央民族大学，2010。

[109] 刘洁蓉：《河北省化解产能过剩矛盾中失业人员再就业问题研究》，《商业文化》2014 年第 9 期。

[110] 刘丽：《有效制度供给：失地农民再就业安置中的政府责任问题研究》，硕士学位论文，吉林大学，2005。

[111] 刘强：《中国产业结构升级就业效应的实证分析》，《世界经济情况》2009 年第 3 期。

[112] 刘社建：《就业结构与产业升级协调互动探讨》，《社会科学》2005 年第 6 期。

[113] 刘世锦：《如何理解我国经济增长模式的转型》，《中国经济报告》2006 年第 4 期。

[114] 刘西顺：《产能过剩、企业共生与信贷配给》，《金融研究》2006 年第 3 期。

[115] 刘霞辉、张平、张晓晶：《改革年代的经济增长与结构变迁》，上海人民出版社，2008。

［116］刘颜：《攀枝花钢铁（集团）公司职工网络培训考试系统》，硕士学位论文，电子科技大学，2008。

［117］刘艳婷：《人口就业结构与产业结构的关联性与结构失衡分析——基于四川省的实证研究与横向比较》，《经济体制改革》2012 年第7 期。

［118］刘燕斌：《安置好职工是化解过剩产能的关键》，《煤炭经济研究》2017 年第 5 期。

［119］刘燕斌：《产业转型与就业对策》，社会科学文献出版社，2015。

［120］刘燕斌：《充分发挥失业保险制度功能去产能稳就业》，《中国人力资源社会保障》2017 年第 1 期。

［121］刘燕斌：《去产能，会影响就业稳定吗》，《人民日报》2016 年 7 月4 日。

［122］刘燕斌：《妥善解决化解产能过剩中的就业问题》，《中国就业》2014 年第 10 期。

［123］刘燕斌主编《中国劳动保障发展报告（2014）》，社会科学文献出版社，2014。

［124］刘燕斌主编《中国劳动保障发展报告（2015）》，社会科学文献出版社，2015。

［125］刘晔：《行业产能过剩评估体系理论回顾与综述》，《经济问题》2007 年第 10 期。

［126］刘瑛、周虹琼、李春爱：《化解煤炭行业过剩产能中职工安置工作的难点与思考》，《天津市工会管理干部学院学报》2016 年第 3 期。

［127］刘忠广：《"走出去"：解决产能过剩问题的一种途径——以河南省为例》，《对外经贸实务》2011 年第 3 期。

［128］吕铁：《日本治理产能过剩的做法及启示》，《求是》2011 年第 5 期。

［129］罗婷：《资源枯竭型城市产业转型中的劳动就业问题研究：以湖北黄石为例》，硕士学位论文，武汉科技大学，2014。

［130］马永堂：《从保障生活到促进就业——国外失业保险制度改革综述》，《中国劳动保障》2007 年第 1 期。

[131] 毛雅军：《国有煤炭企业去产能过程中职工安置问题研究》，《煤炭经济研究》2017 年第 5 期。

[132] 蒙玉玲、董晓宏：《钢铁行业化解过剩产能与职工安置协同推进路径研究——以河北省为例》，《河北学刊》2015 年第 3 期。

[133] 孟续铎：《去产能中的劳动关系问题分析》，《中国人力资源社会保障》2017 年第 6 期。

[134] 孟续铎、詹婧：《化解产能过剩中企业劳动关系问题：现状、成因与应对》，载刘燕斌主编《中国劳动保障发展报告（2015）》，社会科学文献出版社，2015。

[135] 孟颖颖、李慧丽：《改革开放以来我国失业保险制度的政策回顾与述评》，《社会保障研究》2015 年第 5 期。

[136] 莫荣主编《国外就业理论、实践和启示》，中国劳动保障出版社，2014。

[137] 穆怀中、闫琳琳：《东北地区产业结构与就业结构协调度实证研究》，《西北人口》2009 年第 2 期。

[138] 聂爱霞：《失业保险对失业持续时间影响研究综述》，《人口与发展》2008 年第 3 期。

[139] 牛梦茜、赵满华：《山西省化解煤炭过剩产能职工安置浅析》，《经济研究参考》2016 年第 38 期。

[140] 蒲艳萍：《转型期资本投产、产业结构、市场化与中国就业效应》，《当代经济科学》2005 年第 6 期。

[141] 琴琴、张艳华：《北京市产业结构调整下的流动人口就业结构研究》，《中共济南市委党校学报》2010 年第 4 期。

[142] 人力资源和社会保障部专题组：《财政、货币和产业政策与就业政策的协调》，《中国就业》2010 年第 1 期。

[143] 人力资源和社会保障部专题组：《应对金融危机就业政策的评估》，《中国就业》2009 年第 12 期。

[144] 任泽平、张庆昌：《供给侧改革去产能的挑战、应对、风险与机遇》，《发展研究》2016 年第 4 期。

[145] 申宝宏、郭建利：《供给侧改革背景下我国煤矿关闭退出机制研

究》，《煤炭经济研究》2016 年第 6 期。

[146] 盛朝迅：《化解产能过剩的国际经验与策略催生》，《改革》2013 年第 8 期。

[147] 史慧恩、张群：《钢铁工业淘汰落后产能的现状及政策建议研究》，第七届中国钢铁年会论文集（下），2009。

[148] 宋帅官、姜瑞春：《产能过剩背景下辽宁工业领域的就业与再就业》，《党政干部学刊》2016 年第 4 期。

[149] 苏汝劼：《建立淘汰落后产能长效机制的思路与对策》，《宏观经济研究》2012 年第 5 期。

[150] 孙博超、吴立新、张鹏：《供给侧改革背景下我国煤炭行业面临的关键问题研究》，《煤炭经济研究》2017 年第 6 期。

[151] 孙建、周兵：《产业结构与就业结构的 SEM 研究》，《统计与决策》2008 年第 11 期。

[152] 谭学瑞、邓聚龙：《灰色关联分析：多因素统计分析新方法》，《统计研究》1995 年第 3 期。

[153] 陶忠元：《开放经济条件下中国产能过剩的生成机理：多维视角的理论诠释》，《经济经纬》2011 年第 4 期。

[154] 汪洁、王廷瑞、孙学智：《失业保险基金筹集与支出问题》，《中国社会保障》2007 年第 10 期。

[155] 王国辉：《煤炭枯竭城市煤炭企业下岗职工社会保险缴费能力研究——以阜新市煤炭企业下岗职工养老保险为例》，《辽宁工程技术大学学报》（社会科学版）2012 年第 3 期。

[156] 王杰：《政府在就业促进中的作用研究——以青浦区为例》，硕士学位论文，华东师范大学，2010。

[157] 王山松、高旭升：《产能过剩背景下的山西煤炭危情与化解——金融视角》，《金融发展评论》2014 年第 8 期。

[158] 王相林：《当前我国某些行业产能过剩产生的原因剖析》，《现代经济探讨》2006 年第 7 期。

[159] 王晓端、纪芬叶、王飞：《河北省淘汰落后产能职工安置问题与对

策研究》，《统计与管理》2015年第2期。

[160] 王兴艳：《产能过剩评价指标体系研究初探》，《技术经济与管理研究》2007年第4期。

[161] 王艳霞：《河北省产能过剩行业失业人员再就业问题与对策》，《中国市场》2015年第3期。

[162] 王岳平：《我国产能过剩行业的特征分析及对策》，《宏观经济管理》2006年第6期。

[163] 王岳平：《中国工业结构调整与升级：理论、实证和政策》，中国计划出版社，2001。

[164] 王元璋：《论再就业中的政府行为》，《经济与管理》2000年第1期。

[165] 王治虎：《河北省技术进步对就业影响的实证研究》，硕士学位论文，燕山大学，2012。

[166] 王自美：《做好"加减法"促进再就业》，《中国人力资源社会保障》2016年第6期。

[167] 英明、巍淑艳：《中国特色积极就业政策效果分析：一个评估框架》，《东北大学学报》2016年第5期。

[168] 吴刚、谢和平、刘虹：《煤炭生产的制约瓶颈及变革的方向》，《西南民族大学学报》（人文社会科学版）2017年第3期。

[169] 吴敬琏：《中国增长模式抉择》，上海远东出版社，2005。

[170] 梁向东、殷允杰：《对我国产业结构变化之就业效应的分析》，《生产力研究》2005年第9期。

[171] 项俊波：《结构经济学：从结构视角看中国经济》，中国人民大学出版社，2009。

[172] 谢和平、王金华、申宝宏等：《煤炭开采新理念——科学开采与科学产能》，《煤炭学报》2012年第7期。

[173] 谢威：《基于扩大就业视角的产业升级研究》，硕士学位论文，南京财经大学，2011。

[174] 齐秀华：《国企下岗职工劳动关系和社会保险关系相协调的难点分析》，《工业技术经济》2009年第6期。

［175］徐鑫、黄岚、刘国林：《英德煤矿关闭政策及煤炭工业转型经验》，《中国煤炭》2016 年第 7 期。

［176］徐颖君：《"民工荒"与劳动力就业难》，《经济问题探索》2008 年第 9 期。

［177］许建宇：《试论促进就业中的政府责任》，《中国劳动》2007 年第 12 期。

［178］薛枝梅等：《我国企业 E – Learning 培训的现状及对策》，《河北科技师范学院学报》（社会科学版）2011 年第 3 期。

［179］杨斌、丁建定：《国外就业保障的发展及对中国的启示——以美国、英国和德国为例》，《理论月刊》2016 年第 5 期。

［180］杨涛、刘慧发、郭建利：《煤炭行业三矿协同职工安置体系探索——基于河南能源化工集团的案例研究》，《煤炭经济研究》2017 年第 5 期。

［181］杨涛、马君、张昊民：《新生代员工的工作动力机制及组织激励错位对创造力的抑制》，《经济管理》2015 年第 5 期。

［182］杨涛：《煤炭企业中老年人力资源效能提升路径探索》，《煤炭经济研究》2017 年第 2 期。

［183］杨涛、张鹏、郭建利：《我国煤炭行业化解产能过剩过程中职工安置研究》，《煤炭经济研究》2016 年第 12 期。

［184］姚战琪、夏杰长：《资本深化、技术进步对中国就业效应的经验分析》，《世界经济》2005 年第 1 期。

［185］于丽英、童心：《美日法高新技术产业集群政策的比较与借鉴》，《科技管理研究》2014 年第 21 期。

［186］俞贺楠：《充分发挥失业保险在化解过剩产能中的作用》，《中国劳动保障报》2016 年 6 月 17 日。

［187］俞贺楠：《织密网，确保去产能职工享受社会保障》，《中国劳动保障报》2017 年 12 月 1 日。

［188］喻严：《失地农民就业安置中的政府责任分析》，硕士学位论文，吉林大学，2007。

［189］张斌：《基于互联网＋背景下的华菱湘钢职工培训方案优化设计》，

硕士学位论文，湘潭大学，2016。

[190] 张博、张吉辉、程涛：《基于大数据技术的"互联网＋"培训系统的设计与实现》，《办公自动化》2015 年第 24 期。

[191] 张成刚：《就业发展的未来趋势，新就业形态的概念及影响分析》，《中国人力资源开发》2016 年第 19 期。

[192] 张德川、宋凤轩：《化解产能过剩下河北省职工安置问题研究》，《经济研究参考》2015 年第 63 期。

[193] 张浩然：《产业结构调整的就业效应：来自中国城市面板数据的证据》，《产业经济研究》2011 年第 5 期。

[194] 张军扩、张永伟：《让双创成为发展新动能》，《经济日报》2016 年 2 月 25 日。

[195] 张军、吴桂英、张吉鹏：《中国省际物质资本存量估算：1952～2000》，《经济研究》2004 年第 10 期。

[196] 张鹏、吴立新、孙博超：《煤炭行业供给侧改革政策效应分析》，《煤炭经济研究》2017 年第 10 期。

[197] 张世伟、张旋：《政府促进就业的责任及其实现路径》，《理论月刊》2008 年第 5 期。

[198] 张小建：《改革完善失业保险为化解过剩产能稳定职工队伍发挥重要作用》，《中国就业》2014 年第 1 期。

[199] 张新海：《转轨时期落后产能的退出壁垒与退出机制》，《宏观经济管理》2007 年第 10 期。

[200] 张旋：《服务型政府在促进就业中的责任研究》，硕士学位论文，华中科技大学，2008。

[201] 张宇航：《我国公共就业服务体系建设研究：以葫芦岛市为例》，硕士学位论文，中央民族大学，2011。

[202] 赵建军：《论产业升级的就业效应》，中共中央党校，2005。

[203] 赵健：《关于我国产能过剩问题的研究》，《经济经纬》2008 年第 4 期。

[204] 赵胜宇：《论"4050"就业难的政府责任》，硕士学位论文，福建师范大学，2012。

［205］赵雯:《我国政府促进就业责任研究》,硕士学位论文,华东师范大学,2011。

［206］赵晓洁:《美国就业培训体系分析及对我国的启示》,硕士学位论文,山西大学,2011。

［207］赵云:《非正规就业人员社会保障制度设计》,硕士学位论文,北京交通大学,2007。

［208］郑秉文:《新常态下失业保险的三个变化》,《中国社会保障报》2015年6月9日。

［209］郑秉文:《中国失业保险基金增长原因分析及其政策选择》,《经济社会体制比较》2010年第6期。

［210］郑功成:《劳动就业与社会保障:中国基本民生问题的政策协调与协同推进》,《中国劳动》2008年第8期。

［211］郑文、史文胜、付保宗:《行业产能过剩问题的经济学思考》,《商业时代》2007年第13期。

［212］郑雪峰:《我国高新技术产业就业效应研究》,硕士学位论文,合肥工业大学,2008。

［213］中国工运研究所课题组:《加快转变经济发展方式对职工就业的影响分析与对策建议》,《工人日报》2011年8月23日。

［214］周建安:《中国产业结构升级与就业问题的灰色相关度研究》,《财经理论与实践》2006年第9期。

［215］周劲:《产能过剩的概念、判断指标及其在部分行业测算中的应用》,《宏观经济研究》2007年第9期。

［216］周劲、付保宗:《产能过剩的内涵、评价体系及在我国工业领域的表现特征》,《经济学动态》2011年第10期。

［217］周均旭、江奇:《中部产业转移的经济效应及对劳动力就业的影响——以湖北蕲春为例》,《当代经济》2012年第2期。

［218］周黎安:《晋升博弈中政府官员的激励与合作——兼论我国地方保护主义和重复建设问题长期存在的原因》,《经济研究》2004年第6期。

［219］周其仁:《产能过剩的原因》,载周其仁主编《世事胜棋局》,北京

大学出版社，2007。

[220] 周绍英：《论政府在就业再就业中的促进作用》，《重庆工商大学学报》2006 年第 2 期。

[221] 周叔莲、吕铁、贺俊：《中国高增长行业产业政策导向研究》，《中国工业经济》2008 年第 9 期。

[222] 周叔莲、裴叔平、陈树勋：《中国产业政策研究》，经济管理出版社，1990。

[223] 周卫东：《我国弱势群体就业扶持中的政府责任及对策分析》，硕士学位论文，河南大学，2008。

[224] 周运源：《产业与劳动力双转移：机遇与挑战——基于广东实施"双转移"战略的实践》，《华南理工大学学报》（社会科学版）2010 年第 4 期。

[225] 朱洪瑞、刘家顺：《唐山钢铁行业产能过剩的对策》，《河北联合大学学报》（社会科学版）2014 年第 1 期。

2. 英文文献

[1] Balassa B. A., "A Stages Approach Comparative Advantage," in Adelman, I. (eds), *Economic Growth and Resources*: *National and International Issues* (London: Macmillan, 1979).

[2] Brad Barham and Roger Ware, "A Sequential Entry Model with Strategic Use of Excess Capacity," *The Canadian Journal of Economics ／ Revue canadienne d'Economique* 26 （2）（1993）: 286 – 298.

[3] Krishna B. V., "Dynamic Duopoly: Prices and Quantities," *The Review of Economic Studies* 54 （1）（1987）: 23 – 35.

[4] Bernhardt J, Krause A., "Flexibility, Performance and Perceptions of Job Security: a Comparison of East and West German employees in Standard Employment Relationships," *Work*, *Employment and Society* 28 （2）（2014）: 285 – 304.

[5] Freeman R. B., "The Effect of Demographic Factors on Age – Earings Profiles," *Journal of Human Resources* 14 （3）（1979）.

［6］GiSeung Ki. ，"The Analysis of Self – employment Level over the Life – cycle，" *The Quarterly Review of Economics and Finance*47（3）（2007）：397 – 410.

［7］Gong T. ，"Women's Unemployment，Re – employment，and Self – Employment in China's Economic Restructuring，" in Esther Ngan – ling Chow，Transforming Gender and Development in East Asia（New York：Routledge，2002），pp. 125 – 139.

［8］Görg H，Görlich D. ，"Offshoring，Wages and Job Security of Temporary Workers" *Review of World Economics* 151（3）（2015）：533 – 554.

［9］Hiroshi Ueda，Motonori Nakamura，"Gaku Nin Moodle：Toward Robust E – Learning Services Using Moodle in Japan，" *Procedia Computer Science* 96（2016）：1710 – 1719.

［10］J. LGershun，I. D. Miles. ，*The New Service Economy：The Transformation ofEmployment in Industrial Societies*（New York：Praeger Publishers，1983）.

［11］John Baffoe Bonnie，"Distributional Assumptions and a Test of the Dual Labormarket Hypothesis" *Empirical Economies* 28（2003）.

［12］Katz L. F，Murphy K. M. ，"Changes in Relative Wages，1963 – 1987：Supply and Demand Factors" *Quarterly Journal of Economics* 107（1）（1992）.

［13］Kenneth O. Hall and Myrtle Chuck – A – Sang，*Economic Transformation and Job Creation*（The Caribbean Experience，Trafford Publishing，2013）.

［14］Kuznets，Simon，"Quantitative Aspects of the Economic Growth of Nations：II. Industrial Distribution of National Product and Labor Force，" *Economic Development and Cultural Change* 5（S4）（1957）：1 – 111.

［15］Levin D，Ozdenoren E. ，"Auctions with Uncertain Numbers of Bidders，" *Journal of Economic Theory* 118（2）（2004）：229 – 251.

［16］Lee C W. ，"The Mediating Effect of Self – Efficicy in the Relationship between Hospital Employee's Job Placement and Individual Performance，"

Journal of the Korea Academia – Industrial Cooperation Society 15 (1) (2014):113 – 121.

[17] Liu K. , "Implications of Innovation Theory for the Transformation of China's Coal Industry: Essence, Impetus and Direction," *On Economic Problems* 95 (2) (2014): 319 – 337.

[18] Love M S, Dustin S L. , "An Investigation of Coworker Relationships and Psychological Collectivism on Employee Propensity to Take Charge," *The International Journal of Human Resource Management* 25 (9) (2014): 1208 – 1226.

[19] Ludmila Penicina, "Towards E – Learning Capability Maturity Model," *Applied Computer Systems* 43 (1) (2011): 88 – 91.

[20] Mark Stuart, Robert Mackenzie, *An Impact Study on Relocation, Restructuring and the Viability of the European Globalization Adjustment Fund: The Impact on Employment, Working Conditions and Regional Development* (Brussels: European Parliament, 2006).

[21] Mathias R. , "Female Labour in the Japanese Coal – mining Industry," in Fregine Mathias and Janet Hunter, *Japanese Women Working* (London: Routledge, 1993), pp. 98 – 121.

[22] Mikulincer M. , Shaver P. R. , "The Psychological Effects of the Contextual Activation of Security – enhancing mental Representations in Adulthood," *Current Opinion in Psychology* 1 (2015): 18 – 21.

[23] Musa A. K. J. , Meshak B. , Sagir J. I. , "Adolescents' Perception of the Psychological Security of School Environment, Emotional Development and Academic Performance in Secondary Schools in Gombe Metropolis," *Journal of Education and Training Studies* 4 (9) (2016): 144 – 153.

[24] Gardner F. , Rosenberg N. , Birdzell L. E. , *How the West Grew Rich: The Economic Transformation of the Industrial World* (New York: Basic Books, 1986).

[25] Niall O'Higgins, "Government Policy and Youth Employment," *Egypt*

11（2002）．

［26］ Shimazaki N. ，"Support for Workers Displaced in the Decline of the Japanese Coal Industry：Formal and Informal Support，" *Japan Labor Review* 12（2）（2015）．

［27］ Prowse P. ，"Turner R. Flexibility and coal：a research note on workplace relations，" *Work*，*Employment and Society* 10（1）（1996）：151 – 160.

［28］ Radetzki M. ，"Hard coal in Europe：perspectives on a global market distortion，" *OPEC Energy Review* 18（2）（1994）：223 – 244.

［29］ Heilbroner R. L. ，Singer A. ，*The Economic Transformation of America：1600 to the Present*（Harcourt Brace College Publishers，1998）．

［30］ Steensma M. A. S. K. ，"The Use of Modular Organizational Forms：An Industry – Level Analysis，" *The Academy of Management Journal* 44（6）（2001）：1149 – 1168.

［31］ Swenson D. L. ，"Overseas Assembly and country Sourcing Choices，" *Journal of International Economics* 66（1）（2005）．

［32］ Vanek J. ，"Variable Factor Proportions and Interindustry Flows in the Theory of International Trade，" *The Quarterly Journal of Economics* 77（1）（1963）：129 – 142.

［33］ Wu L. ，"Social Network Effects on Productivity and Job Security：Evidence from the Adoption of a Social Networking Tool，" *Information Systems Research* 24（1）（2013）：30 – 51.

［34］ Yi，Kei – Mu，"Can Vertical Specialization Explain the Growth of World Trade?" *Journal of Political Economy* 111（1）（2003）：52 – 102.

后　记

　　钢铁煤炭等行业产能过剩是我国经济运行中的突出矛盾并带来诸多问题。化解过剩产能中如何做好职工就业安置工作，既是供给侧结构性改革的关键环节，也是促进就业的重点难点，解决好化解过剩产能中职工就业安置问题是关乎产业转型升级和社会稳定的大事。

　　党中央、国务院高度重视化解过剩产能中职工就业安置工作，做出了一系列重大部署和决定，各有关部门、地方党委、政府制定和实施了多项政策措施，广大去产能企业克服重重困难，千方百计做好受影响职工的就业安置工作，创造了许多好的做法经验，取得了积极成效。总体来看，化解过剩产能中职工就业安置的形势稳定，受影响职工基本生活得到保障，就业安置工作平稳有序，劳动关系保持和谐稳定。但另一方面，从我国转变发展方式、优化经济结构、转换增长动力的要求以及当前仍有大量过剩和落后产能需要化解和淘汰的情况看，职工的就业安置任务依然繁重，继续做好职工就业安置工作任重而道远。

　　解决好化解过剩产能和淘汰落后产能中职工就业安置问题需要制定和实施切实可行的政策措施。相对于实践的需求，相关政策研究亟待加强。2014年，我申报了国家社会科学基金重大项目"化解产能过剩矛盾中职工就业和安置政策研究"并荣幸地获得资助。我的工作单位中国劳动和社会保障科学研究院（原中国劳动保障科学研究院）作为项目责任单位为我和课题组完成好研究工作提供了有力的支持。

　　这个重大项目由我作为首席专家，带领中国劳动和社会保障科学研究院多位专家和科研骨干承担并完成了主体研究任务，同时联合中国钢铁工业协会，煤炭科学研究总院，河北省、山西省人力资源社会保障科学研究所，首都经济贸易大学等单位的有关专家共同开展研究工作。

在课题研究过程中，课题组注重理论联系实际，曾赴河北、山西、江苏、山东、辽宁、四川、陕西等 22 个省份，50 多个地市的钢铁、煤炭、水泥、电解铝、平板玻璃、船舶等产能过剩企业开展实地调研、问卷调查、面对面访谈，掌握一手资料。与此同时，课题组多次在北京、太原、石家庄、昆明等地召开由人力资源和社会保障部政研司、就业司、失业司、劳动关系司等主管司局负责同志，中国社会科学院、中国经济体制改革研究会、中国工运研究所、中国人民大学、首都经济贸易大学等研究机构和高等院校的专家学者，中国钢铁工业协会、中国煤炭工业协会、中国水泥协会等行业协会有关负责同志，宝武钢铁集团、马钢集团、山西焦煤集团、河南能源化工集团等钢铁煤炭企业负责同志参加的研讨会、论证会、座谈会、交流会等，对化解过剩产能职工就业安置的情况趋势、做法经验、主要问题、对策思路等进行深入研讨和交流论证。其间，课题组还在北京以"产业调整升级中的就业问题与政策应对"为专题召开了由来自中国、日本、韩国的专家学者参加的国际研讨会，交流借鉴有关国际经验。

课题组注重及时发挥课题研究成果在实践中的作用，积极为有关部门决策和制定政策提出建议。几年来在课题研究过程中，人力资源和社会保障部部长张纪南、原部长尹蔚民（现任十三届全国政协常务委员、社会和法制委员会副主任）、原副部长信长星（现任安徽省委副书记）、副部长邱小平、副部长游钧、副部长张义珍、原副部长吴道槐（现任教育部党组成员、纪检组组长）等领导多次对课题阶段性成果和最终成果做出重要批示并给予肯定，并请有关司局在拟定政策时参考课题组提出的建议，用好研究成果。课题组成员在《人民日报》《中国劳动保障报》《中国人力资源社会保障》《中国就业》《中国劳动保障发展报告》等报刊图书媒体多次就化解过剩产能职工就业安置问题接受采访或刊登论文、文章 30 余篇。"去产能安置职工应充分发挥失业保险的重要作用"被国家社会科学基金办公室《成果要报》采用。在课题成果论证会上，与会人社部门、去产能钢铁煤炭企业、有关专家学者认为，课题成果对于进一步创新和完善我国化解过剩产能职工就业安置政策，推动就业、社会保障和劳动关系制度改革，保持就业局势稳定和劳动关系和谐，促进化解过剩产能任务完成，具有重要的参考和应用价值。

课题研究工作得到人力资源和社会保障部领导、就业促进司、失业保险司、劳动关系司、政策研究司、规划财务司、地方人力资源和社会保障部门、去产能企业、高等院校和研究机构的大力支持和帮助。信长星、邱小平副部长专门听取课题研究思路和框架设计汇报并做出重要指示，张义珍副部长（时任河北省人力资源和社会保障厅厅长）和课题组共同深入去产能典型企业开展调研并就做好职工就业安置工作提出重要意见。国务院振兴东北办原副主任、中国经济体制改革研究会会长宋晓梧研究员，人力资源和社会保障部就业促进司张莹司长，失业保险司桂帧司长，劳动关系司吴文辉巡视员、茹英杰巡视员，河北省人力资源和社会保障厅王亮厅长，山西省人社厅白秀平厅长，中国劳动和社会保障科学研究院党委郑东亮书记，全国政协委员、中国劳动和社会保障科学研究院副院长莫荣研究员，中国劳动学会副会长苏海南研究员，中国社会科学院民族学与人类学研究所所长王延中研究员、人口与劳动经济研究所副所长都阳研究员，首都经济贸易大学劳动经济学院原院长杨河清教授，中央财经大学褚福灵教授，全国总工会轻工烟草工作部严红部长，中国工运研究所张立新研究员，中国钢铁工业协会姜维副秘书长，煤炭科学研究总院战略研究院孙春升副院长，日本劳动政策研究研修机构菅野和夫理事长、浅尾裕特任研究员，韩国劳动研究院李仁宰院长、尹子英研究员等负责人和专家，曾在课题开题会或研讨会、论证会、交流会上就化解过剩产能和产业结构转型升级中如何做好就业安置工作提出了重要见解、意见和建议；中央党校科研部倪德刚副部长、高彦斌处长对如何高质量完成这一重大项目提出了指导意见和明确要求。有关方面负责人和专家的意见和建议，对于全面完成课题研究任务，发挥了重要指导和推动作用。

研究项目最终形成了1个主报告、11个子报告，并由此编辑成为本著作的总论和11章。

课题的总体设计、框架结构以及成果审定由刘燕斌负责。孟续铎、黄湘闽协助刘燕斌对总论及各章节进行了修改完善。总论由刘燕斌、孟续铎、黄湘闽主笔撰写；第一章由黄湘闽主笔撰写；第二章由俞贺楠主笔撰写；第三章由孟续铎主笔撰写；第四章由袁良栋、童天、俞贺楠、崔艳等撰写；第五章由战梦霞主笔撰写；第六章由韩永江主笔撰写；第七章由姜维、臧若愚、黄涛等撰写；第八章由孙春升、郭建利、杨涛等撰写；第九章由邢明强、时金芝、石晓飞、王峰等撰写；第十章由杨卫东、梁晶晶等撰写；第十一章由王永奎主笔撰写。李晓曼、王晓霞承担了化解产能过剩中受影响职工测算研究工作，形成了重要研究成果并为课题报告所采纳；邸妍作为科研组织负责人参与主报告研究工作；刘庚华提供了中外文献支持并参与了国外文献的分析研究工作；俞恺承担了项目的科研组织工作；刘畅承担了大量文字编辑校对工作。在整个课题研究、论证、出版过程中，中国劳动和社会保障科学研究院金维刚院长、王学力处长、陈宁处长、李艺副处长、苗春雨同志给予了大力支持和帮助。河北省人力资源和社会保障科学研究所原副所长侯爱志、副所长张慧芳，山西省人力资源和社会保障科学研究所原所长安晓东、权威，云南省行政管理研究所所长李平生、副所长潘启云等同志在课题组开展调研、课题成果论证过程中给予了大力支持。社会科学文献出版社陈凤玲主任对课题成果的出版做了高质量的编辑工作。

在此，我对承担项目研究工作的全体同志、对给予项目研究大力支持和帮助的各位领导、专家和合作单位表示最衷心的感谢！

由于相关系统性研究文献、资料、数据相对缺乏，课题组掌握情况不够充分，同时研究水平有限，本研究还存在许多不足之处，很多问题有待进一步深入研究。我诚挚期待读者提出指导和批评意见。

刘燕斌

2018 年 11 月

图书在版编目(CIP)数据

化解过剩产能就业政策研究 / 刘燕斌等著. -- 北京：
社会科学文献出版社，2019.4
　ISBN 978 - 7 - 5201 - 4353 - 0

　Ⅰ.①化…　Ⅱ.①刘…　Ⅲ.①生产过剩 - 研究 - 中国
②劳动就业 - 就业政策 - 研究 - 中国　Ⅳ.①F124
②F249.20

　中国版本图书馆 CIP 数据核字（2019）第 032605 号

化解过剩产能就业政策研究

著　　者 / 刘燕斌　孟续铎　黄湘闽 等

出 版 人 / 谢寿光
责任编辑 / 陈凤玲
文稿编辑 / 陈　荣

出　　版 / 社会科学文献出版社 · 经济与管理分社 (010) 59367226
　　　　　地址：北京市北三环中路甲 29 号院华龙大厦　邮编：100029
　　　　　网址：www.ssap.com.cn
发　　行 / 市场营销中心（010）59367081　59367083
印　　装 / 三河市龙林印务有限公司

规　　格 / 开　本：787mm × 1092mm　1/16
　　　　　印　张：34.75　字　数：550 千字
版　　次 / 2019 年 4 月第 1 版　2019 年 4 月第 1 次印刷
书　　号 / ISBN 978 - 7 - 5201 - 4353 - 0
定　　价 / 198.00 元

本书如有印装质量问题，请与读者服务中心（010 - 59367028）联系